21世紀の国際法と海洋法の課題

編集委員
松井芳郎・富岡仁・坂元茂樹・薬師寺公夫・桐山孝信・西村智朗

東信堂

まえがき

　私たちの敬愛する友人であり国際法の研究仲間であった田中則夫元龍谷大学教授が、2014年11月12日に逝去されて、はや2年が経過しようとしている。彼のあまりにも早い逝去を悼んで、生前彼と親しくおつきあいをさせていただいていた関西の研究者が中心となって同年末に田中教授の追悼論文集を企画する編集委員会を設置した。委員会は、田中教授の業績の代表的なものを収めた遺稿集と彼を追悼する論文集の全2巻で構成する追悼論文集を刊行することにし、まず田中教授の1周忌までに、彼がこれまでに書き上げてきた諸論文をまとめて1冊の本に編集した論文集を刊行することとした。

　前者の遺稿集は、2015年11月12日、ちょうど彼の1周忌に、『国際海洋法の現代的形成』（東信堂 xiii + 479頁）として刊行された。田中教授の研究は、人類の共同財産概念を基軸とする深海底制度に関する研究を中心に外国軍艦の無害通航権、生物多様性と海洋保護区など幅広い海洋法および環境法研究、海洋法研究から得た問題意識を広げた条約法および慣習国際法に関する研究、さらに、彼の核兵器廃絶を求める実践的問題意識から書かれた日本の平和と軍縮にかかわる問題の研究まで広く及んでおり、彼が残した豊富な業績の中から彼の国際法論を最もよく体現する論文を選定することは至難の業であった。しかし、委員会は、彼の問題意識および研究方法を最もよく表していると思われる13の論文を選定し、彼の国際法論の特徴ができる限り読者に伝わるように全体をⅡ編3部13章に整理し、これに彼の略歴と主な業績を付すとともに、選定した13の論文を中心に彼の研究の特徴に関する委員会の「あとがき」を付させていただいた。田中教授の国際法研究の特色は決してこの1冊に尽くされるものではないが、委員会として同書をぜひご一読いただければと願う次第である。

　さて本書は、この遺稿集に次ぐ、彼の追悼論集であり、田中教授が生前、龍谷大学、国際法研究会、国際法学会、日本海洋法研究会、日本海洋協会をはじめざまざまの研究会や学会、あるいは科学研究費による共同研究などを

通じてお世話になった多数の研究者にご寄稿いただいた追悼論文を集めて編集した論文集である。田中教授の生前の国際法にかかわる活動は実に幅広く、本書の刊行に際しては、とりわけ、これらの研究会や科研費の研究会、龍谷大学等を通じて田中教授と親交のあった方々に追悼論文を依頼することにした。委員会としてはこれらの方々には多忙なスケジュールの中、原稿を執筆いただいたことにあらためて感謝申し上げたい。最終的には 16 編の論文をご寄稿いただいた。いただいた論稿は、田中教授の研究対象が海洋法だったことから、何らかの形で海洋法に関連したものが中心となっている。しかし、田中教授の関心が、環境法、条約法や慣習国際法論、さらに平和や軍縮にも及んでいたことに対応するかのように、寄せられた論文も、慣習国際法論、国家責任論、国際環境法論を含む広範なものとなっている。そこで委員会としては、ご寄稿いただいた論文を、大きく 3 つに分類し、本書を 3 部構成とすることとした。第Ⅰ部は「国際法理論の現状と課題」と題して、国際法の全般的状況に係る理論的あるいは歴史的課題を検討した論文 6 編を配した。第Ⅱ部には「地球温暖化防止の新制度」と題して、田中教授が最近力を注いでおられた国際環境法に関連した論文 3 編を集めている。海洋法に関する論文は、主に、海洋環境および生態系に関連する論文と国連海洋法条約に基づき設置されたさまざまの国際機関に関する論文が寄せられた。そこで、委員会は、第Ⅲ部を「海洋法の現代的展開」と題して、二つのパートに区分し、「A　海の環境と生態系の保護」に 3 編の論文、「B　海の機関の手続と機能」に 4 編の論文を配することにした。いずれの論文も、田中教授が問題提起し、彼が探求しようとして果たせなかった課題、あるいは学会や研究会の場を通じて一緒に議論した課題について最新の展開も踏まえながらご執筆いただいた研究成果であり、故田中則夫教授を追悼するに相応しい論稿をご寄稿いただいたことに編集委員一同深く感謝申し上げたい。

　田中教授は、国際社会の構造変化と戦争の違法化を基軸とする国際法の構造転換論が盛んに議論されていた 1970 年代半ばに大学院で国際法研究をはじめ、10 年以上に及ぶ国連第 3 次海洋法会議を目の当たりにしながら深海底制度の研究に着手し、伝統的海洋法から現代海洋法への構造転換を解明しようとして研究を続けてこられた。その問題意識は海洋法を超えて慣習国際法論

や条約法論にも向けられたが、突然の病により、彼の研究は体系化を待つことなく中断を余儀なくされた。しかし、彼が残した問いかけやその後の国際法をめぐる発展や問題点に関する本書での議論が、今後の国際法研究にとってのなにがしかの契機を提供できることを願って止まない。このことを願いつつ執筆者一同とともに、本書を田中教授のご霊前に捧げる次第である。

　最後になったが、厳しい時間的制約の中で、3回忌に間に合うように本書を刊行することができたのは、東信堂の下田勝司社長ならびに向井智央氏の献身的なご努力のおかげである。編集委員一同東信堂関係者の方々に、厚く感謝申し上げたい。

2016年11月1日
松井芳郎、富岡仁、坂元茂樹、
薬師寺公夫、桐山孝信、西村智朗

目次／21世紀の国際法と海洋法の課題

まえがき　i
引用文献略語一覧　xiii
執筆者紹介　xv

第Ⅰ部　国際法理論の現状と課題

第1章　慣習国際法論は社会進歩のプロジェクトに貢献できるか？ ……………………………… 松井　芳郎　5
──意思主義の再構成を目指して──

はじめに　5
1　慣習国際法論の現状　6
　(1) 国際社会の構造変化と慣習国際法　6
　(2) 伝統的慣習法論への批判　8
　(3) 伝統的慣習法論の遍在　9
　(4) 慣習国際法論の課題　11
2　一般的承認による普遍的妥当の主張　14
　(1) 慣習国際法の意思主義的理解　14
　(2) 「黙示の同意」と「推定的同意」　15
　(3) 慣習国際法の形成における主権平等原則　17
　(4) 意思主義の「躓きの石」？　19
3　慣習国際法形成における力の要素の抑制　21
　(1) 慣習国際法の形成における力の要素　21
　(2) 法的信念による力の要素の抑制　22
4　「一貫した反対国」の法理　24
　(1) 「一貫した反対国」の法理の根拠　24
　(2) 「一貫した反対国」の法理への批判　26
5　新独立国への慣習国際法の適用　27
6　意思主義によらない一般国際法の基礎付け　29
　(1) 慣習国際法論によらない一般国際法の存在証明　29
　(2) 「同意」の対象ではない慣習国際法の「基本原則」の存在の主張　32
　(3) トムシャット「国の意思によらずまたはこれに反して生じる義務」の検討　33
7　慣習国際法の形成における国の意思の被規定性　35

(1) 国際法の拘束力の基礎　35
　(2) 慣習国際法の社会的基盤　35
　(3) 国際法にかかわる国の意思の被規定性　37
8　国際法は進歩のプロジェクトに貢献できるか？──結びに代えて──　41

第2章　国家責任条文における義務の類型化と「被害国」の概念……………………………… 浅田　正彦　44
──第42条と第48条の関係を中心に──

はじめに　44
1　国家責任条文における被害国　47
　(1) 二国間義務　48
　(2) 集団的（多数国間）義務　50
　(3) 被害国以外の国　55
2　国家責任条文第42条(b)と第48条1項の関係　57
　(1) 義務の性格　59
　(2) 義務違反の態様・重大性　62
　(3) 責任追及のためにとることのできる措置　71
おわりに　75

第3章　対抗措置における実効性の要求……… 山田　卓平　78
──最近の国際実践の批判的検討と試論──

はじめに　78
1　ICJ暫定協定適用事件　82
　(1) 事件の概要　82
　(2) 裁判所の結論　84
　(3) 対抗措置抗弁について　85
2　ガイアナ対スリナム海洋境界事件　89
　(1) 事件の概要　89
　(2) 対抗措置抗弁について　93
3　メキシコ高果糖コーンシロップ（HFCS）課税事件　96
　(1) 事案の概要　96
　(2) WTO紛争解決手続　98
　(3) 国際投資仲裁　100

おわりに　105
    (1) 本稿の検討から得られる結論：最近の国際実践の傾向　105
    (2) 最近の傾向の正当性評価と試論　106

第4章　先住民族の伝統的知識と知的財産権…　桐山　孝信 108
  はじめに　108
  1　国際フォーラムの多元化と交錯　109
    (1) 国際フォーラムの状況　109
    (2) 従来の知的財産制度での処理とその問題性　112
  2　国連宣言のインパクト　113
    (1) 国際規範の集約点としての国連宣言　113
    (2) 知的財産権をめぐる議論　115
  3　伝統的知識をめぐるWIPO/IGCでの議論状況　118
    (1) 経　緯　118
    (2) 論　点　119
  4　今後の課題　122

第5章　海洋と人権 ……………………………　奥脇　直也 126
  ——国境管理措置と不法移民の人権保護を素材に——
  1　はじめに　126
  2　海洋法に組み込まれた人道の考慮の要請　132
    (1) 航行の安全確保　132
    (2) 遭難救助　133
    (3) 不法移民と遭難救助　139
  3　大量不法移民の海上阻止と人権法　141
    (1) Sale 事件（ハイチ不法移民）　141
    (2) Tampa 号事件（遭難救助とアフガン不法移民）　146
    (3) Hirsi 事件（リビア不法移民）　151
    (4) 総括的考察　157

第6章　九段線の法的地位……………………　坂元　茂樹 164
  ——歴史的水域と歴史的権利の観点から——
  1　はじめに　164

2　南シナ海紛争の現状　167
3　歴史的水域または歴史的権利の観点からみた九段線　170
　(1) 歴史的水域の概念　170
　(2) 中国による九段線の主張　175
　(3) 歴史的水域であるための成立要件　179
4　比中仲裁裁判所の判決　182
　(1) 訴訟の提起　182
　(2) 管轄権判決　188
　(3) 本案判決　194
5　おわりに　200

第Ⅱ部　地球温暖化防止の新制度

第7章　人類の共通の関心事としての気候変動 … 西村　智朗 205
　　　　——パリ協定の評価と課題——

はじめに　205
1　パリ協定——交渉経緯とその内容——　206
　(1)「ポスト京都」交渉——コペンハーゲンからパリへ——　206
　(2) パリ協定の主な内容　210
2　パリ協定と気候変動枠組条約および京都議定書との関係　213
　(1) 気候変動枠組条約とパリ協定　213
　(2) 京都議定書とパリ協定　216
3　パリ協定と気候変動に関する基本原則　220
　(1) 人類の共通の関心事　220
　(2) 共通に有しているが差異のある責任　222
おわりに　224

第8章　パリ協定における義務の差異化 ……… 高村ゆかり 228
　　　　——共通に有しているが差異のある責任原則の動的適用への転換——

1　はじめに　228
2　パリ協定の法構造と義務の差異化　229
　(1) 気候変動枠組条約と京都議定書における義務の差異化　229
　(2) パリ協定における義務の差異化　233
3　パリ協定における義務の差異化の特質　237

(1) 多数国間環境条約における差異化　237
　　(2) パリ協定に至る交渉における義務の差異化　241
　　(3) パリ協定における義務の差異化の特質　244
　4　結びにかえて　247

第9章　国際海運からの温室効果ガス（GHG）の排出規制 ……………………………… 富岡　仁　249
　　　——国際海事機関（IMO）と地球温暖化の防止——
　1　はじめに　249
　2　国際海運からの GHG 排出規制に関する IMO の役割と基本原則　250
　　(1) IMO の成立と発展　250
　　(2) IMO の役割と基本原則　251
　3　IMO と GHG 排出規制レジーム　254
　　(1) レジームの形成過程　254
　　(2) レジームの成立——MARPOL 条約附属書の改正——　256
　4　市場的措置（MBM）——未解決の問題——　262
　　(1) MEPC における検討の経緯　263
　　(2) MBM 導入の必要性をめぐる議論　265
　　(3) MBM に関する諸提案　268
　5　おわりに　276

第III部　海洋法の現代的展開

A　海の環境と生態系の保護

第10章　海洋生物資源の環境問題化 ………… 都留　康子　281
　　　——NGOは国際交渉にどこまで関与できるのか？——
　はじめに　281
　1　多様化する NGO——活動範囲の拡大へ——　282
　2　第3次国連海洋法会議と NGO　286
　3　海洋漁業資源と国連下の環境会議　288
　　(1) 国連人間環境会議と IUCN の牽引　288
　　(2) リオサミットと大型流し網漁禁止の NGO キャンペーン　289
　　(3) 国連公海漁業実施協定の採択とその後——NGO の限界？——　291
　4　国家管轄権外の生物多様性（BBNJ）保全と新たな実施協定への道程　293

(1) 海洋保護区の議論とNGO　293
　(2) 海洋遺伝資源とNGO　296
おわりに　298

第11章　北西ハワイ諸島における海洋保護区の系譜………………………………… 加々美康彦　301
　────海洋法条約第121条の解釈と実際────

1　はじめに　301
2　海洋法条約第121条の解釈とその限界　304
　(1)「島か岩か」　304
　(2)「島か岩か」を超えて　307
3　海洋環境保護の展開──海洋保護区の登場──　309
4　北西ハワイ諸島での米国の実行　312
　(1) 各島の状況　312
　(2) 海洋法条約第121条をめぐる米国の立場　315
　(3) 海洋保護区の系譜　317
5　おわりに　336

第12章　深海底活動に起因する環境汚染損害に対する契約者と保証国の義務と賠償責任………… 薬師寺公夫　338
　────国際海洋法裁判所海底紛争裁判部の勧告的意見を手がかりに────

1　問題の所在　338
2　深海底活動に起因する環境汚染損害に対する契約者の義務と賠償責任　343
　(1) 深海底活動から海洋環境を保護する契約者の義務──注意義務の高度化──　346
　(2) 深海底活動に起因する環境汚染損害に対する契約者の賠償責任　349
3　深海底活動に起因する環境汚染損害に対する保証国の義務と賠償責任　355
　(1) 深海底活動に関して保証国が負っている条約上の義務──直接的義務と条約規定等の遵守確保義務──　358
　(2) 保証国の賠償責任の根拠と範囲ならびに契約者の賠償責任との関係──第2諸問事項に対するSDC勧告的意見の意義と残された課題──　361
4　むすびにかえて　370

B 海の機関の手続と機能

第13章 国連海洋法条約における大陸棚限界委員会（CLCS）の役割と機能……………………………………… 酒井 啓亘 376
——国際捕鯨委員会科学委員会（IWC-SC）との比較の観点から——

1　はじめに　376
2　CLCS と IWC-SC との間にはいかなる類似性があるのか　378
　(1) 委員会の任務　378
　(2) 委員会の構成　380
　(3) 関連条約の影響　381
3　IWC-SC と比較しての CLCS の特徴とは何か　381
　(1) 委員の独立性と不偏性　381
　(2) 政治的機関との組織上の関係　383
　(3) 政治的機関からのフィードバックの可能性　384
　(4) 法と科学の関係の取り扱い　386
4　CLCS の作業を改善するためにはいかなることがなされなければならないのか　389
　(1) 沿岸国との協調の必要性　389
　(2) CLCS と政治過程との間の関係　391
　(3) 司法機関による CLCS の解釈の確認作業の必要性　393
5　おわりに　396

第14章 大陸棚延伸と大陸棚限界委員会手続規則の問題点……………………………………… 西村 弓 398
——日本の延伸申請を素材として——

1　はじめに　398
2　日本の大陸棚延伸申請をめぐる経緯　399
3　勧告先送りの正当性——CLCS 手続規則の問題性——　403
　(1) CLCS 手続規則　403
　(2) 手続規則と海洋法条約の非整合性　405
　(3) 同意要求の含意　408
4　手続規則の正当化可能性　411
　(1) 実体的正当化可能性　411
　(2) 手続的正当化可能性　413

5　おわりに　415

第15章　深海底資源開発をめぐる国際法上の検討課題について……………………………………河　錬洙　417
──国際海底機構（ＩＳＡ）の活動を中心に──

はじめに　417
1　深海底制度の概要　419
　(1) 深海底制度の形成　419
　(2) 国連海洋法条約第11部の実施に関する協定（深海底実施協定）　424
2　ISAの機能と役割　426
　(1) ISAの成立とその概要　426
　(2) ISAの活動現況　429
3　ISAにおける検討課題　430
　(1) 鉱区重複の調整問題　430
　(2) 深海底環境保護の問題　432
おわりに　436

第16章　ITLOS大法廷が勧告的意見を出す管轄権の根拠……………………………………兼原　敦子　438

1　はじめに　438
2　ITLOSの勧告的意見付与権限の根拠　443
　(1) 内在的ないしは黙示的権限論　443
　(2) ITLOSの勧告的意見付与管轄権の根拠とされうる条文規定　448
　(3) 規程第21条をめぐる議論　449
　(4) 規則第138条1項をめぐる議論　462
　(5) UNCLOS第288条4項をめぐる議論　466
3　ITLOSが勧告的意見付与権限を認める論理の評価　469
　(1) 設立文書や締約国合意に基づく国際裁判所・法廷における勧告的意見付与権限　469
　(2) 起草過程と事後の実践におけるITLOSの勧告的意見付与権限に関するUNCLOS締約国の動向　471
4　おわりに　474

引用文献略語一覧

AJIL	*American Journal of International Law*
ASIL	*Proceedings Proceedings of the American Society of International Law Annual Meeting*
BYIL	*British Yearbook of International Law*
Chinese JIL	*Chinese Journal of International Law*
CIJ Recueil	*Cour Internationale de Justice, Recueil des arrêts, avis consultatifs et ordonnances*
EHRR	*European Human Rights Reports*
EJIL	*European Journal of International Law*
EPL	*Environmental Policy and Law*
HELR	*Harvard Environmental Law Review*
ICJ Pleadings	*International Court of Justice Pleadings, Oral Arguments, Documents*
ICJ Reports	*International Court of Justice, Reports of Judgments, Advisory Opinions and Orders*
ICLQ	*International and Comparative Law Quarterly*
IJMCL	*International Journal of Marine and Coastal Law*
Int'l L Stud	*International Law Studies*
ITLOS Reports	*International Tribunal for the Law of the Sea, Reports of Judgments, Advisory Opinions and Orders*
JEL	*Journal of Environmental Law*
Leiden JIL	*Leiden Journal of International Law*
Max Planck EPIL	*Max Planck Encyclopedia of Public International Law*
Max Planck YUNL	*Max Planck Yearbook of United Nations Law*
MJIL	*Michigan Journal of International Law*
MPB	*Marine Pollution Bulletin*
NJIL	*Nordic Journal of International Law*
NYIL	*Netherlands Yearbook of International Law*
OD&IL	*Ocean Development & International Law*
OPR	*Ocean and Polar Research*
Pacific Rim L & Poli'y J	*Pacific Rim Law & Policy Journal*
PCIJ Ser.A	*Publication of the Permanent Court of International Justice, Series A: Collection of Judgments (Recueil des arrets)*
PCIJ Ser.B	*Publication of the Permanent Court of International Justice, Series B: Collection of advisory opinions (Recueil des avis consultatifs)*
PCIJ Ser.D	*Publication of the Permanent Court of International Justice, Series D: Acts and Documents concerning the organization of the Court*

QIL	*Questions of International Law*
RECIEL	*Review of European Community International Environmental Law (Vol. 21(2012)* まで*), Review of European, Comparative & International Environmental Law (Vol. 22(2013)* 以降雑誌名変更*)*
Recueil des Cours	*Recueil des Cours de l'Academie de Droit International*
UN Doc	*United Nations Document*
Vanderbilt J. Tran' L.	*Vanderbilt Journal of Transnational Law*
YILC	*Yearbook of the International Law Commission*

執筆者紹介

※執筆順、○印編集委員

○松井　芳郎（名古屋大学名誉教授）
　浅田　正彦（京都大学教授）
　山田　卓平（龍谷大学教授）
○桐山　孝信（大阪市立大学教授）
　奥脇　直也（明治大学教授、東京大学名誉教授）
○坂元　茂樹（同志社大学教授）
○西村　智朗（立命館大学教授）
　髙村ゆかり（名古屋大学教授）
○富岡　　仁（名古屋経済大学教授）
　都留　康子（上智大学教授）
　加々美康彦（中部大学准教授）
○薬師寺公夫（立命館大学教授）
　酒井　啓亘（京都大学教授）
　西村　　弓（東京大学准教授）
　河　　錬洙（北海道教育大学准教授）
　兼原　敦子（上智大学教授）

21世紀の国際法と海洋法の課題

第 I 部
国際法理論の現状と課題

第1章 慣習国際法論は社会進歩のプロジェクトに貢献できるか？
　　　──意思主義の再構成を目指して──　　　　　　　松井　芳郎

第2章 国家責任条文における義務の類型化と「被害国」の概念
　　　──第42条と第48条の関係を中心に──　　　　　浅田　正彦

第3章 対抗措置における実効性の要求　　　　　　　　　山田　卓平
　　　──最近の国際実践の批判的検討と試論──

第4章 先住民族の伝統的知識と知的財産権　　　　　　　桐山　孝信

第5章 海洋と人権　　　　　　　　　　　　　　　　　　奥脇　直也
　　　──国境管理措置と不法移民の人権保護を素材に──

第6章 九段線の法的地位　　　　　　　　　　　　　　　坂元　茂樹
　　　──歴史的水域と歴史的権利の観点から──

第1章　慣習国際法論は社会進歩のプロジェクトに貢献できるか？
―― 意思主義の再構成を目指して ――

松井　芳郎

はじめに
1　慣習国際法論の現状
　(1) 国際社会の構造変化と慣習国際法
　(2) 伝統的慣習法論への批判
　(3) 伝統的慣習法論の遍在
　(4) 慣習国際法論の課題
2　一般的承認による普遍的妥当の主張
　(1) 慣習国際法の意思主義的理解
　(2)「黙示の同意」と「推定的同意」
　(3) 慣習国際法の形成における主権平等原則
　(4) 意思主義の「躓きの石」？
3　慣習国際法形成における力の要素の抑制
　(1) 慣習国際法の形成における力の要素
　(2) 法的信念による力の要素の抑制
4　「一貫した反対国」の法理
　(1)「一貫した反対国」の法理の根拠
　(2)「一貫した反対国」の法理への批判
5　新独立国への慣習国際法の適用
6　意思主義によらない一般国際法の基礎付け
　(1) 慣習国際法論によらない一般国際法の存在証明
　(2)「同意」の対象でない慣習国際法の「基本原則」の存在の主張
　(3) トムシャット「国の意思によらずまたはこれに反して生じる義務」の検討
7　慣習国際法の形成における国の意思の被規定性
　(1) 国際法の拘束力の基礎
　(2) 慣習国際法の社会的基盤
　(3) 国際法にかかわる国の意思の被規定性
8　国際法は進歩のプロジェクトに貢献できるか？――結びに代えて――

はじめに

　多くの論者が指摘するように、国際社会の大きな変動期には国際法の法源論が関心を集める。筆者の世代の研究者が国際法の研究を始めたのは、まさにそのような時期だった。当時の国際社会では、平和、人権、環境といった分野において国の個別的利益を超える国際社会の一般的利益が存在することが、次第に認識されるようになった。しかし、国際法を通じて国際社会の一般的利益を実現するためには、さまざまな困難を克服しなければならない。

とりわけ、国際社会に普遍的に妥当する一般国際法（general international law）はさしあたりは慣習国際法（customary international law）として成立するものであり、法実証主義では慣習国際法は国の意思に基礎付けられる——意思主義——から、一般国際法は国の一般的な同意がなければ成立しない。

　この時期に慣習国際法の研究に取り組んだ藤田久一と田中則夫は、いずれも法実証主義の枠内で意思主義に依拠することなく一般国際法の成立を説明する理論を求めて苦闘したが、このような理論的な問題関心は彼らがとくに専攻した分野——藤田の場合は国際人道法や軍縮国際法、田中にあっては海洋法、とくに深海底開発制度——において国際社会の一般的利益を体現する一般国際法をどのように実現するのかという、優れて実践的な課題に胚胎していた。より一般化すれば彼らの問題意識は、国家実行に基礎をおく慣習国際法論は、国際社会の一般的利益の実現という社会進歩のプロジェクトに果たして貢献できるのか、と言い換えることができよう。そこで本章では、藤田と田中が優れた問題提起をしながら未完のまま残したこの課題について、その議論を一歩進めることを試みたい。

　ところで、多様な論点が錯綜する近年の慣習国際法論では、何らかの「定点」を定めなければ議論の進行が困難のように思われる。そこで本章では、現在でも国際社会はおもに主権国家から構成されること、それにもかかわらず、国際社会の一般的利益の実現のためには普遍的に妥当する一般国際法が必要とされることの2点を、「定点」として設定する。言い換えれば、コスケニエミ（Martti Koskenniemi）のいう「アポロジー」と「ユートピア」[1]の間にあって、国家意思に定礎する法実証主義を否定するのではなく止揚して、国際法を通じてどのように国際社会の一般的利益を実現するのかを考えたい。

1　慣習国際法論の現状

(1) 国際社会の構造変化と慣習国際法

　慣習国際法がその姿を次第に明確にするとともに法実証主義が国際法学に

---

1) Martti Koskenniemi, *From Apology to Utopia: The Structure of International Legal Argument*, Reissue with New Epilogue (Cambridge University Press, 2005).

おいても支配的になる19世紀の国際社会は、欧米先進資本主義国を構成員とする単一構成となっていた。国際社会の多元的構成への変化は第1次世界大戦後に始まり、第2次世界大戦後急速に進展した植民地解放の結果、多数の新独立国が誕生したことによって本格化する。こうして、社会経済体制や文化的伝統、法体系などにおいて多様な諸国が共存する多元的な国際社会がその姿を明確にする。このような国際社会の構造変化は、国際法全般に対してだけでなくその法源論にも、とりわけ慣習国際法論にも少なくない影響を与えた。

　第1に、法源の中での慣習国際法の位置づけが変動する。第2次世界大戦後しばらくは国際社会の多数派の地位を占めていた欧米先進国は、法源としては慣習国際法を重視した。伝統的な慣習国際法が、これら諸国の利益に適合したことはいうまでもない。これに対して当時の新独立国や社会主義国は自らが平等の立場で参加して起草された条約を、自国の利益をより公正に反映できる法源として重視した。ところが、これら諸国は国際社会の多数派になるにつれてさまざまな形で慣習国際法の形成への影響力を増すこととなり、それに応じて慣習国際法をより重視するようになる。こうして、1970年代から80年代初めの頃は「慣習の役割低下」が論じられていた[2]が、世紀の変わり目の頃には「慣習の回帰」が語られるのである[3]。

　第2にこのような状況は慣習国際法の性格を変えつつあるとされ、何らかの意味で「新しい慣習法」の登場が指摘された。与えられる呼び名はさまざまだが、指摘される変化の方向はほぼ共通しており、伝統的な慣習国際法と新しいそれの特徴は各々の形成過程と内容とに現れるという。すなわち、伝統的な慣習国際法の形成過程は二国間のやり取りから生じる慣行の集積によって緩慢に進行し、無自覚かつ自生的で組織されず、その結果は不文法である。これに対して現代的慣習国際法ではこの過程は、多数国間の交渉を通じて意識的かつ急速に進行し、慣行よりも法的信念が重視され、その結果は立法的に定式化された文章に表現される。他方で内容的には、伝統的慣習法が主権

---

2) G.J.H.van Hoof, *Rethinking the Sources of International Law* (Kluwer, 1983), pp. 113-116.
3) Julio Barboza, "The Customary Rule: From Chrysalis to Butterfly," Calixto A. Armas Barea *et al.* (eds.), *Liber Amicorum 'In Memoriam' of Judge José María Ruda* (Kulwer, 2000), p. 1.

国家間の共存と協力を確保することを目的として安定的かつ現状維持的であるのに対して、現代的慣習法は国際社会の一般的利益の実現を目指して動的であり現状変革的であるという。

(2) 伝統的慣習法論への批判

　国際司法裁判所 (ICJ) の規程第 38 条 1 項 (b) は、裁判所の適用法規の一つとして「法として認められた一般慣行 (a general practice accepted as law) の証拠としての国際慣習」を挙げる。ここでは慣習国際法は「一般慣行」という客観的要件と、「認める」という主観的要件——「法的信念 (opinio juris)」もしくは「法的または必要信念 (opinio juris sive necessitatis)」と呼ぶ——からなるとされており、慣習国際法がこれらの二要件からなるという考え——「二要件」論——を本章では「伝統的慣習法論」と呼ぶ。伝統的慣習法論は、その不明確性や不確定性をさまざまに批判されてきたが、上のような慣習国際法の急速な変化は、伝統的な慣習法論への批判を一層強めることとなる。二要件の各々の内容とそれを証明するための資料や方法をめぐってもさまざまな議論があるが、ここでは「二要件」論そのものへの批判とこれに代えて提唱される「単一要件」論、そして二要件の何らかの形における組み換えを主張する議論を検討する。

　二要件のうちの主観的要件への古典的批判としては、ケルゼン (Hans Kelsen) のそれがよく知られている。彼は第 1 に、慣習国際法の形成に主観的要件を求めることは国の慣行に携わる個人が法的な権利義務の意識を有することを求めることになるが、形成途上にある規範には実定法上の権利義務は存在しないから、これは当該の個人の誤りから法規範が生じることを意味するという矛盾を含む——「最初の誤り」論——こと、第 2 に国の慣行に携わる個人の心理的要素を証明することはほとんど不可能であることを理由として、「同一の外面的な行為の長期かつ不変の繰り返しの事実が、法を形成する慣習を構成するのに十分」であると結論する[4]。他方で、法的信念だけで慣習国際法が成立するとする「単一要件」論としては、ビン・チェン (Bin Cheng) の「インスタント」慣習法論が著名である。彼は、国際法規則の拘束力を国の同意や承認に基

---

4) Hans Kelsen, "Théorie du droit international coutumier," *Revue international de la théorie de droit*, Vol. 1 (1939), pp. 262-265.

礎づけ、慣習国際法は法的信念だけを構成要件とし慣例 (usage) は当該規則の内容とその国の法的信念の証拠であると理解する。この観点からすれば、国連加盟国の間に短期間で法的信念が成長しそれが総会決議によって「実定化」することを否定する理由はない、と彼は主張した[5]。

「二要件」論を否定するのではなくいわば再定式化しようとする議論としては、たとえばダマト (Anthony A. D'Amato) のそれがある。彼は、伝統的な法的信念を国際的な合法性の主張の「明示 (articulation)」に、慣行を、具体的かつ明瞭な行為が示す将来も同様に行為するという「約束 (commitment)」に、それぞれ意味転換することを提唱する[6]。

ICJ のニカラグア事件判決に触発された慣習法論の中では、カーギス (Frederic L. Kirgis, Jr.) の「スライディング・スケール」論がとりわけ注目された。彼は、二要件を固定された排他的なものと見るのではなく、スライディング・スケールに沿って互換的なものと見るべきだという。すなわち、物差しの一方の端では頻繁かつ一貫した国の慣行があれば法的信念が伴わなくても慣習規則が成立するが、慣行の頻繁さと一貫性が低下すれば法的信念のより強い証明が必要となる。そして物差しの他方の端では明確に示された法的信念があれば、諸国が当該規則に一貫して従っていなくても慣習規則が成立する。二要件がどの程度代替的であるのかは、当該の活動と、主張される慣習規則の「合理性 (reasonableness)」とに依存するという[7]。この「スライディング・スケール」論は、とりわけ諸国の法的信念の強い表明がある国際社会の一般的利益にかかわる問題については、国の慣行が十分に伴わなくても慣習国際法の成立を認定できる理論として、注目を集めた。

(3) 伝統的慣習法論の遍在

以上のような批判にもかかわらず、慣習法論を含む伝統的な法源論は実務上も理論上もなお主流の位置を失っていない。サールウェイ (Hugh Thirlway) は、

---

5) Bin Cheng, "United Nations Resolutions on Outer Space: "Instant" International Customary Law?," *Indian Journal of International Law*, Vol. 5 (1965), pp. 35-37.

6) Anthony A. D'Amato, *The Concept of Custom in International Law* (Cornell University Press, 1971).

7) Frederic L. Kirgis, Jr., "Custom on a Sliding Scale," *AJIL*, Vol. 81 (1987).

「伝統的な法源論に基礎をおくシステムの疑うことができない価値は、それが現存し機能していることである」と述べた[8]。たとえばICJとその前身である常設国際司法裁判所 (PCIJ) は、慣習国際法の認定に際して伝統的な「二要件」論を堅持してきた。リビア・マルタ大陸棚事件判決 (1985年) ではICJは、「二要件」論は「もちろん公理である (axiomatic)」という[9]。しかし田中則夫が指摘したように、個々の事例におけるICJによる慣習国際法の認定には一貫性が欠けており、裁判所の依拠する成立要件論と実際に示す判断の仕方との間には著しい乖離がある[10]。両裁判所の判例を詳細に分析したアゲンマッシュ (Peter Haggenmacher) も、これらの判例では主観的要件は理論的にいわれる役割は果たさず、二要件の真正の適用は行われていないという[11]。

このようなICJによる慣習国際法の認定については、学説上は一般的な方法としても個別事例における具体的な判断にしても、ずさんだという批判が絶えない。個々の事例におけるICJの判断については、当事者の弁論を含む具体的な状況に照らした評価が必要であるが、しかしこの点については、裁判所が「二国間」紛争を解決するに当たって「一般」慣行を基礎として成立する慣習国際法を認定しなければならないことからくる、内在的な限界を認めなければならないと思われる[12]。

次に、近年慣習国際法に関する議題を取り上げた国際法委員会 (ILC) と国際法協会 (ILA) の議論も、伝統的な「二要件」論の遍在を示すように思われる。ILCの議題「慣習国際法の同定」の特別報告者であるウッド (Michael Wood) は、作業では基本的に「二要件アプローチ」を取ると述べ、このアプローチはILCと第6委員会の討論で広範な支持を受け、また、国の慣行においても裁判所

---

8) Hugh Thirlway, *The Sources of International Law* (Oxford University Press, 2014), p. 232.
9) *Case Concerning the Continental Shelf (Libyan Arab Jamahiriya/Malta), Judgment of 3 June 1985, ICJ Reports 1985*, p. 29, para. 27.
10) 田中則夫「慣習法の形成・認定過程の変容と国家の役割」『国際海洋法の現代的形成』(東信堂、2015年) 398頁。
11) Peter Haggenmacher, "La doctrine des deux éléments du droit coutumier dans la pratique de la cour international," *Revue géneralé de droit international public*, Vol. 90 (1986), p. 107.
12) See, *Case Concerning Military and Paramilitary Activities in and against Nicaragua (Nicaragua v. United States of America), Merits, Judgement of 27 June 1986, ICJ Reports 1986*, p. 109, para. 207.

の決定においても学説においても、一般的に採用されているという[13]。そして起草委員会が2016年までに仮採択した「結論草案」2は、「慣習国際法規則の存在と内容を決定するためには、法として認められた (opinio juris) 一般慣行が存在するかどうかを確かめることが必要である」と規定する[14]。つまり、「二要件」論はILCではほとんど「公定の」理論となっているといっても過言ではない。

他方で1985年以来「慣習（一般）国際法の形成」という議題のもとに研究を行ってきたILAは、2000年のロンドン会期において「一般慣習国際法の形成に適用される諸原則に関する見解の表明」と題する委員会の最終報告を採択した[15]。本報告も基本的には「二要件」論に立つが、両要件の位置づけはILCの場合とニュアンスを異にする。すなわちILAは客観的要件としての国の慣行を重視して、「十分に広範かつ代表的な数の国が一貫した形でそのような慣行に参加するなら、その結果として「一般慣習国際法」の規則が成立する」と述べる (Section 1 (ii)) が、他方で主観的要件については、慣行が法的権利義務に対応するという国一般の信念は慣習国際法規則の「存在」の証明のためには十分であるが、慣習国際法規則の「形成」のためにはそのような信念が存在することは国一般についても特定の国についても必要ではない (Section 16) と、何ほどか副次的な位置づけを与えるのにとどまる。

(4) 慣習国際法論の課題

伝統的な慣習法論の混乱の原因の1つは、それが区別するべき概念を必ずしも区別せずに論じてきたことにあると思われる。ここでは新しい慣習国際法規則の「形成」と現存の慣習国際法規則の「同定」との関係と、慣習国際法と一般国際法との関係の問題とを取り上げるが、スペースの関係で内容の検討は別に機会に譲り、ここでは各々について問題状況を指摘するにとどめたい。

慣習国際法に理論的にアプローチする研究者は「形成」に注目することが少なくないが、実務上は大部分の場合その「同定」が問題となる。裁判所は通常

---

[13] UN Doc., A/CN.4/672, p. 7, para. 21.
[14] UN Doc., A/CN.4/L.872, p. 1.
[15] Resolution No.16/2000, International Law Association, *Report of the Sixty-Ninth Conference, London, 2000*, p. 39. 採択された委員会報告書は *ibid.*, p. 712, *et seq.*

は慣習国際法規則の成立時点には無関心で、付託された紛争の解決にとって関連ある時点におけるその成否と内容について決定すればよい[16]。そこで、裁判所が付託された事例の解決のために必要となる慣習国際法の「同定」のために確認してきた要件を、そのままの形で慣習国際法の「形成」にも適用するなら、いくつかの混乱が生じることになる。とりわけその主観的要件である法的信念については、ケルゼンに代表される「最初の誤り」の議論は、慣習国際法の「同定」の要件である法的権利義務の実施の意識をその「形成」にもそのまま当てはめたことによる「誤り」である。近年ではこの違いは次第に明確に認識されるようになっており、先に引用したILAの試みもこの問題に対処することを意識しているが、慣習国際法の「形成」と「同定」における二要件の異同については、なお検討されるべき問題が残るように思われる。

　ところで、慣習プロセスは慣習国際法の形成だけでなく、その維持、変更および衰退を含む動態的な過程として理解される。これらはトゥンキン（Grigory Tunkin）のいう諸国の「意思の調整」として、基本的には一連のあるいは同一のプロセスであると理解されるが、多くの場合慣習国際法は従来国際法の規律を受けていなかった新分野においてではなく、既存の慣習国際法が存在する分野で形成され、こういった場合には慣習国際法の「変更」にかかわる独自の問題が生じる。すなわち、このような分野における慣習国際法の変更は、現存の慣習法の「違反」によって生じるのだろうか？もしもこれを肯定するとすれば、「*ex injuria jus non oritur*（違法から法〔権利〕は生じない）」という法格言に反することになるのか？

　もっとも、慣習国際法の形成にとって決定的なのは慣行ではなくて法的信念だと理解するなら、その変更もまた法的信念の変化によってもたらされる。そして法的信念は、必ずしも現存の法に違反することなく表明することができる。その古典的な方法は、条約、とくに多数国間条約の締結によることであるが、条約規定の慣習法化については多くの議論がある。また現在では、国際的フォーラムにおける各種の主張が慣習国際法の変更に導きうることが広く認められている。とりわけ、国連総会決議や国際会議の宣言といった形でソフトロー文書が採択されるなら、それは慣習国際法変更の第1段階

---

16) Thirlway, *supra* note 8, pp. 131-132.

としての役割を果たしうる。さらに、国際裁判所が取り上げた事例に目を向けるなら、「発展的解釈」による慣習国際法の変更の可能性が考えられる。「発展的解釈」は条約については周知のことであるが、慣習国際法の新規則は多くの場合既存の法に接ぎ木され、あるいはその効果を緩和し、制限しまたは拡大することによって形成される[17]とすれば、ここでも「発展的解釈」の余地があるといえる。ICJ の判決と意見には、そうした事例が少なくないように見受けられる。裁判所による「発展的解釈」が直接に慣習国際法の変更をもたらすわけではないが、それらは十分な説得力を有するなら国の態度に影響を与えて、間接的には慣習国際法の変更の要因になるかもしれない。いずれにせよ、慣習国際法の「形成」とは相対的にではあっても区別される、その「変更」のプロセスについてはなお議論が尽くされていないように思われる[18]。

　以上で見てきた慣習国際法の「形成」と「同定」の関係と並んで、従来の慣習法論でしばしばあいまいだったのは慣習国際法と一般国際法の関係である。ICJ でさえ、両者の混用から自由ではなかった。しかし両者の名称は、異なるレベルに着目するものである。慣習国際法はその形成過程に着目した命名であるが、一般国際法は少なくともここでは、その適用範囲が一般的ないしは普遍的な国際法を指して使われる。藤田久一によれば、「慣習」から「一般」へのこの語義変化は価値の転換へと導く。すなわち、一般性は従来は慣習規則の生成過程で要求されたが、現在ではそれはこの結果生じた規則の性質を指す。この語義のもとでは慣習規則はすべての国に区別なく適用され、したがって普遍的規則と同義になる[19]。このような成り行きが、伝統的な慣習理論が基礎をおいていた微妙なバランスを覆すというのが、ウェイユ (Prosper Weil) の「規範の相対性」論に対する批判の核心だった[20]。

　このような危険の原因の一端は、本来区別して論じられるべき慣習国際法

---

17) Hugh Thirlway, "Law and Procedure of the International Court of Justice, 1960-1989: Part Two," *BYIL*, Vol. 61 (1990), p. 83.
18) この問題に関する最近の邦語文献としては、朴培根「慣習国際法の変更」『法政研究』第 67 巻 1 号 (2000 年) を参照。
19) 藤田久一「国際法の法源論の新展開」、山手治之・香西茂 (編集代表)『国際社会の法構造：その歴史と現状』(東信堂、2003 年) 64-65 頁。
20) Prosper Weil, "Towards Relative Normativity in International Law?," *AJIL*, Vol. 77 (1983), pp. 435-439.

の形成のプロセスとその一般化のプロセスとが、区別なく論じられてきたことにあるといえる。小森光夫は、行為が法規範化する過程とそれが一般化する過程を区別することなく一体化させて論じ、そのために前者の要件を後者の存在証明に適合するように操作することから生じる問題点を指摘して、両者には各別の証明が必要だと論じてきた[21]。この点に関しては、慣習国際法規範は通常最初は少数の国の間で特別慣習として成立し、当該の法規範を受諾する国が次第に増大してその適用範囲が拡大することによって一般慣習としての一般国際法規範が成立するという理解は決して少なくない。この問題については後に意思主義との関連で検討するが、現状ではこのプロセスが十分に解明されているとはいいがたいように思われる。

2 一般的承認による普遍的妥当の主張

(1) 慣習国際法の意思主義的理解

PCIJのロチュース号事件判決は、意思主義による慣習国際法の基礎付けの古典的な定式化として知られている。すなわち同判決は、「国際法は、独立国家間の関係を規律する。したがって国を拘束する法規則は、条約、または法原則を表現するものとして一般に受け入れられた〔……〕慣例に表現される、諸国の自由意思に由来するものである」と述べた[22]。

トゥンキンは意思主義に基づいて、慣習国際法の形成過程を多数国間条約の締結過程と同様に諸国間の闘争と協力による「国家意思の調整」の過程として説明する。すなわち第1段階では、多数国間条約なら各国の代表が集まって提案や交渉が行われるのに対して、慣習国際法の場合にはある国が最初に行動を起こし、これに対してほかの諸国が同意、抗議などの態度を表明する。第2段階では、多数国間条約なら条約文が採択されることにより、慣習国際法であれば諸国間に一定の慣行が成立することにより、行為規範についての

---

21) 小森光夫「一般国際法の法源の慣習法への限定とその理論的影響（一）（二）」『千葉大学法学論集』第8巻3号；第9巻1号（1984年）；同「解釈的構成問題としての国際法規の一般的妥当性——一般国際法としての慣習国際法の要件論の再構成における基本課題」『北大法学論集』第56巻3号（2005年）。

22) *Affaire du ≪ Lotus ≫*, arrêt du 7 septembre 1927, PCIJ Ser.A, No.10, p. 18.

合意が成立する。これらの規範に法的拘束力が付与されるのは第3段階であって、多数国間条約では規定の手続を経て効力を発生することにより、慣習国際法の場合には法的信念が生じることによって法規範が成立する。この過程は通常最初は少数の国の間で始まり、次第に当該の法規範の適用範囲が拡大することによって一般国際法規範が成立するという[23]。このようにトゥンキンは、慣習国際法を諸国間の「黙示の合意」ととらえていたが、後には彼は、条約プロセスと慣習プロセスとは国家意思の調整という本質を同じくするが、両者は多くの点で異なっており、後者を「黙示の合意」と呼ぶことは誤解を招くものだったと認める[24]。

慣習国際法にかかわる国の意思は、その主観的要件である法的信念に表現されるという理解が一般的であるが、法的信念ついては二様の解釈がある。すなわちコスケニエミはこれを、あるものが法であるという国の信念または確信を表すという理解（宣言説）と、あるものが法になるべきだという国の意思を表すという理解（創設説）に区別する[25]。「宣言説」によれば法的信念とは既存の法規範の国による認識であるから、これは慣習法論における客観主義となる。他方で「創設説」は法的信念をあるものを法とするべきだという国の意思ととらえ、これは慣習法論における意思主義となる。客観主義では慣習国際法の形成を説明できない──慣習国際法はあらかじめ別の方法で成立していたことになる──から、伝統的にはロチュース号事件判決に見るように意思主義が有力だったと思われる。

(2)「黙示の同意」と「推定的同意」

意思主義によれば慣習国際法は国の同意、承認ないし受諾に由来するが、一般国際法についてはすべての国の同意を証明することは事実上不可能であ

---

23) G.I.Tunkin, *Das Völkerrecht der Gegenwart:Theorie und Praxis* (Staatsverlag der Deutschen Democratischen Republik, 1963), S.135-137：トゥンキン＝安井郁監訳『国際法理論』（法政大学出版局、1973年）、200-205頁。ただし、前者はロシア語初版（1962年）の独訳であるのに対して、後者はその第2版（1970年）の邦訳である。

24) Grigory Tunkin, "International Law in the International System," *Recueil des Cours*, Vol. 147 (1975), pp. 125, 128.

25) Martti Koskenniemi, "The Normative Force of Habit: International Custom and Social Theory," *Finnish Yearbook of International Law*, Vol. 1 (1990), pp. 99-106; Koskenniemi, *supra* note 1, pp. 417-424.

る。そこで、この困難を打開するために2つの工夫が登場する。1つは、ある規則について国が沈黙していることを黙認と解して、これを「黙示の同意 (implied consent)」とする説明である。しかし、国の沈黙は多様な動機によるから、沈黙を「黙示の同意」と等置することはできない。そこで、「黙示の同意」ではなくて「推定的同意 (presumed consent)」だという説明に行きつく。もう1つの仕掛けは、国際社会の多数の国がある規則に同意しまたは承認を与えたことをもって、当該の規則は普遍的に受諾されたと結論する議論である。ICJの北海大陸棚事件判決の一節[26]は、この趣旨のものだと理解されている。意思主義のこうした議論については、多くの批判がある。まず、「黙示の同意」はフィクションだという。「推定的同意」に対しては、「国の独立に対する制限は推定されてはならない」と指摘される[27]。そして何よりも、すべての国の同意を要さない一般的承認から当該の規範の普遍的妥当性が結論されるなら、この考えは出発点だった意思主義を離れて客観主義に移行したことになる。

　それでは、こうした多くの批判から意思主義を救出することはできるのだろうか？「黙示の同意」論がフィクションだという批判は国際法学者だけでなく法哲学者にも見られるが、「社会科学は常になんらかの擬制のうえに成り立つ」という[28]。領域紛争では黙認はしばしば大きな役割を果たすものであり、ICJは「沈黙もまた語るかもしれない」と述べた[29]。「条約法に関するウィーン条約 (条約法条約)」は、第20条5項、第36条1項、第45条 (b) などでみなし規定や推定規定をおく。「黙示の同意」説をフィクションだと厳しく批判したケルゼンその人は、彼の壮大な法律学の体系を「仮定または仮設 (supposition ou hypothèse)」としての根本規範の上に打ち立てたのである[30]。

　一般的承認を得た規範について「推定的同意」によって同意していない国を含むすべての国に対する拘束力を認めるためには、この「推定」は反駁不可能

---

26) *North Sea Continental Shelf Cases (Federal Republic of Germany/Denmark; Federal Republic of Germany/Netherlands)*, Judgment of 20 February 1969, ICJ Reports 1969 p. 42, para. 73.

27) PCIJ Ser.A, No.10, *supra* note 22, p. 18.

28) 奥脇直也「国連システムと国際法」岩波講座社会科学の方法〔VI〕『社会変動の中の法』(岩波書店、1993年) 50頁。

29) *Case concerning Sovereignty over Pedra Branca/Pulau Batu Puteh, Middle Rocks and South Ledge (Malaysia/Singapore)*, Judgment of 23 May 2008, ICJ Reports 2008, p. 51, para. 121.

30) Kelsen, *supra* note 4, pp. 256-259, 269-270.

でなければならないが、そうすると何らかの種類の客観主義に行き着く。これを避けて意思主義を堅持するためには、「推定」は反駁可能と認めなければならない。ICJ の北海大陸棚事件判決への反対意見で、ラクス (Manfred Lachs) 裁判官は「国の慣行は、それが法として認められていることの一応の証拠と見るべきである。このような証拠はもちろん、慣行自体が「多くの不確かさと矛盾」を示す（庇護事件判決）という理由によって反駁できるし、「関係国」ないしは事件の当事国の法的信念に照らしても反駁可能である」という[31]。

　ところで一般国際法の規範については、それに対する一般的な承認があれば個々の国の同意は必要ないという見解は、ほとんど普遍的な支持を得ているように見える。しかし注目されるのは、一般慣習法と対比される特別慣習法については、それに拘束される個々の国の同意が必要であることは、判例とされる ICJ の庇護事件判決やインド領通行権事件判決でも、また学説でも広く認められていることである。たとえばバルボザ (Jullio Barboza) は、慣習国際法は当初は少数の「慣習共同体 (communauté coutumière)」の間で、それを受諾した国の間でだけ有効な特別慣習として形成されるという。この共同体は先例の力によって拡大し、その正確な時点はミステリーだが慣習は一般性を獲得して「さなぎが蝶になる」、すなわち、その形成に参加していない国にも適用可能となる、とバルボザはいう[32]。そうだとすると、すべての国の同意を要する特別慣習法はどこかの時点で何らかの条件を満たしてこれを要さない一般慣習法へと、言い換えれば意思主義から客観主義へと捨て身の飛躍を遂げたことになる。したがってこうした主張を行う研究者は、この飛躍がいつどのようにして行われるのかを説明しなければならない。「さなぎが蝶になる」時点は「ミステリーだ」で済ますことは、無責任のそしりを免れまい。

(3) 慣習国際法の形成における主権平等原則

　慣習国際法論における意思主義の強固な理論的基盤は、主権平等原則である。一般的承認を得た規範が同意していない少数の国をも拘束することへの

---

31) Dissenting Opinion of Judge Lachs, *ICJ Reports 1969*, *supra* note 26, p. 231.
32) Barboza, *supra* note 3. See also, Maurice H. Mendelson, "The Formation of Customary International Law", *Recueil des Cours*, Vol. 272 (1998), p. 194.

意思主義の批判を、国はその意に反して拘束されることはないという主権原則に基礎づけるのは、厳密にいえば正確ではない。それは、同意を与えた「一般」の国とそれを与えていないのに拘束される「少数」の国の、同意を与える／与えないという主権的権利は等価でなければならないという、主権平等原則に基礎をおく。友好関係原則宣言（総会決議2625(XXV)附属書）は主権平等原則のもとで、すべての国は「平等の権利及び義務を享受し、国際社会の平等の構成員である」と規定し、これは「国際法の基本原則を構成する」という。

　理論のレベルでは反駁困難と思われる意思主義のこうした立論に対して通常行われる批判は、国際社会の現実では一般的に承認された慣習国際法規範は一般国際法としてすべての国を拘束しているではないかという議論である。しかし意思主義の立場からすれば、こうした指摘は議論のレベルをすり替えて証明が必要なことを所与の事実とする論点先取を犯しており、説得力を持つものではない。たとえばメンデルソン（Maurice H. Mendelson）は、意思主義の擁護のためには「国際社会の現実」を挙げるよりも主権平等原則のほうがより強力だと認めながらも、ほかにも主権平等原則の違反はあるのであって「伝統的な形の慣習国際法の強みの1つは、それが力の現実を反映することだ」という[33]。ビン・チェンもまた、「黙示の同意」説を主権平等原則で説明するトゥンキンの考えを「学説上の教条主義の何よりもの例」だと批判して、「法は常に社会の支配的な部分の意思である」と言い放った[34]。つまり、主権平等原則への批判は、結局はむき出しの大国主義の主張に至ることを確認することができる。

　しかし、主権平等原則を根拠とする意思主義の擁護は、そもそも国家主権の概念を認めないケルゼンには通用しないと思われる。彼は、圧倒的多数の同意をもって共通の同意とするなら、すべての国は主権的だという前提がフィクションとなると認めるが、他方では国が法的には国際法に従うとすればそれは最高の法的権威という意味で主権的ではありえないという[35]。こうした見

---

[33] Mendelson, *supra* note 32, p. 264, note 295.

[34] Bin Cheng, "Custom: The Future of General State Practice in a Divided World," R.St.J. Macdonald and Douglas M. Johnston (eds.), *The Structure and Process of International Law: Essays in Legal Philosophy, Doctrine and Theory* (Martinus Nijhoff, 1983), pp. 539, 545.

[35] Hans Kelsen, *Principles of International Law*, 2nd ed., Revised and Edited by Robert W. Tucker (Holt, Rinehart and Winston, 1966), pp. 448, 190.

解に対しては、トムシャット（Christian Tomuschat）もいうように歴史的には国が国際法に先行すると批判できる[36]。ケルゼンはこうした批判を予測して、国内法と国際法との間の歴史的関係は、両者の論理的関係を排除しないという反論を提示する[37]。この反論に説得力を認めるかどうかは論者の国際法観にかかわるが、ケルゼンが一般国際法の成立のためにはすべての国の慣行は必要ではなく、「力、文化そのほかの点である種の重要性を有する国」を含む大多数の国の慣行で十分だと認める[38]ことには留意したい。

(4) 意思主義の「躓きの石」？

　意思主義に立つなら、かつてアパルトヘイトの禁止に反対した南アフリカの立場を認めなければならないことになるという批判がしばしば行われる。コンドレッリ（L. Condrelli）は、この意味でアパルトヘイト問題は意思主義の「躓きの石」だと述べた[39]。しかし、この見解は直ちに次のように反論された。すなわち、南アは人種差別禁止原則そのものを否定したのではなく、自国の実行はそれに違反するものではない、あるいは自国の行動は国内管轄事項で当該原則の適用を受けないと主張したのだという[40]。また、こうした状況については差別禁止を含む国連憲章の関連規定、とくにその第55条と第56条の解釈の問題として対処できるという議論は少なくない。こうした議論は、アパルトヘイト禁止にとどまらず、人権規範一般の普遍的妥当性の論証にも当てはまる。たとえばシンマ（Bruno Simma）＝オルストン（Philip Alston）は、慣習国際法の要件緩和によって人権規範の普遍性を説明する手法を慣習国際法の「アイデンティティの危機」をもたらすものとして批判し、そのためには国連憲章の権威ある解釈かまたは法の一般原則に依拠するほうが、国際法の同意主義的性格により適合的だと論じた[41]。

---

36) Cristian Tomuschat, "Obligations Arising for States Without or Against Their Will," *Recueil des Cours*, Vol. 241 (1993), p. 210.
37) Kelsen, *supra* note 35, pp. 564-565.
38) *Ibid.*, pp. 444-445.
39) Discussion by L. Condrelli, Antonio Cassese and Joseph H.H. Weiler (eds.), *Change and Stability in International Law-Making* (Walter de Gruyter, 1988), p. 120.
40) Discussion by Cassese, *ibid.*, pp. 129-130; Discussion by Arangio-Ruiz, *ibid.*, pp. 133-134.
41) Bruno Simma and Philip Alston, "The Sources of Human Rights Law: Custom, *Jus Cogens*, and General

アパルトヘイトの禁止とも関連して、国際法上の強行規範 (*jus cogens*) についても意思主義による論証にはなじまないという指摘が数多い。条約法条約第53条は、「一般国際法の強行規範」を「いかなる逸脱も許されない規範として、〔……〕国により構成されている国際社会全体が受け入れ、かつ、認める規範をいう」と定義する。条約法に関するウィーン会議では、全体委員会の討論を踏まえて起草委員会で加えられた修正について、起草委員会委員長は次のように説明した。すなわち、「認めた (rcognized)」という言葉は ICJ 規程第 38 条〔1 項 b〕から取ったものであり、〔国際社会〕「全体 (as a whole)」という言葉の追加は「個々の国は拒否権を持つべきではない」という趣旨である、というのである[42]。

この説明から、少なくとも次の 2 点が明らかとなる。第 1 に、ここでは「一般国際法」は慣習プロセスと結び付けて理解されていたこと、したがって、ある規範が強行規範であるためには、当該規範が先に見たようなプロセスで一般国際法の規範として成立していること、そしてその強行性を国際社会全体が認めることが必要であること、である。そして第 2 に、ある規範の強行性を認めるためには一般国際法の通説的な理解がそうであるように、一般的な承認で足り個々の国の同意は要さないということである。それでは、強行規範と主張される規範について、その一般国際法性と強行性とはどのように証明されたのだろうか？

ICJ がある規範を強行規範と認定したのは、次の 2 例においてである。第 1 に、2006 年のコンゴ領域における武力行動事件判決では、ジェノサイドの禁止が強行規範であることは「確かである」と述べたが理由は示さなかった[43]。他方で、2012 年の訴追するか引き渡すかの義務に関する事件判決は、拷問の禁止は「慣習国際法の一部であり、強行規範 (*jus cogens*) となった」と述べ、「この禁止は広範な国際慣行と諸国の法的信念に基礎をおいている」として世界人権宣言、1949 年ジュネーヴ諸条約などの国際文書を援用したほか、拷問の禁止は

Principles," *Australian Yearbook of Internationak Law*, Vol. 12 (1992).
42) UN Doc.A/CONF.39/11, p. 471, paras.4, 7.
43) *Affaire des activités armées sur le territoire du Congo* (nouvelle requête: 2002) *(République Démocratique du Congo c. Rwanda), competence de la cour et recevabilité de la requête, arrêt du février 2006, CIJ Recueil 2006*, pp. 31-32, para. 64.

ほとんどすべての国の国内法に組み入れられており、拷問行為は国においても国際社会でも常に非難の的とされてきたといった理由を与えた[44]。したがって、ICJ は拷問の禁止が強行規範であることを証明するために、それが十分なものであったかどうかはともかくとして、通常の慣習国際法ないし一般国際法と同じ論証の手法を用いたと解することができる。

3　慣習国際法形成における力の要素の抑制

(1)　慣習国際法の形成における力の要素

慣習国際法の形成における力の要素を強調する見解としては、ノルウェー漁業事件判決へのリード (J.E. Read) 裁判官の次のような反対意見がよく引用される。すなわち、「慣習国際法は、国の慣行の一般化である」が、このことは、沿岸国が広範な主張を行ったが主権の現実の行使によってこれを維持しなかった事例によっては証明できず、「国の慣行の唯一の説得力ある証拠は、拿捕の事例に見出されなければならない。すなわち沿岸国が、外国船舶を拿捕することによって、そして外交交渉と国際仲裁の過程においてその立場を維持することによって、当該水域に対する自国の主権を主張する事例である」[45]という。北海大陸棚事件判決における「特別利害関係国」への言及にも、こうした力の要素の反映を見ることができる[46]。学説上も、慣習国際法形成におけるこのような力の要素をやむを得ない現実として認め、さらには慣習国際法の実効性を確保するものとして積極的に評価する見解は少なくない。

慣習国際法のこうした力の要素への批判は、慣習法(論)自体へのイデオロギー批判へとつながる。たとえばタシオラス (John Tasioulas) は、ウェイユの「規範の相対性」論批判について、ウェイユがいう名目的な自由・平等の国からなる多元的社会という法的フィクションの背後には事実上の力の巨大な差異が存在し、古典的な意思主義はこの現実を覆い隠して支配と搾取の関係を手助

---

44) *Questions concernant l'obligation de pousuivre ou d'extrader (Belgique c. Sénégal), arrêt du 20 juillet 2012, CIJ Recueil 2012*, p. 457, para. 99.
45) *Affaire des pêcheries (Royaume-Uni c. Norvège), arrêt du 18 décembre 1951, CIJ Recueil 1951*, Dissenting Opinion of Judge J.E. Read, p. 191.
46) *ICJ Reports 1969*, *supra* note 26, p. 42, para. 73.

けするという⁴⁷⁾。

　慣習国際法論は、とくにその法的信念のイデオロギー性を批判される。ケルゼンは早くも1939年に、慣習国際法の心理的要素は客観的に証明できないから、この理論は法適用機関が果たす裁量的な法創設的役割を覆い隠す機能を果たすと指摘した⁴⁸⁾。ステルン（Brigitte Stern）はケルゼンのこの指摘を敷衍して、法的信念は慣行に直面した際の国際法主体の裁量を覆い隠す役割をも演じるという⁴⁹⁾。彼女によれば、国の法的信念の内容は、国際秩序におけるその国の力の位置に依存する。国の意思はたとえ力の意思ではないとしても、力の要素を含む。こうしてある国は拘束されることを望むから、自由にそれに同意したから拘束されると感じ、逆にほかの国は拘束されないと感じることはできないから、当該の規則は彼らに押し付けられているから拘束されると感じる。つまり、「慣習国際法規則は、その観点を押し付けることができる国の意思によって慣習法とみなされるものである」⁵⁰⁾。

(2) 法的信念による力の要素の抑制

　ステルンは上の引用に続けて、「もしも国の意思が慣習規則を作りだすのなら、同じ意思は同時に当該の規則が国に対抗可能となることを阻止することができる」と述べた⁵¹⁾。ファン・フーフ（G.J.H.van Hoof）もまた、「法的信念だけが行うことができることは、法的信念だけが取り消すことができる」という⁵²⁾。つまり、力の要素を何ほどか反映せざるを得ない国の慣行を法的権利義務に転化する役割を果たす法的信念に、慣習国際法における力の要素を抑制する役割を期待できないだろうか？たとえばバイヤース（Michael Byers）は、法的信念の要件は国の多様な慣行のうち法的信念を伴わないものを慣習プロセスか

---

47) John Tasioulas, "In Defence of Relative Normativity: Communitarian Values and the Nicaragua Case," *Oxford Journal of Legal Studies*, Vol. 16 (1996), p. 123.

48) Kelsen, *supra* note 4, p. 266.

49) Brigitte Stern, "La coutume au coeur du droit international: quelques réflexions," *Mélanges offerts a Paul Reuter, Le droit international: unité et diversité* (Pedone, 1981) p. 492.

50) *Ibid.*, pp. 494, 497-498. 原文の強調は省略。藤田久一「現代国際法の法源」長尾龍一・田中成明編『現代法哲学3・実定法の基礎理論』（東京大学出版会、1983年）294-295頁、参照。

51) *Ibid.*

52) van Hoof, *supra* note 2, pp. 100-101.

ら排除することによって、力の乱用をコントロールするという[53]。

　ICJ のニカラグア事件判決における二要件ないしは法的信念の扱いは、こうした期待を正当化するように思われる。すなわち、PCIJ も ICJ もかつては一般慣行の中に法的信念の存在を見いだすという態度を取っていた[54]。言い換えれば、法的信念は慣行にいわば「化体」するものと理解されており、前者の存在は後者と別個に証明されてはいなかった。ところが ICJ は、ニカラグア事件判決を契機として態度を大きく転換した。ここで ICJ は伝統的な「二要件」論を出発点としながら、実際には「法的信念は、十分な注意を払ってではあるが、とりわけ若干の総会決議、とくに決議 2625(XXV)〔友好関係原則宣言〕に対する当事者の態度および諸国の態度から導き出すことができよう。このような諸決議の文言への同意の効果は、〔……〕決議それ自体によって宣言された規則または一連の諸規則の有効性の受諾と理解できよう」[55]と述べて、とくに武力行使禁止原則と不干渉原則に関する法的信念を示すものとして、友好関係原則宣言等の総会決議、そのほかの国際機構や国際会議の決議などに広範に依拠した。

　このような判断は法的信念の存在を慣行とは切り離して独自に認定したこと、具体的な行為を伴わない総会決議等における抽象的な態度表明を法的信念の表明と認めたことといった点で、従来の裁判所の態度とは大きく異なる。したがって、この判決がとりわけ西側先進国の学界では厳しい批判にさらされたことは不思議ではない。しかし、ICJ が本判決において採用した方法は基本的には正当だったと思われる。裁判所が適用法規の認定において広範な裁量権を有することは、広く認められている。また、「ICJ の役割の再検討」と題する 1974 年の総会決議 3232(XXIX) は、国際法の発展は総会決議等に反映されうるものであり、それらはその限りにおいて ICJ によって考慮に入れられうると述べたが、上のような判断はこうした国際社会の要望——同決議は無投票で採択された——を規程の枠内で生かすための、ICJ の努力の結果と見ることができる。

---

53) Michael Byers, *Custom, Power and the Power of Rules* (Cambridge University Press, 1999), p. 212.
54) See, e.g., *PCIJ Ser.A*, No.10, *supra* note 22, p. 28; *ICJ Reports 1969*, *supra* note 26, p. 44, para. 77.
55) *ICJ Reports 1986*, *supra* note 12, pp. 99-100, para. 188.

以上のようなICJの判断は、少なくとも次の2点において慣習プロセスにおける力の要素の抑制に貢献するものと思われる。第1に法的信念を慣行と切り離すことは、いうまでもなく諸国がより自由に法的信念の表明を行うことを可能とする。そして第2に、総会決議に反映された法的信念は、国連加盟国の総意を反映するものとして慣習プロセスにおいて個々の国の法的信念よりもはるかに重みをもつだろう。ただし、総会決議にこうした役割を認めることができるかどうかについては、慎重な検討が必要である。ICJの核兵器使用の合法性に関する勧告的意見も、総会決議が規則の存在または法的信念の出現を証明する重要な証拠となりうることを認めたが、そのためには決議の内容と採択状況やその規範的性格についての法的信念の存否の検討が必要だと指摘した。この意見はまた、反核諸国が引用した総会決議1653(XVI)などについて、相当数の反対および棄権があったことを理由に、核使用の違法性に関する法的信念の存在を証明するには十分ではないと判断した[56]。

4 「一貫した反対国」の法理

(1)「一貫した反対国」の法理の根拠

ILCの起草委員会が「慣習国際法の同定」の議題のもとに仮採択した「結論草案」15は、「国が慣習国際法規則の形成過程においてこれに反対してきた場合には、当該の規則は反対が維持される限りにおいてこの国には対抗できない」と規定し、「この反対は明白に表現され、他国に知られ、かつ一貫して維持されなければならない」ことを条件とした[57]。この「一貫した反対国」の法理は、ICJの2つの判例、すなわち庇護事件判決とノルウェー漁業事件判決(1951年)を出発点とするもので、学説上多数の支持を得ているように思われるが、その理由は2点にまとめることができる。理論的には、「一貫した反対国」の法理は国際法の基本原則の1つである主権平等の原則と慣習国際法論におけるその反映である意思主義とに根拠をおく。この法理は慣習の意思主義的性格

---

56) *Legality of the Threat or Use of Nuclear Weapons, Advisory Opinion of 8 July 1996, ICJ Reports 1996*, pp. 254-255, paras.70-72.

57) UN Doc., *supra* note 14, p. 4.

の厳格な基準(acid test)であり[58]、慣習法の同意的性格の証左であって[59]その論理的帰結であり[60]、不同意国の主権平等を擁護するために必要だとされる[61]。

また実際的には、この法理の役割は以下のように評価される。もしも1国の反対が新規則の形成を妨げうるとすれば、新規則はほとんど形成されないだろう。反対国がその意に反して拘束されるとすれば慣習国際法は多数決によって形成されることになるが、必要とされる多数や各国の「投票」の重みについて合意に達することは不可能だろう。反対の権利を認めれば、これらの困難は除去される。若干の国による反対は新しい慣習規則の形成を阻止できず、当該の国は新規則によって拘束されないという結果だけが生じる[62]。慣習規則は一般的であっても普遍的である必要はない同意を基礎に形成しうるが、形成された場合のその規範性も同様に一般的であって必ずしも普遍的ではない。このことは慣習規則の形成を容易にすると同時に多数による少数の支配を回避する[63]。すなわちこの法理は、「意思主義のための砦をつくりながら、法規則の客観主義的優位つまり一般国際法化を擁護する」[64]。

「一貫した反対国」の法理が改めて注目されるようになったのは、国際社会の少数派となった西側先進国が伝統的国際法における既得権の擁護のためにこれを援用しだしたことが契機だったと思われる。たとえば米国対外関係法第3リステイトメントは、「一貫した反対国」の法理を援用して米国が深海底制度——当時、その慣習法化が強く主張されていた——に拘束されないことを説明した[65]。ウェイユは、長らく眠り込んでいた「一貫した反対国」の法理の覚醒をもたらしたのは慣習の再興とその機能変化だという。第2次世界大戦直後はこの法理を強調したのはソ連だったが、西側諸国と第三世界諸国は

---

58) Weil, *supra* note 20, p. 434.
59) Thirlway, *supra* note 8, pp. 13, 86-88.
60) Oluferni Elias, "Persistent Objector", Rüdiger Wolfrum (ed.) *Max Planck EPIL*, Vol. VIII (Oxford University Press, 2012), p. 280.
61) Koskenniemi, *supra* note 25, p. 122.
62) Michael Akehurst, "Custom as a Source of International Law," *BYIL* Vol. 47 (1974-1975), pp. 26-27.
63) Weil, *supra* note 20, p. 434.
64) 藤田「前掲論文」(注19) 66-67頁。
65) American Law Institute, *Restatement of the Law Third: The Foreign Relations Law of the United States*, 1986, Vol. 1, pp. 25-26, § 102, Comment d; Vol. 2, p. 92, § 523, Comment e.

これには関心を示さなかった。しかし、15年後には状況は部分的に逆転した。この法理は、第三世界諸国にとっては自らの利益を反映する新しい法に対するやっかいな障害となったのに対して、少数派となった西側諸国にとっては最後の逃げ場となった。こうして「一貫した反対国」の法理は、親西側的、保守的となったのだとウェイユはいう[66]。

(2) 「一貫した反対国」の法理への批判

　「一貫した反対国」の法理はこのように意思主義に根差すものだったから、意思主義批判の立場からの批判を受けるのは当然の成り行きだった。たとえば田中則夫は、ノルウェー漁業事件判決におけるこの論理が一般理論たりうるかどうかについては慎重な検討が必要であり、この考え方をつきつめればいずれの国も国際社会全体に妥当する慣習国際法の成立を阻止する権能を備えることになりかねないという[67]。このほかこの法理に対しては、ほぼ共通して以下のような批判が行われる。すなわち、ICJ の上記2判決の該当箇所はいずれも傍論であって、事例に「一貫した反対国」の法理を直接適用した判例は存在しない。この法理の適用を主張した国の慣行はまれで、慣行においてこの法理に依拠して反対の立場を貫徹した国はない。さらに、反対の根拠の合理性ないしは道義的妥当性を問わないとすれば、アパルトヘイトに関する南アの立場へのこの法理の適用を肯定しなければならなくなる、などと指摘される。

　このような批判に対して「一貫した反対国」の法理を擁護する議論も、ほぼ出尽くしたように見える。すなわち、国際裁判では先例拘束性は認められないから判決理由と傍論の区別は厳格ではなく、ICJ が「一貫した反対国」に対して当該の慣習規則を適用した事例はない。国にとっては慣習国際法の成立を認めたうえで「一貫した反対国」としてその適用除外を主張するよりは、慣習国際法の成立自体を争うほうが戦術的に有利で、事実、諸国はそのように行動してきた。「一貫した反対国」の立場を長く維持できなかったことは事実問題であって、法的にその維持が不可能だったわけではない、などとされる。

---

66) Prosper Weil, "Le droit international en quête de son identité," *Recueil des Cours*, Vol. 237 (1992), pp. 195-196.
67) 田中『前掲書』(注10) 181頁、注118。

上記のような根強い批判にもかかわらずこの法理が多くの支持を得てきたのは、批判者の多くも認めるように、それが国家平等原則という国際法の基本原則に強固な基礎をおくからだと思われる。したがって、その批判者が「一貫した反対国」の法理にとどめを刺すためには、現在では国家平等原則はもはや妥当しないことを証明するか、それとも国にその意思によらずまたはこれに反してでも義務を課すことができる仕組みを証明するかの、いずれかが必要であろう。この法理に対する周到な批判を行う力作の結論部分で、柴田明穂は国際法の義務的性格を国家意思以外に基礎づけたときに「一貫した反対国」の法理の主張は「その使命をとげる」と述べた[68]が、この課題は未達成のように思われるのである。

5　新独立国への慣習国際法の適用

　慣習国際法の意思主義による基礎付けに対して持ち出される批判の1つは、新独立国は現存の慣習国際法の形成過程においてこれに同意を与えたはずがないのに、独立の時点において現存の慣習国際法全体に拘束されるではないかという議論である。たとえばフィッツモーリス（Sir Gerald G. Fitzmaurice）は、「国際社会の構成員として認められた新国家は、その事実によって必然的に国際法主体となりそれに拘束される」が、「それは自動的であって新国家の「同意」にはかかわらない」という[69]。この議論を詳細に検討した小森光夫は、伝統的国際法における国家承認制度では承認の要件の1つとして「国際法を遵守する意思と能力」が求められ、当時の国際社会では国際社会に加入を望む新国家は既存の慣習国際法に反対する自由を持たなかった。これに対して、新国家が多数登場しただけでなく既存の国の間で何が慣習法かをめぐる対立が激しくなった20世紀後半には事情が変化した。かつて新独立国に対する慣習法規則の自動的拘束が主張されたのは、それだけが一般国際法秩序を構成すると考

---

68) 柴田明穂「『一貫した反対国』の法理再考—国際法形成過程研究序説—」『岡山大学法学会雑誌』第46巻2号（1997年）425頁。

69) Sir Gerald G. Fitzmaurice, "Some Problems Regarding the Formal Sources of International Law," Martti Koskenniemi, (ed.), *Sources of International Law* (Ashgate, 2000), pp. 69-70.

えられたからであって、もしも慣習国際法が一般国際法としての意味を持たないなら、新独立国に対するその拘束は「条約の承継と同じ平面で」論じうると小森はいう[70]。

実際、「条約についての国家承継に関するウィーン条約（条約継承条約）」の起草過程では、同条約が規定する新独立国に適用される「白紙の規則（clean slate rule）」（第16条）と新独立国への既存の慣習国際法の適用との関係の問題が議論された。ILCは条約草案第15条（条約第16条）へのコメンタリーにおいて、新独立国が先行国の条約義務を引き受ける義務を負わないことは「新独立国がこうした条約に具現される一般国際法の諸原則についても白紙である」という印象を与えないことが望ましいが、この考えは草案第5条（条約第6条）の一般規定に反映されていると説明した[71]。そして条約第6条は、この条約の適用によりある条約がある国に関して効力を有さないとみなされることは、「その条約中に具現されている義務であって、条約との関係を離れ国際法に基づき従うべきものを履行するその国の義務」を損なわないと規定する。

ウィーン条約承継会議では、草案第5条にいう「条約との関係を離れ国際法に基づき従うべき〔……〕義務」とは、慣習法上の義務を意味すると理解されていた。そして第5条の導入は、先進資本主義国であると当時の社会主義国であるとあるいは発展途上国であるとを問わず、広範な支持を受けた。とりわけイタリア代表は、「新国家は一般国際法の規則の直接かつ義務的な受範者である。これらの規則は新国家に直接かつ自動的に適用される」と明言する[72]。こうして条約承継会議では、一般国際法は新独立国に対して自動的に適用されるという見解が圧倒的だったということができる。

確かに、新独立国が自国はそれに同意を与えたことはないという理由で一般国際法全体の自国への適用を拒否した事例は知られていない。しかし、こうした事実から新独立国は同意を与えていない一般国際法に法律上自動的に拘束されるという結論を直ちに導くことには疑問がある。条約承継会議ではこの結論は広い支持を得たが、その根拠が明らかにされたとは言い難い。む

---

70) 小森「前掲論文（二）」（注21）、205-208頁。
71) ILC's Commentary to Article 15, para.(21), UN Doc., A/CONF.80/16/Add.2, p. 44.
72) UN Doc., A/CONF.80/16, p. 39, para. 55.

しろ ILC も会議参加国も、この結論は改めて説明の必要もない当然のことだとみなしていたようである。しかし、一方では「新独立国はその存在を白紙の状態で開始する」ことを認め、他方では慣習国際法を具現する一般的多数国間条約であってもその承継のためには「当該の条約に関するその国の意思の何らかの表明がまず必要である」とするなら[73]、一般国際法の自動的な拘束についても何らかの法的説明が必要だったように思われる。

なお、新国家が一般国際法全体の自国への適用を拒否したことはないという事実を説明することは、それほど困難ではない。一言でいえば、それは相互主義の働きによる。すなわち、新独立国が自決権の行使として、つまり自らの意思に従って独立を達成し国際社会への参加を実現したのは、主権平等、領土保全、国際協力への参加といった慣習国際法ないしは一般国際法が提供する権利を享受するためであるが、こうした権利を享受するためには新国家は相互主義によって同時に一般国際法上の義務を引き受けなければならない[74]。条約の承継については、ILC は相互主義のこうした働きを認めた[75]。もちろん、新国家が慣習国際法の個々の規則について自国への適用を拒否した事例は少なくないが、その場合には既存の国の同様の主張の場合と同じく慣習国際法の変更のプロセスが始まることになる[76]。

6 意思主義によらない一般国際法の基礎付け

(1) 慣習国際法論によらない一般国際法の存在証明

近年では、慣習国際法論によらない一般国際法の存在証明の試みがさまざまな形で行われるようになった。たとえばトゥンキンは、一般国際法は慣習国際法としてだけ存在するという考えを批判して、「一般的多数国間条約は、一般国際法の規範を形成し修正し発展させる直接の手段となった」という。しかし彼は、国の普遍的参加を得た一般的多数国間条約はないことを認めて、「多

---

73) ILC's Commentary to Article 15, paras.(3), (8) and (10), UN Doc, A/CONF.80/16/Add.2, pp. 41-42.
74) G.M. Danilenko, *Law-Making in the International Community* (Martinus Nijhoff, 1993), pp. 115-116.
75) ILC's Commentary to Article 15, para.(2), UN Doc, A/CONF.80/16/Add.2, pp. 40-41.
76) Bin Cheng, *supra* note 34, p. 519.

くの場合、慣習プロセスが条約プロセスに付け加わって、両者が共同して一般国際法規範の形成に導く」と述べるから、一般的多数国間条約が一般国際法形成の「直接の手段となった」ことを証明できたわけではない[77]。

慣習国際法に代わる一般国際法形成の新しい経路を提示した論者として、田中則夫はチャーニー（Jonathan J. Charney）に注目した[78]。チャーニーは、国際社会の急速な拡大と環境問題に代表される全地球的課題の登場は個々の国の態度のいかんを問わずすべての国際法主体を拘束する新規則の定立を必要としているが、伝統的な法源である慣習と条約ではこの要請に十分応えることができないとして、多数国間フォーラムにおける討論によるコンセンサスに反対国をも拘束する国際法形成の主要な役割を認め、こうして成立する規則を「一般国際法」と呼ぶ[79]。彼がいう普遍的に妥当する一般国際法の必要性は明らかであり、彼が批判する伝統的法源の限界も否定することはできない。また、彼が主張する形における一般国際法の形成は、その民主性と透明性において慣習国際法形成過程の閉鎖性と神秘性に比べてはるかに魅力的である。このような理由で、田中はチャーニーの議論に注目したのだと思われる。

しかし田中もいうように、このチャーニーの論文は多くの点を未解のまま残した問題提起にとどまる。彼は多数国間フォーラムが立法権限を有することを否定し、また、このプロセスが伝統的な慣習国際法形成とは合致しないことを認めるが、「国際社会自体がこのプロセスの変更を行う権威を有し、国連憲章とそのもとで発展したシステムを通じてこれを行った」のだという[80]。しかし、「このプロセスの変更」は具体的には説明されていない。また、彼は「このシステムが機能している多くの例がある」と指摘して、国連第3次海洋法会議における200カイリ排他的経済水域と12カイリ領海など多くの例を挙げる[81]。しかし、彼が挙げる規範の多くが現在では実定法となっていることは明らかだが、この結果が彼が主張する「プロセス」の所産であることは証明さ

---

77) Tunkin, *supra* note 24, pp. 133, 135. なお、トゥンキンのこの立場は終生変わらなかった。See, Tunkin, "Is General International Law Customary Law Only?," *EJIL*, Vol. 4 (1993), p. 534, *et seq.*

78) 田中『前掲書』（注10）400-402、441-446頁。

79) Jonathan J. Charney, "Universal International Law," *AJIL*, Vol. 87 (1993), p. 529, *et seq.*

80) *Ibid.*, pp. 547, 545.

81) *Ibid.*, pp. 548-549.

れていない。

　いずれにせよ、チャーニーの議論は新しい一般国際法の形成のための国連等の大きな役割を認める点でほかの多くの論者と共通する。そのような議論として、たとえば日本では奥脇直也の「国連法」論が注目される。奥脇によれば、武力行使を違法化した国連憲章のもとでは国際法の漸進的発達は不可欠の要件であり国際社会の価値政策立案を促進する過程であって、国連総会や一般的外交会議といった会議体がこうした目的で採択する文書は立法的正義の要求を国際社会に宣明し、条約交渉と国の慣行の統一を誘導して国際社会の一般的利益の実現を目指す。こうした過程を伝統的法源論で説明することには無理があり、「合意」概念の無限定な拡張によって合意の信頼性を崩壊させる危険があるとして、奥脇はこうした規範的文書を「国連法」と呼ぶことを提唱する。他方で彼は、国家間関係を具体的に規律するのは引き続き国の主権的合意であることを認めて、「国連法」には個別国家間の契約的合意の安定に必要な権威ある立法的正義を提供する役割を与える。こうして、「国連法」をある意味での上位規範とする合意の二層構造が現出するのである[82]。

　このように奥脇の「国連法」論は、多数国間フォーラムの位置づけにおいてチャーニーの議論と共通するが、個別国家間関係の規律は主権的合意にゆだねて「国連法」にはこうした合意を方向付け促進する役割を期待する点ではチャーニーの議論とは異なっており、伝統的な法実証主義にはより親和的であるように見える。こうして奥脇の「国連法」論は国際社会の法定立面における組織化を法源論に取り込むとともに、これを国際秩序の実効的規律を実現する実定国際法と明確に区別する理論的枠組みを与える意味できわめて説得的である。奥脇は組織としての国連をはるかに超える法現象を「国連法」と呼ぶ理由を詳しく説明する[83]が、この魅力的な理論がそれにふさわしい注目を必ずしも集めていないように見える原因が、その名称が与える狭い印象にあるとすれば残念なことである。なお、藤田久一も「国連法」という概念を用いるが、藤田はこれを国連憲章とそのもとで採択された決議等に限定するより

[82) 河西（奥脇）直也「国連法体系における国際立法の存在基盤―歴史的背景と問題の所在―」大沼保昭編・高野雄一先生古稀記念論文集『国際法、国際連合と日本』（弘文堂、1987年）所収。
[83) 同上、99-103頁。

オーソドックスな意味で用いる[84]。しかし藤田は、従来一般に慣習法論の立場から論じられてきた総会の規範的決議について、「一定の条件のもとで、一般国際法を生み出しうるオリジナルな方法としての新たな形式法源とみなす」可能性に触れており[85]、そこには奥脇の「国連法」論と通底する問題意識を読み取ることができる。

(2)「同意」の対象ではない慣習国際法の「基本原則」の存在の主張

とりわけ「一貫した反対国」の法理との関連で「同意」の対象ではない、つまり「一貫した反対国」の法理の適用がない慣習国際法の「基本原則」ないしは「憲法的原則」の存在が主張されることがある。こうした原則の内容については意見の一致がないが、この文脈で援用されることがあるICJのメイン湾海洋境界画定事件の裁判部判決を手掛かりにしてこの点を考えてみよう。同判決は、慣習国際法を「国際社会の構成員の共存と不可欠の協力とを確保するための限られた規範の集まり」と「諸国の法的信念におけるその存在が、〔……〕十分に広範かつ納得のいく慣行の分析に基づく帰納によって検証されうる一連の慣習規則」とに二分した[86]。ここで裁判部は、後者については慣習国際法の伝統的な二要件による検証を求めているのに対して前者をこれとは明確に区別しているから、この表現からは前者は伝統的な二要件に基づく検証にはなじまないという印象を受けるが、そうだろうか？

同判決は、特別合意が適用法規とした「国際法の原則および規則」を解釈するに当たって、慣習国際法はその性格からして不可欠の目的を達成するために従うべき指針を定める若干の基本的な法原則を定めるのみで、適用される衡平の基準あるいはこの目的のために用いる現実的な方法をそこに求めることはできないと述べた[87]。ここで裁判部が「国際法の原則および規則」として考えたのは、すべての海洋境界画定に適用される一般国際法の「基本的規範

---

84) 藤田久一『国連法』(東京大学出版会、1998年) 4-5頁。
85) 藤田「前掲論文」(注19) 77頁。
86) *Affaire de la délimitation de la frontière maritime dans la région du golfe du Maine (Canada/États-Unis d'Amérique), arrêt du 12 octobre 1984 rendu par la Chambre constituée par ordonnance de la Cour du 20 janvier, 1982, CIJ Recueil 1984*, p. 299, para. 111.
87) *Ibid.*, p. 290, para. 81.

第1章　慣習国際法論は社会進歩のプロジェクトに貢献できるか？　33

(la norme fondamentale)」のことである[88]が、裁判部はこの「基本的規範」が大陸棚条約と国連海洋法条約に慣習国際法ないし一般国際法として規定され、また、北海大陸棚事件判決以来のICJと仲裁裁判所の判例でもそのように認められたことを指摘した[89]。つまり裁判部はここで二要件の具体的な検討は行ってはいないが、そこにいう「基本的規範」が慣習国際法として成立したかどうかをそれなりに審理したのであって、先のような裁判部の言明が意思主義によらない一般国際法の存在を認めたものと読むことは、必ずしも適切ではないであろう。

(3) トムシャット「国の意思によらずまたはこれに反して生じる義務」の検討

　法実証主義とそれに基づく意思主義を否定すれば、国に対してその意思にかかわりなく課される「すべてのものに対する慣習的義務 (customary obligations omnium)」の存在を説明することは、ある意味では簡単である。たとえばタシオラスは、ウェイユの批判に対して「規範の相対性」論を擁護するために「自然法パラダイム」の導入を主張した[90]。しかし冒頭で述べたように、本章は法実証主義を否定する立場には立たないから、タシオラスの議論をそのまま受け入れることはできない。ここでトムシャットの「国の意思によらずまたはこれに反して生じる義務」の議論に注目するのは、彼が主権国家体制の存続を認め主権平等原則を「憲法的原則」の1つに位置づけながら、国際社会全体の利益のための法形成を目指して伝統的システムの枠内で共同体の考えを生かす道を追求するからである[91]。

　それでは、この試みは成功したのだろうか？トムシャットは条約については、国際法秩序の構成要件である諸原則を具体化し詳述する条約はそれ自体が新たに法的権利義務を生むというより既存の法関係を表現するものであって、こうした条約は起草過程が公正であるならすべての国に対抗できるという[92]。慣習国際法については、国際社会の構造を定める基本規則からの一方的

---

88) *Ibid.*, pp. 299-300, para. 112.
89) *Ibid.*, pp. 290-295, paras. 83-96.
90) Tasioulas, *supra* note 47, pp. 89, 117-118.
91) Tomuschat, *supra* note 36, pp. 220-221, 239.
92) *Ibid.*, pp. 269-271.

な離脱は不可能であり、また、判例においても学説においても慣習国際法の成立のためにはすべての国の同意は必要ないとされる。「一貫した反対国」の法理を認めれば、各国は既得権を擁護する権利を与えられ慣習国際法修正の柔軟なプロセスは差し止められることになろう。つまり、慣習国際法はその受範者の明示または黙示の同意を要するものではないと彼はいう[93]。このようにトムシャットの議論は、結局は「必要だから拘束する」という主張に行きつき、国際立法に関する現存の規則も慣行も主権国家を出発点とするという彼自身の認識からしても十分な説得力を持たない。別の個所では彼は、「もしも慣習法が一般的な行動基準として*機能するべきである*とすれば、国際社会の個々の構成員に対するその適用可能性は各構成員の特定の同意には依存しえない」[94]と述べて、「語るに落ちる」。

ところでトムシャットは、国の意思によらずにまたはこれに反して国に義務が生じる場合には、当該国にとっては自らそれを受諾したという義務実施の最も重要な動機が欠けるから、こうした義務は偽善的な願望に過ぎないのではないかという、疑いもなく正しい問題提起を行う。そこで彼は、法的義務となった国際社会の利益を実施するためには、国際社会は何らかの執行機能を必要とすると考えるが、結論的に彼が行きつくのは安保理の憲章第7章に基づく強制措置である。「国際社会の基本的利益を保護するための義務〔……〕の実効性を確保するために、この義務を国連憲章第7章の対象とすることは理にかなったことである」と彼はいう[95]。しかし、トムシャットは憲章解釈の初歩的な誤りを犯している。憲章第7章の強制措置は「国際の平和及び安全を維持し又は回復する」ことを目的とし(第39条)、それ自体「国際社会の基本的利益を保護するための義務」の実施を目的とするものではない。しかも安保理は政治的機関であって、その構成と機能からして国際的な義務の実施という司法的な任務をゆだねるのにふさわしい機関ではない。

---

93) I*bid*., pp. 275-290.
94) *Ibid*., p. 308. 強調は引用者による。
95) *Ibid*., pp. 362-369.

7 　慣習国際法の形成における国の意思の被規定性

(1) 国際法の拘束力の基礎

　多くの論者は、慣習国際法に限らず国際法自体の拘束性を実定法の理論の枠内で説明することは不可能であることを自覚していた。古典的な例ではクンツ (Josef L. Kunz) やブライアリー (J.L. Brierly) は、国際法に従うべき義務の淵源は超法的な問題であって、それを提供するのは法哲学の任務であるという[96]。より近年にはバイヤースは、国際法上の義務の基礎を同定するための無数の試みから明らかとなる1つの事実は、国際法上の義務の基礎は個々の規則とその生成過程に先立つところにあり、この義務の誕生については国際法学者は非法的な諸要件と非法的な諸関係とを検討する必要があるということだと述べる[97]。

　それでは、この目的のために国際法学者は、専門分野を超えてどこに向かえばよいのか？この点については、フィッツモーリスの以下のような議論が示唆的だと思われる。すなわち彼は意思主義を批判して、同意は個々の法規則を創設することはできるが法自体の拘束力を創設することはできず、そのためには拘束力の付与についての同意が先行する必要があるという形で無限の後戻りが生じるという。法の拘束力の究極の淵源は法の外側に、たとえば政治や社会学の分野に求めなければならない。こうしてフィッツモーリスは法の「社会的」見方を取り、「法は社会それ自体の存在の必要条件である」という[98]。そこで、法は社会の存在の必要条件だというこうした見方を、もう少し突っ込んで検討してみよう。

(2) 慣習国際法の社会的基盤

　伝統的国際法の社会的基盤が世界市場の形成を目指す資本主義経済の本

---

96) Josef L. Kunz, "The Nature of Customary International Law," *AJIL*, Vol. 47 (1953) p. 663 ; J.L. Brierly, *The Law of Nations: An Introduction to the International Law of Peace*, 6th ed., ed. by Sir Humphrey Waldock (Oxford University Press, 1963), p. 54.

97) Byers, *supra* note 53, p. 7.

98) Sir Gerald Fitzmaurice, "The General Principles of International Law Considered from the Standpoint of the Rule of Law," *Recueil des Cours*, Vol. 92 (1957), pp. 36-44.

質にある事実を喝破したのは、リシッチン (Oliver J. Lissitzyn) だった。すなわち、法的に拘束力あるものとみなされる国家間関係の規範体系としての国際法は、近代西欧文明の所産である。国際法は、西欧において発展しつつあった社会の必要に応じたために出現し発展した。最低限の秩序、予測可能性、および安定性がなければ、近代社会の私的な経済活動はほとんど遂行不可能だったであろう。多くの小国に分裂し、その供給と市場とを遠隔の土地にますます多く依存する大陸にあっては、国内法だけでは必要最小限の安全を提供することはできなかった。すべての政府が承認し通常は従うような公的な行動の基準が必要とされた。このような基準なしには、国境を超えた人間、商品および資本の移動は、不可能なほど危険だっただろう、と彼はいう[99]。今から半世紀も前に行われたリシッチンのこの指摘は、その後のグローバリゼーションの目覚ましい展開に照らしても、国際法の社会経済的基盤とそれが果たすことを期待される役割の正鵠を得た指摘として、ますますその輝きを増しているように思われる。

　リシッチンはまた、以上のような議論を法源論と結び付ける。すなわち彼は、ICJ規程第38条にいう「慣習」または「一般慣行」がなぜ国を拘束するのかという問題について、「解答は法的な抽象概念にではなく、国際生活の現実の中に求めなければならない」という。行為の一貫性と相互の請求および容認のプロセスとは、しばしば同種の行動の継続への期待を生じる。国と私人などの国際的な行為体は、このような期待に基づいて彼らの政策を展開し行動を計画する。「したがって、これらの期待を実現し行動の安定性を維持することに共通の利益が生じる。この利益が、「慣習」または「一般慣行」は法的に拘束力がある規範を創設するという理論に翻訳されるのである。」しかし、一般国際法の究極の基礎は「国の一般的なコンセンサスと期待とに見出さなければならないのであって、「慣習」または「一般慣行」はその証拠の一形態に過ぎない」と彼はいう[100]。

　メンデルソンはリシッチンのこの説明に依拠して、「国は、国際社会の正統な期待 (legitimate expectation) に従うべきである」という「根本規範」を提示した。

---

99) Oliver J. Lissitzyn, *International Law Today and Tomorrow* (Oceana, 1965), pp. 3-4.
100) *Ibid.*, pp. 35-36.

第 1 章　慣習国際法論は社会進歩のプロジェクトに貢献できるか？　37

「正統な」とはそれに依拠した行動の根拠となるという規範的な意味を持つ[101]。ILA の 2000 年ロンドン決議は、メンデルソンのこの言明の影響のもとに、慣習国際法の定義に「正統な期待」を取り入れる (Section 1 (i))[102]。ファン・フーフも用語法は異なるが、同趣旨の主張を行う。すなわち、国際法の拘束力の基礎という意味での法源は、国際関係は法システムによって規律されるべきだという「承認された必要性 (recognized necessity)」に見出すことができる。「合意は拘束する」という規則は、「必要性」の要件の国際法への「翻訳」と見ることができる、と彼はいう[103]。

つまり、国とそのほかの国際法主体は、国際社会において秩序、予測可能性、および安定性を確保するために、「国際社会の正統な期待」に従って行動しなければならない。このことは、「国際社会の正統な期待」が直接に法的義務を生み出すという意味ではない。そうではなくて、国は「国際社会の正統な期待」に促されてあれこれの法源を通じて国際法規範の形成に向かうという意味である。こうした経路を通じての法規範の形成は、ICJ の核実験事件判決がいう「誠実の原則 (principle of good faith)」に基礎づけることができよう。ここで裁判所は、「その淵源のいかんを問わず、法的義務の創設と実施を規律する基本原則の 1 つは、誠実の原則である。信頼と信用は、国際協力に内在する〔……〕。条約法における「合意は拘束する」の規則自体が誠実に基礎をおくのと同様に、一方的宣言によって引き受けられた国際的義務の拘束的性格も、誠実に基礎をおく。こうして利害関係国は一方的宣言を認識してこれを信頼し、こうして創設された義務が尊重されるよう求める資格を有するのである」、と述べた[104]。

(3) 国際法にかかわる国の意思の被規定性

国際法の拘束力の基礎を何らかの形における国の同意に求める意思主義に対しては、それでは国の「心変わり」に対して国際法の客観的な妥当性が確保

---

101) Mendelson, *supra* note 32, pp. 183-186.
102) ILA, *supra* note 15, p. 719.
103) van Hoof , *supra* note 2, pp. 72-75.
104) *Nuclear Tests Case (Australia v. France), Judgment of 20 December 1974, ICJ Reports 1974*, p. 268, para. 46.

できないという批判が行われる。たとえばフィッツモーリスの意思主義理解によれば、国が国際法を遵守するのはある時点において最初にそれに同意しただけでなくその同意を継続しているからであるが、このことは国はいつでも同意を撤回する資格を有し、そうすることによって拘束から逃れるということを含意する[105]。しかし、このフィッツモーリスの指摘は、意思主義の理解において誤っている――現在では、国はその同意を任意に撤回できると主張する意思主義者はいない――だけでなく、国はまったく任意に国際法への同意またはその撤回を決定できると想定している点でも誤りである。すなわち、国際法にかかわる国の意思は、相互に規定された意思であり、また、社会的に規定された意思でもある。

　国際法にかかわる国の意思が相互に規定された意思であるということは、言い換えればいわゆる相互主義を意味する。国がある国際法規則に同意しこれを遵守することは、他国もまたこれに同意しそれを遵守するだろうという期待に基づく。このような相互主義は、とりわけある国の権利が相手国の義務と対応する伝統的国際法においては顕著に働く。つまり、ある国が一定の権利を主張しようとすれば、他国が主張する同じ権利を尊重する義務を引き受けなければならない。他方、国の意思が社会的に規定されるということは、次のような意味である。すなわち、多くの国がある規則を定立して一定の社会関係を規律しようとするときに、ある国がこの規則への同意を拒否すれば同国はこの社会関係には参入できない。そこでこの国は法的にではなくて社会的に、つまり当該の社会関係に参入するために、この規則に同意することを余儀なくされる。もっとも、現代国際法を特徴づける国際社会の一般的利益の実現を目指す国際法規範については、必ずしも個々の国の個別的利益にかかわるものではないから、狭い意味での相互主義はもちろんこうした社会の規定も働かないかもしれない。しかしこのような分野では、次に見るような別の形で社会の規定が働くと見ることができる。

　人権や環境といった分野の国際法では、道義的・政治的な価値判断の導入が不可避である。しかし実証主義を貫徹するなら、道義的・政治的な価値は実定法に反映された限りにおいてのみ、法的な評価の対象となる。ICJ は南西

---

105) Fitzmaurice, *supra* note 98, pp. 37-38.

アフリカ事件第2段階判決において、「裁判所は司法機関（a court of law）であり、道義的な諸原則が法的形式において十分に反映された限りにおいてのみ、これらの諸原則を考慮に入れることができる」と述べた[106]。

　道義的・政治的な価値判断はことの性質上主観的なものであり、その国際法への導入には恣意的な乱用の危険が不可避である。ウェイユは、多元的国際社会では国際法は価値中立的でなければ調整の機能を果たせないという[107]。とりわけ、先に見たような慣習国際法形成における力の要素にかんがみれば、このような危険を過小評価することはできない。それでは、このような危険を最小限とするためにはどのような方法が考えられるか？

　バイヤースは、慣習規則の形成、維持および発展に導く「若干の共通利益の顕著な性格（conspicuous character）」は一国または学者の解釈ではなくてすべてではないにしても大部分の国の慣行によって示されるものであり、これが規則の存否を決定するのだという[108]。またロバーツ（Anthea E. Roberts）は、人権や環境といった分野における「現代的慣習」はとりわけ強い「規範的訴求力（normative appeal）」を有するが、これには手続と実体の両側面があり、手続的規範性は法形成過程が透明で諸国の参加に開かれていることを、実体的規範性は法が内容的に一貫していて道義的に正しいか中立的であることを必要とする、という。「道義性」とは、代表的な多数の国が条約や宣言において認める行動の適否に関する共通の主観的価値を意味する[109]。

　ここでは、これまで論じられることが少なかった慣習国際法の民主的正統性の問題が提起されているが、慣習法論がコスケニエミのいう「アポロジー」に堕さないためには、国レベルだけではなくより広範な参加を考えなければならない。この点に関しては、最近慣習国際法形成過程におけるNGOsなどの非国家行為体の役割を指摘する議論が見られるが、現在のところこの過程でNGOsなどが果たす役割は、国の行動や場合によっては法的信念に影

---

106) *South West Africa Cases (Ethiopia v. South Africa; Liberia v. South Africa), Second Phase, Judgment of 18 July 1966, ICJ Reports 1966*, p. 34, para. 49.
107) Weil, *supra* note 20, p. 420.
108) Byers, *supra* note 53, p. 209.
109) Anthea Elizabeth Roberts, "Traditional and Modern Approaches to Customary International Law: A Reconciliation", *AJIL*, Vol. 95 (2001), p. 762.

響を与えることを通じての間接的なものにとどまる[110]。非国家行為体に慣習形成過程におけるより直接の役割を与えるべきだとの意見もあるが、それはこれらの行為体に「責任なき権力」を与えることになりかねない[111]。このように、いまのところ非国家行為体が慣習国際法の形成に与えることができる影響は間接的なものにとどまるが、しかし、それが上に見てきた国の意思を社会的に規定する役割の一端を担うことは明らかであり、その角度から見る場合にはここでいう非国家行為体にはNGOsのような組織された団体だけでなく、より広く人権、環境、平和などの運動体、さらには無定形の世論をも含むことに留意しておきたい。

「世論」とはまことにとらえがたい概念だが実定法とまったく無縁であるわけではなく、藤田久一はマルテンス条項の「公共良心の要求」がほぼこれに当たると指摘した[112]。マルテンス条項とは、周知のように1899年ハーグ陸戦条約前文に挿入されたもので、締約国は明文規定がない場合であっても「人民及交戦者カ依然文明国ノ間ニ存立スル慣習、人道ノ法則及公共良心ノ要求ヨリ生スル国際法ノ原則 (principes du droit des gens, tells qu'ils résultent [……] des exigences de la conscience publique) ノ保護及支配ノ下ニ立ツコトヲ確認」する。マルテンス条項は1949年ジュネーヴ諸条約の廃棄条項、1977年第1追加議定書第1条2項など多くの条約に取り入れられ、その慣習法化は疑われていない[113]。同条項はハーグ会議における政治的妥協の結果挿入されたもので、「人道ノ法則」と「公共良心ノ要求」を「慣習」と並ぶ法源と認めたという解釈を取ることは困難だが、カッセーゼ (Antonio Cassese) は、同原則は第1に解釈基準として働くこと、第2に法源論のレベルでは慣習プロセスにおける慣行と法的信念の比重を後者に大きく傾ける役割を果たすこと、を指摘する[114]。マルテンス条項をめぐるこうした議論は国際人道法の枠内のものだと思われるが、しかし、法源論と

---

110) Byers, *supra* note 53, pp. 86-87, 218; Tullio Treves, "Customary International Law," Rüdiger Wolfrum (ed.) *Max Planck EPIL*, Vol. II (Oxford University Press, 2012), p. 944.
111) Roberts, *supra* note 109, p. 775.
112) 藤田久一『新版国際人道法』再増補(有信堂、2003年) 193頁、注(12)。
113) See, *ICJ Reports 1996, supra* note 56, p. 257, para. 78, p. 259, para. 84.
114) Antonio Cassese, "The Martens Clause: Half a Loaf or Simply Pie in the Sky?," *EJIL*, Vol. 11 (2000), esp., pp. 212-215.

のかかわりでのカッセーゼの考えは、先に見たカーギスの「スライディング・スケール」論を思わせるもので、慣習プロセスにおける世論の役割を考える手掛かりとなるように思われる。

8 国際法は進歩のプロジェクトに貢献できるか？
――結びに代えて――

　以上において慣習国際法論、より一般的にいえば国際法全般は国際社会の一般的利益の実現という社会進歩のプロジェクトに貢献できるのかという、藤田久一や田中則夫の問題提起に応えるために、おもに慣習法論の現状を検討してきた。しかし、これまで積み重ねられてきた慣習法論の広さと深さにかんがみれば、本章はその表層を通り一遍に撫でまわしたに過ぎず、ここで藤田や田中の問題提起に十分な答えを与えることはできない。したがって以下では、彼らの問題提起への現段階での暫定的な解答を示すことしかできない。

　もちろん、国際法が社会進歩に貢献する可能性を全面的に否定する見解がないわけではない。ミエヴィル (China Miéville) は、マルクス主義法学の古典であるパシュカーニス (Evgeny Pashukanis) の『法の一般理論とマルクス主義』(1924年)[115]における法の形態論に依拠して国際法理論を組み立てようとした興味深い著作の中で、資本主義法のもとでの労働力商品の所有者 (労働者) と購買者 (資本家) の間の法的な形式的平等の場合と同様に、国際法のもとでも形式的な主権平等の背後には事実上の力関係が隠されていることを指摘し、「平等なものの間では力が決する」というマルクス (Karl Marx) の言葉を引用して、国際法からは進歩的な政治プロジェクトまたは解放への原動力は生じないと断じた[116]。

　先に見てきたような慣習法論のイデオロギー的性格に照らしても、ミエヴィルのこうした指摘にはうなずかざるを得ない側面があるのは確かである。しかしマークス (Susan Marks) は、ミエヴィルの分析の多くの点に賛意を表しながらも、そこにおける「運動論」の欠如に疑義を呈した。ミエヴィルはたまたま勝利があるとしてもそれは「世論の法廷」において、つまり法の外側において

---

115) パシュカーニス＝稲子恒夫訳『法の一般理論とマルクス主義』(日本評論社、1958年)。
116) China Miéville, *Between Equal Rights: A Marxist Theory of International Law* (Pluto Press, 2005), esp., p. 316.

だという[117]が、世論はたんに国際法的展開の裁判官であるだけでなく、部分的にはこうした展開を構成するものでもあるというのである[118]。もう1点付け加えるとすれば、ミエヴィルは「力」をもっぱら物理的な暴力の意味に解しているように見えるが、慣習プロセスにおいて働く「力」を国の行動に直接または間接に影響を与える能力という広い意味にとらえて、これに道義的権威や国際法の正統化および抑制の効果も含める見解がある[119]ことにも留意したい。つまり、「力は常に決するわけではなく、いつも同じ方法で決するわけでもない」[120]のである。

　ミエヴィルが国際法の進歩への貢献の可能性を否定した理由の1つは、国際法の「不確定性 (indeterminacy)」にあった。すべての主張に対して対抗主張が可能であるから、戦争への「法律家的」反対は詮無きものであり、解決はある概念の内的な論理の結果ではなくて「力に裏打ちされた解釈」によるのだ、と彼はいう[121]。国際法の、あるいはその法源論の不確定性はコスケニエミが繰り返して強調するところでもある。

　しかしコスケニエミは、国際法のこの「不確定性」からミエヴィルとは異なる結論を導いた。その不確定性のゆえに国際法が必然的に進歩の手段だと信じることはできないが、「もしも国際法が不確定であるなら、現在の慣行を正当化するために（そしてもちろん、批判するためにも）国際法を用いうる範囲に限界はない」、とコスケニエミはいう[122]。彼は、2003年に世界的に広がったイラク戦争反対の運動が掲げたスローガンが、ブッシュの戦争は「間違っている (wrong)」ではなくて「違法だ (illegal)」というものだったことに注目する。戦争を「国際法違反」と非難することは、特定の利益を超える何ものかに訴えることを意味する。誰か特定の者に対してではなく、すべての者一般に向けられた侵犯を経験することによって、相異なる人たちは団結することができ

---

117) *Ibid.*, p. 304.
118) Susan Marks, "International Judicial Activism and Commodity-Form Theory of International Law," *EJIL*, Vol. 18 (2007), p. 207.
119) Byers, *supra* note 53, pp. 5-6.
120) Marks, *supra* note 118, p. 210.
121) Miéville, *supra* note 116, pp. 280-284.
122) Koskenniemi, *supra* note 1, pp. 613-615.

第1章　慣習国際法論は社会進歩のプロジェクトに貢献できるか？　43

る。ここに、国際法の解放のための見込みがある。「国際法は、まさに特定の不満を普遍的な不満に連接させる役割を果たし、そうすることによって〔……〕それを援用する行為を通じて普遍的な人間性の意識を構築することができる」、とコスケニエミは説いた[123]。

　このような観点から慣習法論に立ち返るなら、「はじめに」で掲げた国家意思に基礎をおく慣習国際法と国際社会の一般的利益の各々について、より複眼的な見方が必要だということに気が付く。慣習法論が現存の国の意思にそのままに定礎するなら、それは国際社会の現状のアポロジーになり終わる。しかし国は同時に「自決単位」であって、その枠内において人民は自分たちの意思を国の慣行と法的信念に、さらにそれを通じて慣習国際法に反映させる可能性を有する。他方で、国際社会の一般的利益の考えの背後にあるグローバリゼーションは世界市場の完成を目指す資本が追求してきたものだから、そのままにおくなら国際社会の一般的利益は多国籍企業の利益を反映することが避けられない。したがってここでも、グローバリゼーションの過程を民主的にコントロールする必要が明らかだと思われる。田中則夫が慣習法論との関連で、一方では「各国の市民の立場を真に代表する民主的な国家意思の形成」をどのように確保するのかを、他方では個々の国家にとっては「自らの意思をいかにして国際社会における多数意思に高めるか」を課題として提起した[124]のは、まさにこのような問題意識に立ってだったと思うのである。

---

[123] Martti Koskenniemi, "What should international lawyers learn from Karl Marx?," Susan Marks (ed.) *International Law on the Left: Re-examining Marxist Legacies*, (Cambridge University Press, 2008), pp. 50-52.
[124] 田中『前掲書』(注10) 422、418頁。

第2章　国家責任条文における義務の類型化と「被害国」の概念
――第 42 条と第 48 条の関係を中心に――

浅田　正彦

はじめに
1　国家責任条文における被害国
　(1) 二国間義務
　(2) 集団的(多数国間)義務
　(3) 被害国以外の国
2　国家責任条文第 42 条 (b) と第 48 条 1 項の関係
　(1) 義務の性格
　(2) 義務違反の態様・重大性
　(3) 責任追及のためにとることのできる措置
おわりに

はじめに

　コスケニエミ (Martti Koskenniemi) によれば、国連国際法委員会 (ILC) による「国際違法行為に対する国家責任に関する条文 (Articles on Responsibility of States for Internationally Wrongful Acts)」(以下、「国家責任条文」または「責任条文」という) 起草の最終段階 (1999 年～ 2001 年) における最も困難な実質問題は、①国家の国際犯罪、②「被害国」の概念、③ (第三国による) 対抗措置の 3 つであったという[1]。これらの問題は、最終的に採択された 2001 年の国家責任条文では、第 40 条、第 41 条、第 42 条、第 48 条、第 54 条の各条において処理されている。強行規範の重大な違反を扱う章として 1 つのまとまりを形成している第 40 条と第 41 条は別として、他の 3 箇条、とりわけ第 42 条と第 48 条は、国家責任条文において「枢要[2]」な位置づけを与えられているにも拘らず個別の条項としても内容的に不明確なところがあるだけでなく、その相互関係についても必ずしも

---

1) Martti Koskenniemi, "Solidarity Measures: State Responsibility as a New International Order?," *BYIL*, Vol. 72 (2001), p. 340.
2) *YILC*, 2000, Vol. I, p. 86, para. 60 (He).

明確でないところがある。それは、第42条と第48条がそれぞれ「被害国」と「被害国以外の国」という異なる対象を扱いながら、その規定ぶりにはパラレルともいえるほど類似している部分があること、しかし、細部を見ると必ずしも同一ではないこと、両条を含め関連規定は起草のまさに最終段階において大きな修正が加えられたこと[3]などに起因するように思える。その結果、上記の2つの条項は、国家責任条文の中でもとりわけ難解な条文となったのである。

　そこで本稿では、主として第42条（被害国による責任の追及）と第48条（被害国以外の国による責任の追及）を取り上げ、その規定内容とその相互関係の解明を試みることにしたい。検討に当たっては、国際法上の義務の性格に基づく類型化も念頭に置きつつ論を進めたい。この問題については、すでに岩沢雄司教授による先行研究があるが、その見解には筆者の見解とは異なるところがあることから、その点を批判的に検討することによって、この問題に対す

---

[3] 特にいわゆる集団的対抗措置（被害国以外の国による対抗措置）については、起草過程においても意見対立が激しく、起草の最後の2年間で規定内容が大きく変遷した。1996年の第一読草案では、「国際犯罪」の場合には、「他のすべての国」が「被害国」となるとされており（第40条3項）、また対抗措置は被害国がとる旨が規定されていた（第47条1項）。2000年の草案では、①対世的／当事国間対世的義務の違反の場合には、他の国／当事国は被害国の要請で被害国のために対抗措置をとることができること、②国際社会の基本的利益の保護に不可欠な対世的義務の重大な違反 (serious breach) の場合には、いずれの国も義務の受益者のために対抗措置をとることができることを規定した（第54条）。最終的に採択された国家責任条文では、上記の①②とも削除された上で、①については、対世的／当事国間対世的義務の「被害国以外の国」が「適法な措置」をとる権利を害しないとする留保条項が置かれるに留まった（第54条）。また、②については、「オープンエンド作業部会」の勧告を受けて、対象が「強行規範に基づく義務の重大な違反」に修正され（第40条）、「違反が国際法上もたらすことのあるそれ以外の効果に影響を及ぼすものではない」との2000年草案にあった留保条項が維持されるに留まった（第41条3項）。なお、②における対象となる義務の修正（国際社会の基本的利益の保護に不可欠な対世的義務→強行規範に基づく義務）については、条約法条約に関連規定があることなどが背景にあるとされる（ILC報告書）。See James Crawford, *The International Law Commission's Articles on State Responsibility: Introduction, Text and Commentaries* (Cambridge UP, 2002), pp. 54-56; James Crawford, "Overview of Part Three of the Articles on State Responsibility," in James Crawford *et al.* (eds.), *The Law of International Responsibility* (Oxford UP, 2010), pp. 938-939; James Crawford, *State Responsibility: The General Part* (Cambridge UP, 2013), pp. 703-706; Denis Alland, "Countermeasures of General Interest," *EJIL*, Vol. 13 (2002), No. 5, pp. 1221-1239; Jarna Petman, "Resort to Economic Sanctions by Not Directly Affected States," in Laura Picchio Forlati and Linos-Alexandre Sicilianos (eds.), *Les sanctions économiques en droit international/Economic Sanctions in International Law* (Nijhoff, 2004), pp. 318-325. See also *YILC*, 2000, Vol. II, Pt. 2, pp. 60-61, paras. 364-373; *YILC*, 2001, Vol. II, Pt. 2, p. 22, para. 49, p. 23, para. 54; *YILC*, 2001, Vol. II, Pt. 1, pp. 90-94.

る新たな理解の可能性を提示することができればと思う。

　こうした作業は、純粋に学術的なものという訳ではなく、今日的重要課題の法的理解にも直結しうるものである。例えば、イランの核開発疑惑に関連して国連の枠外で実施されてきたいわゆる「独自制裁 (autonomous sanctions)」が、国際法上適法な「対抗措置」として正当化できるかは、イランが違反しているとされる国際義務の性格、当該義務違反の被害国の同定、被害国以外の国による措置の可能性とその範囲などに関係するからである。以下、本稿では、この問題を念頭に置いて、特に対抗措置との関係を意識しつつ検討を進めたい。

　なお、前述のように起草の最終段階で大きな修正が加えられたという事実からも窺えるように[4]、関連規則は必ずしもすべてが当時の慣習法を反映したものではなく、国際法の漸進的発達の領域に属するものも含まれている[5]。しかし、関連分野の法が急速に展開しているということもあり[6]、本稿では国家責任条文の規定を所与のものとして検討を進めることにしたい。このように国家責任条文を基礎として検討を進めることから、全体として国家間関係を前提とした記述となる点も予め了解願いたい。

　また、本文においてより詳細に述べるが、「二国間義務 (bilateral obligations)」と「二国間条約 (bilateral treaties)」、「多数国間義務 (multilateral obligations)」と「多数国間条約 (multilateral treaties)」はかならずしも対応しないこと、「集団的義務 (collective

---

4) 特に第54条は「土壇場の妥協 (last-ditch compromise)」といわれる。Koskenniemi, *supra* note 1, p. 340.
5) 実際、第48条2項 (b) については、ILCコメンタリー自身が「漸進的発達」である旨を明記している。Crawford, *supra* note 3 (*The International Law Commission's Articles on State Responsibility*), p. 279, Commentary on Article 48, para. 12 (hereinafter cited in the following manner: ILC Commentary on Art. 48, para. 12). See also *YILC*, 2001, Vol. I, p. 110, para. 46 (report of the Drafting Committee).
6) 国家責任条文の起草過程においても、例えば「被害国」の概念に関連して、状況は「なお展開している (still developing)」と表現されていたし、また、被害国以外の国による対抗措置についても、国際法は予見できない形で展開していると指摘されていた。*YILC*, 2000, Vol. I, p. 90, para. 21 (Crawford); *YILC*, 2001, Vol. I, p. 50, para. 2 (Hafner). なお、近年、当事国間対世的義務の違反を理由とする被害国以外の国による訴訟提起に関して、訴追するか引き渡すかの義務事件 (2012年) および南極海における捕鯨事件 (2014年) において、管轄権を肯定する判決が出ている。*Questions concernant l'obligation de poursuivre ou d'estrader, arrêt, CIJ Recueil 2012*, pp. 449-450, paras. 68-70. ICJ Docs. CR2013/13, p. 73, para. 35; CR2013/18, p. 28, para. 19; *ibid.*, pp. 33–34, paras. 18–20. これらは当事国間対世的義務の違反を理由としたものであるが、現在係属中の核軍縮事件 (マーシャル諸島対インド、マーシャル諸島対パキスタン) は核軍縮に関する慣習法違反を理由としており、判決が注目される。

表1　本稿の用語法

第42条　被害国
(a)　二国間義務（個別的に負う義務）
(b)　集団的（多数国間）義務（集団ないし国際社会全体に対して負う義務）
(i)　通常の集団的（多数国間）義務（相互依存的義務以外）の被害国
(ii)　相互依存的義務の被害国
第48条　被害国以外の国
1項(a)　当事国間対世的義務（集団的利益保護のための集団的（多数国間）義務）
(b)　対世的義務（国際社会全体に対する義務）

obligations)」と「集団的利益（collective interest）」は類似した用語であるが、その意味するところは相当に異なることに注意が必要である。簡単にいえば、「二国間義務」と「多数国間義務」は義務の実質的性格による分類であるのに対して、「二国間条約」と「多数国間条約」は合意の形態による分類である。また、「集団的義務」は二国間義務以外の義務を意味するものとして、多数国間義務と互換的に用いることができるのに対して、「集団的利益」は後述の当事国間対世的義務との関係で決定的な意味を持つ概念である（表1参照）。

1　国家責任条文における被害国

一般に国家責任法における対抗措置実施の適格者は「被害国」であるとされ[7]、その点は2001年国家責任条文の第49条1項において、「被害国は……対抗措置をとることができる」として確認されている。実際、被害国は、対抗措置を含め、責任条文に定めるあらゆる責任追及の措置をとることができるものとされる[8]。

では「被害国」とはいかなる国をいうのか。2001年国家責任条文では、その

---

[7] *Military and Paramilitary Activities in and against Nicaragua, Judgment, ICJ Reports 1986,* p. 127, para. 249; James Crawford (ed.), *Brownlie's Principles of Public International Law,* 8th ed. (Oxford UP, 2012), p. 588.
[8] ILCのコメンタリーによれば、「[第42条]はこの用語[＝被害国]を比較的狭く定義して」おり、そのように定義された被害国は、国家責任条文の想定するすべての救済措置に訴える権利を有しているのであって、責任条文の第2部に従って責任を追及できるほか、第49条からも明らかなように「対抗措置に訴えることもできる」とされる。ILC Commentary on Art. 42, paras. 1, 3.

1996年第一読草案[9]とは異なり、「被害国」の定義は、そのものとしては置かれていない。しかし、2001年条文の第42条が、「被害国として」責任を追及できる場合を列挙することで、実質的に「被害国」の定義を行っている[10]。第42条は次のように規定する。

　国は、違反のあった義務が次の条件を満たす場合には、被害国として他の国の責任を追及する権利を有する。
　　(a) 当該被害国に対し個別的に負う義務であるとき、または、
　　(b) 当該被害国を含む国の集団または国際社会全体に対して負う義務であって、かつ、
　　　(i) その義務違反が、当該被害国に特に影響を与えるとき、もしくは、
　　　(ii) その義務違反が、当該義務の履行の継続についての他のすべての国の立場を根本的に変更する性質のものであるとき。(傍点引用者)

このように第42条は、被害国として、対抗措置を含め他の国の責任を追及できる場合として、①違反のあった義務の性格と②その違反の態様・重大性という2つの観点から、以下の3つの場合を区別している[11]。

(1) 二国間義務

　第1は、第42条(a)に規定する場合である。同項にいう、被害国に対し「個別的に負う義務 (obligation ...owed ... individually)」とは、二国間関係の義務 (二国間義務) であって、この義務の違反の場合には、違反の事実さえあればよく、次に見る第42条(b)の場合とは異なり、「かつ」以下がないため、違反の態様・重大性は問われない。したがって二国間義務の場合には、そのすべての違反について、義務違反の対象となった国は「被害国」となり、対抗措置をとることを含め責任を追及することができるということになる。

　注意しなければならないのは、ここにいう二国間義務 (bilateral obligations) とは、

---

9) 第一読草案の第40条は、「被害国」とは、「その権利が他の国の行為により侵害された国をいう」とした上で、二国間条約、多数国間条約、慣習法その他の場合について詳細な例示規定を置いていた。

10) ILC Commentary on Art. 42, para. 2; ILC Commentary on Pt. 3, Chap. I, para. 2; *YILC*, 2001, Vol. I, p. 109, para. 37 (report of the Drafting Committee).

11) ILC Commentary on Art. 42, para. 5.

二国間条約 (bilateral treaties) 上の義務には限られないという点である。二国間義務は、そのほかにも、一国による他の一国への一方的約束、さらには多数国間条約上の義務や慣習法上の義務の形をとることもありうるのであって、その違反はいずれも第 42 条 (a) によってカバーされることになる[12]。国家責任条文最終草案の ILC によるコメンタリー (以下、「ILC コメンタリー」という) では、1961 年のウィーン外交関係条約第 22 条に定める義務 (接受国の派遣国公館の保護義務) が多数国間条約に定める二国間義務の例として挙げられている[13]。多数国間の犯罪人引渡条約や外国人の待遇に関する慣習法規則も同様に二国間義務の例といえよう[14]。これらの義務は、形式上は多数国間条約／慣習法の形をとっているが、いわば「二国間関係の束 (bundles of bilateral relations)」として[15]、「二国間化可能な (bilateralisable)」義務といわれるのである[16]。

　もっとも、多数国間条約中の二国間義務の違反においては、その被害国以外の条約当事国はまったく違反とは無関係かといえば、そうではなく、それらの国も「国際法遵守にかかる一般的性格の利益」を有しているとされる[17]。そして、多数国間条約／慣習法上のある義務が被害国に対して個別的に負う義務 (二国間義務) であるのか、それとも個別化することができず、すべての条約当事国／すべての国に対して一般的に負う義務 (集団的義務) であるのかは、「一次規則の解釈」の問題であるとされる[18]。しかし、ある義務が上記のいずれに属するのかの区別は、実際には必ずしも容易ではないと指摘される[19]。ある義

---

12) *Ibid.*, para. 6.

13) *Ibid.*

14) Giorgio Gaja, "The Concept of an Injured State," in Crawford *et al.* (eds.), *supra* note 3, pp. 943-944.

15) ILC Commentary on Art. 42, para. 8.

16) See, e.g., Christian J. Tams, *Enforcing Obligations* Erga Omnes *in International Law* (Cambridge UP, 2005), p. 45. Cf. Claudia Annacker, "The Legal Régime of *Erga Omnes* Obligations in International Law," *Austrian Journal of Public and International Law*, Vol. 46 (1994), No. 2, p. 136.

17) ILC Commentary on Art. 42, para. 9.

18) *Ibid.*, para. 6.

19) Gaja, *supra* note 14, p. 944. 同様の見解は起草過程においてイギリスも表明していた。*YILC*, 2001, Vol. II, Pt. 1, p. 26, Art. 43(a); *ibid.*, p. 76, para. 4. クロフォードの第 4 報告書は、一般に二国間義務と考えられている外交関係条約上の義務違反も、一定の重大さを伴う場合には、第三国も正当な関心を有する外交関係制度にかかる問題を生起することがありうるとしている。Crawford, Fourth Report on State Responsibility, *YILC*, 2001, Vol. II, Pt. 1, p. 11, para. 40. See also Koskenniemi, *supra* note 1, p. 345.

務が二国間義務であるということになれば、国家責任条文上、その違反の事態において、被害国以外の国には（第 48 条には該当しないことから）責任追及の根拠となる規定が存在しないことになるのであり、この区別が容易でないとすれば、その問題性は重大である。

(2) 集団的（多数国間）義務

対抗措置を含む責任追及が可能な「被害国」であるとされる第 2 と第 3 の場合は、第 42 条 (b) に規定されている。それらは「国の集団」または「国際社会全体」に対する義務であり、第 42 条 (a) の「個別的に負う (owed ... individually)」義務との対比で、ILC コメンタリーにおいて（条文そのものでは使用されていないが）「集団的義務 (collective obligations)」と総称されている[20]。

この関連で注意しなければならないのは、国家責任条文自体において、「集団的義務」と一見類似しているが意味内容の大きく異なる概念として、「集団的利益 (collective interest)」という用語が用いられている点である。「集団的利益」とは、後述の第 48 条が扱う当事国間対世的義務を特徴づける概念であり、集団的義務と混同してはならない[21]。本稿では、集団的「利益」との混同を避けるべく、また二国間義務との対照がより明確になるように、「集団的義務」については「多数国間義務 (multilateral obligations)」の語を併記して、「集団的（多数国間）義務」と表記することにしたい。なお、「多数国間義務」の語は、ILC における国家責任の特別報告者であったクロフォード (James Crawford) の報告書においても使用されていたし、少数ながらも ILC コメンタリーにおいて二国間義務と対比しつつ使用されている[22]。

なお、ガヤは、多数国間条約上の義務が二国間義務か否かの判断に当たっては当該条約の適用範囲が指標となりうるとして、多数国間の投資保護条約が当事国の国民の財産保護のみを目的とする場合には、その条約上の義務は投資者の国籍国との関係でのみ存在すると述べる。Gaja, *supra* note 14, p. 944.

20) ILC Commentary on Art. 42, para. 11.
21) 第 48 条 1 項 (a) は、当事国間対世的義務を、国の集団に対して負う義務（＝集団的義務）であって、かつ、「その集団の集団的利益 (collective interest) を保護するために設けられたもの」と表現する。なお、ILC のコメンタリーでは、「集団的義務」という語の用法に一貫していないところがある。
   See, e.g., ILC Commentary on Art. 42, para. 11; ILC Commentary on Art. 48, para. 7. See also *ibid.*, para. 11.
22) See, e.g., ILC Commentary on Art. 2, para. 8; ILC Commentary on Art. 17, para. 8. See also Crawford, Third

第42条が、全体として、「被害国」との関係で、およそすべての義務をカバーするような規定ぶりであることからして、第42条(b)の扱っている集団的(多数国間)義務とは、二国間義務以外のすべての義務を包含するものと考えることができる[23](もちろん、違反の結果として被害国が生じえない場合[24]を除く)。そして同項では、それら集団的(多数国間)義務の違反の場合の「被害国」の同定に関して、次の2つの場合が区別されている。

　1つは、第42条(b)(i)に定める「その義務違反が、当該被害国に特に影響を与えるとき」である[25](「被害国」とされる第2の場合)。そのような場合の典型的な例の1つは侵略行為であろう。侵略行為の禁止は「国際社会全体に対して負う義務」と考えられてきたのであり、第42条(b)の範疇に入るものと考えられる[26]。しかも、その違反には必ず「特に影響」を受けた国(=被侵略国)が存在す

Repost on State Responsibility, *YILC*, 2000, Vol. II, Pt. 1, pp. 34-35, para. 106 and Table 1, p. 38, Table 2. 本文に述べた「集団的義務」と「集団的利益」の混同の可能性にも拘らず、ILCコメンタリーにおいて「多数国間(multilateral)義務」の語が使用されなかった理由は必ずしも明らかでないが、それが「多数国間(multilateral)条約」のみをカバーするとの印象を与えかねない点が危惧されたのではないかと思われる。

23) ILCコメンタリーにおいても、集団的義務とは「3カ国以上で適用される義務であって、……その履行を一国に対して個別的に負うものではなく (not owed to one State individually)、国の集団に対してまたは国際社会全体に対してさえ負うもの」とされる。ILC Commentary on Art. 42, para. 11. 国家責任条文の起草過程においても、多数国間義務は二国間義務以外の義務であることが何度も示唆されている。See, e.g., *YILC*, 2000, Vol. I, p. 87, para. 71 (Crawford), p. 89, para. 11 (Galicki).

24) 国家責任条文第42条が、実質的に「被害国」を定義している規定であることから、「被害国」が生じえない義務は、同条によってカバーされていないことになる。もっとも、被害国が生じない場合の典型的な例である自国民への人権侵害も、義務の観点からみれば、その義務が外国人の人権を侵害する可能性がある限りで、義務そのものとしては、被害国を生じさせうる義務ということになる。同様のことは、特定国に影響を与える態様の違反の可能性のある公海上の汚染行為の禁止についてもいえる。したがって、ここで除外されるのは、自国民のみが受益者となる人権規範など、極めて限定された義務に限られることになろう。

25) これは条約法条約第60条2項(b)からとったものであり、「特に影響を与える」とは特に有害で否定的な効果を与えるという意味である。ILC Commentary on Art. 42, para. 12; *YILC*, 2000, Vol. I, p. 394, para. 52 (report of the Drafting Committee). なお、文脈は若干異なるが、1999年の国連総会第6委員会の議論において、国際違法行為によって特に被害を受けた (specifically injured) 国と、関連する義務の履行に法的利益 (legal interest) を有する他の国とを区別するとの提案について、後者の概念が曖昧であるとして、有益でないとの指摘がなされていた。UN Doc. A/C.6/54/SR.22 (1 November 1999), p. 2, para. 4 (Denmark on behalf of the Nordic countries).

26) 実際、同じく「国際社会全体に対して負う義務」について規定する第48条1項(b)のILCコメ

る。したがって、侵略行為禁止の違反は、その義務の性格上、必然的に第 42 条 (b)(i) に該当することになるといえよう[27]。

ILC のコメンタリーは、第 42 条 (b)(i) の例として公海の汚染行為に言及する[28]。しかし、公海の汚染行為は、義務の性格上必然的に同項に該当するというものではなく、違反の態様によっては、特定の沿岸国に特に影響を与える場合と、いずれの沿岸国にも特に影響を与えない場合とがありうる。前者の場合には、特に影響を受けた国が「被害国」となるが、後者の場合には、「被害国」が存在しないということになる。後者の場合の責任追及はいかにして行われるかについては 2 (2) (ii) で後述するが、それが対世的／当事国間対世的義務に該当する限りで第 48 条が適用されるものと考えられる。

この後者の例からも窺えるように、第 42 条 (b)(i) にいう「特に影響」を与えるとはいかなることを意味するのか、常に明確であるとは限らない。公海の汚染がどの程度沿岸国に影響を及ぼしたときに「特に影響」を与えたことになるか、明確とはいえない。ILC のコメンタリーも、違反のあった義務の趣旨・目的と事実とを考慮して、「ケース・バイ・ケース」で判断するしかないとしている[29]。

集団的 (多数国間) 義務の違反において「被害国」の存在が認定されうるもう 1 つの場合は、第 42 条 (b)(ii) に定める「その義務違反が、当該義務の履行の継続についての他のすべての国の立場を根本的に変更する性質のものであるとき」である (「被害国」とされる第 3 の場合)。この規定は、第一読草案の段階では、「国の行為による権利の侵害が……他の国の権利の享有または義務の履行に必然的に影響を与える場合」と規定されていたが、第一読草案を若干修文した第二読草案の仮採択[30]の後の 2001 年の起草委員会において、カバーする範囲が広

ンタリーにおいて、侵略行為の禁止がその例として掲げられている。ILC Commentary on Art. 48, para. 10. See also *YILC, 2000*, Vol. I, p. 75, para. 31 (Idris).
27) 侵略行為は、ILC コメンタリーでは第 42 条 (b)(i) の例として挙げられていないが、2000 年の ILC 起草委員会の報告では例として言及されていた。*YILC, 2000*, Vol. I, p. 394, para. 52 (report of the Drafting Committee).
28) ILC Commentary on Art. 42, para. 12.
29) *Ibid.*
30) 2000 年に仮採択された国家責任条文第 43 条 (b)(ii) では、「その義務違反がすべての関係国の権利の享有または義務の履行に影響を与える性質のものであるとき」と規定されていた。*YILC,*

すぎるとして、条約法条約第60条2項(c)に沿った現行の文言に変更されたものである[31]。

　条約法条約第60条2項(c)や国家責任条文第42条(b)(ii)に定めるような性格の義務は、「相互依存的義務(interdependent obligations)」(フィッツモーリス(Gerald Fitzmaurice)条約法特別報告者)とも「一体的義務(integral obligations)」(クロフォード国家責任特別報告者)とも呼ばれる[32]。国家責任条文のILCコメンタリーによれば、それらの義務は、「責任国による義務履行が他のすべての国による義務履行の必要条件となっている場合」をいうものとされる[33]。言い換えれば、個々の国による義務の履行が他のすべての国による義務履行に必然的に依存しているという場合であり[34]、責任条文のコメンタリー自体も前者の用語がより適切としていることから[35]、本稿でもこの種の義務を表現する用語として、「相互依存的義務」の語を用いることにしたい。

　そのような相互依存的義務の例として、ILCコメンタリーは軍縮条約、とりわけ非核地帯条約に言及する[36]。非核地帯条約とは、一定の地域に属する国

2000, Vol. II, Pt. 2, p. 69, Art. 43.

31) *YILC, 2001*, Vol. I, pp. 108-109, para. 36 (report of the Drafting Committee). See also ILC Commentary on Art. 42, para. 13. 第一読草案から最終草案へと、カバーする範囲を狭くする努力がなされたとされる。この点は文言からも窺われ、「他の国の権利(rights)の享有または義務(obligations)の履行に必然的に影響を与える(affects)」(第一読)と「当該義務(the obligation)の履行の継続についての他のすべての国の立場を根本的に変更する(radically to change)」(最終草案)とでは、明らかに後者の方がカバーする範囲が狭くなっている。なお、ILCのコメンタリーは、条約法条約第60条と国家責任条文第42条の相違点として、第1に、条約法条約では条約の違反が問題とされるのに対して、国家責任条文ではあらゆる国際義務違反が問題とされる点と、第2に、条約法条約では(条約そのものの終了や運用停止の根拠とされるので)「重大な(material)」違反のみが問題とされるのに対して、国家責任条文ではあらゆる違反が問題とされる点を指摘する。ILC Commentary on Art. 42, para. 4. 条約法条約第60条と国家責任条文の関係につき、萬歳寛之『国際違法行為責任の研究—国家責任論の基本問題—』(成文堂、2015年) 259-285頁参照。

32) Fitzmaurice, Second Report on Law of Treaties, *YILC, 1957*, Vol. II, pp. 31, 54, para. 126; Crawford, Third Report on State Responsibility, *YILC, 2000*, Vol. II, Pt. 1, p. 31, para. 91.

33) ILC Commentary on Art. 42, para. 5.

34) Cf. Fitzmaurice, Second Report on Law of Treaties, *YILC, 1957*, Vol. II, p. 54, para. 126.

35) ILC Commentary on Art. 42, note 706; *ibid.*, para. 15. See also Crawford, *supra* note 3 *(State Responsibility)*, p. 60, note 49.

36) ILC Commentary on Art. 42, para. 13. コメンタリーは別の例として南極条約にも言及する。*Ibid.*, para. 14. このほか、一定の地域を非武装化する条約や、一定の海域で漁獲を禁止する条約など

が核兵器を保有も配備もしないという約束をするものであるが、そのような約束をしておきながら、そのうちの一国が核兵器を保有ないし配備するに至った場合には、同条約の他のすべての当事国は重大な影響を被ることになろう。つまり、第 42 条 (b)(ii) にいうように、「当該義務の履行の継続についての他のすべての国の立場を根本的に変更する」ことになろう[37]。したがって、第 42 条 (b)(ii) によれば、そのような場合には、他のすべての国が「被害国」として違反国の責任を追及する（対抗措置をとることを含む）権利を有することになるのである。もっとも、この種の義務が他の類似の義務（後述の対世的／当事国間対世

が例示されることがある。Pierre-Marie Dupuy, "A General Stocktaking of the Connections between the Multilateral Dimension of Obligations and Codification of the Law of Responsibility," *EJIL*, Vol. 13 (2002), No. 5, p. 1071. 相互依存的義務は、条約ベースの義務であるのが通常だとされる。ILC Commentary on Art. 42, para. 15. なお、条約法条約第 60 条 2 項 (c) に定める相互依存的義務について、see, e.g., Bruno Simma and Christian J. Tams, "Article 60: Termination or Suspension of the Operation of a Treaty as a Consequence of its Breach," in Olivier Corten and Pierre Klein (eds.), *The Vienna Conventions on the Law of Treaties: A Commentary*, Vol. II (Oxford UP, 2011), pp. 1365-1366, paras. 38-39.

37) 同じ軍縮関連条約であっても、当事国数が限られている地域的非核地帯条約の場合とは異なり、例えば当事国が 192 カ国を数える化学兵器禁止条約の場合には、ある当事国による重大な違反があっても、本当にそれが文字通り「他のすべての」当事国 (191 カ国) の立場を「根本的に変更」することになるのか、疑問なしとしない。そうした疑問を前提とすれば、第 42 条 (b)(ii) を文字通りに解した場合には、化学兵器を開発・保有した国の隣国を含めいずれの国も「被害国」とはならないことになり（「他のすべての国の……」という第 42 条 (b)(ii) の要件を満たさないので）、「被害国」としての責任追及の措置もとることができないということになりそうである。そうした観点からは、「他のすべての」という文言は、場合によっては緩やかに解する必要があるのかも知れない（ILC のコメンタリーは、逆に、42 条 (b)(ii) に該当する場合を狭く解すべきであるとする (ILC Commentary on Art. 42, para. 15) が、これは重大でない違反を除外すべきとの指摘であって、上に述べたことと必ずしも矛盾しない）。あるいは、化学兵器禁止条約の例からしても、およそ軍縮条約はすべて相互依存的義務を定める条約であり、その違反には第 42 条 (b)(ii) が適用されると考えることに問題があるのであって、相互依存的義務該当性は（条約の主題のみによって決まるというのではなく）個々の条約ごとに同項に照らして判断されるべきであるのかも知れない。もっとも、仮に特定の軍縮条約上の義務が第 42 条 (b)(ii) に該当しないということになっても、当事国間対世的義務に関する第 48 条は適用されることになろう。上記と関連した疑問は、ILC においても表明されており、「軍縮条約の違反の場合にはすべての国が被害国とみなされ、国際社会全体の利益に反する重大な違反の場合にはすべての国が単に行動する法的利益を持つに過ぎないということには同意できない」との発言が行われていた。*YILC, 2001*, Vol. I, p. 39, para. 34 (Economides). なお、アメリカは、そもそも第 43 条 (b)(ii) (現第 42 条 (b)(ii)) は広すぎて、いずれの国も被害国であると主張できるとして批判していた。*YILC, 2001*, Vol. II, Pt. 1, p. 76, para. 2. もっとも、第 43 条の当該規定と現行第 42 条の当該規定とでは規定ぶりが変わっている点に注意しなければならない。

的義務のうち相互依存的義務とされないもの）と容易に区別できる訳ではないと指摘される[38]。

(3) 被害国以外の国

　以上に見てきたように、国家責任条文第42条に定める場合において、国は「被害国」として、対抗措置をとることを含め責任国の責任を追及することができる。では、「被害国」に該当しない国は、対抗措置をとることを含めて責任国の責任を追及することができないのか。この点を規定するのが、「被害国以外の国による責任の追及」と題する第48条と、「被害国以外の国がとる措置」と題する第54条である（後者については後述2(3)参照）。第48条は次のような規定を含んでいる。

　1　被害国以外のいずれの国も、次の場合には2に従って他の国の責任を追及する権利を有する。
　　(a)　違反のあった義務が、当該国を含む国の集団に対して負う義務であって、かつ、その集団の集団的利益を保護するために設けられたものであるとき、または、
　　(b)　違反のあった義務が、国際社会全体に対して負う義務であるとき。
　2　1に基づき責任を追及する権利を有するいずれの国も、責任国に対して次のことを請求することができる。
　　(a)　第30条に従った国際違法行為の中止および同じ国際違法行為を繰り返さない保証、ならびに
　　(b)　被害国または違反のあった義務の受益者のために、前諸条の規定に従った賠償義務の履行

　第48条は、その第1項のILCコメンタリーにおいても明記されているように[39]、「当事国間対世的義務 (obligations *erga omnes partes*)」（第1項(a)）と「対世的義務 (obligations *erga omnes*)」（第1項(b)）の違反の場合における、被害国以外の国による責任追及について規定する。

---

38) See, e.g., *YILC, 2001*, Vol. II, Pt. 1, p. 76 (Japan), paras. 2-3, p. 77 (ROK); UN Doc. A/C.6/56/SR.12 (31 October 2001), pp. 2-3, para. 6 (Japan).
39) ILC Commentary on Art. 48, paras. 6, 8.

「対世的義務」は、1970年の国際司法裁判所 (ICJ) のバルセロナ・トラクション事件判決において、「国際社会全体に対する義務」と表現され、「すべての国の関心事」であって、「関連する権利の重要性のゆえに、すべての国がその保護に法的な利益を有しているといいうる」ものであるとされる。そして対世的義務として、「侵略行為およびジェノサイドの違法化ならびに人の基本的な権利に関する原則と規則 (奴隷および人種差別からの保護を含む)」から生ずる義務が例示されている[40]。

「対世的義務」が国際社会全体に対する義務であるのに対して、「当事国間対世的義務」は多数国間条約の当事国など、国の集団との関係における同様な性格の義務をいう[41]。以下では、両者を合わせて「対世的／当事国間対世的義務」と表現する。

また本稿では、「被害国以外の国」の語を、国家責任条文第48条が適用される国 (つまり対世的／当事国間対世的義務の違反の場合における被害国以外の国) の意味で用いることにしたい。他方、第48条が適用される「被害国以外の国」を含め、「被害国」に該当しない国を広く表す用語として、「被害国に該当しない国」という語を用いることがある。

国家責任条文第48条2項によれば、上のような意味における「被害国以外の国」は、責任国に対して、①国際違法行為の中止、②同じ国際法違反行為を

---

40) *Barcelona Traction, Light and Power Company, Limited, arrêt, CIJ Recueil 1970*, p. 32, paras. 33-34.
41) 2005年に採択された万国国際法学会 (IDI) の決議では、ILCコメンタリーにいう「対世的義務」と「当事国間対世的義務」の双方を含むものとして、「対世的義務 (obligations *erga omnes*)」を定義している。"Les obligations *erga omnes* en droit international: Résolution," Art. 1, Institut de droit international, *Annuaire*, Vol. 71, tome II (2006), pp. 286, 287.「対世的義務」と「当事国間対世的義務」は、前者が国際社会全体 (すべての国) の利益を保護するために存在する義務であるのに対して、後者は国の集団 (通常は多数国間条約レジームへの参加国であるが、地域的慣習法の適用される国の集団の場合もありうる。Cf. ILC Commentary on Art. 48, para. 6) において当該集団の集団的利益を保護するために設けられた義務であるという点において異なるが、いずれもある種の集団的な利益を保護するための義務であるという点においては共通しており、両者は集団の広狭においてのみ異なると考えることもできる (*YILC*, 2001, Vol. I, p. 38, paras. 29-30 (Crawford))。そういった視点からは、前者を「一般対世的義務」、後者を「特別対世的義務」と呼ぶことができるかも知れない。長谷川正国「国際法における国家の責任―現代国家責任法の機能分化傾向に関する一考察」国際法学会編『国際社会の法と政治 (日本と国際法の100年・第1巻)』(三省堂、2001年) 133頁。もっとも、一般に、慣習法に基礎を置く対世的義務の認定は、条約に基礎を置く当事国間対世的義務の認定より困難であろう。

繰り返さない保証、③被害国／者のための賠償義務の履行を請求することができるものとされている。

2　国家責任条文第 42 条 (b) と第 48 条 1 項の関係

　国家責任条文の第 42 条と第 48 条は、それぞれ「被害国」と「被害国以外の国」について規定しているが、第 42 条 (b) の柱書きと第 48 条 1 項 (a)(b) は一見パラレルな規定であるように見える。しかし、細部においては両者に相違が見られる。また、第 48 条 1 項内部においても、(a) と (b) とで規定ぶりに若干の相違が見られる。さらに、にもかかわらず、第 42 条 (b)(ii) の ILC コメンタリーと第 48 条 1 項 (a) の ILC コメンタリーの双方において、軍縮条約（非核地帯条約）がその例として挙げられている[42]。そのため、第 42 条 (b) と第 48 条 1 項とはいかに区別されるのか、そして両者はいかなる関係にあるのかが、一見したところ容易には理解できないものとなっている。

　こうした点に関連して、岩沢雄司教授は次のように論じる（用語法における細部の相違、例えば「二辺的義務」は「二国間義務」、「多角的義務」は「多数国間義務」、「相互依存義務」は「相互依存的義務」、「当事国間対世義務」は「当事国間対世的義務」というように本稿の用語法に合わせたところがある）。すなわち、国際義務を「二国間 (bilateral) 義務」と「多数国間 (multilateral) 義務」とに分けた上で、後者の多数国間義務については、「当事国間対世的義務 (obligations *erga omnes partes*)」、「対世的義務 (obligations *erga onmes*)」、通常の多数国間義務の 3 つに分け、さらにそのうちの当事国間対世的義務を、「相互依存的義務 (interdependent obligations)」と「一体的義務 (integral obligations)」とに分ける[43]。そして、最後に述べた「相互依存的義務」とは、軍縮条約などのように、他国の義務履行が自国の義務履行の必要条件である義務をいうのに対して、「一体的義務」とは、人権条約や人道法関連条約、環境条約などのように、他のすべての当事国に対して負う客観的義務をいう

---

42) ILC Commentary on Art. 42, para. 13; ILC Commentary on Art. 48, para. 7.
43) 相互依存的義務と一体的義務は、当事国間対世的義務に属するものとされているが、同時に、それらの義務が慣習法でもある場合やそれらが慣習法化した場合には、対世的義務となることも指摘されている。これは正しい指摘である。岩沢雄司「国際義務の多様性—対世的義務を中心に—」中川淳司・寺谷広司編『国際法学の地平—歴史、理論、実証—』(東信堂、2008 年) 145 頁。

表2　第42条と第48条の関係（岩沢教授の理解）

第42条(a)	第42条(b)(i)	第42条(b)(ii)	第48条1項
二辺的（＝二国間）義務の違反	通常の多角的（＝多数国間）義務の違反	相互依存（的）義務の違反 例：軍縮条約	一体的（＝絶対的）義務の違反 例：人権条約

ものとされる[44]。（なお、「一体的義務」の語は、クロフォードが本稿でいう相互依存的義務を表すものとして使用しており、混同の危険があるし、人権条約上の義務などは、他の当事国による履行のいかんを問わず義務履行が求められるという意味で、「絶対的義務 (absolute obligations)[45]」（フィッツモーリス）と表現するのが適切であると考えられるので、本稿でも後者の語を使用することにしたい[46]。）

以上のような分類を基礎として岩沢教授は、「相互依存［的］義務と一体的義務［＝絶対的義務］は……その内容が大きく異なり、この2つを区別することは重要である」と述べる。その上で、国家責任条文との関係で、「［同条文］は、当事国間対世［的］義務のうち相互依存［的］義務と一体的義務［＝絶対的義務］とでは、……取扱いを変えた。相互依存［的］義務については42条(b)[(ii)]で定め、他のすべての国が被害国となり違反国の責任を追及できるとした。一体的義務［＝絶対的義務］については48条1項(a)で定め、被害国以外のいかなる国も違反国の責任を追及できるとした」と指摘する[47]（表2参照）。

さらに、第48条のコメンタリーが非核地帯条約をその例としていることについて、岩沢教授は、「非核地帯条約はむしろ相互依存［的］義務に分類すべ

---

44)「同上論文」142-145頁。

45)「絶対的義務」の語は、1951年のICJジェノサイド条約事件の口頭手続において、イギリス代表が同条約上の義務の特徴として、「相互主義」との対比において用いていた。Reservations to the Convention on the Prevention and Punishment of the Crime of Genocide, *ICJ Pleadings*, Pt. II, p. 388. See also Bruno Simma, "From Bilateralism to Community Interest in International Law," *Recueil des Cours*, Tome 250 (1994-VI), pp. 364-366.

46) フィッツモーリスは、絶対的義務を「独立存在的義務 (self-existent obligations)」とも「一体的義務 (integral obligations)」とも呼んでいる。Fitzmaurice, Second Report on Law of Treaties, *YILC*, 1957, Vol. II, pp. 31, 54, para. 126. 絶対的義務ないし独立存在的義務は、他の当事国による義務履行とは独立に維持されるという意味で、相互依存的義務（他の当事国による義務履行に依存）とはまさに対照的な性格を有するということができるかも知れない。

47) 岩沢「前掲論文」（注43）148頁。

きと考えられる[48)]」と指摘する。同教授が、国家責任条文の第 42 条 (b)(ii) と第 48 条 1 項 (a) はそれぞれ相互依存的義務と一体的義務（＝絶対的義務）を規定しており、両者は「その内容が大きく異な」る義務であり、「区別することが重要である」としていることからすれば、この記述は、第 48 条のコメンタリーにおける非核地帯条約への言及は不適切ないし誤りであるとの指摘であるように思える。しかし、ILC のコメンタリーに対するそのような評価は、考えうるあらゆる解釈の可能性を探究した上ではじめて可能となるように思える[49)]。そこで、岩沢教授の解釈が唯一可能な解釈であるのかを確認すべく、以下では、第 42 条 (b)(ii) と第 48 条 1 項の関係、さらには第 42 条 (b) と第 48 条 1 項の関係を、本節の冒頭で略述したいくつかの相違点を手掛かりに改めて検討することにしたい。

(1) 義務の性格

　まず、第 42 条 (b) と第 48 条 1 項のそれぞれにおける関連義務の規定ぶりの相違について見るならば、第 42 条 (b) がその柱書きにおいて、「当該被害国を含む国の集団または国際社会全体に対して負う義務」と規定しているのに対して、第 48 条 1 項は、(a)「当該国を含む国の集団に対して負う義務であって、かつ、その集団の集団的利益を保護するために設けられたもの」、および、(b)「国際社会全体に対して負う義務」と規定する（**表 3** 参照）。規定ぶりの相違として注目されるのは、①第 42 条で、「国の集団に対して負う義務」とされている部分が、第 48 条では、「国の集団に対して負う義務」であって、「かつ、その集団の集団的利益を保護するために設けられたもの」とされている点と、②「国際社会全体に対して負う義務」との関係では、第 42 条と第 48 条との間に相違はなく、その結果、第 48 条 1 項の内部において「国の集団に対して負う義務」と「国際社会全体に対して負う義務」との間で規定ぶりに相違（前者との関係でのみ「集団的利益を保護するため」への言及がある）が見られるという点である。

---

48)「同上論文」144-145 頁。
49) 条文そのものとコメンタリーとを比較すれば、ILC は明らかに条文そのものに集中して作業を行っており、コメンタリーについての討議はほとんど行われないこともあるが、条文とコメンタリーの間に矛盾があることは容易に想定されるべきではないとされる。Giorgio Gaja, "Interpreting Articles Adopted by the International Law Commission," *BYIL*, Vol. 85 (2014), pp. 19-20.

上の2つの相違点のうち②については、ILC コメンタリーに記述があり、次のように説明されている。すなわち、すべての国は、定義上、「国際社会全体」の構成員であり、「国際社会全体に対して負う義務」は、定義上、「国際社会そのものの利益を保護する集団的義務 (collective obligations protecting interests of the international community as such)」であるので、「国の集団に対して負う義務」の場合のような「かつ」以下の規定は必要ないとされる[50]。したがって、②の相違点は、外見上のものであって、実質的なものではないということになろう。

他方、①の相違点については次のように考えることができる。第42条は、被害国に関する一般規定であり、被害国の存在しえない義務を除くすべての国際義務をカバーして、それらを (a) 二国間義務と (b) 集団的（多数国間）義務とに分けて規定している。したがって第42条 (b) は、二国間義務以外のすべての義務（被害国の存在しえない義務を除く）をカバーしているということになる。

これに対して第48条1項は、コメンタリーにも明記されているように、いわゆる対世的／当事国間対世的義務について規定するものであるが、対世的／当事国間対世的義務は定義上（二国間義務ではないので）集団的（多数国間）義務に含まれるものの、逆に、すべての集団的（多数国間）義務が対世的／当事国間対世的義務であるという訳ではない。それゆえ、当事国間対世的義務についての規定である第48条1項 (a) においては、「かつ」以下の「集団的利益を保護するために設けられたもの」という追加的要件を加えることによって、集団的（多数国間）義務の中でも当事国間対世的義務に該当するもののみに同条の適用対象を限定しているのである（「国際社会全体に対して負う義務」＝対世的義務について「かつ」以下がないのは上記②の通り）。そして、このように第48条1項 (a) の場合には「かつ」で結ばれた2つの要件を満たさなければならないことは、ILC コメンタリーにおいても強調されている[51]。

こうして見てくるならば、「かつ」以下が、当該集団的（多数国間）義務を当事国間対世的義務たらしめる決定的要素だということになる。しかし、そこに含まれる「集団的利益」という概念は、国家責任条文の第一読草案においても、「被害国」の定義に関する第40条で同様の文脈において使用されていたが、

---

50) ILC Commentary on Art. 48, para. 10.
51) *Ibid.*, para. 6. See also *YILC, 2000*, Vol. I, p. 394, para. 53 (report of the Drafting Committee).

表3　第42条(b)と第48条1項の規定内容

	義務の性格	違反の態様・重大性
第42条(b)	・国の集団に対して負う義務 ・国際社会全体に対して負う義務	かつ、 (i) その義務違反が、当該国に特に影響を与えるとき (ii) その義務違反が、当該義務の履行の継続についての他のすべての国の立場を根本的に変更する性質のものであるとき
第48条1項	(a)国の集団に対して負う義務で、かつ、その集団の集団的利益を保護するために設けられたもの (b)国際社会全体に対して負う義務	―

その当時にも曖昧な概念として批判されていたことは想起しておくべきであろう[52]。

　ともあれ、以上のように見てくると、カバーされる義務の範囲において、第42条(b)と第48条1項とでは重なる部分があることが分かる。すなわち、第42条(b)は二国間義務以外のすべての義務（＝集団的（多数国間）義務）について規定し（被害国が存在しえない場合を除く）、第48条1項は集団的（多数国間）義務のうちの対世的／当事国間対世的義務について規定しているのである。

　ただし、両者の関係は、第48条1項に定める義務が第42条(b)に定める義務の真部分集合であるという関係ではない。第48条1項に定める対世的／当事国間対世的義務のなかには、人権に関する義務などいわゆる絶対的義務も含まれるが、とりわけ人権に関する義務には、その違反によって「被害国」が生じえないような義務も含まれており、それらは「被害国」について規定する第42条のカバーする義務には含まれないからである。以上を図示すると**表4**

---

[52] David J. Bederman, "Article 40(a)(E) & (F) of the ILC Draft Articles on State Responsibility: Standing of the Injured States under Customary International Law and Multilateral Treaties," *ASIL Proceedings, 1998*, p. 292.

表4-1　第42条と第48条の関係（本稿の理解）

第42条(a) (被害国)	第42条(b) (被害国)	
二国間義務の違反	集団的（多数国間）義務の違反	
	(i) 特に影響を受けた国	(ii) 相互依存的義務の重大な違反*

	第48条1項 (被害国以外の国)	
	対世的／当事国間対世的義務の違反 （第42条(b)(i)(ii)該当の場合を除く）	
絶対的義務の違反 （被害国のある場合）など**	相互依存的義務の軽微な違反*	絶対的義務の違反（被害国のない場合）**

* 違反国以外のすべての国／当事国が被害国（第42条）または被害国以外の国（第48条）となる。
** 違反国（および被害国）以外のすべての国／当事国が被害国以外の国となる。

－1のようになる。

　なお、第42条と第48条の最も明らかな相違として、第42条は「被害国」についての規定であるのに対して、第48条は「被害国以外の国」についての規定であるという点がある。したがって、第42条と第48条は、上記のように、カバーされる義務の範囲の点では重複するところがあるが、特定の義務違反の事態において、同一の国が第42条にも第48条にも該当するということはありえない。

(2) 義務違反の態様・重大性

　(i) 第42条(b)における追加的要件と第48条

　次に、第42条(b)と第48条1項の相違を、義務の違反および責任の追及との関連で述べることにしたい。第42条は「被害国」について定めているが、そこでは、(a) 二国間義務の違反の対象となった国のほか、(b)(i) 集団的（多数国間）義務の違反によって「特に影響」を受けた国、そして(b)(ii) 相互依存的義務の

重大な違反の場合には、当該集団ないし国際社会を構成する他のすべての国を、そのようなもの(被害国)として定めている。同条においてこれら諸国は、等しく「被害国」として、責任国の「責任を追及する権利を有する」とされており、したがって第42条(b)に規定する上記のすべての国は、責任国との関係において、個別に、第42条(a)に定める二国間義務の違反の場合の被害国と責任国との関係と同視されるような関係に置かれるということになろう。

しかし、この関連で、第42条(b)と第48条1項の違いとして注意しなければならないのは、その文言からも明らかなように(表3参照)、第48条1項は専ら義務の性格について述べており[53]、同項が適用されるには、単に対世的／当事国間対世的義務の違反があれば足りるのに対して、第42条(b)が適用されるためには、集団的(多数国間)義務の違反があるだけでなく、「かつ」(i) その違反によって「特に影響」を受けるか(違反の態様)、または、(ii) その違反が「当該義務の履行の継続についての他のすべての国の立場を根本的に変更する性質のもの」(違反の重大性)でなければならないという点である。この点の違いは、第48条1項(a)(b)が「違反のあった義務」(傍点引用者)を主語としているのに対して、第42条(b)(i)(ii)が「その義務違反」(傍点引用者)を主語としていることからも窺うことができる。

このように第42条(b)では、「かつ」以下において違反の態様ないし重大性が追加的に要件とされている結果として、集団的(多数国間)義務の違反の場合には、違反国以外の国について、被害国に該当する場合と被害国に該当しない場合とが生じうるということになる。そして、追加的要件を満たして「被害国」に該当することとなる国は、責任国の責任を追及する全面的な権利を有することになるのに対して、追加的要件を満たさない国は「被害国」とはならず、責任追及に関する同様な権利を有することにもならないのである。

もっとも、被害国に該当しない国は、まったく責任追及ができないかといえば、必ずしもそうではなく、それらの国も、違反のあった義務が「対世的／当事国間対世的義務」に該当する場合には、第48条に定める「被害国以外の国」

---

53) ILCのコメンタリーによれば、第48条1項は、「その違反が被害国以外の国に国家責任を追及する権利を与えるような種類の義務を定義している」(傍点引用者)とされる。ILC Commentary on Art. 48, para. 5.

として、限定された範囲（後述（3）参照）で責任を追及することができるものとされる。

以上の点を、第42条(b)(i)における追加的要件（「特に影響」を受ける）との関係で、いくつか具体的な義務を例示しながら述べるならば、次のようになろう。

(ii) 第42条(b)(i)における追加的要件と第48条

まず、義務違反の結果として、必ず「被害国」と「被害国以外の国」の双方が存在することになる例として、侵略行為の禁止（集団的（多数国間）義務であって対世的義務である）の違反がある。この場合、侵略行為の犠牲国は、当然、第42条(b)(i)に定める集団的（多数国間）義務の違反によって「特に影響」を受けた国として「被害国」となる。他方、侵略行為の犠牲国以外の国は、第42条の下で「被害国」とされることはないが、侵略行為の禁止が対世的義務であることから、犠牲国以外の国には対世的義務に関する第48条が適用され、その結果、それらの国も「被害国以外の国」として、限定された範囲ではあるが、侵略国の責任を追及する権利を与えられることになる。

次に、義務違反の態様によって、「被害国」は存在せず「被害国以外の国」のみが存在することになる場合と、「被害国」と「被害国以外の国」の双方が存在することになる場合とが生じうる例として、人権に関する義務の違反がある。人権に関する義務は、他の国による遵守のいかんを問わず遵守することが求められる絶対的義務であるが、集団的（多数国間）義務であって対世的／当事国間対世的義務に該当するものと考えられる[54]。人権に関する義務の違反は、多くの場合、自国民の人権の侵害という形態をとるため、第42条(b)に照らして「被害国」が存在しないことが多いが、違反のあった義務が対世的／当事国間対世的義務である限りで第48条が適用され、人権侵害国以外の国は「被害国以外の国」として、限定された範囲で侵害国の責任を追及することができることになる。

---

[54] ILCにおいても、人権関連の義務のすべてが対世的義務であるのか、そのうちの基本的な義務のみが対世的義務であって、他の義務は当事国間対世的義務に過ぎないのか、といった点について議論があった。See, e.g., *YILC, 2000*, Vol. I, p. 73, paras. 11-12 (Simma), p. 74, para. 18 (Crawford), p. 78, para. 53 (Kamto), p. 79, para. 61 (Pambou-Tchivounda), pp. 85-86, para. 52 (Momtaz), p. 86, para. 55 (Kamto), p. 92, para. 35 (Kamto).

表 4 − 2　第 42 条と第 48 条の関係（本稿の理解）具体例①

第 42 条 (a) （被害国）	第 42 条 (b)(i) （被害国）	第 42 条 (b)(ii) （被害国）
・二国間条約違反	・侵略行為（犠牲国） ・人権条約違反 （他国民の人権侵害）	・軍縮条約違反 （重大な違反）＊

第 48 条 1 項		
（被害国以外の国）		
・侵略行為（犠牲国以外の国）＊＊ ・人権条約違反（他国民の人権侵害）＊＊	・軍縮条約違反（軽微な違反）＊	・人権条約違反（自国民の人権侵害）＊＊

＊軍縮条約の他のすべての当事国が被害国（第 42 条）または被害国以外の国（第 48 条）となる。
＊＊人権侵害の被害者の本国以外の他のすべての当事国が被害者以外の国となる。

　しかし、人権侵害においては「被害国」は生じえないかといえば、そうではない。人権侵害の被害者が侵害国の国籍とは別の国籍を有する場合には、その国籍国が第 42 条 (b)(i) に照らして「特に影響」を受けた「被害国」とされるということになる。その場合にも、国籍国以外の国は、違反のあった義務が対世的／当事国間対世的義務である限りで、「被害国以外の国」として、第 48 条の定める限定された範囲内で人権侵害国の責任を追及することができるということになろう（**表 4 − 2** および**表 4 − 3** 参照）。

　同様のことは環境に関する公海の汚染行為との関係でも当て嵌まる。汚染行為によって特定の沿岸国が「特に影響」を受けた場合には、（第 42 条 (b)(i) の ILC コメンタリーのいうように）その国が「被害国」となり、それ以外の国は対世的／当事国間対世的義務の違反の事態として、第 48 条が適用される「被害国以外の国」に該当するということになろうが[55]、そうした「特に影響」を受けた国が存在しない場合には、「被害国」は存在せず、違反国以外の国は第 48 条の

---

55) ガヤは、汚染がある国の海岸に到達する（特に影響を与える）までは汚染国の責任を追及することのできた諸国が、汚染がある国の領海に到達した途端に汚染国の責任を追及できなくなるというのであれば非論理的であるとして、この点を説明している。Gaja, *supra* note 14, p. 947.

適用される「被害国以外の国」に該当するということになろう。
　このように、第42条(b)と第48条1項は、カバーする義務の点においては相互に排他的なものではなく、部分的に重なり合っているのであって、そのことは、国家責任条文第3部第1章(国の責任の追及)全体のコメンタリーにおいて、次のように明記されている。すなわち、「第42条と第48条は相互に排他的ではない。一国が第42条の意味で『被害』を蒙り、他の国が第48条の下で責任を追及する権利を有するといった事態は当然起こりうる」とされているのである[56]。

(iii) 第42条(b)(ii)における追加的要件と第48条

　第42条(b)における「かつ」以下の追加的要件の存在との関係で、次に、第42条(b)(ii)に定める相互依存的義務の場合について見ることにしよう。同項では、「かつ」以下が、「その義務違反が、当該義務の履行の継続についての他のすべての国の立場を根本的に変更する性質のものであるとき」として、義務違反の重大性に言及している。その結果、相互依存的義務、例えば軍縮条約上の義務の違反の場合においては、違反国以外の当事国がすべて「被害国」となる場合と、すべて「被害国」とならない場合とが生じうる。すなわち、当該違反が第42条(b)(ii)に定める違反の重大性の敷居を超える場合には、他のすべての当事国が「被害国」となるが、当該違反がその敷居を超えない場合には、第42条(b)に当て嵌まる「被害国」は存在しないということになる[57]。そして後者の場合には、軍縮条約上の義務が基本的に当事国間対世的義務であることから[58]、当事国間対世的義務の違反として(違反の態様や重大性を問われない)第

---

56) ILC Commentary on Pt. 3, Chap. I, para. 3. 第48条のコメンタリーにおいても、同条の下で「被害国以外の国」が責任追及の権利を与えられる場合に、同一の国際違法行為との関係で「被害国」が責任追及の権利を与えられることもあることが指摘されている。ILC Commentary on Art. 48, para. 4. See also *YILC*, 2000, Vol. I, p. 394, para. 53 (report of the Drafting Committee).
57) もちろん後者の場合でも、違反が第42条(b)(i)にいう特定の国に「特に影響を与える」場合には、当該国が「被害国」ということになるが、軍縮条約の特性からして、特定の国に「特に影響を与える」ような違反であるにも拘らず、「他のすべての国の立場を根本的に変更する」ものではないといった事態は想定しにくいように思われる(ただし、前出注37参照)。
58) 軍縮条約を始めとする相互依存的義務(第42条(b)(ii)で規定)は、基本的に対世的/当事国間対世的義務(第48条1項で規定)であると考えることができる。そのことは、本文でも後述する次

表4−3　第42条(b)と第48条の関係（本稿の理解）具体例②

	第42条(b)(i) （被害国）	第42条(b)(ii) （被害国）	第48条1項 （被害国以外の国）
侵略行為	犠牲国		犠牲国以外の国
人権条約違反 （他国民侵害）	犠牲者の本国		他のすべての当事国
人権条約違反 （自国民侵害）			他のすべての当事国
軍縮条約違反 （重大な違反）		他のすべての当事国	
軍縮条約違反 （軽微な違反）			他のすべての当事国

48条が適用されて、他の条約当事国には「被害国以外の国」として、同条に定める限定された範囲内で違反国の責任を追及する権利が与えられることになる（表4-2および表4-3参照）。

　このように、第42条(b)(ii)と第48条1項がカバーする義務の点で重複している点は、次のような経緯からも窺うことができる。2001年のILCの起草委員会において、第43条(b)(ii)（現第42条(b)(ii)＝相互依存的義務）はすでに第49条1項(a)（現第48条1項(a)＝当事国間対世的義務）でカバーされているなどとして、前者の規定を削除することが検討された。最終的には、相互依存的義務は少ないながらも実際に存在するし、条約法条約第60条2項(c)との一定のパラレリズムは維持しなければならないとして、削除は行われなかったが[59]、この事実は、第42条(b)(ii)と第48条1項がカバーする義務の点で重複していること（後者の定める義務が前者の定める義務を包含していること）が、国家責任条文の

のような経緯からも窺える。すなわち、国家責任条文の起草過程において、第43条(b)(ii)（現第42条(b)(ii)）はすでに第49条1項(a)（現第48条1項(a)）でカバーされているなどとして、前者の規定の削除が検討されたことがある。

59) *YILC, 2001*, Vol. I, pp. 108-109, para. 36 (report of the Drafting Committee).

起草過程において ILC によっても[60]認識されていたことを示している[61]。

以上からすれば、ILC のコメンタリーが第 42 条と第 48 条の双方において軍縮条約（非核地帯条約）を例示していることも、まったく矛盾なく理解することができるように思える。そして、このような理解が正しいとすれば、第 48 条のコメンタリーで非核地帯条約が例示されていることについての岩沢教授による先に引用した批判的な指摘は疑問だということになろう。

同様な理由から、同じく先に引用した第 42 条と第 48 条の関係に関する同教授の理解（当事国間対世的義務のうち相互依存的義務については 42 条 (b) で定め、一体的義務（＝絶対的義務）については 48 条 1 項 (a) で定めており、両者を区別することが重要である）にも疑問があるということになろう[62]。すなわち、軍縮条約上の義務のような相互依存的義務については基本的に第 42 条 (b)(ii) で規定されているが、同時に、そのような義務の軽微な違反は第 48 条 1 項でカバーされうるのである[63]。また、人権条約上の義務のような一体的義務（＝絶対的義務）については、基本的に第 48 条 1 項で規定されているが、その違反が外国人の人権の侵害を含むような態様である場合には、第 42 条 (b)(i) でカバーされうるということなのである。以上のような理解をもとに、国家責任条文との関係で国際義務の類型化を行えば、**表 5** のようになろう。

---

60) 類似ないし関連した議論は同年の ILC の本会議においても行われており、ガヤ委員が「被害国以外の国の権利が、現在第 49 条［現第 48 条］に規定されているように維持されるのであれば、第 43 条 (b)(ii)［現第 42 条 (b)(ii)］は恐らくなくてもよい」と述べたのに対して、シンマ委員がそれは「体系の崩壊」となるとして、第 49 条は「被害国以外の国による責任の追及」と題しており、被害国である国を含めることはできないと反論している。*YILC, 2001*, Vol. I, p. 27, para. 5 (Gaja), p. 38, para. 21 (Simma).
61) 同様に、第 43 条 (b)(ii)（現第 42 条 (b)(ii)）に対してコメントを行った多くの国が、同条の定める義務と第 49 条（現第 48 条）の適用範囲に入る事態と間の関係を明確にする必要を指摘していた。*YILC, 2001*, Vol. I, p. 26, Art. 43(b)(ii) (Austria, Mexico, Republic of Korea).
62) 同じ理由から、萬歳『前掲書』（注 31）301 頁の表にある、「一体的義務」（本稿でいう相互依存的義務）の違反において「被害国以外の国家」は「存在しない」とする記述にも、我々の見解からすれば、疑問があるということになろう（ただし、同書 281 頁参照）。
63) 岩沢教授の理解によれば、軍縮条約の違反であれば、それがいかに軽微なものであっても第 42 条が適用される（第 48 条は適用されない）ということになりそうであるが、そうすると、いかに軽微な違反であっても他のすべての当事国は「被害国」として対抗措置をとることができるということになり、法政策上疑問がある。あるいは、軍縮条約の軽微な違反の場合には、第 42 条 (b)(ii) の敷居を超えないとして同条が適用されないとすれば、第 48 条も適用されないため、他の当事国は違反の中止の要求もできないということになり、これも法政策上疑問である。

表5　義務の類型と違反の被害国・被害国以外の国

	二国間義務	集団的（多数国間）義務					
		通常の集団的(多数国間)義務	対世的／当事国間対世的義務				
			通常の対世的／当事国間対世的義務	絶対的義務		相互依存的義務	
被害国	第42条(a)	第42条(b)(i)	第42条(b)(i)	第42条(b)(i) (他国民侵害)	― (自国民侵害)	第42条(b)(ii) (重大な違反)	―
被害国以外の国	―	―	第48条1項	第48条1項		―	第48条1項 (軽微な違反)
義務の例			侵略行為の禁止	人権条約		軍縮条約	

(iv) 第42条(b)(ii)における違反の重大性の基準

　ところで、相互依存的義務の違反の事態において、それが第42条(b)(ii)に定めるように他のすべての当事国が「被害国」として対抗措置を含む責任追及を行うことができる場合であるか、それとも第48条に定めるように「被害国以外の国」として限定的な範囲でしか責任追及ができない場合であるかは、いかにして区別されるのか。その区別の基準は、第42条(b)(ii)に定める通り、「その義務違反が、当該義務の履行の継続についての他のすべての国の立場を根本的に変更する性質のもの」であるか否か、である。では、「当該義務の履行の継続について他のすべての国の立場を根本的に変更する」とは、いかなる場合をいうのか。この点については、ILCのコメンタリーにおいても具体的な記述はなく、学説上も「重大な（significant）」違反として抽象的に論ずるに留まっている[64]。

　これまでも指摘してきたし、また第42条(b)(ii)の文言からも明らかなことは、少なくともそれが「義務」の性格ではなく、義務「違反」の重大性に関するものだということである。すなわち、相互依存的義務の「違反」が他のすべての国の立場を根本的に変更するような重大なものであるか、ということである。このような理解は、ILCのコメンタリーの記述とも整合的である。第42

---

64) Gaja, *supra* note 14, p. 945.

条 (b)(ii) のコメンタリーは、「たとえそのような条約［相互依存的義務を含む特定のレジームを創設する条約］に基づく場合であっても、およそいかなる義務違反 (just any breach of the obligation) であっても他のすべての関係国の義務履行を損なう効果を有するということにはならないであろう。本項［＝第 42 条 (b)(ii)］の適用範囲は狭い方が望ましい。したがって、国は、その違反が……他のすべての国の権利享有または義務履行に根本的な影響を与える性質のものである場合に・のみ・、(b)(ii) の下で被害を蒙ったと考えられる[65]」(傍点引用者) と述べているのである。

第 42 条 (b)(ii) で求められる違反の重大性の程度を、条約法条約第 60 条にいう条約の「重大な違反」との比較において述べるならば、次のようにいうことができよう。一般的にいってそれは、条約法条約第 60 条にいう条約の「重大な違反 (material breach)」、すなわち「条約の否定であってこの条約［＝条約法条約］により認められないもの」「条約の趣旨及び目的の実現に不可欠な規定についての違反」(同条 3 項) というほどの重大性を求めるものではないと考えられる。条約法条約においては、①当該条約の義務全体に影響を与える違反が問題とされ、しかも②それが他のすべての当事国・との条約関係に影響を及ぼしうることになる (違反の援用国は他のすべての当事国との関係における条約の運用停止を主張することになる) のに対して、国家責任条文では、①当該特定の義務の履行の継続に影響を及ぼす違反が問題とされ、しかも②当該違反国と責任追及国・との間の関係のみが問題となるに過ぎないからである[66]。しかし、いかなる程度の違反であれば、国家責任条文第 42 条 (b)(ii) の敷居を超えることになるかについて、さらに具体的な指標を提示するのは容易ではない。

なお、これまで第 42 条 (b)(ii) は相互依存的義務と呼ばれる性・格・の義務についての規定であると述べてきたが、「かつ」以下は個別の「違反」の重大性について規定しており、そこには義務そのものの性格を超えた要素が含まれているのであって、その結果、相互依存的義務はその重大な違反の場合に初めて語ることができる義務ではないか (相互依存的義務の軽・微・な違反という概念はそもそも存在しないのではないか) との疑問が呈されるかも知れない。この点につい

---

65) ILC Commentary on Art. 42, para. 15.
66) See Gaja, *supra* note 14, p. 946.

ては、相互依存的義務とは、仮にその重大な違反があった場合には義務の履行の継続についての他のすべての国の立場を根本的に変更することとなるような性格の義務である(これはあくまで義務の性格についての陳述である[67])と理解すれば、疑問は解消することになろう。したがって、相互依存的義務の「軽微な違反」は、あくまで相互依存的義務の違反ではあるが、第42条(b)(ii)に定める重大性の敷居を超えないため、同項は適用されず、しかしそれが対世的／当事国間対世的義務である限りで第48条が適用されるということになるのである[68]。

(3) 責任追及のためにとることのできる措置

　第42条と第48条の違いとして、第3に、責任国に対してとることのできる措置の範囲がある。第42条では、「国は、……被害国として他の国の責任を追及する権利を有する」と規定しており、「被害国」は責任追及の措置を全面的にとることができることを示している。そのことは、第42条のコメンタリーにおいても確認されており、「第42条の意味において被害を蒙った国は、本[国家責任]条文において想定されているすべての救済手段(all means of redress)に訴える権利を有する。被害国は、第2部に従って適切な責任を追及することができる。被害国はまた——第49条の冒頭の文言からも明らかなように——この部[＝第3部]の第2章に定める規則に従って対抗措置に訴えることもできる[69]」とされる。

　他方、第48条ではその第2項において、同条にいう「被害国以外の国」が責任国に対して請求できるものとして、①国際違法行為の中止、②同じ国際違

---

67) 2000年に刊行された論文においてクロフォードは、国家責任条文第42条(b)(ii)の規定の基礎となった条約法条約第60条2項(c)(「条約の性質上、一の当事国による重大な違反が条約に基づく義務の履行の継続についてのすべての当事国の立場を根本的に変更するものであるとき」(傍点引用者)の条約の運用停止について規定)について、それが当該違反の重大性ではなく、条約ないし条約規定のア・プリオリな性格に焦点を当てたものであることを(同項の規定でも明記されているが＝上記傍点部分参照)改めて強調している。James Crawford, "The Standing of States: A Critique of Article 40 of the ILC's Draft Articles on State Responsibility," in Mads Andenas (ed.), *Judicial Review in International Perspective: Liber Amicorum in Honour of Lord Slynn of Hadley* (Kluwer, 2000), p. 30.

68) 同旨の指摘として、Gaja, *supra* note 14, p. 945.

69) ILC Commentary on Art. 42, para. 3.

法行為を繰り返さない保証、③被害国／者のための賠償義務の履行、が列挙されている。第48条のコメンタリーによれば、このリストは「網羅的(exhaustive)」であるとされる[70]。もっとも、それらの「請求」を行う手段として、裁判を提起することが排除されている訳ではなく、そのことは近時のICJの裁判例からも明らかである[71]。また、上のコメンタリーの記述は、被害国以外の国が対抗措置をとることを完全に禁止されていることまでも意味する訳ではない。この点に関連して、責任条文第54条が次のように定める。

> この章［＝対抗措置］は、第48条1項に基づいて他の国の責任を追及する権利を有する国が被害国または違反のあった義務の受益者のために違反の中止および賠償を確保する目的で責任国に対して適法な措置をとる権利を害するものではない。

第48条1項に定める国が対抗措置をとることができるかは、この規定の「適法な措置(lawful measures)」の解釈いかんによることになるが、この点については大きく異なる2つの解釈がありうる[72]。第1に、「適法な措置」とはそれ自体適法な措置、すなわち「報復(retorsion)」であって、それ自体としては違法である対抗措置ではない、というものである[73]。しかし、そもそも国家責任条文は国際「違法行為」を対象としているのであるから、それ自体適法である報復は、責任条文の対象ではない[74]、また、報復はそもそも適法であるのだから、それが責任条文においてことさら許容される旨が規定されているとは考え難い、さらに、第54条は「対抗措置」と題される国家責任条文第3部第2章に置かれているなどとして、第2に、同条にいう「適法な措置」とは「対抗措置」を意味するとされる[75]。

明らかに第2の主張の方が説得的である。しかし、だからといって第54条

---

70) ILC Commentary on Art. 48, para. 11.
71) 前出注6参照。
72) Linos-Alexandre Sicilianos, "Countermeasures in Response to Grave Violations of Obligations Owed to the International Community," in Crawford *et al.* (eds.), *supra* note 3, p. 1145.
73) 必ずしも明示的に「適法な措置」を「報復」と捉えるものではないが、それを「対抗措置」と捉えることに異論を唱えるものとして、see Alland, *supra* note 3, pp. 1232-1233.
74) この点につき、see ILC Commentary on Pt. 3, Chap. II, para. 3.
75) Sicilianos, *supra* note 72, p. 1145; "Obligations and Rights *Erga Omnes* in International Law: First Report by Giorgio Gaja," Institut de droit international, *Annuaire*, Vol. 71, tome I (2005), p. 147.

が、対世的／当事国間対世的義務違反に対しては、「被害国以外の国」もすべて対抗措置をとることができる旨を規定している訳ではない。ILC コメンタリーによれば、「一般的利益または集団的利益のためにとられる対抗措置に関する国際法の現状は不確定 (uncertain) である。……現在のところ、第 48 条にいう国が集団的利益のために対抗措置をとる権利は明確には承認されていないようである (appears)。したがって、第 48 条にいう他の国が責任国に義務を遵守させるために対抗措置をとることを許されるかという問題に関する規定を、本［国家責任］条文に含めることは適切ではない。代わりに第 2 章では、留保条項を置いて立場を留保するとともに、この問題の解決を国際法の将来の発展に委ねている[76]」とされる。

紙数の関係でこの点について詳細に検討することはできないが、少なくとも国家責任条文によれば、条文が採択された 2001 年の時点では、対世的／当事国間対世的義務の違反の場合に、「被害国以外の国」が対抗措置をとることができると明確にはいえなかった、ということになろう[77]。それが「対抗措置」ではなく「適法な措置」と規定された所以である[78]。

しかし、この分野の法が急速に変化しつつあることは[79]、国家責任条文の採択から 4 年後に採択された 2005 年の万国国際法学会 (IDI) の決議が、「広範に

---

[76] ILC Commentary on Art. 54, para. 6. 国家責任条文第 22 条のコメンタリーも、「第 54 条は、いずれの国も、被害国としての自国の個別的利益とは異なる一般的利益のために一定の国際義務の遵守を確保すべく措置をとることができるかという問題を、未解決のままに残している (leaves open)」と述べている。ILC Commentary on Art. 22, para. 6.

[77] 「被害国以外の国」による対抗措置に関する賛否両論につき、see *YILC, 2001*, Vol. II, Pt. 2, p. 23, para. 54. なお、ILC コメンタリーは、第 48 条にいう「被害国以外の国」が対抗措置をとった例として、例えば、1978 年のウガンダにおける自国民集団殺害に対してアメリカが行った禁輸措置、1981 年のポーランドにおける戒厳令布告に対してアメリカ等の国が行ったアエロフロート (ソ連)・LOT (ポーランド) の乗入権を規定した条約の運用停止、1998 年にコソボ問題との関係で EU 諸国が行ったユーゴ資産の凍結やユーゴとの航空協定に反するユーゴ機の乗入禁止などに言及している。ILC Commentary on Art. 54, para. 3. See also Elena Katselli Proukaki, *The Problem of Enforcement in International Law: Countermeasures, the Non-injured State and the Idea of International Community* (Routledge, 2010), pp. 109-201, 203-207; Tams, *supra* note 16, pp. 209-227.

[78] Crawford, *supra* note 3 ("Overview of Part Three"), pp. 938-939.

[79] この関連で、ICJ が 1986 年のニカラグア事件判決において、第三国による対抗措置を認めない判断を示していたことが想起される。*Military and Paramilitary Activities in and against Nicaragua, Judgment, ICJ Reports 1986*, p. 127, para. 249.

認識されるような対世的義務［＝本稿でいう当事国間対世的義務を含むものとして定義される］の重大な違反 (une violation grave, largement reconnue, d'une obligation *erga omnes*) が発生した場合には、……他のすべての国［＝本稿でいう当事国間対世的義務の場合には、他のすべての当事国］は……武力を伴わない対抗措置をとる権利を有する[80]」(傍点引用者)と規定しているという事実からも窺われる[81]。

また、IDI の決議が採択された 2005 年以降においても、EU の枠内[82]をはじめとして頻繁にいわゆる独自制裁が実施されており、2011 年の対リビア資産凍結措置、同年の対シリア資産凍結措置、2014 年の対ロシア(ウクライナ関連)措置としての同国の欧州資本市場へのアクセス拒否、エネルギー関連の禁輸措置などがその例としてあげられる[83]。こうした独自制裁は、対抗措置としてしか正当化できないものを多く含んでおり、少なくとも実行上は、国家責任条文第 54 条にいう「適法な措置」に、対抗措置が含まれる方向へと向かう傾向が見てとれるように思える。もっとも、そのような傾向に対する法的な反対論があるのも事実である[84]。

---

80) "Les obligations *erga omnes* en droit international: Résolution," Art. 5, Institut de droit international, *Annuaire*, Vol. 71, tome II (2006), pp. 288, 289. その後、2011 年に ILC で作成された国際機構責任条文は、第 57 条に国家責任条文第 54 条とパラレルな規定を置いているが、これは、10 年前に同じ ILC で作成された同じく国際責任に関する国家責任条文の規定に合わせたという側面が大きいのではないかと推測される。

81) 今後、国家責任条文第 54 条の下で「被害国以外の国」が対抗措置をとることが可能となった場合には、第 42 条の「被害国」と第 48 条の「被害国以外の国」には、責任国の責任追及のためにとることのできる措置において差がなくなるのかといえば、必ずしもそうではない。例えば、「被害国以外の国」は、「被害国」のように、自己のために賠償義務の履行を請求することはできない (第 48 条 2 項 (b))。Cf. *YILC, 2000*, Vol. I, p. 396, para. 61 (report of the Drafting Committee); *ibid.*, p. 81, para. 7 (Dugard).

82) EU は、2004 年の「制限措置 (制裁) の利用に関する基本原則」において、理事会がテロおよび大量破壊兵器の拡散と戦う努力を支持し、人権、民主主義、法の支配および良い統治の尊重を維持するための制限措置として、必要とあらば独自制裁を課す旨を明らかにしている。Council of the European Union, "Basic Principles on the Use of Restrictive Measures (Sanctions)," 7 June 2004, para. 3. See also European Commission - Restrictive measures, "Sanctions or Restrictive Measures," Text completed in Spring 2008.

83) Martin Dawidowicz, "Third-party Countermeasures: A Progressive Development of International Law?," *QIL*, No. 29 (2016), pp. 5-11.

84) 2016 年 6 月に発表された中国とロシアによる「国際法の促進に関する共同声明」は、「単独制裁 (unilateral sanctions)」として知られる、国際法に基づかない一方的な強制措置を、一般に承

おわりに

　以上の検討から明らかとなった国家責任条文第42条と第48条の関係、とりわけ第42条(b)(ii)と第48条1項の関係は、以下のようにまとめることができる。

　第1に、第42条は、国際義務違反の結果として「被害国」が生ずるすべての義務をカバーしており、第42条(a)はそのような義務のうちの二国間義務を、第42条(b)は集団的(多数国間)義務を包括的にカバーしている。これに対して第48条1項は、ILCのコメンタリーにも明記されているように、いずれも集団的(多数国間)義務に含まれる対世的義務と当事国間対世的義務の違反の場合の「被害国以外の国」について規定している。このように、第42条(b)が集団的(多数国間)義務について包括的に規定する(被害国が存在しない場合を除く)ことによって、義務の点では第48条の規定する対世的／当事国間対世的義務をもカバーしており、結果として第42条と第48条のカバーする義務の範囲には重複があるということになる。

　第2に、第42条と第48条の関係を、相互依存的義務を定める条約の代表例とされる軍縮条約を素材として、義務の違反および責任の追及の側面から見るならば、次のようにいうことができる。すなわち、軍縮条約の一締約国による重大な違反は、第42条(b)(ii)に定めるように、「当該義務の履行の継続についての他のすべての国の立場を根本的に変更する」ことで他のすべての当事国は「被害国」となり、その結果、他のすべての当事国は、「被害国」として、対抗措置を含め責任追及の措置を全面的にとる権利を与えられることになる。

　もっともこれは、その違反が「他のすべての国の立場を根本的に変更する」程度の重大な違反の場合にのみ当て嵌まるのであって、同じ相互依存的義務の違反であっても、そこまで重大ではない軽微な違反の場合には、逆に第42

認された国際法の原則および規則の誠実な履行に反するとしている。"The Declaration of the Russian Federation and the People's Republic of China on the Promotion of International Law," 25 June 2016, para. 6. Cf. *YILC, 2001*, Vol. II, Pt. 1, p. 94 (Poland). See also Carlo Focarelli, "International Law and Third-Party Countermeasures in the Age of Global Instant Communication," *QIL*, No. 29 (2016), pp. 17-24.

条に照らして「被害国」は存在しないことになる。この場合、軍縮条約の違反が基本的に当事国間対世的義務の違反であるということから、他のすべての当事国は、第48条の下で「被害国以外の国」として、限定された範囲で責任国の責任を追及することが認められる。第42条の下で「被害国」が責任の追及としてとることのできる措置と、第48条の下で「被害国以外の国」がとることのできる措置は、とりわけ対抗措置の観点から異なっており、前者が当然に対抗措置を含むのに対して、後者においては (少なくとも国家責任条文上は) その点が不明確なままに残されている (第54条)。

　以上の点を整理して述べるならば、国家責任条文は次のような構成になっているということができる。第1に、二国間義務の違反があった場合には、違反によって影響を受けた国は、「被害国」として、責任国の責任を追及するすべての措置 (対抗措置を含む) をとることができる。第2に、ある集団的 (多数国間) 義務の違反があった場合に、それが第42条に定める①違反の態様 (特に影響を受ける) または② (相互依存的義務の場合には) 違反の重大性 (当該義務の履行の継続についての他のすべての国の立場を根本的に変更する) の基準を満たすならば、①の場合には特に影響を受けた国、②の場合には他のすべての国は、「被害国」として、責任国の責任を追及するすべての措置 (対抗措置を含む) をとることができる。当該集団的 (多数国間) 義務の違反が上記のような第42条の基準を満たさない場合であっても、違反のあった義務が第48条に定める対世的／当事国間対世的義務である場合には、他の国／当事国は、第48条の下において限定された範囲内 (対抗措置を含むか不明) で責任国の責任を追及することができる。他方、違反のあった義務が対世的／当事国間対世的義務でない場合には、被害国に該当しない国は責任国に対して何らの責任追及も行うことができない、ということになろう。

　以上のような理解は、岩沢教授の所説と次のような点で異なっている。岩沢教授によれば、国家責任条文は、軍縮条約上の義務のような相互依存的義務と、人権条約上の義務のような一体的義務 (＝絶対的義務) とで扱いを変え、前者は第42条 (b) で、後者は第48条1項 (a) で規定しているとされる。これに対して本稿は、相互依存的義務も、場合によっては (軽微な違反の場合) 第48条の対象となることがあるのであり、また絶対的義務についても、場合によっ

ては(外国人の人権侵害の場合)第42条が適用されることがあると考える。後者(絶対的義務の違反の場合における第42条の適用)については岩沢教授も排除していないものと思われるが、前者(相互依存的義務の違反の場合における第48条の適用)との関係では、第48条に関するILCコメンタリーに対する批判的な記述からしても、同教授は本稿とは異なる見解をとっているものと思われる。しかし、本稿で述べてきたように、国家責任条文の規定ぶりとその起草過程の双方から、そのような理解には疑問がある。

　本稿では、国家責任条文の第42条と第48条の関係について、具体的な事例から離れて検討を加えた。その結果、両条の内容およびその相互関係が、ある程度解明されたように思える。しかしそれは、あくまで抽象的なレベルのものであって、その具体的な事例への適用がさほど容易でないことは、本稿においても幾度も指摘してきたところである。また、本稿の冒頭でも触れたように、この問題は純粋に学術的なものに留まる訳ではなく、対イラン独自制裁が対抗措置を援用することによって正当化できるかといった今日的な実践的問題にも直結している。こうした具体的事例との関係については別稿で検討することにしたい。

第3章　対抗措置における実効性の要求
――最近の国際実践の批判的検討と試論――

山田　卓平

はじめに
1　ICJ 暫定協定適用事件
　(1) 事件の概要
　(2) 裁判所の結論
　(3) 対抗措置抗弁について
2　ガイアナ対スリナム海洋境界事件
　(1) 事件の概要
　(2) 対抗措置抗弁について
3　メキシコ高果糖コーンシロップ (HFCS)

課税事件
　(1) 事案の概要
　(2) WTO 紛争解決手続
　(3) 国際投資仲裁
おわりに
　(1) 本稿の検討から得られる結論：最近の国際実践の傾向
　(2) 最近の傾向の正当性評価と試論

はじめに

　国内社会と比べて組織的でなく分権的な国際社会では、違法状態を是正して合法状態を回復し、もって国際法秩序の維持を図るためには、個別国家の一方的措置に相当程度頼らざるを得ない。そこで国際実践において認められてきたのが、復仇や対抗措置である。2001 年に国連国際法委員会 (ILC) が採択し国連総会決議[1]でテイクノートされた国家責任条文 (Articles on Responsibility of States for Internationally Wrongful Acts) の「対抗措置」章 (第 3 部第 2 章) の注釈[2]によれば、

---

1) Responsibility of States for internationally wrongful acts, A/RES/56/83 (28 January 2002).
2)「対抗措置」章注釈パラ 1 ("in order to procure cessation and reparation")、同パラ 3 ("in order to induce the responsible State to comply with its obligations under Part Two")。Report of the International Law Commission on the work of its fifty-third session (23 April – 1 June and 2 July – 10 August 2001), A/56/10 (2001), *YILC 2001*, Vol. II, Part 2, p. 128.

対抗措置は、責任国義務の遵守に誘導するためにのみ認められる[3]。すなわち、対抗措置の趣旨は、処罰や応報ではない[4]。このような趣旨をもっとも直接的に反映する規定が、同章冒頭の第49条1項である。

> 第49条1項：被害国は、国際違法行為に責任を有する国に対して第2部に基づく義務を遵守するよう誘導するためにのみ、対抗措置をとることができる。（An injured State may only take countermeasures against a State which is responsible for an internationally wrongful act in order to induce that State to comply with its obligations under part two.）

「第2部に基づく［責任国の］義務」とは、違法行為がなければ存在したであろう状態の回復義務という意味の完全賠償（full reparation）義務（第31条）や、違法行為の停止・不再発保証の義務（第30条）である[5]。すなわち、対抗措置は、賠償や違法行為停止などの責任国義務の遵守を誘導するために、当該責任国に対してとられるものでなければならない（注釈では、「目的要件（the requirement of purpose）[6]」や「必要性要件（the requirement of necessity）[7]」とも呼ばれる）。本要件はさ

---

[3] 一方で、岩月直樹の一連の研究は、国際法履行確保よりもむしろ平和的紛争解決原則の観点から、本原則に資する（かつ友好的紛争処理もできるだけ害さない）対抗措置制度を追求する。岩月直樹「紛争の『平和的』解決の意義－復仇と対抗措置の非連続性－」『本郷法政紀要』第7号（1998年）383-426頁、岩月直樹「対抗措置制度における均衡性原則の意義－均衡性原則の多元的把握へ向けての予備的考察－」『社会科学研究』第54巻1号（2003年）245-259頁、岩月直樹「伝統的復仇概念の法的基礎とその変容－国際紛争処理過程における復仇の正当性－」『立教法学』第67号（2005年）23-83頁、岩月直樹「現代国際法における対抗措置の法的性質－国際紛争処理の法構造に照らした対抗措置の正当性根拠と制度的機能に関する一考察－」『国際法外交雑誌』第107巻2号（2008年）204-237頁、岩月直樹「現代国際法上の対抗措置制度における均衡性原則－国際紛争処理過程における対抗措置の必要性に照らしたその多元的把握の試み－」『立教法学』第78号（2010年）206-299頁。

[4] 「対抗措置」章注釈パラ6、49条注釈パラ1、同パラ7。Report of the ILC 2001, *supra* note 2, pp. 129-131.

[5] 責任国義務に関する最近のICJ判断の検討として、山田卓平「国際違法行為の法的効果－国際司法裁判所による最近の判断の検討－」浅田正彦・加藤信行・酒井啓亘編『国際裁判と現代国際法の展開』（三省堂、2014年）363-387頁を参照。

[6] 第51条注釈パラ7。Report of the ILC 2001, *supra* note 2, p. 135.

[7] 「対抗措置」章注釈パラ5。*Ibid.*, p. 129.

らに細かく 2 つの要件に分解される。第 1 に、責任国義務の遵守に誘導するため (in order to induce) のみであること[8]、第 2 に、措置が責任国にのみ向けられていること、すなわち、責任国のみが標的であることである[9]。とくに第 1 の要件 (以下、「遵守誘導目的要件」と呼ぶ) は、上述の対抗措置の趣旨そのものを反映する重要な要件である。すなわち、対抗措置は遵守誘導のための「道具 (instrument)」なのである[10]。なお、遵守誘導目的要件は、第 51 条[11]の均衡性要件とも関連しうる。明らかに不均衡な措置は、遵守誘導目的を越えると判断されうる場合があるからである。しかし、均衡性要件は、遵守誘導目的の措置でさえもさらに制限しうるので、遵守誘導目的要件とは部分的に独立した機能を有するという[12]。

しかし、どのような場合に遵守誘導目的と認められるのか。本要件は、対抗措置の趣旨そのものを反映する点で重要なはずが、先行研究では、平和的紛争解決手続との関係[13]、均衡性要件[14]、武力復仇との関係[15]などに比べて、関心が薄かったように思える。ICJ ガブチコボ・ナジマロシュ計画事件判決は、チェコスロバキアによるダニューブ川転流が合法な対抗措置か否かを検討する際に、対抗措置の要件の 1 つとして「その目的が違法行為国を国際法上の義

---

8) 第 49 条注釈パラ 1 ("in order to induce the responsible State to comply with its obligations under Part Two, namely, to cease the internationally wrongful conduct, if it is continuing, and to provide reparation to the injured State")、同パラ 3 ("in order to induce that State to comply with its obligations of cessation and reparation")、同パラ 7 ("as a form of inducement")、「対抗措置」章注釈パラ 6 ("with a view to procuring cessation of and reparation for the internationally wrongful act")。*Ibid.*, pp. 129-131.
9) 第 49 条注釈パラ 4 (""must be directed against" a State which has committed an internationally wrongful act")。*Ibid.*, p. 130.
10)「対抗措置」章注釈パラ 3、同パラ 6、第 49 条注釈パラ 1。*Ibid.*, pp. 128-130.
11) 国家責任条文第 51 条 (均衡性)「対抗措置は、国際違法行為及び問題の権利の重大性を考慮しつつ、受けた被害と同等 (commensurate) でなければならない。」
12) 第 51 条注釈パラ 7。Report of the ILC 2001, *supra* note 2, p. 135.
13) 前掲注 3 で挙げた岩月論文以外では、たとえば、山本良「紛争の平和的解決と対抗措置の行使に関する一考察-紛争の平和的解決手続の「前置」をめぐる問題を中心として-」中川淳司・寺谷広司編『国際法学の地平-歴史、理論、実証』(東信堂、2008 年) 689-721 頁。
14) たとえば、岩月「前掲論文 (2003 年)」(注 3)、岩月「前掲論文 (2010 年)」(注 3)。
15) たとえば、松井芳郎「国際法における『対抗措置』の概念」『法政論集』第 154 号 (1994 年) 337-338 頁、宮内靖彦「武力行使の類型化の意義と問題点-「武力による対抗措置」の存在基盤-」『國學院法学』第 32 巻 4 号 (1995 年) 109-158 頁、宮内靖彦「武力復仇の規制に関する『国際法の欠缺』の起源と展望」島田征夫・江泉芳信・清水章雄編『変動する国際社会と法』(敬文堂、1996 年) 315-344 頁。

務の遵守に誘導すること」を挙げるが、すでに均衡性要件を不充足と判断したことから、遵守誘導目的要件の検討は不要としてそれ以上考察しなかった[16]。

しかし、本要件の具体化は必要である。

第1に、言うまでもなく、対抗措置の濫用防止のためである。第49条1項で「のみ (only)」という語が付されているのは、遵守誘導目的への限定を強調する趣旨である[17]。しかし、どのような場合に遵守誘導目的とみなされるかが不明確であれば、このような濫用防止を期待できない。

第2に、そしておそらくこれまであまり意識されてこなかった点として、遵守誘導のための実効性を追求し、遵守誘導に効果がないまたは薄い措置を排除するためである。実際に頻発しうるのが、措置国は責任国義務の遵守に誘導することを意図したとしても、結局は遵守に誘導できないまま措置が続く場合である。国際違法行為への対応として被害国が本来なら違法である措置をとったが、標的である責任国の違法行為停止や賠償を導けず、結局双方の違法行為が残存するだけであれば、違法行為の上乗せを許すだけに終わる点で国際法秩序維持にとってマイナスである。そうすると、措置国の意図はともかく結果的には、当該措置はILCが言うところの「道具」たり得ず、むしろ否定したはずの処罰的ないし応報的な違法行為に終わってしまうだろう。

上記第2の観点からすれば、遵守誘導目的要件において、遵守誘導のための実効性も問うべきではないか。または、先行違法行為がいまだ継続していても、客観的に見て効果の上がらない対抗措置は停止すべきではないか。遵守誘導のための実効性まで求める立場は、ILC国家責任条文の対抗措置章で示された諸規則の実現にも資することになる。まず、実効性を要求することにより、対抗措置の速やかな終了が期待され、「当分の間 (for the time being)」(第49条2項) という対抗措置の「一時的または暫定的性格[18]」、および、責任国義務の遵守時の速やかな対抗措置終了を規定する第53条[19]の実現に資する。さらに、非武力の対抗措置が効果を上げるなら、武力による制裁へのエスカレー

---

16) *Gabčíkovo-Nagymaros Project (Hungary/Slovakia), Judgment, ICJ Reports 1997,* pp. 56-57, para. 87.
17) 第49条注釈パラ1。Report of the ILC 2001, *supra* note 2, p. 130.
18) 第49条注釈パラ7。*Ibid.*
19) 国家責任条文第53条 (対抗措置の終了)「対抗措置は、責任国が国際違法行為につき第2部に基づく義務を履行したときには速やかに終了する。」

トを不要にすることになり、武力による対抗措置禁止（第50条1項(a)）の確保にも資する。周知の通り、国際関係論での制裁をめぐる研究では、標的国の政策変更を誘導するための実効性こそが中心的関心である[20]。国際法でも現実的基盤に支えられた正当な内容の対抗措置論の構築を目指すならば、関心を共有すべきである。

　以上より、遵守誘導目的要件において、遵守誘導の実効性も考慮されるべきである。

　このような問題意識により、本稿は、対抗措置が論点となった最近の事案における、遵守誘導目的要件についての当事者主張、および国際裁判や準国際裁判的機関の判断を検討し、その上で、上述の実効性追求の視点からその評価を試みる。

1　ＩＣＪ暫定協定適用事件

(1) 事件の概要

　1991年まで、ユーゴスラビア社会主義連邦共和国は6つの共和国で構成されていた。その1つのマケドニア社会主義共和国の議会は、1991年1月25日に主権宣言を採択した。6月7日に議会は憲法を改正し、国名を「マケドニア共和国」に変更した。しかし、南隣のギリシャは、「マケドニア」は地理学的にギリシャ北部を含む南東ヨーロッパの一地域を表すとの認識から、この国名に反対した。

　1992年7月30日に「マケドニア共和国」は国連加盟を申請したが、1993年1月25日にギリシャは、国名などを理由に、本申請に異議を表明した。安保理決議817（1993年4月7日）は総会に加盟承認を勧告すると同時に、国名問題の速やかな解決のために協力を継続するよう当事国に強く促し、国名問題

---

[20] E.g. Gary Clyde Hufbauer, Jeffrey J. Schott, Kimberly Ann Elliott, and Barbara Oegg, *Economic Sanctions Reconsidered* (Peterson Institute for International Economics, 3rd ed., 2007). 他にもたとえば、野林健「政治的武器としての経済制裁」『国際法外交雑誌』第89巻3/4号（1990年）376-401頁、岡部恭宜「経済制裁と国家のコスト―キューバと南アフリカの民主化分析―」『国際政治』第128号（2001年）130-145頁、田中世紀「経済制裁の発動を巡る計量分析―EUによるアフリカ諸国への経済制裁（一九九〇―二〇〇一）―」『国際政治』第158号（2009年）165-181頁。

解決まで国連内では暫定的に「マケドニア旧ユーゴスラビア共和国 (the former Yugoslav Republic of Macedonia)」(以下 FYROM) と呼称することを勧告した[21]。総会での加盟承認の翌日 (1993 年 4 月 8 日)、FYROM は国連加盟を果たした。しかし、同年 6 月 18 日の安保理決議 845 が国名問題について速やかに解決に至るよう努力を要求するも、交渉妥結に至らなかった。国連加盟後、FYROM はさまざまな専門機関のメンバーになったものの、国連に属さない機関への加盟努力は不成功に終わった。

1995 年 9 月 13 日、FYROM とギリシャは暫定協定に署名した。同協定は外交関係設立を規定する。同時に第 5 条で、国名問題について合意に達するために、安保理決議 845 に従い国連事務総長の下で交渉を継続することが合意された[22]。また、第 11 条 1 項で、国際機構・機関への FYROM の加盟申請に対してギリシャは異議を申し立てないことが合意されたが、これらの機構において安保理決議 817 の第 2 段落での国名 (=「マケドニア旧ユーゴスラビア共和国」) と異なるように呼称されることになっている場合およびその程度において、ギリシャが異議権を留保するとも規定された。その条文は以下の通りである[23]。

第 11 条 1 項：第 1 部の当事者 [＝ギリシャ] は第 2 部の当事者 [＝ FYROM] の申請またはメンバーシップに異議を申し立てないことに同意する。しかし、第 2 部の当事者がそれらの機構または機関で安保理決議 817 パラ 2 と異なるように呼称されることになっている場合およびその程度において (if and to the extent the Party of the Second Part is to be referred to in such organization or institution differently than in paragraph 2 of United Nations Security Council resolution 817 (1993))、第 1 部の当事者が異議権を留保する。

暫定協定締結後、FYROM は、ギリシャがすでに加盟している多数の国際

---

21) *Application of the Interim Accord of 13 September 1995 (the former Yugoslav Republic of Macedonia v. Greece), Judgment of 5 December 2011, ICJ Reports 2011*, p. 653, para. 17.
22) *Ibid.*, p. 654, para. 20.
23) *Ibid.*, pp. 654-655, para. 21.

機構の加盟国の地位を与えられた。さらに、NATO の招請により、同国は平和のためのパートナーシップ(1995年)、加盟のための行動計画(1999年)に参加した。加えて、同国の NATO 加盟資格が、ブカレストでの NATO 加盟国会合(2008年4月2-3日)で検討された(ブカレストサミット)。しかし、同国は NATO 加盟についての協議開始のために招請はされなかった。サミットの最後に出されたコミュニケは、「国名問題についての相互に受入可能な解決が達成され次第」、招請は同国まで広げられるだろうと述べた。

このようにして NATO 加盟がいまだ果たせない FYROM は、2008年11月17日に ICJ に提訴した。主張によれば、ギリシャは暫定協定第11条1項に違反しているという。

(2) 裁判所の結論

ICJ は、ギリシャが、ブカレストサミット前後の外交文書(2007年に NATO 加盟国に回覧された要覧、2008年4月14日付のコスタリカ国連代表部への書簡、2008年6月1日付の米州機構へ送付された要覧)および声明(2008年2月22日の首相の議会発言、2008年3月17日および27日の外相発言、2008年4月3日の首相声明)において、一貫して、国名問題が解決されない限り原告の NATO 加盟に賛成しないと明言したことを確認する[24]。したがって、ギリシャは、国名問題解決が原告の NATO 加盟を承諾する「決定的基準」であることを明確にした上で、本問題未解決ゆえに異議を表明したという[25]。したがって裁判所は、ギリシャが、暫定協定第11条1項の第1節の意味で原告の NATO 加盟に異議を申し立てたと結論する[26]。

もっとも、第11条1項の第2節によれば、安保理決議 817 の第2段落での国名(=「マケドニア旧ユーゴスラビア共和国」)と異なるように「呼称されることになっている (to be referred to)」場合には、例外的に異議権が与えられる。しかし、原告が自らを「マケドニア共和国」と呼称するつもりであることは、NATO において「マケドニア旧ユーゴスラビア共和国」と異なるように「呼称されるこ

---

24) *Ibid.*, pp. 669-669, paras. 74-79.
25) *Ibid.*, p. 670, para. 81.
26) *Ibid.*, p. 670, para. 83.

とになっている」ことを意味しない。したがって、ギリシャに異議権は与えられないという[27]。

以上より、裁判所は判決主文において、次のように結論した[28]。

> ギリシャは、マケドニア旧ユーゴスラビア共和国のNATO加盟に異議を申し立てることにより、1995年9月13日暫定協定の第11条1項上の義務に違反した。

(3) 対抗措置抗弁について

もっとも本件では、ギリシャの異議が対抗措置として正当化されるかが論点となっていた。それでは、遵守誘導目的要件についてどのように述べられているか。

(i) 原告の主張

原告FYROMは、いち早く申述書（2009年7月20日）において、ILC国家責任条文の対抗措置規定に依拠しつつ、被告の暫定協定第11条1項違反は対抗措置としても正当化できないと主張した。原告は、事前手続義務（ILC国家責任条文第52条1項）、暫定性・撤回可能性（同第49条2、3項）、均衡性（同第51条）、紛争解決手続義務（同第50条2項(a)）、先行違法行為の存在（同第49条1項）をそれぞれ満たさないと論じる[29]。しかし、遵守誘導目的要件については触れていない。

口頭弁論でも、原告弁護人（Phillipe Sands）は、ILC国家責任条文第49条、第52条1項、第51条の3つの条文の充足性を検討する際、第49条との関係では原告に先行違法行為がないことを主張するのみで[30]、遵守誘導目的要件については問題としていない。

---

27) *Ibid.*, p. 677, para. 103.
28) *Ibid.*, p. 693, para. 170.
29) Memorial of the Former Yugoslav Republic of Macedonia, Vol. I, 20 July 2009, pp. 102-106, paras. 5.43-5.54.
30) Phillipe Sands (FYROM), Verbatim Record CR 2011/7, 22 March 2011, pp. 20-21, paras. 53-54. 彼は、第51条との関係でも、原告の行為により被告側に被害 (an injury) は生じていないので被害の不均衡が生じるはずもないと主張し、遵守誘導については議論していない。*Ibid.*, pp. 22-24, para. 58.

(ⅱ) 被告の主張

　他方、被告ギリシャは、答弁書 (2010 年 1 月 19 日) では対抗措置を主張しなかったものの、再抗弁書 (2010 年 10 月 27 日) では、代替主張の 1 つとして対抗措置抗弁を追加した。

　その前提として、まず被告は原告の暫定協定違反を主張する[31]。暫定協定第 11 条 1 項は安保理決議 817 が示す暫定的国名 (＝「マケドニア旧ユーゴスラビア共和国」) を国際レベルで使用する義務を原告に課しているが、原告は憲法上の国名 (＝「マケドニア共和国」) を国際的フォーラムで繰り返し使用しその国名での国際的承認を得ようと企てたことにより、同条項に違反しているという。さらに、国名問題についての交渉中における非妥協的かつ遅延的なやり方により、交渉継続義務を定める第 5 条 1 項にも違反しているという。他にも第 6 条 2 項、第 7 条 1 ～ 3 項にも違反しているという。

　このような原告による暫定協定違反を主張した上で、被告は、NATO 加盟への異議を対抗措置として正当化する。その際、原告と同様に、被告も ILC 国家責任条文の対抗措置規定に依拠する。被告は、第 49 条、第 51 条、第 52 条の 3 つの条文の充足を順番に論じるが[32]、本稿の観点からは、とくに第 1 の第 49 条充足の主張が注目される。被告はまず次のように述べる。

> ギリシャは、FYROM の交渉時の態度により、同国の違反を停止し条約義務を遵守するよう誘導するために、同国に圧力をかける他に選択肢がなかったことを認めるつもりである。さもなければギリシャは、同協定、とくに中核的規定の 1 つである国名について合意に至るための当事国間交渉の規定の実施を、得ることはできなかった。[33]

その上で、第 49 条に当てはまることを主張する。

　ブカレストサミット準備中のギリシャの態度は、誠実な交渉を再開する

---

31) Rejoinder of Greece, Vol. I, 27 October 2010, p. 184, para. 7.82.
32) *Ibid.*, pp. 197-203, paras. 8.28-8.40.
33) *Ibid.*, pp. 198-199, para. 8.30.

ようFYROMを説得することを確定的かつ明確な目的としていたのであり、ILC条文第49条が要求するところの対抗措置の範囲内に厳密に入る。[34]

　すなわちギリシャは、とくに誠実交渉義務(第5条1項)の遵守に原告を誘導することが対抗措置(＝NATO加盟への異議)の目的と主張している。「同国に圧力をかける他に選択肢がなかった」「さもなければ……[誠実交渉義務]の実施を得ることはできなかった」との表現からは、加盟への異議こそが原告を誠実交渉義務の遵守に誘導する唯一の実効的手段であるとの趣旨かもしれない。
　しかし、口頭弁論では、被告弁護人(Alain Pellet)は、原告の先行違法行為の存在を述べるだけで、遵守誘導目的要件について論じておらず、当然ながら唯一実効手段性の要否についても触れていない[35]。結局、ギリシャは、遵守誘導目的要件の判断基準について明らかにしたとは言えない。

(ⅲ)　裁判所の判断
　それでは、裁判所はどのように判断したか。
　前述の通り、被告は、原告の先行違法行為として、暫定協定の第11条1項、第5条1項、第6条2項、第7条1～3項の違反を主張した。遵守誘導目的要件については、とくに第5条1項の遵守の誘導を念頭に置いていた。
　それに対して、裁判所は、第7条2項の違反のみ認定した。本条項は、原告側に、暫定協定発効前に国旗に表示されていたあらゆる形式でのシンボルのいかなる方法での使用も停止する義務を課す[36]。原告の軍隊が2004年に使用した例は、その違反に当たる[37]。もっとも、その使用は2004年中には終了した[38]。
　このように判断した上で、裁判所は次のように被告の対抗措置抗弁をしり

---

34) *Ibid.*, p. 200, para. 8.33.
35) Alain Pellet (Greece), Verbatim Record CR 2011/10, 25 March 2011, p. 35, para. 30. 彼は、均衡性を主張するパラ31でも、遵守誘導のための実効性について論じていない。*Ibid.*
36) Application of the Interim Accord, *supra* note 21, p. 688, para. 148.
37) *Ibid.*, pp. 689-690, paras. 153, 160.
38) *Ibid.*, p. 690, para. 160.

ぞけた。

> 被告が証明した原告の違反は、暫定協定第7条2項で禁止されたシンボルの2004年の使用のみである。この結論に達し、かつ被告が述べた異議の理由についてのパラ72から83での分析に照らして、原告の申請への被告の異議が第7条2項が禁ずる原告のシンボル使用の停止達成のためにとられたと、本裁判所は考えない。上述の通り、シンボルの使用は2004年時点で終了した。よって本裁判所は、……［被告の対抗措置抗弁を］棄却する[39]。

引用中の「被告が述べた異議の理由についてのパラ72から83での分析」とは、前述の通り、ギリシャが外交文書や声明において、国名問題が解決されない限り原告のNATO加盟に賛成しないと明言したことを確認し、同国にとって国名問題解決が原告のNATO加盟を承諾する決定的基準であり、本問題未解決ゆえに異議を表明したと結論した部分である。

この点を踏まえて上記引用部分を再度読めば、裁判所は、対抗措置抗弁棄却の理由を2つ述べていると思われる。第1に、ギリシャによる異議は、自身が何度も表明してきたように国名問題未解決が理由であり、唯一認定された原告の先行違法行為であるシンボル使用の停止を目的としたものではない（遵守誘導目的要件の不充足）。第2に、いずれにせよシンボル使用は2004年に終了しているので、異議時には原告の違法行為は存在しない（先行違法行為の不存在）。

本稿の関心からは、第1の理由が注目される。仮にシンボル使用という違法行為が異議時まで継続していたとしても、異議はギリシャ自身が何度も表明してきたように国名問題未解決が理由であり、シンボル不使用義務の遵守を誘導する目的ではないという趣旨であろう。すなわち、客観的に見て異議がシンボル不使用義務の遵守誘導に効果がないという理由ではなく、あくまでもギリシャ自身が表明した異議の意図に照らして、遵守誘導目的要件の不充足を導いている。

---

39) *Ibid.*, pp. 691-692, para. 164.

2　ガイアナ対スリナム海洋境界事件

(1)　事件の概要

(i)　事件発生までの経緯[40]

　南米大陸北東端でコランタイン (Corentyne) 川を挟んで隣り合うガイアナとスリナムは、英蘭による植民地時代から境界画定の努力が続けられてきた。1936年に混合境界委員会は、コランタイン川の河口西岸の「地点61 (Point 61)」を国境の北端と勧告した。同年に同委員会の英蘭委員は、地点61から北10度東 (真北から東に10度) の方角の線 (「10度線 (10°Line)」) を領海の境界と結論した。1939年、英国は領海の境界を10度線とする条約案を準備したが、第2次大戦が始まり、オランダ政府は反応しなかった。その後幾度か英国は条約案を提示したが、いずれもオランダに拒否された。1965年の英国による条約案は、すべての海洋境界を地点61からの等距離線としたが、これもオランダに受け入れられなかった。ガイアナ独立直後の1966年、英国はガイアナと蘭領スリナムの直接協議を主催した。海洋境界について、ガイアナは等距離原則により北34度東の線 (「34度線 (34°Line)」) を主張したが、蘭領スリナムは、他の地理的考慮によって境界画定すべきと主張した。1975年にはスリナムもオランダから独立したが、その後も海洋境界について合意はなされていない。このように、海洋境界をめぐっては、10度線 (スリナム主張) と 34度線 (ガイアナ主張) で対立することになり、その間の扇形の海域が係争水域となった。

　しかし、両国とも係争水域での石油探査のコンセッションを付与してきた。英領ガイアナは1958年に California Oil Company へ、1965年に Royal Dutch Shell の子会社の Guyana Shell Limited へ探査権を付与した。その後2000年までの間に、ガイアナは係争水域での活動を許可する9件のコンセッションを付与した。蘭領スリナムも、1957年に Colmar Company へ石油探査のコンセッションを付与している。独立後の1980年、スリナムは国立石油会社の Staatsolie を設

---

40) *Award of the arbitral tribunal constituted pursuant to article 287, and in accordance with Annex VII, of the United Nations Convention on the Law of the Sea in the matter of an arbitration between Guyana and Suriname*, 17 September 2007, pp. 29-33, paras. 137-152. なお、本事件の紹介として、加々美康彦「係争海域での活動－ガイアナ対スリナム海洋境界画定事件」小寺彰他編『国際法判例百選 [第2版]』(有斐閣、2011年) 76-77頁も参照。

立した。同社は、10度線を西端とする水域へのコンセッション取得の排他的権利を有している。スリナムは、同社を通じて、2004年までに5つの会社またはコンソーシアムと契約を結んできた。

　CGX Resources Inc. は、1998年にガイアナから係争水域での石油探査コンセッションを得たカナダ会社である。1999年にCGX社は、コンセッション水域（東の境界は34度線）全体での地震調査実施を手配した。同時に同社はガイアナから掘削の許可を得たことを公表しており、2000年4月10日には掘削計画を告示した[41]。5月11日と31日に、スリナムは外交経路を通じて、係争水域でのすべての石油探査活動の停止をガイアナに要求した。5月31日、スリナムは、CGX社に10度線以東での全活動の停止を命令した。6月2日にガイアナは、海洋境界は等距離線（すなわち34度線）に沿って引かれると返答した。同日夜、すなわち退去命令事件の数時間前、ガイアナは、海洋境界関連事項についての対話開始のために、24時間以内に高官を首都ジョージタウンに送ることをスリナムに求めた[42]。6月3日真夜中過ぎ、係争水域内のCGX社の石油掘削装置と掘削船ソーントン（Thornton）号に、スリナム海軍の巡視船が近づいた。巡視船は12時間以内の退去を命じ、命令に従わないことによる結果は同号側の責任である旨を通告した[43]。この命令を受けて、同号の乗員は石油掘削装置を海底から取り外し、コンセッション水域から撤退した。その後、同じくガイアナからのコンセッションにより係争水域で活動していた石油会社、Maxus Guyana Ltd. と Esso Exploration and Production (Guyana) Company が、それぞれコンセッション水域から撤退した。

（ⅱ）　ガイアナの請求[44]

　ガイアナは、2004年2月24日付の請求で、国連海洋法条約第286条と第287条、および附属書Ⅶに基づいて、仲裁手続を開始した。仲裁人は、Dolliver Nelson（裁判長）、Thomas Franck、Hans Smit、Ivan Shearer、Kamal Hossain

---

41) *Guyana/Suriname Arbitration Award*, *supra* note 40, p. 158, para. 475.
42) *Ibid.*, p. 159, para. 475.
43) *Ibid.*, p. 143, para. 439.
44) *Ibid.*, pp. 34-35, paras. 157-158.

第3章　対抗措置における実効性の要求　91

THE AREA IN DISPUTE

10° Line

34° Line

31,600 km²

退去命令事件発生

GUYANA

SURINAME

の5名である。ガイアナは、請求事項の第1項でスリナムの先決的抗弁却下、第2項で34度線での海洋境界画定を求めた上で、第3項の前半で次の判断を求めた。

> スリナムは、ガイアナの領土保全と、ガイアナの主権領域内海域やガイアナが合法な管轄権を行使する他の海域に合法に存在する自国民や機関その他の両方またはいずれかに対する武力の行使により、国連海洋法条約、国連憲章、および一般国際法における平和的紛争解決義務に違反したことについて、国際的に責任を負う。

さらに、第4項の前半で次の判断を求める。

> スリナムは、ガイアナとスリナムにおいて大陸棚と排他的経済水域の境界画定の合意に達するまでの間、実際的な性質を有する暫定的な取極を締結するためにあらゆる努力を払うという、国連海洋法条約上の義務に違反し、最終的な合意への到達を危うくしまたは妨げたことにより、国際的に責任を負う。

(ⅲ) 仲裁廷の結論[45]

仲裁廷は、裁定主文の第1項で海洋境界線を示した上で、第2項で次のように結論した。

> スリナムによるCGX社の石油掘削装置と掘削船ソーントン号の係争水域からの追放は、国連海洋法条約、国連憲章、一般国際法に違反する武力行使の威嚇を構成した。

この判断は、スリナム巡視船による命令が、従わなければ武力を行使され

---

45) *Ibid.*, pp. 165-166, para. 488.

第 3 章　対抗措置における実効性の要求　93

るかもしれないという明示の威嚇に該当した、との認定を基礎としている[46]。
さらに仲裁廷は、第 3 項で次のように結論した。

> ガイアナもスリナムも、実際的な性質を有する暫定的な取極を締結するためおよび最終的な境界画定合意への到達を危うくし又は妨げないためにあらゆる努力を払うという、国連海洋法条約の第 74 条 3 項と第 83 条 3 項の義務に違反した。

すなわち仲裁廷は、スリナムによる CGX 社への行動を国際法に違反する武力行使の威嚇と認めるとともに、両国について国連海洋法条約の第 74 条 3 項と第 83 条 3 項の違反を認めたのである。

(2) 対抗措置抗弁について

(i) 当事国の主張

〈スリナム〉

しかし、スリナムは、ガイアナの第 3 請求事項（＝スリナムは武力行使により平和的紛争解決義務に違反）に対して、再抗弁書（2006 年 9 月 1 日）および口頭弁論で、代替主張として対抗措置抗弁を主張していた。スリナムによれば、大陸棚の係争区域での探査掘削の一方的許可というガイアナの先行行為が、国連海洋法条約第 83 条 3 項に違反しており[47]、退去命令措置はその違法行為への対応だという。それでは、スリナムは、遵守誘導目的要件についてどのように述べているか。

まず再抗弁書において、スリナムは対抗措置の要件充足を主張する際、遵守誘導目的要件について次のように述べる。

> 当該措置は、明らかに、紛争海域で一方的に掘削しないという国際義務

---

[46] *Ibid.*, pp. 143-144, para. 439; see *Ibid.*, p. 147, para. 445.

[47] Sean D. Murphy (Suriname), Hearing Transcripts, Vol. 7 (Day 7), 15 December 2006, pp. 1127-1130; *see* Rejoinder of the Republic of Suriname, Vol. I, 1 September 2006, p. 143, para. 4.69.

遵守に誘導するためにとられた[48]。

したがって、同要件の充足を当然視するのみである。もっとも、スリナムは、その直前で、「当該状況下では、権利保全のためにスリナムの措置が緊急にとられなければならず、それにより、潜在的に適用可能ないかなる代替的紛争解決手続をも使用不可能になった」と述べており、本件措置をILC国家責任条文第52条2項の緊急対抗措置と位置づけているようである[49]。したがって、ガイアナの違法行為（＝一方的掘削許可）から自国権利を保全するための緊急の措置である以上、当該違法行為の停止や原状回復といったガイアナの義務の遵守を誘導する目的であることは当然だという趣旨だろうか。

その後の口頭弁論（2006年12月15日）において、スリナム弁護人（Sean D. Murphy）は、まず対抗措置の4つの要件を提示する。すなわち、①先行違法行為への対応としてとられる行為であること、②事前に違法行為停止を要求していること、③先行違法行為による被害と同等（commensurate）であること、④相手国を国際義務の遵守に誘導する目的であること、の4点である[50]。その上で、本件への当てはめに入る。要件④の遵守誘導目的要件については、次のように述べる。

　　［スリナムの］当該行動は、ガイアナにその違法行為を控えさせるよう
　　誘導する目的のみだった[51]。

再抗弁書と違って緊急対抗措置という位置づけではないようだが、遵守誘導目的要件について充足という結論を確認するのみである。

もっとも、弁護人は、要件③の均衡性要件の充足を確認する文脈で、次のように述べている。

---

48) Rejoinder of Suriname, *supra* note 47, p. 144, para. 4.71.
49) *Ibid.*, p. 144, para. 4.70.
50) Murphy (Suriname), *supra* note 47, p. 1126.
51) *Ibid.*, p. 1127.

スリナムの行動は、掘削装置を当該水域から去らせるのに必要な最小限の活動に厳密に調整されていた[52]。

すなわち、自国の（と主張する）大陸棚でのCGX社による掘削装置設置というスリナム側の被害との均衡性を検討する際、退去命令により与える被害との比較ではなく、掘削装置撤去というスリナム側の被害回復のために「必要な最小限」の行動か否かを基準にしている。したがって、均衡性要件の中に、遵守誘導のための実効性の要素を含めているように思える。

〈ガイアナ〉
他方、ガイアナはどのように反論したか。

口頭弁論（2006年12月11日）において、ガイアナの共同代理人（Payam Akhavan）は、対抗措置の要件不充足の論拠として、次の3点を述べた。第1に、ILC国家責任条文第50条1項(a)との抵触である。同項は、措置が国連憲章第2条4項が定める武力の威嚇または行使の禁止義務に反しないことを要求するが、スリナムの措置はガイアナに対する武力の威嚇に当たる[53]。第2に、同第50条2項(a)との抵触である。同項は措置国と責任国との間で適用可能なあらゆる紛争解決手続における義務からも免れないと規定するが、スリナムは利用可能なすべての平和的解決手段を尽くしていない[54]。第3に、そもそもガイアナ側に先行違法行為がない。確かにガイアナは、係争水域での探査掘削のコンセッションを付与してきた。しかし、国連海洋法条約第83条3項の義務は時間無制限のものではなく、合意に到達できなかった場合でもなお交渉義務および係争水域での掘削禁止義務を課し続けるものではないため、ガイアナの掘削許可は同項に反しないという[55]。

したがって、ガイアナは遵守誘導目的要件については何ら論じていない。

---

52) *Ibid.*
53) Payam Akhavan (Guyana), Hearing Transcripts, Vol. 4 (Day 4), 11 December 2006, pp. 583, 587.
54) *Ibid.*
55) *Ibid.*, pp. 583-585

(ⅱ) 仲裁廷の判断

前述の通り、仲裁廷は、スリナムの行動のみならず、CGX 社事件以前のガイアナの行動も国連海洋法条約第 74 条 3 項と第 83 条 3 項に違反すると判断した[56]。したがって、ガイアナに先行違法行為があったことは否定していない。

しかし、仲裁廷は、対抗措置が武力行使に関われないことは確立した国際法原則であり、そのことは ILC 国家責任条文第 50 条 1 項 (a) に反映し、国際判例 (ICJ コルフ海峡事件 1949 年判決、ICJ ニカラグア事件 1986 年判決) に合致すると述べる。さらに、同規則を含む友好関係原則宣言の採択は、慣習法についての法的信念の表れとする[57]。その上で、仲裁廷は、前述の通り、本件でのスリナムの行動は単なる法執行活動というよりも軍事活動の威嚇に近いとして、UNCLOS、国連憲章、一般国際法上に違反する武力行使の威嚇に該当すると述べる[58]。したがって、本件行動は合法な対抗措置ではないと結論する[59]。

以上より、仲裁廷はもっぱらスリナムの行動が武力の威嚇に当たることを理由に対抗措置抗弁をしりぞけており、遵守誘導目的要件については何ら検討していない。

3　メキシコ高果糖コーンシロップ (HFCS) 課税事件

(1) 事案の概要[60]

対抗措置主張で注目されるのが、2001 年にメキシコが、サトウキビ糖を原料とするもの以外の甘味料およびそれを使用した清涼飲料の移転およびそのためのサービスに対して、20% の税を課した事案である。

---

56) *Guyana/Suriname Arbitration Award*, *supra* note 40, pp. 159-160, 166, paras. 477, 488.
57) *Ibid.*, p. 147, para. 446.
58) *Ibid.*, pp. 147, 165, paras. 445, 488.
59) *Ibid.*, p. 148, para. 446.
60) See, *Archer Daniels Midland Company and Tate & Lyle Ingredients Americas, Inc. v. United Mexican States* (ICSID Case No. ARB(AF)/04/5), Award (21 November 2007), paras. 39-99; *Corn Product International, Inc. v. United Mexican States* (ICSID Case No. ARB(AF)/04/1), Decision on Responsibility (15 January 2008), paras. 26-48; *Cargill, Incorporated v. United Mexican States* (ICSID Case No. ARB(AF)/05/2), Award (18 September 2009), paras. 52-127. 本事案概要については、岩月直樹「国籍国に対する対抗措置としての正当性と投資家への対抗可能性」経済産業研究所『RIETI Discussion Paper Series』14-J-008 (2014 年) 3 頁も参照。

メキシコでは、清涼飲料用甘味料として、伝統的に自国産のサトウキビ糖が使われていた。しかしその後、より安価な高果糖コーンシロップ (HFCS) が大きくシェアを伸ばした。HFCS は、おもにイエローコーンの澱粉から工業的に作られる糖である。メキシコではイエローコーンはあまりないので、米国から HFCS を輸入するか、イエローコーンを輸入して国内で HFCS を製造することになる。メキシコでの HFCS の製造や流通販売は、おもに米国企業がメキシコの現地子会社を通して行ってきた。HFCS 輸入や米国系企業による HFCS の製造販売により、メキシコのサトウキビ糖産業は圧迫され、国内需要は伸び悩んだ。

そこでメキシコは、1998 年 1 月に米国からの HFCS にアンチダンピング税を課した。それに対して、第 1 に米国政府は、1998 年 5 月 8 日に WTO 紛争解決手続の枠組みでメキシコに協議を要請し、同年 10 月 8 日に WTO パネルの設置を要請した。パネルは、メキシコの措置がアンチダンピング協定に違反すると判断した (2000 年 1 月 28 日報告、2 月 24 日 DSB 採択)[61]。その後のメキシコによるアンチダンピング再決定もパネルが違反認定し (2001 年 6 月 22 日報告)[62]、上級委員会もその判断を支持した (2001 年 10 月 22 日報告、11 月 21 日 DSB 採択)[63]。第 2 に、HFCS の米国輸出企業とメキシコ輸入企業も、課税の見直しを求めて、北米自由貿易協定 (NAFTA) 第 19 章 (「アンチダンピング税および相殺関税に関する見直しと紛争解決」) に基づくパネル設置を要請した (1998 年 2 月 20 日)。パネルは、2001 年 8 月 3 日および 2002 年 4 月 15 日の決定で、アンチダンピング税の撤廃を命じた[64]。以上の判断を受けて、メキシコは同課税を撤廃した (2002 年 5 月

---

61) *Mexico – Anti-Dumping Investigation of High Fructose Corn Syrup (HFCS) From the United States: Report of the Panel*, WT/DS132/R (28 January 2000), para. 8.2. 本パネル報告の紹介として、小寺彰「メキシコの米国産コーンシロップに対するアンチダンピング調査」松下満雄・清水章雄・中川淳司編『ケースブック WTO 法』(有斐閣、2009 年) 44-45 頁も参照。

62) *Mexico – Anti-Dumping Investigation of High Fructose Corn Syrup (HFCS) from the United States - Recourse to Article 21.5 of the DSU by the United States: Report of the Panel*, WT/DS132/RW (22 June 2001), para. 7.1.

63) *Mexico – Anti-Dumping Investigation of High Fructose Corn Syrup (HFCS) from the United States - Recourse to Article 21.5 of the DSU by the United States: Report of the Appellate Body*, WT/DS132/AB/RW (22 October 2001), para. 135.

64) *Review of the Final Determination of the Antidumping Investigation on Imports of High Fructose Corn Syrup, Originating from the United States of America*, Case: MEX-USA-98-1904-01, 3 August 2001, p. 113; *Review of the Final Determination of the Antidumping Investigation on Imports of High Fructose Corn Syrup, Originating from the United States of America*, Case: MEX-USA-98-1904-01, 15 April 2002, p. 24.

20日）。

　アンチダンピング税を撤廃したメキシコは、HFCS 自体に対してではなく、それを使用した清涼飲料に課税する方式に転換した。すなわち、改正された「製造とサービスについての特別税（IEPS）法」を 2002 年 1 月 1 日に施行し、とくに以下の課税措置を始めた。

・サトウキビ糖以外の甘味料を使用する清涼飲料その他の飲料の移転または輸入に 20％ の課税
・上記飲料の移転のために提供される具体的サービス（委任、取次、代理、仲買、委託販売、流通など）に 20％ の課税

　それに対して、米国政府が WTO に申立て、米国企業が国際投資仲裁に提訴した。前者の WTO 紛争解決手続での 1994 年 GATT（以下、GATT）の違反判断（(2)で後述）を受け、メキシコは、2007 年 1 月 1 日をもって本件課税措置を撤廃した。その後、後者の国際投資仲裁も、本件課税の NAFTA 違反を認めた（(3)で後述）。

　このように、最終的には課税措置は違法と判断された。しかし、その過程でメキシコは、正当化根拠の 1 つとして、同国産砂糖の米国市場への参入をめぐって両国間で紛争が生じており、米国は NAFTA 上の義務、つまり、市場アクセスについての義務および NAFTA 第 20 章（「制度的取決めと紛争解決手続」）の紛争解決手続上の義務に違反していて、本件課税措置は米国を義務遵守に誘導するための措置だと主張していた。後者の紛争解決手続上の義務違反とは、メキシコが 2000 年 8 月 17 日に NAFTA 第 2008 条に基づき仲裁パネルの設置を要請したが、（メキシコ曰く）米国の非協力で仲裁パネルが設置されていないことに基づく[65]。

　それでは、WTO 紛争解決手続および国際投資仲裁において、対抗措置の遵守誘導目的要件は具体化されているだろうか。

(2) WTO紛争解決手続

---

[65] *ADM & TLIA, supra* note 60, paras. 77-79; *CPI, supra* note 60, paras. 38-39; *Cargill, supra* note 60, paras. 93-100.

第3章　対抗措置における実効性の要求　99

　米国政府は 2004 年 3 月 16 日に協議を要請し、6 月 22 日にパネル設置が決定された。米国は、本件課税が GATT 第 3 条に基づく内国民待遇義務に違反すると主張した。2005 年 10 月 7 日、パネルはメキシコの GATT 第 3 条 2、4 項違反を認定する報告を提出し[66]、上級委員会も 2006 年 3 月 6 日提出の報告でその判断を支持した (2006 年 3 月 24 日 DSB 採択)[67]。このように、パネルも上級委員会も、メキシコの措置の GATT 違反を認めた。

　しかし、メキシコは、その正当化のために、本件措置は米国の NAFTA 義務遵守を確保するための措置だとの立場から、具体的には GATT 第 20 条 (d) の例外 (法令 (laws and regulations) の遵守確保に必要な措置)[68] に当たると主張していた。この抗弁は、パネルおよび上級委員会によりしりぞけられた。パネルによれば、本条項の対象は、自国の国内規則の遵守達成のためにある程度確実な実効性を有する執行措置であるところ、本件課税措置はこれに当たらないという[69]。上級委員会は、本条項での「法令」とは措置国の国内法システムの一部を形成する諸規則を指し、他国の条約上の義務 (本件では米国の NAFTA 上の義務) は該当しないことを強調して、パネルの結論を支持した[70]。

　確かに、本件での直接の論点は GATT 第 20 条 (d) であり、一般国際法上の対抗措置ではない。しかし、パネルが、GATT 第 20 条 (d) と対比する文脈で、対抗措置の遵守誘導要件に触れている。

---

66) *Mexico – Tax Measures on Soft Drinks and Other Beverages: Report of the Panel*, WT/DS308/R (7 October 2005), para. 9.2.

67) *Mexico – Tax Measures on Soft Drinks and Other Beverages: Report of the Appellate Body*, WT/DS308/AB/R (6 March 2006), para. 85.

68) GATT 第 20 条 (d)：この協定の規定は、締約国が次のいずれかの措置を採用すること又は実施することを妨げるものと解してはならない。ただし、それらの措置を、同様の条件の下にある諸国の間において任意の若しくは正当と認められない差別待遇の手段となるような方法で、又は国際貿易の偽装された制限となるような方法で、適用しないことを条件とする。…… (d) この協定の規定に反しない法令……の遵守を確保するために必要な措置。

69) *Mexico – Tax Measures, Report of the Panel, supra* note 66, paras. 8.168-8.198.

70) *Mexico – Tax Measures, Report of the Appellate Body, supra* note 67, paras. 66-80. なお、パネル・上級委員会報告の紹介として、以下も参照。川瀬剛志「メキシコのソフトドリンクに対する課税」松下他編『前掲書』(注 61) 144-145 頁、川瀬剛志「メキシコの飲料に関する措置」経済産業省『WTO パネル・上級委員会報告書に関する調査研究報告書 2006 年度版』79-109 頁 (http://www.meti.go.jp/policy/trade_policy/wto/ds/panel/panelreport.html 最終閲覧 2016 年 5 月 27 日)。

パネルはまず、GATT 第 20 条 (d) にいう「遵守を確保するため」とみなされるためには、「その措置により達成されうる結果についてのある程度の確実性 (a degree of certainty in the results that may be achieved through the measure)」が必要と述べる[71]。遵守実現について、ある程度確実な実効性を要求する立場と言える。

その一方で、パネルは対抗措置について次のように述べる。

> しかし、国際関係を考える場合には、状況はかなり異なる。……措置についてのメキシコの現実の意図の問題にかかわらず、表明されている目標 (米国の行動を変化させるという目標) を達成するためのそれらの措置の実効性 (the effectiveness of those measures in achieving their stated goal – that of bringing about a change in the behaviour of the United States –) は、逃れがたいことに不確実である (inescapably uncertain) と本パネルには思える。……メキシコがとったような国際的対抗措置の結果は本来的に予期不可能であり (inherently unpredictable)、それゆえに、第 20 条 (d) の意味での「遵守を確保するため」の措置とみなすには適当ではない……。……そのような確実性は、本来的に国際的対抗措置の場合には存在しない (Such certainty is inherently absent in the case of international countermeasures.)[72]。

すなわち、対抗措置については、他国の国際義務遵守を目的とするという性質上、本来的に結果の予期は不可能であり、GATT 第 20 条 (d) が求めるような確実性を要求できないという。したがって、パネルの認識では、一般国際法上の対抗措置には、(GATT 第 20 条 (d) と異なり) ある程度確実な実効性は要求されないということになる。

(3) 国際投資仲裁

同時に、複数の米国企業が、メキシコの課税措置が NAFTA 第 11 章 (「投資」) セクション A に定められた内国民待遇などの義務に違反しているとして、同セクション B に従い、ICSID 追加的制度規則に基づく仲裁に付託した。

---

71) *Mexico – Tax Measures, Report of the Panel, supra* note 66, para. 8.188.
72) *Ibid.*, paras. 8.185-8.186, 8.188.

第3章　対抗措置における実効性の要求　101

　それに対してメキシコは、いずれの事件においても、課税措置を対抗措置として正当化しようとした。なお、いずれの事件でも、ILC 国家責任条文の作業で特別報告者を務めた Crawford がメキシコ側弁護人として参加している。
　しかし、いずれの仲裁廷も同抗弁をしりぞけ、メキシコの NAFTA 第 11 章の義務違反を認定した。具体的には、全事件で NAFTA 第 1102 条 (内国民待遇) 違反が認定された[73]。さらに ADM & TLIA 事件では第 1106 条 (パフォーマンス要求禁止) 違反[74]、Cargill 事件では第 1106 条違反に加えて第 1105 条 (公正衡平待遇) 違反も認定された[75]。
　それでは、当事者の主張および仲裁廷の判断において、対抗措置の遵守誘導目的要件は具体化されているか。

(i) ADM & TLIA事件

　米国企業の Archer Daniels Midland Company (ADM) と Tate & Lyle Ingredients Americas, Inc. (TLIA) は、メキシコに合弁で設立した子会社において HFCS を製造、販売、流通させていた[76]。2社は 2004 年 8 月 4 日に仲裁を要請した[77]。仲裁人は、Bernardo M. Cremades (西、裁判長)、Arthur W. Rovine (米)、Eduardo Siqueiros T. (墨) である[78]。
　被告メキシコの中心的抗弁は、2002 年 1 月 1 日に制定して 2006 年 12 月 31 日まで続いた課税は、米国による 2 種の NAFTA 違反、すなわちメキシコ産砂糖の米国市場へのアクセスに関する義務違反、および当該義務違反についての NAFTA 第 20 章紛争解決手続の不履行への対抗措置だというものである。それゆえ、被告は、たとえ本課税が NAFTA 第 11 章の第 1102 条 (内国民待遇)、第 1106 条 (パフォーマンス要求禁止)、第 1110 条 (収用と補償) に違反しても、慣習国際法上の対抗措置なので国際責任は発生しないと主張する[79]。

---

73) *ADM & TLIA*, supra note 60, para. 213, 304; *CPI*, supra note 60, paras. 143, 193; *Cargill*, supra note 60, paras. 223, 554.
74) *ADM & TLIA*, supra note 60, para. 227, 304.
75) *Cargill*, supra note 60, paras. 305, 319, 556, 557.
76) *ADM & TLIA*, supra note 60, para. 39.
77) *Ibid.*, para. 15.
78) *Ibid.*, para. 18.
79) *Ibid.*, para. 110.

仲裁廷は、2007年11月21日の裁定において、ICJ ガブチコボ・ナジマロシュ計画事件判決を対抗措置についての慣習国際法の権威ある意見とみなす。その上で、ILC 国家責任条文の第22条と第49条1項2項の条文を引用する[80]。対抗措置の要件としては、米国の先行違法行為の存在以外に、次の3つを要することについて、当事者で了解があったという[81]。

①本課税が、米国の違反に対応して制定され、メキシコ産砂糖の米国市場へのアクセスについての NAFTA 義務および NAFTA 第20章上の義務の米国による遵守を誘導することを意図されていた (was intended to induce) こと。
②本課税が、均衡した措置だったこと。
③本課税は、原告の個別的な実体的権利を侵害しなかったこと。

要件②と③についての仲裁廷の判断に関しては、すでに岩月直樹による詳細な研究がある[82]。本稿の関心から注目すべきは、要件①である。遵守誘導目的要件の充足には、本課税措置によって米国を遵守に誘導することをメキシコが「意図」していたことを要する点で、両当事者は一致していたのである。

その後、仲裁廷は、本件事実を詳細に検討して、メキシコの意図を探る。仲裁廷はまず、アンチダンピング措置が WTO 紛争解決手続および NAFTA 第19章パネルで違反判断されたこと（前述）が、本課税の直接の背景だったと指摘する[83]。さらに、IEPS 法の改正条項のテキストや立法時の議会での議論において、米国への対抗措置として制定されることが何ら示唆されていないという[84]。加えて、政府職員が、本課税は国内砂糖産業を HFCS 産業から保護することを意図したものと公に認め[85]、さらに最高裁が、一時停止されていた本課税の復活を決定する際に、立法機関の制定意図は国内砂糖産業の保護だった

---

80) *Ibid*., paras. 125-126.
81) *Ibid*., para. 127.
82) 要件②について、岩月「前掲論文（2010年）」（注3）262-265頁。要件③について、岩月「前掲論文」（注60）1-25頁。とくに後者は、3つの投資仲裁廷による要件③の判断の相違を的確に比較分析した、優れた研究である。
83) *ADM & TLIA, supra* note 60, paras. 136-139.
84) *Ibid*., paras. 142-144.
85) *Ibid*., para. 145.

と明言したという[86]。以上の事実を踏まえて、仲裁廷は、「メキシコの砂糖産業の保護が税制定の背後の真の動機および意図 (the true motive and intent) だった」と結論する。

　すなわち仲裁廷は、税制定前の経緯、制定時の立法テキストおよび議会での議論、その後の行政職員の見解、最高裁決定を子細に検討して、メキシコの真の意図が米国の遵守誘導ではなく国内砂糖産業の保護である、と結論づけた。ここでは、もっぱらメキシコ国家機関の意図を根拠に、遵守誘導目的要件の不充足を結論している。逆に言えば、仲裁廷は、客観的に見て本課税措置が米国の遵守誘導に効果がありうるかどうかを検討していない。

(ⅱ) CPI 事件

　米国企業である Corn Products International, Inc. (CPI) は、メキシコに設立した子会社において HFCS を製造していた[87]。同社は、2003 年 10 月 21 日に仲裁を要請した[88]。仲裁人は、Christopher J. Greenwood (英、裁判長)、Andreas F. Lowenfeld (米)、Jesús Alfonso Serrano de la Vega (墨) である[89]。

　被告メキシコは、ADM & TLIA 事件と同じく、本課税は、メキシコ産砂糖の米国市場へのアクセスの拒否および同紛争についての NAFTA 第 20 章の紛争解決制度遂行の阻害という米国の先行違法行為に対する対抗措置だと主張する[90]。メキシコは、対抗措置は承認された一般国際法であると明言し、ILC 国家責任条文と ICJ ガブチコボ・ナジマロシュ計画事件判決に言及する[91]。その上で、本課税措置は対抗措置の全要件を充足するという。その際、本課税が「米国に向けられておりかつ米国の NAFTA 義務遵守を確保することが意図されていた (intended)」と主張する[92]。

　それに対して原告は、本仲裁廷が米国の先行違法行為を判断する管轄権を

---

86) *Ibid.*, paras. 146-147.
87) *CPI, supra* note 60, para. 2.
88) *Ibid.*, para. 15.
89) *Ibid.*, para. 16.
90) *Ibid.*, paras. 60-62, 150.
91) *Ibid.*, para. 62.
92) *Ibid.*, para. 63.

欠くこと、本件では米国の権利とは異なる投資家自身の権利の侵害が問題なので対抗措置は適用されないこと、などを根拠に反論した[93]。加えて、税制定は、米国の義務遵守誘導ではなく、「メキシコ議会の構成員によって保護貿易論者の措置として意図されていた (intended)」と述べ、遵守誘導目的要件の不充足を主張した[94]。

すなわち、遵守誘導目的要件の判断基準として、両当事者ともメキシコ側の意図を問題としている。

しかし、仲裁廷は、2008年1月15日の責任決定において、本来国家間に適用される対抗措置理論は、投資家に直接的に実体的権利を付与するNAFTA第11章上の請求には適用されないことを主な理由に、対抗措置抗弁をしりぞけた[95]。さらに、たとえ対抗措置理論がNAFTA第11章上の請求に適用可能だとしても、米国の先行違法行為を判断する管轄権を欠く以上、やはり同抗弁は認められないという[96]。

したがって、結局仲裁廷は、遵守誘導目的要件について何ら論じなかった。

(iii) Cargill 事件

米国企業の Cargill, Incorporated は、メキシコに設立した子会社を通して、同国で HFCS を販売していた[97]。同社は、2004年12月29日に仲裁を要請した[98]。仲裁人は、Michael C. Pryles（豪、裁判長）、David D. Caron（米）、Donald M. McRae（加・NZ）である[99]。本事件でも、被告メキシコは、抗弁として対抗措置を主張した[100]。

それに対して原告は、第1に、措置は米国に向けられており、NAFTA第11章で保障されている投資家の独立した実体的権利の侵害を正当化できない、第2に、NAFTAの解釈上、第20章の紛争解決手続の完了までは慣習法上の

---

93) *Ibid.*, para. 72, 152.
94) *Ibid.*, para. 152.
95) *Ibid.*, paras. 161-179.
96) *Ibid.*, paras. 180-190.
97) *Cargill, supra* note 60, para. 1.
98) *Ibid.*, para. 19.
99) *Ibid.*, para. 21.
100) *Ibid.*, paras. 379, 389-393.

対抗措置を発動できない、第3に、本仲裁廷は第三者たる米国の先行違法行為を判断する管轄権を欠く、と反論した[101]。加えて、たとえ対抗措置が援用可能でも、その要件は不充足、とくに均衡性を欠くと主張した[102]。

他方でメキシコは、第1に、NAFTA第11章の投資家の権利は、締約国間義務の執行のために仲裁に付託する手続的権利でしかない、第2に、NAFTA第20章の手続を米国が阻害しているのでメキシコの対抗措置権は制限されない、第3に、仲裁廷には潜在的に合法な対抗措置かを検討する付随的管轄権がある、と主張した[103]。

したがって、当事者主張を見る限り、遵守誘導目的要件は争点となっていない。

仲裁廷は、2009年9月18日裁定において、違法性阻却としての対抗措置を慣習国際法規則と認め、ILC国家責任条文第22条に言及した[104]。しかし仲裁廷は、もっぱら原告の第1の反論を受け入れることにより、被告の対抗措置抗弁をしりぞけた[105]。ゆえに、原告のその他の反論は検討不要だという[106]。したがって、仲裁廷も遵守誘導目的要件について何ら述べていない。

おわりに

(1) 本稿の検討から得られる結論：最近の国際実践の傾向

本稿では、対抗措置が論点となった最近の事案における、遵守誘導目的要件についての当事者主張、および国際裁判や準国際裁判的機関(WTO紛争解決手続)の判断を検討してきた。

まず、措置国であるギリシャ（暫定協定事件）、スリナム（海洋境界事件）、メキシコ（HFCS課税事件）は、遵守誘導目的要件の判断基準についてどのような立場だったか。ギリシャは、結局、同要件の判断基準について明らかにして

---

101) *Ibid.*, paras. 383, 386-388, 394-396, 399, 402-405.
102) *Ibid.*, paras. 384, 386-388, 394-396, 399, 402-405.
103) *Ibid.*, paras. 389-393, 397-398, 400-401, 406-409.
104) *Ibid.*, paras. 381-382, 420.
105) *Ibid.*, paras. 422-429.
106) *Ibid.*, para. 429.

いない。スリナムは、同要件充足を当然視する一方で、均衡性要件の中に遵守誘導のための実効性の要素を含めていたように思える。メキシコは、ADM & TLIA 事件と CPI 事件において、遵守誘導の「意図」で足りるとの立場をとる（Cargill 事件では同要件は争点とならず）。このように、措置国の見解からは、同要件についての一貫した判断基準を抽出できない。さらに、措置の標的国である FYROM（暫定協定適用事件）も、ガイアナ（海洋境界事件）も、同要件については特に論じていない。HFCS 課税事件の WTO 紛争解決手続では、対抗措置が直接的論点ではなかったので、米国の立場も不明である。したがって、関係国の主張からは、何ら一貫した基準を引き出せない。

しかし、国際裁判および準国際裁判的機関（WTO 紛争解決手続）での判断や、さらには原告企業側の主張にまで目を向ければ、一定の方向が見えてくる。確かに、海洋境界事件仲裁廷、および HFCS 課税事件での CPI 事件仲裁廷と Cargill 事件仲裁廷は、遵守誘導目的要件を検討していない。しかし、暫定協定適用事件において ICJ は、客観的に見てギリシャの異議が FYROM のシンボル不使用義務の遵守誘導に効果がないという理由ではなく、あくまでもギリシャ自身が表明した異議の意図に照らして同要件の不充足を導いている。さらに、HFCS 課税事件において WTO パネルは、一般国際法上の対抗措置には、（GATT 第 20 条(d) と異なり）ある程度確実な実効性は要求されないと認識していた。同事件での ADM & TLIA 事件仲裁廷は、もっぱらメキシコの意図を根拠に同要件不充足を導く。なお、ADM & TLIA 事件と CPI 事件において、原告企業側は、遵守誘導の意図で足りるとするメキシコの立場に同意していた。

以上より、次のような結論が導かれる。第 1 に、関係国の主張を見る限り、遵守誘導目的要件について一貫した判断基準を抽出できず、それゆえに、慣習法上確立した基準は存在しない。しかし、第 2 に、国際裁判および準国際裁判的機関での判断や、さらには被害企業側の主張にまで目を向ければ、措置国が標的国の遵守誘導を意図していた、という主観的要素で足りるとする傾向を指摘できる。逆に言えば、客観的に見て遵守誘導のために実効性を有する措置であることまでは、要求されていないのである。

(2) 最近の傾向の正当性評価と試論

本稿冒頭で述べた通り、対抗措置によっても標的国の違法行為停止や賠償を導けず、結局措置国と標的国双方の違法行為が残存するだけであれば、違法行為の上乗せを許すだけに終わる点で国際法秩序維持にとってマイナスである。したがって、遵守誘導目的要件において、遵守誘導のための実効性も問うべきである。

このような問題意識に照らせば、同要件において遵守誘導のための実効性を要求しない国際実践の傾向には問題がある。確かに、遵守への誘導がなされるかは、最終的には標的国の意思次第である。対抗措置の実効性は「逃れがたいことに不確実」であり、措置の結果は「本来的に予期不可能」だというWTOパネルの指摘には一理ある。遵守誘導のための実効性の完全な判定は、実際には措置開始から一定期間を経なければなされ得ないであろう。しかし、だからといって、実効性を要求しなくて良いことにはならない。要求する実効性の程度の設定、「一見した (prima facie) 実効性」概念の導入、標的国との立証責任配分などの技術により、実効性の要件ないし要素の規範化は可能なはずである。海洋境界事件でのスリナムの立場が示唆するように、均衡性要件の判断において実効性を考慮することも検討されてよい[107]。また、効果の上がらない対抗措置の事後的停止義務という形での規範化も可能であろう。要するに、対抗措置規則は、遵守誘導のための一定程度の実効性を要求する方向に発展すべきである。このような方向性を見出しうるかは、今後のより広範な国家実行研究により検討していくつもりである。

---

[107] 均衡性要件において目的実現への実効性を考慮することの可否について、岩月「前掲論文 (2010年)」(注 3) 227-229 頁参照。

第4章　先住民族の伝統的知識と知的財産権

桐山　孝信

はじめに
1　国際フォーラムの多元化と交錯
　(1) 国際フォーラムの状況
　(2) 従来の知的財産制度での処理とその問題性
2　国連宣言のインパクト
　(1) 国際規範の集約点としての国連宣言
　(2) 知的財産権をめぐる議論
3　伝統的知識をめぐる WIPO/IGC での議論状況
　(1) 経　緯
　(2) 論　点
4　今後の課題

はじめに

　国際法上、先住民族[1]の権利がマイノリティの権利とは別個に取り扱われ、クローズアップされてきたのは、1990年代以降といってよい。とりわけ2007年に国連総会が採択した「先住民族の権利に関する国際連合宣言（以下、国連宣言と略す。）」[2]は、先住民族がこれまで奪われてきたさまざまな権利の回復を求めているだけでなく、先住民族の自決権を承認したことによって、新たな権利を生み出す源泉を提供した。本稿が課題とする先住民族の伝統的知識[3]に対する権利もその1つであるように思われる。伝統的知識が「知識」であるとい

---

1) 先住民族は、"indigenous peoples" の訳語であるが、しばしば「先住人民」とも訳される。本稿では先住民族という言葉が人口に膾炙していることを考慮して、この先住人民と互換可能な語として用いている。しかしそれだけでなく、自決権の主体たる indigenous peoples が、これまで国際法が念頭に置いてきた peoples＝人民とは性格を異にするようであり、訳語の統一が妥当かどうか、今後検討すべき点はあるように思う。
2) UN Doc, A/RES/61/295(annex), United Nations Declaration on the Rights of Indigenous Peoples, 13 Sep. 2007.
3) 伝統的知識は、Traditional Knowledge の訳語であり、以下で TK と略称することもある。なお、TK の定義については、本文で述べるようにそれ自体が論争的である。

う点から、知的財産権の文脈で議論されることが主流ではあったが、「伝統的」という点から文化的権利の保護としても議論されてきた。ここでは、伝統的知識の問題が先住民族の権利保護とどのようにかかわるのかについて、近年の状況に照らして、知的財産権の問題からアプローチして、その問題点と課題を検討する[4]。

1 国際フォーラムの多元化と交錯

(1) 国際フォーラムの状況

　先住民族の権利との関係で知的財産権の問題がさまざまな国際フォーラムで議論され始めたのは比較的最近の現象である。包括的な国際知的財産制度の確立を担う世界知的所有権機関（World Intellectual Property Organization; WIPO）が取り扱ってきた議論と、国連人権委員会（United Nations Commission on Human Rights）での議論から人権理事会（Human Rights Council）を経て国連総会決議として結実した「国連宣言」については、次節以下で検討することとし、ここではそれ以外の国際フォーラムの状況を概観する。

　知的財産権の保護については、利益保護を通じて経済発展を促す側面がクローズアップされるが、他方で、文化の保護・促進的な側面もあることに留意するならば、以下のように整理できる。

　産業・経済発展の側面から知的財産権の問題を取り扱うのは、世界貿易機関（World Trade Organization; WTO）における「知的所有権の貿易関連の側面に関する協定（以下、TRIPS 協定と略す。）」である。ここで議論されているのは、TRIPS 協定第 27 条 3 項 (b) にいう、動植物やその生産のための方法など、特許の対象から除外するものの見直しや、生物多様性条約との関係、伝統的知識の保護問題が議題となっているが、争点は特許出願における出所開示問題といわれており、出所開示を義務づけようと主張する発展途上国側とそれに反対す

---

[4] 本稿は、2016 年 4 月 23 日の国際法協会日本支部研究大会での報告「知的財産権と先住民族・伝統的知識」を大幅に加筆・修正したものである。当日いただいたさまざまなご意見、ご批判に対して謝意を表したい。

る先進国側の対立となっている[5]。

　他方、日本では生態系保護のための条約として広く認知されている「生物の多様性に関する条約」(Convention on Biodiversity: CBD) は、第8条(j)で「原住民の社会及び地域社会 (Indigenous and Local Communities)」の知識や工夫、慣行を有する者の承認や参加を取り上げていたが、CBDの締約国会議 (COP10) が2010年に採択した、「遺伝資源の利用に関する名古屋議定書」[6]をみると、産業・経済発展の側面がいっそう重視されていることがわかる。この議定書は、先祖伝来の知識が先進国企業により新薬などの開発に利用されて莫大な利益を上げる一方で、その知識を保有していた先住民族はじめ主として発展途上国が利益配分にあずかれない不公平をどのように規律していくかということを取り決めたものであった。そのため、利益配分をめぐる争いとして、南北問題の視点から捉えられることが多いが、少なくとも規定上は、先住民社会の利益もまた考慮されることになっており、先住民族の権利との交錯がみられるのである[7]。

　また知的財産権の文化保護の側面に特に注目したのは、国際連合教育科学文化機関 (UNESCO：ユネスコ) である。西洋近代の発展と並行して行われてきた、先住民族の土地のはく奪、その政治・社会体制の破壊などに対して、先

---

5) 第27条3項(b)については、WTO協定発効の4年後に検討されることになっているが、変更はなされていない。これについては、田上麻衣子「遺伝資源及び伝統的知識をめぐる議論の調和点」『知的財産法政策学研究』第19号 (2008年) 184-186頁参照。

6) 「生物多様性に関する条約の遺伝資源の取得の機会及びその利用から生ずる利益の公正かつ衡平な配分に関する名古屋議定書」という正式名称が示すとおり、利益の衡平配分が大きなポイントである。名古屋議定書と先住民族の権利との関係については、遠井朗子「名古屋議定書における先住民族の権利の位相」『法律時報』第85巻12号 (2013年) 60-64頁参照。

7) 生物多様性条約の第8条(j)は、先住民が数世代にわたって蓄積してきた伝統的知識の価値を認め、保護し今後の資源利用にも活用して、持続可能な発展の実現を図ることとしている。ここに伝統的知識の尊重と利益の衡平配分が規定された。他方、遺伝資源については第15条7項が「締約国は、遺伝資源の研究及び開発の成果並びに商業的利用その他から生ずる利益を当該遺伝資源の提供国である締約国と公正かつ衡平に配分するため、(中略) 適宜、立法上、行政上又は政策上の措置をとる。」と規定し、第19条2項は、バイオテクノロジーから生じる利益について途上国が公正かつ衡平な条件で優先的に取得する機会を与えられることを促進するための措置をとるとした。
　これらの規定は、締約国間の利益配分が念頭に置かれ、利益が先住民に届くかどうかは問題とされていないことが明らかであり、このことから、むしろ国家間の「利益配分」条約に変質したと指摘された。高倉成男『知的財産法制と国際政策』(有斐閣、2001年) 340頁参照。

住民族の土地や資源に対する権利回復を求める動きがみられていたが、それに加えて、知的財産権の侵害や、開発に伴う文化破壊についても、速やかな保護の必要性が要求されるようになったことが背景にある[8]。2003年に採択された「無形文化遺産の保護に関する条約」(2006年発効)は、文化の多様性を確保するためにユネスコが発信してきた勧告や宣言の集大成として位置づけられるが、「社会(特に先住民社会＝ indigenous communities)、集団及び場合により個人が無形文化遺産の創出、保護、維持及び再現に重要な役割を果たすことにより、文化の多様性及び人類の創造性を高めることに役立っている」として先住民社会の重要性に着目した。もっとも、第3条では、「締約国が知的財産権又は生物学的及び生態学的な資源の利用に関する国際文書の当事国であることにより生ずる権利及び義務に影響」が及ばないことを確認していることとの関連には注意しなければならない[9]。また、「文化的表現の多様性の保護及び促進に関する条約」では、文化の多様性が「人類の共同の財産(common heritage of humanity)」であり、全人類の利益のために育まれ、保全されるべきことに注意を促し、一般的な知的財産の保護の枠組みとは異なる文化の保全をめざす点で顕著な違いをみせている[10]。

さらに気候変動枠組条約のもとでも、気候変動の脅威に直面させられながらもこれまで議論がなされていなかった先住民社会の位置づけが、大きな争点になりつつあるとも言われている。たとえば、先住民族の伝統的知識と環境保護政策の策定とを架橋することによって、地球の将来の展望を見出すことが重要であるという視点である[11]。

以上のようなさまざまな国際フォーラムが先住民族の権利と知的財産権・伝統的知識との関係で議論されている状況を、国際法の断片化現象の1つとみることも可能であるが、次にみるように、従来の知的財産制度で一元的に処理できるとすることに対する問題提起であり、特に先住民族の側からの異議申立といえなくもない。

---

8) 常本照樹「先住民族の文化と知的財産の国際的保護」『知的財産法政策学研究』8号(2005年)24-25頁。
9) Convention for the Safeguarding of the Intangible Cultural Heritage (17 Oct. 2003), MISC/2003/CLT/CH/14.
10) Convention on the Protection and Promotion of the Diversity of Cultural Expressions (20 Oct. 2005).
11) Matthew Rimmer,"Intellectual Property, Indigenous Knowledge and Climate Change," in Matthew Rimmer ed., *Indigenous Intellectual Property: A Handbook of Contemporary Research* (Edward Elger Pub., 2016), pp. 382-414.

(2) 従来の知的財産制度での処理とその問題性

　先住民族の権利と知的財産問題が交錯する中で、現在では（ⅰ）遺伝資源（Genetic Resources=GR）、（ⅱ）フォークロアなどの伝統的文化的表現（Traditional Cultural Expression=TCE）、（ⅲ）伝統的知識（Traditional Knowledge=TK）、という3つに分類して議論されるようになった。そして従来の知的財産制度の観点からは、GRとTKを特許権や商標権等を例とする工業所有権、TCEを、言語、音楽、絵画、建築、図形、映画、コンピュータプログラムなどの表現形式によって自らの思想・感情を創作的に表現した著作物に対する権利である著作権に対応させる試みもなされてきた[12]。

　（ⅰ）遺伝資源については、先に言及した名古屋議定書などが問題とした、遺伝資源の不正使用や侵害行為をどのように防ぐかが課題であり、特許権の問題として、アクセス権や利益配分をどのように衡平に行うかという問題として処理されると考えられた。

　（ⅱ）伝統的文化の表現などについても、第三者による不正使用の防止等が課題とされた。これについては、真正さの証明として、先住民商品へのタグ付けということによって、まさに知的財産権による保護の対象となると主張され、商標や著作権の問題として処理されると考えられた。

　（ⅲ）伝統的知識については、定義が様々であり、それ自体が論争的である。伊藤は、1990年代を通じて、国連人権委員会の先住民作業部会の議長を務め、「グランマ」との敬称を与えられているエリカ・イレーヌ・ダエス（Erica-Irene A. Daes）の次のような分類を紹介している。つまり、①狭義の伝統的知識として「自然との密接な関わりの中で集団によって世代を超えて培われた農業の知識、科学的知識、技術的知識、生態学的知識、医学的知識および生物多様性関連の知識などの総体」、②広義の定義として、①に、フォークロアの表現、言語

---

12) 伊藤敦規「先住民の知的財産と『先住民の知的財産問題』」山崎幸治・伊藤敦規編著『世界の中のアイヌ・アート―先住民族アート・プロジェクト報告書』（北海道大学アイヌ・先住民研究センター、2012年）137-146頁が明快に整理している。また、青柳由香「伝統的知識をめぐる問題の状況」『企業と法創造』第1巻2号（2004年）101-110頁が比較的早い時期に議論の整理を行っている。末吉洋文「先住民族の自決権の展開と知的財産」『帝塚山法学』第14号（2007年）21-74頁は表題の示すように、先住民族の自決権の展開の中での知的財産権の位置づけを行おうとしたものである。

的要素、美術工芸品などの動産文化財を加えたもの、③最広義として、②に加えて人間の遺体およびゲノム情報などの遺産、聖地や遺跡・史跡および埋葬地のような文化財、先住民の生活を記録した写真や映画などの民族誌的記録、である[13]。しかしながら、伝統的知識をどのように定義しようと、(ⅰ)や(ⅱ)でみた特許権や著作権といった、知的財産権の網をかけることで処理できると考えられた。

(ⅳ) 先住民族の権利の集団性、歴史性、包括性　したがって伝統的知識の問題といっても、遺伝資源問題や伝統的文化表現の問題も含まれると理解されるが、先住民族に多くみられる特徴である共同体での生活や、その生活に入り込んだ宗教・信仰にかかわる文化などは、先進国の価値観とは異なる部分が多く、次の点が現行法制との整合性が問題となるとされてきた。つまり、先住民族の権利が個人の権利ではなく集団の権利として観念される場合に既存の知的財産権概念と整合するのか、また世代を超えて培われてきた伝統的知識が持つ歴史性ゆえに、特許法や著作権法などにみられるような一定期間の保護の後、開放される性格を有することと整合するのか、さらには伝統的知識が上でみたような多様な内容を含む包括性を有しているために、文化や価値観の課題とどう折り合いをつけるのかといった問題である。こうして、伝統的知識の保護が、その性質上、既存の知的財産制度となじまない部分があり、先住民族の権利を実効的に保障する措置が必要だと主張されるに至ったのである。

以下では、この先住民族の伝統的知識の問題が有する、集団性、歴史性、包括性の問題に焦点を当て、2007年に採択された国連宣言がどのような構えになっているのか、またこうした近年の状況を受けたWIPOがどのような議論を展開し、どのような課題を抱えているのかをみていく。

2　国連宣言のインパクト

(1) 国際規範の集約点としての国連宣言

(ⅰ) 先住民族の権利の国際社会への登場

ここで国連宣言を取り扱う理由は、宣言が先住民族の権利をめぐる考え方

---

13) 伊藤「前掲論文」(注12) 141頁。

が集約された現時点での到達点であり、規定された権利をどのように実施していくかという課題を有するだけではなく、そこから新たな権利を引き出していく出発点でもあるからである。

　国連宣言が採択されるまでには紆余曲折があったが[14]、そもそも西洋を中心とする文明が世界大に拡がっていったときに、先住民族を文化的に「遅れた」存在とみて、植民地支配あるいは同化の対象としたことは明らかである。ILOは先住民問題も視野においていたことはよく知られている。早くも1957年には107号条約（独立国における土民並びに他の種族民及び半種族民の保護及び同化に関する条約）を採択していたが、条約名にもある通りの同化主義的なものであった。この取り扱いが批判されるようになり、生活様式の保護をうたった169号条約（独立国における原住民及び種族民に関する条約）が採択され、その姿勢を変更したのはようやく1989年だった[15]。また、発展途上国への開発融資活動を行ってきた世界銀行も、1991年に「先住民族に関する業務指令」を策定して、融資の前提条件として遵守すべきルールを定め、先住民族への情報を開示した参加の確保や、先住民族との直接の協議などを定めた[16]。こうして、曲がりなりにも先住民族の権利保護に取り組み始めたのである。

　この変化の背景には、1970年代になって、先住民族どうしが国際的に連携しつつ権利主張をするようになったことが挙げられる。国連での議論も、国際人権規約が発効し、自由権規約第27条のマイノリティ保護に関する議論が始まって以降のことであった。

---

14) 上村英明「『先住民族の権利に関する国連宣言』獲得への長い道のり」PRIME（明治学院大学）第27号（2008）が詳しい。また、小坂田裕子「『先住民族の権利に関する国連宣言』の意義と課題－土地に対する権利を中心として」芹田健太郎他編『国際人権法の国際的実施』（信山社、2007年）496-516頁参照。欧文では、S. Allen and A. Xanthaki (eds.), *Reflections on the UN Declaration on the rights of Indigenous Peoples* (Hart Pub., 2011), A. Eide, " Rights of indigenous peoples-Achievements in international law during the last quarter of a century," *NYIL*, Vol. 37(2006).

15) ILOの先住民族への対応については、L. Rodríguez-Pinero, *Indigenous Peoples, Postcolonialism, and International Law: The ILO Regime(1919-1989)* (Oxford University Press, 2005), が詳しい。

16) 世界銀行の先住民族への対応については、桐山孝信「世界銀行における開発と人権の相克－先住民族に関する業務政策とインスペクション」『国際法外交雑誌』第102巻4号（2004年）で検討したことがある。

第 4 章　先住民族の伝統的知識と知的財産権　115

(ⅱ) 国連宣言採択プロセス

　国連宣言採択に至るプロセスについては下記の脚注を参照いただくことにして[17]、ここでは、宣言採択に向けて具体的な作業が始まってから総会決議として採択されるまで、25年以上が費やされたことに注目しておきたい。この長い道のりにおいて、WIPO をはじめ前節で述べたようなさまざまな国際フォーラムでの議論と、宣言採択過程での議論とが相互に影響を与え、先住民族の権利という観点から整理されなおすきっかけを与えたといえなくもないからである。

　もっとも、国連宣言は総会決議であるので、それ自体が法的拘束力を持つわけではない。他方で、決議が歴史的、象徴的価値を有するだけでなく、実際的な意義も持つと考えられる。つまり、宣言の前文にもあるように、本宣言が「提携と相互尊重の精神により追求されるべき達成基準として厳粛に公布する」ものであり、また第42条では、国が、本宣言の規定を尊重し完全な適用を促進するとともに、実効性のフォローアップをしなければならないとしていることからも、これを国際的な権利保護のための法的ツールと位置づけることができるのである。

　その観点から、先住民族の知的財産権の問題を見ると、規範内容からみて多くの条項が関連していることがわかる。

(2) 知的財産権をめぐる議論

(ⅰ) 国連宣言の構造

　実は、自決権、土地・資源に対する権利に関しては国連宣言と 1994 年の「宣言案」[18]との間に内容的な変更は大きくはなかった。そして変更がなかったこ

---

17) 国連宣言の起草史は、3つの重要な段階に分けられる。第 1 は、先住民族の請求に対する国連システムの幕開けとも言える段階で、1970 年代に人権委員会小委員会が、マルチヌス・コボ (M. Cobo) を特別報告者として任命し、先住民の状況に関する包括的研究を開始した段階である。コボによる浩瀚な研究報告を受けて、先住民作業部会 (WGIP) が設置された。第 2 段階は、先住民族の権利についての法的体制が広範に意識されるようになる段階であり、1980 年代半ばから、具体的な作業が開始された。そして第 3 段階において、権利が世界的に承認され、法的文書が採択されたのである。M. Barelli, "The United Nations Declaration on the Rights of Indigenous Peoples: a human rights framework for intellectual property," in Matthew Rimmer (eds.), *supra* note 11, pp. 50-51.

18) UN Doc. E/CN.4/1995/2, E/CN.4/Sub.2/1994/56, 28 Oct. 1994.

とが、先進4か国(豪、加、NZ、米)による反対理由となったが、ここでは触れない[19]。

他方、先住民族の「知的財産権」についての規定ぶりは大きく変化した。上に述べたうち、先住民族の土地や資源に対する収奪とその補償といった問題が大きな争点であったが、議論が進む中で次第に関心が広がり、西洋社会による文化の侵害問題までもが射程に入ってきたのである。

1994年の「宣言案」では、先住民族の文化財に対する維持発展の権利を認めた第3部を3か条で構成していたが、これが現在の第11条から第13条にあたる。そして知的財産に関連しては、健康に対する権利の第24条とともに、第29条で言及していた。しかしながらいくつかの代表は、第29条を他の文化的権利の性格と類似していることを理由に第3部に移動することを提案していたが、宣言が部の構成を廃止したためにもとのところにとどまった[20]。

採択された国連宣言では、知的財産に関して第31条に定められたが、「宣言案」の第29条に比べて文化財および知的財産の内容について詳しく規定し、それらに対する管理、保護の権利を認める。その上でそうした知的財産に対する権利を先住民族に認める。つまり、第11条や第12条、第13条で、広く先住民族の文化に関する権利を詳しく定めながら、第31条でもいったんそれを再確認するような規定をおいた後に、それらに対する知的財産権を認めている。つまり、従来の知的財産権の理解と異なり、個人の権利にとどまらず、集団に権利が与えられていること、経済的側面ではなく、文化的側面が前面に押し出されたところに特徴がある。しかし、そうすると、第11条から第13

---

19) 小坂田「前掲論文」(注14) 500-506頁参照。ただし、先住民族の自決権については、分離権を伴う危険が指摘され続けていたので、採択された宣言は、第46条1項で領土保全原則の確認を行うことで、分離権を否定している。これは、1970年に国連総会が採択した「友好関係宣言」の文言を再確認したものとなっている。

20) 1994年の「宣言案」第29条は次のように規定する。*Supra* note 18, p. 112.

「先住民族は自らの文化的および知的財産の完全な所有、管理および保護の承認を得る権利を有する。

先住民族は、人その他の遺伝資源、種子、薬品、動植物相の特性に関する知識、口承伝統、文学、意匠ならびに視覚芸術および芸能を含む科学、技術および文化的表現を管理し、発展させ、保護するための特別な措置に対する権利を有する。」

宣言案をめぐる議論については、UN Doc, E/CN.4/1997/102, paras. 66-102, particularly para. 80 (Canada), para. 89 (Tupaj Katari), para. 94 (Norway).

条に規定されている、いわゆる文化的権利の保護とどこまでが重なりどこが違うのか、わかりづらい。しかしこうした考え方は、その他の国際機関での議論と考え合わせてみることで理解する必要がある。

(ⅱ) 他の国際フォーラムでの議論の参照

国連人権委員会内部では、宣言の起草と平行して、「先住民族の文化財および知的財産権の保護」の議論があった[21]。そこでは、文化遺産の定義のなかに、創造物や表象、制作物、伝統的な知識体系など、従来は知的財産とされたものも包括する指針が作成されたのである。

たとえば、先住民作業部会 (Working Group on Indigenous Populations=WGIP) は文化財の保護に関する報告書を提出し、この問題を討議してきた。2005年の文書で先住民族の文化遺産の保護に関するガイドライン（案）を作成し、議論に供していた[22]。

このガイドライン（案）の原則と指針では、財産権を民族集団並びに個人に等しく認めること、現行の知的所有権法での「公有物」という概念を先住民族が受け入れていないことと、先住民族の遺産の多くが関連する民族の自由で事前のインフォームド・コンセント (Prior Informed Consent=PIC 原則と呼ばれる) なしに「公有物 (public domain)」とされてきたことを認めること、既存の知的財産法が先住民族の文化遺産の保護には不十分であることを認めること、などが定められている。ということで、通常の制度では一定の限界があることを認め、*sui generis* な制度の必要をうたっていたのである[23]。

つまり、文化的権利と知的財産権という2つの体系から、文化遺産という包括的概念を採用して、その権利を保護する仕組みに替えようとする動きが

---

21) Study on the protection of the cultural and intellectual property of indigenous peoples, by Erica-Irene Daes, Special Rapporteur of the Sub-Commission on Prevention of Discrimination and Protection of Minorities and Chairperson of the Working Group on Indigenous Populations, UN Doc., E/CN.4/Sub.2/1993/28, 28 July 1993. See, A. Vrdoljak, "Reparations for Cultural Loss," in F. Lenzerini ed., *Reparations for Indigenous Peoples: International & Comparative Perspectives* (Oxford University Press, 2008), pp. 199-203.

22) "Draft principles and guidelines on the heritage of indigenous peoples," Annex to Expanded Working paper submitted by Yozo Yokota and the Saami Council, UN Doc, E/CN.4/Sub.2/AC.4/2005/3.

23) Review of the draft principles and guidelines on the heritage of indigenous peoples, Working paper submitted by Yozo Yokota and the Saami Council, UN Doc, E/CN.4/Sub.2/2006/5.

みられるのであって、国連宣言の諸規定もその流れで理解する必要がある。

　国連宣言は文化的権利と自決権、土地に対する権利（第25条、第26条）を結びつけて理解されるべきだとする主張がでてくるのも不自然ではない。第31条は、知的財産の権利を集団の権利として承認していることからも、広く定義された文化的権利と不可分のものとして理解されるのである。そうすると、第31条には言及はないが、権利実現のためには、PIC原則も視野に入れた理解が重要になってくるように思われる。それは、次に述べるWIPOの政府間委員会 (Intergovernmental Committee on Intellectual Property and Genetic Resources, Traditional Knowledge and Folklore ＝ IGC) で争点になっているからである[24]。

3　伝統的知識をめぐるWIPO／IGCでの議論状況

(1) 経　緯

　伝統的知識をめぐるWIPOの議論は、1982年という比較的早い時期に、ユネスコと協力して、UNESCO − WIPO国内法モデル規定「不正利用その他の差別的取り扱いからのフォークロアの表現の保護に関する国内法モデル規定」を制定したころから存在する。

　しかし本格的には、1998年に「知的財産と先住民会議」を開催したことに始まる。そこで報告に立ったダエスは、先住民の知的財産として、フォークロア、生物多様性（遺伝資源）、伝統的知識をあげて、フォークロアについては、企業による不正な商業的利用や文化的宗教的表示の複製という問題があるとし、生物多様性については、先住民がその生活領域の中で食物・医療・建築材料などとして採取および栽培を続けることを通じて保全してきた生物多様性は先住民の知的遺産であり、伝統的知識についても、それを先住民が環境および動植物並びに両者の相互作用について獲得し進化させ伝えてきた知識と定義したうえで、知的財産権として特別の保護を求める権利が先住民にあると宣言した[25]。

---

24) 最近の研究として、S. Bannerman, "The World Intellectual Property Organization and Traditional Knowledge," in Matthew Rimmer ed., *supra* note 11, pp. 83-105 がある。

25) Opening Address by Prof. Dr. Erica-Irene A. Daes, WIPO Roundtable on Intellectual Property and Indigenous

このような議論や生物多様性条約にかかる遺伝資源へのアクセスや不正使用の防止、公正な利益配分の議論を受けて、WIPO は、新たな特許法条約の採択に導くような準備作業が必要であるとの認識を得た。2000 年には、伝統的知識およびイノベーションの保有者を含む新しい受益者の知的財産に関するニーズと期待を認識するためのファクト・ファインディング・ミッションを派遣し、各国の状況を調査した。このミッションは 2001 年に報告書を提出し、これに基づいて、伝統的知識保有者に対する知的財産トレーニングワークショップの開催や、知的財産と伝統的知識のインターフェースに関するケーススタディを実施した。また 2000 年には、WIPO/IGC が設立され現在まで活動を行っているが、なお、用語の問題、伝統的知識を実効的に保護するための一連の文書をコンセンサスで作り上げるには至っていない[26]。

しかし 2004 年には、伝統的知識・伝統的文化表現の保護に関する政策目的および基本原則を定めた規則草案が作成され、討議のために配布された。

同時期、国連宣言が採択されたこともあって、先住民問題常設フォーラム（United Nations Permanent Forum on Indigenous Issues ＝ UNPFII）は、WIPO に対して、第 31 条に加えて、決定過程における先住民族の参加権を規定した第 18 条を根拠に、国連宣言の実施を改善することを要請した[27]。

2012 年から、伝統的文化表現や伝統的知識、遺伝資源の保護に関する規則案が採択され国家間交渉にのることになった。そこで以下、2014 年の第 28 会期に事務局が準備して提出した「伝統的知識の保護条文案」を素材として現状と課題を検討する[28]。

(2) 論 点

条文案は、前文、政策目的を述べた後、第 1 条の「主題」から始まり、保護

Peoples, Geneva, July 23 and 24, 1998.

26) WIPO, *The WIPO Intergovernmental Committee on Intellectual Property and Genetic Resources, Traditional Knowledge and Folklore* (Background Paper), (WIPO, 2016). また田上「前掲論文」（注 5）183-190 頁も参照。

27) Bannerman, *supra* note 24, p. 95.

28) Intergovernmental Committee on Intellectual Property and Genetic Resources, Traditional Knowledge and Folklore, The Protection of Traditional Knowledge: Draft Articles, Document prepared by Secretariat, WIPO/GRTKF/IC/28/5(June 2 2014).

の受益者(第2条)、保護の範囲(第3条)、第3条BISとして、補足的措置が提案され、加盟国が国内法および慣習法に従い、それらに合致して、伝統的知識の防御的保護のためにデータベースを開発することなどが規定されている。制裁、補償および権利行使に関する第4条と、開示要件を規定する第4条BIS、管理・運営を定める第5条、例外および制限を規定した第6条など、全部で12か条から構成される。ただし、以下のような争点があり、すぐにまとまるとは考えられていない。

(i) テキストの性格

テキストがソフトローをめざすのか、拘束力ある条約とするのか、不確かなまま対立している。先住民族や発展途上国の代表は、法的拘束力をもった決定のできる国際的な機構を早期に構築する必要性を強く訴え、このテキストを基礎とすべきだと主張する[29]。これに対して先進国は、テキストが国際的な法的拘束力を有さないものとし、一種のガイドラインとして国内法を制定する際の指針とすべきであり、既存の国内法を広く認知させ、その利用を奨励することが先住民 (indigenous populations) の権利を大きく改善する可能性を持つと主張した[30]。

(ii) 定義、受益者

定義についてもまとまっているとはいえないが、伝統的知識の要素を列挙する方式をとっている。

伝統的知識は、集団のうちに創造され、維持されるもので、文化的社会的アイデンティティや文化遺産と関連づいており、世代間にわたって受け継がれるものであり、ダイナミックかつ進展するものとされている。この定義で確認できることは、伝統的知識が集団性と歴史性を有するほかに、ダイナミックかつ進展する要素を見出していることである。

また、権利主体あるいは受益者については、生物多様性条約に定める「先住

---

29) Delegation of Indonesia, WIPO/GRTKFIC/28/11 PROV.2(September 29 2014), para. 50. Delegation of Kenya, *ibid.*, para. 57. Representative of InBraPi, *ibid.*, para. 59.
30) Delegation of EU, *ibid.*, para. 55.

民及び地域社会 indigenous and local communities」とする立場と、一歩進んで「先住民族及び地域社会 indigenous peoples and local communities」とする立場で対立している。この対立は、名古屋議定書作成にあたってもみられたが、ここでも「先住民族」と表現することで、当該主体が自決権を有することを明確にし、自治権をはじめ文化的権利など広範な権利を有するという側面を強く打ち出して、国家の主権的権利を制約しようとする側と、先住民社会を地域社会と並べることで先住民社会に特別な地位を認めず、国内法による配慮を行うにとどめたいとする側の対立を示しているといえよう。

(ⅲ) 先住民族の参加

先住民族の参加のあり方と *sui generis* な法制度の是非は、特に重大な２つの問題とみなされている。

先住民族の参加については、規範形成において、先住民族集団をWIPOの正当な代表と認めるのかどうかという点が争点となってきた。先住民族がオブザーバーの地位にとどまり、表決権を持っていないというのが問題とされた。先住民族が表決権を持たない中で作成された規範が、はたして公正性や衡平性、あるいはグローバル・ジャスティスを有するのかどうかという問題が生じる、というのである。

IGCの会合では、当初は、すべての国の代表の発言が終了した後で初めて先住民族代表が発言することを認めていたが、最近では、関係ある時に発言をさしはさむ (intervention) ことが許されるようになった。しかしなお、先住民族代表が直接書面で提案を行うことは許されず、国家代表を通じてのみ行われてきた。したがって先住民族代表は、「完全、対等、直接」の参加を要求し、具体的には、提案、修正、動議及び投票権を有することを要求したのである。その過程で、たとえば、北アメリカ先住民族 Caucus 代表のように、参加を制限することに反発した先住民族代表が会合から引き上げるといった例も発生した。これらの動きの背景には、国連宣言の適用可能性を承認すべきとの主張がある[31]。

---

31) V. Gordon, "Appropriation Without Representation? The Limited Role of Indigenous Groups in WIPO's Intergovernmental Committee on Intellectual Property and Genetic Resources, Traditional Knowledge, and

(ⅳ) *sui generis* な法制度

　先住民族の自決権を承認する立場から、伝統的知識の保護の法的基礎として先住民族社会の慣習法を利用するのかどうかという問題もある。つまり、WIPOによる規制を行うために必要な伝統的知識の定義にあたっての指針とするにとどめるのか、先住民族集団それぞれが固有に保持している慣習法ないしそれに類似するルールを基本的な法源として取り扱うかという問題である。伝統的知識の保護にあたって、トップダウンが重視されるのか、先住民族側が主として主張しているボトムアップアプローチのどちらを重視するかという論点である[32]。これについては次節で扱う。

4　今後の課題

　以上では、国連宣言採択後に本格的な議論の場となった、WIPO/IGCでの議論を素材として現状を検討してきた。WIPOで検討されているテキストが拘束力ある条約となるのか、ガイドラインにとどまるのかはともかく、いずれにしても具体的な実施を図るための措置をさらに講じる必要はある。その際にも、やはり国連宣言は全体として導きの糸になるであろう。

(ⅰ) PIC原則の射程

　第1は、PIC（事前のインフォームド・コンセント）原則の射程という問題に関わる。

　国連宣言では、先住民族の権利保障にあたって、当該民族との協議にとどまるものと、PICまでを要求する規定がある。第10条の移住に関する規定、第11条の文化補償ほか、第28条の土地などの取得に対する補償についてはPICを要件とし、協議については、第15条の先住民族文化の理解と寛容促進のための協議、第17条の先住民族の児童の教育にかかわっての協議、などがある。他方で、第31条にはそうした規定はなく、「国は先住民族とともに、……実効的措置をとるものとする」と、抽象的に規定しているにとどまる。

Folklore," *Vanderbilt Journal of Entertainment and Technology Law*, Vol. 16 (2014), pp. 644-662.
32) S. Bannerman, *supra* note 24, pp. 103-104.

知的財産の伝統的制度は、文化の経済的側面の重要性を承認したもので個人の権利の概念が前提とされていた。これに対して、先住民族は集団的性格と文化の表象の精神的意味合いを強調し、国連宣言の第31条では知的財産権を集団の権利として承認した。これは知的財産権の保護も広く定義された文化的権利と不可分のものとして理解されていることを示す。そうであれば、伝統的知識などが、同意なく他者によってアクセスされ利用されるべきではないであろう[33]。

　さらに、先に言及した名古屋議定書にPIC原則が組み込まれたことは（第6条、第7条）、国内法に従うということと、遺伝資源に関連する伝統的知識について、という二重の限定がかかっているとはいえ、知的財産権をめぐる先住民族の権利に対しても適用されはじめたと見ることもできる。その意味では国連宣言の規定の発展的解釈として、伝統的知識に対してもPIC原則を考慮すべきだとする主張もあながち否定できない[34]。

（ⅱ）自決権の射程
　第2は、自決権の問題と慣習法の実施という問題である。
　また、WIPOのテキストにも現れているように、伝統的知識が、決して固定した知識の保護というのではなく、先住民族集団が有する知識が不断に刷新され、発展していくものとして捉えられているという認識を持つ必要がある。とすれば、それは集団ごとに個性があるということに着目する必要がある。その法的根拠として先住民族の自決権があり、先住民族の土地に対する権利の承認は、伝統的知識の維持・発展の場としての承認であり、先住民族集団が有する慣習法の尊重につながっている。
　もっとも、国連宣言は慣習法という言葉をどこにも使っていない。しかし、先住民族の土地、領域および資源に関して、第25条から第30条にかけて精神的権利の尊重をはじめ、開発の権利、取得や収用に対する補償、環境保護、

---

33) Technical review of key intellectual property-related issues of the WIPO draft instruments on genetic resources, traditional knowledge and traditional cultural expressions by Professor James Anaya, WIPO/GRTKF/IC/29/INF/10.ANNEX, para. 11.
34) 小坂田裕子「先住民族の事前の自由なインフォームド・コンセントを得る義務」『世界法年報』第33号（2014年）参照。

軍事活動の制限、など詳細に規定し、PIC 原則をはじめ先住民族との協議義務を定めている。さらに第 34 条では、先住民族の慣習を維持、発展させる権利を規定している。それらの規定を踏まえて、第 31 条を解釈すると、蓄積的効果として、伝統的知識の利用に際しても先住民族コミュニティの同意、あるいはコミュニティが保有する慣習の尊重が必要となるとも考えられる[35]。

2014 年に採択された国連総会決議 69/2 は「先住民族世界会議として知られている総会のハイレベル本会議の成果文書」というタイトルを持つが[36]、その 22 項で、「われわれは、先住民族および地域社会の伝統的知識、工夫および慣行は生物多様性の保持および持続可能な利用に重要な貢献をなすことを承認する。われわれは、先住民族の知識、工夫および慣行のために、可能なかぎり、先住民族が参加することの重要性を認める。」としており、伝統的知識のダイナミックな性格を前提とするならば、慣習法の尊重は不可欠になろう。

もっとも、慣習法の尊重により、個人の権利が阻害されるとする反論も成り立つ。しかし、ここでは、それぞれの先住民族集団の個性に着目するのが重要であるという点を見逃してはならない。集団ごとに検討する必要があり、したがって *sui generis* な規制が必要となるのである。途上国の中では既に特別な法制度の構築を始めているところもあるが、参照すべきものとなるであろう[37]。

(iii) 法的保護以外の解決法

もちろんこのような主張が対立の解消につながるのかどうか、今後の推移を見守る必要があるが、法的保護以外の解決案の模索を提示している見解も傾聴に値する。先住民族の伝統的知識を現代の主流社会にもたらすのは研究者であるということに注目して、先住民族集団と研究者のあいだで伝統的知識の扱いについて、事前の契約を課す重要性を説く見解もある。あるいは、

---

35) B. Tobin, "Traditional knowledge sovereignty: the fundamental role of customary law in the protection of traditional knowledge," in Matthew Rimmer ed., *supra* note 11, p. 575.
36) UN Doc., A/RES/69/2, Outcome document of the high-level plenary meeting of the General Assembly known as the World Conference on Indigenous Peoples, adopted at 22 Sep. 2014.
37) B. Tobin, *supra* note 35, pp. 577-580 では発展途上地域による保護の試みとして、アンデス諸国共同体、アフリカ知的財産機関、太平洋諸国フォーラムの事例を取り上げている。

不正利用や無断利用の場合のマスコミによる批判に責任追及の別の側面を見出す見解もある[38]。つまり、伝統的知識の保護についての国際標準が直ちにまとまらない状況では、むしろこうした方策を柔軟に利用することが絶滅しつつある先住民族の伝統的知識の維持と発展に貢献するということである。

　WIPO/IGC の第55会期の決定では、2016年から17年にかけて、現存しているギャップを狭める努力を行うこと、そのために、主要な争点についての共通理解を持つべきだということが表明されたが[39]、それは裏を返せば、各国間でいまだに共通の理解がないことを示していることでもある。したがって、本件に関わる問題がどのように展開していくか、依然として五里霧中ではあるが、解決すべき課題がどのようなものであるかは、本稿において提示しえたと思われる。グローバリゼーションの波が否応なく先住民族社会をも覆う現在、文化的多様性の維持にとって伝統的知識の保護は待ったなしの状況である。

---

38) 伊藤「前掲論文」(注12) 147-151 頁。
39) Decision of Assemblies of Member States of WIPO, Fifty-Fifth Session, October 5 to 14, 2015.

第5章　海洋と人権
―― 国境管理措置と不法移民の人権保護を素材に ――

奥脇　直也

1　はじめに
2　海洋法に組み込まれた人道の考慮の要請
　(1) 航行の安全確保
　(2) 遭難救助
　(3) 不法移民と遭難救助
3　大量不法移民の海上阻止と人権法

　(1) Sale 事件（ハイチ不法移民）
　(2) Tampa 号事件（遭難救助とアフガン不法移民）
　(3) Hirsi 事件（リビア不法移民）
　(4) 総括的考察

1　はじめに

　海洋法に基づく海上における法執行措置について、近年、人権法の求める人権保護にかかわる問題が増大している[1]。例えば、公海上で海賊を逮捕した場合に、海賊容疑者を速やかに裁判所の監督下に連れて行くのは極めて困難である。それゆえ国内法が定める逮捕から裁判所の監督下に置くまでの時間的制限は、「例外的事情により正当化される」場合にはある程度緩和することが合理的である[2]。しかしそれにも限度はある。人権法からいえば、犯罪容疑者がどこで身柄を抑えられようが、容疑者の人権保護は等しく要請される。それゆえ勾留国の裁判所の監督下に置くことが不当に遅れれば、逮捕そのものが法の適正手続きを欠く違法なものとなる。とりわけ専ら人権法の観点か

---

1) Tullio Treves, "Human Rights and the Law of the Sea," 28 *Berkeley Journal of International Law*, issue 1(2010), pp. 1-14, Sophie Cacciaguidi-Fahy, "The Law of the Sea and Human Rights," 19 *Sri Lanka Journal of International Law*, no. 1(2007), pp. 85-107, B. H. Oxman, "Human Rights and the United Nations Convention on the Law of the Sea", in Charney J., D. K. Anton, M. E. O'Connell (eds), *Politics, Values and Functions, International Law in the 21st Century, Essays in Honor of Professor Louis Henkin* (Martinus Nijhoff , 1997), esp. p. 377.
2) 岡野正敬「海賊取締に関する国際的取り組み」『国際問題』第 583 号（2009 年）43 頁参照。

ら事案を判断する人権裁判所のような場合にはそうなる可能性が高くなる[3]。そこで海賊抑止・再発防止のためには、公海上において海賊から取り上げた武器や船舶を処分した上で、海賊容疑者を海上に放置したり近隣の海岸に置き去りにしたりすることになる。そうすることはかえって容疑者を海上で過酷な状況におくことになり、あるいは放置された海岸地域を支配する政治勢力如何では拉致・監禁・拷問をうけて殺害されるかもしれず[4]、あるいは沿岸国政府に引き渡された場合にも死刑判決を受ける可能性がある。ソマリア海賊の取締において現実に生じてきたジレンマである。

　海賊容疑者を抑留した国が本国に移送して訴追する場合には、人権法が要求する容疑者の人権は、身柄を遠い海域から抑留国に移送することから公正な裁判手続の確保までのすべての段階におよぶだけでなく、容疑者がasylumの要求をする場合には一定の保護が必要となり、またその要求が否定されあるいは有罪判決が出された場合でも、送還禁止原則(non-refoulement)の適用に

---

3) Medvedyev事件は、2002年6月13日に仏海軍フリゲート艦がカンボジア船籍の麻薬密輸船Winner号をカンボジア政府の2002年6月7日付の外交書簡による許可を得て公海上で臨検し拿捕し、船員を乗せたままCape Verde沖の公海上からフランス港まで13日間かけて同船をエスコートして連行した事件で、Winner号が船体に損傷を受けていたこと及び悪天候による遅延について、欧州人権裁判所(ECtHR)は、Rigopoulos事件(スペインが麻薬密航船を公海上で捕まえ港まで連行するのに16日間かかった事件)の先例と同様、「こうした遅延は、それが物理的に避けることができない場合(such delay, where materially impossible to avoid)」には欧州人権条約第5条3項違反とはならないとした(ただしフランスの措置は別の理由で欧州人権条約違反と判断している(Medvedyev et al. v. France, ECtHR, Application no. 3394/03, Grand Chamber, 29 March 2010. なお、この点の詳細は、G. Breda & J. Pierini, "Legal Issues Surrounding Maritime Counterdrug Operations and Related Question as highlighted in the Medvedyev and Others v. France Decision of the European Court of Human Rights," 47 Military Law and the Law of War Review (2008), pp. 167-186, D. Guilfoyle, "Medvedyev et al. v. France, European Court of Human Rights," 25 IJMCL (2010), pp. 437-42、参照)。とはいえソマリア海賊については遅延を正当化する例外的な物理的事情は一般に存在しないし、また麻薬密輸船に公海上で遭遇する場合と違ってソマリア海賊を自国に連行する場合の遅延は想定内であることから、同様に人権条約上の義務の例外として認められるかには疑問があった。

4) 2008年9月のデンマーク軍艦Absalon(L16)号が海賊容疑者を船上に6日間拘束した後、処罰に適当な裁判所がないという本国政府の決定を受けて、ソマリアのプントランドの不毛で無人の海岸へ放置した例や、2010年5月のロシア駆逐艦Marshal Shaposhnikov号が海賊を、武器を取り上げた上で、航行機器を装備しないゴムボートに乗せて沿岸300カイリの海上に放置したMoscow University号事件の例がある(この事件では海賊は誰も岸にたどり着かなかったとされる)。なおA. Murdoch, "Recent Legal Issues and Problems Relating to Acts of Piracy off Somalia," in C. Simmons (ed.), Selected Contemporary Issues in the Law of the Sea (Martinus Nijhoff, 2011), pp. 150-151.

より抑留国は海賊を自国領土内に留め置かざるを得ない場合も生じうる[5]。軍艦を使って海賊容疑者を自国に連れ帰ること自体に大変にコストがかかるだけでなく、公判を維持するのに十分な証拠を確保・保全すること、容疑者の犯罪意思を立証すること、被害船舶の乗組員など移動性が高くかつ多国籍にまたがる外国人証人を確保すること、証言聴取のために複数言語にまたがる通訳を調達する必要があること、審問に時間を要し迅速な裁判の実施が難しいこと、司法捜査に習熟した人員を現場において確保しにくいことなど克服すべき問題は多く[6]、それゆえヨーロッパ諸国は一般に、またとくに普遍主義に基づく管轄権を行使して海賊を処罰することに極めて消極的であった[7]。そこで海上の現場では武器などを取り上げた上で釈放するいわゆる"catch-and-release"政策がとられることも多い[8]。

---

[5] ただし送還禁止原則は、領域国の安全にとって危険 (danger to the security of the country) であると認めるに足りる相当な理由があるもの、又は特に重大な犯罪について有罪判決が確定し領域国の社会にとって危険な存在となったもの (who, having been convicted by a final judgment of a particularly serious crime, constitutes a danger to the community of that country) には適用されないとされる (難民条約第 33 条 2 項) から、海賊が難民申請を行ったとしても、この後者の要件に該当して送還禁止原則が適用されないと解釈される余地もある。海賊容疑で有罪となった者は当然に社会にとって危険であるとみなす (例えばアメリカの例) であれば、送還禁止原則の例外が認められることになる。ただし UNHCR は社会にとっての危険は別途立証されるべきであり、かつ送還禁止原則の例外はあくまで採りうる最後の手段 (last possible resort) であり、社会にとっての危険が本国に送還される者の危険よりも大きいという必要性と均衡性に照らして、例外として認められるとしている (UNHCR, UNHCR Note on Diplomatic Assurances and International Refugee Protection, 2006 (http://www.refworld.org/pdfid/44dc81164.pdf), paras. 12-13)。

[6] F. Lorenz and K. Paradis, "Evidentiary Issues in Piracy Prosecutions," in M. Scharf, M. Newton & M. Sterio (eds.), *Prosecuting Marine Piracy* (Cambridge University Press, 2012), Ch.9、参照。

[7] E. Kontorovich, "The Piracy Analogy: Modern Universal Jurisdiction's Hollow Foundation," 45 *Harvard International Law Journal* (2004), p. 184.

[8] アデン湾・ソマリア沖・インド洋で捕えられた海賊容疑者の 90% は釈放されているとされ、"catch-and-release" policy は現在では例外というよりも原則となったともいわれている (Y. Dutton, "Virtual Witness Confrontation in Criminal Cases: A Proposal to Use Video-conferencing Technology in Maritime Piracy Trials," 45 *Vanderbilt J. Tran' L* (2012), p. 1283, at 1325-1326、参照)。EU 諸国だけでなく、アメリカも自国船あるいは自国民が被害にあったことが広く報道された事例以外の場合には、本国に連行して処罰する誘因が働かず、それゆえ本国に連行して裁判にかけた例は 2009 年の米国船籍の Maersk Alabama 号事件 (この事例ではソマリア海賊 Abduwali Muse が NY 南部地区地方裁判所により懲役 34 年を宣告されている) など少数にとどまる。日本が連れ帰って処罰したソマリア海賊事案 (平成 25 年 12 月 18 日東京高裁判決 [平成 25 年 (う) 第 578 号] および平成 25 年 2 月 1 日東京地

EU 諸国はソマリア欧州連合海軍部隊 (European Union Naval Force Somalia; EU-NAVFOR-ATALANTA) がソマリア海賊への共同対処を有効に実施する上での障害を取り除くために、いくつかの海賊発生海域の近隣諸国と協定を結んで、ソマリア海域で捉えた海賊をそれらの国に移管 (transfer)[9]する協定を結んでいる。それら地域訴追モデル (regional prosecution model) とも言われる処罰協力の協定は、EU 諸国が捕まえた海賊の身柄をアフリカ近隣沿岸国に移管し、移管をうけた国が処罰するものである[10]。この枠組の下では、処罰を実施する上で様々な条件が課された。すなわち死刑の禁止[11]、海賊容疑者の訴追手続における人権の保護、海賊の留置施設の適正な環境の保持、医療の提供などである。こうした条件が付されるのは、もし EU 海軍部隊の当局がその実効支配下においた犯罪容疑者を、死刑その他の残虐な刑罰や人の品位を貶める待遇が待ち受けている国に引き渡せば、その引渡し行為そのものが EU 海軍部隊所属

裁判決［平成 23 年（合わ）第 77 号］）における海賊容疑者は、いずれもアメリカ軍艦が制圧した海賊を現場で日本の海上自衛隊艦船が引き受けて、同艦に乗船していた海上保安庁官 (ship-rider) が逮捕したものである。

9) 移送 (transfer) という用語が使われているのは、正規の手続である退去強制 (expulsion) や犯罪人引渡 (extradition) と区別して、単に身柄拘束の管轄 (custody) を移し替えるということを明示するためである。

10) こうした協定は、最初にイギリスがケニアとの間で結んだ了解覚書として現れ、その後、EU やアメリカ、デンマークなどの国が協定を結び、また EU との協定相手国もケニア（2009 年 6 月）、セーシェル（2011 年 7 月）、モーリシャス（2011 年 7 月）、タンザニア（2014 年 4 月）など近隣諸国へと拡大し、また人権保護の内容も進化している（たとえば Agreement between the European Union and the United Republic of Tanzania on the conditions of transfer of suspected pirates and associated seized property from the European Union-led Naval Force to the United Republic of Tanzania、第 4 条参照、see http://eur_lex.europa.eu/legal-ontent/EN/TXT/PDF/?uri=CELEX:22014A0411(01)&from=EN)。　日本は当初、逮捕した海賊を日本の海賊処罰法（平成 21 年 6 月 24 日法律第 55 号）で処罰するため、2009 年 4 月 3 日に日本・ジブチ自衛隊地位協定を結んで、ジブチに設置する自衛隊基地から海賊容疑者の身柄を空路日本に移送する枠組を作ったが、2015 年 12 月 18 日、他の国に倣って海賊容疑者の引渡しについてセイシェルとの間で協力のための覚書が署名されている。これら協定は、国連安保理決議においても推奨されている（安保理事会決議 1851（2008 年 12 月 16 日）第 3 項など、参照）。

11) 2014 年の時点で、ケニアとタンザニアは通常犯罪 (ordinary crime) については死刑を存置しているが死刑制度の運用を停止する政策をとっているとされる。またセーシェルとモーリシャスは、それぞれ 1993 年と 1996 年に、すべての犯罪について死刑を廃止している。ソマリア、イエメンは死刑存置国である。Death Penalty Information Center, http://www.deathpenaltyinfo.org/abolitionist-and-retentionist-countries、参照。

国自身による人権侵害に当たると判断される可能性が高いからである[12]。EUはそのために収容所設備の新築・改善や運営、医療その他の法制度基盤の整備などのために多額の援助資金を提供しているが、その額は、海賊をヨーロッパの本国に連れ帰って処罰する費用が一件当たり 246,000 ドルかかると推計されるのに比べれば、訴追一件あたりに換算して約 30,000 ドルと格段に安価であるとされる[13]。もっとも処罰を引き受ける側の実施上の負担も大きく、ケニアは 2012 年に協定終了を示唆し、その後またその都度に引き受けを判断することで再開している。こうした障害を取り除くために、国際社会は様々な形で海賊発生海域の近隣諸国の裁判手続の改革を実施してきている[14]。

---

12) 送還禁止原則は拷問禁止条約でも定められているが（第3条）、それは送還される者個人が「拷問」を受ける危険がある場合に限られており、送還先の国で公務員による拷問が横行してという一般的な状況があるだけでは送還禁止原則の例外の対象にはならないとされる。また自由権規約には送還禁止原則の規定はないが、第6条（恣意的な生命の剥奪）や第7条（拷問、残虐な、非人道的な若しくは品位を傷つける取り扱い若しくは刑罰の禁止）の規定に該当する場合には送還禁止を含意しているとされ、そうした人権法違反の処遇（ill treatment）がなされるおそれがある場合には送還禁止原則の適用があると解釈されている。ECtHR は何が非人道的で残虐な処遇又は刑罰であるかは明らかにしていないが、送還禁止の対象は拷問に限られないものの、送還先の国の社会経済的な事情（socio-economic harms）は送還禁止の理由にはならないとしている（C. W. Wouters, *International Legal Standards for the Protection from Refoulement* (Intersentia, 2009), pp. 240-241, 参照）。そして送還禁止原則が適用される場合には送還される者が過去に犯罪を犯したかどうかは無関係であり、その場合、送還禁止原則に違反して送還がなされた場合には送還する国は自ら人権侵害を犯すこととなる（欧州人権条約について、*Soering v. United Kingdom* (Application no. 1438/88), ECtHR, 7 July 1989, 11 EHRR 43, 1989, 国際人権規約（自由権規約）について、同旨、*Kindler v. Canada*, HRC 30 July 1993, UN Doc. A/48/50, 138）。つまり拷問や人権法違反の処遇が待ち受けている場合には、海賊容疑者や重罪を犯したものであっても、送還禁止原則の適用対象となりうることになる。これに対して難民条約の保護は「難民として避難国に入国することが許可される前に避難国の外で非政治的な重大な犯罪を行った」者には適用されない（第1条F）し、また重大な犯罪について有罪判決が確定し領域国の社会にとって危険な存在となった者については送還禁止原則の例外が認められている。

13) F. Lorenz & L. Eshbach, "Transfer of Suspected and Convicted Pirates," in Lorenz & Paradis, *supra* note 6, Ch.7, fn. 25, 参照。

14) 国連薬物・犯罪事務局（UNDOC）の中に海賊対処計画（Counter Piracy Programme; CPP）として 2009 年に設置された世界海事犯罪計画（Global Maritime Crime Programme; GMCP）は、ソマリア近隣諸国による海賊処罰のために、地域海賊訴追モデルのもとで、裁判所や監獄施設の整備、裁判官を含む司法官吏の訓練研修や司法手続の整備、証拠の収集・保全や情報共有の能力向上を援助している。また近隣諸国の負担を軽減しかつ有罪判決を受けた受刑者の社会復帰に資するために、それに同意する受刑者をその本国であるソマリアに移送し、UNODC の監視の下で刑を執行するために、海賊犯罪者移送計画（Piracy Prisoner Transfer Programme）を整備している。

ところでこうした問題は、麻薬の国際不法取引、奴隷取引の防止、大量破壊兵器拡散防止（PSI）などの国際犯罪に対応するために、公海上の外国船によって行われるそれら犯罪について処罰を確実にしようとする場合に共通の問題である。しかも海賊について普遍的管轄権が慣習国際法上認められているのとは異なり、これら犯罪については、公海における旗国主義との関係で、当該外国船舶の旗国との間で臨検協定（ship boarding agreement）を結んだり ad hoc な合意を取り付けたりすることが必要[15]なだけでなく、たとえその結果、犯罪事実を疑わせる十分に合理的な証拠が確保できた場合でも、犯罪容疑者を逮捕して訴追する管轄権を行使できるようにしておくためには、乗船協定（ship riders' agreement）を結ぶなどして、国際法に合致した管轄権行使ができるようにしておく必要がある[16]。こうした点は、海洋法条約によって公海上での臨検・捜索が認められている場合でも[17]、国連麻薬新条約[18]やSUA条約改正議定書[19]などの国際的枠組がある場合でも同様である。当該犯罪が外国船上で行われ

---

[15] 臨検協定（ship boarding agreement）は、公海上において犯罪を発見した旗国以外の国の艦船が、臨検・捜索を実施できるようにするために、予めあるいは ad hoc に旗国との間で結ばれる協定であり、PSIを公海上で取り締まる必要を主張するアメリカは、SUA条約の改正議定書を不十分として、外洋船舶の便宜置籍国との間でこうした協定を締結している（アメリカ国務省の HP (www.state.gov/t/isn/c27733.htm)、参照）。なお坂元茂樹「臨検・捜索－SUA条約改正案を素材に」、海上保安協会『各国における海上保安体制の比較研究』(2005年) 32頁以下、とくに39-40頁。

[16] 乗船協定（ship-rides' agreement）は、外国船舶による犯罪取締を実施する艦船が、容疑船舶の旗国の官憲を予め乗船させておいて、旗国の司法管轄権の下で容疑者の逮捕などが行われていることを確保してその国際法上の適法性を確保する協定であり、とくにカリブ海域において常習的な麻薬不法取引に従事する近隣沿岸国の船舶の取締に用いられている。それは公海上にある船舶に対する司法管轄権についての国際法の規律と実際の取締能力をもつアメリカの麻薬不法取引撲滅の必要とを調整するものであった。ソマリア海賊の場合には、後の海賊容疑者の訴追において証拠の違法収集や不備などが生じないようにすることによって刑事裁判手続における人権法の要請を満たすために、海賊制圧活動を実施する軍艦に、予め捜査に習熟した専門家である司法警察職員を同乗させておく措置が推奨されており、これを ship-rider という場合もある。

[17] 国連海洋法条約第110条1項。

[18] 麻薬及び向精神薬の不正取引の防止に関する国際連合条約（United Nations Convention Against Illicit Traffic in Narcotic Drugs and Psychotropic Substances、1988年12月19日）。同条約第17条は、公海上での臨検・捜索および証拠の差し押さえなどの措置を認める（4項）とともに、それを実効的なものとするために二国間または地域における協定を締結することを義務づけている（9項）。

[19] 海洋航行の安全に対する不法な行為の防止に関する条約（海洋航行不法行為防止条約，SUA条約）の改正議定書、2005年10月14日採択、2010年7月28日発効。なお拙稿「海上テロリズムと海賊」『国際問題』第583号（2009年）20頁以下、とくに26-28頁、坂元「前掲論文」（注15）32-47頁参照。

ている場合、その旗国がそれら国際的枠組みに加わっているとは限らないし、またその枠組が当然に処罰の管轄権に結びつくものとは限らないから、外国船上で行われるそれら犯罪について処罰を確実にするためには、旗国との間で協定を結ぶなど、別途の処罰の管轄権の所在について合意しておく必要がある。いずれにしても、これら犯罪が頻発する特定の地域については、国際枠組を事前に用意することも可能であるが、そうでない場合には、犯罪の防止・処罰の実効を確保することと、犯罪容疑者の人権保護との間に深刻なジレンマが発生する。

　このジレンマは、公海上において不法移民の流入阻止のための出入国管理ないし国境管理措置として行う場合には、海難救助 (distress at sea) の人道的要請との間でさらに深刻化する。とくに単発的な密航・密輸犯罪と異なり、本国の政治的混乱や大規模災害などから生活困難に陥った不法移民が大量に押し寄せてくるような場合にはそうである。

2　海洋法に組み込まれた人道の考慮の要請

(1) 航行の安全確保

　伝統的な海洋法においても、人道 (あるいは人権) への配慮そのものは、海洋法の基礎とされてきた。コルフ海峡事件[20]において ICJ は、沿岸国アルバニアが同国領海に機雷が敷設されていることを知らなかったはずはないと結論した上で、同海域に接近中のイギリス軍艦に急迫した危険を警告する義務があったことを認定し、その根拠を、海上交通自由の原則 (the principle of the freedom of maritime communication)、自国の領域が他国の権利を害する行為 (機雷の敷設) のために使用されないよう確保する義務 (obligation not to allow knowingly its territory to be used for acts contrary to the rights of other States) と並べて、「人道の基本的考慮」(elementary considerations of humanity) を挙げている。つまり危険通報義務の根拠を平時において一般に承認された国際法の原則の一つとしての「人道の基本的考慮」に求めている。こうしてそれまで確立したものとしては認識されていなかった危険通報義務を、海上における人命尊重への配慮の義務としてすでに実定法

---

20) *The Corfu Channel case (Merits)*, Judgement of April 9th, 1948, *ICJ Reports 1948*.

的な原則になっているとしたのである。この判決を受けて危険通報義務は、1958年領海条約第15条を経由して国連海洋法条約 (UNCLOS) 第24条2項にも規定された。国際海洋法裁判所 (ITLOS) も、例えばサイガ号事件において、ギニアによる停船・臨検のための武器使用が過剰であったかを判断するに際して、武器使用は極力回避すべきであり、また回避できない場合でもその状況において合理的かつ必要な限度を超えるべきではないとし、その根拠を「人道の考慮」は「国際法の他の分野と同様に海洋法にも適用される」(Consideration of humanity must apply to the Law of the Sea as well as they do in other areas of international law.) ことに求めている[21]。

(2) 遭難救助

　海上で遭難船舶に遭遇した船舶が、危険に晒されている者に可能な限り援助を与えることは、古くから「よき船乗り」(good seamanship) として当然のことであった。現在においても、国家は自国船舶の船長に対して、海上において生命の危険にさらされている者を発見したときにはその者に援助を与えるための措置をとることを要求することを義務づけている (公海条約第12条、UNCLOS第98条)。また援助要請の通報を受けた国家は、当該船長に合理的に期待される限度において、可能な全速力で遭難者の救助に赴くことを要求している。もっともこの援助措置は、援助する船舶、乗組員、旅客に重大な危険を及ぼさない限度、合理的に期待される限度において求められるに留まり、これらの限度の判断は、実際上は、現場における船長に委ねられることになる[22]。

---

21) *M/V Saiga* (No. 2) *(St. Vincent v. Guinea)*, *ITLOS Reports 1999*.
22) 遭難救助に関する国際法において、援助を提供する義務 (duty to provide [render] assistance) と救助する義務 (obligation to rescue) とが区別される場合がある。前者は船長に課される義務とされ、後者は国の義務とされる。援助を与える義務の範囲は UNCLOS でも SOLAS でも明確に規定されていないが、これは船長の事態への対応の柔軟性を確保するために意図的にそうされているといわれる。ただし、唯一、救助 (rescue) を定義している SAR 条約は、これを "an operation to retrieve persons in distress, provide for the initial medical or other needs, and deliver them to a place of safety" と規定している。つまり救助は「安全な場所」に引渡すことを含むが、それは最終的にはいずれかの国が上陸を認めることによって完結することになる。後に述べる Tampa 号事件の場合には、船上に引き上げた遭難者の数が多かったため、食糧・水・医薬が不足し、また衛生状態の悪化が著しく病

沿岸国により近い領海については、外国船舶の通航は「継続的かつ迅速に行われなければならない」（停船・徘徊の禁止）と規定しつつも、「航行に通常付随する」場合（例えば台風からの避難など）、「不可抗力もしくは遭難により必要とされる場合」、危険・遭難に陥った人・船舶・航空機に「援助を与えるために必要である」場合に限って、領海における停船および投錨を通航の概念に含めている。つまりそうした場合における停船・投錨は、通航としての性質を失わせない。これは人道の要請が沿岸国の利益に優越することを意味している。かつてのような牧歌的な帆船の時代には、風待ちその他航行に適する気象条件の回復などのための停船は国際航行を継続するために不可欠であった。もっとも、近年、船舶の大型化・高速化、危険を内在する積荷の大量化などにともない、遭難船舶が修理や積載貨物の積替えなどのために領海よりさらに陸地に近い湾・入江などの内水に緊急入域すること、とりわけ沿岸国の港湾に立ち寄ることが権利として外国船舶に認められるかについては、沿岸社会の安全の確保や汚染被害の防止など沿岸国の利益を大規模に侵害する危険性も高まってきたことを受けて、沿岸国がこれらを拒否する例も増えてきている。とくに海難等によりすでに船体に損傷を受けて堪航性を失っている船や船舶の構造についての国際基準を満たさないサブ・スタンダード船については、緊急入港について入港条件を設定する港湾国の権限に基づいてこれを拒否するだけでなく、慣習法上の権利とされてきた避難のための緊急入域についても、沿岸国が内水のみならず領海への立入までも拒否する事例も生じてきている[23]。遭難船舶は船体の損失を回避するために直近の沿岸に接到しようとするのが一般であるが、沿岸国としては遭難船舶の座礁などによる大規模汚染を回避するためにこれをむしろ沿岸から遠ざけようとする。ただその場合でも、舟艇あるいはヘリコプターなどを派遣して遭難船舶の乗組員等を救

人も発生するなど、とても place of safety とはいえない状態にあった。なお、F. Kenney & V. Tasikas, "The Tampa Incident: IMO Perspectives and Responses on the treatment of Persons Rescued at Sea," 12 *Pacific Rim L & Pol'y J* (2003), pp. 151-152, 参照。

[23]　緊急入域については、西村弓「国際法からみた避難水域問題」海洋政策研究所『海洋政策研究』特別号（『避難船舶の避難港への受け入れに関する総合的研究』(Places of Refuge : Legal and Political Challenges)、2012 年) 9-18 頁参照。

出しその生命の安全を確保することが一般には最小限試みられるであろう[24]。

UNCLOS の海難救助 (distress at sea) の規定は、同条約第七部の公海に関する部の中に規定されている (第98条) が、そこにおける救助の義務はその人道的性質からして当然に公海以外の海域についても適用されるであろう[25]。もっとも「海上において生命の危険にさらされている者」(any person found at sea in danger of being lost) とか、「遭難者」(persons in distress) と規定されているだけであるので、救助義務がいずれの範囲で生じるのかは必ずしも明らかではない。海上捜索救助条約 (SAR 条約)[26] では、「遭難の段階」を「海上における人命・船舶などが重大かつ急迫した危険にさらされており、かつ即時の救助を必要とすることについて合理的な確実性がある状態」と規定している[27]。また国家責任に関連して ILC は、遭難を生命が危険 (life-threatening) な状態と捉え、深刻な健康への危険が生じている状態に拡張して適用することには反対している[28]。ただこれは国家責任との関係では遭難を違法性阻却の口実とする余地を限定しようとするためであり、海難救助との関係では、重大な危険 (serious danger) の緊急状

---

24) 2002年11月13日に発生した Prestige 号事件では、嵐の中で航行不能に陥った同船の緊急入域の許可はスペイン政府によって拒否されたが、同船上の乗組員は、船長および他の2名を除いて、沿岸から派遣されたヘリコプターによって救助されている。その後、救難作業が行われタグボートで沖合 Capo Verde 島に向かうが途中で沈没、船長はタグボートによる曳航への協力を拒否したことを理由に、逮捕されている。
25) UNCLOS 第98条の規定は、単に「海上において生命の危険にさらされている者」とされており、第7部の他の規定と異なり公海についての言及はない。
26) 正式名称は「海上における捜索及び救助に関する国際条約」(International Convention on Maritime Search and Rescue (SAR), 1979)。SAR 条約は海難における捜索救助活動における締約国と沿岸国との協力を定めたものである。国際海事機関 (IMO) 関連条約には別に海上人命安全条約 (SOLAS、1974) があるが、SOLAS が船舶の設備・構造や船舶の活動の基準を定める (CEDM measures) ことにより主として海難の防止に関するものであるのに対して、SAR 条約は海難発生後の具体的な捜索救助活動における国際協力体制を定めた最初の条約である。この条約の下で、締約国は近隣沿岸国との間で遭難救助区域 (SAR regions) を定めて責任を分担するとともに、救援設備備品の共同準備、共同手続の設置、共同対処訓練、遭難救助部隊 (SAR unit) の領海立入手続等を定めることによって、緊急な場合における迅速な活動の促進を図るものである。それは UNCLOS 第98条2項の特別法として位置づけられる。
27) SAR 条約は「遭難の段階」(distress phase) を次のように定義している。A situation wherein there is a reasonable certainty that a person, a vessel or other craft is threatened by grave and imminent danger and requires immediate assistance. (SAR Convention, annex, chapter 1, para. 1-3-13.)
28) *YILC* 2001, Vol. II, Part Two, p. 79, especially commentaries on Article 24, at (6).

態であっても必ずしも人の生命が直ちに物理的に脅かされているような事態である必要はない。定員を過度に超えたボートや堪航性(seaworthiness)を欠く船が外洋におり、そのまま放置すれば生命の危険が生じることが明らかであるような場合には、客観的にみて事実上遭難の状態にあると判断できる場合があろう。その判断は、遭難救助の要請がない場合でも、船舶の堪航性や船上にいる人の数のほか、必需品の供給の有無、資格ある船員の有無、装備の有無、天候や海洋の状態、船上に子供・妊婦や病人・けが人など生命や健康に危険のある人がいるかどうか、などを総合的に判断すべきとされる[29]。

ところで海難救助義務には当然に遭難者を「安全な場所」(place of safety)まで移送する義務を含む。この義務は旗国の義務である。つまり救助船舶の旗国は、遭難者を安全な場所に輸送することを自国の救助船舶に対して要求する義務を負う。SAR条約は、救助(rescue)を「遭難者を救援し、初期的な医療その他の必要を提供し、かつ安全な場所に輸送する活動」と定義している[30]。この規定にいう安全な場所は、海運慣行上は、救助船舶の次の寄港地(next port of call)とされ、必ずしも地理的に最寄りの港とは解されていない。しかしながら、遭難者に合理的な時間内に安全な場所を提供するため、かつ救助船舶が予定航路を大きく外れることによって発生する不都合を回避するため、IMOの海上安全委員会(MSC)は、2004年にSAR条約を改正して、安全な場所を提供する第一次的な責任は遭難発生地点をSAR区域として管轄する沿岸国にあると明記した[31]。なお同時にIMOによって採択された「海上で救難された人の処遇に関する指針」においては、安全な場所は、「生存者の生命の安全がもはや危険にさらされず、また基本的な生存の必要(食糧、避難施設、医療などの必要)が満たされる場所」とされ、また生存者が救助船舶上に保護されて緊急の危険から解放されたという事実のみをもって救助船舶が安全な場所とされること

---

29) E. Papastavridis, *The Interception of Vessels on the High Sea: Contemporary Challenges to the Legal Order of the Ocean* (Hart, 2014), p. 295.
30) SAR Convention, annex, chapter 1, para. 1-3-(2) の原文は次の通りである。
    An operation to retrieve persons in distress, provide for their initial medical or other needs, and deliver them to a place of safety.
31) Resolution MSC.155 (78), 20 May 2004, 3-1-(9), MSC 78/26/add. 1, ANNEX 5, p. 3. なおこの改正は、後に検討する *Tampa* 号事件を受けてなされたものである。

はないとしている[32]。もっとも安全な場所として通常想定されるのは陸地であるが、同指針は、生存者が次の目的地に上陸するまでの間、救難ユニットその他の適切な海上施設も安全な場所となりうるとしている[33]。いずれにしても、当然に沿岸国の港湾に遭難者を上陸させることになるわけではない。その場合には沿岸国の着岸可能な港湾あるいは旗国までの距離、予定航路からの離脱の程度、救助船舶の規模や装備なども考慮して判断されることになると思われる。

　そこで次に、SAR区域を管轄する沿岸国の第一次的責任に安全な場所を生存者に提供する義務が含まれるとして、関係国との調整がうまく行かない場合に、最終的には沿岸国が救助された遭難者の下船・上陸 (disembarkation) を認める義務までが含まれるかが問題となる。先に見たように安全な場所の提供（とくに医療や必需品の提供など）は、救助船舶から遭難者を下船させることなく可能な場合もある。しかしそうした措置では救援船舶の旗国の負担はいつまでも解除されないことにもなり、最終的な上陸場所の確定が長引くことになれば、旗国が自国船舶に対して海難救助への協力を要求する誘因を押し下げることにもなりかねない[34]。その意味で最終的にはいずれかの国に上陸を認める必要があるが、沿岸国の第一次的責任は第三国に上陸させることを含めて相当な期間内に最終的な上陸場所を調整することにあるに留まる。つまり、遭難地点のSAR区域を管轄する沿岸国にその領域への上陸を引き受ける義務が当然にあるわけではない[35]。それゆえ、救助された人は、いずれかの国が上

---

32) Guidelines on the Treatment of Persons Rescued at Sea, Resolution MSC 167 (78), adopted on 20 May 2004, MSC 78/26/add. 2, ANNEX 34, paras. 6 (12)-(13). ただしこの指針は決議であり拘束力をそれ自体で持つものではない。

33) *Ibid*, para. 6(13).

34) 救助船舶が私船である場合（とくに後に述べるTampa号の事例）、遭難者の上陸・下船が長引く場合には、船長には船主や荷主の利益への配慮（たとえば救難船舶の代替船舶の派遣や積荷の延着など）、船員に対する危険回避義務（救出時の危険のみでなく、遭難を装う海賊の危険や遭難者の反抗、貨物船の定員超過から生じる航行上の危険や旅客仕様でないことから生じる不衛生状態、疾病などの危険）、船長自身が沿岸国法に反するとみなされる危険（Tampa号の事例では豪政府は船長を豪移民法の罰則を示唆して脅している）などが生じる。J. Tauman, "Rescued at Sea, But Nowhere to Go: The Cloudy Legal Waters of the Tampa Crisis," 11 *Pacific Rim L & Poli'y J* no. 2(2002), pp. 461-494, esp., pp. 476-479, 参照。

35) SOLAS条約は、遭難救助のための援助が行われたSAR海域に責任を有する政府は、救助され

陸を認めるまでの間、数週間、海上の船舶あるいはその他の施設に留め置かれる場合も生じる[36]。2010年にEU理事会が最終決定したFRONTEX[37]の不法海上移民阻止活動について示した海洋法指針 (Law of the Sea Guidelines) では、上陸についての優先順位は、第1に遭難船舶が出発した港のある第三国、第2に当該船舶が通過した領海沿岸国又はSAR区域の管轄沿岸国、これらが実行不可能な場合には、遭難者の安全を確保するために必要である場合を除いて、いずれかのFRONTEX活動への参加締約国としている。つまりFRONTEXの共同活動に加わった国が上陸を受け入れるべき最終的な国としている[38]。

た生存者を援助船舶から下船させ安全な場所に上陸させるために、その特定の状況を配慮しつつ、調整と協力 (coordination and cooperation) が行われることを確保する第一次的責任を負うとするとともに、締約国政府に対して、合理的に実施可能な限り早急にそれら下船 (disembarkation) について調整 (arrange) することを義務づけている (SOLAS, 1979, Ch. V, Regulation 33, 33-1.1)。

36) こうした事態はとくに、海上において救助された人々の人数が多く、かつその多くが難民としての保護を求める (asylum-seeker) ことが想定される場合に生じやすい。たとえば、2007年1月30日に300人の不法移民を載せた *Marine I* 号から遭難信号を受信したスペイン沿岸警備隊は、遭難海域はセネガルが管轄するSAR海域内であったが、セネガル当局の要請を受けて現場に急行し、2月4日に現場に到着して遭難船舶に水と食料を提供した。その間、セネガルに対して緊急入港できる最寄りの港のあるモーリタニアと遭難者の行く先について交渉を開始することを求めた。その結果、遭難信号を受信してから14日後の2月12日に三国が最終合意に達したが、それによれば、モーリタニアが遭難者の上陸を受け入れる代わりにスペインが65万ユーロを支払うことが約束されたとされる。なおモーリタニア上陸後も、スペイン政府が遭難者の身元確認の作業を行い、その間、スペイン軍が収容施設を警護していた。遭難者の輸送中に船舶内でギニア官憲によってギニアへの上陸を認める者の選別が行われ、その結果、アフリカ出身者35名がギニアに上陸後、カナリア諸島を経由して、それぞれの本国に送り返された。また上陸後にUNHCRおよびIOM (国際難民機関) が加わって行われた審査の結果、アジア系の35名がカナリア諸島に到着し、その内の13名が難民申請をした。残りのインド、パキスタン系の者は4月23日まで収容施設に留めおかれ、その後その多くは本国に送り返された。この事件はヨーロッパの国による遭難救助における人権保護に関して拷問禁止委員会 (Committee Against Torture; CAT) が初めて関与した事件である (代理権の欠如を理由にCATはスペイン人による申立を不受理)が、委員会は、スペインが救助から収容のすべての段階で遭難者を拘束下においていたことを理由に、ギニアの選別に従って身柄を引渡した行為は、難民資格審査手続を欠いたまま潜在的に安全でない国に帰還させることにより、遭難者を送還禁止原則違反から生じる危険に晒すものであり、スペインの拷問禁止条約上の責任は軽くみられるべきではないと示唆した。K. Wouters & M. Heijer, "The Marine I Case: A Comment," 22 *International Journal of Refugee Law*, no. 1 (2010), pp. 1-19, 参照。

37) EUの専門機関である欧州対外国境管理協力機関 (European Agency for the Management of Operational Cooperation at the External Borders) の略称。

38) J. Coppens & E. Somers, "Towards New Rules on Disembarkation of Persons Resucued," 25 *IJMCL* (2010), pp. 377 *et seq*, p. 402-403.

(3) 不法移民と遭難救助

　SAR 区域を管轄する第一次的責任が以上のような性質のものであることから、遭難船舶に大量の不法移民が乗っているような場合には、SAR 区域の管轄沿岸国は、遭難者を保護する責任を引き受ける義務が生じることを回避しようとして、遭難者の上陸を認める義務はないことをその口実とする。他の国もまた同様の理由で、救助船舶が領海に入ってくることを拒否する例が頻発する[39]。緊急の遭難救助が行われ、一応の生命の安全が確保された後の処遇について、国家は進んで負担を引き受けることを回避しようとする。とりわけ遭難者が難民あるいは避難民である場合にはそうした傾向が生じる。冷戦終結後の国家の混乱、9・11 同時多発テロ、民主化過程における内戦の多発、非道な「イスラム国」勢力の台頭などによる国内の混乱や生活の困苦のために、本国を逃れて海上ルートで逃げてくる大量の不法移民の発生にどう対処するかに、国家も国際社会も有効な対応を見いだせずに困惑しているのが現状である。こうした asylum-seeker としての海上不法移民は、古くはベトナム戦争後のいわゆるボートピープルに端を発し、その後、国内の混乱が生じる度に大量に発生してきている。この不法移民の中には、難民条約上の難民、国内騒乱からの避難民、生活の困窮による避難民、よりよい生活を求めて本国から脱出しようとする者等のほか、重大犯罪者、テロリスト、本国の情報関係機関や諜報機関に属する者など、多様な人々が含まれている (mixed flow)[40]。海

---

39) 2006 年 7 月にマルタは、スペイン漁船が救助した 51 名の海上不法移民の上陸を拒否したが、リビアの SAR 区域で生じた遭難でありリビアが遭難救助の責任を負うが、その後スペイン船が救助したことから難民保護についての責任はスペインにあると主張した。また 2009 年 4 月にイタリアは、140 名の移民を救助したトルコ船の領海への立入を拒否したが、それは遭難現場がマルタの SAR 区域であることを理由とした。マルタはこれに対して、最寄りの安全な港が Lampedusa 島にあることを理由に、同島への上陸が認められるべきであると主張した。Wouters & Heijer, *supra* note 36, p. 6, fn. 16.

40) 後に述べる Tampa 号事件において、豪防衛大臣 Reith は、海上からの不法移民のボートによる領域への侵入を阻止しなければ、それはテロリストが豪領土へ入り込む通路 (pipeline) とされるようになり、豪州がテロ活動の拠点として利用されることになると言ったと伝えられる。I. Khan, "Trading Human Misery: A Human Rights Perspective on the Tampa Incident," 12 *Pacific Rim L & Pol'y J* (2003), p. 11, 参照。Tampa 号事件の解決が模索された時点は、まさに 9・11 米国同時多発テロが発生した時と重なっている。

上不法移民の中には、阿漕な密航業者に騙されて高額の料金を支払うために土地家屋を売却したり、親類縁者から借金したりして、それによって得た金銭と引き換えに遭難船に乗った者も多い[41]。逆に言えば、本国に帰る選択肢をなくしている人々が多く含まれる。

　海洋法は、遭難者がいかなる理由で遭難するに至ったかを問わず、海上における人命の安全を確保するために捜索救助活動を行うことを遭難現場近くに居合わせる船舶に要請する。救助を要請された船舶は可及的速やかに現場に向かい、当座の必要な医療を提供し食料・水などを遭難者に与えた上で、遭難者を安全な場所に移送する義務を負う。そこにおける安全はまずは遭難者が生命の危険から脱出することを意味するであろう。救助船舶の旗国は救助した遭難者を船上において人道的に処遇することを確保する義務を負うであろうが、緊急時においてそれには一定の限度がある。しかし難民法や人権法の要請はより広い。遭難者の上陸を認める国は、海上不法移民の中に難民該当者がいる可能性がある以上、遭難者の身元の確認、難民かどうかの選別（screening）が必要になる。その事務的負担が膨大であるだけでなく、遅滞なくasylum の手続に付することが要請される[42]とはいえ、この手続には相当の時間がかかるから、その間に遭難者を人道的な基準に見合った待遇を確保するための収容施設の整備なども必要となる。さらに難民の場合には難民としての待遇の確保、難民ではない場合でも送還禁止原則の適用がある場合かどうかなど、遭難者の将来の安全や人道的待遇を確保する義務を広く負うことになる。このように海洋法の救助の要請と人権法あるいは難民法の人権保護の

---

41) 不法移民が汚職官憲や密航業者を買収して本国を脱出したとしても、そのこと自体は不法移民が難民としての地位を有するかどうかとは無関係であることは言うまでもない。なお D. H. Johnson, "Refugees, Departures and Illegal Migrants," 9 *Sydney Law Review* (1980), p. 23、参照。ただ大量脱出（mass exodus）の事例では、金銭的に余裕がないために生命の危険から脱出すらできない多くの避難民がなお本国にいることは覚えておかなくてはなるまい。

42) asylum の手続を事前に整備しておかないと「遅滞なく」審査を行う義務を果たすことはできないが、UNHCR は、この手続を持っていない国については UNHCR がこれを代行すると宣言している（*Report of the Office of UNHCR*, 11 April 2008, A/AC.259/17, para. 8.）。Hirsi 事件におけるリビアの場合はそうした場合であるが、リビアは UNHCR の現地事務所の難民保護に協力的ではなかったといわれ、それが Hirsi 事件におけるイタリアの措置を人権条約違反と判断する一つの理由になっている（後述、Hirsi 事件参照）。

要請との間で、国家は重大な問題を抱えこむことになる。こうした問題の扱いに、国際社会に統一的な国家実行があるわけでもない。そこでいくつかの事例を検討して問題の所在をより明確にしてみたい。

3 大量不法移民の海上阻止と人権法

(1) Sale 事件 (ハイチ不法移民)

(i) 事件の経緯

　ハイチから米国に船で渡ろうとする不法移民は1980年代から増加し[43]、米国政府はこれを米国の利益を重大に侵害するものと捉えていたが、これへの対応は政治環境の変化もあり、必ずしも一貫したものではなかった。まず米国は1981年にハイチとの協定により、米国沿岸警備隊 (USCG) がハイチの密航船を公海上で臨検し、不法移民をハイチに送還することを両国間で合意した[44]。この協定においてハイチは、USCG が不法移民の輸送に携わるハイチ船舶の航行を阻止して臨検することに一般的同意を与えたが、同時に、米国は難民でない不法移民をハイチに送還するものの、ハイチ政府はこれら不法移民を不法出国したことのみを理由に処罰しないこと、他方で、それら不法移民を不法に輸送する業者 (illegal traffickers) はハイチ側が厳格に処罰することが合意された。また米政府当局が難民資格を有すると決定するものを選別し、それらの者は送還しない米国の権利も認められていた。レーガン大統領は1981年の

---

[43] 1980年に米国本土に海路到達した正規の書類を持たない外国人 (undocumented aliens) は約15万人とされ、その内12万5000人がキューバの Mariel 港を出発したキューバ人であったため、"Mariel boatlift" と呼ばれていた。キューバのカストロ首相は、キューバで発生していた大使館駆け込み事件を処理するためキューバを出ることを望む者に Mariel 港を開放し、アメリカ本土からこれらの者を輸送するために多くの小型船舶が Mariel 港に向かった。キューバ人がマイアミに到着するとカーター政権はこれらの者に直ちに難民資格を付与した。その後、それらの者の中にカストロが解放した犯罪者や精神病者が少なからず含まれていることがわかり、これらの疑いのある者については厳格な難民審査が行われるようになる。

[44] 「ハイチから米国への不法移民の海上阻止協定」(Agreement on Interdiction of Haitian Immigration to US), 23 Sept. 1981, US-Haiti, 33 *U.S.T.* 3559. ただしこれに先立って、既にハイチ大統領がハイチ不法移民輸送船の海上阻止及び臨検捜索を認める声明を一方的に出しており、その意味で協定の意義はとくに送還後の不法移民の不処罰、密航業者の処罰、難民資格をもつ者の米国による保護をハイチ政府に認めさせることにあったともいえる。

大統領宣言において⁴⁵⁾、海からの大量の不法移民の流入は US の利益を害する重大な問題であると宣言したが、この宣言でも難民資格を有する可能性のある者についてはその同意なしには送還しないとしていた。公海上で航行を阻止された不法移民は、USCG および移民国籍局（INS）の審査官による船上での面談審査（interview）を受け、単なる経済難民はそのまま本国に送還され、難民資格を有する可能性があると判断された者（screen-in）については、米国本土に一時上陸させて正規の難民審査（asylum application）の手続に付する措置がとられていた⁴⁶⁾。

1991 年 9 月 30 日にハイチで軍部のクーデタによる政治体制の変更が生じたのを受けて、USCG は送還を一時的に停止したが、ハイチ不法移民が急増したため、1991 年 11 月 18 日、USCG は送還を再開した。

これに対して米国人権団体 Haitian Refugee Center がフロリダ南部地裁に、難民資格のあるハイチ難民について十全な保護手続きをとることを求めて提訴した。この提訴の裏には、軍事政権の下で数百人のハイチ人が殺害・拷問・恣意的拘束・暴行・財産の破壊が行われていた事実があるとされる。地裁は一時的な保護（1992 年 2 月 4 日まで）を認めるが、第 11 巡回控訴審裁判所がこれを覆し（全会一致）、移送命令（certiorari）も否定した⁴⁷⁾。この間、ハイチからの脱出民が激増し、1991 年 10 月以後 6 ヶ月の間に、USCG は 37,000 人に及ぶハイチ不法移民を海上で阻止した。このため船上での面談審査による選別（screening）が不可能となり、国防省はキューバのグァンタナモ米軍基地にそのための一時受け入れ施設を建設した。同受入施設には面談審査による選別の専門官が派遣され、また選別の基準も緩和され、本国で迫害を受ける「信用に足るおそれ（credible fear）」を示せばよく、通常の難民審査の手続におけるような「十分に証明されたおそれ（well-founded fear）」を立証することは不要とされた。その結果、面談審査による選別によって米国内で次の審査に進むことが認められる

---

45) Presidential Proclamation No. 4865, 46 FR 48107; 3 CFR 50-51(1981-1983).
46) この段階では米国政府はハイチ海上不法移民の大部分が、生活に困窮したいわゆる「経済難民」であると捉えており、実際に 1981 年から 1990 年の間に海上で航行を阻止された 22,940 人のハイチ不法移民のうち、アメリカでの難民審査の手続に付されたものは 11 名に過ぎなかった。R. Wasem, U.S. Immigration Policy on Haitian Migrants, *CRS Report for Congress*, RS 21349 (May 17 , 2011).
47) *Haitian Refugee Center v. Baker*, 949 F. 2d 1109 (1991), certiorari denied, 502 US 1122 (1992).

(screen-in)ハイチ不法移民の割合が、それ以前は全体の1%であったのが、30%弱に跳ね上がった[48]。もっとも面談審査を実施するためのグァンタナモの収容施設は12,500人の収容能力しかなかった。1992年5月の最初の3週間だけでUSCGは127艘の船(多くは航行上安全でない船で放置すれば沈没するおそれがある船であった)の航行を阻止したが、それらには10,497人の不法移民が乗船していた。1992年5月22日、米海軍はもはやグァンタナモでの収容は不可能と判断した。

ハイチ不法移民はなお増え続けたが、多くの船がフロリダに来る途中で沈没し、多数の難民が溺死した。こうして米政府は実効的な国境管理措置も執行できず、また緩和された選別の手続も実施が困難となった。米政府には二つの選択肢しか残されていなかった。すなわち、①ハイチ不法移民すべてを米領海内に受け入れて沿岸での面談審査を実施するか、②難民資格の審査の機会をいっさい与えずに送還するかである。①の選択肢では、不法移民について主権に基づく出入国管理を維持する目的が実際上損なわれるだけでなく、ハイチに民主的政府を復活させる外交努力をも損なうことになりかねず、また何よりも数千・数万におよぶ不法移民が生命の危険を冒して船上で待機することを強いることになる。②の選択肢では、大量の不法移民の中にいる本来難民の地位を与えられるべき有資格者をも本国に送還してしまうことになる。

ブッシュ大統領は1992年の行政命令[49]により、②の選択肢をとることに踏み切った。その法的な正当化の根拠は、難民条約第33条の送還禁止原則は米国領域外にいる人には適用されないこと(送還禁止原則の域外適用の否定)、またレーガン大統領による1981年の大統領宣言[50]は正規の書類を持たない外国人(undocumented aliens)が公海を経由して米領域に入ることを禁止しており、米国移民国籍法に反する犯罪が行われようとするに信じるに足りる理由がある場合には、それらの人を乗せた船及び船上の人をそれが出港した国(または第三

---

48) Pizor, "Sale v. Haitian Centers Council: The Return of Haitian Refugees," 17 *Fordham International Law Journal* (1993), pp. 1086-1087.
49) Executive Order, No.12807 (May 24, 1992), 57 Fd. Reg. 23, 133 (1992).
50) Presidential Proclamation No.4865 (29 Sept. 1981), 46 F. R. 48107.

国)に送還することができるとしていたことにあった。この措置は米国領海外においてのみとられ、また司法長官は、その完全な裁量 (unreviewable discretion) によって「難民と認める」者については、その同意なしには送還しないと決定することができるとする唯一の例外を認めていた (ただし司法長官はその後この権限を一切使わなかった)。すなわちこの宣言によって米国政府は米＝ハイチ協定の解釈を変更して、正規の書類をもたない外国人は、すでに米国に上陸もしくはその領域内に入域していない限り、すべて送還することを認めたのである[51]。

(ⅱ) 米国裁判所の判断

こうした経緯の中で、米国人権団体 Haitian Centers Council は、1992年に、NY 東地区地方裁判所に移民帰化局の Sale 代理局長を被告として、不法移民の選別の手続において十分な難民保護が行われていないことの違法性、および難民条約上の送還禁止原則を根拠に、不法移民のハイチへの追放 (repatriation) の一時停止を求めて、訴えを提起した。地方裁判所は、移民法第243条は国際水域にあるハイチ難民には適用がないこと、また難民条約および同議定書は自動執行性がないことを理由に請求を棄却した[52]。原告はこれを不服として第2巡回裁判所に控訴した。控訴審は地裁の判断を覆し[53]、同様の事例についての先行する判決[54]の存在は本件審理を妨げないとした上で、移民法第243(h)(1)条が米国内に居る外国人だけに適用されるわけではないこと (移民国籍法の1980年改正では「米国内に居る (within the US)」の語が削除されている)、また条約第33条1項の送還禁止原則は、その趣旨及び目的から見て、明らかに「その所

---

51) クリントン大統領も後にブッシュ政権の選択を継承したため、それは二年間効力を持つことになった。
52) *Haitian Centers Council v. McNary*, 789 F. Supp. 541 (1992).
53) *Haitian Centers Council v. McNary*, 969F. 2d, 1350 (CA2 1992). 同じ裁判所に Harold Koh が率いる Yale の学生が提起し、Simpson Thacher & Bartlett 法律事務所の Joe Tringali が公益目的 (de bono) で弁護した類似の事例 *Haitian Centers Council v. Sale* (Supreme 21 June1993, 823 F. Supp. 1028 (1993)) においては、逆の結論の判断が下されたが、この訴訟は後にクリントン政権と Yale Law School との交渉の結果、取り下げられている。なおこの訴訟の経緯については、Brandt Goldstein, *Storming the Court : How a Band of Yale Law Students Sued the President and Won*, (Scribner, 2005) 参照。
54) *Haitian Refugee Center v. Baker*, 953 F. 2d, 1498 (1992).

在場所を問わず、すべての難民 (all refugees, regardless of location)」をも含むことをその理由とした[55]。このように第 2 巡回裁判所の決定と 1992 年の第 11 巡回裁判所の決定[56]との間に重大な齟齬があることから、裁判所は、連邦最高裁判所への移送命令 (certiorari) を発したのである。

連邦最高裁判所は 1993 年の判決[57]により、公海上で航行を阻止された船上のすべての外国人は追放 (repatriate) するとした大統領の行政命令は有効であり、それは 1952 年の移民国籍法第 243 条 (h) によっても難民条約第 33 条によっても制限されないと判示した。最高裁多数意見は、難民条約第 33 条 1 項の送還禁止の規定は、難民をその生命または自由が脅威にさらされるおそれのある領域の国境へ「追放し又は送還してはならない」と規定しており、かつ送還の語にはわざわざ return ("refouler") として仏語が付加されており、仏語の概念ではそれは送還される者がすでに領域内にいること前提としていること、同条 2 項の規定によってもそのことが確認できることから、同条は域外適用を念頭に置いたものではなく、従ってその実施法としての移民国籍法が「米国内に居る」という語を削除したとしても、それゆえ「米国の領域外に居る」人に対して送還禁止原則を適用する趣旨の改正ではありえず、従って米国の領域外である公海上には送還禁止原則は及ばないとしたのである[58]。

1994 年 5 月 7 日、クリントン大統領は、周辺第三国と協定を結んで、公海上で航行を阻止されたハイチ不法移民すべてについてそれら第三国において米国が審査を実施する方式に転換した[59]。これは不法移民の中に混じっている

---

55) *Haitian Centers Council v. McNary*, 969 F. 2d, 1362.
56) *Haitian Refugee Center v. Baker*, US Court of Appeal, 11th Circuit, certiorari (denied), Feb.24, 1992, 112 S. Ct. 1245.
57) *Sale v. Haitian Centers Council*, Supreme Court, 509 US 155, June 21, 1993. 判決は賛成 8、反対 1 で採択され、Jan Paul Stevens 判事が多数意見を代表して判決を書き、Harry Blackmun の反対意見が付されている。反対意見は、移民国籍法の 1980 年改正の解釈という米国内法に固有の問題を除けば、送還禁止原則は領域とは無関係に適用されるとして、その域外適用を認めている。
58) 1951 年難民条約は WWII 後の陸続きの国境を持つ欧州の難民を対象として策定されており、送還禁止原則の域外適用ということは想定されていなかったが、1967 年の難民議定書では域外適用も一つの選択肢となっており、確かに公海にも適用されるかどうかは明白ではないが、その曖昧な点は人権法によって補足して解釈されるべきであるとする議論もある。すなわち、人権法によれば、国家は他国の人権侵害を助勢し及び幇助することを回避する義務 (obligation to avoid aiding and abetting human rights violations) があるとするものである。Pizor, *supra* note 48, pp. 1107-1114.
59) M. Wise, "Intercepting Migrants at Sea: Differing Views of the U. S. Court and the European Court of Human

可能性のある真正の難民の保護を確保する必要があると判断したためと思われる。

(2) Tampa 号事件（遭難救助とアフガン不法移民）

(i) 事件の経緯

2001 年 8 月 24 日、438 人のアフガン不法移民（女性 26 名、子供 43 名を含む）を乗せた木製漁船が、豪領クリスマス島[60]の北 140km のところで座礁し沈没した。当時、アフガニスタンからは大量の不法移民が、密航業者の仕立てた船や島嶼間フェリーでインド洋を渡って（その多くはインドネシア経由）クリスマス島に向かう事例が多発していた。本事例では、たまたま遭難発生地点の近くを航行中のコンテナ貨物船 Tampa 号（ノルウェー船籍）が、豪州政府の救難要請の無線を傍受し、航路を変更して遭難現場に急行した。豪州の沿岸監視の航空機がこれを誘導した。

8 月 26 日、Tampa 号は公海上で不法移民を同船上に救助したが、救助地点はインドネシアのメラク (Merak) 港から 12 時間、クリスマス島 (Christmas Island) からは 6〜7 時間の距離にあったが、クリスマス島には大型船舶が入港できる港はなかった。豪政府は「最も近い適切な港」(closest suitable port) のあるインドネシアに連絡を取り、インドネシア政府も、メラク港への入港を指示し、Tampa 号もこれに従った。ところが救助された不法移民の数人が Tampa 号の船橋で船長を脅して豪州への航行継続を要求したため、同船は再度クリスマス島に向けて航路を変更し、Tampa 号の船長は豪政府に対しクリスマス島領海への入域の

Rights," 21 *Willamette Journal of International Law and Dispute Resolution* (2013), pp. 19 *et seq.*, esp. at 32.

60) クリスマス島は豪州本土の北西海岸から 2000 km、インドネシアのジャカルタから南方 500 km にある。1997 年以前には、この地域で海上不法移民が増加したが、その多くはインドネシアを経由して豪州本土を目指すものであり、そのために多額の金銭を密航業者に支払っていたとされる。しかし 1997 年頃から、インドネシアにより近い豪州領の Ashmore Reef やクリスマス島をめざすようになる。当時、クリスマス島は豪州の immigration zone とされており、そこに到達すれば難民条約上の保護が与えられ豪州の移民法に基づく難民申請が可能であった。そこで豪州は 2000 年にインドネシアとの間で「地域協力モデル」(Regional Co-operation Model) を実施し、人身取引の防止と豪州へのインドネシアからの不法移民の流出阻止を目指した。これは後に Bali Process を経て国際難民機関 (IOM) により公式のものとされた。2001 年 9 月に至るまでにインドネシア当局は 1500 人の海上不法移民を捕らえたとされるが、それでも 2000 年から 2002 年の間に豪州へ 6000 人を超える人々が密航業者もしくは人身売買業者により連れ込まれたとされる。

許可を申請した。コンテナ船であるTampa号は定員最大50人程度であり、438人を乗せてインドネシアまで行く堪航性がないこと、予備の食料や水の不足、衛生状態の悪化、医薬品の不足、緊急時の救難艇や安全設備の用意もないというのがその理由であった。これに対して豪政府はTampa号のクリスマス島領海への入域を拒否した。豪政府の拒否の理由は、豪州＝インドネシア間の1990年協定によりクリスマス島周辺海域はインドネシアの海難救助の責任海域であり、またすでにインドネシアによる協力受諾があることにあった。

そこでTampa号の船長はインドネシアに向けて航路の変更を試みたが、それに気づいた不法移民が船上で暴動を起こすとか、船員に危害加えるとか、自殺するなどとして脅したため、再びクリスマス島に航路を変更した。同船がクリスマス島沖13.5カイリに到着した後、同船が豪海域への立入を求めたが、豪政府は港湾閉鎖措置を取り、すべての船舶のFlying Fish Coveへの出入りを禁止した。

8月29日、船内の不法移民の健康状態の悪化を理由に、Tampa号の船長は、不法移民および船員の安全のために緊急状態を宣言し、領海内に侵入してクリスマス島から4カイリのところまで近づいて投錨した。Tampa号の船長は、不法移民を乗せたままでは豪領海を出ることはないと言明した。これに対して豪政府は、同船のそれ以上の接近を阻止するために、豪軍特殊武装部隊Special Armed Services (SAS) を派遣してTampa号に乗船 (boarding) して運航を支配して陸土にそれ以上接近することを規制するとともに、医療班が船内状況を調査、また食糧・衣料品などの物資を補給した。同時に、Tampa号と豪救援団体との一切の交信を遮断し、また豪救援団体が借上げた船舶がTampa号に接近することも禁止した[61]。

---

61) こうした豪軍隊の実効支配が人権法に違反する身柄拘束 (detention) に該当するかどうかは微妙であろう。後に述べる最初の豪裁判所の判決を書いたNorth単独裁判官は、軍の行動はあらゆる側面で遭難者の運命を左右することを受け入れたものであり、それゆえ救済を求める機会を与えない身柄拘束を違法なものとしたが、控訴審裁判所はこの措置は不法移民が行く権利をもたない豪領土に上陸することを防止し、かつ、船舶の安全を確保する目的のために必要な措置に付随する適正な国家の行動であり違法な身柄拘束にはあたらないとした。国際人権規約（自由権規約）第9条4項の文言を厳格に読めば、人権法上合法と判断することは難しい。船舶内の状況は水・食料・医薬の提供を必要としており、軍が乗り込まずに単に航行を阻止するだけでは済まないものであったからである。なお W. Kirtley, "The Tampa Incident: The Legality of Ruddock v. Vadarlis Under

豪州政府の一連の措置に対して、Tampa 号の旗国であるノルウェー政府が抗議し、在豪ノルウェー大使が Tampa 号に乗船して不法移民の手紙を受け取った。豪政府はインドネシアに不法移民の受け入れを要請するが、インドネシア政府はこれを拒否した。なおノルウェーも受け入れを拒否するとともに、豪政府の国際義務違反を主張して UN, UNHCR, IMO に通報した。

　8月29日、豪政府が提出した国境保護法案 (Border Protection Bill) は下院を通過したが、この法案は、豪州はその主権に基づき豪領域に誰を受入れ居住させるかを決定する裁量を持つとしたうえで、とくにその領域からの船舶の排除 (第2条)、合理的な強制措置 (第3条)、船舶から脱出した人の船舶への強制的送還 (第6条)、以上における豪政府及び政府要員に対する民刑事手続の不適用 (第7条)、すべての裁判所での救済手続の不適用 (第8条)、難民申請手続の不適用 (第9条) などを定めていた。またそれは本件への遡及適用を可能とするものであった。もっともこの法案は上院で拒否され、成立しなかった。そこで、豪政府はクリスマス島を含む多くの沿岸にある諸島を migration zone から除外し、不法移民は豪本土に到達しない限り難民申請できないこととした。政権政党である労働党も密航業者を引きつける (magnet for people smugglers) 遠隔諸島を migration zone から除外することに同意し、多くの国民もまた9・11後の世界情勢の中でこの措置を支持した。

　その後、豪政府はニュージーランド (以後、NZ) 及び元豪保護領である Nauru と協議して、不法移民を両国に移送することが合意された ("Pacific Solution" といわれる)[62]。この合意には、Nauru に対して豪政府が1000万米ドル (Nauru の GDP の20％に相当) を支払うことが約束されていた。これを受けて、9月3日、豪政府は Tampa 号に軍艦 Manoora 号 (この船は十分な医療設備や居住設備を装備) を派遣し不法移民をこれに収容した。なお、この間、不法移民に通じる言語に

International Law and Implications of Australia's New Asylum Policy," 41 *Columbia Journal of Transnational Law*, (2002-2003), pp251 *et seq.*, esp. at 270-272、参照。

62) 浅川晃広「オーストラリアの移民政策と不法入国者問題」『外務省調査月報』2003年第1号、1-32頁、とくに19-26頁。なお、豪州政府は9月1日に、Nauru および NZ との協定の内容に関する声明を出したが、それによれば NZ は女性子供を含む家族集団を含む150人について難民審査を引き受け、難民と認定された者は在留を認められ、また Nauru で難民審査を受ける他の者は、難民と認められればオーストラリアまたは問題解決に協力する他の国へ行くことが認められることとされた。

よる合意内容の説明はなされず、また移送先についての意思確認もなされなかった。また豪人権団体の弁護士との接触も禁止された。この時点で人権団体が後に述べる訴訟を豪国内裁判所に提起していたため、豪政府は次のことを保障した。不法移民は豪裁判所での手続終了まではManoora号を下船させられたり移送されたりしないこと、ただし他の国に行く合意ができた不法移民は船を離れることが認められること、裁判所で豪政府が敗訴して不法移民の引取を命令した場合には、豪政府は裁判所の命令に従うこと等である。この合意に基づいて、NZは自ら選別した150人の難民審査を引受け、それ以外の者は、Nauruに送られることとなった。

　豪政府はまた、2001年10月11日、Papua New Guinea（PNG）との間の了解覚書により、PNGに一時収容のための施設を建設すること、PNGは最長で6ヶ月間、不法移民を受け入れることに合意した。Manoora号はPNGのMoresby港に向け出発、豪州裁判所での手続が終結した後に、PNGからNZおよびNauruに空路で向かうこととされた。NZは全員の在留を認めたが、Nauruでは3年の一時ビザが与えられたものの、Nauru政府は何時でも出身国へ送還する権限を留保した。2004年5月23日、豪政府はNauruにいる不法移民のうち難民と認定された殆どの者に豪州本土での居住を認めた。

(ⅱ) 豪裁判所の判断

　こうした事件の経緯と並行して、8月31日、人権保護団体Victorian Council for Civil Liberties（VCCL）及び代理人Vadarlisが、豪州連邦裁判所に、不法移民の船上での抑留を解く差止請求（injunction）と裁判所への身柄引渡しの請求、不法移民をmigration zoneに引致する職務執行令状の発付、保護ビザ（protection visas）の発給、中間的措置として拘束を解くことを求める人身保護令状の発布などを求めて、訴訟を提起した。

　9月11日、連邦裁判所の予審を担当した単独裁判官North判事は、豪州領海からの非居住者（non-residents）の追放は国王大権の有効な行使とはいえず、そもそもこうした国王大権が歴史的にあったといえるかに疑問があるが、もしそうであっても移民法（Migration Act, 1958）の制定によって既にそうした大権はなくなっており、それゆえ本件において不法移民は法的権限なしに拘束され

追放されたとして、原告の請求を認めて不法移民を豪州本土に上陸させる命令を出した[63]。

　これに対して、政府側の上訴を受けた連邦控訴審裁判所は、9月18日に、政府の主張を認める判断を下した[64]。全員法廷の多数意見を代表してFrench裁判官は、Tampa号上での不法移民の抑留を政府の正当な権限の行使であると述べた。French裁判官によれば、不法移民の拘束及び追放は主権国家の主要な権限である。すなわち何人の豪州への入国を認めるかは主権に属する権限であり、憲法も制定法もこの権限を政府から奪うことはできない。その意味で大権事項は存在し、それには身体の拘束も含まれ、制定法とともに運用される。政府の行政権 (executive power) のあるものは国王の大権から派生するが、それはまた憲法によって与えられた権限である。制定法によって修正されていないのであれば、憲法（第61条）は、外国人 (non-citizen) が豪州に入ってくるのを排除し、防止し、そのために必要な措置をとることを政府に認めている。移民法 (Migration Act) には、憲法に由来するこの権限を制限する明示的な文言がないだけでなく、むしろこの権限を付与している。多数意見は不法移民が難民資格を有する者であるかどうかを決定する必要はないとしている。

　反対意見を述べたBlack判事は、本件における権限行使はそれが大権の行使であるとしても有効とは言えないとする。すなわち、国王大権の考え方は現代の憲法原理と両立せず、また1771年以後適用されたことはないからその存在自体が疑わしいが、たとえ一定の状況においては大権の考え方がなお必要である場合としても、裁判官は移民法によってそれがいかなる範囲でどう置き換えられているかを検討すべきである。移民法の正式の法令名は"The Entry into and Presence in, Australia of Aliens, and Departure or Deportation from Australia of Aliens"であり、国境保護修正法 (Border Protection Amendment Act, 1999) は豪州の領海国境にも適用がある。議会は、外国人の排除、入域、追放について、議会によって与えられた権限以外の行政権限を排除することを意図したと結論すべきであり、それゆえ本件権限行使は大権の有効な行使とは言えない。

---

63) *Vadarlis v. Ruddock* (Sept. 11, 2001) 110 F.C.R. 452, 1297 FC.A (Austl. Vict. Dist.) at http://www.fedcourt.gov.au/judgments/judgmts.html.
64) *Ruddock v. Vadarlis* (Sept. 18, 2001) 110 F.C.R. 491, 183 A.L.R. 1, 23.

この訴訟と並行して、2001年9月、豪州は移民法を改正して[65]、4000に及ぶ豪遠隔島嶼を migration zone から除外して excised zone し、そこに到達した不法移民については移民法の保護を否定して、移民大臣が個人的に (personally) 許可を与えない限り、政府の措置に異議を申し立てる訴訟の提起や保護ビザの発給申請を認めないこととした。また国境保護権限を強化して、豪州領域に許可なく立ち入ろうとする不法移民を乗せた船舶に介入し、航路を変更させ、臨検もしくは拘束することを認めた。こうした措置の結果、2002年には海上不法移民は激減したが、その後もなお、遭難して溺死する海の悲劇は散発的に続いた。豪州の措置はインドネシアを経由して豪州領域に接到する不法移民 (secondary movement) を最初に到達した国 (first asylum) であるインドネシアに押し戻す (push back) ことを目的とするものであり、迫害の待ち受ける本国への送還ではないとしていた。しかしインドネシアが難民条約の締約国ではなく、またインドネシアの国内状況から見て送還禁止原則に基づく義務の実施も覚束なかったため、これを間接的な refoulement に該るとする批判も多かった[66]。その後、実際にはクリスマス島に一時収容施設が作られて、移民大臣の個人的許可に基づく移民審査 (offshore processing) が行われるようになっている[67]。

(3) Hirsi 事件（リビア不法移民）

(i) 事件の経緯

この事件は2009年に地中海公海上で不法移民のボートを発見したイタリア

---

65) Migration Amendment (Excision from Migration Zone) Act 2001 (https://www.legislation.gov.au/Details/C2004A00887), Migration Amendment (Excision from Migration Zone) (Consequential Provisions) Act 2001 (https://www.legislation.gov.au/Details/C2004A00888).

66) 豪政府 Ruddock は、豪政府の対応は迫害が行われている国から直接逃げてきた人と一旦安全が確保された国を経由して豪州に到達した人とを区別する必要に根差していると説明していた。これに対して、難民条約第31条は、迫害のある国から直接に来た者 (coming directly from) について規定しているように見えるが、その規定の趣旨は、一定の難民が保護を求めることを阻止する実行を締約国が回避する義務、あるいは合法か違法かを問わずすべての難民を同様に扱う義務を定める点にあるとする説もある。E. Peyser, "'Pacific Solution'? The Sinking Right to Seek Asylum in Australia," 11 *Pacific Rim L. & Pol'y J.* (2002), pp. 431 *et seq.*, 440, 同旨、Khan, *supra* note 40, p. 16-17、参照。

67) S. Kneebone, "Controlling Migration by Sea: The Australian Case," in B. Ryan & V. Mitsilegas (eds.), *Extraterritorial Immigration Control: Legal Challenges* (M. Nijhoff, 2010), esp. pp. 362-372.

巡視艇がこれを救助した後、イタリア軍艦に移乗させ、同軍艦がリビア＝イタリア間の違法移民に関する協定に従って、これをリビアに送還した (push back operation) ことから生じた。Hirsi の代理人によって欧州人権裁判所に付託され、同裁判所はイタリアの条約違反を認定した[68]。

リビアなど北アフリカ諸国を経て地中海を渡りヨーロッパに逃れようとする不正規移民 (irregular migrants) は、現在においても多く発生しているが、その多くは経済的困窮や国内の混乱や戦争によって国が崩壊し、安全な生活や生命の危険の回避のために、粗末な船やゴムボートに乗って困難で危険な航海の後にヨーロッパの海岸にたどり着く人々である。もちろんビザその他の文書は携行していない (undocumented)。ヨーロッパの側では、これらの不法移民を辿りついた海岸に留めおき、それらの者を経由地国あるいは本国に送還する戦略をとっていた。そのために二国間の条約なども結ばれている[69]。地中海においてこうした流れに先鞭をつける形で、イタリアとリビアは 2007 年 12 月に二国間の協力協定を結び、リビアがイタリア当局の不法移民に対する戦いに協力する見返りに、イタリアはリビアのインフラ整備や要員訓練、財政援助を行うことが合意された。イタリア艦船による不法移民を乗せた船の取締は、国境監視のための措置でもあり、遭難救助の措置でもあるが、いずれにしてもこの協力協定に基づいて公海上でリビアから来た船の航行を阻止し、経由地であるリビアに押し戻す (push-back) ことが、二国間の協定により認め

---

68) ECtHR *(Hirsi Jamaa and others v. Italy)*, Application no. 27765/09 (23 February 2012).
69) イタリアは 1997 年にアルバニアとの間で乗船協定の締結交渉を開始したが、1997 年のアルバニア政府の崩壊とともに 70 カイリのアドリア海を渡ってイタリア本土に向かう不法移民が急増したため、1997 年 3 月 25 日、両国の間の交換書簡により乗船協定が発効し、1997 年 4 月 2 日には実施議定書によって補足されている。ただしこの協定は 30 日間の時限的なものであった。この協定ではアルバニア官憲が 2 隻のイタリア軍艦に乗り組むことにより、国際水域及びアルバニア領海内でのアルバニア船の航行を阻止することを可能にするとともに、イタリア軍が乗船者の国籍、出港地、目的地などの情報を要求すること、それら情報を確認するために乗船して検査すること、船員が情報提供を拒否しあるいは不法移民が発見された場合には、当該船舶をアルバニアの港に戻すことを認めていた。また実際には、乗船が拒否されたりアルバニア港への帰還が拒否されたりした場合には、イタリア軍は当該アルバニア船をイタリア領海にエスコートし、不法移民を勾留、逮捕および追放する予定であった。後述する Xhavara 事件はこの枠組みの中で生じた事例である。なお、D. Guilfoyle, *Shipping Interdiction and the Law of the Sea* (Cambridge University Press, 2009), pp. 209-212.

第5章　海洋と人権　153

られていた[70]。

　本件の具体的事実関係は以下の通りである。すなわち 2009 年 5 月 6 日、200 人余りの不法移民を乗せた 3 隻のボートがリビアからイタリアに向けて地中海を航行中に、マルタの SAR 区域内において、イタリア沿岸警備隊の巡視艇がそれらボートの一隻をインターセプトし、その後イタリア軍艦に引き渡しがなされ、同軍艦は不法移民を収容したまま 10 時間後にトリポリ港でリビア当局に引き渡された。この航行阻止およびリビアへ強制的送還に際しては、難民審査はいうに及ばず、不法移民個々人に対する面談措置などの何らの手続もとられなかった。

(ⅱ) 欧州人権裁判所の判断

　3 週間後に、リビアに引き渡された人々の内、ソマリア人 11 名とエリトリア人 13 名が欧州人権裁判所 (ECtHR) に、イタリアの人権条約違反を理由に訴えを提起した。2012 年 2 月 23 日、ECtHR の Grand Chamber は、全員一致の評決により、この措置が人間の品位を貶める取り扱い (degrading treatment) の禁止、とくに経由国であるリビアでの条約違反の処遇 (ill-treatment) の危険およびリビアからさらに劣悪な環境にあるそれら不法移民の本国への退去の危険を無視した措置であり人権条約第 3 条違反となること、集団的な追放の禁止 (追加第 4 議定書の第 4 条) への違反を構成すること、人権条約違反の申立における国内救済の機会を与える義務 (人権条約第 13 条) に違反したことを認定した。

　この訴訟でイタリア政府は訴訟の受理可能性を争って次のような主張を展開した。まず国内救済の義務は別としても、原告が署名した代理人への権限付与に形式的な不備がある[71]ことを主張した。同時に、本件での救難は公海

---

70) リビア領海についてもそれ以前から共同パトロールを実施することが合意されていたが、2008 年 8 月 30 日に署名されたより包括的な友好連携協力条約において 2007 年の協力協定を含めて先行する合意を実効的に実施することが合意されている。また 2009 年 2 月には 2007 年協定の追加議定書が結ばれている。なお N. Ronzitti, "The Treaty on Friendship, Partnership and Cooperation between Italy and Libya: New Prospect for Cooperation in the Mediterranean ?," 1 *Bulletin of Italian Politics*, no.1(2009), pp. 125-133、参照。
71) 本件に先立つ同様の事例では、イタリア最南端の Lampedusa 島に上陸した 84 人の不法移民について、その本人証明および署名がいずれも同一人のものであることが判明し、ECtHR は訴訟を却下していた (*Hussun and Others v. Italy*, ECtHR, No. 10171/05, 10601/05)。

上における遭難者に対するものとして行われており、したがってイタリアの管轄外の問題であるとも主張した[72)]。

これに対して裁判所は、本件では確かに原告はイタリアの陸地 (soil) に到達していないが、イタリアの軍艦に引き渡されており、それゆえイタリア当局の継続的かつ排他的な法的かつ事実上の支配 (continuous and exclusive *de jure* and *de facto* control) の下に完全に置かれており[73)]、人権条約の域外適用の最近の判例法に照らしても[74)]、人権条約が適用されるとした。この結論を導くに際して、原告がイタリア国内法上、イタリア船舶上を国内と規定していることを根拠に挙げているが、人権裁判所は、軍艦がボートを単にトリポリまでエスコートした場合でも同じであろうとしたところから見て、軍艦を浮かぶ領土と擬制することによって人権条約の適用の根拠としたわけではない。

本案の第3条違反について、イタリアはリビアにおける ill-treatment の危険が十分に証明されていないし、リビアは ICCPR や拷問禁止条約の締約国であること、イタリア＝リビア協力協定において「国連憲章および世界人権宣言の諸原則を遵守する」ことを明確に約束していることを主張した。裁判所はこれに対して、リビアに送還された人々のその後についての詳細に立ち入ることなく、単に「国内法の存在や国際条約の批准という事実だけで、ill-treatment の危険がないという保証にはならない」とした。これはすでに、原告のうち6名を除いて訴訟代理人との連絡がとれなくなっており、正確な個別の情報が提供される可能性がなかったことを配慮して、原告の立証責任を緩和したものといえる[75)]。

イタリアはまた、原告らが軍艦上で避難民としての国際保護を求めなかったと主張したが、裁判所はこれも関連性を欠くとし、「人権が組織的に (systematically) に侵害されている状況に直面する国家当局は……原告らが送還された場合にいかなる取り扱いに遭遇するかを検討する義務がある。」とした。つまり正式な保護の要請があってはじめて送還禁止 (non-refoulement) 原則上の

---

72) ECtHR (*Hirsi Jamaa and others v. Italy*), para. 65.
73) *Ibid*, para. 81.
74) ECtHR のバンコビッチ事件などの先例について、後述、注 (76)、参照。
75) M. Dembour, "Interception-at-Sea: Ilegal as Currently Procticed ― Hirsi and Others v. Italy," Strasbourg Observers, 29 June 2016, para. 8 (https://strasbourgobservers.com/2012/03/01/interception-at-sea-illegal-as-currently-practiced-hirsi-and-others-v-italy/)

義務が生じるわけではなく、ill-treatment の危険が十分に現実性を持ちかつ蓋然性 (sufficiently real and probable) があり[76]、その現実の危険を当局が了知しているのであれば、原告である不法移民が迫害を受ける危険を取締当局に対して告知 (notify) しなかったとしても、強制的な送還措置は第 3 条違反となるとしている。すなわち第 3 条の適用上、拷問や非人道的な扱いもしくは品位を傷つける取り扱いもしくは刑罰を受ける危険は、個々人にとっての危険である必要はないと言っているようにすら読めるのである[77]。

　さらに裁判所は、不法移民が出発した本国であるソマリアまたはエリトリアへの恣意的な国外追放に関して、本件において原告がこれらの国に現実に追放されたかどうかは無関係であるとした。問題は、リビアが不法移民を第 3 条違反の状態があると主張されるようなその本国に恣意的に追放しないという十分な保証があるかどうかを確認することが裁判所の役割であるとした上で、リビアが欧州人権条約や難民条約の締約国でないこと、難民の審査・保護の手続を整備していないこと、トリポリにある UNHCR の事務所への非協力的姿勢などから、リビアが本件不法移民を恣意的に追放しないことについての保証を合理的に期待できないとして、イタリアの責任を認定したのである。

　外国人の集合的な追放の禁止 (collective expulsion) に関する第 4 議定書の第 4 条の違反については、イタリア軍艦上で、本人証明その他の個人の事情を聴取する措置を一切取っていなかったため、詳細には議論されなかった。原告が主張したような、イタリアに連れて行くというイタリア軍の言葉に騙されてイタリア軍艦に乗ったという主張についても判断しなかった。

　第 13 条違反については、イタリア政府は「本件はイタリア船上で生じており、原告らに国内裁判所を利用する (access) 権利を保証することは不可能であった」と主張し、そうした裁判はリビアにおいても可能であると主張した。難民該当者や単なる不法移民労働者も混ざっている (mixed flow) かもしれないが、裁判所は難民審査をリビアに期待するのは現実的でないとした。もっともこの裁判の時点で、24 人の原告のうち 15 人はトリポリの UNHCR 事務所で難民性が認められていた。

---

76) *Supra* note 72, para. 136.
77) Dembour, *supra* note 75, para. 9.

なお公海上における国境管理措置により拘束された不法移民の場合における送還禁止原則の適用については、陸上国境における避難民への同原則の適用ほどには決定的でない (less conclusive) としながらも、本件直前に発生した Xhavara 事件[78]において、アルバニアとイタリアの間の 1997 年の協定によりイタリア海軍が公海上でアルバニア船を臨検捜索することが認められていたことは、その活動中に身柄を拘束した者について送還禁止原則の適用を含む人権保護についてのイタリアの責任を排除するものではないとしていたことを受けて、本件において裁判所は、締約国の本土から遠く離れた公海上にも送還禁止原則の適用を拡大したともいえる。判決をそのように読んだ上で、イタリア軍艦上に救助することにより不法移民を事実上その支配下 (control) に置いた以上、これらの者の保護資格を審査するために救助船舶の本土に連れ帰る義務があると主張するものもいるが[79]、そこまでいえるかは必ずしも自明ではない。そうした国際慣行があるとは言えないばかりか、公海上において大挙して押し寄せてくる不法移民について難民資格を有するかどうかの選別審査を船上で行うことは実際上不可能であるから、もし審査をしなければならいとすれば救助した遭難者をすべて艦船の本国に連れ帰る必要が生じる。その結果、海上不法難民が遭難の危機にあっても見て見ぬふりをし、あるいは救助する緊急性がないという判断をして、遭難者を船上に収容しないという事態も生じかねないことになる。実際、Hirsi 事件以後、地中海において不法移民を乗せた船の沈没により多数の死者が発生するようになったとも言われる時期があった。

集団的追放 (collective expulsion) の禁止については[80]、追放は国境の外に排除されることであり、従って一般には外国人が領域内にいること又は不法に国境を越えていることを前提とするはずであるが、Hirsi 事件では、原告側がイタ

---

78) *Xhavara and others v. Italy and Albania*, App. Np. 39473/98, Admissibility Decision, ECtHR, 11 Jan. 2001). この事件は、アルバニア移民の乗っていた船が国境監視活動中のイタリア軍艦と衝突して沈没した事件であるが、アルバニア人がそうしたイタリアの保護義務違反について国内救済を申し立てていなかったため、その受理可能性が否定されている。

79) M. Giuffre, "Watered-Down Rights on the High Seas: Hirsi Jamaar and Others v. Italy (2010)," 61 *ICLQ*, (2012), pp. 728 *et seq*., p. 734.

80) ヨーロッパ人権条約第四議定書 (Protocol No.4)) は、「外国人の集団的追放は禁止される (Collective expulsion of aliens is prohibited.)」(第 4 条) と規定しているが、同議定書は基本的に締約国によって宣言される「領域」(territory) に適用されるものとして規定されている (第 5 条)。

リア法によればイタリア船上はイタリア領域（浮かぶ領土）であるとされていることを根拠として集団的追放の違法を主張していた。集団的追放について欧州人権裁判所は、Conka 事件[81]において、「集団をなす個々の外国人の特定の事情の合理的かつ客観的な審査に基づいて (on the basis of a reasonable and objective examination of the particular case of each individual alien of the group) とられる措置である場合を除き、集団としての外国人を国家から強制的に退去させるすべての措置 (any measure compelling aliens, as a group, to leave a country)」と定義していた。つまり集団的追放に当たるかどうかは合理的かつ客観的な審査がなされたかどうかという手続的基準によって判断され、その審査は各個人についてすべての関連事実を個別に (case by case) 審査することが必要であるとしているのである[82]。Hirsi 事件においては、裁判所はこの点には深く立ち入っていないが、大量の不法移民についてこうした個別審査を公海上の軍艦において実施することを求めることは実際的ではない。そうであるとすれば、選択肢はすべての者を軍艦の本国に連れ帰るか、または不法移民を乗せた船が出発した国に戻す (push back) かのいずれしかないことになる。大量の不法移民の中には難民資格を有する者が含まれている可能性がある (mixed flow) ことを重視すれば、選択肢は本国に連れ帰る以外にはないことになる。そうなれば本国で審査のための収容などに問題を抱える国は、場合によっては、不法移民を海上に放置する選択をすることにもなりかねず、これでは本末転倒となる。

(4) 総括的考察

以上の事例にみられるように、一般の海難における捜索救助の場合と大量の不法難民の遭難救助の場合とでは人権法・人道法との関係で相当に異なった問題が発生する。前者の場合には、遭難者の生命の安全が優先的に考慮さ

---

81) *Conka v. Belgium*, ECtHR, Application no. 51564, 5 Feb. 2002, 34 *EHRR* 54, para. 5. この事件は、スロバキアの少数民族ロマに属する家族がベルギーに逃れて難民申請をしたが、弁護人を付けることもなく十分な審査のないまま、他の 70 人のロマ人とともにスロバキアに追放された事件である。裁判所は「集団に属する人々の個々的な事情について reasonable かつ objective な審査がなされていない」と判断した (para. 56)。

82) Giuffre, *supra* note 79, p. 738.

れる点で緊急の状態における人道的配慮が行われるが[83]、ひとたび救助がなされた後は、救助船舶に安全な場所への遭難者の輸送の義務はあるものの、どこに上陸させるかについてははっきりとした決まりはない。SAR 区域を管轄する沿岸国は上陸場所を調整する一時的責任を負うが、当然に自国に上陸させる義務があるわけではない。いずれの国も上陸させることを望まない場合には、最終的には遭難船舶が出発した港湾国がその責任を負うであろう。また救助船舶及びその旗国も、救助船舶を速やかに本来の航程に戻すことを要求し、可能であればその航程上の次の立寄り港まで遭難者を乗せたまま航行を続けることもありうる。緊急時における人道の要請を付近を航行する航行船舶が積極的に果たすことを確保するためには、船舶の側の便宜を考慮する必要もある。その意味で、救助が終了して生命への危険がなくなった後には、遭難者の扱いは国家管轄権の国家間での相互調整という国際法の本来の規律のあり方に戻ることになる。

　これに対して、不法移民の場合、遭難はある意味では自招の危難であり、救難者自らに「重大な危険を及ぼさない限度」において生じる救助義務（UNCLOS 第 98 条）が多少は緩和されるとしても、生命の危険に陥っている遭難者を救助することは人道上の当然の要請である。人道法・人権法の要請は人がどこに所在しているかとは関なく尊重されなければならないからである。ただし、国際人権諸条約においても、それが国家間の合意として締結される国際法である限りにおいて、人権法の実施義務を負う国がどこかを領域を基礎として確定しなければならなかった。この点で、欧州人権条約と国際人権規約とは規定の仕方に違いがあったが[84]、人権保護に関する国際的規範意識の

---

83) 遭難救助については、先に見たように、援助措置は援助する船舶、乗組員、旅客に重大な危険を及ぼさない限度、合理的に期待される限度において求められるにとどまる。また多数の不法移民を救助して一旦は生命の危険が遠のいた場合でも、当該船舶に水・食料・医療の十分な備えがない場合や当該船舶そのものの堪航性が失われる危険があるような場合、その上天候の急変などの事態が生じたといったような場合には、二次的な遭難の危険も生じ、不法移民が当座の生命の危険を脱出したことで、すべての救難措置が終了したと判断できるわけでもない。この点は Tampa 号事件でも問題となった。

84) 欧州人権条約ではその保護の範囲について「その管轄内にあるすべての者 (everyone within their jurisdiction)」（第 1 条）と規定しているのに対して、国際人権規約（自由権規約）では締約国の実施義務を「「その領域内にあり、かつ、その管轄の下にあるすべての個人 (all individuals within its

発展とともに、保護されるべき人について現にそれに権力あるいは「実効的支配」を及ぼしている国がどこかに重点を移してきた。国家が国境を越えて権力

territory and subject to its jurisdiction)」(自由権規約第 2 条 1 項) と規定していた。現在では自由権規約の「かつ」を「または」(or) と読み替えて、欧州人権条約に倣って解釈することが有力になっている。自由権規約ももともとは欧州人権規約と同様の規定であったが、「領域内 (within its territory)」の語の挿入したのはアメリカ提案によるものであり、それは WWII 後の占領地が徐々に米国の手を離れ自立していく過程で、人権保護に欠ける地域的権力に代わって米国がそれら地域住民の人権保護の責任を負うことを回避するためであったといわれる。こうした時代状況から離れてみれば、「かつ」という文言は、通常は領域内にいる個人の人権保護は領域国が負う (within its territory and subject to its jurisdiction) が、領域国の一部が外国の占領下 (もしくは国際組織の管理下) にあるとき (within its territory, but not subject to its jurisdiction) はそれらの地域における領域国の人権保護義務の実施は期待できないことに由来すると思われる。逆にみれば、その場合にはそれら地域を現に支配している外国が人権保護義務を負うことになるから、その外国は自国領域外で自国の事実上の管轄下にある (subject to its jurisdiction, but not within its territory) 個人について人権規約上の義務を実施する責任を負うとしないと人権保護の空白が生じてしまうことになる。自由権規約の趣旨及び目的から見て、それがこの空白を放置したとは考えられない。そこに用語の自然の意味とは別に、「領域内」と「管轄下」とを接合しないで (disjunctive) 解釈する必要が生じる。そのことは自由権規約の「その管轄下」という文言の解釈を国家の実効的支配 (effective control) と同義とすることに繋がる。実際、規約人権委員会は一般的意見31 (規約締約国に課される一般的法的義務の性質) において、人権保護義務の対世性 (*erga omnes* obligation) を根拠に、第 2 条 1 項について「締約国の領域内もいない場合でも、当該締約国の権力または実効的支配内にあるすべての者 (anyone within the power or effective control of that State Party, even if not situated within the territory of the State Party)」に対し、規約上の権利を尊重しかつ確保するとしている (HRC, General Comment 31, para. 10, CCPR/C/21/Rev.1/Add. 1326 May 2004)。なお、D. McGoldrick, "Extraterritorial Application of the International Convention on Civil and Political Rights," in F. Coomans & M. Kamminga, *Extraterritorial Application of Human Rights Treaties* (Intersentia, 2004), p. 41 et. seq., esp. pp. 47-66, 参照。ただし欧州人権裁判所は実効的支配を更に拡張的に解釈する傾向があるように見える (こうした傾向への批判としては、たとえば、S. Miller, "Revisiting Extraterritorial Jurisdiction: A Territorial Justification for Extraterritorial Jurisdiction under the European Convention," 20 *EJIL*, no. 4, (2009), p. 1223-1246, 参照) が、いかなる場合に実効支配が及んでいると解するかについては先例に一貫性があるとは必ずしも言えない。たとえばバンコビッチ事件 (*Bankovic et al v. Belgium*, ECtHR, Application no. 52207/99, Admissibility Decision, 12 Dec. 2001) においては、裁判所は、「締約国による域外管轄権の行使と認められる場合は例外的である」と述べて (para. 71)、軍事占領や領域国の同意・黙認などによる軍隊の他国領域での展開により、一定の領域又は外国住民に対して実効支配を及ぼしている場合や、外交・領事機関の活動や旗国船舶上の活動を、明確に規定されかつ承認された例として掲げた上で、爆撃により住民が爆撃国の管轄内に入ったとする原告側の主張を否定して、本件はそうした例外的な場合に当らないと判断している (para. 74-82)。なお拙稿「管轄の属性と地域性」『ヨーロッパ人権裁判所の判例』(2008 年) 84-89 頁、および B. Lawson, "Life after Bankovic: Extraterritorial Application of the European Convention on Human Rights," in *ibid*, pp. 83 *et seq.*, B. Van Schaack, "The United States' Position on the Extraterritorial Application of Human Rights Obligations: Now is the Time for Change", 90 *Int'l L Stud.* 20 (2014), pp. 40-48.

を行使する機会が増大するとともに、人権保護に関しては国家領域の意義が薄れ、人権法・人権条約の域外適用が問題とされるようになる[85]。

　上で検討した3つの事例は、公海上の不法移民についての措置における国家当局が抱えるジレンマを示している。Sale 事件と Hirsi 事件では救助船舶が軍艦または公船であり、いずれにおいても公海上での私船の臨検についてはそれら私船の本国の合意の上で取られた措置である。Tampa 号事件では、救助船舶は私船である。私船の場合は、本来、旗国が事案の処理の主要な責任を負うが、豪政府が SAS を派遣して同船が領海内に立ち入らないように同船を実効支配下に置いた。いずれの場合においても、遭難救助そのものが問題なのではなく、その後の手続における人権保護、とりわけ難民審査の手続の保証と送還禁止原則の適用が問題となる事例である。ハイチ難民については、当初、米国は不法移民が米国内に到達しないよう公海上でハイチ船の航行を阻止して、船上で面談調査を行い、後に不法移民が増大するとともに、グァンタナモ基地の収容施設[86]に不法移民を拘束して面談調査を行い、asylum-seeker の選別 (screening) をし、screen-in された者は本土に連れ帰って正規の難民審査手続をとることとした。その後さらに不法移民の急増とともに、海上で阻止した不法移民をすべて本国に追放する措置を取るようになるが、Sale 事件では、公海上の不法移民には難民条約の適用がないとして、すべての不法移民をハイチに送還したことは法に違反しないとされた。軍事クーデタ後のハイチでは殺害・拷問・恣意的拘束・暴行・財産の破壊などが横行していたとされるが、送還禁止原則の適用は顧慮する余地がなかった。もっとも不法移民の中にも、ハイチ政府の手によって監獄から解放された犯罪者や精神病者、HIV 患者も少なからず含まれていたとされる。Hirsi 事件でも、イタリアとリビアの協定により、公海上の不法移民をイタリア側が海上で臨検することをリビアが認め、リビア船に乗っていた不法移民を出発国であるリビアに送還すること (push-back) が合意されていた。欧州人権裁判所は、不法移民が

---

85) 米国は人権法(自由権規約)の域外適用に否定的な態度を公式には維持しているが、規約人権委員会への報告において変化の兆しを事実上は見せていることについて、B. Van Schaack, *ibid.*, esp. pp. 53-61, 参照。

86) この施設は「人道的施設 (humanitarian camp)」と政府は呼んでいたが、人権団体はこれに収容された人々の公衆衛生リスクを指摘して、これを HIV prison camp と呼んでいた。

第 5 章　海洋と人権　161

イタリア本土に到達していないとしても、彼らは軍艦上でイタリア当局の継続的かつ排他的な事実上の支配の下に完全に置かれていたとして欧州人権条約の適用があるとしたのである。また送還禁止原則の適用においては、リビア船が出発した国内の人権状況や不法移民の本国(ソマリアやエリトリア)における事情も考慮して、不法移民について個別に審査する手続を実施することを求めたのである。Hirsi 事件そのものは一事例に過ぎないが、当時(そして現在も)大量の不法移民が地中海を渡ってヨーロッパに押し寄せていた。EU の欧州対外国境管理協力機関(FRONTEX)は、Lampedusa 島の一時収容施設を整備して難民審査の手続を行うように改善したが、大量の不法移民の前には不十分であり、イタリア当局は EU 諸国に審査の分担を求めるとともに、海上で不法移民を発見しても見てみないふりをすることもあるという[87]。

　Sale 事件の場合も Hirsi 事件の場合も、不法移民が乗っていた船は、そのまま放置すれば不法移民の生命の危険がある堪航性をもたない船であり、その意味で米国の措置もイタリアの措置も海難救助としての意味を持っていた。これに対して Tampa 号の場合は私船が遭難船舶上の不法移民を救助し、生命の安全に対する緊急の危機は一応脱していたが、コンテナ船である Tampa 号には、遭難者用の十分な水・食料・医薬品が装備されておらず、船長としても可及的速やかに SAR 区域の責任国であり大型船の入港できる港のあるインドネシアの港へ向かおうとしていた。ところが不法移民の側が豪州領のクリスマス島への上陸を船長に強制し、豪州に方向を変えたのを受けて、一旦は入港を許可したインドネシアも許可を撤回した。豪州政府も Tampa 号の豪領海への入域を拒否して膠着状況となったが、Pacific Solution への合意によりナウルや NZ など第三国の協力を得て事件は解決されることとなる。ただしナ

---

[87] こうした事態を改善するには、人権としての「救助を受ける権利」(right to be rescued at sea) を確立することが有効であるとする議論もある。S. Trevisanut, "Is There a Right to be Rescued at Sea? A Constructive View," 4 *QIL* (2014), esp. pp. 13-15. Trevisanut はまた、沿岸国に課せられた「適切かつ実効的な捜索および救助の機関の設置、運営、維持」を促進する義務(UNCLOS 第 98 条 2 項)に基づいて合意された SAR 区域を管轄する沿岸国は、遭難信号を傍受した国が遭難者の生命を事実上支配するのと比べて、遭難者とより密接な法的関係をもち、それゆえ SAR 区域において適切かつ実効的な救難サービスが提供されるための相当の注意義務 (due diligence) を負い、したがって SAR 区域内で遭難者が死亡したりする場合には、この相当注意義務への違反が生じることがあるという理論構成を提案している。

ウルには難民審査の十分な手続があったわけではない。そうした経緯の中で、豪州はクリスマス島を含む遠隔島嶼を移民区域から外し、難民審査の手続は豪州本土に到達した者に対してのみ行う旨の法令改正を行った。つまり不法移民がクリスマス島に漂着したとしても難民審査なしに国外退去の措置を取りうるとしたのである。こうすることで誰の入国を認め誰に在留を認めるかは豪州の排他的な領域主権に属するとする主張が貫徹されうるのかには疑問があるが、少なくとも国内法上、およそ何らの審査もせずに追放（退去強制）しても、難民条約の送還禁止原則は適用されないことになる。

　人権法が整備され国内居住者以外に人権法の域外適用が必要になるに従い、国内社会の安全、国民の安全を図る国家は大きなジレンマに立たされる[88]。それは個々の人権事案を審理する裁判所と、領域国家の内部秩序全体を維持しなければならない行政府の間の役割の違いに由来するジレンマでもある。このジレンマは、国民が領域国家との結びつきから解放される脱領域化 (deterritorialization) の過程が進行することを通じて解消されるという人権法の発展を強調する立場からの議論もあるが、3つの事例に共通にみられるように、国家は難民法上の義務が自国について発生することを回避するために自国領域への不法移民の到達・上陸を拒否する点で、領域性の優越を根拠にその保護義務の空間的限定を維持しようとするのが現実である。それは、国際法上、国家が自国の裁判所の管轄権を及ぼして管理 (jurisdictional control) しようとする物理的空間と人権保護を含めた法的責任 (juridical responsibility) を負うべき空間の間に、ギャップ (lacuna) が存在することを示す結果となっている[89]。

---

88) 類似の問題は、死刑を残虐な刑罰とする廃止国が、死刑存置国に対して死刑相当の重大犯罪人を引渡すことは、引渡国自身の人権条約及び国内法への違反となるとする場合に生じる。Kindler 事件において、死刑廃止国であるカナダは死刑存置国であるアメリカからの引渡請求には応じなかったが、後にアメリカを仕向地とする航空機に同人を乗せて退去強制処分を行った。カナダ刑法上、Kindler を処罰する管轄権がないために、引渡さない場合にはカナダ市民社会に重大犯罪者を放置する以外にはなくなり、他方、アメリカ以外の国に向かう航空機に乗せても第三国が上陸許可を与える見込みがないからである。死刑囚の人権を守ることが、国民の安全を害するジレンマである。大量の不法移民が押し寄せるとき、そのなかには犯罪者、テロリスト、諜報機関に属する者、感染症患者など、国民の安全を深刻に害する者が含まれているかもしれない (mixed flow)。難民資格を有する者、一時的避難民を保護する要請と、そこに含まれる国民の安全にとっての危険との間のジレンマである。

89) Jessica Morris, "The Spaces In Between: American and Australian Interdiction Policies and Their Implications

なお、不法移民の処遇の問題が裁判所に付託される場合に、必ず問題となる人権侵害の問題として、不法移民への情報伝達、弁護士などとの接見交通権などの問題がある。法の適正手続 (due process) はすべての人権保護の基礎をなすものである。本稿で取り上げたいずれの事例においても、これが問題となっている。それは不法難民や遭難者を一時的に保護する現場が市民社会の通常の感覚から見て劣悪な状態にあり、国家はその事実を国民あるいは国際社会の目に晒したくないということでもあろう。人権法の個別的救済の要請が強まるほど確かに面倒な手続が増え、不法移民は国家にとって厄介で迷惑な存在として捉えられることにもなる。もちろんだからといって不法移民を非難するのは筋違いである。国民の生命・身体・財産を保護すべき本国政府の領域管理の機能が崩壊しているからこそ、不法移民の大量発生が生じる。その意味で、不法移民の問題は、いわゆる「保護する責任 (responsibility to protect)」の問題の一部でもあり、それは国民＝領域国家体制を前提とする国際法にとっては大きな試練である。シリア難民の事例において EU は失態ともいえる政策的混乱を見せた[90]。しかしこれは日本にとっても他人事ではない。mixed flow としての不法移民が沿岸に殺到するような事態が生じたとき、これにどのように対応するかについて、人権法・難民法に沿った手続を検討し整備しておく必要がある。

＊この論文は、平成28年度科学研究費補助金基盤研究A（一般）による「海洋空間計画の策定と国際ネットワーク形成に関する基盤的研究」の成果の一部である。

---

　for the Refugee Protection Regime," 21 *Refuge (Canada's Journal on Refugees)*, no.4(2003), pp. 51-62, at p. 51.
90) EU 内における移動の自由を最大限に許容したシェンゲン協定が実際には EU の外縁国の国境管理に過剰な負担を強いることとなり、その中で発生したシリアなどの国からトルコを経由して流入する不法移民に対処するために、その流入径路にある国は国境の閉鎖措置を取らざるを得なくなる。他方、既に流入した不法移民については、EU へ渡海する出発地であるトルコに送還し、そこでの審査を実施するためにトルコに財政援助をし、そのうえで難民認定された不法移民は、EU 各国が分担して受け入れるという方式が動き始めようとしているが、必ずしもうまく行っているわけでもない。EU 域内での審査のための一時的収容施設での留置がなされればよいようにも思われるが、それができないのは EU 人権法の基準に適合した収容が困難であるためかもしれない。

第6章　九段線の法的地位
―― 歴史的水域と歴史的権利の観点から ――

坂元　茂樹

1　はじめに
2　南シナ海紛争の現状
3　歴史的水域または歴史的権利の観点か
　らみた九段線
　(1) 歴史的水域の概念
　(2) 中国による九段線の主張
　(3) 歴史的水域であるための成立要件
4　比中仲裁裁判所の判決
　(1) 訴訟の提起
　(2) 管轄権判決
　(3) 本案判決
5　おわりに

1　はじめに

　1982年に採択された国連海洋法条約（以下、海洋法条約またはUNCLOS）は「海の憲法」とも称せられ、「各国が海洋の利用について立法・司法・執行の権限を行使する際に協調した処理をするための客観的な枠組みを設けようとするもの」であり、「これらの条約規定は、各国の国内措置や法制に編入されたりすることを前提とするものである[1]」とされる。同条約は、2016年2月17日現在、167ヵ国が締約国となっている。田中則夫が述べたように、「UNCLOSの基本的で重要な規定の多くは、条約の非締約国に対しても拘束性を有しており、条約自体、普遍性が高い一般多数国間条約となっている[2]」。条約は、海洋法に関する基本法として、各国の海洋に関する国内法制定にあたっても準拠されている。
　しかし、320ヵ条から成るこの条約であっても、あまり触れられていない問

---

1) 山本草二「国連海洋法条約の歴史的意味」『国際問題』No.617（2012年12月）1頁。
2) 田中則夫「国連海洋法条約の成果と課題－条約採択30周年の地点に立ってー」田中則夫『国際海洋法の現代的形成』（東信堂、2015年）38頁。

題がある。それが本章で取り上げる「歴史的水域(historic waters)」および「歴史的権利(historic rights)」の問題である。海洋法条約において、「歴史的(historic)」という文言が用いられている条文はわずか3ヵ条しかない。湾に関する第10条6項(歴史的湾(historic bay))、領海の境界画定を定める第15条の但書き(歴史的権原(historic title))および紛争解決に関する第15部の義務的手続の選択的除外に関する第298条1項(a)(i)(歴史的湾もしくは歴史的権限)に言及した条文のみである[3]。海洋法条約には、国がある海域をみずからの「歴史的水域」と主張する場合、あるいは同海域に「歴史的権利」が存在すると主張する場合に、その成立要件等を定めた条文は存在しない[4]。実際、第三次国連海洋法会議において、領海に関する議論の過程で歴史的水域に関する条文草案が提案されたが、歴史的水域の一般理論化には強い反対があったとされる[5]。

　ただし、海洋法条約はその前文で、「この条約により規律されない事項は、引き続き一般国際法の規則及び原則により規律されることを確認して」いる。実際、国際司法裁判所(ICJ)は、チュニジア・リビア大陸棚事件判決(1982年)において、「『歴史的水域』または『歴史的湾』という単一の『制度』を提供しない問題は、引き続き一般国際法によって規律されることは明らかである。基本的に、歴史的権利または歴史的水域の観念と大陸棚の観念は、慣習国際法上、異なる法制度によって規律されることは明らかに事実である。前者は取得と占有に基づくのに対し、後者は『事実上のかつ原初的(*ipso facto and ab initio*)』権利の存在に基づく[6]」と判示している。ICJによれば、ある海域に歴史的権利を有す

---

3) Clive R. Symmons, "Historic Waters and Historic Rights in the South China Sea: A Critical Appraisal," Shicun Wu, Mark Valencia and Nong Hong (eds.), *UN Convention on the Law of the Sea and the South China Sea* (Ashgate, 2015), p. 191. この他、群島に関する第46条(b)号の「『群島』とは、……歴史的に(historically) そのような単位と認識されているものをいう」との条文がある。

4) ただし、海洋法条約第62条3項の「その国民が伝統的に当該排他的経済水域で漁獲を行ってきた国」との表現で、ある国のEEZで他の国家による余剰分の優先的なアクセスを可能にする条文は、「歴史的権利」をほのめかしているとの評価は可能である。Ibid., p. 195. なお、歴史的水域および歴史的権利の問題、マナール(Manaar)湾におけるスリランカによる真珠およびシャンク貝漁業が海洋境界画定に影響を与えたものとしては、1974年のインド・スリランカ海洋境界画定条約がある。"Limits in the sea: historic waters boundary: India-Sri Lanka," USA, No.66 (December 12, 1973), pp. 5-6.

5) Ted L McDorman, "Rights and jurisdiction over resources in the South China Sea: UNCLOS and the 'nine-dash line'," Wu, Valencia and Hong (eds.), *supra* note 3, p. 151.

6) *Continental Shelf Case(Tunisia/Libya), ICJ Reports 1982*, p. 74, para. 100.

るとか、ある海域が歴史的水域の地位を有するかどうかは、一般国際法によって規律され、それは「取得と占有に基づく」というのである。シモンズ（Clive R. Symmons）は、歴史的水域は現在でも海洋法の確立した部分と一般にみなされていると評している[7]。

なお、シモンズによれば、歴史的水域および歴史的権利という両概念は、いくつかの点で異なるとされる。第1に、歴史的水域が主権の主張を含意するのに対して、歴史的権利はある水域における管轄権（たとえば漁業権）の主張にすぎないということ、第2に、歴史的水域がすべての国家に対して「対世的（erga omnes）」に適用されるのに対して、歴史的権利は特定の国家または複数の国家に適用されるという点で異なっている[8]。第3に、歴史的水域は必然的に主張国に隣接していなければならないが、歴史的権利にはそのような限定はないというのである[9]。実際、エリトリア・イエメン仲裁事件判決（第1段階）（1998年）において、仲裁裁判所は、一定の歴史的権利を領域主権に達しないある種の「国際地役」と評した[10]。

フィリピンが南シナ海における中国による「九段線」の主張は海洋法条約に違反し無効であるとして中国を訴えた、比中仲裁裁判において、海洋法条約附属書Ⅶに基づき設置された仲裁裁判所は、2016年7月12日、「中国の『九段線』内の生物資源および非生物資源に対する歴史的権利の主張は、海洋法条約が規定する中国の海域の限界を超える限度において海洋法条約と両立しないと結論する[11]」との判決を下した。中国は、本裁判には欠席したものの、九段線内の島や礁に対する主権とその隣接水域に対する主権的権利と管轄権を主

---

7) Symmons, *Historic Waters in the Law of the Sea: A Modern Reappraisal*, (Martinus Nijhoff, 2008), p296.

8) Symmons, *supra* note 3, pp. 193-194. なお、ICJは、アイスランド漁業管轄権事件判決（1974年）において、アイスランドが一方的に設定し拡大した漁業水域において優先的な漁業権を有するものの、当該水域から他国を一方的に排除する対抗力は有さないとした。*Fisheries Jurisdiction Case (United Kingdom v. Iceland)*, ICJ Reports 1974, p. 30, paras.67-68.

9) Symmons, *supra* note 7, p. 6.

10) *Award of Eritrea/Yemen Arbitration Case, Phase I*, October 9, 1998, http://www.pca-cpa.org, para. 126. 中国の高之国海洋法裁判所判事と清華大学の賈兵兵は、「エリトリア・イエメン事件で、裁判所は『歴史的権利』と『歴史的権原』を区別しなかったが、領域主権に達しないものとして歴史的権利の観念を承認した」と指摘している。Zhiguo Gao and Bing Bing Jia, "The nine-dash line in the South China Sea: history, status and implications," *AJIL*, Vol. 107 (2013), p. 122.

11) *Award of the South China Sea Arbitration Case*, July 12, 2016, http://www.pca-cpa.org, p. 111, para. 261.

張している。中国は、九段線の法的性格について公式に明らかにしてはいないが、後述するように中国の国内法においては九段線内の水域において歴史的権利があるとの考えに立っている。

本章では、まず南シナ海における中国の九段線の主張とはいかなるものか、中国が主張する九段線の水域において歴史的権利が存在するかどうか、また比中仲裁裁判所は歴史的水域と歴史的権利の関係をどのように捉えたのかを検証してみたい[12]。その前に南シナ海紛争の現状について概観してみよう。

2　南シナ海紛争の現状

南シナ海は、西はインドシナ半島、マレー半島およびマラッカ海峡、南はボルネオ島、東はルソン島および台湾、北は中国大陸および海南島に囲まれた広大な海域である。この海域に存在する南沙諸島および西沙諸島をめぐって沿岸6ヵ国と台湾が領有権を主張し争っている[13]。幸いなことに、すべての関係国（ブルネイ、中国、インドネシア、マレーシア、フィリピンおよびベトナム）は海洋法条約の当事国であり[14]、台湾は同条約を遵守することを誓っている[15]。つまり、海洋法条約の規律が及ぶ海域ということになる。もっとも、中国による九段線の存在が、西本健太郎の表現を借りれば、「共通の前提に基づく対話の可能性を著しく損なう[16]」形になっていることはたしかである。領有権が争われている諸島の陸地面積はたかだか10平方キロ程度であるが、その海域面積は18万平方キロに及ぶ。

ある調査によれば、南沙海域は、豊富な石油・天然ガス資源の宝庫といわれ、

[12) なお、この問題についてはすでに西本健太郎「南シナ海における中国の主張と国際法上の評価」『法学』第78巻3号（2014年）225-259頁、吉田靖之「南シナ海における中国の『九段線』と国際法—歴史的水域と歴史的権利を中心に—」『海幹校戦略研究』第5巻1号（2015年）2-31頁の詳細な研究があり、本章はまさに屋上屋を架することになるが、ご容赦いただきたい。

13) 南シナ海の島礁に関する各国の主張については、森聡「南シナ海：開放的な海洋秩序を形成できるか」『外交』Vol. 4（2010年）142-145頁参照。

14) Robert Beckman, "The UN Convention on the Law of the Sea and the Maritime Disputes in the South China Sea," *AJIL*, Vol. 107 (2013), p. 142.

15) McDorman, *supra* note 5, p. 144.

16) 西本「前掲論文」（注12）250頁。

一説には石油 110 億バレル以上、天然ガス 190 兆立方フィート規模の埋蔵量があると推定されている。南沙諸島をめぐる領有権紛争の本質は、その意味では、クウェート油田の埋蔵量に匹敵するといわれる海底資源をめぐる争いといえよう。中国のエネルギー需要は、今後 20 年間に 75％増加するといわれており、中国の経済発展にとって死活的重要性を占めている。2012 年 11 月に開催された共産党第 18 回全国代表大会において、胡錦濤総書記（当時）は、「海洋資源の開発能力を高め、国の海洋権益を断固守り、海洋強国づくりに取り組む」との方針を打ち出し、習近平総書記も 2013 年 7 月の中国共産党中央政治局主催の集団学習会で同趣旨の発言を行っている[17]。

さらに、これらの海域はシーレーンとしても重要である。南沙諸島の周辺海域を通過する船舶の総トン数は世界の船舶総トン数の半分に匹敵するといわれ、その通航量はスエズ運河の 2 倍、パナマ運河の 3 倍である。海上交通の要衝である南沙諸島の周辺海域を中国が支配することは、重要なシーレーンに対する影響力を中国が持つことを意味している。

また、南シナ海は、中国にとってそれにとどまらない重要性を有している。中国が南シナ海に設定している漁場面積は、中国の他の近海（渤海、黄海および東シナ海）に設定している漁場面積を上回っている。このように水産資源上の価値を有しているがために、中国、フィリピンおよびベトナムの漁民間の紛争が多発している地域といえよう。

世界の多くの領有権紛争が二国間紛争、あるいはせいぜい三ヵ国間紛争であるのに対し、南沙諸島および西沙諸島の領有権紛争の特徴は、領有権の主張を行う国（紛争当事国）が多く、またそのことを反映するかのように、関係の島、岩礁などに対する実効的支配の状況の複雑さがその特徴である[18]。とくに南沙諸島については、このことがあてはまる[19]。

---

17) 小谷俊介「南シナ海における中国の海洋進出および『海洋権益』維持活動について」『レファレンス』（2013 年 11 月号）28 頁。
18) 南シナ海紛争の歴史を、二国間紛争と考えられていた時代と、ASEAN という枠組み、さらに米国を加えた地域全体の問題として考えられるようになった時代に区分できるとする見解については、都留康子「南シナ海紛争の諸相―ASEAN は米中対立を乗り越えられるのか―」『法学新報』第 120 巻第 9・10 号（2014 年）523 頁参照。
19) 詳しくは、Beckman, supra note 14, pp. 143-145. 南沙諸島の複雑かつ流動的な紛争の経緯と中国と ASEAN 側の攻防については、佐藤孝一「中国と『辺疆』：海洋国境―南シナ海の地図上の U 字線

第6章　九段線の法的地位　169

　中国は、歴史的権利に基づく島や礁に対する領有権の主張を行っており、南沙諸島で7つの岩礁を実効支配するとともに、西沙諸島の全域を実効支配している。台湾も歴史的権原に基づく領有権の主張を行っており、南沙諸島の太平島を実効支配している。ベトナムは、フランス（仏領インドシナ）の承継国家として、南沙諸島および西沙諸島全域の領有権の主張を行っている。実際、南沙諸島中の21の島、岩礁および洲を実効支配している。フィリピンは、領土の近接性と先占の立場から、南沙諸島の一部に対して領有権を主張し、南沙諸島の8つの島および岩礁を実効支配している。マレーシアは、自国が主張する大陸棚上の岩礁について領有権を宣言し、南沙諸島の5つの岩礁を実効支配している[20]。

　こうした状況を踏まえれば、領有権紛争は紛争当事国すべてを含んだ形での多国間協議を通じて解決するしかないといえる。幸いなことに、他の紛争当事国（台湾を除く。）はすべてASEANの加盟国である。中国は、ASEANという地域的機関との間の協議で解決するという枠組みを利用することが可能である。実際、2002年11月、中国は、ASEAN諸国との間で、「南シナ海における関係国の行動に関する宣言」について合意した。同宣言は、国連憲章、海洋法条約、東南アジア友好協力条約等の遵守、領土および管轄権問題の平和的手段による解決を謳うのみならず、関係国が現在居住していない島などに居住する行動を控えることを含め、紛争の複雑化・激化を招く行為を自主的に抑制することを定めている。また、海洋環境の保護など、関係国が探究すべき協力活動も併せて定めている。「行動宣言」は法的拘束力のない政治的誓約にすぎないが、問題は、この合意後も、中国がこの行動宣言を無視する形で南シナ海の礁などの領有の既成事実化を進めていることである[21]。

　フィリピンが中国を訴えた2013年以降、中国は、岩礁や環礁の周辺に7つの人工島を建設した。南沙諸島のスービ礁（中国名：渚碧礁）とファイアリー・クロス礁（中国名：永暑礁）（いずれも元々はベトナムが領有していたが、現在は中国

をめぐる問題」『境界研究』No.1 (2010), 19-43頁参照。
20) 南シナ海における領有権紛争の経緯については、堀之内秀久「南シナ海紛争の新展開」島田征夫・杉山晋輔・林司宣『国際紛争の多様化と法的処理』（信山社、2006年）344-354頁に詳しい。
21) 同宣言の内容および評価については、飯田将史「南シナ海問題における中国の新動向」『防衛研究所紀要』第10巻1号 (2007年) 154-158頁参照。

が実効支配）には、戦闘機や爆撃機の離着陸も可能な長さ 3 キロの滑走路を建設した。ミスチーフ礁（中国名：美済礁）（元々はフィリピンが領有していたが、現在は中国が実効支配）でも大規模埋め立て工事を行っている。また、西沙諸島のウッディー島（中国名：永興島）（ベトナム、台湾と領有権を争っていたが、現在は中国が実効支配）では 2014 年に軍事用滑走路と大型艦船が寄港可能な港湾を建設し、地対空ミサイルを配備した。中国は否定するものの、人工島での滑走路建設など軍事拠点化と防空識別権設定の動きがみられることはたしかである。なお、中国は、本土と西沙諸島および尖閣諸島において直線基線を採用するものの、南沙諸島については直線基線をいまだ採用していない [22]。

3　歴史的水域または歴史的権利の観点からみた九段線

(1) 歴史的水域の概念

　歴史的湾 [23]または歴史的水域に対する先駆的作業を行った中村洸は、「一般的に承認され且つ適用された規則に従えば、公海とみなされるべき水域を、ある種の事態によって領水に編成されるとするならば、その権原は何であるか。これを解明するのが、歴史的湾又は歴史的水域の法理なのである [24]」と説明する。このように歴史的水域という概念は、もっぱら領海および内水に関する文

---

22) 西沙諸島の直線基線の設定が海洋法条約の要件を満たさないことについては、西本「前掲論文」（注12）10-11頁参照。中国が日本の領土である尖閣諸島に立法管轄権を行使して一方的に設定した直線基線が海洋法条約に違反する点については、Cf. J. Ashrey Roach, "China's Straight Baseline Claim: Senkaku (Diaoyu) Islands," *Insight*, Vol. 17, Issue 7(February 13, 2013).

23) 「歴史的湾」という名称を最初に与えたのは、常設仲裁裁判所による北西大西洋沿岸漁業事件判決（1910年）とされる。本判決の中で、一般的な湾の幅員は10海里とすることが勧告され、米国の主張するデラウェア湾が領海3海里規則の例外とされた。*Report of International Arbitral Awards*, Vol. 11, pp. 197-198. その後、中米司法裁判所は、フォンセカ湾事件判決（エルサルバドル対ニカラグア）で、フォンセカ湾を歴史的湾であることを認めた。*AJIL*, Vol. 11 (1917), pp. 700-717. なお、ICJ（特別裁判部）は、「領土・島・海洋境界紛争事件本案判決」（1992年）で、フォンセカ湾を三ヵ国共有の歴史的水域であると認定した。*ICJ Reports 1992*, pp. 71-77, paras.369-413. 詳しくは、杉原高嶺「判例研究・国際司法裁判所　領土・島・海洋境界紛争事件」『国際法外交雑誌』第95巻1号（1996年）92頁以下、三好正弘「歴史的湾」『海洋法事例研究』第2号（1994年）参照、湯山智之「歴史的水域に関する米国連邦最高裁判所の判例」『立命館法学』第333・334号（2010年）1681-1684頁参照。

24) 中村洸「歴史的湾または歴史的水域の法理（一）―1951年イギリス・ノルウェー漁業事件の国際司法裁判所判決に関連して―」『法学研究』第29巻6号（1956年）5頁。

脈において議論されてきた。海洋法条約においては、前述したように、「歴史的湾」および「歴史的権原」という文言が出てくるのみで、「歴史的権原」それ自体に関する定義は存在しない[25]。また「歴史的水域」や「歴史的権利」という文言を使用した条文は存在しない。なお、一般に、「『権原』という用語は、国際法の著作においては特定の権利の淵源を示すために用いられるが、かかる権利の存在を証明しうる証拠を示すこともできる[26]」と説明される。

歴史的水域の概念は、必ずしも学界の強い関心を集めてきた問題ではない。実際、国際法上、「歴史的水域」について確立した定義が存在するわけでもない。シモンズによれば、もっとも著名な定義は、「沿岸国が、国際法の一般に適用可能な法に違反して、明確に、実効的に、継続して、かつ相当な期間にわたって、国際社会の黙認を得て主権を行使する水域[27]」というボーチェ (L. J. Bouchez) の定義であるとされる。ここでは、①沿岸国による継続的で長期にわたる歴史的水域の主張が行われること、②その水域に対して実効的な管轄権の行使が行われること、③それが他の諸国から黙認されていること、の3要件が示されている。なお、海洋法条約第10条6項は、湾に関する一般的定義から、「歴史的湾」を除外している[28]。ICJ小法廷は、1992年の陸・島および海洋境界紛争事件判決 (エルサルバドル／ホンジュラス、ニカラグア訴訟参加) において、本条は「慣習国際法を表明していると認定しうる[29]」と判示した。

ICJは、ノルウェー漁業管轄権事件判決 (1951年) において、「歴史的水域とは、通常、歴史的権原の存在なしには、そうした性格をもたない水域を内水として取り扱う水域を意味する。英国は、一般国際法から逸脱するものとして、領海および内水に関する歴史的権原の観念に言及する。裁判所の見解では、ノルウェーは、他の国から反対を受けることなく長期間にわたって必要な管轄権を行使してきたことを根拠として、それらの水域が領海または内水であ

---

25) Satya N. Nandan and Shabtai Rosenne, *United Nations Convention on the Law of the Sea 1982 A Commentary*, Vol. II, (Martinus Nijhoff, 1993), p. 118, para. 10.5 (e).
26) Andrea Gioia, "Historic Titles," *Max Planck EPIL* (2009), p. 1.
27) L. J. Bouchez, *The Regime of Bays in International Law* (Leyden, 1964), p. 281.
28) Nandan and Rosenne, *supra* note 25, p. 118, para. 10.5 (e).
29) *Land, Island Maritime Frontier Dispute (El Salvador/Honduras: Nicaragua intervening), ICJ Reports 1992*, p. 588, para. 383.

るとの主張を正当化することができる[30]」と判示した。ジデル（G. Gidel）は、「いかなる名称が与えられようと、『歴史的水域』の理論は必要な理論である。海域の境界画定において、それは一種の安全弁として働く。その否定は、国際法のこの分野における一般規則を設けるすべての可能性の終焉を意味するであろう[31]」と述べて、海域の境界画定のための一般規則を確立するために「歴史的水域」の理論を不可欠な概念とみなしていたが、あくまで領海の境界画定の場合を想定していたと推察される。前述の海洋法条約第15条但書きの「ただし、この規定［坂元注：領海の境界画定］は、これと異なる方法で両国の領海の境界を定めることが歴史的権原その他特別の事情により必要であるときは、適用しない」との規定はこれを反映しているが、領海を超えた海域の境界画定にそのまま適用可能であるかどうか明らかではない。排他的経済水域（EEZ）および大陸棚の境界画定に関する第74条や第83条の「国際法に基づいて合意により行う」という規定に「歴史的水域」の法理を読み込めるかどうかという解釈問題が残るからである。これまでの実行は、1982年の海洋法条約で新たに定められたEEZや1958年の大陸棚条約で認められた大陸棚の境界画定において、「歴史的水域」を主張する余地は少ないことを示している。

ただし、オコンネル（D.P. O'Connell）は歴史的水域の範疇を若干拡大している。彼は、歴史的水域に関する3つの類型として、①海洋法条約第10条に規定されている典型的な湾よりも大きい湾、②標準的な規則によって閉鎖されないが、沿岸沖の地形によって沿岸と結びつく海域、③公海であるが、特に湾や沿岸水域の境界画定に関係する規則によって規律されないが故に、主張により歴史的水域となる海域を挙げている[32]。オコンネルは、第3の類型の例として、トンガを挙げる。彼によれば、1887年以来、トンガは、いくつかの群島によって形成される長方形の海をトンガの一部と主張した。主張の核心および長方形の群島の形成はいわゆる群島理論である。言うまでもなく、この主張は、海洋法条約の群島水域の先駆けである[33]。

---

30) *Fisheries Case (United Kingdom v. Norway), ICJ Reports 1951*, p. 130.
31) Gibert Gidel, *Le droit international public de la mer*, Tome. III, (Établissements Mellottée, 1934), p. 651.
32) D.P. O'Connell, *The International Law of the Sea* (Clarendon Press, 1982), p. 417.
33) *Ibid.*.

なお、北極海の直接利害関係国である諸国（カナダ、デンマーク、ノルウェー、ロシアおよびアメリカ）は、海洋法条約が適用可能な法的枠組みであることに合意しているが[34]、北極群島周囲に設定した直線基線内の水域を「歴史的水域」とするカナダの主張については、1986年に欧州連合（EU）が直ちに抗議している[35]。
　いずれにしても、こうした例から読み取れるのは、国際法における歴史的水域の概念は、領海の制度にみられるように明確に定義された制度というよりも、各国によって歴史的文脈において確立された個々の海洋主張の説明概念としての役割を果たしてきたといえよう。また、歴史的水域の概念はこれまでもっぱら内水や領海の場合に用いられてきており、中国が「九段線」を「歴史的水域」ではなく、同水域における「歴史的権利」の主張を行っているのは、中国の主張が少なくともこれまでの歴史的水域の主張の類型に当てはまらず、南シナ海の広大な海域（90％）に設定している「九段線」を「歴史的水域」で説明するのは困難との判断があったと思われる。なお、前述したように、海洋法条約においては、「歴史的権利」への言及はなく、あるのは「歴史的権原」にすぎない。歴史的権利に関する海洋法条約の規定がない以上は、中国の九段線は海洋法条約に違反しないとの主張が成立するかといえば、ことはそれほど単純ではない。逆に海洋法条約上の根拠がないともいえるからである。これに対して、邹克渊（Zou Keyuan）は、中国の主張は伝統的な意味における歴史的水域の主張ではなく、「緩和された主権を内容とする歴史的権利（historic rights with *tempered* sovereignty）」であるとし、完全な主権ではないが、天然資源（生物資源および非生物資源）の開発に対する主権的権利および海洋の科学的調査、人工島の設置および海洋環境に対する管轄権を含むと主張する[36]。しかし、西本が指摘するように、問題は、はたして「こうした性質の海域主張が現行の国際法上認められるかである[37]」。
　他方で、九段線を最初に設定した中華民国（台湾）は、1993年4月13日の「南シナ海海洋政策指針」において、「歴史、地理、国際法および事実に照らして、

---

34) McDorman, *supra* note 5, p. 144.
35) Symmons, *supra* note 3, p. 199.
36) Zou Keyuan, "Historic Rights in International Law and in China's Practice," *OD&IL*, Vol. 31 (2001), p. 160.
37) 西本「前掲論文」（注12）245頁。

南シナ海の諸島は、中華民国の固有の領土であり、当該諸島に対する主権は中華民国に属する。歴史的水域の限界内にある南シナ海海域は、中華民国の管轄下にある海域であり、同海域では中華民国がすべての権利および利益を有する[38]」と主張している。また中国の学界においても、九段線の法的性格を歴史的水域線と説明する説もある。もっとも、中国の学界において九段線の法的地位について、その理解は統一されていない[39]。主に次の4つの理解があるとされる。第1に、「島嶼帰属の線」とする理解である。線内の島嶼および周辺海域は中国に属し、中国がこれを管轄し、統制するというのである。しかし、線内水域の法的地位が内水なのか領海なのか、EEZなのかは不明である。第2に、「歴史的な権利の範囲」とする理解である。線内の島、礁、浅瀬、砂州は中国領土であり、領水以外の海域はEEZと大陸棚となる。外国船舶の航行の自由や外国航空機の上空飛行の自由は確保される。第3に、「歴史的な水域線」とする理解である。線内の島、礁、浅瀬、砂州および周辺海域につき歴史的権利を有するのみならず、線内のすべての海域が中国の歴史的水域とされる。外国船舶は許可なしで航行、通過できないとされる。中国がこの立場をとれば、日本および米国の航行の自由に重大な影響を与えることはいうまでもない。第4に、「伝統的境界線」とする理解である。九段線は中国と外国との境界を示しており、線内は中国領、線外は隣国領または公海となる[40]。

残念ながら、中国は、一貫して九段線に関して公式に説明しない立場を採用しているが[41]、こうした立場は意図的なものであるともいわれている[42]。そ

---

38) Lynn Kuok, "Tides of Change: Taiwan's Evolving Position in the South China Sea," *The Brooking Institution: Center for Far East Asia Policy Studies*, (May, 2015), p. 6.

39) 中国の学界における理論状況については、Cf. Zou Keyuan, "South China Sea Studies in China: Achievements, Constraints and Prospects," *Singapore Year Book of International Law and Contributions*, Vol. 11 (2007), pp. 85-98.

40) 李国強「中国と周辺国家の海上国境問題」『境界研究』No.1 (2010) 51-52頁。

41) ただし、中国政府は南シナ海においても航行および上空飛行の自由が尊重される旨を繰り返し言明しており、九段線においてこれを制約するような法律構成はとれないことになる。この点については、西本「前掲論文」(注12) 8頁。

42) Peter Dutton, "Three Disputes and Three Objectives: China and the South China Sea," *Naval War College Review*, Vol. 63 (4) (2011), p. 45. 張海文中国国家海洋局海洋発展戦略研究所副所長（当時）も、中国はこの海域の法的性質または意味を外国に説明する義務も必要もないとの見解を明らかにしていた。Cf. Taisaku Ikeshima, "China's Dashed Line in the South China Sea: Legal Limits and Future Prospects," *Waseda*

の結果、インドネシアが指摘するように、九段線の「法的根拠、画定方法およびその地位[43]」について明確な説明がない状況が続いている。

(2) 中国による九段線の主張

2009年、中国政府は国連事務総長に口上書を送り、「中国は、南シナ海およびその隣接水域における諸島に対する争いえない主権を有し、関連水域ならびにその海底およびその下に対する主権的権利および管轄権を享受する。この立場は、中国政府により一貫して堅持され、国際社会によって広く知られている」とした上で、「(大陸棚限界委員会に出されたマレーシアとベトナムによる共同申請とベトナムの単独申請は)南シナ海における中国の主権、主権的権利および管轄権を深刻に侵害している[44]」と主張した[45]。添付書類として南シナ海のほぼ全域を九つの破線で囲った「九段線」の地図が提出された。フローリアン・デュピィー (Florian Dupuy) およびピエールマリー・デュピィー (Pierre-Marie Dupuy) は、「地図と歴史的権利との関係については不明確であり、地図は国際法上権原 (title) を構成しない。地図が南シナ海における中国の境界画定に法的関連性を有するかどうかは不明である。なぜなら、中国は九段線の意味について何ら説明を与えていないからである[46]」と指摘する。いずれにしても、緯度経度の座標すら示していないこうした地図が、海洋の境界画定の効果をもつとはおよそ考えられない[47]。

Global Forum, No.10 (2013), pp. 32-33.

43) Indonesia, Note Verbale to the Secretary-General of the United Nations, Doc.480/POL-703/VII/10, 8 July 2010.

44) Note Verbale CML/17/2009 dated 6 May 2009 and CML/18/2009 from the Permanent Mission of the People's Republic of China.

45) 上記の中国の口上書に対し、フィリピンは、2011年4月5日付の口上書において、カラヤアン諸島 (Kalayaan Island Group) はフィリピンの不可分の一部であり、海洋法条約の下でカラヤアン諸島の隣接水域に対して主権および管轄権を行使する。カラヤアン諸島およびその隣接水域の外にある「関連水域ならびにその海底およびその下」に対する中国による主張は、国際法、特に海洋法条約の下で根拠がないと反論した。Philippine Mission to the United Nations, letter to the Secretary-General of the United Nations, 11-00494, No. 000228, New York, April 5, 2011.

46) Florian Dupuy and Pierre-Marie Dupuy, "A Legal Analysis of China's Historical Rights Claim in the South China Sea," *AJIL*, Vol. 107 (2013), pp. 131-132.

47) Symmons, *supra* note 3, p. 221.

また、中国が使用している「関連水域ならびにその海底およびその下に対する主権的権利および管轄権を享受する」という表現は、1982年に締結された海洋法条約が規定するEEZに対する沿岸国の主権的権利と管轄権の規定（第56条）を連想させる表現であり、こうした主張が「国際的に広く知られていた」とは思われない。こうした主張を他国が実際に認識できるようになったのはこの時が初めてであるといえる。いうまでもなく、歴史的主張の妥当性は国際的に評価さなければならず、そのためには外国が実際に認識できるように周知されなければならない。なぜなら、他国は抗議を行える立場にいなければならないからである[48]。

九段線のルーツは、1947年12月1日に中華民国内政省地域局が作成し、国民政府が公布した「南海諸島新旧名称対照表」と「南海諸島位置図」に遡る[49]。そこには、11段のU字線が描かれ、南沙諸島や西沙諸島らが取り込まれていた。1949年、中華人民共和国も公式地図としてこれを発行した。1951年9月8日に署名された対日平和条約第2条(f)は、「日本国は新南群島［坂元注：南沙諸島］及び西沙群島に対するすべての権利、権原及び請求権を放棄する」と規定したが、これに先立つ同年8月15日、周恩来首相（当時）は、「この草案は、日本が西鳥島および西沙群島に対するいっさいの権利を放棄することを規定しているが、再び故意にこれらの島嶼についての主権の回復問題には言及していない。事実上、南沙群島、中沙群島および東沙群島全部と、全く同じように、西沙群島および西鳥島は、従来常に中国の領土であった[50]」と声明した。「南海諸島位置図」という地図の名称やその後のこうした中国政府の声明に鑑みれば、九段線の本質は、中国による2009年の口上書の主張とは異なり、少なくとも当時は、島嶼帰属の主張を示す線と考えられていたというのが妥当

---

48) *Ibid.*, p. 230.
49) 地図の歴史は、さらに遡るともいわれる。「1935年中国は、水陸地図審査委員会が1935年4月出版の『中國南海島嶼圖』で、最南端を北緯4度とする南海諸島の主権を宣言した。その南沙群島は、1946年8月広東政府が東沙・西沙・南沙群島を接収し、12月までに旧日本領土の南海諸島を接収した」との記述もある。浦野起央「南シナ海の安全保障と戦略環境（二・完）」『政経研究』第49巻2号（2012年）36頁。
50) 対日平和条約草案およびサンフランシスコ会議に関する周恩来声明、高野雄一『日本の領土』（東京大学出版会、1962年）339頁。

であろう[51]。

　1953年にトンキン湾のバイ・ロン・ウェイ島の領有権を中国からベトナムに移転した際、中国の地図では一一段線が九段線に書き換えられた。それ以降、九段線として知られるようになった[52]。中国の「領海及び接続水域法」(1992年)には、「中華人民共和国の陸地領土には、中華人民共和国の大陸及びその沿海の諸島、台湾及び釣魚島を含むその附属諸島、澎湖列島、東沙群島、西沙群島、中沙群島、南沙群島その他のすべての中華人民共和国に属する島々が含まれる」(第2条2項)と規定されている。興味深いことに、中国政府は、1992年の「領海及び接続水域法」制定以前に、1958年9月4日に「中国領海宣言」を行っている。同宣言の最大の特徴は、現在、中国が主張する九段線への留保がないことである。同宣言では、「中華人民共和国政府は、次のことを宣言する。(1)中華人民共和国の領海の幅員は、12海里とする。この規定は、中華人民共和国の大陸とその沿海の諸島、及び同大陸とその沿海の諸島と公海を挟んで位置する台湾及びその周辺の各島、澎湖列島、東沙群島、西沙群島、中沙群島、南沙群島その他中華人民共和国に属する島々を含む、中華人民共和国の一切の領土に適用する」と規定するのみである。南シナ海における「争えない主権 (indisputable sovereignty)」があるとみずから主張する島々については明示の言及があるにもかかわらず、九段線内の水域に対しては何らの言及も留保もなされていない[53]。中国の国内法において、九段線の水域を意識した条文が出てくるのは、1998年の「排他的経済水域及び大陸棚法」である、同法は、「本法の諸規定は、中国の歴史的権利に影響を与えるものではない」(第14条)と規定し、200海里のEEZと異なる九段線における歴史的権利の存在を暗に示している。さらに、中国の「海洋環境保護法」(1999年)は、「本法は、中華人民共和国の内水、領海、接続水域、排他的経済水域、大陸棚及び中華人民共和国の管轄権内に

---

51) Symmons, *supra* note 3, p. 233.
52) 中国の研究者の中には、「九段線の宣言時に、国際社会は決して反対を唱えなかった。隣接国も外交的抗議を行わなかった。中国の公の宣言に対するこの沈黙は黙認に相当するといえ、九段線は半世紀にわたり承認されてきたといいうる」との見解を示す者もいる。Li Jinming and L.Dexia, "The Dotted Line on the Chinese Map of the South China Sea: A Note," *OD&IL*, Vol. 34 (2003), p. 290. 問題は、この宣言なるものがどれほどの公知性をもっていたかである。抗議する前提に、まずはこの宣言の内容が隣接国に知られていなければならないからである。
53) *Ibid.*, p. 201. なお、同宣言には魚釣島(中国名:釣魚島)への明示の言及もない。

ある他の海域に適用される」(第2条)と規定し、九段線を意識している[54]。

実際、中国は、先の中国の口上書に対するフィリピンの2011年4月5日付口上書(その内容については本章注(45)参照)に対して、同月11日付けで国連事務総長に口上書を送り、「フィリピンが主張するいわゆるカラヤアン島嶼(Kalayaan Island Group)は、実は中国の南沙諸島の一部である。…1982年の海洋法条約ならびに1992年の中国の領海及び接続水域法および排他的経済水域及び大陸棚法の関連規定の下で、中国の南沙諸島は領海、排他的経済水域および大陸棚を完全に有している[55]」と再反論した。なお、中国とフィリピンのこのやりとりに対してベトナムが2011年5月3日に口上書を発出し、「ホアンサ(西沙諸島)およびトルオンサ(南沙諸島)群島は、ベトナム領土の不可分の一部である。ベトナムは、これらの二つの群島に対する主権を主張するために十分な歴史的証拠と法的根拠を有する[56]」と述べて、これに反論した。インドネシアも、2010年7月8日に国連事務総長に口上書を発出し、「いわゆる『九段線』は…明確に国際法上の基礎を欠き、海洋法条約を無効にするのと同じである[57]」と批判した。

なお、中国外交部は、2014年12月7日に発出した「フィリピン政府が付託した南シナ海仲裁事件の管轄権問題に関する中華人民共和国の立場」と題する声明(以下、「立場声明」)において、後述するように、「南シナ海における中国の活動は、2000年前に遡る。南シナ海の島嶼を発見し、名づけ、それらの資源を探査および開発し、また継続してそれらに対し主権を行使してきた最初の国である[58]」と主張する。中国政府は、九段線は海洋法条約の適用が及ばない中国の歴史的権利と理解している。中国は、海洋法条約第10条6項や第15条を除いて、海洋法条約は歴史的権利に関する規定を有しておらず、九段線は海洋法条約の適用によって解決できないという議論を展開する。中国の高之国海洋法裁判所判事と清華大学の賈兵兵によれば、春秋時代(紀元475－221年)の『詩経』に南シナ海を指す「南海」の言葉が出てくるとし、その後も明

---

54) Keyuan Zou, "Historic Rights in the South China Sea," Wu, Valencia and Hong (eds.), *supra* note 3, pp. 245-246.
55) Note Verbale CML/8/2011 dated 4 April 2011 from the Permanent Mission of the People's Republic of China.
56) Note Verbale 77/HC-2011dated 3 May 2011 from the Government of the Socialist Republic of Vietnam.
57) Indonesia, *supra* note 43.
58) Position Paper on 7 December, 2014, para. 4.

時代の鄭和の大航海（1405年〜1433年）に通商路としてもよく知られ、漁業も行われていたというのである[59]。中国南海海洋院の洪農（Nong Hong）は、12世紀から15世紀半ばまで中国船舶が南シナ海における貿易を支配していたとする[60]。なお、中国が、「資源を探査および開発し」という文言を用いるとき、明らかに生物資源のみならず非生物資源を含意しているように思われる。

同時に、中国は「法の不遡及原則」の適用を主張する。海洋法条約は1994年に発効したものであり、中国政府が九段線を正式に公布した1947年から数えてすでに47年が経過している。九段線が海洋法条約に適合しないとの主張は、国際法の根拠を明らかに欠いているというのである。彼らの理屈によれば、「後の時代の法（海洋法条約）で過去の行為の合法性（九段線）を判断することはできない」というのである[61]。

しかし、こうした中国の理屈が通用しないことは明白である。仮にある国が1947年に領海100海里を設定しており、1994年に領海12海里を定めた海洋法条約の当事国となった後も領海100海里を維持できるのであれば、各国が従うべき行為規範としての海洋法条約はその存在意義を失ってしまうからである。問題は、中国がいう「歴史的権利」が単に伝統的漁業権を指すのか、それとも漁業以外の天然資源に対する権利なのか、はたまた「歴史的水域」と同義であるかどうかである[62]。

(3) 歴史的水域であるための成立要件

1962年、国連事務局は、「歴史的水域（歴史的湾を含む。）の法制度[63]」という

---

59) Gao and Jia, *supra* note 10, pp. 100-101. 吉田「前掲論文」（注12）27頁。
60) 洪農によれば、皇帝が外洋航海船舶の建造の停止を命じたので、琉球王国が、後に16世紀にポルトガルが、さらに17世紀にオランダが富をもたらす香辛料貿易を支配したと記述する。そうすると、南シナ海を一貫して中国が中国の海として支配していたとはいえないのではないか。Cf. Nong Hong, *UNCLOS and Ocean Dispute Settlement - Law and Politics in the South China Sea*, (Routledge, 2012), p. 6.
61) 2012年1月6日付『中国新聞網』における易先良中国外交部海与海洋事務副司長発言。
62) この観点からの分析は、すでに西本によって、「国際法における歴史的水域の法理」および「歴史的水域の法理に照らした九段線の評価」の観点からの詳細な分析があり、まさしく屋上屋を架するものであるが、筆者の理論的整理のため改めて行うことをご容赦いただきたい。詳しくは、西本「前掲論文」（注12）238-246頁。
63) U.N. Secretariat, Judicial Regime of Historic Waters, including Historic Bays, Document A/CN.4/143, *YILC* 1962, Vol. II, pp. 1-26.

文書を公表した。そこでは、「歴史的水域」として権原を主張するための要素として、①主張される海域に対する権限 (authority) の行使、その際、(a) 行使された権限の範囲、(b) それによって権限が行使された行為 (acts)、(c) 行使された権限の実効性 (effectiveness) を考慮要素とし、さらに、②権限の行使の継続性、すなわち慣行 (usage)、③外国の態度、④主張される海域における沿岸国の死活的利益 (vital interests) の問題、⑤2以上の国に属する沿岸の「歴史的水域」の問題を挙げている[64]。

第1の権限の行使については、水域に対する主権を主張する場合には主権の行使が行わなければならないとする (85項)。国家の主権意思の表明は、ジデルによれば、「ある海域からの外国船舶の排除または航行の利益のためになされた通常の規制範囲を越えた沿岸国が科した規則に外国船舶を服せしめること[65]」が証拠とされるが、それに限られないとする (89項)。また、ブールカン (M. Bourquin) によれば、「主権は実効的に行使されなければならず、国家の意思は行為によって表明されなければならず、単なる宣言では足りない[66]」とする (98項)。中国の「九段線」の主張は、この点でも問題である。

第2の慣行については、時間の経過が重要であるとされる。国家は相当な期間、その海域に対して主権の行使を継続しなければならないとされる (103項)。

第3の外国の態度については、ある学者は歴史的権原の成立のためには他の国の黙認 (acquiescence) が必要であると主張するが[67]、他の学者は他の国による反対の欠如 (absence of opposition) で十分であると主張する[68]。この問題は、中村がすでに指摘していたように、「国家の一方的行為の継続的な事態だけで、歴史的権原が形成されうるか。それとも、国家の慣行は、他国によって承認

---

64) *Ibid.*, pp. 13-20.
65) Gidel, *supra* note 31, p. 633.
66) Maurice Bourquin, "Les baies historiques" in Mélanges Georges Sauser-Hall, 1952, Publication des Facultés de Droit de Genève et de Neuchâtel, p. 43.
67) 1930年のハーグ法典化会議において日本は、長期にわたり確立され、かつ普遍的に承認された慣行という条件の下で、歴史的湾を認めるとの提案を行ったことがあるが、採択されなかった。中村洸「歴史的湾の制度・その法典化の構想―歴史的湾に関する覚書に関連して―」『法学研究』第32巻9号 (1959年) 16頁。
68) *YILC* 1962, Vol. II, *supra* note 63, p. 13, para. 80.

されるのでなければ、歴史的権原の形成を完成しえないものか[69]」という重要な問題を孕んでいる。換言すれば、歴史的水域であるためには、他国の「承認」という積極的事実が必要なのか、他国による「非抗争性（incontesté）」という消極的事実で足りるのかという問題である[70]。ICJ は、1951 年のノルウェー漁業管轄権事件で、ノルウェーの歴史的権原を論じた際、「ノルウェーの実行に関する外国の一般的容認（general toleration）は、誰もが認める事実である[71]」と判示して、「容認（toleration）」という用語を使用した（111 項）。

第 4 の沿岸国の死活的利益について、国連事務局は、長期の慣行のみでなく、沿岸国の地理的構造、自衛の要件または他の死活的利益といった他の「特殊の事情」に基づきうるとの学者や政府の見解があることを指摘する（134 項）[72]。しかし、歴史的要素がまったく存在しない場合には歴史的権原は正当化されないとし、領海に関する条約において、「歴史的湾」の立場を維持することは理にかなっているが、「死活的湾」を主張する権利を当事国に与えることは、湾の定義または境界に関する条約の規定の有用性をこわすことにつながるとして（140 項）、国連事務局はこの要件について否定的態度をとっている。

なお国連事務局は、上記に示された 3 つの要件（歴史的水域と主張する海域における権限の行使、権限行使の継続性および外国の態度）については、「かなりの一般的合意が存在するものと思われる[73]」（80 項）と指摘するとともに[74]、ノル

---

69) 中村「前掲論文」（注 24）14 頁。
70) 継続的慣行と非抗争性の 2 要件は、ルソーによって主張された。C. Rousseau, *Droit International Public*, (Recueil Sirey, 1953), p. 441. 1966 年に発生した衝突事案であるテキサダ号事件においては、瀬戸内海が日本法令が適用される内水かそうでない公海かが争われたが、大阪高裁は、「国際慣習法上、その水域につき沿岸国が長年にわたる慣習においてこれを領域として取扱い、有効に管轄権を行使し、これに対して諸外国も一般に異議を唱えていない場合には、既述のような一定幅員の要件を具備していなくても、いわゆる歴史的水域として内水たる地位を有する」と判示し、非抗争性要件を採用した。「諸外国からとくに争われていないという消極的事実をもって足りると解するのが相当である」と判示したのである。詳しくは、湯山「前掲論文」（注 23）1686-1688 頁。
71) *ICJ Reports 1951*, p. 138.
72) 中村によれば、「死活の利益が、歴史的権原の唯一のかつ可能な形成要素であるという考え方は、主として中南米の学者によって唱導された観念である。…継続的かつ超記憶的慣行のない場合に、自衛または中立、通航の確保並びに沿岸警察役務のために不可避的に必要である場合に、その必要性が、歴史的権原の形成に役立つことを強調した」と述べる。中村「前掲論文」（注 24）15 頁。
73) *YILC* 1962, Vol. II, *supra* note 63, p. 13, para. 80.
74) チャーチル（R. Churchill）とロウ（V. Lowe）は、ICJ はフォンセカ湾事件で、これら 3 つの基準を

ウェー漁業事件 (1951 年) で、両紛争当事国は、「立証の条件や性質について合意しなかったけれども、立証責任は歴史的権原を主張する国にあることに同意した[75]」ことを示していると結論した。それでは、中国は、歴史的水域または歴史的権利という歴史的権原の立証を十分に行っているといえるだろうか。

九段線の場合、最近でこそ、九段線に付随する中国による管轄権の行使がみられるものの、歴史的水域と主張するにはあまりにも遅いといわざるを得ない。また、前述したフィリピン、ベトナムおよびインドネシアの口上書に見られるように、もっとも影響を受ける国の抗議にさらされている[76]。その意味で、歴史的水域と認められるための要件を満たしていないといえる。そもそも、九段線という広大な海域に対する歴史的水域または歴史的権利の主張に対して隣接国が黙認すると考える方が非現実的であろう[77]。2013 年に提起された比中仲裁裁判は、まさしくそれを争う裁判であった。

4　比中仲裁裁判所の判決

(1) 訴訟の提起

2013 年 1 月 22 日、フィリピンは中国を相手どって、海洋法条約第 15 部の義務的紛争解決手続に基づく附属書Ⅶの仲裁裁判に付託した[78]。同年 4 月 26 日、国際海洋法裁判所は、5 名の仲裁裁判官 (メンサ (Thomas A. Mensah) (裁判長)、コット (Jean-Pierre Cot)、ポーラク (Stanislaw Pawlak)、スーンズ (Alfred H.A. Soons) およびウォルフラム (Rüdiger Wolfrum)) を指名した。なお、中国が仲裁手続に応じない姿勢を示したため、本来、中国が任命すべき 2 名の仲裁裁判官は、附属書Ⅶ第 3 条に基づき柳井俊二海洋法裁判所所長 (当時) が任命した。中国は敗訴後、この指名を政治的陰謀かのように非難するが、指名は条文に基づくものにす

　暗黙のうちに受け入れたとの評価を下している。R. R. Churchill and A. V. Lowe, *The Law of the Sea*, 3rd ed., (Manchester University Press, 1999), p. 44.

75) *YILC* 1962, Vol. II, *supra* note 63, p. 21, para. 152.
76) Symmons, *supra* note 3, p. 232.
77) *Ibid.,* p. 208.
78) 詳しくは、田中則夫「国連海洋法条約附属書Ⅶに基づく仲裁手続―フィリピン v. 中国仲裁手続を中心に―」浅田正彦・酒井啓亘・加藤信行編『国際裁判と現代国際法の展開』(三省堂、2014 年) 191 頁以下参照。

ぎない。

　これに先立つ 2006 年 8 月 25 日、中国は、海洋法条約第 298 条 1 項 (a)、(b) および (c) に定める紛争につき義務的紛争解決手続から除外する旨の宣言を国連事務総長に寄託した[79]。その結果、(a) 項 (i) にあるように、「海洋の境界画定に関する第 15 条、第 74 条及び第 83 条の規定の解釈若しくは適用に関する紛争又は歴史的湾若しくは歴史的権原に関する紛争」および「軍事的活動（非商業的役務に従事する政府の船舶及び航空機による軍事活動を含む。）に関する紛争」について、附属書Ⅶに定める仲裁手続で解決する途を閉ざされていることになる。

　フィリピンはこの管轄権の制限をかいくぐるために、中国は九段線内のすべての水域に主権的権利や管轄権を主張するが、こうした権利は島を含む陸地から測られた水域に対してのみ主張できるとして、中国が実効支配している南沙諸島の礁や低潮高地は領海や排他的経済水域、さらには大陸棚をもたず、スカボロー礁などは「人間の居住または独自の経済的生活を維持することのできない岩」（第 121 条 3 項）であるので、領海しか持ちえないとして、九段線による水域設定は海洋法条約に違反していると宣言するよう裁判所に求めた。つまり、海洋法条約の解釈・適用をめぐる紛争、いわゆる権原取得紛争（entitlement dispute）として提起した[80]。領有権紛争（sovereignty dispute）や海洋境界画定紛争（maritime delimitation dispute）ではなく、海洋法条約に基づき EEZ や大陸棚を有することができる島なのか、それとも第 121 条 3 項でいうそれらを有しない岩なのかを争う権原取得紛争として紛争をフォーミュレートしたのである。海洋法条約には領有権に関する規定が存在しない以上、領有権紛争として提起できないのはもちろん、海洋境界線を決定する境界画定紛争は選択的除外がなされているからである。

　いうまでもなく、領海、接続水域、EEZ および大陸棚をもつためには、島でなければならない。海洋法条約は、「島とは、自然に形成された陸地であって、水に囲まれ、高潮時においても水面上にあるものをいう」（第 121 条 1 項）

---

[79] http://www.un.org/Depts/los/convention_agreements/convention_declarations.htm, p. 19.
[80] 中国や韓国は、沖ノ鳥島は海洋法条約第 121 条 3 項にいう「岩」であると主張しており、今回の判決は、第 121 条 3 項にいう「人間の居住」要件と「独自の経済的生活」要件をかなり厳しく解釈しており、日本の沖ノ鳥島の法的地位に影響を与える可能性がある。この点の検討は、別稿に譲りたい。

と定義している。さらに、海洋法条約第13条は、「低潮高地とは、自然に形成された陸地であって、低潮時には水に囲まれ水面上にあるが、高潮時には水中に没するものをいう」(1項)とした上で、「低潮高地は、その全部が本土または島から領海の幅［12海里］を超える距離にあるときは、それ自体の領海を有しない」(2項)と規定している。そこでフィリピンは、「中国とフィリピンの双方が主張している特定の海洋の地形は、海洋法条約第121条に基づけば、島、低潮高地または水面下の堆のいずれであるのか、また、それらは12海里を超える海洋区域に対する権原を生み出し得るものかどうかについて決定すること[81]」を仲裁裁判所に求めたのである。

フィリピンは、裁判所に以下の15の申立を行った。

1. 南シナ海における中国の権原取得は海洋法条約で許容された権原取得を超えることはできない。
2. 南シナ海における中国の主権的権利および管轄権を含む、九段線内の『歴史的権利』の主張は海洋法条約に違反しており、条約上の権限取得を超える限りで法的効果を有さない。
3. スカボロー礁は、EEZまたは大陸棚への権原取得を生まない。
4. ミスチーフ礁、セカンド・トーマス礁およびスービ礁は低潮高地であり、領海、EEZまたは大陸棚への権原取得を生まない。占有による取得はできない。
5. ミスチーフ礁およびセカンド・トーマス礁は、フィリピンのEEZまたは大陸棚の一部である。
6. ガベン礁、ケナン礁およびヒューズ礁は低潮高地であり、領海、EEZまたは大陸棚に対する権原取得を生ぜしめない。
7. ジョンソン礁、クアテロン礁、ファイアリー・クロス礁は、EEZまたは大陸棚に対する権原取得を生み出さない。
8. 中国は、フィリピンによるEEZおよび大陸棚の生物・非生物資源に対する主権的権利の享受およびその行使に対して違法に干渉している。
9. 中国は、フィリピンのEEZにおける自国民および船舶による生物資

---

81) Republic of Philippines, Department of Foreign Affairs, Notification and Statement of Claim, Manila, 22 January 2013, pp. 2-3, para. 6.

源の開発を違法に妨げている。
10. 中国は、スカボロー礁における伝統的漁業活動に介入し、フィリピンの漁民が生計を立てるのを違法に妨げている。
11. 中国は、スカボロー礁、セカンド・トーマス礁における海洋環境を保護および保全する海洋法条約上の義務に違反している。
12. 中国は、ミスチーフ礁において占領と建設活動を行っているが、(a) 人工島、施設および構築物に関する条約規定に違反している。(b) 海洋環境の保護・保全義務に違反している。(c) 海洋法条約に違反する占有という違法行為を行っている。
13. 中国は、スカボロー礁近海で、フィリピン船舶に衝突する危険のある方法で法執行船舶を運用しており、海洋法条約上の義務に違反している。
14. 中国は、セカンド・トーマス礁において、紛争を違法に悪化し拡大させている。(a) 同礁水域と隣接水域でフィリピンの航行権に干渉している。(b) 同礁のフィリピンの人員の交代・補給を阻害している。(c) 同礁に駐留するフィリピン人の健康と安寧を危険にさらしている。
15. 中国はさらなる違法な請求および行動を慎まなければならない[82]」

　フィリピンは、その「請求の通告と内容」において、九段線が海洋法条約に違反していると次のような主張を行った。「中国は、1996年6月の中国による海洋法条約の批准、ならびに、締約国はこの条約により負う義務を誠実に履行すると定める第300条の規定にもかかわらず、実質的には南シナ海の全体を包含するいわゆる『九段線』内にある広大な海洋区域に対して『主権』および『主権的権利』を主張している。中国は、『九段線』内の海域および海底のすべてに対する主張を行うことにより、フィリピンのルソン島およびパラワン島の沿岸沖50海里の内側までみずからの海洋管轄権を拡大し、海洋法条約に違反し、フィリピンのEEZおよび大陸棚に対する権利を含め、同条約に基づくフィリピンの権利の行使を妨害している[83]」と主張し、「さらに、『九段線』に

---

[82] *Ibid.*, pp. 12-14, para. 31 and pp. 17-19, para. 41.
[83] *Ibid.*, p. 1, para. 4. 田中「前掲論文」(注78) 198-199頁。「請求の通告と内容」の内容については、主として田中訳に依った。

よって囲まれた海洋区域において、条約に基づき島として認められない特定の水面下の堆、礁および低潮高地を占有し、それらの上に建造物を構築し、フィリピンの大陸棚または深海底の一部に対して権利を主張している[84]」と述べた上で、「『九段線』に基づく中国の主張は条約と合致せず、それゆえ無効であると宣言すること[85]」を仲裁裁判所に求めたのである。なお、低潮高地が、島とは異なり、占有の対象とならないことは、ICJ のいくつかの判決（カタールとバーレーン間の海洋境界画定および領土問題事件[86]（2001年）、ペドラブランカ（プラウバトゥプテ）、ミドル・ロックスおよびサウス・レッジに対する主権事件[87]（2008年）および「領土および海洋紛争」事件[88]（2012年））において確立しているといえる[89]。

　これに対して中国は、裁判に欠席戦術を取り、管轄権を争う先決的抗弁も、本案に関する答弁書も提出せず、口頭弁論にも欠席した。他方で、前述の中国外交部の「立場声明」において、「中国は南シナ海の諸島（東沙諸島、西沙諸島、中沙諸島および南沙諸島）および隣接水域に対する争いえない主権を有する。中国の南シナ海における活動は 2000 年前に遡る。中国は、南シナ海の資源を発見し、名づけ、探査しおよび開発した最初の国であり、継続してそれらに対して主権的権力を行使してきた最初の国である[90]」と主張し、「フィリピンの請求主題は、本質的に南シナ海のいくつかの海洋地形の領域主権の問題であり、海洋法条約の範囲を超えており、同条約の解釈または適用に関係しない。したがって、仲裁裁判所はフィリピンの請求に対して管轄権を有しない[91]」と述べて、法廷外で裁判所の管轄権を争う姿勢を見せた。

---

84) *Ibid.*, pp. 1-2, para. 3.
85) *Ibid.*, p. 2, para. 6.
86) *Maritime Delimitation and Territorial Questions between Qatar and Bahrain (Qatar v. Bahrain)*, ICJ Reports 2001, p. 102, para. 206-208.
87) *Sovereignty over Pedra Branca/Paulau Batu Puteh, Middle Rocks and South Ledge (Malasia/Singpore)*, ICJ Reports 2008, pp. 99-101, paras. 291-299.
88) *Territorial and Maritime Dispute (Nicaragua v. Columbia)*, ICJ Reports 2012, p. 641, para. 26.
89) 詳しくは、西本「前掲論文」（注 12）11-13 頁参照。
90) Position Paper of the Government of the People's Republic of China on the Matter of Jurisdiction in the South China Sea Arbitration Initiated by the Republic of the Philippines, 7 December 2014, para. 4. http://www.fmprc.gov.cn/mfa_eng/zxxx_662805/t1217147.shtml
91) *Ibid.*, para. 9.

第6章　九段線の法的地位　187

　また、「フィリピンの請求の第2の類型に関して、中国は南シナ海におけるいくつかの海洋地形の性質と海洋上の権原は主権の問題と離れて考察できないと信ずる。第1に、海洋地形に対する主権を決定することなしに、地形に基づく海洋上の主張が海洋法条約に適合するかどうかを決定することは不可能である[92]」とした上で、「第2に、南沙諸島に関して、フィリピンは2、3の海洋地形のみを選択し、仲裁裁判所に対してその海洋上の権限取得を決定するよう要請している。これは、本質的に南沙諸島全体に対する中国の主権を否定する試みである[93]」とし、「最後に、低潮高地が占有されるかどうかは、明らかに領域主権の問題である[94]」と述べて反論した。そして、「中国は常に、国際法に従って南シナ海におけるすべての国の航行と上空飛行の自由を尊重していることが特に強調されるべきである[95]」と付け加えた。

　さらに、「領域主権および海洋上の権利に関して、中国は常に直接の関係国の間で交渉を通じて平和的に解決されるべきだと主張してきた。本件において、友好的協議と交渉を通じて南シナ海における紛争を解決するとの長年の合意が中比間に存在する[96]」とした上で、「1995年8月10日の南シナ海の協議と他の協力分野に関する中比間の共同声明で、双方が『平等と相互尊重を基礎に協議を通じて平和的にかつ友好的な方法で解決される』との原則を『遵守することに合意した』[97]」ことを挙げ、さらには、2016年6月8日の「南シナ海の中比紛争の解決に関する中国外務省の声明」において、2002年の「行動宣言」で「関係国が友好的な協議と交渉を通じ、平和的に領土や管轄権の紛争を解決する」と約束し、また2011年9月1日の「中比共同声明」で交渉を通じて紛争を解決することを改めて約束していたにもかかわらず、一方的に提訴したフィリピンの行為はこれに反する重大な背信行為であると主張した。さらに一方的提訴は、両国が交渉を通じて解決するとの明確な選択をしている以上、海洋法条約第280条の「この部のいかなる規定も、この条約の解釈又は適用に関

---

92) *Ibid.*, para. 15-16.
93) *Ibid.*, para. 19.
94) *Ibid.*, para. 23.
95) *Ibid.*, para. 28.
96) *Ibid.*, para. 30.
97) *Ibid.*, para. 31.

する締約国間の紛争を当該締約国が選択する平和的手段によって解決することにつき当該締約国がいつでも合意する権利を害するものではない」との規定、また第281条の「この条約の解釈又は適用に関する紛争の当事者である締約国が、当該締約国が選択する平和的手段によって紛争の解決を求めることについて合意した場合には、この部に定める手続は、当該平和的手段によって解決が得られず、かつ当該紛争の当事者間の合意が他の手続の可能性を排除していないときに限り適用される」との規定に違反していると主張する[98]。また、第283条の意見交換の義務にも違反していると主張した。そして結論として、「中国政府は仲裁裁判を受け入れないし、参加しないとの確固たる立場を繰り返すとともに、仲裁裁判所は本件に関する管轄権を有しない[99]」と主張した。そして最後に、「フィリピンによる本仲裁裁判の一方的提訴は、中国の南シナ海の島と隣接水域に対する主権という歴史と事実を変更しない[100]」と付け加えた。

(2) 管轄権判決

フィリピンは先の15項目における主張を提起したが、仲裁裁判所は全員一致で、2015年10月29日、判決において以下の認定を行った。

A．仲裁裁判所は海洋法条約附属書Ⅶに従って適切に組織されている。

B．本件審理に対する中国の不出廷は、仲裁裁判所の管轄権を奪うものではない。

C．本件仲裁を開始したフィリピンの行為は、手続の濫用を構成しない。

D．その不在が仲裁裁判所の管轄権を奪うような不可欠な第三国は存在しない。

E．2002年の中国・ASEAN間の南シナ海における当事国の行動宣言、本判決231項から232項で言及されている当事国の共同声明、南シナ海における友好協力条約および生物多様性条約は、海洋法条約第281条または第282条の下で、海洋法条約第15部2節において利用可能な強制的

---

98) *Ibid.*, para. 43.
99) *Ibid.*, para. 86.
100) *Ibid.*, para. 93.

な紛争解決手続に訴えることを排除しない。
F．当事国は、海洋法条約第283条で要求されている意見の交換を行った。
G．仲裁裁判所は、本判決第400、401、403、404、407、408および410項に示された条件に従い、フィリピンの申立3、4、6、7、10、11および13を検討するための管轄権を有する。
H．仲裁裁判所がフィリピンの申立1、2、5、8、9、12および14を検討するための管轄権を有するか否かの決定は、もっぱら先決的な性質を有するものでない争点の検討を含むものであるため、当該申立について判断を下す管轄権の検討を本案に留保する。
I．フィリピンの申立15の内容を明確にし、その射程を狭めるよう、同国に命じた上で、申立15についての仲裁裁判所の管轄権に関する検討を本案に留保する。
J．本仲裁判決で決定されていないあらゆる争点についてのさらなる検討および命令を留保する[101]」(413項)

以上のように、仲裁裁判所は、管轄権に関する仲裁判決において、中国もフィリピンも海洋法条約の当事国であり、同条約における紛争解決手続に拘束されるとした上で、訴訟手続に参加しないという中国の決定が裁判所から管轄権を奪わないこと、一方的に仲裁裁判を開始したフィリピンの決定は紛争解決手続の濫用ではないと判決した。そしてフィリピンの請求を検討し、当事者間の紛争は実際には南シナ海の島々の主権に関する紛争なので、それゆえ裁判所の管轄権を超えているとの2014年12月に中国外交部が出した仲裁裁判所の管轄権を否定する「立場声明」の主張を退けた。

フィリピンは、口頭弁論において、「境界画定問題の解決は権原取得問題の事前の解決を要求しうるとの事実は、権原取得の問題は境界画定プロセスそれ自体の不可分の一部であることを意味しない[102]」と主張した。この口頭弁論において、フィリピンの弁護人を務めた米国のオックスマン(H. Oxman)は、日本の沖ノ鳥島に対する中国の主張を次のように紹介し、先の主張の補強とした。「中国は、その形状ゆえに沖ノ鳥島に関して日本は大陸棚に対する権原

---

101) *Award on Jurisdiction and Admissibility*, 29 October 2015, p. 149, para. 413.
102) Hearing on Jurisdiction and Admissibility, Day 2 (8 July 2015), p. 46.

を有しないとし、『その自然の状態において』海洋法条約第 121 条 3 項の意味での岩であると主張した。中国の沿岸は沖ノ鳥島から遥かに離れている。中国との境界画定の問題は伴わない。むしろ中国は、海洋法条約第 121 条 3 項の適用は『国際社会全体の利益に関連しており、一般的性質をもつ重大な法的問題である』と述べている。このように、中国は、一方で権原取得の、他方で境界画定の間の根本的な区別を認めている[103]」と指摘した。先のフィリピンの主張に対して、仲裁裁判所は、「海域に対する権原の存在に関する紛争は、当事国の権原が重複する区域におけるこれらの海域の境界画定に関する紛争とは区別される。……海洋境界は向かい合っているかまたは隣接している海岸を有する国および権原が重複する国の間においてのみ画定されうる。これに対して、権原があると主張される紛争は重複がなくても存在しうる[104]」と述べて、当事者間の紛争は実際には海洋境界画定紛争であり、2006 年の中国の選択的除外宣言によって裁判所の管轄権はないとの中国の主張を否定した。逆に裁判所は、フィリピンが提出した各請求は海洋法条約の解釈適用をめぐる両国間の紛争を反映していると判断した。

　さらに、海洋法条約に規定する裁判所の管轄権行使の前提条件に関して、2002 年の中国と ASEAN との行動宣言がもっぱら交渉を通じて南シナ海における紛争を解決する合意を構成する、という中国の「立場声明」を否定した。裁判所は、当該行動宣言は法的に拘束的であることを意図しない政治的合意であり、当事者間の合意を通じて紛争の解決に優先権を与えるという海洋法条約の関連規定に関連しないとした。裁判所は同様に、中国とフィリピンによる他の合意および共同声明は、フィリピンが中国との紛争を、海洋法条約を通じて解決するよう求めることを排除しないと判決した。さらに裁判所は、当事者は紛争の解決につきを意見を交換し、海洋法条約と一般国際法が要求する程度に中国に交渉を求めるという海洋法条約の要件をフィリピンは満たしていると判示した。

　フィリピンの弁護人であるライクラー (Paul Reichler) は、口頭弁論において、「中国は、他の沿岸国を排除して、九段線によって囲まれたいわゆる『関連水域』

---

103) *Ibid.*, pp. 41-42.
104) *Award, supra* note 101, p. 61, para. 156.

において生物資源および非生物資源を開発する独占的権利があるとし、中国はこの海域において単に主権のみでなく主権的権利と管轄権を有すると主張している」。つまり、「中国の主張は生物資源および非生物資源に対する排他的権原である[105]」と主張した。

なお、仲裁裁判所は、この「九段線」に基づく南シナ海における中国の海洋主張は海洋法条約に違反し無効であるとのフィリピンの主張については、本案判決において判断するとして管轄権の問題を留保した（他の7項目も同様）。先の中国の選択的除外により、「歴史的権原」に関する紛争については仲裁裁判所の管轄権は発生しないので、裁判所には中国が主張する「歴史的権利」の性質を決定する必要がある。仮に歴史的権利が歴史的権原に包摂されるならば、管轄権は存在しないことになる。中国が9つの破線で示している九段線の内容が、フィリピンが主張するような内容を含み、それが歴史的権利として正当化されるのかという問題は、本案に持ち越されたのである。

他方、ミスチーフ礁、スービ礁、ガベン礁、ケナン礁などは低潮高地であり、領海、EEZ、大陸棚の権利は発生しないなどとするフィリピンの7つの主張について裁判所の管轄権を認めた。仲裁裁判では、フィリピンは前述した礁以外に、ジョンソン南礁、クアテロン礁、ファイアリー・クロス礁には排他的経済水域や大陸棚の権利は発生しないと個々の礁の権原を取り上げている。フィリピンの弁護人であるサンズ (Peter Sands) は、口頭弁論において、「低潮高地は、ある程度の人の操作に服することによって、『岩』や『島』になることはできない。同様に、『岩』は人間の介入によって『島』に昇格できない[106]」と主張し、人工島の建設を進める中国を牽制した。

管轄権判決が下された直後の10月30日、中国外交部は、「南シナ海の管轄権および受理可能性に関してフィリピンの要請によって設立された仲裁裁判所による2015年10月29日に下された判決は、無効 (null and void) であり、中国に対して拘束力を有しない」とし、「中国は同国に課されるいかなる解決も、

---

105) Hearing on the Merits and Remaining Issues of Jurisdiction and Admissibility, Day 1 (24 November 2015), p. 27.
106) *Ibid.*, Day 2 (25 November 2015), p. 27.

また第三者の紛争解決機関へのいかなる一方的付託も受け入れない[107]」との声明を出した。さらに、本案判決を前にして、中国は議論の補強を行っている。中国国家海洋局海洋発展戦略研究所の張頴は、2015年10月15日の「中国海洋報」に掲載した「南沙群島の法的地位の分析」と題する論文において、2014年の中国外交部の「立場声明」の議論をさらに深化させ、フィリピンは個々の礁の権原問題を裁判で取り上げているが、南沙諸島は群島であり統一体として取り扱うべきだとの主張を展開している。同氏によれば、中国の遠洋群島である南沙諸島は、宋の時代から、「千里長沙」、「万里石塘」という表現で一つの地理的、経済的および政治的単位とみなされており[108]、南沙諸島は分割できない統一体として取り扱われるべきであり、海洋法条約にいう「群島」(46条(b)項)の定義に合致し、直線基線を引けると主張する。しかし、こうした直線基線はフィリピンやインドネシアなど「全体が一または二以上の群島から成る国」(同条(a)項)に認められる群島基線にほかならず、大陸国家である中国に適用するには無理がある。いずれにしても、張頴は、群島は、他の島嶼と同様に、EEZおよび大陸棚等の管轄海域を画定する権利を有すると主張している[109]。

　本案判決を間近に控えた2016年6月10日に中国外交部のＨＰに掲載された中国国際法学会が発表した「フィリピンが申し立てた南シナ海仲裁事案の仲裁裁判所による判決は法的効力をもたない」と題する声明においても、この立場が採用され、第1に、フィリピンは個々の島・礁の地位および海洋の権利について訴訟を提起しているが、中国は南沙諸島全体に対し、領土主権と海洋の権利を有するとの主張を繰り返している。注目されるのは、同声明では、仲裁裁判所は、中比間の紛争は海洋法条約の枠組みの下での「歴史的権利」に関わる紛争であると指摘したが、「歴史的権利」は海洋法条約締結以前にすでに存在し、それは慣習国際法を含む一般国際法の基礎の上に確立され、規

---

107) http://www.fmprc.gov.cn/mfa_eng/zxxx_662805/t1310474.shtml.
108) 歴史学者である李国強中国社会科学院中国辺境研究所研究員は、5月24日付の『人民日報』に「中国が南シナ海の諸島に主権を有している歴史的事実は争う余地がない」との論文を寄稿し、南シナ海の島・礁を「石塘」と命名した最も古い史籍は、宋代の文献『宋会要』であり、また13世紀初頭の『瓊管志』は初めて南シナ海の島・礁をそれぞれ「千里長沙」、「万里石塘」と呼んでいたことを明らかにしている。
109) 張頴「南沙群島の法的地位の分析」『中国海洋報』(2015年10月15日)。

範化されており、海洋法条約と並行する形で運用され、海洋法条約の解釈・適用とは関係がないとの主張が行われていることである。第2に、仲裁裁判所が、本質上、領土主権の問題に属する事項を管轄するのは、海洋法条約の範囲を越えているとして、同裁判所の管轄権判決を批判する。仲裁裁判所がフィリピンのすべての請求はいずれも主権問題に関わらないと判決したことは、国際法上の「陸が海を支配する」との原則に違反し、また海洋法条約の海洋の権利に関する規定にも合致しないと主張する。低潮高地が領土といえるかどうかそれ自体が領土主権の問題であり、島・礁の帰属問題がいまだ解決されていない状況下で、仲裁裁判所がフィリピンの訴訟請求をいきなり処理することは本末転倒であるとした。また、フィリピンの第8項から第14項の請求は中国の南シナ海での活動が合法であるかどうかに関係している。しかし、実際には、中国の関連活動が合法か否かを決定するには、まず関係活動が所在する海域の権利帰属の問題を判断しなければならず、海域の権利帰属は主に陸地の領土主権に基づいて確定されるのである。関連の島・礁の帰属を先行して判断しなければ上記の請求を処理することはできないと反論する。第3に、仲裁裁判所は、中比間に海洋境界画定の紛争が存在することを無視し、海洋法条約第298条の条文を曲解し、管轄権と海洋境界画定に関する事項について権限を踰越したと非難する。海洋地形の地位およびその海洋の権利を確定するいかなる行為も必然的に中比間の今後の海洋境界画定に影響を与えることになるというのである。同学会によれば、「海洋境界画定に関する紛争」は「海洋境界画定自体の紛争」を含むが、それのみに限られない。仲裁裁判所は、この条文を「海洋境界画定自体の紛争」であると狭く解釈し、島・礁の地位およびその海洋の権利と海洋境界画定の間の客観的なつながりを引き裂こうとしていると非難した[110]。

　この点は、中国海洋法学会が同年5月30日に発出した「フィリピン共和国が一方的に提起した南シナ海仲裁裁判に関する中国海洋法学会の声明」でも、「海洋の境界画定は一つのシステムであり、関連の島・礁の法的地位と海洋の権利を決定することは、海洋境界画定の不可分の内的構成部分である。国際法の権威ある学者であり、本事件の仲裁裁判官を務めているスーンズは、二

---

110) http://www.fmprc.gov.cn/web/zyxw/t1371204.shtml.

国間に重複海域がある場合、関連の島・礁の法的地位および海洋の権利の問題は海洋境界画定紛争から独立して存在せず、それらは海洋境界画定の不可分の一部を構成していると指摘した。仲裁裁判所は中国の選択的除外宣言を無視し、かたくなに中比が境界画定交渉を行う前に、中比の海洋境界画定に関連する島・礁の法的地位の問題を処理しようとしており、中比の海洋境界画定紛争の解決に直接介入して、事実上、当事国の交渉と合意形成の権利を奪った」と非難している。そして、「中国海洋法学会は、中国政府が自国の主権、領土保全と海洋権益を守るため、国際法に反する上記の不公正、不合理の判断を受け入れず、認めないことを支持する[111]」と表明している。

なお、高之国海洋法裁判所判事と賈兵兵は、中国の主張は、エリトリア・イエメン事件で議論されたように、領域の占有を通じて潜在的に確立されうる歴史的権原にも基づかせることができると説明している。彼らは、ICJ は、チュニジア・リビア大陸棚事件において資源のアクセスが中心的問題であった海洋請求の文脈において歴史的漁業権の重要性を示したとして、南シナ海における紛争は、まさしくこうした類の紛争であると位置付けている[112]。

(3) 本案判決

2016 年 7 月 12 日、仲裁裁判所は、フィリピンの主張を認める画期的判決を下した。管轄権判決の段階で留保していた第 298 条 1 項 (a)(i) の歴史的権原に関する中国の選択的除外について、裁判所はまず、「裁判所が認識する限り、中国はみずからが主張する歴史的権利の性質または範囲を明示に明らかにしていないし、『九段線』の意味に関するみずからの理解も明らかにしていない。しかしながら、一定の事実が確立されている[113]」(180 項) との認識を示した上で、「フィリピンによれば、海洋法条約第 298 条における管轄権の例外は『歴史的湾または権原』を伴う紛争に限定される。さらにフィリピンは、『第 298 条で用いられている「歴史的権原」の概念は特定的かつ限定的意味を有す

---

111)「フィリピンの一方的提訴による南シナ海仲裁裁判に関する中国海洋法学会の声明」新華社電 2016 年 5 月 30 日。
112) Gao and Jia, *supra* note 10, pp. 121-122.
113) *The South China Sea Arbitration Award of 12 July 2016*, p. 71, para. 180.

る。すなち、主権の主張それ自体を許すような沿岸域のみに関係する』と主張する。……そのようなものとして、フィリピンは『九段線によって囲まれた区域内の中国による『歴史的権利』の主張は第298条1項(a)(i)によってカバーされない』と主張する[114]」(191項)。「いずれにしても、フィリピンは南シナ海の地形に対する中国の歴史的主張は、2009年まで[坂元注：中国は2009年の口上書で初めて「関連水域並びにその海底およびその下に対する主権的権利および管轄権を享受する」との主張を開始した]、領海を超える水域に対する主張を含んでいなかったと主張する[115]」(199項)と述べて、フィリピンの主張を整理した。

その上で裁判所は、「中国が南シナ海で権利を主張しているという単なる事実は、中国がそれらの権利が『九段線』に由来すると考えていることを示すものではない。しかしながら、中国が海洋法条約に基づいて主張されうる最大限の権原取得を超える区域で権利を主張する場合、裁判所はかかる主張は海洋法条約とは無関係に生ずる権利の主張を示すと考える[116]」(207項)と述べた上で、「要するに、中国の行動に基づけば、裁判所は、中国は『九段線』内の生物資源および非生物資源に対する権利を主張していると理解するが、(島から生まれる領海は別にして)それらの水域が領海または内水を形成するとは考えない。そこで、裁判所は、かかる主張に関する紛争が海洋法条約第298条1項(a)(i)における『歴史的湾または権原』の強制的管轄権の除外に該当するかどうかを検討する[117]」(214項)と述べる。

そして裁判所は、「『歴史的権利』という用語は、その性質上一般的であり、特定の歴史的事情抜きに国際法の一般規則に基づいて通常は生じないであろう国家が有しうる何らかの権利を説明する。歴史的権利は主権を含みうるが、同様に、主権の主張を満たさない漁業権またはアクセス権といったより制限的な権利を含みうる。対照的に、『歴史的権原』はとくに陸地または海域に対する歴史的主権に言及する際に用いられる。『歴史的水域』は、典型的には内

---

114) *Ibid.*, pp. 79-80, para. 191.
115) *Ibid.*, p. 83, para. 199.
116) *Ibid.*, pp. 86-87, para. 207.
117) *Ibid.*, pp. 91-92, para. 214.

水または領海のいずれかの主張の海域に対する歴史的権原のための用語である。……最後に、『歴史的湾』は単にある国家が歴史的水域を主張する湾である[118)]」(225項)とした上で、「裁判所は、この用法は海洋法条約の起草者によって理解されており、したがって同条約第298条1項 (a)(i) における『歴史的権原』への言及は歴史的事情に由来する海域に対する主権の主張への言及である[119)]」(226項)と解釈した。

結論として、裁判所は、「第298条1項 (a)(i) における管轄権の除外は歴史的権原を伴う紛争に限定されており、中国は南シナ海の水域に対する歴史的権原を主張しておらず、むしろ権原に満たない一群の歴史的権利を主張していると結論して、裁判所はフィリピンの申立の1と2を検討する管轄権を有する[120)]」(229項)と判示した。

その後、裁判所は、中国の歴史的権利の主張について、次のように判断した。まず裁判所は、「海洋法条約は、海洋または海底を包含しうる海域の包括的な制度を規定し、かつ当該制度における限界を定めている[121)]」(231項)とした上で、「仲裁裁判所は、中国が南シナ海の九段線内の水域における生物資源および非生物資源に対する歴史的権利を主張しているものの、これらの海域が自国の領海または内水（島嶼によって生じる領海を除く。）の一部を形成するとは考えていないものと理解している点については、すでに明らかにした[122)]」(232項)。そこで、「仲裁裁判所は、海洋法条約に反し、かつ海洋法条約の発効前にすでに確立されていた資源に対する権利の保全を海洋法条約が許すかどうかを検討する[123)]」(235項)とする。その際、海洋法条約第311条や第293条1項に規定されている海洋法条約と国際法の他の規則の関係について検討する必要があるとした上で(235〜236項)[124)]、「海洋法条約のいずれの規定も、EEZの生物資源または非生物資源に対する歴史的権利の継続的存在について明示

---

118) *Ibid.*, p. 96, para. 225.
119) *Ibid.*, p. 96, para. 226.
120) *Ibid.*, p. 97, para. 229.
121) *Ibid.*, p. 97, para. 231.
122) *Ibid.*, p. 98, para. 232.
123) *Ibid.*, p. 98, para. 235.
124) *Ibid.*, pp. 98-99, paras. 235-236.

第6章 九段線の法的地位 197

に規定し、あるいはかかる存在を認めるものはない。同様に、海洋法条約のいずれの規定も、大陸棚、公海または深海底の生物資源または非生物資源に対して、国家が歴史的権利を維持することについて明示に規定し、あるいはかかる権利の維持を認めるものはない。したがって、仲裁裁判所が検討すべき問題とは、それにもかかわらず、海洋法条約はこうした歴史的権利の継続的運用を意図し、その結果中国の主張を海洋法条約と矛盾しないとみなすべきかどうかという点である[125]」(239項)とした。

　裁判所は、「生物資源または非生物資源に対する主権的権利という概念は、一般に当該資源に対して別の国が有する歴史的権利と対立するものであって、とくにかかる歴史的権利が排他的とみなされる場合はそうであり、中国はみずからの歴史的権利を排他的と主張しているように思われる[126]」(243項)とした上で、「中国の関連する権利が、九段線内の、すなわち他の解釈によればフィリピンの EEZ または大陸棚を構成することになる一部海域における生物資源および非生物資源に対する歴史的権利の主張を構成する限りにおいて、仲裁裁判所は中国のこの見解に賛成することはできない。海洋法条約は、同条約と一致しない歴史的権利を保全または保護するいかなる明示の規定も含んでいない。逆に、海洋法条約は、それに両立しない限度において、従前の権利や合意に優先する[127]」(246項)と判示した。「仲裁裁判所は、海洋法条約の本文および文脈は、現在、他の国家の EEZ および大陸棚の一部を構成している海域に対してある国家がかつて有していた可能性のあるいずれの歴史的権利にも明らかに優先すると考える[128]」(247項)と述べ、「中国の『九段線』内の生物資源および非生物資源に対する歴史的権利の主張は、海洋法条約が規定する中国の海域の限界を超える限度において海洋法条約と両立しないと結論する[129]」(261項)とし、「したがって、中国の海洋法条約への加入および同条約の発効により、『九段線』内の生物資源または非生物資源について中国が有していたかもしれないいずれの歴史的権利も、法の問題として、かつ中国とフィリピ

---

125) *Ibid.*, p. 100, para. 239.
126) *Ibid.*, p. 102, para. 243.
127) *Ibid.*, p. 103, para. 246.
128) *Ibid.*, p. 103, para. 247.
129) *Ibid.*, p. 111, para. 261.

ンの間において、海洋法条約が規定する海域の限度によって取って代わられた[130]」(262項)と結論した。

そして裁判所は、本章で取り上げている歴史的水域と歴史的権利の関係について次のような注目すべき判断を下した。仲裁裁判所は、前述した国連事務局による「歴史的水域(歴史的湾を含む。)の法制度」を取り上げ、「国際法における歴史的権利の形成過程は、国連事務局の1962年の歴史的水域(歴史的湾を含む。)の法制度にうまく要約されているが、権利を主張する国家による当該権利の継続的行使とそれにより影響を受ける他国の黙認が要求されることを想起する。その覚書は歴史的水域に対する主権という権利の形成を論じているが、裁判所が上記(225項)で述べたように、歴史的水域は単に歴史的権利の一形態に過ぎず、その過程は主権に満たない権利の主張と同様である[131]」と位置付けている。前述したように、裁判所は、「歴史的権利は主権を含みうるが、同様に、主権の主張を満たさない漁業権またはアクセス権といったより制限的な権利を含みうる。対照的に、『歴史的権原』はとくに陸地または海域に対する歴史的主権に言及する際に用いられる。『歴史的水域』は、典型的には内水または領海の主張のいずれかのような海域に対する歴史的権原のための用語である[132]」(225項)と定義していた。

仲裁裁判所は、シモンズとは異なり、歴史的権利をより大きな包摂的概念として捉え、歴史的権利は主権を含めうるとした上で、中国の主張は歴史的権利の一形態である歴史的水域と承認されるための要件を満たしていないとして、中国による「九段線」内における歴史的権利を否定したのである。この仲裁裁判所の解釈は、米国国務省の「歴史的主張は海域に対する主権の一つ(「歴史的水域」または「歴史的権原」)かもしれないし、あるいは海域に対するより弱い権利(「歴史的権利」)かもしれない[133]」という整理とも異なっている。裁判所がこうした論理を採用した背景には、南シナ海における中国による「九段線」内の歴史的権利の主張が、資源の排他性の主張をとっているからだと思われ

---

130) *Ibid.*, p. 111, para. 262.
131) *Ibid.*, p. 113, para. 265.
132) *Ibid.*, p. 96, para. 225.
133) Limits in the Sea, China: Maritime Claim in the South China Sea, No.143, p. 15.

る。そうした主張は、南シナ海沿岸国(または国際社会全体)に対する「対世的(*erga omnes*)」な効果を有しており、実質的に歴史的水域の主張と同じ効果をもつ以上、歴史的水域が承認されるための要件の当てはめを行ったと思われる。判決の実質的妥当性とは別に、今後、この判決の理由づけについて異論が惹起されるかもしれないが、歴史的権原に関する紛争について選択的除外を行っている中国に対して、歴史的権利が歴史的権原に包摂されるならば裁判所は管轄権を失う以上、裁判所としては歴史的権利をより大きな包摂的概念と整理せざるを得なかった事情があると思われる。

　最後に、結論として、裁判所は、「フィリピンの申立1と2は、南シナ海の海洋の権利と権原の淵源に関する1つの紛争の2つの側面に関連しており、かつ示している[134]」(276項)とした上で、「申立1に関して、上記に述べた理由により、裁判所は、フィリピンと中国の間で、海洋法条約はそこに課せられた限界を超えない限度で、南シナ海における海洋権原の範囲を定めていると結論する[135]」(277項)と判示した。「申立2に関して、上記に述べた理由により、裁判所は、『九段線』の関連部分によって囲まれた南シナ海の海域に関して、中国の歴史的権利、または他の主権的権利または管轄権に対する主張は海洋法条約に違反し、海洋法条約に基づく中国の海洋権原の地理的および実質的制限を超える限度で法的効果をもたないと結論する。裁判所は、海洋法条約は、それが課する制限を超える歴史的権利または他の主権的権利または管轄権に優先すると結論する[136]」(278項)と判示した。

　このように、比中仲裁裁判所の判決は、中国の「九段線」内の歴史的権利の主張を否定し、フィリピンの主張を認めることとなった。中国は仲裁裁判への出廷を拒否し、判決が下されても従わないことを明言している。仲裁判決は拘束力をもつものの(第296条1項)、判決を強制執行する仕組みが海洋法条約にはないため、判決が下されても中国がこれらの岩礁を実効支配する状況に変化は生じないと思われる。しかし、2016年4月11日に発表された「海洋安全保障に関するG7外相声明」が、「すべての国に、仲裁手続を含む適用可

---

134) *The South China Sea Arbitration*, Award, *supra* note 113 p. 116, para. 276.
135) *Ibid.*, p. 116, para. 277.
136) *Ibid.*, p. 117, para. 278.

能な国際的に認められた法的な紛争解決メカニズムの活用が法の支配に基づく国際秩序の維持及び促進に合致するとの認識の下、拘束力を有する関連の裁判所によって下されたあらゆる決定を完全に履行することを求める」と同時に、「南シナ海に関する行動宣言（DOC）全体としての完全かつ効果的な履行、及び効果的な行動規範（COC）の早期策定を求めた[137]」ことを改めて確認しておきたい。

5　おわりに

　南シナ海紛争の主題が領有権紛争であり、しかも領有権を主張している関係国が中国、フィリピンのみならず、ベトナム、マレーシア、ブルネイ、台湾など多数の国と地域にのぼっていることは考えれば、裁判という二辺的な紛争解決システムが南シナ海紛争の解決に寄与するかどうかは未知数といえる。ただ、今回の判決は、中国の「歴史的権利」のフィリピンに対する対抗力（opposability）を否定したのみならず、「対世的（erga omnes）」にかかる主張の法的根拠が海洋法条約上存在しないことを明言した点で極めて重要である。

　中国の九段線の主張は、「海洋領土」、言い換えれば「領土的海洋」の主張ともいうべきものである。こうした主張は、海洋法条約によって支持されないばかりか、諸国の実行に裏打ちされた慣習国際法によっても支持されないものである。海洋法条約は、その前文で、「この条約により規律されない事項は、引き続き一般国際法の規則及び原則により規律されることを確認して」いるが、慣習法が認める歴史的水域としても認めることができないことは、すでに述べてきた通りである。

　ICJが、ノルウェー漁業事件判決（1951年）において判示したように、「海域の画定は常に国際的側面をもち、それは単に沿岸国の国内法に表現された意思に依存し得ないものである。画定行為は、沿岸国のみがそれを行う権能を有しているから、必然的に一方的行為であるのは事実だが、他国に対する画定の効力は国際法に依存している[138]」ことを忘れてはならない。中国が

---

137) http://www.mofa.go.jp/mofaj/ms/is_s/page3_001663.html.
138) *Fisheries Case (United Kingdom v. Norway)*, *ICJ Reports 1951*, pp. 132-133.

その国内法に基づいていかなる主張を行おうと、他国への有効性を担保するのは国際法である。換言すれば、九段線の主張が国際法上正当化されるかどうかである。中国に求められているのは、九段線に関する政府の立場の説明（explanation）ではなく、九段線の国際法上の地位に関する合理的な論証（demonstration）である。ストーウェル卿（Lord Stowell）が、トウィー・ゲブローダーズ号（the Twee Gebroeders）事件において述べた言葉を借りれば、「一般的推定は、たしかにかかる排他的権利に強く反対している。その権利に基づいて要求されるこれらの部分に対する権原は、すべての他の法的要求が証明されるのと同じ方法で、明確かつ十分な証拠によって立証されるべき問題[139]」なのである。中国による、「中国は、南シナ海およびその隣接水域における諸島に対する争いえない主権を有し、関連水域ならびにその海底およびその下に対する主権的権利および管轄権を享受する。この立場は、中国政府により一貫して堅持され、国際社会によって広く知られている」というのは中国の立場の説明であって、中国の主張する歴史的権利の論証にはなっていない。

　九段線に囲まれた水域を歴史的水域として、あるいは南シナ海における歴史的権利を国際社会に認めて欲しいのであれば、挙証責任は中国の側にある。中国が締約国である海洋法条約上の制度（たとえば、EEZや大陸棚）と異なった法の適用を主張するのであれば、主張者である中国が、なぜそうした例外的地位が認められるのかを立証しなければならない。しかし、中国は九段線の法的根拠に関する公式の見解すら示していない。南シナ海の紛争当事国の合意や承認を受け得るような、歴史的権利の立証が必要であるが、すでに仲裁裁判所がこれを否定する判決を下したことは前述の通りである。

　いずれにしても、そうした論証なしに、中国の九段線の主張に基づく実効支配の既成事実化をそのまま認めることは、海上貿易の30％を占める南シナ海を「中国の海」とし、公海や他国のEEZや大陸棚に対する主権的権利を侵食することを許し、航行の自由に対する侵害を合法化することに他ならない。諸国の一般的慣行に基礎を置く慣習国際法という法形式が国際法の法源として確立しているにも関わらず、なぜに諸国の実行に基礎を置かない中国の単

---

[139] Quotation from Lord Stowell in the Twee Gebroeders (1801) in Michell P. Stohl, *The International Law pf Bays*, (Springer Netherlands, 1963), p. 304.

独の「実行」と称するものを認めないといけないのか国際法上は理解しがたい。中国による、公海や他国の EEZ を自国の海としようという途方もない要求を認めることは、国際社会を「力の支配」に委ねることに他ならない。仲裁判決は、決して「一枚の紙くず」(2016 年 7 月 5 日の米国ワシントンでの戴秉国・元国務委員の発言) ではない。

　中国は判決に従わないと公言しているが、それは国連の常任理事国が「法の支配」を否定することを意味する。南シナ海に「法の支配」を確立するために、中国には責任ある大国として判決を尊重する姿勢が求められる。同時に国際社会には、中国による拘束力ある判決を無視するという国際義務の違反を容認せず、南シナ海を海洋法条約が適用される平和な海にする努力が求められる。中国は、フィリピンのドゥテルテ新大統領に交渉による解決を呼びかけ、新大統領も中国との二国間協議を排除しない姿勢を示している。しかし、仮に中国が判決に基づかない交渉も求めたとしても、フィリピンはこれに応ずるべきではない。1998 年 12 月 8 日に国連総会で採択された「国際交渉の原則および指針」(総会決議 53/101) が、「すべての交渉の目的及び対象は、憲章の諸規定を含む国際法の原則及び規範と完全に両立するものでなければならない」(2 号 (c) 項) と規定するとともに、「国は、交渉中において建設的な雰囲気を維持するように努力し、交渉及びその進展を損なうかも知れないあらゆる行動を慎むべきである[140]」(同 (e) 項) と規定していることを忘れてはならない。中国がこの間行ってきた南沙諸島における人工島建設の動きは、すべてこれらの規定に反するものである。今後は、中国とフィリピンの交渉が、この「原則と指針」に基づいて行われるかどうかを見守る必要がある。

---

140) A/RES/53/101, 20 January 1999, pp. 2-3, para. (c) and (e), 薬師寺公夫・坂元茂樹・浅田正彦編『ベーシック条約集』(東信堂、2016 年) 900 頁。訳は松井芳郎教授の訳に依った。

第II部
地球温暖化防止の新制度

第7章　人類の共通の関心事としての気候変動　　　　西村　智朗
　　　　——パリ協定の評価と課題——

第8章　パリ協定における義務の差異化　　　　　　　高村ゆかり
　　　　——共通に有しているが差異のある責任原則の動的適用への転換——

第9章　国際海運からの温室効果ガス(GHG)の排出規制　富岡　仁
　　　　——国際海事機関(IMO)と地球温暖化の防止——

第 7 章　人類の共通の関心事としての気候変動
―― パリ協定の評価と課題 ――

西村　智朗

はじめに
1　パリ協定―交渉経緯とその内容―
　(1)「ポスト京都」交渉―コペンハーゲンからパリへ―
　(2) パリ協定の主な内容
2　パリ協定と気候変動枠組条約および京都議定書との関係
　(1) 気候変動枠組条約とパリ協定
　(2) 京都議定書とパリ協定
3　パリ協定と気候変動に関する基本原則
　(1) 人類の共通の関心事
　(2) 共通に有しているが差異のある責任
おわりに

はじめに

2015年12月12日に、気候変動に関する国際連合枠組条約(United Nations Framework Convention on Climate Change、以下、枠組条約)の締約国会議(the Conference of the Parties)第21回会合(以下、会合数を語尾につける形でCOP21と略す。他の会合も同様。)でパリ協定(Paris Agreement)が採択された[1]。言うまでもなく、パリ協定は枠組条約の下で立法された国際条約であると同時に、気候変動問題に対処するための具体的な措置を規律するという点で京都議定書(Kyoto Protocol)を継承する国際合意である[2]。

---

1) Report of the Conference of the Parties on its twenty-first session, held in Paris from 30 November to 13 December 2015, FCCC/CP/2015/10/Add.1, 29 Jan. 2016, pp. 21-36.
2) パリ協定の概要については、高村ゆかり「パリ協定の合意とパリ後の世界」『季刊環境研究』181号 (2016年) 11-21頁、および「特集COP21『パリ協定』を踏まえた世界と日本の動き」『環境会議』45号 (2016年) 108-172頁。See also Meinhard Doelle, "The Paris Agreement: Historic Breakthrough or High Stakes Experiment?", *Climate Law*, Vol. 6, (2016), pp. 1-20, and Daniel Bodansky, "The Legal Character of the Paris Agreement", *RECIEL*, Vol. 25, No. 2 (2016), pp. 142-150.

田中則夫教授は、京都議定書発効時の論文の中で、「(世界の諸国が地球規模で共同歩調をとること)にとくに留意しなければならない以上、地球温暖化防止制度は普遍的な性格を持ちうるように設計されなければならず、また、かかる制度を樹立する国際条約に対する、諸国の普遍的参加が実現されなければならない」[3]と指摘している。しかし、後述するように、2009年のコペンハーゲン会議で交渉が決裂した結果、京都議定書は気候変動問題に対処する有効な条約制度として維持できないことが判明した。結局、国際社会は、京都議定書のレジームと決別し、普遍的参加を維持している枠組条約の下で、すべての国家の参加と長期的な取組を可能とする条約制度の交渉に舵を切った。その意味で、パリ協定は枠組条約との連続性と京都議定書との隔絶を確認することができる。他方で、パリ協定と京都議定書は、ともに枠組条約の下で設定された基本原則、とくに「共通に有しているが差異のある責任」によって指導されていることもまた事実である。したがって、気候変動に対処する普遍的な性格を持つ国際制度の方向性を検証するために、枠組条約とパリ協定の連続性、および京都議定書とパリ協定の対比を行う作業が必要となる。

　本章では、1でパリ協定の成立経緯とその内容について確認し、2で既存の気候変動レジームとの関連性について分析する。その上で、3では、気候変動レジームにおいて重要な位置を占める2つの基本原則、「人類の共通の関心事」と「共通に有しているが差異のある責任」に焦点を絞り、パリ協定におけるこれらの原則の機能について検討する。

1　パリ協定──交渉経緯とその内容──

(1)「ポスト京都」交渉──コペンハーゲンからパリへ──

　京都議定書は1997年に採択され、2005年に発効したが、採択時には附属書Bに規定する先進締約国だけに2008年から2012年の5年間の温室効果ガス削減義務を課していた。もちろん、京都議定書は2012年以降も同様の枠組みを

---

[3] 田中則夫「国際環境法と地球温暖化防止制度」田中則夫・増田啓子編『地球温暖化防止の課題と展望』(法律文化社、2005年) 28頁。

継続することを想定していたと考えられる[4]が、条文の中では、2012年以降の枠組みについて、「1回目の約束期間が満了する少なくとも7年前に当該約束の検討を開始する」ことを確認するに留めていた（第3条9項）。京都議定書の発効が予想以上に遅れたことから、第2約束期間の約束についての協議は、京都議定書の締約国会議としての役割を果たす締約国会議（The Conference of the Parties serving as the meeting of the Parties to the Kyoto Protocol：以下、CMP）の第1回会合で早速検討が開始された。

2005年のCMP1は、京都議定書に基づく附属書Ⅰ締約国のさらなる約束に関する特別作業部会（The Ad Hoc Working Group on Further Commitments for Annex I Parties under the Kyoto Protocol：以下、AWG-KP）の設置を決定した[5]。これは、京都議定書の第1約束期間（2008～2012年）以降の枠組みについても、京都議定書の存続を想定していたことを意味する[6]。しかし、すでにこの当時、枠組条約と京都議定書によるレジームは、2つの課題に直面していた。1つは、先進国の中で最大の温室効果ガス排出大国である米国が、京都議定書の批准を拒絶し、締約国となる見込みがほとんどなかったこと、もう1つは、京都議定書の下での温室効果ガス削減義務を負っていない発展途上国の中で、すでに相当量の温室効果ガスを排出する国（中国やインドなど）が出現していたことである。結果として、世界全体の温室効果ガス排出量のうち、京都議定書の下で削減対象とされる総量の割合は、格段に低下していた。そして、欧州、日本およびロシアといった温室効果ガス削減義務を負う先進締約国は、現行レジームに不公平感を抱き始め、いわゆるモラル・ハザードが生じていた。その後、バリ（インドネシア）で開催されたCOP13（2007年）は、条約に基づく長期的な

---

4) たとえば京都議定書第3条13項や遵守手続XV-5(a)。
5) Report of the Conference of the Parties serving as the meeting of the Parties to the Kyoto Protocol on its first session, held at Montreal from 28 November to 10 December 2005, Addendum Part Two: Action taken by the Conference of the Parties serving as the meeting of the Parties to the Kyoto Protocol at its first session, FCCC/KP/CMP/2005/8/Add.1, 30 March 2006, Decision 1/CMP.1, Consideration of Commitments for subsequent periods for Parties included in Annex I to the Convention under Article 3, paragraph 9, of the Kyoto Protocol.
6) ただし、同時に開催されたCOP11は、「条約の実施を高めることにより気候変動に対処する長期的協力行動に関する対話」の開催も決定している。Dialogue on Long-term Cooperative Action to Address Climate Change by Enhancing Implementation of the Convention Decision 1/CP.11 in FCCC/CP/2005/5/Add.1, p. 3.

協力行動に関する特別作業部会（The Ad Hoc Working Group on Long-term Cooperative Action under the Convention：以下、AWG-LCA）の設置を決定した[7]。これにより、ポスト京都の枠組みについては、AWG-LCA と AWG-KP の２つの交渉ルートが併存することになった。しかしながら、その後の交渉でも国家間の対立と不信感を払拭することはできなかった。2009年12月7日から19日までコペンハーゲン（デンマーク）で開催された COP15/CMP5 は、京都議定書の第2約束期間の温室効果ガス削減義務を設定する期限とされた会議だったが、最終的に合意形成に至ることはできず、地球の気温の上昇を２℃以内に抑え、先進締約国による 2020 年までの削減目標および発展途上締約国の削減行動の提出、上記の目標および行動の測定、報告および検証、ならびに途上国の温暖化対策支援を明記した「コペンハーゲン合意」を作成したものの、これに留意する（take note）に止まった[8]。

コペンハーゲン会議後に開催された COP/CMP は以下の通りである。

 COP16/CMP6 2010 年 11 月 29 日～12 月 10 日 カンクン（メキシコ）
 COP17/CMP7 2011 年 11 月 28 日～12 月 9 日 ダーバン（南アフリカ）
 COP18/CMP8 2012 年 11 月 26 日～12 月 7 日 ドーハ（カタール）
 COP19/CMP9 2013 年 11 月 11 日～22 日 ワルシャワ（ポーランド）
 COP20/CMP10 2014 年 12 月 1 日～12 日 リマ（ペルー）
 COP21/CMP11 2015 年 11 月 30 日～12 月 11 日 パリ（フランス）

コペンハーゲン会議後のポスト京都に関する交渉は、事実上、京都議定書の改正ではなく、議定書に替わる新たな合意文書の作成を目指して動き始めた。2010 年のカンクン会議（COP16/CMP6）では、コペンハーゲン会議で提起された「各国が自主的に決定する貢献（Intended Nationally Determined Contributions）」の提出を公式に記録[9]したほか、AWG の期限をさらに 1 年延長し、後述する「2

---

7) Bali Action Plan, Decision 1/CP.13 in FCCC/CP/2007/6/Add.1, p. 5.
8) Copenhagen Accord, Decision 2/CP.15 in FCCC/CP/2009/11/Add.1, pp. 4-9.
9) 先進締約国は数量化された経済全体にわたる排出削減目標を、発展途上締約国は自国の適切な削減行動を自主的な目標として提出した。これらは後述する「自国が定める貢献」となった。各国の目標については、Compilation of Economy-wide Emission Reduction Targets to be Implemented by Parties included in Annex I to the Convention, FCCC/SB/2011/INF.1/Rev.1 and Compilation of Information

度目標」や「1.5度努力」の言及、カンクン適応枠組みおよび緑の気候基金の設置を確認する「カンクン合意」[10]が採択された。2011年のダーバン会議（COP17/CMP7）では、京都議定書の第2約束期間（2013〜2020年）について協議されたものの、重要な論点は、京都議定書に替わる新たな合意として、「条約の下で、すべての締約国に適用可能な、議定書、他の法的文書または法的効力を有する合意成果の作成」を2015年までに完了し、2020年には新合意の発効を目指すための作業部会として「強化された行動のためのダーバン・プラットフォーム特別作業部会（Ad Hoc Working Group on the Durban Platform for Enhanced Action: 以下、ADP）」を設置したことだった[11]。その後、2012年のドーハ会議（COP18/CMP8）での「ドーハ気候ゲートウェイ」[12]の採択（ADPの作業、第2約束期間の削減義務に関する京都議定書の改正、損失と損害に関する決定など）、2013年のワルシャワ会議（COP19/CMP9）での「損失と損害に関するワルシャワ国際メカニズム」[13]の設立、および2014年のリマ会議（COP20/CMP10）での「気候行動のためのリマ声明」[14]の採択といった重要な決定を踏まえて、2015年にパリで開催されたCOP21/CMP11では、主要国の国家元首が集まり、多くの市民団体や企業が注視する中、最終日にパリ協定が採択され、コペンハーゲンでの決裂から6年を経て、ようやくポスト京都の枠組みがパリ協定という形で合意された。

---

　on Nationally Appropriate Mitigation Actions to be Implemented by Parties not included in Annex I to the Convention, FCCC/AWGLCA/2011/INF.1.

10) The Cancun Agreements: Outcome of the Work of the Ad Hoc Working Group on Long-term Cooperative Action under the Convention, Decision 1/CP.16 in FCCC/CP/2010/7/Add.1.

11) Establishment of an Ad Hoc Working Group on the Durban Platform for Enhanced Action Decision 1/CP.17 in FCCC/CP/2011/9/Add.1, pp. 2-3.

12) 新たな国際枠組みの構築に関するADPの作業、条約の下での長期的協力、資金問題、および気候変動による損失と損害に関するCOP決定、ならびに第2約束期間の削減義務に関する京都議定書改正に関するCMP決定の5つの決定からなる。Report of the Conference of the Parties on its eighteenth session, held in Doha from 26 November to 8 December 2012, FCCC/CP/2012/8, Add.1, Add.2, and Add.3, and Report of the Conference of the Parties serving as the meeting of the Parties to the Kyoto Protocol on its eighth session, held in Doha from 26 November to 8 December 2012, FCCC/KP/CMP/2012/13, Add.1, Add.2 and Add.3.

13) Warsaw International Mechanism for Loss and Damage Associated with Climate Change Impacts, Decision 2/CP.19 in FCCC/CP/2013/10/Add.1, pp. 6-8.

14) Lima Call for Climate Action, Decision 1/CP.20 in FCCC/CP/2014/10/Add.1.

(2) パリ協定の主な内容

　パリ協定は、COP21 決定の1つであり、発効すれば法的拘束力を有する国際条約である。同協定と法的拘束力を持たない COP 決定を併せて、パリ成果文書 (Paris Outcome) と呼ぶ。この COP 決定にも、パリ協定に関連する重要な内容が含まれている[15]が、ここではパリ協定を中心に、必要に応じて COP 決定にも言及する。

　パリ協定は、その特徴としてかなり多くの前文を置いている。16 項に及ぶ前文の中で、協定は、枠組条約の目的および原則、途上国の個別のニーズや資金・技術移転の必要性を確認している。また、枠組条約前文に規定されている「人類の共通の関心事 (common concern of humankind)」が、京都議定書には明記されなかったが、パリ協定で再確認された。

　興味深いのは、同概念が、「締約国は、気候変動に対処する行動をとる際、人権、健康に対する権利、少数人民、地域社会、移民、子ども、障害者、および脆弱な状況にある人に関するそれぞれの義務、ならびに発展の権利とともにジェンダーの平等、女性の社会進出および世代間衡平を尊重し、促進し、ならびに検討するべきである」ことを確認する前文第 11 項の冒頭に挿入されている点である。このことは、気候変動問題がいわゆる地球環境問題として位置づけられるだけでなく、その結果から多様な人権にも影響を与えることを踏まえ、将来世代を含めた人権問題として配慮しなければならないことを示している。もちろん京都議定書も、人権との関係についてまったく考慮していないわけではないが[16]、枠組条約を含めて、人権に関して明言したのはパリ協定が初めてである[17]。加えて、第 13 項では、生態系の完全な状態の確保および生物多様性の保護、ならびに「気候正義 (climate justice)」の重要性についても留意する。

---

15) 協定の本文、前文および COP 決定の関係について、Doelle, *supra* note 2, p. 6.
16) 京都議定書と人権の関係について、Philippe Cullet, "The Kyoto Protocol and Vulnerability : Human Rights and Equity Dimensions", in Stephen Humphreys (eds.), *Human Rights and Climate Change* (Cambridge University Press, 2010), pp. 183-206.
17) 逆に人権保護に関する国際機関が気候変動との関係について言及したものとして、2008 年に国連人権理事会が「人権と気候変動」決議を採択している。Human Rights and Climate Change in A/HRC/RES/7/23, 28 March 2008.

協定は、第1条で用語について規定した後、第2条1項で、「この協定は、条約（その目的を含む。）の実施を促進するにあたり、持続可能な発展および貧困撲滅の努力との関連において、気候変動の脅威に対するグローバルな対応を強化することを目的」とした上で、「世界的な平均気温上昇を産業革命以前に比べて2度より十分低く保つとともに、1.5度に抑える努力を追求すること(a項)」を協定の目的として確認する。このいわゆる「2度目標 (2 degrees Celsius target)」は、気候変動に関する政府間パネル (IPCC) 報告書の指摘に基づき、コペンハーゲン合意でも触れられたものだが、その後の交渉の中で国際社会の合意の到達点として協定に明記するか否かが争われていた。パリでの交渉では、この「2度目標」に加えて、小島嶼国が強く主張した「1.5度努力 (1.5 degrees Celsius efforts)」も追記された。

そして、この協定の実施は、「共通に有しているが差異のある責任」原則に基づき、第3条においてすべての締約国による「自国が定める貢献 (nationally determined contribution: 以下、NDC)」の提出を義務づける。これにより、先進締約国と発展途上締約国がともに気候変動に対処することを確保すると同時に、みずからが目標を設定することで、自ずと差異化が実現される。この結果を見る限り、パリ協定は、ポスト京都の交渉で表面化した先進国と発展途上国の二分論の回避に成功したといえる。そして、この「貢献」は野心的な努力 (ambitious efforts) の下に行わなければならず、また時間とともに前進 (a progression over time) しなければならない（同条）[18]。そして、各締約国のNDCは、事務局が維持する公式の登録簿に記録される（第4条12項）。NDCはパリ協定の締約国会合としての役割を果たす締約国会議 (Conference of the Parties serving as the meeting of the Parties to the Paris Agreement：以下CMA) が決定する指針に従って公開されるが、京都議定書のように条約と不可分の一体をなす附属書にも明記されないことから、NDCの未達成はただちに協定の義務違反にはならない。なお、緩和について規定する第4条は、「共通に有しているが差異のある責任」原則を確認しつつ（3項および19項）、先進締約国と発展途上締約国を峻別している点にも留意が必要である。換言すれば、パリ協定の差異化された義務の枠組みは、決して一律ではなく、微妙なバランスを保ちながら規律されていると評価し

---

[18] 同様のことは第4条3項にも明記されている。

なければならない[19]。

　適応については、CMA1 で発展途上国の適応の努力が承認される（第 7 条 3 項）ほか、「影響を受けやすい集団、地域社会および生態系を考慮して、適応行動が、国家主導でジェンダーに敏感で、参加型で十分に透明性が高いアプローチをとるべきであること、適当な場合、関係する社会経済および環境に関する政策および行動に適応を統合するために、入手可能な最良の科学、ならびに、適当な場合には、伝統的知識、先住人民の知識および地域の知識制度に基づき、かつこれらを指針にすべき」[20]と規定するなど、ジェンダーや先住人民といった対象への配慮も見せている。

　適応との関連で、協定に新たに規定されたのは、第 8 条の「損失と損害 (loss and damage)」である。枠組条約の実施に関する補助機関がまとめた報告書によると、損失と損害とは「人間及び自然のシステムに負の影響を及ぼす現実的及び潜在的な気候変動による影響の発現」[21]とされている。これについては、すでに COP19 で設置された「ワルシャワ国際メカニズム」を拡充・強化する（第 8 条 2 項）。ただし、COP 決定によれば、「協定第 8 条は、賠償責任 (liability) または補償 (compensation) の基礎を含むものではなく、これらを与えるものでもない」ことに合意する[22]。

　パリ協定は、協定の目的および長期目標の達成に向けた全体進捗を評価するために本協定の実施を定期的に確認する制度として「全体的な検証評価 (global stocktake)」を置く（第 14 条 1 項）。このメカニズムは、最初の実施状況の確認を 2023 年に、その後 5 年ごとに行う（同条 2 項）。ただし、COP 決定によれば、排出削減については 2018 年から開始する[23]。これにより、各国の NDC を積み上げた世界全体の気候変動問題への対応の現状を把握することをめざ

---

19) Christina Voigt and Felipe Ferreira, "Differentiation in the Paris Agreement", *Climate Law*, Vol. 6 (2016), pp. 65-73, and Sandrine Maljean-Dubois, "The Paris Agreement: A New Step in the Gradual Evolution of Differential Treatment in the Climate Regime?", *RECIEL*, Vol. 25 No. 2 (2016), pp. 155-156.

20) ただし、助動詞 should が用いられていることに留意しなければならない。

21) A literature review on the topics in the context of thematic area 2 of the work programme on loss and damage: a range of approaches to address loss and damage associated with the adverse effects of climate change, FCCC/SBI/2012/INF.14, p. 4.

22) Adoption of the Paris Agreement, Decision 1/CP.21 in FCCC/CP/2015/10/Add.1, para. 51.

23) *Ibid.*, para. 20.

す。

　協定の遵守手続は、CMA1 でその手続の詳細を決定するが、京都議定書と異なり、あらかじめ協定の本文で「その性質上、専門家により、促進的で、透明性が高く、非敵対的で、非罰則的な方法で運用される」ことが確認されている（第15条2項）。

　発効要件について、パリ協定は、「55以上の（枠組）条約の締約国であって、世界全体の温室効果ガスの総排出量のうち推計で少なくとも55パーセントを占める温室効果ガスを排出するものが、批准書、受諾書、承認書または加入書を寄託した日の後30日目の日に効力を生ずる」と規定する（第21条1項）。

2　パリ協定と気候変動枠組条約および京都議定書との関係
(1)　気候変動枠組条約とパリ協定

　すでに述べた通り、パリ協定は、枠組条約の下で採択された国際条約である。ここで最初に問題となるのが、枠組条約の締約国会議が「協定（Agreement）」を採択する権限を有するかという点である。条約は第17条1項で「締約国会議は、その通常会合において、この条約の議定書（傍点部筆者）を採択することができる」と定めており、京都議定書もこの条文を根拠に採択された。またオゾン層保護条約とモントリオール議定書、生物多様性条約とカルタヘナ議定書および名古屋議定書の関係を見ても分かるように、ほとんどの多数国間環境協定は、枠組条約制度の下で条約の目的を達成するための具体的対応措置を立法する場合、「議定書（Protocol）」という名称を使用してきた。今回、締約国会議が「議定書」という名称の使用を避けたのは、京都議定書の批准を拒絶した米国の国内事情が影響している。米国では条約の締結に際して、上院の出席議員の3分の2の承認が必要（アメリカ合衆国憲法第2部第2条）だが、他方で国内立法措置を必要としないいわゆる「行政協定」の場合は、大統領の裁量で批准が可能である。たとえば、2013年に採択された水銀に関する水俣条約について、米国は「合衆国は、生産され、環境に放出された水銀の量を減少させる対策をすでに相当程度講じており、現行法の下で条約を実施することができる」[24]と

---

24) Minamata Convention on Mercury - US Department of State, at http://www.state.gov/e/oes/eqt/mercury/.

いう理由により、上院の承認を求めることなく、採択後ただちに批准手続を行った。米国が議会の反対により批准できなかった京都議定書の反省に鑑み、交渉プロセスでは、議定書よりもソフトな印象を与える協定という名称にこだわったといえる。

　もちろん、条約法に関するウィーン条約に基づいて、「条約」は「国の間において文書の形式により締結され、国際法によって規律される国際的な合意」であれば、「名称のいかんを問わない」のであって（第2条1項(a)）、「協定」であるか「議定書」であるかは拘束力の強弱に影響を与えない。また条約第17条の解釈としても「議定書」という国際条約を採択する権限があるのであれば、「協定」という国際条約を採択することをとくに否定する必要もない。実際に COP の交渉においても、2011年にダーバンで開催された COP17 で「議定書、他の法的文書、または法的拘束力を持つ合意の成果を採択」することに合意しており[25]、議定書以外の名称を使用することについては締約国間の合意がすでに成立していたといえる。

　むしろ問題となるのは、このダーバン・プラットフォームで明記された「法的拘束力を持つ合意の成果」が持つ意味であった。もともと、この部分は、最初の案では「法的枠組み (legal framework)」とだけ規定され、さまざまな形式を読み込むことができる広範な表現であった[26]。これに対し、法的意味をより明確にしたいという立場から、2次案では「議定書または他の法的文書 (protocol or another legal instrument)」として、法的性格を有する2つのオプションが列挙された[27]。その後、より幅広い可能性を確保すべきと主張する国の提案により、

---

25) Establishment of an Ad Hoc Working Group on the Durban Platform for Enhanced Action, *supra* note 11.

26) Chair's Proposal, Indaba: The Bigger Picture, Friday, 9 December 2011 @8:00, paras.4 and 6, at https://unfccc.int/files/meetings/durban_nov_2011/application/pdf/materials_indaba_9_dec_document_1.pdf.

27) Chair's Proposal, Indaba: The Bigger Picture, Friday, 9 December 2011 @23:00, paras. 4 and 6, at https://unfccc.int/files/meetings/durban_nov_2011/application/pdf/2325_text-_9122011-indaba.pdf. この表現は、1995年の COP1 で採択された「ベルリン・マンデート」と同様の表現である。The Berlin Mandate: Review of the adequacy of Article 4, paragraph 2(a) and (b), of the Convention, including proposals related to a protocol and decisions on follow-up, Decision 1/CP.1 in FCCC/CP/1995/7/Add.1, p. 4. ただし、「ベルリン・マンデート」では先進締約国のみ対象としていたのに対し、今回は全ての締約国に適用されるとされている点が異なる。

3つ目のオプションとして「法的帰結 (legal outcome)」が追加された[28]。結局、最終段階において、3つ目のオプションの表現は「法的拘束力を持つ合意の成果 (agreed outcome with legal force)」に改められた。この「合意の成果 (agreed outcome)」という表現は、2007年のCOP13で採択された「バリ行動計画」で、その当時将来枠組みの策定が期待された新たな作業部会 (AWG-LCA) を設置した際に、目標となる最終成果文書の表現である[29]。結局、法的拘束力のある合意の成果が、議定書や他の法的文書と異なるものとして何を意味するか共通認識があるわけではない[30]。

つぎに、パリ協定における「先進国と途上国」の二分論について、パリ協定は、京都議定書の反省を踏まえて、「共通ではあるが差異のある責任」原則の下に立ちながらも、固定化された先進国と途上国の二分論から脱却し、すべての締約国に緩和行動を要求する。その背景には、気候変動の新たなレジームにおいて、温室効果ガス排出量が急増した中国やインドなど新興国にも一定の削減行動を義務づけることができるか否かという問題があった。結局、パリ協定では、京都議定書のような附属書による差異化に替えて、自主目標によって自然に差異化するという手法を採用した。すべての締約国がNDCの提出を義務づけられることからも、「共通に有しているが差異のある責任」のうち、「共通の責任」を再確認し、「差異のある責任」については、とくに先進締約国の歴史的責任の色彩を薄めたものと位置づけられる。

他方で、パリ協定自身は、先進締約国と発展途上締約国の二分論から完全に脱却しているわけではない。前文第16項で「先導する先進締約国での持続可能な生活様式および持続可能な生産消費パターンが、気候変動への対処において重要な役割を果たすことも認識」し、協定本文でも緩和を規定する第4条で、「先進締約国は、経済全体の排出の絶対量の削減目標を実施することによって、引き続き先頭に立つべきである。発展途上締約国は、引き続き緩和努力を高めるべきであって、それぞれの国内事情に照らして経済全体の排

---

28) Establishment of an Ad Hoc Working Group on the Durban Platform for Enhanced Action, Proposal by the President, FCCC/CP/2011/L.10, para. 4.
29) Bali Action Plan, Decision 1/CP.13 in FCCC/CP/2007/6/Add.1, para. 1. ただし、バリ行動計画の合意には、"agreed outcome" の後に "legal force" は付されていない。
30) Bodansky, *supra* note 2, pp. 144-145.

出の削減または抑制の目標に徐々に移行することを奨励」(4項)する。そして、資金に関する第9条でも「先進締約国は、条約に基づく既存の義務の継続として、緩和および適用の双方に関して、発展途上締約国を支援するために資金を供与する」(1項)と規定する。ここでいう「先進締約国」の範囲はパリ協定では明確ではないが、協定と枠組条約の関係に鑑みれば、枠組条約の附属書ⅠまたはⅡ国がこれに該当するものと考えられる[31]。そうだとすれば、パリ協定は、なお固定化された「先進国－発展途上国」の二分論の範疇に存在することになる。

(2) 京都議定書とパリ協定

あらためて確認するまでもなく、パリ協定は、枠組条約に基づいて採択されたものであり、京都議定書との間に直接の法的連続性は存在しない。しかし、京都議定書が2012年までの温暖化に対する国際的対応を定め、未発効ながら2020年までの対応を規定しており、パリ協定は、それを引き継ぐ形で2020年以降の枠組みを想定していることから、両者を比較し、その内容における継続性を検証することは、今後の長期的な温暖化防止の法制度を評価する上で重要である。

すでに明らかなように、京都議定書が、「限定された期間（第1約束期間5年、第2約束期間8年）」に、「明記された一部の締約国」に対して、「法的拘束力ある義務」を設定しているのに対して、パリ協定は、「長期的かつ継続的な期間」に「すべての締約国」に対して「法的拘束力を持たない目標」を提出させるという違いを確認することができる。もちろん、このような違いを生み出した背景として、京都議定書の構造上の問題点が挙げられる。すなわち、京都議定書は、議定書に参加する先進締約国にのみ削減義務を課すため、たとえ排出大国であっても、最初から議定書を批准しなかった米国に削減行動を義務づけることはできず、また2012年末に京都議定書を脱退したカナダは第1約束

---

31) たとえば、ポーランドは、パリ協定署名時に行った宣言の中で、第9条1項に基づく先進締約国の資金供与義務を確認した上で、「この点に関して、ポーランド政府は、わが国が、気候変動に関する国際連合枠組条約の附属書Ⅱの締約国ではないことに留意する」ことを強調している。

期間の削減約束を達成できなかったが、すでに非締約国であることから、同国の不遵守に対して何らの措置もとれなかった[32]。結果として、日本、ロシアおよびニュージーランドは、京都議定書の構造が不公平であるという理由から第2約束期間の義務の設定を拒否した。その一方で、京都議定書採択時には想定していたにもかかわらず対応できなかったのが、排出量が急増する発展途上国（中国、インドなど）に対する緩和義務の設定である。京都議定書の前文に規定する「ベルリン会合における授権（ベルリン・マンデート）」は、発展途上締約国である非附属書Ⅰ国 (Parties not included in Annex I) に対して新たな義務の創設を禁じていた[33]。したがって、コペンハーゲン会議で、上記の問題を京都議定書によって解決することが不可能であることを認識した国際社会が、新たなレジームを模索したことは必然であったといえる。

　さらに、パリ協定の遵守手続も京都議定書と比較して大きく様変わりしている。協定第15条は、パリ協定の「実施と遵守を促進する手続」をCMA1で決定すると規定する。したがって、その詳細は発効後に開催される締約国会議の交渉結果を待たなければならないが、先述したように、第15条2項は、すでに制度の方向性について「促進的」「高い透明性」「非敵対的」および「非罰則的」な性格を確認している[34]。遵守手続に関する条約規定としては、ほとんどの多数国間環境協定が、本文ではCOPによる委員会の設置のみを規定し、その詳細の決定はその後の交渉に完全委任している。このタイプと大きく異なるものとして、最近採択された水銀に関する水俣条約は、条文（第5条）で委員会の構成や任務などを詳細に明記している。パリ協定は、その中間に位置する形で、委員会の性格をあらかじめ確認する手法を採用した。これは、京都議定書遵守手続の執行部会が決定する「事実上の懲罰」規定に対する強い懸念が働いたものと考えられる。

---

32) ただし、カナダの脱退と京都議定書第7条に基づく報告義務の関係は、遵守委員会（促進部および強制部）によって検討されている。See Canada's Withdrawal from the Kyoto Protocol and its effects on Canada's Reporting Obligations under the Protocol, CC/EB/25/2014/2, 20 Aug. 2014.
33) The Berlin Mandate, *supra* note 27, p. 5.
34) その他にCOP決定により、委員会のメンバーは、科学、技術、社会経済または法律の分野に関連する能力を有する12名（国連の5つの地域から各2名、小島嶼国及び後発開発途上国から各1名）がジェンダー・バランスを考慮してCMAによって選出されることが合意されている。See Decision 1/CP.21, *supra* note 22, para. 102.

ところで、遵守手続を定める同条から最終的に削除されたものの、パリ会議の途中まで遵守手続に関する協定案の中に「気候正義に関する国際仲裁（International Tribunal of Climate Justice）」の提案が残されていたことは興味深い。この提案は、パリ会議の前年に開催されたリマ会議の交渉テキスト案[35)]には登場しないが、2016年2月に開催されたADP第2部第8回会合の交渉テキスト案[36)]の中で「国際気候正義仲裁（International Climate Justice Tribunal）は、この協定および枠組条約に基づく附属書Ⅰ締約国および附属書Ⅱ締約国の義務の履行およびその遵守を監視し、監督し、および制裁を与えるために設置される」とする提案として初めて登場した。条文から分かるように、この仲裁に与えられる役割は、明らかに先進締約国の温室効果ガス削減義務の違反に対して重い責任を課すことである。この提案は、その後ADPの交渉の中で一旦削除されたが、ADPの第11回会合でオプションとして再提起された[37)]。パリ会議の前半に開催されたADP第12会合の段階まで残されていた提案文書によると、その内容が若干修正され、「緩和、適応、資金提供、技術開発および技術移転、能力構築、および活動と支援の透明性に関する先進締約国の約束の不遵守の事案（不遵守の原因、タイプ、程度および頻度を考慮に入れた結果の支持リストの作成によるものも含む。）に対処するために、気候正義に関する国際仲裁を設置する」とされる。この仲裁が、紛争解決手続とどのような関係にあるのか、また気候正義がいかなる意味を持つかなど、不明瞭な点も多いが、この提案が、気候変動にともなう悪影響を深刻に受け止め、温室効果ガス排出大国の大規模かつ速やかな行動を切望する発展途上国の強い主張であることは想像に難くない。最終的に採択されたパリ協定では、この提案は削除されたが、その代替として、前文13項で「気候変動に対処する活動をとる際には、『気候正義』の概念の一部が重要であること」が留意された。

　つぎに、市場メカニズムの利用について、京都議定書は、自国の温室効果ガス削減義務の達成のために、柔軟性メカニズムと呼ばれる「京都メカニズム」を置いた。第6条の共同実施、第12条のクリーン開発メカニズム（Clean

---

35) Annex of Lima Call for Climate Action, Decision 1/CP.20 in FCCC/CP/2014/10/Add.1, pp. 6-44.
36) Negotiating text, para. 196 in FCCC/ADP/2015/1, 25 February 2015.
37) Draft Paris Outcome: Revised draft conclusions proposed by the Co-Chairs, FCCC/ADP/2015/L.6/Rev.1, p. 18.

Development Mechanism：以下 CDM)、第 17 条の排出量取引の 3 つがそれにあたるが、これらにより、先進締約国は、他の締約国で行われた削減単位を自国の削減義務に組み入れることができる。パリ協定は、このようないわゆる経済的措置を可能としているのかが問われることになる。

　最初の前提として、パリ協定における NDC もまた、京都議定書の削減約束と同様に、締約国による共同の実施を可能としている。協定第 4 条 16 項は、「本条 2 項に基づき、共同して行動するという合意に達した締約国…は、事務局にその合意の条件を通知する。事務局は、当該合意の条件を、順次条約の締約国および署名国に通知する」と規定する。しかし、そもそも NDC が法的拘束力を持たない状況で、積極的に他国と削減の共同行動をとるインセンティブが働くかどうかは不明である。その点に関連して、注目すべきは、協定が第 6 条で「自発的協力 (voluntary cooperation)」の規定を置いている点である。同規定は、締約国が「締約国は、みずからの緩和行動および適応行動の水準を高めるために、ならびに持続可能な発展および環境十全性を促進するために、自国が定める貢献の実施にあたり、複数の締約国が自発的な協力を行うことを選択することがある (同条 1 項)」ことを認めつつ、「この協定に基づく自国が定める貢献を達成するために国際的に移転する緩和の結果を使用することは、自発的なものであり、参加する締約国によって認可される (同 2 項)」。この規定を読む限り、明言されていないが、パリ協定は排出量取引を認めていると考えられる[38]。さらに同条では、「締約国が自発的に使用するための温室効果ガス排出量の緩和に貢献し、持続可能な発展を支援する制度をこの協定により設置する (同 4 項)」と規定する。「この制度」は「締約国会議の権限および指導の下」に置かれる制度によって監督を受け、「持続可能な発展を促進しつつ、温室効果ガスの排出の緩和を促進すること (同項 a)」を目的に含めている点や公的セクターだけでなく、私的セクターにも参加を開放している点 (同項 b)、そして「この……制度からの収益の一部」を「運営経費」として発展途上締約国の適応費用とする点 (同条 6 項) などから見て、京都議定書の CDM を強く意識した規定であることは間違いない[39]。その場合、京都議定書が CDM の目的の

---

38) 新澤秀則「パリ協定における市場メカニズム」『環境経済・政策研究』第 9 巻 1 号 (2016 年) 102 頁。
39) ただし、京都議定書にはない新たな目的として「世界全体の排出量の全体としての緩和をもた

1つとして掲げていた「持続可能な開発(発展)」に対する寄与について考慮する必要がある。すなわち、複数の締約国による協力のメカニズムは、パリ協定でも随所(第6条1、2および4項)で確認されているように、持続可能な発展を促進するものでなければならない。この場合、京都議定書のCDMがそもそも発展途上締約国の持続可能な発展を達成できていたかについての検証も必要である[40]。このことは、協定が同じ第6条の8項以下でCDMを積極的に評価しない国の主張を取り入れ、「非市場アプローチ」の重要性も確認し、そこでも持続可能な発展への関与を明記していることからも推察できる[41]。

3 パリ協定と気候変動に関する基本原則

(1) 人類の共通の関心事

「人類の共通の関心事」とは、枠組条約前文第1項に明記されている気候変動問題に対処する際の基本概念である。1988年の国連総会決議「現代および将来世代の人類のための地球気候の保護」[42]の中で、国連は「気候は地球上の生命を維持する本質的条件であるがゆえに、気候変動は人類の共通の関心事である」ことを確認した[43]。

この概念は、決議の検討を要請するマルタからの書簡のタイトル「人類の共同の財産(common heritage of mankind)としての気候の保全」[44]からも分かるように、人類の共同の財産とオーバーラップする概念である[45]。国連総会はこのテーマ

　らすこと(同項(d))が加わっている。新澤「前掲論文」(注38) 102頁。

40) A. Michaelowa and J. Buen, "The CDM gold rush", in A. Michaelowa (eds.), *Carbon markets or Climate Finance?* (Rouledge, 2012), pp. 1-38.

41) したがって、第6条全体が柔軟な削減行動を一定の条件の下で認める制度を認めつつ、全体として、経済的措置という一貫した性格の下で統一されているとは言いがたい。

42) Protection of global climate for present and future generations of mankind, A/RES/43/53, 6 Dec. 1988.

43) 気候変動問題における「人類の共通の関心事」概念の議論状況について、拙稿「気候変動条約交渉過程に見る国際環境法の動向―『持続可能な発展』を理解する一助として(2・完)」名古屋大学『法政論集』第162号(1995年)111-112頁。

44) Letter dated 9 September 1988 from the Permanent Representative of Malta to the United Nations addressed to the Secretary General, A/43/241.

45) 人類の共同の財産に関する詳細な検討については、田中則夫「人類の共同財産について」龍谷大学法学部創立20周年記念論文集『法と民主主義の現代的課題』(有斐閣、1989年) 227-251頁。

を総会第2委員会に付託し、同委員会での協議の結果、「共通の財産」は「共通の関心事」に修正され、総会本会議でコンセンサスにより採択された。この修正は、深海底の鉱物資源や宇宙空間の利用の際に用いられた「共通の財産」の意味について議論することを避けようとする政治的配慮が働いたと考えられる[46]。

その後、同概念は、ハーグ宣言[47]、ノールトヴェイク会議[48]、および第2回世界気候会議閣僚宣言[49]の中で繰り返され、枠組条約の交渉前から、すでに気候変動問題に関する中心的概念として認識されていたといえる。国連環境計画は、地球環境問題に関連する人類の共通関心事概念を検討するための法律専門家グループを設置した。同グループは1990年12月に開催された第1回会合で、この概念は、法規則としてよりもむしろ指導原則として機能するべきという一般的理解を確認しつつ、同概念によって国家間の責任と協力はさらに強化されることを確認した。そして、とくに、衡平で公正な負担配分という課題との関連で、同概念の重要性を強調した[50]。このことからも分かるように、気候変動問題から生み出された同概念は、他の環境問題にも波及し、同概念は、枠組条約と同時期に採択された生物の多様性に関する条約の前文にも「生物の多様性の保全が人類の共通の関心事である（第3項）」ことが明記された。その後、リオ会議を機に経済社会理事会の機能委員会として設置された国連持続可能な発展に関する委員会（Commission on Sustainable Development）は、第4回会合（1996年）の準備のために、1995年9月にジュネーヴで持続可能な発展のための国際法原則の確認に関する専門家グループ会合を開催し、いわゆるリオ時代の地球環境条約の中で基本概念として確認されてきた「人類の

---

46) Frederic L., Kirgis, Jr., "Standing to Challenge Human Endeavors that could Change the Climate", *AJIL*, Vol. 84 (1990), p. 525.
47) Declaration of The Hague on the Atmosphere, A/44/340.
48) Noordwijk Declaration on Atmospheric Pollution and Climate Change adopted at the Ministerial Conference on Atmospheric Pollution and Climate Change, A/C.2/44/5.
49) Protection of Global Climate for Present and Future Generations of Mankind, Annex III: Ministerial Declaration of the Second World Climate Conference, para. 5 in A/45/696/Add.1, p. 16.
50) Meeting of the Group of Legal Experts to examine the Concept of "Common Concern of Mankind" in relation to Global Environmental Issue, *Revista Instituto Interamericano de Derechos Humanos*, Vol. 13 (1991), pp. 253-258.

共通の関心事」を国際環境法の重要な原則の1つと位置づけた。そこで採択された報告書によると、「人類の共通の関心事概念は、地球環境がもはや個々の主権国家の権限の範囲だけでは検討することができないという前提の下で、グローバル・パートナーシップ精神における協力義務の1つとして挙げられたこの関心を尊重する方法で、国際共同体ならびに各国の権利義務を内包する[51]」と述べている。

確かに、人類の共通の関心事は、その「共通性」から単独の国家によって対処できない問題、または個別国家が躊躇する活動に対して国際協力を促す機能を持つ[52]。したがって、同概念の対象は、国家管轄権の中の問題（生物多様性）や、国家管轄権を横断する問題（気候変動）を含むことも肯定される。もちろん、同概念を国際法に基づく他の関連原則と区別することも必要であり、資源の配分を前提とした「共通の財産」概念と峻別されることはもとより、必要や欲求というよりも、人類の生存にとって不可欠という観点を重視することから「共通利益 (common interest)」とも異なる[53]。他方で、この概念は、少なくとも気候変動問題において他の基本原則の根拠を与える根本理念としての役割を担い、とくに後述の「共通に有しているが差異のある責任」の存立基盤として機能している[54]。

(2) 共通に有しているが差異のある責任

「共通に有しているが差異のある責任」とは、気候変動およびその悪影響に対処するために、各国は「共通の責任」を負うが、果たすべき責任の程度には

---

51) United Nations Commission on Sustainable Development, Background Paper: Report of the Expert Group Meeting on Identification of Principles of International Law for Sustainable Development, (1995), para. 83.
52) Laura Horn, "Globalisation, Sustainable Development and the Common Concern of Humankind", *Macquarie Law Journal*, Vol. 7 (2007), pp. 77-80.
53) たとえば、国際捕鯨取締条約は、「鯨族という大きな天然資源を将来の世代のために保護することが世界の諸国の利益であることを認め」ている（前文第1項）。See Thomas Cotter and Sofya Matteotti-Berkutova, "International Environmental Law and the Evolving Concept of 'Common Concern of Mankind'", in Thomas Cotter, Olga Nartova and Sadeq Z. Bigdeli (eds.), *International Trade Regulation and the Mitigation of Climate Change* (Cambridge University Press, 2009), p. 38.
54) Frank Biermann, "Common Concern of Humankind: The Emergence of a New Concept of International Environmental Law", *Archiv des Völkerrechts* Vol. 34, No.4 (1996), pp. 426-481.

国家によって差異が設けられるということを意味する。換言すれば、これは主権国家の平等原則を修正する「二重基準」を認める原則であり[55]、枠組条約と同時期に採択されたリオ宣言の原則7でも確認されている。

　この原則の萌芽は、気候変動に関する政府間パネル（IPCC）の第1次報告書の中で確認することができる。この報告書を受けて、同原則は、1990年の第2回気候会議閣僚宣言で明記された[56]。その後の枠組条約の交渉経緯から見ても、この原則は条約の重要な原則として揺るぎない地位を占めるに至っている。

　もっとも、同原則の中で、とくに責任の「差異」の根拠については、同原則が提起された初期の段階ですでに、先進国と途上国の主張が対立していたことを再確認しておくべきである[57]。77か国グループおよび中国は、枠組条約交渉の最中である1991年6月に、北京で環境と発展に関する発展途上国会議を開催した。そこで採択された「環境と発展に関する北京宣言」の中で、彼らは「産業革命以来、先進諸国は非持続的な生産および消費パターンを通じて世界の天然資源を過剰に利用し、地球環境への被害と発展途上国への損害をもたらしてきた」と先進国を非難した上で、「現在交渉中の気候変動に関する枠組条約は、先進国にこそ温室効果ガスの過剰な排出量に対して責任があること、およびこれらの先進国こそが温室効果ガス排出量を安定化させ、削減するための即時的行動をとらなければならない」と主張し、先進国が重い責任を負う理由は、過去の環境負荷にあるという立場をとった。これに対して先進国は、先進国のイニシアティブの根拠は、資金や技術といった対応能力によるものだと位置づけた。枠組条約交渉の第1回会合での代表声明において、ドイツは「温室効果ガスの地球規模の安定化を達成するために、経済力のある先進諸国が、排出量の安定化と規制を実現しなければならない」[58]と述べ、フランスも「主要な財政的、技術的能力を有する先進諸国が適切な措置をとり、発展途

---

55) 松井芳郎『国際環境法の基本原則』（東信堂、2010年）177-181頁。See also Philippe Cullet, "Principle 7: Common but Differentiated Responsibilities", in Jorge E. Viñuales (eds.), *The Rio Declaration on Environment and Development: A Commentary* (Oxford University Press, 2015), pp. 229-244.

56) Ministerial Declaration of the Second World Climate, *supra* note 49, p. 16.

57) 拙稿「前掲論文」（注43）113-115頁。

58) The United Nations Press Release, ENV/DEV/29, p. 5.

上諸国を支援する際に先導しなければならない」と発言した[59]。もちろんリオ宣言原則7を確認しても分かるように、両者の立場はどちらかが一方的に正しいというわけではなく、これまで環境を利用してきたことに対する対価とこれから環境を利用する負担の両方を内包していると考えるのが妥当である。ただし、上記北京宣言で、発展途上国自身が、温室効果ガス排出に対する責任は、「歴史的および累積的見地ならびに現在の排出量の双方から検討されなければならない」と述べていることに鑑みれば、現在の排出量が増加傾向にある新興国も、その量に応じて、将来世代のために削減行動をとる責任を受け入れざるを得ない。

「共通に有しているが差異のある責任」は、枠組条約の原則の1つとして挙げられ、京都議定書でも数量化された排出抑制・削減目標の根拠となった。パリ協定でも同原則は頻繁に（本文に3回、前文に1回の計4回）登場する。しかしながら、繰り返し述べてきたように、協定は、京都議定書が採用した「先進国と途上国」の二分論を回避し、すべての締約国による協働を強く意識した規定になっている。これは「共通に有しているが差異のある責任」のうち、「共通の責任」をより重視し、「差異のある責任」を若干後退させたとみなすことができる。他方で、2(1)で見たように、パリ協定が枠組条約の下に採択された国際条約であるということから、なお「二分論」を残していること、あるいは2(2)で指摘したように、途上国の中には、コンセンサスによる採択を優先したがゆえに、パリ協定の内容に対する不満をとりあえず封印している国も存在するという事実を忘れてはいけない。パリ協定の前文の最後（第16項）が、「先導する先進締約国での持続可能な生活様式および持続可能な生産消費パターンが、気候変動への対処において重要な役割を果たすこと」の認識を強調しているのは、これまでの先進国の生活様式および生産消費パターンが「非持続的な」大量生産・大量消費型であったことに対する痛烈な批判であると受け止めなければならない。

おわりに

---

[59] *Ibid.*, p. 7.

パリ協定は、コペンハーゲン会議での失敗から、6年間の粘り強い交渉により、期限間際のCOP21でかろうじて合意にこぎつけた。そのこともあり、各国政府や条約事務局のみならず、環境NGOや研究者の間でも比較的高い評価を得ている。このこと自体を否定するものではないが、1990年代に始まった約4半世紀の気候変動制度の交渉を俯瞰した場合、パリ協定が本当に優れた合意であるとの評価を下すことには慎重にならざるを得ない。少なくとも、現段階でパリ協定には多くの課題が残されている。まず、協定自身が、全体的な検証評価や遵守手続など、CMA1にその制度構築を先送りしており、この後これらの制度を完成させなければならない。加えて、パリ協定の実効性の観点で挙げられる問題として、現在のNDCをすべての国が達成しても、なお世界の平均気温の上昇は産業革命以前と比べて2.7℃上昇すると予測されている[60]。すなわち、現段階ですでに2度目標が達成できない状態であり、このことは、枠組条約事務局が作成した文書の中でも確認されている[61]。たとえば、協定第14条に基づく全体的な検証評価の結果、なお目標達成が不可能という結論が出た場合、枠組条約／パリ協定レジームは、各締約国にどのような行動を「決定」できるのかが課題となる。

　また、各締約国は、NDCについて、「各締約国が決定した継続的な自国が定める貢献は、それぞれの国内事情に照らして、共通に有しているが差異のある責任および各国の能力を反映して、締約国が従前に決定した国別約束を超えた進捗を示し、および可能な限り最も高い野心を反映すること」を示さなければならない（第4条3項）。しかし、各締約国がそれぞれの国内事情を考慮した結果、「最も高い野心」は「可能な限り」で構わないという立場に立ち、「野心」を長期にわたり維持できるように、低めにNDCを設定したいと考えることも否定できないが、これを防ぐための措置を現時点でパリ協定は有していない。そうだとすれば、よりいっそう透明性とアカウンタビリティの高いメカニズムによって、貢献度が低い締約国やNDCを達成できなかった締約国を発見し、批判することで、貢献しないことへの抑止力を高めなければならな

---

60) International Energy Agency, *Energy and Climate Change, World Energy Outlook Special Briefing for COP21* (2015), p. 4.
61) Synthesis Report on the Aggregate Effect of the Intended Nationally Determined Contributions, FCCC/CP/2015/7.

い[62]。そのためには、全体的な検証評価の評価、さらに締約国の NDC に関する遵守と実施を監視する体制が問われることになる[63]。もとより、この指摘は、削減義務に法的拘束力がある京都議定書でもそのまま妥当する。田中則夫教授は、京都議定書が発効時の論文ですでに「条約によって樹立された国際制度が動き出せば、そのことによって条約の目的がいわば自動的に達成されるわけでは毛頭ない。締約国がどのような取り組みを行うのか、また、各国政府のとる地球温暖化防止政策が有効で理にかなったものとなるよう、各国の市民が政府をいかに監視し、政府の環境政策の決定にいかに市民の声を反映させることができるか。温室効果ガスの削減目標が達成されるかどうかは、こうしたさまざまなレベルにおける努力と取り組みが結合してこそ、ようやく温暖化防止の展望を見出す地平に立つことができる」[64]と述べ、気候変動問題に関与する市民の役割の重要性を明言していた。この指摘を踏まえて、パリ協定を再読するとき、第 12 条（公衆の啓発）および第 13 条（行動および支援の透明性）の価値が再評価される。そして、気候変動が「人類の共通の関心事」であることをふたたび確認したパリ協定によって、国際共同体を構成する諸国家は、人類＝市民が気候変動に関する現状と課題を共有し、現在世代が将来世代に適切な気候を引き継ぐ共同の責任を再認識したと捉えなければならない。

　最後に、パリ協定をあらためて俯瞰すると、「持続可能な発展」に関する言及が多いことに気がつく[65]。2015 年はパリ協定採択の年であると同時に、国連において「持続可能な発展目標（Sustainable Development Goals: 以下、SDGs）」が採択された年でもあった。SDGs は、17 ある目標の 1 つとして、「気候変動とその影響に立ち向かうため、緊急対策をとる（目標 13）」ことを掲げる。もちろん、パリ協定には SDGs に対する直接の言及はないが、COP 決定を含めてパリ成果文書の中には、持続可能な発展に関する言及が随所に見られる[66]。協定だけ

---

62) Jonathan B. Wiener, "Towards an effective system of monitoring, reporting, and verification", in Scott Barrett, Carlo Carraro and Jaime de Melo (eds.), *Towards a Workable and Effective Climate Regime* (CEPR Press & Ferdi, 2015), p. 192.

63) Christina Voigt, "The Compliance and Implementation Mechanism of the Paris Agreement", *RECIEL*, Vol. 25 No. 2(2016), p. 169.

64) 田中「前掲論文」（注 3）27 頁。

65) 前文 1 か所を含めて 12 か所に登場する。なお京都議定書での登場は 3 か所である。

66) Francesco Sindico, "Paris, Climate Change, and Sustainable Development", *Climate Law*, Vol. 6 (2016), pp. 131-

に限定しても、まず前文で「気候変動の活動、対応および影響が、持続可能な発展および貧困の撲滅への衡平なアクセスに関して有している本質的な関係を認識(第8項)」する。ここで持続可能な発展と貧困撲滅を併置している点はきわめて重要であるが、目的を規定する第2条においても、持続可能な発展および貧困撲滅との努力の関連において対応を強化することを確認している。緩和を定める第4条においても、協定が持続可能な発展および貧困撲滅を気候変動に対する対応の最重要関心に置いていることがうかがえる。市場メカニズムを含む自発的協力(第6条)に持続可能な発展の促進を重視していることはすでに述べたが、その他にも、適応(第7条)、損害および損失(第8条)、ならびに技術開発および技術移転(第10条)の中で持続可能な発展を促進することの重要性を明記する。加えて吸収源について規定する第4条は「森林を含めて、条約第4条1項(d)にある温室効果ガスの吸収源および貯蔵庫を保全し、適当な場合、これを強化するための措置をとるべき(1項)」とする。ここには、持続可能な発展の言葉は登場しないが、規定されている条約の該当部分は「温室効果ガス…の吸収源および貯蔵庫…の持続可能な管理を促進すること」をすべての締約国の約束としている。

　持続可能な発展という概念は、国際社会が目指すべき長期の目標を志向しており、その道程は複雑で多様である。しかしながら、持続可能な発展を目指す法規範の実践は、国際条約や国連の活動により、着実に積み重ねられており、パリ協定もその1つといえる。この概念自身は非常に曖昧であるが、場合によっては対立したり矛盾したりする環境保護、経済発展および社会発展を統合する「より高次の概念(meta-concept)」[67]として、また国際法の断片化(fragmentation)を解決する統合理念としての積極的意義を期待することができよう。

　追記　本稿脱稿後、パリ協定は2016年11月4日に発効した。

140.
67) Elisabeth Buergi Bonanomi, *Sustainable Development in International Law Making and Trade: International Food Governance and Trade in Agriculture* (Edward Elgar Pub, 2015), pp. 131-132.

第8章　パリ協定における義務の差異化
――共通に有しているが差異のある責任原則の動的適用への転換――

高村ゆかり

1　はじめに
2　パリ協定の法構造と義務の差異化
　(1) 気候変動枠組条約と京都議定書における義務の差異化
　(2) パリ協定における義務の差異化
3　パリ協定における義務の差異化の特質
　(1) 多数国間環境条約における差異化
　(2) パリ協定に至る交渉における義務の差異化
　(3) パリ協定における義務の差異化の特質
4　結びにかえて

1　はじめに

　2015年12月12日、気候変動枠組条約締約国会議第21回締約国会議 (COP21) は、パリ協定 (Paris Agreement) とその実施に関わる COP 決定を採択した[1]。パリ協定は、気候変動問題に対処するために合意された、京都議定書採択以来18年ぶりの国際条約である。

　国際社会は、これまで、1992年の気候変動枠組条約と1997年の京都会議 (COP3) で採択された京都議定書を基礎に、気候変動問題への国際的対処の枠組を構築してきた。他方、2000年代半ば頃になると、新興国の経済発展とそれに伴う排出量の増加、京都議定書への米国の不参加などを理由に、先進国のみに排出削減の義務を課す京都議定書の実効性が問われることとなる。すべての国が国際的に削減を約束する国際枠組みの構築をめざした2009年のコペンハーゲン会議 (COP15) では合意ができないまま、2010年のカンクン会議

---

1) Decision 1/CP.21 Adoption of the Paris Agreement, Report of the Conference of the Parties on its twenty-first session, held in Paris from 30 November to 13 December 2015, Addendum, Part two: Action taken by the Conference of the Parties at its twenty-first session, FCCC/CP/2015/10/Add.1.

(COP16) での政治合意 (カンクン合意) に基づいて、各国が 2020 年目標を提出し、実施している。しかし、提出された 2020 年目標を積み上げても、締約国がカンクン合意において長期目標として合意した、工業化以前と比べて気温上昇を 2℃未満に抑えるという 2℃目標を達成できるほど排出を削減できない。こうした背景のもと、新しい国際条約の作成をめざして、2012 年から始まった交渉の結果、COP21 で合意されたのがパリ協定である。

　後述するように、気候変動の法制度で義務の「差異化 (differentiation)」をどのように取り扱うかは長年の交渉の最大の論点の 1 つであった。それゆえ、パリ協定の合意成立は、おのずとパリ協定が採用した差異化がいかなるものかに関心を向かわせる。

　本稿では、まずパリ協定の合意事項の主要点とパリ協定における差異化を概括した後、気候変動の国際制度を含むこれまでの環境条約における差異化とパリ協定採択までの交渉結果を基に、パリ協定における差異化の特質と課題について検討する。

　筆者はここ 20 年にわたって気候変動交渉と国際制度の展開を見てきた。この作業は国際環境法という環境問題の解決／対処をその目的とする目的志向の法分野を見るときの足がかり＝「現場 (フィールド)」を与えてくれた。平和、人権、環境といったこの社会が現に直面する課題に鮮烈な問題意識をもって常に思考し、かつ行動なさる田中則夫先生の存在が筆者にとって大きな励ましでもあった。学恩とともにそのことにあらためて心からの御礼をお伝えしたいと思っている。

2　パリ協定の法構造と義務の差異化

(1) 気候変動枠組条約と京都議定書における義務の差異化

A　気候変動枠組条約における義務の差異化

　パリ協定の親条約にあたる気候変動枠組条約 (「枠組条約」) は、附属書Iに国名が記載されている国 (OECD 加盟国とロシア、東欧などの市場経済移行国。「附属書I国」) とそれ以外の国 (「非附属書I国」) に国を二分したうえで、目録の作成、定期的更新、公表、締約国会議 (COP) への提出 (第 4 条 1 項 (a))、国家計画の作成、

実施、公表、定期的更新（同(b)）、実施に関する情報の送付（第12条）など一定の義務を共通のものとしつつ、具体的な対策実施の義務（たとえば第4条2項(a)など）については、附属書I国のみに課すという構造を有する。そして、附属書I国の中のさらに一部の国（OECD加盟国。「附属書II国」）にのみ途上国への資金供与（第4条3項、4項）、技術移転（第4条5項）など支援の義務を課すという構造をとる[2]。

　気候変動枠組条約の採択に至る交渉においては、途上国グループの中に、最も温暖化の悪影響を受けるおそれのある島嶼国、温暖化対策によって自国の経済的利益が損なわれることを懸念する産油国、そして、工業化の過程にあった中国、インド、ブラジルなどの国々、という利害の異なる3つの主要なグループが形成された。工業化の過程にあった国々の立場は、条約が途上国の経済的発展を制約しないことに最大の関心を置き、温室効果ガス、とくに二酸化炭素の増加は工業化と生活水準の向上の副産物であり、その1人あたり排出量が先進国のそれと同じ水準となるまで排出する権利が認められるべきであると主張した。こうした主張を背景に、途上国は、温暖化問題に寄与した先進国の主要な責任（先進国主要責任論）を展開し、温暖化対策の先進国先導論を強く主張した[3]。

　当時、人口で20％ほどを占める先進国が世界の70％以上を排出しており、それゆえ、先進国先導論は、条約交渉において相当の説得力を持つものとして受け止められ、枠組条約第3条の定める条約の実施を指導する原則に顕著に反映された。枠組条約は、その第3条1項で、「締約国は、衡平の原則に基づき、かつ、それぞれ共通に有しているが差異のある責任及び各国の能力に従い、人類の現在及び将来の世代のために気候系を保護すべきである。したがって、先進締約国は、率先して気候変動及びその悪影響に対処すべきである」と定めた。気候変動対策に先進国が先導すべきとのこの原則は、その根拠をめぐって先進国と途上国の間で意見が対立した（途上国は先進国主要責任論を

---

2) 気候変動枠組条約の法構造、義務の詳細は、高村ゆかり・亀山康子編著『京都議定書の国際制度』（信山社、2002年）参照。

3) Daniel Bodansky, "The United Nations Framework Convention on Climate Change: A Commentary", *Yale Journal of International Law*, Vol. 18 (1993)、とくに p. 501 以下．

根拠に、先進国、とくに米国は先進国が途上国より相対的に高い能力を有することを根拠にした）が、原則そのものは先進国、途上国双方から支持を受けた。この原則に基づいて、気候変動枠組条約では、先進国（附属書Ⅰ国）と発展途上国（非附属書Ⅰ国）の間で義務の内容に差異を設けることとなった。

枠組条約第3条1項にも登場する「共通に有しているが差異のある責任（Common But Differentiated Responsibilities; CBDR）」は、気候変動枠組条約の交渉と並行して交渉が進行した環境と開発に関するリオ・デ・ジャネイロ宣言原則7で明確に国際文書に記された。原則7は、

> 「各国は、地球の生態系の健全性及び完全性を、保全、保護及び修復するグローバル・パートナーシップの精神に則り、協力しなければならない。地球環境の悪化への異なった寄与という観点から、各国は共通に有しているが差異のある責任を有する。先進国は、その社会が地球環境へかけている圧力並びにその支配している技術及び財源の観点から、持続可能な開発の国際的な追及において有している責任を認識する。」

CBDRは、国際経済法分野において歴史的に見られるように、事実上平等ではない国家の実態をふまえて途上国を優遇する異なる待遇を途上国に与える現実の必要性とともに、とくに地球環境問題への対処において先進国と途上国の協力を促進する必要性とを背景にする[4]。先進国がより大きな責任を負う根拠として、歴史的責任と支払能力があげられる[5]。支払能力に応じて責任を負うのか、環境悪化への寄与に応じて責任を負うのかは、その基底にある考え方と意味合いを大きく異にする。支払能力に応じた責任は、現実の能力の違いを義務の差の根拠にするもので、能力や状況の変化によってその責任の程度は変化する。他方、環境悪化に対する責任は、先進国が過去に行った環境悪化について途上国に対して支払を行う法的義務の観念と連結する。リオ宣言原則7、そして気候変動枠組条約第3条が定めるCBDRは、その根拠として歴史的責任と支払能力の双方を並記し、先進国が先導する責務を定め

---

4) Philippe Cullet, "Common but differentiated responsibilities", in Malgosia Fitzmaurice *et al.* (eds.), *Research Handbook on International Environmental Law* (Edward Elgar, 2010), p. 161, とくに p. 166 以下．
5) もともとリオ宣言原則7に関する途上国グループ G77/China の草案は、先進国が途上国を支援する法的義務を定めるものとして提案されていた。

ることで、先進国と途上国が妥協したものである[6]。

B 京都議定書における義務の差異化

京都議定書も基本的に気候変動枠組条約における義務の差異化の構造を引き継ぐ。京都議定書交渉の開始を決定した1995年のCOP1で決定されたベルリンマンデート決議(1/CP.1)[7]は、「非附属書Ⅰ締約国に新たな約束を課さない(Not introduce any new commitments for Parties not included in Annex I)」と定めており、気候変動枠組条約における先進国(附属書Ⅰ国)と途上国(非附属書Ⅰ国)の間の義務の差異化は、京都議定書でも維持されている。

京都議定書の中核的義務は附属書Ⅰ国の排出削減目標達成義務(第3条1項)である。これはもっぱら附属書Ⅰ国の義務である。同時に、締約国は、気候変動枠組条約の義務の継続的履行の義務を負っている(第10条、第11条)。その範囲で、気候変動枠組条約における途上国を支援する先進国の義務の履行と途上国も共通して負う義務の履行は、京都議定書における義務でもある。

京都議定書交渉においては、附属書Ⅰに加えて新たな附属書を設ける(=新たな国のグループを設ける)という提案が先進国数カ国からなされた。しかし、この提案に対しては、途上国の懸念が強く、京都会議の全体委員会のエストラーダ議長が統合交渉テキストを作成した際、新しい附属書の考えは削除された[8]。

気候変動枠組条約と京都議定書の差異化の違いは、先進国間の排出削減義務の差異化である。気候変動枠組条約の下で、先進国の対策実施義務の水準は各国に委ねられており、結果的にみずからそれを差異化するものであった。それに対して、京都議定書の下での先進国の削減義務は、少なくとも米国、欧州、日本という3極については交渉により義務の水準に差を設けることと

---

6) Yoshiro Matsui, "Some Aspects of the Principle of Common But Differentiated Responsibilities", 2 *International Environmental Agreements: Politics, Law and Economics*, Vol. 2 (2002), pp. 151-171.

7) Decision 1/CP.1 The Berlin Mandate: Review of the adequacy of Article 4, paragraph 2 (a) and (b), of the Convention, including proposals related to a protocol and decisions on follow-up, FCCC/CP/1995/7/Add.1, para. 2 (b), p. 5.

8) Tracing the Origins of the Kyoto Protocol: An Article-by-Article Textual History, Technical Paper, prepared under contract to UNFCCC by Joanna Depledge, FCCC/TP/2000/2, 25 November 2000, p. 31.

なった[9]。

　気候変動枠組条約と京都議定書の下でのこうした先進国と途上国に二分化した (bifurcated) 制度は、とくに 2000 年代半ば以降、中国、インドといった新興国の経済発展とそれに伴う排出増によって気候変動の国際法制度の実効性を揺るがし、かかる差異化の妥当性が問われるようになった。

(2) パリ協定における義務の差異化

A　パリ協定の法制度

　パリ協定[10]は、29 条からなり、排出削減策 (mitigation)（第 4 条、第 5 条、第 6 条）と並んで、気候変動の悪影響への適応策 (adaptation)（第 7 条、第 8 条）、資金（第 9 条）、技術開発・移転（第 10 条）、能力構築（第 11 条）、行動と支援の透明性 (transparency)（第 13 条）についても定める。排出削減策に明らかに重点を置いていた京都議定書と比して、途上国の多くが排出削減策と適応策、支援策の法的同等性 (legal parity) を求めてきた結果でもある。しかし、排出削減策とその透明性については締約国に明確な法的義務を課すのに対して、他の事項については法的拘束力のない責務規定や法的義務を課しつつも締約国に大きな裁量を与える規定ぶりとなっている。

　①今世紀後半の「脱炭素化」「ゼロ・エミッション」をめざす長期目標

　パリ協定の合意事項の中でとくに重要なのは、国際社会がめざす長期的な目標、ビジョンをより明確に定めたことである。協定は、気候変動の悪影響への懸念が世界的に高まる中で、気候変動の脅威への世界的な対応強化をめざすとし、そのために、工業化前と比して世界の平均気温の上昇を 2℃ を十分に下回る (well below) 水準に抑制し、1.5℃ 以内に抑えるよう努力する（第 2 条 1 項）と定める。さらに、この目標達成のために、パリ協定は、できるだけ速やかに世界の排出量を頭打ちにし、その後、最良の科学的知見にしたがって、今世紀後半に人為的な温室効果ガスの排出と吸収を均衡させるように急速に削

---

9) *Ibid.*, p. 39.
10) パリ協定の詳細は、拙稿「気候変動政策の国際枠組み―パリ協定の合意とパリ後の世界」『季刊環境研究』No. 181 (2016 年)、11-21 頁、同「パリ協定で何が決まったか―その評価と課題」『環境と公害』Vol. 45 No.4 (2016 年)、33-38 頁、同「パリ協定で何が決まったのか―パリ協定の評価とインパクト」『法学教室』2016 年 5 月号 (No.428) (2016 年)、44-51 頁。

減することをめざす（第4条1項）と定め、今世紀後半に排出を実質ゼロ（ゼロ・エミッション）にする「脱炭素化社会・経済」「化石燃料依存からの脱却」[11]という国際社会が実現をめざす共通の価値・ビジョンを示している。

気候変動に関する政府間パネル（IPCC）第5次評価報告書などが示すように、気候変動のリスクは、対応能力が限定的な後発途上国や影響を受けやすいコミュニティにとって重要な課題である。1.5℃目標はもちろん2℃目標は決して容易な目標ではないが、ほとんど排出に寄与していないにもかかわらず、最も影響を受けるおそれのある国々や人々が直面する気候変動リスクを考慮して排出削減を行うことを国際社会が選択し、達成をめざすことに合意したもので、「気候正義（climate justice）」と呼ばれる観念を反映してもいる。

②長期目標をめざし、5年ごとに各国が目標を引き上げるメカニズム

京都議定書は、数値目標の「達成」を先進国に義務づけるが、パリ協定は、各国が達成をめざす削減目標（nationally determined contribution; NDC）の作成・提出・保持、そして、その目標達成のための国内措置の実施をすべての国に義務づける（第4条2項）。各国は、長期目標に向けた全体の進捗評価（global stocktake）（第14条）の結果を指針に、5年ごとに目標を提出する義務がある（第4条9項）。その目標は、その国の現在の目標を上回るもので、その国が最大限可能な目標でなければならない（第4条3項）。5年ごとに目標を提出し続けることを定めるパリ協定は、当面の目標を達成して終わりではなく、長期目標の実現まで続く持続的な枠組みとなることが想定されている。

パリ協定は、これらの協定の義務の遵守が問題となる事案について実施・遵守促進のメカニズムを設置する（第15条）。また、各国は、自国の削減目標の達成に向けた対策の進捗を定期的に（おそらく2年に1度）報告し、国際的な審査を受けることになる（第13条）。その詳細ルールは、パリ協定の効力発生後の最初の締約国会議（CMA1）で採択の予定である。

COP21に向けて、主要排出国を含む国際社会のほとんどの国が2020年以降の目標を提出した[12]。しかし、国際エネルギー機関（IEA）などは、これらの目

---

11) S. Goldenberg *et al.* (eds.), "Paris climate deal: nearly 200 nations sign in end of fossil fuel era", *The Guardian*, 12 December 2015.
12) 各国が提出した目標は、気候変動枠組条約の次のURLで見ることができる。http://www4.unfccc.

標が完全に実施されると現状のまま推移するよりも気温上昇を約1C°抑制するものの、2100年までに気温は約2.7℃上昇すると推計する[13]。全体の進捗の評価をふまえて、各国が目標を5年ごとに見直して、引き上げるパリ協定の仕組みは、2℃目標に近づいていく継続的なプロセスを設定し、管理するものである。

B　パリ協定における義務の差異化

　パリ協定は、1つの(＝共通の)枠組みを指向しつつ、排出削減策、適応策といった事項の性質に応じて、現実を踏まえた実に絶妙できめ細やかな義務の差異化を行う。

　まず、排出削減策については、前述のように、削減目標を作成・提出し、達成に向けて国内措置を実施することをすべての国の共通の法的義務とする。各国が提出する目標の内容や水準は、基本的に各国が作成するため、自身で差異化する方式といってよい。ただし、パリ協定発効後の最初の締約国会議(CMA1)で、パリ協定の実施規則の一部として各国が提出する目標の特徴に関するガイダンスを決定する[14]こととなっており、その中で削減義務の態様や水準について一定の条件付けがなされる可能性はある。

　その上で、パリ協定は、京都議定書型の国別絶対排出量目標を約束することで先導する先進国の政治的責務と引き続き削減努力を継続する途上国の政治的責務を規定し、先進国と途上国の責務の内容に差を設けつつ、途上国も時間とともに先進国の目標のような国全体の排出削減・抑制目標へ向かうことを奨励する「同心円的差異化(concentric differentiation)」の考え方を導入する(第4条4項)。

　適応策については、適応計画プロセスと適応行動の実施に取り組むことをすべての国の共通の義務とする(第7条9項)。しかし、「適当な場合には(as appropriate)」という文言を挿入することで、その義務の履行については国に大

---

int/submissions/indc/Submission%20Pages/submissions.aspx (2016年8月1日参照)。なお、以下のURLサイトは別記のない限りいずれも同日に参照。

13) たとえば、International Energy Agency, *Energy and Climate Change, World Energy Outlook Special Briefing for COP21* (2015), p. 4.

14) *Supra* note 1, Decision 1/CP. 21, para. 26.

きな裁量を与えている。

　資金をめぐる差異化は実に絶妙である。パリ協定の下、先進国は途上国支援に資金を供与する義務を負う（第9条1項）が、気候変動枠組条約の下での現状の義務の継続を確認するもので、追加的な義務は課されていない。他方、他の締約国（＝途上国）は自発的に支援を提供できる（第9条2）と定め、気候変動枠組条約と異なり途上国による資金供与をパリ協定上位置づけつつも、法的義務とはしないという形で先進国と途上国の間の義務の差異化を行った。また、パリ協定は、先進国の主張を入れて、2020年以降の具体的な数値目標を盛り込まなかったが、世界的な努力の一環として、引き続き気候資金の動員を先導する先進国の責務を定め、その動員は先の努力をこえて進展するものであるべきと定めた（第9条3項）。他方、COP決定では、2025年まで、年1000億米ドルの動員という2020年目標の水準を引き続き行う先進国の意思を確認した上で、2025年までに、パリ協定の下で、1000億米ドルを下限とする2025年以降の世界目標を設定することを決定した[15]。ただし、その目標を担う主体は先進国に限定されておらず、2025年までは先進国が資金動員を先導する責務を負うが、それ以降は世界目標の引き上げをめざしつつ、その動員の責務を現在の先進国から拡大する可能性を残すものとなっている。

　透明性の枠組み、すなわち各国の対策の進捗の報告と審査の枠組み（第13条）では、先進国、途上国を問わず共通した1つの枠組みを設置しつつ、能力に応じて途上国にその実施に柔軟性を与えている。情報提出義務については、前述の排出削減策、適応策、資金支援策ごとの実体的義務の差異化に応じて差異化する。排出量や吸収量の情報と削減目標の進捗のフォローアップに必要な情報の提出義務はすべての国の共通の義務である。適応に関する情報は、実体的義務が国に大きな裁量を与えていることから、適当な場合に情報を提出する責務にとどまる。支援に関する情報は、支援が法的義務である先進国には情報提出義務が課せられるが、支援が法的義務ではないその他の国は情報を提出する責務にとどまる。他方、提出された情報の検討については、専門家による検討と、進捗に関する多数国間の検討に参加することがすべての国の義務となっている。

---

15) *Supra* note 1, Decision 1/CP. 21, para. 53.

3 パリ協定における義務の差異化の特質

(1) 多数国間環境条約における差異化

多数国間環境条約における義務の差異化の類型化にはさまざまな試みがある[16]が、それらをふまえてあらためて多数国間環境条約の下での実行を整理する。

A 差異化の形式

第1は、前述の京都議定書のように、先進国と途上国といった形で国のグループを設け、グループ間で義務の内容や水準に差を設ける類型である。「非対称型」とでも呼びうるこの類型は、たとえば、有害廃棄物の国境を越える移動およびその処分の規制に関するバーゼル条約（バーゼル条約）の1995年改正（バーゼル改正）[17]にも見られる。バーゼル改正は、附属書VIIに掲げる締約国が、附属書VIIに掲げられていない国に有害廃棄物を輸出することを禁止する。附属書VIIは「OECD加盟国たる締約国及びその他の国、欧州共同体、リヒテンシュタイン」と定める。附属書VIIに掲げられていない国は、バーゼル条約の定める条件に従う限りで有害廃棄物の輸出は禁止されない。この「非対称型」の中には、途上国の義務の実施については、一定の支援を受けられることを条件とするものも含めることができる（オゾン層破壊物質を規制するモントリオール議定書（モントリオール議定書）第5条5項）。

第2は、義務は原則として同一であるが、その履行の時期／期限に差を設ける類型である。オゾン層破壊物質を規制するモントリオール議定書（モントリオール議定書）がその典型例である。モントリオール議定書第5条1項は、議定書の適用上発展途上国に分類され、人口1人あたりの年間の消費量の算定値が、附属書Aの物質について0.3kg未満で、附属書Bの物質について0.2kg

---

16) たとえば、Tuula Honkonen, *The Common but Differentiated Responsibility Principle in Multilateral Environmental Agreement: Regulatory and Policy Aspects* (Kluwer Law International 2009)、とくに p. 111 以下；前掲（注4）Cullet, p. 174 以下；Lavanya Rajamani, *Differential Treatment in International Environmental Law* (Oxford University Press, 2006), p. 89 以下；Christina Voigt, "Equity in the 2015 Climate Agreement: Lessons From Differentiated Treatment in Multilateral Environmental Agreement", *Climate Law*, Vol. 4 (2014), pp. 50-69.

17) Decision III/1 Amendment to the Basel Convention, UNEP/CHW.3/35, 28 November 1995.

未満の国を「第5条(1項)締約国」と定め、「第5条(1項)締約国」には最大10年の義務の履行の猶予を認める。

　これらの2つの類型に加えて、第3の差異化の類型の存在を指摘できる。すべての締約国に対し同一の義務を課すが、その義務の履行について大きな裁量を国家に与え、その裁量を行使する際に各締約国がみずからその国の能力や状況を読み込むことで、事実上の(*de facto*)義務の差異化を行う分類である。たとえば、生物多様性条約は、その第8条で、生息地における保全について「締約国は、可能な限り、かつ、適当な場合には、次のことを行う。」として行うべき措置を定める。「可能な限り、かつ、適当な場合には」とその措置の実施について締約国に裁量を与えることで、当該国が必要と考える範囲で、その義務は当該国によって自主的に「差異化」されうる。

　この類型は、国のグループを設け、グループごとに義務を差異化する方式に比べて、締約国がそれぞれの事情や状況に応じて義務を差異化することで、よりきめ細やかな義務の差異化を可能にする。他方、締約国が恣意的に義務の履行の水準を決めるとなると、義務の履行に関する国家間の衡平性を損ない、ひいては条約の目的の実現を妨げるおそれもある。そうした観点からは、締約国の裁量の行使について一定の基準を国際的に設けることで、その自主的な差異化を羈束することが条約の実効性を確保するためには必要となる。

B　特別の待遇を受ける国の定義の方法

　上記Aの第1、第2の類型は、国のグループを設け、国のグループごとに義務を差異化するものだが、京都議定書のように国名をリストに記載し、グループ化する方式が一般的である。その場合、グループを構成する国を変更するには、リストを掲載する附属書などの改正が必要となる。しかし、ある国をより厳しい義務を負うグループに変更することは容易ではない。当該国の同意なしにリストに国名を追加することはできない。また、義務の差異化の基となる附属書の重要性から、附属書の改正を通常の条約改正と同等に厳格な手続の対象としていることも多く、改正を採択してもその発効に時間がかかる。京都議定書の事例をとれば、韓国やメキシコなど1992年以降OECD加盟国となり、本来であれば「先進国」に相当する国が、非附属書I国のまま

となっている。他方、京都議定書の（削減義務を負う国を記載する）附属書Bにベラルーシを追加する改正が2006年に採択されたが、いまだ十分な締約国数を得られず発効していない。

こうした問題に対して、一定の条件を満たすとより厳格な義務を負うグループへと自動的に移行（「卒業」）する仕組みを導入する条約もある。バーゼル条約は、附属書VIIにおいて「OECD加盟国」と規定し、OECDに新規に加盟した国が自動的に附属書VIIに分類され、非附属書VII国に有害廃棄物の輸出を禁止する対象となる国となるような仕組みとしている。

また、当該条約がグループを設けた際に前提となっていた社会的・経済的条件の変化に対応するための柔軟性を与える工夫を追加している条約も見られる。前述のモントリオール議定書の下で、議定書の適用上前述の義務の猶予などを享受する「第5条1項締約国」となるには、当該途上国は、人口1人あたりのオゾン層破壊物質の年間の消費量の基準を満たす必要がある。モントリオール議定書は、締約国会合で、まず途上国に分類される国のリストを決定[18]し、このリストに分類されていないが「第5条1項締約国」として分類されると考える締約国は個別に申請を提出し、その申請に基づいて締約国会合が個別に検討をする[19]。「第5条1項締約国」に分類されることを証明するデータを提出できない途上国は、当面事務局が入手できるデータに基づいて分類されるが、2年経過しても提出できない場合、「第5条1項締約国」たる資格を失う。モントリオール議定書の履行委員会および多数国間基金の執行委員会に支援を求めている場合は資格を失わないが、基金の執行委員会が制度強化プログラムを承認してから1年以内に基準年のデータを提出できない場合にも「第5条1項締約国」たる資格を失う[20]。また、「第5条1項締約国」と分類されたが、その後オゾン層破壊物質を多く消費するようになった国は、その資格を失うが、その国が要請する場合、その状況について検討することとなっている[21]。義務の差異化の観点からこの仕組みが興味深いのは、途上国

---

18) Decision I/12E Clarification of terms and definitions: developing countries.
19) Decision IV/7 Definition of developing countries.
20) Decision VI/5 Status of certain Parties vis-à-vis Article 5 of the Protocol.
21) Decision IV/15: Situation whereby Parties operating under paragraph 1 of Article 5 exceed the consumption limit set in that Article.

であっても、モントリオール議定書第5条が定める基準を超えるオゾン層破壊物質を消費する国は、義務の猶予などの特別の待遇を受けることができないこと、また、「第5条1項締約国」と分類されても、オゾン層破壊物質を多く消費するようになった締約国は、個別にその状況を考慮される柔軟性はあるものの、義務の猶予などの特別の待遇を受けることができなくなることである。さらに、特別の待遇を認められる条件としてオゾン層破壊物質の1人あたり消費量を基準とし、その上で支援を求めず、あるいは支援を受けたにも関わらず、関連データの提出ができない場合には特別の待遇を失わせることによって、締約国が関連データを提出するのを促していることである。

C 差異化の局面

上記の類型は、締約国の一次的義務の局面で義務を差異化するものだが、一次的義務の不遵守に対する条約上の制度における締約国の待遇や措置を差異化するという事例もある。モントリオール議定書は、「第5条1項締約国」に対する特別の待遇の1つとして、技術移転、資金供与メカニズムの不適切な実施により規制措置を遵守できない場合、事務局に通告し、締約国会合で適切な措置を決定するまでの間、不遵守手続は適用されないと定め（第5条6項、7項）、モントリオール議定書の義務の不遵守への対応について特別の待遇を定めている。

このように明確に特別の待遇を与える事例は多くはないが、環境条約の下に設置される（不）遵守手続において、CBDRを考慮して、締約国の不遵守への措置を決定するものが見られる。京都議定書第18条に基づく遵守手続は、促進部と強制部を設置し、そのうち促進部は、附属書Ⅰ国と非附属書Ⅰ国の区別なく、京都議定書の実施について助言と便宜を与え、遵守を促進する[22]。「促進部は、共通に有しているが差異のある責任及び各国の能力を考慮して、次の措置のうち1または2以上の措置を適用することを決定する」[23]とし、措置の決定にあたり、CBDRおよび各国の能力を考慮した一定の差異化の可能性を織り込んでいる。

---

22) FCCC/KP/CMP/2005/8/Add.3, p. 95, para. 4.
23) *Ibid.*, p. 101, XIV. Consequences applied by the Facilitative Branch.

(2) パリ協定に至る交渉における義務の差異化

　中国やインドなどの新興経済国の経済発展とそれに伴う排出増という状況において、先進国と途上国を二分し、先進国のみに削減義務を課す京都議定書の差異化の妥当性が問われるようになったことを背景に、パリ協定に至る交渉の大きな論点の1つが義務の差異化（Differentiation）であった。

　先進国は、こうした二分論に基づく差異化を解消し、途上国も含む1つの枠組みの構築を主張したのに対し、途上国の中でも先進国の歴史的排出の責任を問う国々（たとえば、インドなど同志途上国グループ（LMDC）[24]）は先進国と途上国を二分した従来の差異化を堅持することを主張した。気候変動枠組条約の下で、長期的な共同行動に関する「合意された結果」を達成するための交渉開始を定めた2007年のバリ行動計画[25]においても、先進国の排出削減努力と途上国の排出削減努力は別々に規定された。2020年に向けての国際ルールを定めた2010年のカンクン合意[26]もまた、各国が自主的に定めた目標を提出し、目標の進捗について提出する2年に1度の隔年報告書を基に、まずは専門家が審査し、その後多数国間の場で検討するという制度の大枠はパラレルだが、先進国の排出削減努力は、京都議定書型の国の排出量に上限を設ける形式をとると定めるのに対して、途上国の排出削減努力はその形態を問われない。また、隔年報告書に盛り込む情報の項目や、報告と審査のプロセスの性格・目的[27]について先進国と途上国の間で差が設けられた。

　2011年、南アフリカ・ダーバンで開催されたCOP17において、「すべての締約国に適用される、[気候変動枠組]条約の下での議定書、別の法的文書又は法的効力を有する合意された成果を作成するプロセスを開始（launch a process to develop a protocol, another legal instrument or an agreed outcome with legal force under

---

24) 同志途上国グループ（LMDC）は、中国、インド、マレーシア、中南米の反市場主義をとるALBA諸国、産油国などが中核をなすグループ。構成する国は折々変化する。
25) Decision 1/CP. 13 Bali Action Plan, FCCC/CP/2007/6/Add.1, 14 March 2008, p. 3, para. 1(b).
26) Decision 1/CP. 16 Outcome of the work of the Ad Hoc Working Group on long-term Cooperative Action under the Convention, III. Enhanced action on mitigation.
27) 先進国については、目標に関する「排出量および除去量の評価と検討」のプロセスとし、途上国については、削減行動およびその効果の透明性を高めることをめざし、隔年報告書の「国際的な協議および分析」を行うプロセスと位置づける。*Supra* note 26, para. 44 and para. 63.

the Convention applicable to all Parties)」することを決定した[28]。この決定文書では、「すべての締約国に適用される」法的文書を作成すると定められ、他方、CBDRについて明示的に言及されなかったことから、「附属書Ⅰ国と非附属書Ⅰ国との間の明確なファイアウォールがな」く、崩壊しているという評価がなされた[29]。法的観点から見れば、「〔気候変動枠組〕条約の下での」プロセスであり、そのプロセスで作成される法的文書は、気候変動枠組条約の原則が適用されると考えうるが、CBDRについて明示的に言及されなかったことは、先進国、とくに米国の主張、すなわち、原則としてのCBDRの存在や実際の国家間の違いを否定するものではないが、従来の解釈ではなく、現在の経済的現実にそってCBDRを動的に解釈すべきとの主張を反映したものである。インドをはじめとする一部の途上国は、かかる解釈は気候変動枠組条約を上書き修正するものであると先進国の主張を強く批判した。そのような意見の対立がこのCOP決定に反映している[30]。

　このCOP17の後の交渉では、とくに中国、インドなどの途上国は、CBDRを交渉文書に挿入することを強く主張した。COP18の決定ではCBDRの言及はないものの、交渉が「〔気候変動枠組〕条約の原則を指針とする」という文言が決定の前文に挿入された[31]。とりわけ、排出削減策の差異化について、米国など先進国と中国、インドなどLMDCとの間で意見が対立した。従来通り先進国（附属書Ⅰ国）、途上国（非附属書Ⅰ国）という国のグループごとの差異化を行い、その上で、先進国には絶対排出量削減目標、途上国には国情に合わせた多様な行動を認めるべきという立場をLMDCが主張したのに対し、米国など先進国は、すべての締約国の「幅広い連続性に照らした」差異化[32]を主張した。また、途上国については、排出削減策以外の、たとえば適応策の約束だけでもよいとするLMDCに対し、排出削減の約束は必ず必要であると主張する米国をは

---

28) 1/CP.17 Establishment of an Ad Hoc Working Group on the Durban Platform for Enhanced Action, para. 2.
29) Wolfgang Strek *et al.*, *On the Road Again: Progressive Countries score a Realpolitik Victory in Durban While the Real Climate Continues to Heat Up* (Wuppertal Institute, 2011), pp. 33-34.
30) Lavanya Rajamani, "Deconstructing Durban", *Indian Express*, 15 December 2011.
31) Decision 2/18 Advancing the Durban Platform.
32) Steffen Kallbekken *et al.*, *Equity and spectrum of mitigation commitments in the 2015 agreement* (TemaNord 2014:519, 2014).

じめとする先進国、支援が得られなければ途上国は目標を実施しなくてよいとする LMDC に対し、支援がなくても実施する対策と支援が必要な対策を分けて目標を提出すべきとする先進国といった争点で交渉は進行した。

　差異化の議論を大きく転換したのは、2013 年、ワルシャワでの COP19 の決定である[33]。決定は「すべての締約国に対して、自国の約束草案 (Intended Nationally Determined Contribution; INDC) の国内準備を開始または強化すること…および COP21 に十分に先駆けて (できる締約国は 2015 年 3 月末までに) 提出することを要請」した[34]。各国がそれぞれ約束草案を作成し、提出する方法は、5 年のサイクルでの目標提出という形で、パリ協定にも継受されている。各国が提出する約束草案を条件づける国際ルールや提出された約束草案を事前に国家間で検討する制度も提案されたが、インドを中心に一部の途上国から強い反対があり、約束草案について共通の条件を国際的にはほとんど設定しないまま、各国の約束草案が提出されることとなった。

　差異化の議論のもう 1 つの大きな転機は、2014 年、ペルー・リマで開催された COP20 決定における CBDR に関する規定である。「国の異なる事情に照らして (in light of different national circumstances)…CBDR および各国の能力を反映する 2015 年に野心的な合意に達するとの [COP の] 誓約を強調する」と定める[35]。パリ協定において、CBDR が登場するすべての箇所 (前文、第 2 条 2 項、第 4 条 3 項、第 4 条 19 項の 4 箇所) で、必ずこの「『国の異なる事情』に照らした CBDR」という表現が用いられている。前文では、パリ協定の締約国は、衡平性および CBDR の原則を含む気候変動枠組条約の原則を指針とする、と定める中で、「国の異なる事情に照らして」が衡平性および CBDR の原則に係る形で規定されている。第 2 条 2 項は衡平性と CBDR の原則が反映するようにパリ協定は実施されると定めるが、そこに同様に「国の異なる事情に照らして」と規定されている。第 4 条 3 項は、各国が 5 年ごとに提出する目標の条件を定める規定だが、そこにまた、「国の異なる事情に照らして」CBDR を反映すると定める。

---

33) Christina Voigt and Felipe Ferreira, "Differentiation in the Paris Agreement", *Climate Law*, Vol. 6 (2016), p. 58, とくに p. 63 以下.

34) Decision 1/CP.19 Further advancing the Durban Platform, FCCC/CP/2013/10/Add.1, para. 2(b).

35) Decision 1/CP.20 Lima Call for Climate Action, FCCC/CP/2014/10/Add.1, p. 2, para. 3.

第4条19項は2050年頃を目処とした各国の低炭素戦略を策定する責務を定める規定であるが、そこにも「国の異なる事情に照らして」CBDR を考慮することが規定されている。この文言は、2014年の米中首脳宣言での合意で用いられた文言である[36]。

(3) パリ協定における義務の差異化の特質

こうしたパリ協定の交渉経緯をふまえ、そして、多数国間環境条約の先例に照らして、パリ協定における義務の差異化の特質として次の特質を指摘することができる。

A 事項（issue）に応じた差異化：複合的差異化

パリ協定における差異化は、協定が取り扱う事項ごとに、その事項に応じた差異化を行っている。前述のように、排出削減策については、目標の作成および提出、目標達成に向けた国内措置の実施について共通の義務と定めた上で、先進国は京都議定書型の目標とすること、次の目標は現在の目標よりも上回る必要があることなどの一定の条件付けを行っている。他方、目標の内容・水準、国内措置の内容や実施の時期などについては、基本的に各国に委ねるという形を取る。手続義務を軸に一定の中核的義務を共通のものとしたうえで、その義務の内容、水準、履行時期などを国に委ねることで差異化を行うという形である。適応策についても同様であるが、排出削減と比しても、共通の義務はきわめて限定的である。基本的に「適当な場合には」適応計画プロセスと適応行動の実施を行うことを義務づけるのみで、締約国にその義務の履行に裁量を与えていることから、その差異化は各締約国の判断で行われることとなる。

それに対して、資金などの支援については、これまでの気候変動枠組条約、京都議定書と同じで、支援を提供する先進国の法的義務を確認し、途上国には義務づけを行わない（任意の資金拠出を妨げるものではないが）という従来の二分法に基づく差異化が行われている。

---

[36] U.S.-China Joint Announcement on Climate Change, 12 November 2014, Beijing, China. https://www.whitehouse.gov/the-press-office/2014/11/11/us-china-joint-announcement-climate-change.

事項に応じた差異化を行うことはこれまでの多数国間環境条約においても珍しいことではない。とくに環境保全のための実体的義務の差異化と、資金などの支援の義務の差異化は異なる形で行われ、それが1つの条約の中に盛り込まれてきた。その意味では、必ずしも新しい手法ではないが、とくに気候変動の国際法制度の場合、排出削減策、適応策、支援策、それぞれに対応した透明性の制度（報告・検証の制度）と制度を構成する要素が多様であるため、一律の差異化はそぐわない。これまでは二分法に基づいて一律の差異化を行ってきたが、事項ごとのハイブリッドな（複合的）差異化へと転換した。各国のエネルギーコストや経済活動に大きなインパクトを持ちうる排出削減策は、法制度の実効性確保はもちろんのこと、フリーライダーの防止、国家間の競争条件の確保という観点からも一定の共通の義務を定める誘因がある。他方で、温暖化の悪影響への適応策は、それがとられることの便益、とられないことの損失は基本的にその策がとられる地域であり国家である。場合によっては必要がない、あるいは必要と感じない国もありうる。そのような事項について詳細な国際的義務を定めることに大きな意味はない。

B　各国による自主的差異化

　パリ協定において、Aの事項に応じた差異化をする場合の差異の設け方は、附属書に国名を記し、義務の内容、水準を明確に分ける従来の方法ではなく、基本的に各国の自主的差異化に基づくものとなっている。前述の「国の異なる事情に照らして」CBDR を反映させるという規定もそれを反映する。パリ協定では、先進国と途上国という分類がなお登場するが、国がどちらの区分に属するかを明記していない。自国がどの区分に属するかみずから決める方式といってもよい。

　こうした自主的差異化の導入は、二分法に基づく従来の差異化を主張する一部の途上国と先進国の間でどのような基準で国を分類し、差を設けるかについて合意に至ることができなかったことを理由とする。他方、京都議定書が採用した附属書に国名を記す方法（リスティング）は、ある特定の時点の国情を基に国の分類を固定化し、急激な状況の変化に議定書が対応できなかったという教訓をふまえたものでもある。パリ協定の差異化は、その観点からは、

将来生じうる状況の変化に対応する柔軟性を内在する制度ということができる。

　他方、国が恣意的に自主的差異化を行うならば、パリ協定の制度の公正さを損ない、ひいては制度全体の実効性を損なうおそれもある。それゆえに、差異化における自主性・柔軟性を尊重しつつも、フリーライダーを防止し、制度の実効性を担保する国際ルールが必要であろう。パリ協定においては、各国の目標の水準を客観的に評価できる制度（パリ協定の条約機関が評価するのでなくても、目標に関連する情報の公開により研究機関などの第三者が評価して評価結果を公表するようなものでもよい）や、目標の進捗に関する情報提出や評価の制度が、何らかのかたちで合意されるのが望ましい。すでにCOP21において、削減目標の共通の時間枠や目標について提出されるべき情報のガイダンスなどのパリ協定の下での制度・ルールを検討・構築することが決定されている[37]。

C　将来における共通化・収斂を織り込んだ差異化

　パリ協定の差異化で最も新しいと考えるアプローチは、将来における共通化・収斂を織り込んだ差異化である。差異化に際して国の状況の違い、事項の性質の違いに加えて、現在の差異化から将来の共通化・収斂へ移行する時間軸を織り込んだ差異化とも言える。

　第1の例が、前述した、先進国は引き続き京都型の削減目標を持ち、途上国もまた時間とともにこうした目標に移行していき、時間が経過すると、将来は途上国も先進国と同じ種類の削減目標を持つようになるという「同心円的差異化」の考え方である。これはブラジルの提案によるものである[38]。

　もう1つの類似の事例は、資金において見られる。前述のように、パリ協

---

[37] *Supra* note 1, 1/CP. 21. パリ協定後の交渉課題については、拙稿「パリ協定の発効の見通しと早期発効の影響」『The ClimateEdge』Vol. 25（2016年9月号）17頁。

[38] 2014年10月のダーバンプラットフォーム特別作業部会で提案したがさらに検討したものを意見のかたちであらためて2014年11月に提案している。Views of Brazil on the Elements of the New Agreement Under the Convention Applicable to All Parties, November 6, 2014. http://www4.unfccc.int/submissions/Lists/OSPSubmissionUpload/73_99_130602104651393682-BRAZIL%20ADP%20Elements.pdf.

定の法文上は、先進国と途上国に区分して前者に義務を課し、後者には義務を課さないという形の従来型の差異化を行った。その上で、COP決定で、2025年までに、パリ協定の下で、1000億米ドルを下限とする2025年以降の世界目標を設定することを決定した。2025年まで先進国が資金動員を先導する責務を負うが、2025年以降の目標の主体は先進国に限定せず、それ以降は世界目標の引き上げをめざしつつ、資金動員の責務を現在の先進国から拡大する可能性を残し、将来的にはこの資金供与の義務もまた先進国だけでなく、すべての国の義務となる可能性を含ませた形の合意となっている。

4　結びにかえて

　パリ協定における差異化は、これまでの気候変動の法制度からの大きく転換した。国の分類を設けず、各国がみずからの国の事情を反映し、考慮して、自主的に差異化していく方法への転換である。ただし、この自主的差異化、とくに各国が目標を作成する＝削減水準を決定するという方式は、国が誠実に目標設定を行わないならば、パリ協定の制度の公正さを損ない、フリーライダーへの懸念から各国が削減水準を引き下げたり、各国の参加を損ない、結果として制度の実効性を損ねてしまうおそれもある。また、現時点での差異化が将来に向かって収斂し、共通のものとなるという時間の軸を加えた差異化はこれまでにない新しいアプローチである。こうした制度の転換、新しい差異化のアプローチが、パリ協定の実効性向上に資するのかは、これから交渉され、決定される実施規則の内容いかんでもある。

　加えて、気候変動の法制度の外側の法制度への影響にも注視する必要がある。世界の排出量の約2%を占め、2030年には排出量の割合が2倍になると予測される国際航空からの排出については、国際民間航空機関(ICAO)において、そして、国際海運からの排出については国際海事機関(IMO)において、それぞれ排出規制の方策が検討されている。これらの機関は、本来国家平等を原則に運営されてきた。他方、途上国は、気候変動対策であるとの理由で、気候変動枠組条約の原則、とくにCBDRが適用されなければならないと主張してきた。今回のパリ協定が採用した「国の異なる事情に照らし」たCBDRの

解釈・適用は、こうした機関の気候変動に関する規範形成にいかなる影響を与えるのだろうか。

さらに、この間、世界貿易機関(WTO)の紛争解決機関は、GATT 第 20 条柱書きの解釈にあたって、条約の解釈にあたり文脈とともに「当事国の間の関係において適用される国際法の関連規則」を考慮するとの条約法条約第 31 条 3 項に依拠している。米国エビ輸出制限事件の実施審査小委員会報告(2001 年)は、その結論で、国際協定締結に向けた協力を米国とマレーシアに要請する中で、WTO 協定には規定のない CBDR を考慮することをすでに謳っている[39]。WTO の紛争解決機関による WTO 協定の解釈にはいかなる影響が生じるであろうか。こうしたパリ協定の外側の法制度への影響・展開にも注視する必要がある。

---

39) United States - Import Prohibition of Certain Shrimp and Shrimp Products, Recourse to Article 21.5 by Malaysia, Report of the Panel, WT/DS58/RW, 15 June 2001.

第9章　国際海運からの温室効果ガス（GHG）の排出規制
―― 国際海事機関（IMO）と地球温暖化の防止 ――

富岡　仁

1　はじめに
2　国際海運からの GHG 排出規制に関する IMO の役割と基本原則
　(1) IMO の成立と発展
　(2) IMO の役割と基本原則
3　IMO と GHG 排出規制レジーム
　(1) レジームの形成過程
　(2) レジームの成立―MARPOL 条約附属書の改正―
4　市場的措置（MBM）―未解決の問題―
　(1) MEPC における検討の経緯
　(2) MBM 導入の必要性をめぐる議論
　(3) MBM に関する諸提案
5　おわりに

1　はじめに

　地球温暖化を防止するために、大気中に放出される CO_2 の総量をいかに削減するかが、現在の国際社会の直面する重要な課題であることはいうまでもない。IMO による 2014 年の報告書によれば、2007 年から 2012 年までを平均した海運からの CO_2 の排出は、世界の年間排出総量の 3.1 パーセントであり、そのうち国際海運からの排出は 2.7 パーセントとされている[1]。海運からの CO_2 の排出は今後の経済発展に伴って大きく増大することが予測されており、それは 2050 年までには、今後の削減対応策に従って、2012 年比で 50 パーセントから 250 パーセントまでの増加とされている[2]。このことは、海運部門における CO_2 排出の削減に向けての対策をとることの高い必要性を示している。
　「気候変動に関する国際連合枠組条約京都議定書」（京都議定書）は、締約国に対して CO_2 を含む温室効果ガス（GHG）の具体的な削減義務を課したが、国

---

1) IMO Doc., Third IMO GHG Study 2014 - Executive Summary, MEPC 67/6, 1 July 2014, p. 8.
2) *Ibid.*, p. 13.

際海運からのGHGの削減に関しては、その第2条2項で「附属書Ⅰに掲げる締約国は、国際民間航空機関及び国際海事機関を通じて活動することにより、航空機用及び船舶用の燃料からの温室効果ガス（モントリオール議定書によって規制されているものを除く。）の排出の抑制又は削減を追求する。」と規定し、国際海事機関（International Maritime Organization: IMO）において検討されるべき課題としている。また、IMOは、「海洋法に関する国際連合条約（United Nations Convention on the Law of the Sea: UNCLOS）に基づき「権限のある国際機関」として、船舶からの汚染を防止する義務を課されている。

本章は、地球温暖化を防止するための国際海運からのGHGの排出規制に関する国際社会の委託に対してIMOがどのように対応してきたかについて検討するものである。はじめに、この問題に関するIMOの役割と基本原則について確認した後に、IMOにおける排出規制レジームについて、「船舶による汚染の防止のための国際条約」（International Convention for the Prevention of Pollution from Ships: MARPOL）の附属書の改正として成立したものと今なお検討中の問題について分けて、それぞれの現状と問題点について見ることにしたい。

2 国際海運からのGHG排出規制に関するIMOの役割と基本原則

(1) IMOの成立と発展

国際社会において重大な問題となりつつあった船舶航行の安全と海洋汚染に対処するために1948年の国連海事会議において政府間海事協議機関（Inter-Governmental Maritime Consultative Organization: IMCO）の創設が採択された[3]。IMOは1982年にIMCOの名称を変更してその役割を引き継いだものである。IMO条約[4]の第1条は、その目的として、「国際貿易に従事する海運に影響するすべての種類の技術的事項に関する政府の規制及び慣行の分野において、政府間の協力のための機構となること」および、「海運業務が世界の通商に差別なし

---

3) G. P. Pamborides, *International Shipping Law: Legislation and Enforcement* (Kluwer, Ant. N. Sakkoulas Publishers, 1999), pp. 79-80.
4) Convention on the International Maritime Organization (IMO Doc., A. 358(IX) of 14 November 1975).

に利用されることを促進するため、政府による差別的な措置及び不必要な制限で国際貿易に従事する海運に影響のあるものの除去を奨励すること」をあげ、そのことを通じて、「海上の安全及び航行の能率に関する事項並びに船舶による海洋汚染の防止及び規制に関する事項についての実行可能な最高基準が一般に採用されることを奨励すること」をあげている。ここには、海運に対する規制が通商に対する差別的措置の適用とならないことを確保したうえで、海上安全の確保と海洋汚染の防止に貢献するために、IMOの役割を協議的・技術的事項に限定しようとする意図を見ることができる[5]。

　IMCOからIMOへの変更は、世界経済の拡大に伴う国際海運の発展を背景として、その任務・役割を拡大する必要からである。成立当時には総会、理事会そして海上安全委員会で構成されていた組織に加えて、新しく海洋環境保護委員会（Marine Environmental Protection Committee: MEPC）、法律委員会、技術協力委員会を発足させた。そうした組織的変更の背景にある要因として、その主要な役割としてきた海上安全の確保に加えて、1967年のトリー・キャニオン号事件の発生や1972年の国連人間環境会議の開催に見られるような、国際的な海洋環境保護の要請があるといえよう[6]。IMOは、この時期に海洋環境の保護に関する多くの条約の改正、採択を行っているが[7]、その主要な役割を果たしているのが、すべての加盟国で構成されるMEPCである。本章で検討する国際海運からのGHG排出規制について審議も主にMEPCにおいて行われている。

(2) IMOの役割と基本原則

　以上のIMOの組織的性格に関連して、国際海運からのGHG排出の規制に関するIMOの役割に関して二つの異なる見解が存在する。一つの見解は、IMOの役割は京都議定書に基づくとするものである。すなわち、京都議定書

---

5) Alan Khee-Jin Tan, *Vessel-Source Marine Pollution: The Law and Politics of International Regulation* (Cambridge Univ. Press, 2006), p. 75.
6) *Ibid.*, pp. 76-81; James Harrison, "Recent Developments and Continuing Challenges in the Regulation of Greenhouse Gas Emissions from International Shipping," *Ocean Yearbook* Vol. 27 (2013), p. 361.
7) これに関しては拙稿「船舶の通航権と海洋環境の保護―国連海洋法条約とその発展―」『名経法学』第12号（2002年）14頁以下参照。

第2条2項は、「気候変動に関する国際連合枠組条約」(United Nations Framework Convention on Climate Change: UNFCCC) 附属書Ⅰに掲げる締約国に対して、IMOを通じて活動することにより船舶用の燃料からのGHG排出の削減を求めているのであるから、IMOはUNFCCCの原則に基づいて条約の作成を行うべきとする。もう一つの見解は、IMOの役割・権限は、IMO条約第1条 (A) にある「機関の目的」およびUNCLOS第211条、212条にある「権限ある国際機関」としての地位に基づくとするものである。このIMOの役割に関する異なる見解は、IMOの条約作成作業において依拠すべき原則の相違に結びつく。すなわち、前者によれば、GHG排出の規制は、UNFCCC第3条1項に規定する「共通に有しているが差異のある責任」(Common But Differentiated Responsibility: CBDR)」原則に基づいてなされるべきであり、したがって附属書Ⅰ、Ⅱ国とそれ以外の諸国 (に属する船舶) とは義務の相違があるべきであるとし、後者によれば、規制は、IMOやUNCLOSが原則としてきた「差異のない取り扱い」(No More Favorable Treatment : NMFT) の原則にしたがってなされるべきであり、国籍にかかわらず規制は船舶に対して一律になされるべきであるとする。前者は主として途上国により後者は先進国により主張されているが、この基本的対立は、IMOの審議におけるさまざまな側面においてあらわれており、たとえば後述するMARPOL条約附属書Ⅵの改正においては、船舶に対する一律適用とする後者の原則が、コンセンサスではなく多数決により採用されている[8]。

　船舶からのGHG排出の規制に関するIMOの作業において、CBDR原則とNMFT原則を統合することは可能であろうか。松井芳郎はCBDRの根拠について検討した後で、CBDR原則から、二つの法的帰結、すなわち「発展途上国に有利な『二重基準』の採用」と「先進国による発展途上国の持続可能な発展への援助」が導かれるとする[9]。IMOにおけるNMFT原則は、前者の法的帰結の観点から問題とされ、とくにそれは、いわゆる便宜置籍船の存在という実施

---

8) 後述 3 (1) を参照。
9) 松井芳郎『国際環境法の基本原則』(東信堂、2010 年) 177 頁。Lavanya Rajamani, *Differential Treatment in International Environmental Law* (Oxford Univ. Press, 2006), p. 191; Yubing Shi, "The Challenge of Reducing Greenhouse Gas Emissions from International Shipping: Assessing the International Maritime Organization's Regulatory Response," *Yearbook of International Environmental Law*, Vol. 23, No. 1 (2012), p. 138.

の実効性の観点から船舶規制への導入が困難とされるが[10]、後者の法的帰結については、IMOにおいてすでに導入されつつあるように思われる。先進国に対する「差異のある責任」を具体化するものとしての、途上国に対する財政的、技術的援助の問題は、IMOにおける多くの議論や提案においてあらわれている[11]。そうした中で注目されるのは、2013年5月の第65回MEPCにおいて採択された「船舶のエネルギー効率の改善に関する技術協力と技術移転の促進」と題する決議[12]である。この決議は、MEPCにおける京都議定書に規定されるCBDR原則の適用を求める途上国とそれに反対する先進国の対立を妥協させるものとして南アフリカにより提案されたものであるが、そこでは、IMO条約におけるNMFT原則とUNFCCCのCBDR原則がともに考慮すべき原則とされており、それに基づいて、加盟国に対して、とりわけ途上国に対するエネルギー効率技術の移転への支援・協力や途上国の能力構築への支援がなされるべきこと等が言及されている。この決議においては、これまでと同様に、財政的支援や知的財産権を含む技術支援は加盟国の法的義務とはされていないが、しかし、これまでの基本的に対立してきたNMFT原則とCBDR原則が、今後のIMOの作業において考慮されるべき原則として同一の決議において初めて明記されたことは、CBDR原則とNMFT原則を統合させる、IMOにおける今後の作業の方向性とその進展を予測させるものである[13]。

---

10) D. Aydin Okur, "The Challenge of Regulating Greenhouse Gas Emissions from International Shipping and the Complicated Principle of 'Common but Differentiated Responsibilities'," pp. 45-46, at http://webb.deu.edu.tr/hukuk/dergiler/dergimiz13-1/2-deryaaydinokur.pdf (as of March 7, 2016).

11) 後述4(3)表1提案参照。

12) IMO Res. MEPC. 229(65), Promotion of Technical Co-operation and Transfer of Technology relating to the Improvement of Energy Efficiency of Ships, in *Report of the Marine Environment Protection Committee on its Sixty-fifth Session*, MEPC 65/22, 24 May 2013, Annex 4.

13) Yubing Shi, "Greenhouse gas emissions from international shipping: the response from China's shipping industry to the regulatory Initiatives of the International Maritime Organization," pp. 17-18, at http://ro.uow.edu.au/cgi/viewcontent.cgi?article=2190&context=lhapapers (as of June 29, 2016).

254 第Ⅱ部 地球温暖化防止の新制度

3　IMOとGHG排出規制レジーム

(1) レジームの形成過程[14]

　船舶からのGHGの排出を規制する問題は、IMOにおいて1980年代後半より議論されていたが、その作業が実際に開始されたのは、1997年のことである[15]。1997年のMARPOL会議は、船舶からの大気汚染物質の排出を規制する条約附属書Ⅵを改正する議定書[16]を採択することにより、IMOの大気汚染防止の分野における貢献の新しい分野を開いたが、同時に同会議は、国際海運からのGHG排出の問題に関する「船舶からのCO_2排出」と題する決議8を採択した。同決議は、IMOに対して、UNFCCC事務局と協力して、船舶からのGHG排出の現状を調査し、MEPCに対してGHG排出削減の可能な戦略を検討することを求めるものであった[17]。

　2000年には、決議8に基づく措置として、「船舶からのGHG排出に関する研究」[18]がIMOの第45回MEPCに提出された。この報告書は、海運が他と比較して最もエネルギー効率的な輸送手段であるとしたうえで、技術的および操作的措置の導入によるGHG排出削減の可能性を指摘していたが、同時に、今後の海運に対する需要の増大を考えればそれらは限られた効果しかなく、技術的措置のみでは今後の予想される排出の増加に対応することは不可能であることを指摘していた[19]。

　2003年には、IMOは、「船舶からの温室効果ガスの削減に関するIMOの政

---

14) IMOにおける審議経過については、次の文献も参照。Stathis Palassis, "Climate change and shipping," in R. Warner & C. Schofield (eds.), *Climate Change and the Oceans: Gauging the Legal and Policy Currents in the Asia Pacific and Beyond* (Edger Elger, 2012) pp. 212-220; Shi, *supra* note 9, pp. 138-145.

15) IMO Doc., Main events in IMO's work on limitation and reduction of greenhouse gas emissions from international shipping (October 2011), p. 3.

16) Protocol of 1997 to amend the International Convention for the Prevention of Pollution from Ships, 1973, as modified by the Protocol of 1978 relating thereto.

17) IMO Doc., Main events in IMO's work on limitation and reduction of greenhouse gas emissions from international shipping (November 2008), para. 2.

18) IMO Doc., Study of Greenhouse Gas Emissions from Ships (31 March 2000).

19) *Ibid.*, pp. 8-9.

策及び実行」と題する総会決議[20]を採択した。同決議は、MEPC に対して、国際海運から排出される GHG 排出の削減を達成するために必要なメカニズムを特定し、発展させることを求めるものであるが、その検討の際の優先事項として、(a)GHG の排出基準の設定、(b) 船舶からの GHG 排出を示す効率指標についての測定方法の策定、(c) 船舶からの GHG 排出効率指標を適用するガイドラインの策定、(d) 船舶からの GHG 排出を規制する、技術的、操作的および市場的な解決方法についての検討、をあげていた。また、同決議はとくに MEPC に対して、国際海運に従事する船舶からの GHG 排出の報告の仕組の検討、その作業計画の策定、そして、この問題に関する IMO の政策および実行に関して継続して検討しそれを公表することを求めていた。この決議を受けて、MEPC においては、法的文書採択に向けての本格的な交渉が開始されることになった[21]。

2006 年の第 55 回 MEPC は、「国際海運からの CO_2 排出の制限または削減の達成に必要なメカニズムを特定しおよび発展させるための作業計画」[22]を採択した。この作業計画に基づいて、国際貿易に従事する船舶からの GHG 排出を検討する技術的手法、運航的手法、市場的手法の三つの側面からの検討が開始された。

続いて 2008 年の第 57 回 MEPC は、デンマーク、マーシャル諸島および海運業界団体から提案された「GHG 排出削減対策に関する基本原則」[23]を圧倒的多数の賛成で採択し、9 原則を IMO における将来の議論の基本とすることに合意した。それは、(a)GHG 総排出量の削減に実効的であること、(b) 拘束力を持ち、すべての旗国に平等に適用されること、(c) 削減の費用対効果が高いこと等である((d)～(i) は省略)。この (b) の原則に対しては、いくつかの代表(中国、

---

[20] IMO Res. A. 963(23), IMO Policies and Practices related to the Reduction of Greenhouse Gas Emissions from Ships.

[21] 吉田公一「国際海事機関における船舶の温室効果ガス排出規制の動向」『日本マリンエンジニアリング学会誌』第 45 巻 6 号 (2010 年) 2 頁。

[22] IMO Doc., Work Plan to identify and develop the Mechanisms needed to achieve the Limitation or Reduction of CO_2 Emissions from International Shipping, in *Report of the Marine Environment Protection Committee on its Fifty-fifth Session*, MEPC 55/23, 16 October 2006, Annex 9.

[23] IMO Doc., Future IMO regulation regarding greenhouse gas emissions from international shipping, MEPC 57/4/2, 21 December 2008.

インド、ブラジル、バルバドス、南アフリカ、ベネズエラ）は、京都議定書のCBDR原則に反しているとして反対の立場を表明した[24]。

その後のMEPCにおいては、審議の進捗状況を考慮して、技術的、操作的措置と市場的措置とを区別し、前者についての審議を先行させた。そして、その後、第59回MEPCにおける合意された文書のIMOにおける回章[25]を経て、2011年の第62回MEPCにおいて、MARPOL条約附属書VI「船舶による大気汚染の防止のための規則」に第4章「船舶のエネルギー効率に関する規則」を追加する改正[26]が、賛成49、反対5（ブラジル、チリ、中国、クウェート、サウジアラビア）、棄権2（ジャマイカ、セント・ビンセント・グレナディーン）で採択された[27]。同改正は2013年1月1日に発効した。

(2) レジームの成立—MARPOL条約附属書の改正—

以上見たように、船舶からのGHG排出規制の問題は、これまでIMOのMEPCにおいて技術的措置、操作的措置および市場的措置の3点において検討されてきたが、2011年7月の第62回MEPCにおいて、MARPOL条約附属書VI「船舶による大気汚染の防止のための規則」に第4章「船舶のエネルギー効率に関する規則」を追加する改正として、前2措置についてのみ採択された。この改正は、技術的措置すなわちエネルギー効率設計指標（Energy Efficiency Design Index：EEDI）を用いた船舶の省エネ性能の明示と規制値への適合、および、操作的措置すなわち船舶エネルギー効率管理計画書（Ship Energy Efficiency Management Plan：SEEMP）を用いた省エネ運航の促進をその骨子として、個々の船舶のエネルギー効率を改善することにより国際海運からのGHG排出量を低減することを目的としている。以下には、それぞれの内容について紹介し、

---

24) *Report of the Marine Environment Protection Committee on its Fifty-seventh Session*, MEPC 57/21, 7 April 2008, pp. 47-48.
25) IMO Doc., Interim Guidelines on the Method of Calculation of the Energy Efficiency Design Index for New Ships, MEPC.1/Circ. 681, 17 August 2009 ; IMO Doc., Interim Guidelines for Voluntary Verification of the Energy Efficiency Design Index, MEPC.1/Circ. 682, 17 August 2009.
26) IMO Res. MEPC. 203(62), Amendments to the Annex of the Protocol of 1997 to amend the International Convention for the Prevention of Pollution from Ships, 1973, as modified by the Protocol of 1978 relating thereto (Inclusion of regulations on energy efficiency for ships in MARPOL Annex VI).
27) *Report of the Marine Environment Protection Committee on its Sixty-second Session*, IMO MEPC 62/24, 26 July 2011, p. 57.

その意義と問題点について述べる。

（i）技術的措置[28]

EEDIは、船舶に対して最小限の燃費効率指標の達成を義務づけるものであり、そうすることにより船舶からのGHG排出を抑制することを目指すものである。

適用対象となる船舶は、400トン以上の船舶であるが、もっぱら旗国の主権・管轄権下にある水域で航行する船舶、および、ディーゼル電気推進機関、タービン推進機関またはハイブリッド推進機関を持つ船舶は除外される。また、主管庁は、400トン以上の船舶であっても、自国船舶に対するEEDI規則の適用を排除することができるが、2017年以降に建造契約が結ばれる、あるいは、2019年以降に引渡がなされる船舶についてはその対象とならない（第19規則）[29]。

EEDI規制は、以上の船舶であって、新造船および一定の改造がなされた既存船に対して適用される。該当する船舶は、IMOが作成するガイドライン[30]に従って、船舶に固有の、エネルギー効率について見積もられる船舶の能力を示し、その算定に必要な情報およびその過程を示す技術ファイルを伴う、「算出されたエネルギー効率目標（到達EEDI）」を作成しなくてはならない。EEDIの認証は、IMOの他の条約で定める通常の船舶検査と同様、主管庁または主管庁により正当に権限を与えられた機関により行われる（第20規則）。

以上の到達EEDIの計算・認証に加えて、第21規則は、ばら積み貨物船、タンカー、コンテナ船などの船舶で一定の大きさ以上のものに対して、削減率が規制値（要求EEDI）以下であることを義務づけている。要求される削減率は、新造船の建造契約年あるいは既存船の改造年に応じてフェーズ1から4まで段階的に定められており、たとえば、ばら積み貨物船について2013年1月1日から2014年12月31日までに建造契約が締結される船舶（フェーズ0船舶）

---

28) technical measures.
29) MARPOL条約附属書Ⅵ第4章の第19規則のこと。以下本章に引用する「規則」は同様。
30) MEPCは, 2012年に、「新船のためのエネルギー効率設計指標(EEDI)の算定の方法に関するガイドライン」を採択した。IMO Doc., 2012 Guidelines on the Method of Calculation of the Attained Energy Efficiency Design Index (EEDI) for New Ships, Res. MEPC. 212(63), 2 March 2012.

の場合は、削減率は0であり、2025年1月1日以後に建造契約が締結される場合（フェーズ4）では、削減率は30パーセントとなる。このように、2013年以降の新造船（改造船）は、要求EEDIを満たすことが求められ、そのレベルが段階的に強化されるため、将来的に船舶は燃費性能の優れたものに順次入れ替わることが期待される。

（ⅱ）操作的措置[31]

　SEEMPは、船舶の運航上の工夫によりGHG排出を削減することをめざすものであり、船舶の操作上のエネルギー効率を改善するためのメカニズムを導入するものである。SEEMPは既存船を含むすべての船舶を対象とするが、それは船舶に限定したものではなく、広く海運会社のエネルギー管理計画をも含む。第22規則は、船舶は、その安全管理システム（SMS）の一部となりうる固有のSEEMPを船内に備えることを義務づけており、SEEMPはIMOが作成するガイドラインを考慮して作成されるべきものとしている。

　MEPCは2012年に「船舶エネルギー効率管理計画（SEEMP）の策定に関するガイドライン」[32]を採択した。ガイドラインは、SEEMPは、船舶のエネルギー効率化を、「計画」、「実施」、「モニタリング」、「自己評価・改善」の四つの段階を通じて目指すものであるとしている。第1段階の「計画」は、船舶のエネルギー使用の現状と船舶のエネルギー効率化のための方策を決定するものである。ここには、船舶個別の措置（たとえば、速度の最適化、ウェザールーティング、船体メンテナンスなど）、会社固有の措置（修繕造船所、船主、船舶運航者、用船者、荷主、港湾および交通管理機関を含む様々な関係者などによる連携・調整）、人材開発（陸上および船上の関係人員の研修）、目標設定が含まれる。最後の目標設定は任意とされており、したがって目標やその結果を公表する必要はなく、会社も船舶も外部機関による査察を受けることはない。続いて、第2段階の「実施」は、船舶および会社は、実施すべき措置を特定した後に、エネルギー管理の手順、役割の決定および個人への割り当てについて決定し、実施

---

31) operational measures.
32) IMO Doc., 2012 Guidelines for the development of a Ship Energy Efficiency Management Plan (SEEMP), Res. MEPC. 213(63), 2 March 2012.

するシステムを樹立しなくてはならない。ガイドラインによれば、SEEMP は、そうした措置の実施の方策とその責任者について明記しなくてはならず、また、各措置の実施の期間（始期と終期）は明示されねばならない。ガイドラインは、また、何らかの理由で実施されなかった措置について後の検討のために記録することを推奨している。第 3 段階としてガイドラインは、確立された方法により国際標準を用いての（エンジン効率運転指数 (Energy Efficiency Operational Indicator: EEOI) やそれ以外の手段による）船舶のエネルギー効率の定量的モニタリングがなされるべきとしており、データ収集の手順や責任者の割り当てを含むモニタリングシステムを構築すべきであるとしている。また、モニタリングは、船員の不必要な管理負担を避けるため、油記録簿など従来から要求されているデータを利用して陸上の人員が行うべきとしている。ガイドラインは最後の第 4 段階「自己評価および改善」において、1 から 3 段階までのとられた措置の有効性について自己評価し、次期の計画においてとられる措置の改善に反映させるための手順を策定し、定期的に実施することを求めている。

　ガイドラインにおいて特徴的なのは、以上の 4 サイクルの SEEMP の枠組みおよび構造についての提示とともに、「船舶の低燃費運航を実現するためのベストプラクティスに関するガイダンス」の項を設けて、輸送系統全体の効率の追求は、船主／船舶運航者の責任の範囲内だけで行うことはできず、個々の航海の効率に関与すると思われる多くの関係者（船舶の特性に関しては設計者、造船者、エンジン製造者など、個々の航海に関しては用船者、港湾、船舶の運航管理機関など）が個別または共同で効率改善のための措置を自身の業務に取り入れることを検討すべきであるとして、一連の効率化措置を特定して、関連の当事者に対して、それらの措置の導入の検討を求めていることである。そうした措置は、三つのカテゴリーに分けることができる。第 1 のカテゴリーは、技術上および操作上の措置であって、ウェザールーティング、速度の最適化、最適バラスト、船体・推進システムのメンテナンスなどであり、第 2 のカテゴリーは、物流および航海計画の改善であって、最適航路の選択、ジャストインタイム入港、船体管理の改善などであり、第 3 のカテゴリーは、港湾に関連する措置であって、荷役作業の改善、港湾における船舶のエネルギー管理などがあげられる。

(ⅲ) 両措置の導入に対する評価

　MARPOL 条約附属書 VI を改正して船舶に対し EEDI および SEEMP を義務づけたことは、国際海運からの GHG の排出の法的規制を初めて実現したものとして、大きな意義を持つ[33]。EEDI および SEEMP というエネルギー効率化規制の導入による GHG 削減可能性について分析する IMO の報告書によれば、EEDI および SEEMP の規制により、かなりの GHG 削減効果があることが指摘されており、CO_2 の削減を燃料価格で換算すれば、2020 年には約 500 億米ドルとなり、2030 年には 2000 億米ドルとなるとされている。他方、EEDI に必要とされる費用は段階的に増加するが、それほど大きいものではなく、燃料にかかる費用を換算すれば、EEDI および SEEMP による GHG 排出削減措置の導入は、船舶業界にとり経済的にも健全なものとされている[34]。とくに、EEDI および SEEMP で要求される基準の適用について、結果の適合性を求め方法の如何を問わない「方法の自由」が認められていることは、船舶業界の費用適合的な技術導入に対する強いインセンティブとなり、それは両基準の実施される可能性を高めるものであって、機能するメカニズムとなりうるといえよう[35]。

　以上の EEDI および SEEMP 導入に関する積極的な評価とともに、いくつかの問題点も指摘されている。その第 1 は、適用対象となる船舶が様々に限定されていることである。すなわち、EEDI および SEEMP とも、適用対象となる船舶は 400 トン以上とされており、また、限定は付されているが、旗国が自国船に対するそれらの適用を免除できるとしていること、さらに、EEDI について、新造船がその対象とされており既存船を含まないこと、および、新造船においても一定の種類の船舶がその対象とされていることである[36]。これらの適用除外船舶の存在がどれだけ削減効果を妨げるかは今後の検証を待た

---

33) James Harrison, "Recent Developments and Continuing Challenges in the Regulation of Greenhouse Gas Emissions from International Shipping," *Ocean Yearbook* 27 (2013), p. 375.
34) IMO Doc., Assessment of IMO Mandated Energy Efficiency Measures for International Shipping: Estimated CO_2 Emissions Reduction from Introduction of Mandatory Technical and Operational Energy Efficiency Measures for Ships, MEPC 63/INF. 2, Annex, 31 October 2011, pp. 6-8.
35) Shi, *supra* note 9, p. 151.
36) IMO Doc., Second IMO GHG Study 2009, MEPC 59/4/7, 9 April 2009, p. 6.

ねばならないが、それらが削減の実効性を妨げる可能性が危惧されている[37]。

　第2は、SEEMPは、既存船、新造船を問わずすべての船舶に対して保持を義務づけており、IMOはそのためのガイドラインを作成しているが、第22規則は、ガイドラインを考慮することを求めるのみで、その遵守を法的義務としていないことである。このことはとるべき措置を広範な船主の裁量の下に置くことを意味する。IMOの報告書は、SEEMPの強制化は、船舶会社に対して操作上の措置によるエネルギー削減活動の重要性を認識させる手続き上の枠組みを提供したが、SEEMPにおいて特定のエネルギー効率目標設定やモニタリング措置を備えていないことは、その実効性を減じるものであり、さらにSEEMPを促進させる措置が必要としている。そしてその一つの方策として、EEOIまたは同様な履行指針（performance indicator）の促進または強制化が必要であるとしているが[38]、SEEMPの履行状況を見ながら、その法制化を含めた制度整備の検討が必要とされよう[39]。

　第3は、EEDIおよびSEEMPの実施の問題である。第62回MEPCでのMARPOL条約附属書Ⅵの改正は、IMOにおける通常の方式であるコンセンサスではなく、多数決により採択された。提案は、賛成49、反対5、棄権3で採択された[40]。MEPCにおける審議においては、中国、ブラジル、チリなどから、EEDIおよびSEEMPの一律の強制化が、UNFCCCの採用するCBDR原則に反することを理由として、一貫した反対があった。改正された附属書Ⅵの適用をめぐっては、旗国による拒否があっても、それがUNCLOS第222条の「一般的に受け入れられた国際規則・基準」として、あるいは、MFNT原則による入港国における検査の対象として履行が義務化されるかという問題があるが、一貫した反対国の存在は今後の条約の統一的運用に影響する可能性

---

37) Doris Koenig, "Global and Regional Approaches to Ship Air Emissions Regulation: The International Maritime Organization and the European Union," in Harry N. Scheiber & Jin-Hyun Paik (eds.), *Regions, Institutions, and Law of the Sea*, (Nijhoff , 2013), p. 328; Shi, *supra* note 13, p. 15.

38) IMO Doc., *supra* note 34, pp 7-8, para 12. 9 - 10.

39) Md. Saiful Karim, "Reduction of Emissions of Greenhouse Gas (GHG) from Ships," in *Prevention of Pollution of the Marine Environment from Vessels*, (Springer 2015), p. 111.

40) *Report of the Marine Environment Protection Committee on its Sixty-second Session*, IMO MEPC 62/24, 26 July 2011, p. 57.

がある[41]。

4　市場的措置（MBM）——未解決の問題——

　市場的措置(Market-Based Measures: MBM)は、先に述べた技術的、操作的措置とは異なり、市場メカニズムにより国際海運からのGHG削減を追求する方法であって、汚染者負担原則(Polluter-pays Principle: PPP)に基づいて、汚染者（船舶所有者や船舶運航者など）にGHG排出の経済的インセンティブを与えることにより、排出削減を図る方策である[42]。それは、技術的・操作的措置を第1世代の削減措置というのに対して、第2世代の削減措置といわれるように、船舶規制の分野においては比較的新しい概念であるので、IMOにおいてこの問題は、これまで多くの論議を呼んでおり、今なお結論に至っていない。

　IMOは、MBMの検討が不可欠であることについてはこれまで様々な機会に指摘してきている。2000年の「船舶からのGHG排出の研究」と題するIMOの報告書は、今後の海運に対する市場の需要の増大を考えれば、技術的措置のみでは船舶からのGHGの排出の増大を防止することは不可能であり、MBMの検討が不可欠であると指摘していたし[43]、それに続く、2009年の「第2次IMO GHG研究」と題する報告書も、MBMは環境効果および費用対効果の優れた政策手段であり、このような施策により、対象となる大量のGHGの排出を大幅に抑制するとともに、海運部門における技術的および操作的措置の利用を促進し、他部門における排出を相殺することも可能となる、としていた[44]。さらに、IMOにおいて2011年に提出された、「国際海運に関する強制的エネルギー効率措置の評価」[45]は、EEDIおよびSEEMPの規制により大きなCO_2削減が期待されるが、2010年レベルでの海運からのCO_2全体の排出の大幅な削減は、世界の海運の増大に伴う排出の増大を考慮すると、二つの手段のみでは不可能であるとして、MBMの検討の不可欠であることを示唆してい

---

41) Harrison, *supra* note 33, p. 376; Shi, *supra* note 13, pp. 16-17.
42) Shi, *supra* note 9, p. 154.
43) IMO Doc., *supra* note 18, p. 8.
44) IMO Doc., Second IMO GHG Study 2009, MEPC 59/4/7, 9 April 2009, p. 6.
45) IMO Doc., *supra* note 34, p. 8.

る。

　以上のようにIMOにおけるMBMの検討の必要性は早くから認識されていたが、IMOにおけるGHGをめぐる審議は、第1世代の削減である、技術的・操作的措置が先行した。そして、2011年に、それらについて合意が成立した後、第2世代の規制であるMBMの問題が重要な残された課題となった。以下では、MBMをめぐるIMOにおける議論の現状を、これまでの経緯、導入の是非をめぐる議論、諸提案の順に検討してみよう。

(1) MEPCにおける検討の経緯

　以上に述べたように、GHG排出に関してMBMを検討する必要性はIMOにおいて早くから指摘されていたが、法的文書作成に向けての具体的な作業が開始されるのは、第55回MEPCにおいてである。第55回MEPCは、船舶からのGHG削減に関するIMOの政策と実行についての検討を求めるIMO決議[46]に基づく措置として、GHG排出に対処するための技術的、操作的および市場的措置について第59回MEPCまでに検討することを求める作業計画を採択した[47]。MEPCにおいては作業計画のうち、技術的・操作的措置に関する検討が先行したが、第58回MEPCにおいては、五つの提案[48]に基づいて、排出量取引システム、燃料への課金、その他の複合的なスキームに基づくMBM制度についての検討がなされた。そこでは、多くの代表は、京都議定書の第2条2項の完全な承認に基づきCBDRの問題が解決されるまで、何らかのMBMを導入することには反対していた。一方、他の代表は、MBMは高度に複雑な問題でありまたその発展の初期段階にあるので、さらなる情報と検討が必要であるとの見解を述べた。そこで、MEPCは、この問題についてのより詳細な検討を第59回MEPCにおいて行うこととした[49]。

---

46) IMO Doc., *supra* note 20.
47) *Report of the Marine Environment Protection Committee on its Fifty-fifth Session*, MEPC 55/23, 16 October 2006, para. 4.27; IMO Doc., Work Plan to Identify and Develop the Mechanisms needed to Achieve the Limitation or Reduction of CO_2 Emissions from International Shipping, MEPC 55/23, Annex 9.
48) MEPC 58/4/22(Denmark), MEPC 58/4/23(Australia), MEPC 58/4/25(France, Germany and Norway), MEPC 58/4/19 (IBIA), MEPC 58/4/21 (IMarEst), MEPC 58/4/39 (WWF).
49) *Report of the Marine Environment Protection Committee on its Fifty-eighth Session*, MEPC 58/23, 16 October 2008, pp. 37-39.

第59回 MEPC においては、MBM の具体化に関する国および海運業界からの多くの提案に基づいて、MBM メカニズムの中心的問題である、増大する船舶からの排出に対する他部門との相殺（オフセット）について、および、より燃料効率的な船舶に対して投資を行う海運業界のインセンティブについての詳細な議論が行われた。さらに、MBM の基金について、それがたとえば途上国における他部門での排出削減活動への使用の可能性といった、使途に関する議論も行われた[50]。また、MBM に関する作業を 2011 年 7 月まで延長する作業計画が合意された[51]。

第60回 MEPC においては、今後の MBM に関する議論の進め方について、加盟国やオブザーバーの専門家で構成される「MBM の実施可能性に関する検討および影響評価に関する専門家会議」を設置し、そこでこれまでに提案された文書について検討し、その結果を次期第 61 回 MEPC に報告することが合意された。MEPC は、今後の作業について、諸提案を 10 の主要なものに分類し、それらについて、途上国の海事部門に対する影響を優先事項としつつ、GHG 削減の実現可能性および世界貿易や海運関連産業などに対する影響評価の観点から検討するという方法をとることに合意した[52]。専門家会議は、その作業を、環境、海運および海事、行政および法律、貿易・発展および途上国の四つの任務部会を設置して行っている[53]。なお、ブラジル、中国、キューバ、インド、サウジアラビアは、UNFCCC の COP16 の終了するまで MBM の作業を延期することを主張している[54]。

第61回 MEPC では、専門家会議より提出された、MBM の実行可能性および影響評価に関する最終報告書[55]に基づいて集中的議論が行われた。その報告書で、専門家会議は、10 の提案を対象として、それらを海運部門内における排出削減を目指すものと基金を設立し他部門との相殺による排出削減を認

---

50) *Report of the Marine Environment Protection Committee on its Fifty-ninth Session*, MEPC 59/24, 27 July 2009, pp. 44-50.
51) *Ibid.*, Annex 16, Work Plan for further Consideration of Marked-based Measures, MEPC 59/24/Add.1.
52) *Report of the Marine Environment Protection Committee on its Sixtieth Session*, MEPC 60/22, 12 April 2010, pp. 35-40.
53) IMO Doc., Full report of the work undertaken by the Expert Group on Feasibility Study and Impact Assessment of possible Market-based Measures, MEPC61/INF. 2, 13 August 2010, p. 6.
54) *Report of the Marine Environment Protection Committee on its Sixtieth Session*, MEPC 60/22, 12 April 2010, para 4.66.
55) IMO Doc., *supra* note 53.

める方式に大別して分析し、それぞれの特徴的な点について比較検討した[56]。報告書は、提案は十分に詳細なものではなく、その完成度において異なるので、現時点において完全な評価は困難であるとし、最終的な政策評価を可能とするためには、さらに詳細な情報を必要とすると結論した[57]。また、第61回 MEPC においては、インドより、MBM が、WTO の無差別原則に反すること、課金提案は国際貿易に悪影響を及ぼすこと、UNFCCC の CBDR 原則に反すること、排出量取引制度（Emission Trading System: ETS）の有効性が未知数であること等を理由とする、および、中国より、MBM が理論上および原則的に基本的に不適切であること等を理由とする、異論が提出された[58]。

第62回 MEPC 以降の MBM に関する議論は、主に、MBM の導入に関するとりわけ途上国に対する影響評価、MBM 諸提案の統合へ向けての検討、MBM より発生する基金収入とその使途、国際海運の削減目標、MBM と WTO 規則との関連、UNFCCC の作業との関連を巡り行われているが、MEPC の報告書から見るかぎり、実質的な進展は見られない。

(2) MBM導入の必要性をめぐる議論

MBM は環境上の外部不経済を克服する手法として多くの国において導入されてきたものである。それは汚染者に対してその排出を削減するインセンティブを与えるものであるが、主に三つのタイプ、すなわち、環境税（拠出）、排出量取引スキーム、責任規則に区分される[59]。海運の分野においてもその排出の削減を行うために、GHG 基金や排出量取引制度などの手段を用いて GHG 排出の外部的費用を内部化する案が考えられてきている[60]。

しかしながら、そこでまず問題となったのは、国際海運からの GHG 削減のために MBM を導入する必要性・適切性についてである。MEPC において、

---

56) *Ibid.*, pp. 6-16.
57) *Report of the Marine Environment Protection Committee on its Sixty-first Session*, MEPC 61/24, 6 October 2010, pp. 47-48.
58) IMO Doc., Statement by the Delegations of India and China on the Report of the Expert Group on Market-based Measures to reduce GHG Emissions from the Maritime Sector, *ibid.*, Annex 8, pp. 1-4.
59) IMO Doc., Scientific study on international shipping and marked-based instruments, MEPC 60/INF. 21, 15 January 2010, p. 14.
60) Shi, *supra* note 9, p. 156.

中国、インド、ブラジルなどの途上国は、MBM の各国による提案に対してのみでなく、MBM を導入すること自体に反対した。その理由は三つに分けることができる。第 1 は、MBM の持つ不確実性であって、炭素市場の排出削減に対する有効性および国際海運からの排出の算定が不確実であること、さらに、船舶に対する炭素税の賦課の輸出産業および海運産業や世界貿易の将来の発展に対する影響が不明確であることをあげる[61]。第 2 は、MBM の持つ基本的な理論上の問題である。グローバルなアプローチをとる現在の MBM 提案の実施には、すべての参加国間における同一あるいは同様のレベルの経済的および技術的な発展の達成、一定の政治的権力の集中、適切な協力を確保するための共通する中心的制度の存在といった、競争上のゆがみを防止するためのいくつかの前提条件が必要であるが、現在の提案にはそれらが欠如しているため、MBM の実施は途上国をきわめて不利な立場に置くことになるとする[62]。第 3 は、MBM の原則上の問題である。すなわち、現在の MBM 提案のほとんどが、船舶に対する NMFT 原則を強調し、UNFCCC の CBDR 原則を無視しており、それは京都議定書の第 2 条 2 項に基づく IMO への委託に反している。それは先進国と途上国間の歴史的な責任と能力を考慮しないことにより、途上国にとって不利益をもたらす結果となる[63]。さらに、途上国は、MBM 提案のいくつかは WTO のよって立つ、最恵国待遇、内国民待遇、輸出および輸入に関する手数料および課徴金、輸出・輸入産品に対する数量制限の禁止の原則などに反するとする。それによれば、たとえば、ジャマイカによる寄港国課金に関する提案は、締約国の港に寄港するすべての船舶に当該航海において消費された燃料の総量に基づいて排出課金を課すことを想定しているが、排出される汚染物質の総量は船舶の種類および運航方法等により異なるので、それらを無視した一律の課金は、個別の船舶に対する差別的取扱いになり、それは、1994 年の GATT 第 1 条に規定される一般的最恵国待遇に違

---

61) IMO Doc., Uncertainties and Problems in Market-based Measures, Submitted by China and India, MEPC 61/5/24, 5 August 2010, p. 2; IMO Doc., *supra* note 58, pp. 1-2.

62) *Ibid.* MEPC 61/5/24, p. 3.

63) IMO Doc., Marked-Based Measures - inequitable burden on developing countries, submitted by India, MEPC 61/5/19, 2 August 2010, p. 3.

反することになる[64]。

　これに対して、多くの先進国およびNGOは、表1で見るようにそれぞれの内容については違いがあるものの、MBMの導入自体には賛成している。その背景にある理由として、IMOのこれまでの報告書でも指摘されていたように、国際的な海上貿易の今後予想される増大を考えれば、現在合意されているEEDI及びSEEMPに基づく手法のみでは、国際海運からのGHG排出の有効な削減には十分ではなく、したがって、それらを補うものとして、何らかのMBM措置の導入が必要とする共通認識があるといえよう[65]。

　以上の通り、MBMの導入の必要性・適切性をめぐっては、依然として基本的対立が存在している。先にも述べたように、2012年以降、MEPCにおいてMBMにおける議論が停滞している理由は、一つには、こうした基本的対立の存在に求められるといえよう。しかし、MBMの問題は、二つの観点から、今後進展していく可能性があるように思われる。一つは、GHG排出規制に関して、海運界を取り巻く客観的事情である。地球温暖化対策は、世界的な緊急課題とされており、そうした中で有力な排出源である海運界の削減への貢献は益々求められているところである。IMOにおいては、すでに技術的・操作的措置において規制を導入しており、それが有効な手段であることは認識されているが、同時に、増大する国際海運を背景として、それのみでは十分なGHG排出削減を達成することはできず、MBM措置を導入することが不可欠であることは、すでに述べたようにIMOの報告書においてもしばしば言及されているところである。そうした必要性の観点から、何らかのMBM措置の導入が不可避であることは国際社会の共通認識になりつつあるように思われる[66]。もう一つは、以上の共通認識を背景として、CBDR原則を導入した形でのMBMを構築することにより、途上国と先進国の対立を解消することが可能であるように思われる。MBMがCBDR原則を考慮して制度化されるべきことにはMEPCにおいて一般的な支持があり[67]、以下の表1にみられるように、

---

64) IMO Doc., *supra* note 58, pp. 3-4.
65) Shi, *supra* note 9, p. 157.
66) 大坪新一郎「国際海運の温暖化対策―IMOにおける全世界一律の新規制の構築―」運輸政策研究 Vol. 14 No. 4 (2012、Winter) 56頁。
67) *Report of the Marine Environmental Protection Committee on its Fifty-eighth Session*, MEPC 58/23, 16 October 2008, p. 38,

多くの提案においても CBDR 原則に関する言及がなされている。また、途上国における MBM に対する批判は、そもそもの必要性に対する否定とともに、具体的提案が CBDR 原則を反映していないことにある[68]。そのように考えると、CBDR 原則を導入した形での MBM 制度の構築は今後十分可能であるように思われるのである[69]。

(3) MBMに関する諸提案

以上見たように、MBM をめぐっては、その必要性や提案の適切性をめぐって異なる意見が存在しているが、同時に、すでに MEPC においては多くの提案が提出され審議されており、今後の議論はそれらを基礎にしてなされると思われるので、それらについて以下に検討してみよう。

はじめに、主な提案の要点について示せば、以下の通りである。

表1

制度名称	提案国等	制度概要（グルーピング）
燃料油課金制度 (GHG Fund)	キプロス、デンマーク、マーシャル諸島ナイジェリア IPTA (MEPC 60/4/8)	国際 GHG 基金を設立し船舶が購入した燃料に対して課金する。UNFCCC または IMO により国際海運からの排出総量目標を設定し、それを上回る排出は、主に承認された排出削減クレジットを購入することにより相殺（オフセット）する。相殺にかかる資金は上記基金による。拠出金は、船舶用燃料供給事業者または船舶所有者を通じて徴収される。残余の基金は UNFCCC を通じた削減活動および IMO の枠内での研究開発および技術協力に使用される。（グループ B）
	CSC (MEPC 64/5/8)	船舶の速度と関連させた GHG または補償基金を設立する。IMO または MBM により設定される承認された排出削減目標に適合するように、各船舶の型および大きさに対応する平均目標速度を設定し、それ以上の平均速度の船舶は、追加的速度課金を支払う。基金収入は他部門との相殺のために使用される。（グループ A）

---

para 4.45.
[68] IMO Doc., *supra* note 61, p. 4, para. 9.
[69] この点については、前述 2(2) を参照。Also see, Yubing Shi, "Reducing greenhouse gas emissions from international shipping: Is it time to consider market-based measures?" *Marine Policy* 64 (2016), pp. 125-127.

第9章　国際海運からの温室効果ガス(GHG)の排出規制　269

寄港国課金	ジャマイカ（MEPC 60/4/40）	IMOでの合意に基づき、加盟国が自国港へ入港した船舶に対し、その航海により消費された燃料の総量に基づいて課金を徴収する。これは、船舶の型式や運航方法あるいは燃料の種類と関連させることなく（課金率は船舶の種類に応じて設定される）、また、船舶の所有者や運航者あるいは用船者ではなく、船舶に対して直接に課金することにより、CO_2の海上での排出を削減することを目的とする。現在大部分の船舶の運航は先進国によりなされており、世界の海上貿易の大部分が先進国間で行われているので、負担は主に先進国によりなされることになり、CBDR原則に沿っている。（グループB）
貿易と発展に関するペナルティー	バハマ（MEPC 60/4/10）（GHG-WG 3/2）	MBMは、貿易へのペナルティーであり、貿易制限となってはならず、途上国の利益に反する。操作的、技術的措置のみがCO_2の排出削減を可能とするので、一定の強制的な削減基準を示して、その方策がとられるべきである。何らかの費用の賦課は、国際海運によるCO_2排出に対する寄与と均衡していなければならない。寄与は、EEOIデータ等を利用して収集され報告される。削減が求められるのは個々の船舶に対してであり加盟国にではない、また、途上国は貿易と発展に対するペナルティーを科せられることはない。（グループA）
排出量取引制度（ETS）	ノルウェー（MEPC 60/4/22）	国際海運からの排出に関して海運セクターの排出総量（キャップ）を設定する。各船は排出量に相当する排出権提出が義務づけられ、排出枠を毎年度オークションによりまたは他セクターの排出量取引市場を通じて獲得する。船舶は、排出枠を超える排出をする場合は枠の購入を義務づけられ、超えない場合には余分の排出枠を売却できる。適用対象となるのは、一定の大きさ以上の国際貿易に使用される船舶からの化石燃料の使用によるCO_2の排出であるが、途上国や小島嶼国に向けての航海などの限定された例外を規定する。設置される国際機関は、オークション収入を途上国支援、船舶効率改善の研究開発等に活用する。（グループB）
	イギリス（MEPC 60/4/26）	ノルウェーETS提案と以下の2点において異なる。排出枠を設定する方式（グローバルなオークションではなく各国のオークションにおいて決定）および排出総量を設定する方法（長期的な削減の計画に基づき設定）。（グループB）
	フランス（MEPC 60/4/41）	海運ETSにおけるオークションの方式について詳細を提示している。それ以外は基本的にノルウェー提案と同様である。（グループB）

270　第Ⅱ部　地球温暖化防止の新制度

効率改善インセンティブ・スキーム	日本 (MEPC 60/4/37) (MEPC 64/5/2) WSC (MEPC 60/4/39)	海運セクターからの CO_2 の直接の削減を目指す。国際 GHG 基金を設立し、すべての船舶より徴収する拠出金を管理する。拠出金の額は、船舶の燃料消費／購入量および船舶の効率が特定の基準に達していない程度に基づき決定される。その後、エネルギー効率管理に優れた船舶に対して拠出金を還付または減免する。拠出金は、途上国の温暖化対策、低排出船の研究開発等に使用される。（グループ A）
船舶効率クレジット取引制度	アメリカ (MEPC 60/4/12)	海運セクターからの排出削減を目指す。既存船を含みすべての船舶に IMO の EEDI 基準に基づく強制的エネルギー効率基準を設定し、その遵守を義務づける。船舶がその基準を達成できなかった場合には、当該基準を達成している船舶との間で「効率クレジット」の取引による達成を認める。効率基準は、新しい技術や方式が導入されるに伴い厳格化される。この制度は、貨物の移動量であるトン・マイル基準に基づく削減を行うものであり、海運セクターの全体の排出目標を設定して行うものではない。（グループ A）
途上国への還付メカニズム	IUCN (MEPC 60/4/55)	この制度は、CBDR 原則の実現を目指して、MBM 導入に伴う途上国に対する財政的悪影響を排除し、途上国をより有利な立場に置くことを目的とする。具体的制度は、他の MBM 基金提案あるいは排出量取引制度提案のいずれかと統合して形成される。国際海運の利用は、燃料の販売量、船舶の登録数または船主数ではなく、輸入量に関係するので、GHG 排出のコストの国の負担額は、その国の輸入量と比例させることにより計算する（たとえば、イギリスは世界の 5 パーセントを輸入しているので、排出は 5 パーセントと算出される。また、アフリカ諸国は合計で 3 パーセント以下となる。）UNFCCC の CBDR 原則に基づいて、途上国は MBM で負担した費用と同額を無条件で受領するので、結果的に収益は先進国の利用者からのみ徴収されることになる。還付金を除く残りの収益は、UNFCCC の資金メカニズムを通じて、途上国の気候変動対策および海運部門の排出削減技術対策支援に利用される。（グループ A, B）

IPTA : International Parcel Tankers Association（国際区画タンカー協会）
CSC : Clean Shipping Coalition
WSC : World Shipping Council（世界海運評議会）
グループ A は、海運部門内部において、国際海運からの排出削減を行う制度。
グループ B は、海運部門の排出総量規制を行い、他部門からの排出権を購入することにより削減を行う制度。
以上の表は、各提案の他、以下の資料を参照して作成した。
(1)IMO Doc., *supra* note 53, pp. 6-16. (2) IMO Doc., note 70, Annex 2.

第 9 章　国際海運からの温室効果ガス(GHG)の排出規制　271

　IMO における MBM に関する提案は、大別して、燃料油課金制度、寄港国課金制度、貿易と発展に関するペナルティー制度、排出量取引制度、効率改善インセンティブ制度、効率クレジット制度、途上国への還付メカニズム制度の、七つの種類に分けることができる。MBM に関する IMO での作業を進展させるために開催された、2011 年の「船舶からの GHG 排出に関する第 3 回会期間会合」においては、これら提案を、削減が行われる場所に基づいて、国際海運分野からの排出削減に焦点をあてた制度（グループ A）と、国際海運分野のみでなく他の排出分野からの排出権の購入を認めることにより削減を行う制度（グループ B）の二つに区分して作業を進めることが合意され[70]、それらの、メリット、デメリットに関する議論も行われた[71]。本稿においては、そうした区分の基本的な重要性を認識しながらも、諸提案についてさらに細分化して、(i) 環境課金関係提案、(ii) 排出量取引制度（ETS）、(iii) ハイブリッド型提案の三つに区分し、その概要と特徴について以下に見てみよう[72]。

(i) 環境課金関係提案

　環境保護のために船舶に対して課金を行う提案としては、キプロス、デンマーク、マーシャル諸島、ナイジェリア、および IPTA による、「船舶からの GHG 排出に関する国際基金」と題する共同提案[73]、および、ジャマイカによる寄港国課金制度[74]、そして、バハマの、貿易および発展に関するペナルティー提案[75]をあげることができる。以上の提案とも、船舶が購入／消費した燃料に対して課金するものであるため、排出当事者に対して、その負担を軽減するために燃料の消費を削減するというインセンティブを与えるものである。

　この 3 案うち、GHG 基金提案がもっとも国際的注目を集めた。この提案

---

70) IMO Doc., Report of the third Intersessional Meeting of the working group on greenhouse gas emissions from ships, MEPC 62/5/1, 8 April 2011, p. 17, para. 3.39.
71) *Ibid.*, pp. 17-18, Annex 4, 5.
72) Shi, *supra* note 9, p. 161.
73) An International Fund for Greenhouse Gas emissions from ships, MEPC 60/4/8, 18 December 2009.
74) Achieving reduction in greenhouse gas emissions from ships through Port State arrangements utilizing the ship traffic, energy and environment model, STEEM, MEPC 60/4/40, 15 January 2010.
75) Market-Based Instruments: a penalty on trade and development, MEPC 60/4/10, 13 January 2010; NEED AND PURPOSE OF AN MBM, GHG-WG 3/2, 22 December 2010.

は、国際GHG基金を設立し、船舶のGHGの排出高に応じて拠出金を課すものである。拠出金の額は、国際的なCO_2価格と排出総量により決定される。拠出金は、強制的であり、各船舶の燃料消費量に対して徴収されるので、その点においては、燃料に対する課税と異ならない。提案において特徴的なのは、UNFCCCまたはIMOが国際海運からのCO_2の総排出量を決定し、それを上回る排出に対しては、基金を使用して海運分野以外の他分野から排出量を購入することにより、排出を相殺できるとすることである。この点に関して、他分野との相殺を認めることは、海運が相対的に費用対効果に優れた輸送手段であることを考慮すると、地球環境全体に排出されるGHGの効果的削減につながらない結果となることが危惧されている。基金については、排出量購入以外に、IMOにおける船舶GHG削減対策に加えて、UNFCCCの枠組みを通じてのGHG削減活動に利用されるとして、CBDR原則に対する配慮が示されている。制度導入に係る行政的費用についてはIMOの評価によれば比較的安価であることが指摘されている[76]。

　ジャマイカより提案された寄港国課金提案は、加盟国が自国に寄港した船舶に対して、その航海により消費された燃料の総量に基づいて一律の課金を行なうものである。技術的にはこの方式は実施が容易であり、航海に伴う排出の総量を対象とするので、汚染者負担原則と一致するものである。しかし、この方式には二つの難点が指摘されている[77]。一つは、この提案は船舶の燃料消費量のみに基づいて課金するものであり、船舶の燃料消費の効率性について全く無視していることであって、そのことは船舶の効率性の改善のインセンティブとはならず、結果として海運の輸送手段の優位性を進めることにはならない。もう一つは実施に伴う問題であって、この方式が機能するには各港における統一基準に基づく実施がなされることが前提となるが、条約に参加しない国（港）が存在するとき、船舶は負担を回避するためにその港への寄港を選択し、結果として課金を回避する船舶の発生する可能性が高まることである。

　バハマから提案された「貿易と発展におけるペナルティー」提案は、船舶

---

76) IMO Doc., *supra* note 53, p. 14.
77) Shi, *supra* note 9, pp. 162-163.

からのGHG排出を海上貿易に対するペナルティーと見なして、その賦課は、国際海運からのGHG排出に見合ったものでなければならないとする。そのために、同提案では、EEOIや船舶に設置する検出装置を使用して排出統計を収集し、それらを旗国や有権的機関に通報し、それに基づき課金を算出する。しかしその基本的指標であるEEOIがすべての船舶において設定することが予定されておらず、また、EEOI基準も設定することが困難であるとされているので、その実現可能性が問題とされている[78]。

(ⅱ) 排出量取引制度 (ETS)

　ヨーロッパ諸国からは三つのグローバルな排出量取引に関する提案がなされている。GHGの排出量取引制度は、京都議定書において導入され現在ではさらにEU諸国において導入されているが、これを国際海運におけるGHG排出規制に導入しようとするものである。

　ノルウェー提案[79]は、国際海運からのGHG排出に関して、海運分野の総排出可能量(キャップ)を設定し、それに基づき各船舶に対して自船の排出量に相当する排出枠を毎年度オークションによりまたは他分野の排出量取引市場を通じて獲得することを義務づける。そして、船舶は、自らの排出枠を超える排出をする場合は不足分の購入をしなくてはならず、超えない場合には余分の排出枠を売却できるとするものである。イギリス提案[80]、フランス提案[81]とも基本的にノルウェー提案と同様であるが、前者は排出枠を設定する方式および排出総量を設定する方法において、後者は、海運ETSにおけるオークションの方式について詳細を提示する点で異なるものである。以上のように、同制度は、国際海運からの排出量の上限を決定し、それに基づき過不足する排出量を他分野を含めて取引をすることにより調整することを認めるものであ

---

78) Harilaos N. Psaraftis, "Market-based measures for greenhouse gas emissions from ships: a review," *WMU J Marit Affairs* (2012)11, p. 221, at http://link.springer.com/article/10.1007/s 13437-012-0030-5 (as of May 10, 2016).

79) A further outline of a Global Emission Trading System (ETS) for International Shipping, MEPC 60/4/22, 15 January 2010.

80) A global emissions trading system for greenhouse gas emissions from international shipping, MEPC 60/4/26, 15 January 2010.

81) Further elements for the development of a Emissions Trading System for International Shipping, MEPC 60/4/41, 15 January 2010.

り、グローバルな GHG 排出削減を確実に行うことを可能とするものである[82]。

しかし ETS 制度に対しては以下のような問題も指摘されている。一つは、ETS 制度が他セクターと統合した GHG 排出規制の方式を導入していることである。海運は、GHG 排出に関しては、他の排出を行っている産業に比べてきわめて費用対効果に優れた部門であるが、その質的優位性を評価することなく、他部門との取引を容認することは結果的に非効率的な GHG 排出を認めることになるのではないかということである。この観点からは、少なくとも、運輸部門における海運の優位性を評価した排出規制がなされるべきであるとする[83]。

さらにもう一つは、この制度の実施における問題点であって、現在の提案の下では、規制の対象とならない船舶が発生することにより、規制の実効性を損なうことおよびそれに伴う競争上のゆがみが発生するということである。規制の実効性を確保するためには、例外なくすべての船舶に一律の規制を行うことが望ましいが、これらの提案では、このスキームの対象外である二つの例外が規定されている。一つは適用対象となる船舶が一定トン数以下とされていること、また、小島嶼国との間の航海が排出規制の対象とされていないことである。前者は、事務負担の増大の回避、そして後者は途上国貿易を例外とする CBDR 原則の導入を目的とするが、しかしこれは、現実に相当多数の船舶からの排出を容認する結果となり、かつ、船舶運航者や所有者による意図的な規制逃れを誘発し、それにより規制の実効性を阻害することになることが危惧されている[84]。

(ⅲ) ハイブリッド型提案

第3のカテゴリーに属する提案として、ハイブリッド型提案とよばれるものが存在する。それは、日本による効率改善インセンティブ・スキームおよびアメリカの船舶効率クレジット制度そして、国際自然保護連合 (International Union for Conservation of Nature : IUCN) によるリベート・メカニズム制度であって、ハイブリッド型とは、前2提案が、船舶の EEDI をその構想に取り込んでい

---

82) Shi, *supra* note 9, p. 164; Psaraftis, *supra* note 78, p. 223.
83) *Ibid.*, Shi, p. 164.
84) Psaraftis, *supra* note 78, p. 226.

ること、また、IUCN 提案が、他の MBM との組み合わせにより構築可能であることを意味する[85]。

　前 2 提案はいずれも海運分野のみによる排出削減を目指しており、日本提案[86]は、国際 GHG 基金を設立し、そこにおいて船舶より燃料消費／購入量および効率基準などに基づき拠出金を徴収する。アメリカ提案[87]は、すべての船舶に強制的エネルギー効率基準を設定し、効率基準を達成している船舶と達成していない船舶との間で効率クレジットの取引を認める。両提案に共通するのは、どちらも効率基準を達成する船舶に対して利益を与えることであり、効率基準を評価する基準として EEDI が提案されていることである。環境に適合的な船舶 (good performance ship) に対して利益を与えることにより、排出削減を促すインセンティブとなることが期待されており、環境保護的志向を明確にする提案といえよう。しかし、この提案においては、効率基準を判定する手段としての EEDI について問題が指摘されている。一つは、EEDI の低いことは必ずしも GHG 排出の低いことにつながらないことである。低い EEDI はエンジン出力の小さい船舶を意味するのであって、そうした船舶が荒天において安全運航のために一定のスピードを維持するためには大きなエンジンの船舶（高い EEDI）よりも排出が増加することになる。こうした場合には EEDI 測定が適切に機能しない[88]。もう一つは、両提案とも、EEDI は新造船および既存船双方に適用されるものとしているが、現在のところ EEDI については既存船への適用を想定しておらず、現実に MARPOL 条約の附属書 VI においても既存船への適用は除外されていることから[89]、提案の実現にはかなりの困難が伴うであろうことが予測される[90]。

---

[85] *Ibid.*, pp. 221-222.

[86] Consideration of a market-based mechanism: Leveraged Incentive Scheme to improve the energy efficiency of ships based on the International GHG Fund, MEPC 60/4/37, 15 January 2010; Draft legal text on the modified Efficiency Incentive Scheme (EIS), MEPC 64/5/2, 28 June 2012.

[87] Further details on the United States proposal to reduce greenhouse gas emissions from international shipping, MEPC 60/4/12, 14 January 2010.

[88] Psaraftis, *supra* note 78, p. 222; Shi, *supra* note 9, p. 165.

[89] MARPOL 条約附属書 VI 第 4 章第 21 規則、22 規則。

[90] Psaraftis, *supra* note 78, p. 222.

IUCNによる提案[91]は、CBDR原則の実現のために、MBM導入に伴う途上国に対する悪影響を排除し、途上国をより有利な立場に置くことを目的とするものであって、具体的には他のいずれかのMBM制度と統合することにより形成される。国際GHG基金提案に基づけば、すべての船舶はGHG排出に対して課金されるが、GHG排出の国の負担額はIMFの統計などを利用することにより貿易の輸入量(輸入額の世界シェア)に基づき計算される。その結果、先進国に比較して輸入量の少ない途上国は基金より返金され、さらに、残りの基金はUNFCCCを通じて途上国の気候変動対策や、海運部門の技術支援対策などに使用されるので、途上国は、この提案の下では、負担が完全に免除されるのみでなく、さらに利益を得ることになる。この提案はCBDR原則をもっともよく反映するものであり途上国にとり魅力的なものといえよう。この提案は詳細なものではなく基本的なアイデアの段階に止まるが、問題点としては、この制度は、従来のGHG基金やETSの管理費用に加えて、輸入量に基づく基金の配分を行うものであり、それらに係る運営コストがきわめて大きくなる可能性が指摘されている[92]。さらに、リベートの根拠になる途上国の輸入量の価格による算定、そしてそのデータの正確性や信頼性の問題も困難な課題となるであろうことが指摘されている[93]。

5　おわりに

地球温暖化を防止するために、国際海運に従事する船舶から排出されるGHGを削減することは、国際社会にとり長年の課題であった。その課題に対処することを国際社会から委託されたIMOが、2011年にMARPOL条約附属書Ⅵを改正してEEDIおよびSEEMPという船舶の燃料効率化措置を締約国に課したことは、国際社会にとっても、またIMOにとっても画期的なことであった[94]。この措置の導入により、海運業界は、強制的なGHG排出のス

---

91) A rebate mechanism for a market-based instrument for international shipping, MEPC 60/4/55, 29 January 2010.
92) Shi, *supra* note 9, pp. 165-166.
93) *Ibid.*, p. 166.
94) Okur, *supra* note 10, p. 39.

キームを設定した初めての産業部門となった[95]。2009年のIMOの報告書によれば、EEDIおよびSEEMPの強制化により排出量は現状レベルと比較して最小25パーセントから最大75パーセントまで削減されることが予測されている[96]。もちろん、すでに述べたように、両措置については制度上あるいは運用上のいくつかの問題点が指摘されていることも明らかである。附属書の改正は2013年1月1日に発効したばかりであり、それらの実施状況とその評価は今後の検証を待たねばならないが、両措置の導入が地球温暖化の防止に向けての海運界の大きな一歩であることは否定されないであろう。

　他方、IMOで検討されたもう一つの方策であるMBMについては議論は進展していない。IMOでは、今後の想定される国際海運の増加とそれに伴う船舶からのGHG排出量の増大にかんがみて、以上の燃料効率化措置では不十分でありMBMの導入が不可欠であるとの基本的認識の下に、2011年の上記合意がなされて以降、MBMに集中した審議を行っている。そして、MBMについては、各国やNGOなどによる多くの提案が提出されており、IMOでは専門家会議を構成して、審議を進めるべく諸提案に対するメリットやデメリットの検討を行っている。しかし、多様なMBM提案を一つにまとめる試みは現在のところ成功しておらず、その基礎には導入されるMBMのよって立つ基本原則、すなわち、UNFCCCのCBDR原則や、IMOやUNCLOSのMNFS原則また、WTOのMFN原則などについての理念的対立が存在している。文中にも触れたように、IMOにおいては、こうした対立を解消してMBM制度の合意をめざす努力が現在続けられているところである。

　船舶の安全運航と環境の保護を目的とする国連の専門機関であるIMOは、国際社会の発展に伴って様々にその役割を増大させてきているが、船舶を通じた地球温暖化の防止を検討する機関として現在もっとも適切なものであることはいうまでもない。海運という、世界の物流の大部分を支え、他部門と比較して燃料の費用対効果にもっとも優れている部門の特性を失うことなく、地球温暖化防止という環境上の要請に対応することのできる国際制度の構築

---

95) Stathis Palassis, "Climate change and shipping," in Robin Warner & Clive Schofield (eds.), *Climate Change and the Oceans: Gauging the Legal and Policy Currents in the Asia Pacific and Beyond* (Edward Elger, 2012), p. 228.

96) IMO Doc., *supra* note 36, p. 6.

に向けて、IMO が今後一層の役割を果たすことを期待したい。

第Ⅲ部
海洋法の現代的展開

A　海の環境と生態系の保護

第 10 章　海洋生物資源の環境問題化　　　　　　　　　　　都留　康子
　　　　　――NGO は国際交渉にどこまで関与できるのか？――

第 11 章　北西ハワイ諸島における海洋保護区の系譜　　　加々美康彦
　　　　　――海洋法条約第 121 条の解釈と実際――

第 12 章　深海底活動に起因する環境汚染損害に関する契約者と
　　　　　保証国の義務と賠償責任　　　　　　　　　　　　薬師寺公夫
　　　　　――国際海洋法裁判所海底紛争裁判部の勧告的意見を手がかりに――

B　海の機関の手続と機能

第 13 章　国連海洋法条約における大陸棚限界委員会（CLCS）の
　　　　　役割と機能　　　　　　　　　　　　　　　　　　酒井　啓亘
　　　　　――国際捕鯨委員会科学委員会（IWC-SC）との比較の観点から――

第 14 章　大陸棚延伸と大陸棚限界委員会手続規則の問題点　西村　弓
　　　　　――日本の延伸申請を素材として――

第 15 章　深海底資源開発をめぐる国際法上の検討課題について
　　　　　――国際海底機構（ISA）の活動を中心に――　　　河　錬洙

第 16 章　ITOLOS 大法廷が勧告的意見を出す管轄権の根拠　兼原　敦子

A 海の環境と生態系の保護

第10章　海洋生物資源の環境問題化
—— NGOは国際交渉にどこまで関与できるのか？ ——

都留　康子

はじめに
1　多様化するNGO—活動範囲の拡大へ—
2　第3次国連海洋法会議とNGO
3　海洋漁業資源と国連下の環境会議
　(1) 国連人間環境会議とIUCNの牽引
　(2) リオサミットと大型流し網漁禁止のNGOキャンペーン
　(3) 国連公海漁業実施協定の採択とその後—NGOの限界？—
4　国家管轄権外の生物多様性（BBNJ）保全と新たな実施協定への道程
　(1) 海洋保護区の議論とNGO
　(2) 海洋遺伝資源とNGO
おわりに

はじめに

　現代社会における民間団体 (non-governmental organization, 以下NGO) の影響力は、国際政治学であるか国際法学であるかの学問領域を問わず、今日研究対象とされている。すなわち、1990年代以降に一層進展することになるグローバル化は、相対的には軍事的安全保障の問題を低下させ、自由主義に基づく経済発展にともなう格差や環境破壊の問題を顕在化させた。情報技術の進歩によるネットワーク化、市民の連帯が可能になり、「対人地雷禁止条約」など人道法の規範形成過程や国際人権法の国内実行過程にNGO、市民社会が大きな役割を果たしたことはすでに異論はないであろう[1]。その意味では、NGOが国際法学と国際政治の橋渡し役を担ってきたともいえよう[2]。しかし、海洋のガバ

---

1) Rüdiger Wolfrum and Volker Röben (eds.), *Development of International Law in Treaty Making* (Springer, 2010), Introduction, p. 10.
2) 国際政治と国際法の学問領域の近接化の足跡は、国際法研究者からの国際条約プロセスを経ないソフトローへの着目、国際政治側からはレジーム論、制度論を通して規範を分析射程においたことによって明らかである。その後も紛争処理をめぐる法の断片化は、国際政治側ではレジ

ナンスにおいてNGOがどのような役割を果たしているのかどうかについては、グリーンピースなどの妨害行動を行うというイメージがあるだけで、十分な検討はなされてこなかったのではないか。そもそも「海洋NGO」という言葉自体に馴染みがないほど、国家中心に国際交渉を行う世界と考えられてきた。

　本稿の目的は、海洋ガバナンスを構成する一群の海洋規範の形成過程におけるNGOの行動を考察することにある。1で、本稿の分析枠組みを明らかにするため、NGOを歴史的展開と活動の類型化を試みた後、2では、そもそも枠組み条約ともいわれる第3次国連海洋法会議におけるNGOを考察する。そして3では、国連環境開発会議を経て、漁業資源の問題が環境問題化していく過程でのNGOの行動を検討する。環境NGOが戦略的に漁業資源の枯渇問題をとりあげており、争点化されていった結果が「国連公海漁業実施協定」へとつながったこと、「公海の自由」から管理される公海漁業資源となっていったことを示す。そして4では、環境問題化の流れが、国家管轄権外の生物多様性問題（Biodiversity Beyond National Jurisdiction, 以下BBNJ）への関心を呼びおこし、2016年に実施協定へとむけた本格的な交渉が始まったこと、そこでの国家とNGOの協働関係を明らかにする。

1　多様化するNGO──活動範囲の拡大へ──

　国家は、近世以来の国際秩序形成の中心アクターとして考えられてきた。国際機関、企業、政党、宗教団体、NGO、市民などは、非国家主体（non-state actors）として区別することが可能である[3]。国際法学がこうした非国家主体を法形成主体として扱うようになったのは最近のことである[4]。一方、国際政治学で非国家主体、なかでもNGO民間団体が注目されるようになったのは、1972

コンプレックスという形でそのレジーム間の調整が広く問題として扱われ、専門雑誌 *International Organization* では、法化の特集号が組まれたことにより昂進した。

3) Non-state actors については、Ann Peters, Lucy Koechlin, Till Förster, Gretta Frenner Zinkernagel (eds.), *Non-State Actors as Standard Setters* (Cambridge Univ. Press, 2009), p. 14.

4) Steve Charnovitz, in Wolfrum & Röben, *Development of International Law in Treaty Making* (Springer, 2005); Steve Charnovitz, "Nongovernmental Organizations and International Law," 100 *AJIL* (2006).

第10章　海洋生物資源の環境問題化　283

年にストックフォルムで開催された人間環境会議であった。そして、1990年代、冷戦終焉という国際政治の大きな構造変動を通して、軍事的安全保障の問題を専権事項として扱ってきた国家から、その他の問題で活発な活動を行っていた国際機関、企業、NGO、市民グループなどへのパワーの再配分が「パワーシフト」として紹介されるほど、非国家主体が力を得ていくことになったのである[5]。

　定義を厳密に考えなければ、NGOの起源を6世紀までさかのぼることも可能であるし[6]、NGOという言葉自体は使われていなかったものの、民間団体の反戦運動は、第1次世界大戦前にすでに欧米ではじまっている。また、国際連盟と同時に1920年に成立した国際労働機関では、雇用者と労働者それぞれの代表が、民間代表(non-governmental representative)の地位で参加している。一方、国際法研究者がNGOという言葉を使用し始めたのは1943年ごろとされる[7]。そして、NGOが法的な公式文章に登場したのは、経済社会理事会との協議資格が民間団体non-governmentalに与えられることを規定した国連憲章第71条であるとされる。アメリカのローズベルト大統領が、議会での反対によって加盟にいたらなかった国際連盟の轍を踏まないように、国連憲章作成の過程で42の民間団体に声をかけたことにはじまり、実際に第71条だけではなく、その他の人権やリベラルな部分でのこうした団体の参加の影響は高かったとされる[8]。そもそも「non」という否定形の言葉を使い、国連憲章の中でも定義がなされなかったこと、さらに日本語も直訳で「非」政府組織という言葉が流布したことが、今日まで定義の混乱を招いているともいえる。国際法に基づき主権国家の間の合意として存在し機能する国家間の組織である国際組織・機関に対して、国内法を基礎とする民間の組織(民間団体)が非政府(non-

---

5) Jessica T. Mathews, "Power Shift," *Foreign Affairs* (Jan/Feb 1997).
6) Charnovitz, "Two Centuries of Participation:NGOs and International Governance," 18 *MJIL* (1997), pp. 183-286, Kal Raustila, "The Participatory Revolution in International Environmental Law," 21 *HELR* (1997), pp. 537-586.
7) Steve Charnovitz, "Nongovernmental Organizations and International Law," 100 *AJIL* (2006), note. 21. quoting H. D. Lasswell and M.S. McDougal, "Legal Education and Public Policy: Professional Training in the Public Interest," 52 *Yale Law Journal* (1943), pp. 221-222.
8) Drothy B. Robbins, *Experiment in Democracy-The Story of U.S. Citizen Organizations in Forging the Charter of the U.N.* (Parkside Press, 1971).

governmental）である[9]。NGOの数量調査機関である「国際協会連合」（UIA）の定義によれば、民間人によって法的に創設された組織、あるいは、政府が参加あるいは代表しない組織であり、通常、利益を求めないことが要件とされ、企業は除いて考えられる。これらから要件を抽出すると、①活動目的の公益性、②主として専門性をみにつけた人々の集団であること、③組織力を持って行動すること、④ほかに強制されるのではなく、自発的かつ自治的に活動を行うことなどがあげられよう[10]。公益性は客観的に判断することが難しいとの批判もありえるが、少なくともテロ組織は除外して考えなければならない。また、政府の担い手になることを目的とするのが前提の政党も除外して考えることが一般的である。

　NGOがパワーをもつ主体として考えられるにいたる過程で、いったいどのような活動が行われてきたのであろうか。一つは、国家や国際機関の活動が及びにくい現場で実際に開発協力や人道援助を行う実働型であり、現地の情報収集などの役割も担っている。とりわけ、1960年代に続々植民地から独立を遂げたものの、依然として宗主国の搾取状態のまま開発・発展を遂げられないといった途上国の問題解決に直接の貢献を行っており、国際機関であるUNICEFとの協力事業や、各国ベースでのODAの事業主体となるケースもある。二つには、政府や国際機関の政策や活動を批判検討し、世論を喚起するとともに、ロビー活動を通して啓発と提言を行うアドヴォカシー型の活動である。例えば、ヒューマン・ライツ・ウオッチ、アムネスティ・インターナショナルは、人権規範の構築に大きな役割を果たしてきたことは多くの研究成果に指摘されている点である[11]。彼らの活動は、さらに各国レベルで人権に関する法が遵守されているかどうかをモニタリングし、状況を国際機関や会議に報告し、外部から再び圧力をかけるなどの行動にもつながる。国際環境保全の場合などは、環境破壊が起きてから対応するにはコストがかかることから、予防することの意義も大きい。また、専門家集団が集まることによっ

9）高野雄一『国際組織法』（新版）（有斐閣、1975年）2頁。非政府団体（NGO）というのも同じである。
10）NGOの定義については、功刀達朗、毛利勝彦編著『国際ＮＧＯが世界を変える―地球市民社会の黎明』（東信堂、2006年）8頁。
11）Errol P. Mendes, *Global Governance, Human Rights and International Law* (Routledge, 2014).

て国際会議において科学的な知識を提供したり、IISD (International Institute for Sustainable Development) のように、重要な国際環境会議での審議状況を即時に発信するシンクタンクによる活動もある[12]。現在、基幹刊行物である Earth Negotiation Bulletin は、国連が主催する国際会議での国際的な政策決定に透明性と説明責任を提供している[13]。

情報技術の発達により、対人地雷禁止キャンペーン (ICBL) の事例にもみられるように、いくつものNGOが連携し国際世論を動員し、政府をも動かし条約作成を誘導するような Transnational Advocacy Network (TNA) としての活動も可能となった。一つの活動に特化しているものから、実働からアドヴォカシーまで多面的な活動を行う大規模なNGO、さらにネットワーク化するNGOなど、個別NGOの活動も特定して議論するのが難しくなっている[14]。

このようにして、活動を明確に差別化することができないように、NGO本来の"非政府性"という要件にも境界領域があることも、以下本論を論じる上で、指摘しなければなるまい。すなわち、国家・政府が構成主体の一部になっているハイブリット型のNGOである。UNHCRのようにNGOに業務委託をするという関係ではなく、そもそも構成員として国家・政府を認めているNGOである。赤十字国際委員会 (ICRC) や国際オリンピック委員会 (IOC)、国際標準化機構 (ISO) などである[15]。環境分野では、1948年に創設され、持続的

---

[12] 1990年に設立され、目的は調査活動とコミュニケーション、パートナーシップを通して人間の発展と環境の持続性を促進することである。

[13] 1992年3月に開催されたリオサミットの準備会合にNGOとして参加していた3名が毎日の会議レポート Earth Summit Bulletin を創設したことに始まっている。リオサミットのフォローアップを続けることを要請される形でIISDに包摂された。それ以後、国連システムにおける30以上の交渉過程を追っており、その中には、国連公海漁業実施協定の交渉過程や、現在海洋問題でもっとも注目が集まっているBBNJの各ワーキンググループの交渉過程も含まれている。IISD Annual Report 2014/2015 (http://annualreport2015.iisd.org/) (IISDのホームページより2016年6月ダウンロード)。2014年の国連気候変動サミットの最後の事務総長の報告にもIISDのレポートは反映されている。

[14] なお、国際法学者である Chanovitz は、NGOの役割として、①アジェンダ設定／科学的知見の提供／草案の用意／アドヴォカシー活動など法形成過程への影響、②法の解釈、③法廷の助言者 Amicus curiae、④特に、人権、環境分野での国際義務に対する国家の遵守の監視を指摘している。Charnovitz, "Nongovernmental Organizations and International Law," 100 *AJIL* (2006).

[15] ハイブリッド型のNGOについて論じた数少ない日本語文献の一つとして、竹内雅俊「国際裁判所とハイブリッドな市民社会団体—IUCNを事例に」『法学新報』第120巻9・10号 (2013年)。J.Barkin,

発展についての規範を広めたことでも知られる国際自然保護連合 (International Union for Conservation of Nature、以下、IUCN) に着目する必要があろう[16]。2015年時点での会員総数は、1307団体で、そのうちの国家会員が89、政府機関が126となっている[17]。日本は1995年に外務省が国家会員に、環境省が政府機関としてメンバーになっている。

2　第3次国連海洋法会議とNGO

1973年に始まった第3次国連海洋法会議では、経済社会理事会と協議ステータスにあるNGOのオブザーバー参加資格が認められていた[18]。しかし、実際の会議には、海に関連するNGOが少ないことから、範囲を広げるよう求める発言がメキシコよりなされている[19]。IUCNをはじめ、現在大きな環境NGOとして知られる「地球の友」「グリーンピース」などは、前年1972年のストックフォルム環境会議を目標としてまだ成立したばかりであり、1961年に設立された世界自然保護基金 (WWF) も海洋を直接のターゲットにしていたわけではなかった[20]。

条約の作成に当たっては、科学者や経済学者など研究者の知識共有の場を提供したのが1970年にマルタにエリザベス・マン・ボルゲーゼがまるた設立した「国際海洋研究所」(International Ocean Institute、以下、IOI) である。ボルゲー

International Organization: Theories and Institutions, 2nd ed. (Palgrave Macmillan, 2013), chap. 14.

16) スイス民法に基づき設置・登録されたNGOであり、スイス国内法上の法人格を有する。一方、1999年には、国連総会でオブザーバー資格を取得しており、その意味では、IUCNは国連によって政府間機関として認識されたことになる。この指摘については、竹内、同上、502-503頁。

17) IUCN, *Annual Report 2015*, p. 4. IUCNのホームページ (http://www.iucn.org/secretariat/about/programme-work-and-reporting/annual-reports) よりダウンロード。なお、国際NGOが108、国内NGOが937で掲載されており、国内NGOとして、アフリカやラテンアメリカ、南アジア、東アジアなど、途上国のNGOが多いのも特徴的である。

18) UN Doc. A/CONF.62/2/Add.2.

19) *Official Records of the Third United Nations on the Law of the Sea*, Vol. 1.: Prenary Meetings, p. 22.

20) グリーンピースの誕生が1970年、地球の友が1971年、WWFが1961年に創設された。なお、それぞれが経済社会理事会での協議資格を持っているNGOについてはUN.E/2014.INF/5, List of non-governmental organizations in consultative status with the Economic and Social Council as of 1 September 2014.

ゼは、当時開発可能性が脚光を浴びていた深海底とその資源を自由競争に任せるのではなく、途上国への利益配分も前提とした「人類共同財産」とすべきであると国連総会で提案したマルタ大使パルドに共鳴していた。IOI は、Pacem in Mribus（PIM）会議を 1970 年以来毎年開催するとともに[21]、1974 年には経済社会理事会での協議ステータスを得て、国連海洋法会議の内外で、深海底を人類共同財産とするアドヴォカシー活動をおこなっていった[22]。

また、1972 年の人間環境会議に環境破壊による人類の危機を知らしめた「成長の限界」を提出したローマクラブも科学者や経済学者たち研究者により 1968 年に創設された民間組織であった。このローマクラブが「成長の限界」以来三度目になる有識者による報告を 1976 年に発表したが、その一人がボルゲーゼであった。報告書の中で、国連海洋法会議の進捗状況とともに、会議それ自体が、人類共同財産に基づく新国際経済秩序を作ることからかけ離れ空間と資源の配分へと移行していること、先進国と途上国間のみならず、途上国の中でも亀裂が深刻になっているとの警鐘をならしている[23]。

国連海洋法条約の中でも最後まで議論が沸騰した第 11 部深海底、D 項事務局を規定する第 169 条には、国際海底「機構の権能の範囲内の事項につき、経済社会理事会が認める国際機関及び NGO と協議しおよび協力するため、理事会の承認をえてこれらの機関との間で適当な取り決めを行う」と規定し、さらに第 2 項では、機構の機関の会合への代表者のオブザーバー参加が認められている。この条項が入るにあたっては、IOI が重要な役割をはたしたといわれる[24]。

しかし、このようにして見てくると、第 3 次国連海洋法会議における NGO の関与は限られたものといわざるを得ないであろう。

---

21) IOI のホームページ(http://www.ioinst.org/about-1/ioi-story/pacem-in-maribus-pim-conferences/) より。2000 年までは毎年開催されていたが、現在はほぼ隔年となっている。

22) Rëmi Parmentier, "Role and Impact of International NGO in Global Ocean Governance," 26 *Ocean Yearbook* (2012), p. 211.

23) J.Tinbergen (eds.), *RIO: Reshaping the International Order: A Report to the Club of Rome*, p. 171, Annex10. ボルゲーゼとパルドによる執筆である。

24) Parmentier, *supra* note 22, p. 211.

3 海洋漁業資源と国連下の環境会議

(1) 国連人間環境会議とIUCNの牽引

　1972年のストックフォルムで開催された国連人間環境会議は、環境問題が国際的なイシューになるとともに、NGOが数の上の存在感を現す場になった。しかし、個別の活動にとどまり、会議の帰趨を左右するような存在ではなかった。この会議を推進したのは、すでに工業化を進め汚染などの環境問題が深刻化していた先進国であった。逆に、搾取の時代からようやく発展段階へと転換をはかっていた途上国にとっての環境問題は、発展の阻害要因となるものと考えられていた。事務局長モーリス・ストロング（Maurice Strong）の手腕などが功を奏し、結果的に26の環境基本原則を示した「人間環境宣言」と「行動計画」が採択された。原則2では、「空気、水、土地、動植物およびとりわけ自然の生態系の代表的なものを含む地球の天然資源は、現在将来の世代のために、注意深い計画または管理によって、適切に保護されなければならない」とされた。法的拘束力がないものの、普遍的宣言の中に「生態系」(エコシステム)が言及され、国際社会の環境問題に対する認知度を一気に高めた[25]。

　この宣言と行動計画を実施する機関として設立されたのが国連環境計画（UNEP）であった。そして、UNEPの支援を受ける形で、1973年よりIUCNを中心に野生生物保護についての戦略が練られ[26]、1980年には、「世界保全戦略―持続可能な開発のための生物資源の保全」(The World Conservation Strategy) に結実した。現在も環境と開発をつなぐキーワードである"持続可能な開発"が

---

[25] 国連海洋法条約第194条5項では、「この部の規定により取る措置には、希少又は脆弱な生態系および……その他の海洋生物の生息地を保護し、および保全するために必要な措置を含める」とエコシステムについての言及はなされている。もともとこの条文は、統合草案第一次改訂版にアメリカの提案により挿入されたものであり、鯨類などの保護を目的としていたといわれる。栗林忠男『注解国連海洋法条約』下巻（有斐閣、1994年）33頁。

[26] 経緯については、John McCormick, *The Global Environmental Movement: Reclaiming Paradise* (Belhaven Press, 1989), pp. 162-170. 最終文書は、UNEP, FAO, UNESCO, WWF, IUCN の参加する会議に送られ採択された。そして、IUCN が UNEP と WWF と協議の上、IUCN の 1980-1982 年の政策文書として出版された (*ibid.*, p. 166)。

はじめて正式に登場した文書であり、草案の段階でIUCNの400名や、UNEP、FAO、UNESCO、当時環境のキャンペーンを行うなど直接行動を行うNGOとして知られていたWWFなどにコメントを求め回覧されている[27]。英文40ページからなるこの文書は、生態学的プロセス・ライフサポートシステムの維持、遺伝資源多様性の保護、種とエコシステムの持続的な利用を三つの目的としており、"持続可能な開発"の目標によって、すべてが裏打ちされている[28]。そして、国際的な行動が必要な優先的領域として掲げられているのが、「地球共有材の効果的な管理―公海、大気、南極および南極海」である[29]。当時としては、国際保全に最も野心的な文書であり[30]、ハイブリット型のNGOであるIUCNの1970年代後半最大の成果物であるとされる。ここに海洋漁業資源が環境問題に包摂される端緒がすでにみられるのである。

(2) リオサミットと大型流し網漁禁止のNGOキャンペーン

　漁業資源の悪化は、1980年代後半から、カナダのグランドバンク、ベーリング海、オホーツク海などの一部公海上でも顕在化していた。国連海洋法条約における排他的経済水域（EEZ）の導入により領域的に狭まった公海に漁業国が集中したことが原因であるとの沿岸国の批判が妥当なものであるかはともかくとして、数値的に資源量の減少は明らかであった[31]。領域的アプローチをとる国連海洋法条約は、いわゆる公海とEEZを回遊するストラドリング魚種などに具体的な規定をもっていなかった[32]。そのため、1992年の国連環境開発会議（以下、リオサミット）の開催を決定した1989年の国連総会決議でも、会

---

27) Martin Holdgate, *The Green Web: A Union for World Conservation* (Earthscan, 1999), Chap. 7.
28) McCormick, *supra* note 26, p. 168.
29) World Conservation Strategy, https://portals.iucn.org/library/efiles/edocs/WCS-004.pdf（IUCNのホームページよりダウンロード）
30) Hodgate, *supra* note 27, p. 169. 彼はあくまでもIUCNの立場での評価だが、McCormikは、意義のある前進ではあるが、すでに時代遅れとの見方をしている（McCormik, *supra* note 26, p. 169）。なお、1973年に採択されたワシントン条約（CITES）にもIUCNが草案からかかわっている。
31) FAO, *The State of World Fisheries and Aquaculture* 1992 (SOFIA).
32) 第63条でストラドリング魚種について、小地域的もしくは地域的機関を通じて、当該資源の保存および開発を調整しおよび確保するために必要な措置について合意するよう努めること、第64条で高度回遊性魚種について、当該魚種の保存を確保し最適利用の目的を促進するため、直接に又は適当な国際機関を通じて協力する、とするにとどまる。

議で扱う重要な9項目の一つとして、海洋生物資源の合理的な利用や開発を含む海洋保全があげられるまでになっていた[33]。ストックフォルム会議では数も活動も限られていたNGOが、1992年のリオサミットでは、参加資格をえたNGOは1300を超え、しかも、政府間会議だけではなく、並行してNGO独自の会議を開催するなど、今日の国際環境会議での形が登場した。また、これまでの特定の種の保全から、リオサミット以降、NGOはより包括的、広範な政策をとるようになっていた[34]。

実際、「環境と発展のリオ宣言」の原則10では、「環境問題は、それぞれのレヴェルで関心のあるすべての市民が参加することにより最も適切に扱われる」とし、さらに「国が情報を広く利用可能とすることにより、国民の啓発と参加を促進しかつ奨励する」としている[35]。また、原則15では、完全な科学的確実性の欠如を環境悪化を防止するための理由とは出来ないことを意味する予防原則が導入された。そして、「リオ宣言」の諸原則を実施するために同時に採択された「アジェンダ21」でもっとも紛糾したのが第17章の「海洋」であった。

最大の案件は、ストランドリング魚種、高度回遊性魚種の問題であり、特に前者については、カナダとポルトガル、スペインとの間で、ニューファンドランド沖でのカレイの乱獲という現実の問題があった。何らかの規定を「アジェンダ21」に盛り込みたいカナダをはじめとする沿岸国と、公海漁業自由の原則を浸食されたくないEC、日本といった公海漁業国との間で最後まで攻防が続いた。その結果が原則問題を先送りする形で、「アジェンダ21」パラ55に、国連の下、公海漁業に関する国際会議を開催することが明記された。もちろん、これらの交渉は国家間が行っているものであり、NGOの影響を特定することはできない。しかし、同パラ33で国連総会決議46/215の大型流し

---

33) UN Doc. A/RES/44/228, para. 12. なお、国連環境開発会議における海洋漁業資源の扱いについては、Biliana Cicin-Sain and Robert W. Knecht, " Implications of the Earth Summit for Ocean and Coastal Governance, 24(4) *OD & IL* (1993), William Burke, "UNCED and the Oceans," 17(6) *Marine Policy* (1993).

34) Grant J. Hewison, " The Role of Environmental Nongovernmental Organizations in Ocean Governance," 12 *Ocean Yearbook* (1996), p. 34.

35) Agenda 21 では、Section II Chap. 27 に NGO とのパートナーシップについての言及がある。

網漁決議[36]の完全なる実施を求める文言がはいった背景として、NGOが1980年代から展開したキャンペーンとの関連を取り上げなければなるまい[37]。

　公海上の漁業資源の問題は、本来は、FAOと地域の漁業機関が扱ってきた問題であったが、もとから広い公海上での管理についてこれらが十分に機能していないとの批判が沿岸国からは上がっていた。こうした沿岸国と公海漁業国との対立が先鋭化し、国連総会という場で初めて争われることになったのが、北太平洋ならびに南太平洋で行われた大型流し網漁である。海上に5km〜25kmに及ぶ網を広げる漁法は、南太平洋ではビンナガマグロ、北太平洋ではアカイカをとるために用いられていたが、公海上で操業する日本、台湾、韓国に対して、沿岸国であるオーストラリア、ニュージーランド、南太平洋諸国が、1980年代後半より規制を求めるようになっていた。沿岸国の資源枯渇に関する主張には科学的根拠がないとの批判がなされていたが[38]、当該漁法が、目的魚種の過剰捕獲のほか海洋哺乳動物や海鳥などの大量殺害をまねくといった環境NGOのキャンペーンが世界的な注目を集めるようになっていった。「死の壁」"Marine Strip-mining""Random Slaughter"といった過激な言葉を使うことによって、世界中の海洋の生態系にとっての脅威となる漁法であるとの国際世論を作り上げていった。また、この主張を利用したのが、欧米の環境派といわれる政治家たちであった[39]。こうして、当該海域で操業をしていない国家も巻き込む形で、国連総会という場で、大型流し網漁を禁止する決議が採択された。その後、決議の実行の監視においても、NGOの報告が有用とされたのである[40]。

(3) 国連公海漁業実施協定の採択とその後―NGOの限界？―

　リオサミットをうけて、1993年から開始されたストラドリング魚種と高度

---

36) UN Doc. A/RES/46/215 (December 20, 1991).
37) Donald R. Rothwell, "The Environment and National Resources" in Dinath Shelton, *Commitment and Compliance:The Role of Non-binding Norms in the International Legal System* (Oxford Univ. Press, 2000), p. 134.
38) 日本の主張点でもあった。UN Doc. A/C.2/44/L.28.
39) William Burke, Mark Freedberg & Edward Miles, "United Nations Resolutions on Driftnet Fishing: An Unsustainable Precedent for High Seas and Coastal Fisheries Management," 25(2) *OD & IL* (1994), p. 140. 京都議定書の帰趨をきめた、後のアメリカ副大統領アル・ゴアなど。
40) UN Doc. A/52/557, para. 123 (*ibid.*, p. 134).

回遊性魚種に関する会議は、これまでの枠組み条約としての国連海洋法条約下に、リオサミットでとりあげられた環境要素を取り込む必要を求められるものであった。環境保全の緊急性や事実関係の透明性は、リオサミットから引き続いて今回の会議でも重要課題として踏襲された。1995年「国連公海漁業実施協定」が採択されるまで実質的に5回の多国間会議が開催され、「アジェンダ21」のパラ38.44に基づきNGOの参加も認められ[41]、グリーンピース、オズボーン協会、WWF、IUCNが公式会議にオブザーバー参加をしている[42]。また、第1回会議より、非公式セッションについても、2名のNGOの代表がオブザーバー参加できるようになっていた。草案の修正などについて、参加国との協力関係をとれる場面もあったが、草案を本格的に検討する1993年の第2回会議の非公式協議は、完全なクローズドセッションとなっていた[43]。協議プロセスから排除され意見が反映されないことに対し、グリーンピースは、「アジェンダ21」の精神に矛盾するとの抗議の文書をナンダン議長に提出した[44]。一方、組織会合などではNGOの参加を排除しようとした政府担当者もいたのが、会議後半では、NGOに対する見方が好意的なものへと大きく変わり、NGOが提出した資料や見解についての反応が示されたり[45]、NGOが提起したことにはじまりFAOで議論されていた「責任ある漁業についての行動規範」を評価するものも現れた[46]。

　NGOは、混獲や過剰漁獲は漁法の技術的な問題と関連しており、漁具の規制を求めていたが、それについての規定は「国連公海漁業実施協定」には盛り込まれなかった。しかし、同協定は、当該両魚種の長期的な保存および持続可能な利用を確保することを目的とし、予防アプローチやデータの共有による透明性の確保など、NGOが主張しリオサミットで確認されたことの海洋漁

---

41) UN Doc. A/RES/47/192, para. 12.
42) A/CONF.164/INF/2 in Jean-Pierre Levy and Gunner G.Schram (eds.), *United Nations Conference on Straddling Fish Stocks and Highly Migratory Fish Stocks, Selected Documents* (Martinus Nijhoff, 1996).
43) *Earth Negotiations Bulletin*（以下、*ENB*）Vol. 7, No. 8 (July 20 1993).
44) *ENB*, Vol. 7, No.30 (1994), p. 9.
45) *ENB*, Vol. 7, No.16 (1993), p. 10.
46) *ENB*, Vol. 7, No.43 (1995), p. 14. NGOの行動規範への影響を評価したものとして、David J. Doulman, Code of Conduct for Responsible Fisheries: Development and Implementation, FAO, 2000, http://www.fao.org/docrep/006/ad363e/ad363e00.HTM（FAOのホームページよりダウンロード）

業問題への橋渡しがなされたとの評価は可能である。とりわけ、第12条では、地域的な漁業管理のための機関、または枠組みの意思決定その他の活動における透明性の確保が求められ、第2項では、NGOに対して、当該機関において会合に参加する機会を与えられること、そのような機会が制限的であってはならないこと、記録・情報を適時に入手することができるとした。

　会議の最終日のコメントとして、グローバルな漁業レジームの展開への最初の一歩であるとのグリーンピース、WWFの発言[47]は、以下、第4節の展開を見る上では示唆的である。

　一方、「国連公海漁業実施協定」やFAOの「行動規範」を実行するための新たなNGOも登場した。中でも、1997年に創設された「海洋管理協議会」(Marine Stewardship Council, MSC) は、漁業認証と水産エコラベル制度を通して、持続可能で責任ある漁業を目的としている。漁業認証は、世界の年間総漁獲量の10パーセントを網羅する[48]。

4　国家管轄権外の生物多様性（ＢＢＮＪ）保全と新たな実施協定への道程[49]

(1) 海洋保護区の議論とＮＧＯ

　ここ数年、海洋法の分野でホットなトピックは国家管轄権外の生物多様性の保全の問題である。すでに2016年春には、この問題をめぐる新たな実施協定を作るか否かの第1回準備会合が国連で開催された[50]。深海底資源、公海漁業資源に続いて、三つめの実施協定の交渉が開始されるのかどうか、この問題が取り上げられるにいたった過程では、海洋資源の環境問題化の流れがある。実施協定への大きな分岐点になったといわれている2011年の第4回ワー

---

47) *ENB*, Vol. 7, No.54 (1995), p. 11.
48) MSCのホームページ (https://www.msc.org/) より。
49) 本稿では、NGOを中心においた議論をしているが、UNICPOLOS、生物多様性条約締約会議などの相互作用を検討したものとして、拙稿「国家管轄権外の生物多様性をめぐる制度間の相互作用」星野智編著『グローバル化と現代社会』(中央大学出版部、2014年)。
50) Mar 28 - Apr 8, 2016. 準備会合の内容については、Chair's Overview of the First Session of the Preparatory Committee, http://www.un.org/depts/los/biodiversity/prepcom.htm より。

キンググループまでの動きを以下に追ってみよう。

　そもそも 1992 年に採択された生物多様性条約は、別建ての交渉ではあったが、気候変動枠組み条約同様にリオサミットにおいて署名に開放された環境条約である。その目的は、生物多様性の保全が人類共通の関心事であるとした上で、①生物多様性の保全、②生物資源の持続的な利用、③遺伝資源の利用から生じる利益の公正かつ衡平な配分を目的としている。

　条約の交渉時点で生物多様性の関心が、当時開発が行われている陸上遺伝資源にあり、海洋、まして大陸棚以遠の深海底に存在する遺伝資源でなかったことは、その適用範囲で (a) 生物の多様性の構成要素については自国の管轄下にある区域、(b) 自国の管理、または管理の下で行われるプロセスおよび活動 (それらの影響が生じる場所のいかんを問わない) については、自国の管轄権下にある区域及びいずれの国の管轄にも属さない区域、としていることからも推察できるであろう。少なくとも、国家管轄権を超えての構成要素、アクセスと利用については、直接の規定がないことになる。そもそも、アメリカを中心する先進国は、自国の開発のために途上国に資源の保全を求めようとしていた。しかし成立した条約は、はじめての利益配分型の条約であり、途上国は保全以上に、遺伝資源の利用と衡平配分 (Access and Benefit Sharing 以下、ABS) を求めた。

　生物多様性の議論自体が 3 節 (1) でのべた、IUCN、WWF、UNEP 等の 1980 年の世界戦略からはじまった[51]。とりわけ、IUCN の働きかけによって、UNEP のアドホック専門家グループが立ち上げられ、そこでの議論が政府間交渉にも影響を与えている。当初こうした旗振り役をしていたのは、先進国の環境NGO であり、彼らは、各国が特定する保護区をリスト化するなどの厳格な保全を目指していた。しかし、もともと生物多様性が豊かなのは途上国であり、保全という名目での先進国による搾取と考えられ、途上国や南側の小さな NGO には受け入れられなかった。結局、生物多様性条約で保護区について言及があるのは、第 8 条の 3 項だけである[52]。

---

51) Stanley W. Burgiel and Peter Wood, "Wittness, Architet, Detractor," in Pamela S.Chasek and Lynn M. Wagner, *The Roads from Rio: Lessons Learned from Twenty Years of Multilateral Environmental Negotiations* (RFF Press, 2012), p. 130.
52) *Ibid.*, p. 131.

こうして、当初の保全のための保護区を作るとのNGOの戦略は失敗し、その後、保護区の議論はしばし姿を消すことになった。「海洋および沿岸の生物多様性」「エコシステムアプローチ」「生息域内 (in situ) 保全」のアジェンダの中で徐々に言及されるようになってはいたが、直接ワークプログラムとなり"決定"に入ってくるのは、2004年2月の第7回締約国会議からであった[53]。その背景には、リオサミットから10年目にあたる2002年に開催された「持続可能な開発に関する世界首脳会議」（ヨハネスブルグサミット）において採択された「実施計画」において、沿岸国の管轄権の及ぶ区域の内外を含めて（傍点筆者）[54]、重要かつ脆弱な海洋および沿岸地域の生産性及び生物多様性を維持すること、そして具体的な方法の一つとして、2012年までに代表的なネットワークの設置を含む「海洋保護区」を創設することが目標とされたことにあった[55]。

　実際に、リオサミット後のNGOは、ヨーロッパを中心に海洋保護区の拡大とともに、エクアドルやコロンビア、コスタリカ、パナマなどが海洋保護区を有効に管理することに協力をしている[56]。

　沿岸域で海洋保護区を創設していることでも知られるオーストラリア政府直轄の海洋保護区団体である「グレートバリアリーフ海洋公園局」や、「パーク・ビクトリア」が主催する形で、第1回の「海洋保護区国際会議」(IMPAC) が開催されたのが2005年であり、IUCNが共催団体となり多くの環境NGOが

---

53) https://www.cbd.int/protected/decisions/CBD のホームページよりダウンロード。COP 3 Decision III/9 Implementation of Article 6 and 8 of the Convention Subject: Sustainable Use of Biodiversity; Protected Areas/In-Situ Conservation として議論されたのが最後で、COP 7 の Decision VII/28 Protected Areas まで、議題にあがっていない。

54) 国家管轄権外の生物多様性の保全について問題認識が高まっていくきっかけを作ったのが、1995年のCBD第2回締約国会議で採択されたジャカルタマンデートである。田中則夫監修『海洋保護区の国際的検討』（平成15年度外務省委託調査研究）2004年は、いち早くこの問題に着目したものと位置づけられよう。

55) "Plan of Implementation of the World Summit on Sustainable Development," in Report of the World Summit on Sustainable Development, A/CONF.199/20, pp. 6-73. 海洋関係については、para. 29-34. なお、ここでの「海洋保護区」は、あくまでも自国の管轄権海域に設置することが前提であり、公海という言葉が使われているわけではない。

56) Remi Parmentier, "Role and Impact of International NGOs in Global Ocean Governance," 26 *Ocean Yearbook* (2012), pp. 209-299.

参加している[57]。その後4年毎に開催されており、2013年の仏マルセイユで開催されたIMPAC3では、IUCNがBBNJの実施協定のドラフトを回覧した他、IDDRI、グリーンピースが詳細なレポートを提示した[58]。こうした場では、NGOがブースをつくり積極的な議論を交わし、国際世論の形成に一助をなしている。

海洋保護区の問題では、オーストラリア、ヨーロッパ諸国が議論を積極的に進めており、NGOとの協働関係が成立し、議論をリードしていったのである。

(2) 海洋遺伝資源とNGO

国家管轄権外の生物多様性については、海洋保護区とともにもう一つの問題が潜んでいた。そもそも生物多様性条約で、先進国が意図せざる結果として、目的の一つとなっていたABS問題を、生物多様性条約が射程としない国家管轄権外の遺伝資源に対してどのように扱うかであった。

国家管轄権外の生物多様性の問題に言及されたのは、1995年の生物多様性条約第2回締約国会議のジャカルタマンデート (decision) であった。事務局長に対して、深海底遺伝資源の保全と持続的利用に関する国連海洋法条約との関係について検討をすることを求めていたが[59]、翌年の事務局アセスメントでは、深海底遺伝資源の利用可能性をめぐる情報や知識が十分ではないとしており、事務局長の報告がなされたのは、2003年になってからであった[60]。しかし、この間も遺伝資源開発の技術が進歩するとともに海洋保護区での議論が進んでいった。そもそもの問題の所在として、国家管轄権外の生物多様性について生物多様性条約と国連海洋法条約での制度的な欠缺、あるいは制度をめぐる対立が明らかとなっていた。すなわち、国連海洋法条約第11部で人類共同財産とするのは鉱物資源であり、交渉時に遺伝資源は議論されていなかっ

---

57) 第3回IMPACのホームページ (http://www.impac3.org/en/congress/about/background) 参照。
58) Executive Summary: Focusing Agenda Picking up the Pace for Ocean Governance, http://www.impac3.org/images/WPC_Marine_Docs/IMPAC3_ExecutiveSummary_2014.pdf. なお、IDDRI (The Institute for Sustainable Development and International Relations) は、フランスの科学者を中心とする専門家集団である。
59) UNEP/CBD/COP/DEC.II/10, para. 12.
60) UNEP/CBD/SBSTTA/8/INF/3/Rev.1.

た。そして、2004年末の国連総会で「国家管轄権外の海洋の生物多様性の保全及び持続可能な利用を研究するアドホックな非公式ワーキンググループ」（以下、BBNJWG）を立ち上げることが決定された[61]。

2006年の第1回のBBNJWGは、問題の洗い出しの性格が強かったが、この場で、EUはNGOの支持を得る形で公海上での海洋保護区の設定を全面に出し新たな実施協定の作成を提案している。しかし、この提案はABSについては議論していないことから、途上国の関心を引き付けるものではなかった[62]。第1回、第2回ともに、WWF、IUCNが海洋保護区については積極的に発言し、自然資源保護協会（NDRC）が底引き網漁の生態系破壊を問題として取り上げた。当初のEUの実施協定提案はあくまでも海洋保護区を目指したものであり、その点で環境保全を目的に出していたNGOと軌を一にしていたといえる。

一方、国連で緊急に対応が必要な海洋問題を各国が共有する場として重要な位置をしめているのが、「海洋問題に関する非公式協議プロセス」（以下、UNICPOLOS）である[63]。ここでとりあげられる議題は、海洋の重要事項の変遷そのものであり、2007年の第8回UNICPOLOSでは、海洋遺伝資源が議題とされた。多くの国家主体が参加する中での知識共有の場でもあり、パネリストとして登壇している中には、NRDC（Natural Resource Defense Ccouncil）、IUCNメンバーの科学者　コーエン（Halan Cohen）のように、第4回のBBNJのパネリスト）もいた。まだ遺伝子資源自体について知らない途上国政府代表もいる中で、科学者としての知見を広く共有することに意義があった。翌年の第2回のBBNJWGの議論の共有基盤を作る準備段階としての性格が強かったと思われる。

しかし、2011年の第4回のBBNJWGは、2010年に名古屋で開催されたCBDCOP10で本来CBDが適用範囲としていた国家管轄権内のABSに関する名古屋議定書が採択されたことから、大きな転換点を迎えることとなったの

---

61) UN Doc. A/RES/59/24.
62) *ENB*, Vol. 25, No. 25(20 February 2006).
63) 1999年の決議 UN Doc. A/Res/54/33で立ち上げられた。UNICPOLOSの正式名称は、United Nations Open-ended Informal Consultative Processである。毎年国連事務総長により提出される海洋問題および国連海洋法条約に関する実行状況報告に対するレビューを行い、その結果は国連が取り上げるべき議題として国連総会に送られる。

である。これまでのBBNJWGの中で問題としてとりあげられてきた海洋保護区、環境評価、海洋遺伝資源のABSなどすべてをパッケージ化した実施協定を作成することでの議論の方向性が出来上がっていった[64]。その後、リオサミットから20年にあたる2012年の環境会議（リオ＋20）での成果文書 *The Future We Want* で国連下での会議開催が言及され[65]、その後の国連総会決議を経て[66]準備会合へといたったことは、「公海漁業実施協定」への道程と同じといってよい。

2016年春からはじまった準備会合はその結果を、2017年会期末までに国連総会に提出し、さらに実施協定へのむけた国際交渉が開始されることになる予定である。2016年段階ではパッケージ化された問題を個別に見直しているところで、今後ABSを含めての帰趨は予断を許さない。

国家管轄権外生物多様性の問題は、環境保護区と海洋遺伝資源という二つ大きな流れが接合した形で実施協定への道程へといたった。その過程で、海洋保護区を重視するEUは環境NGOと協働することによって"実施協定"というカードを出し、途上国の関心をも集めようとした。しかし、実際にはNGOは国家管轄権外のABSについても射程においており、域内に製薬会社を多くかかえるEUが想定した以上のことが進んでいた。途上国が生物多様性条約で得られたABSの果実をさらに国家管轄権外の領域へ、そして、"人類共同財産"としてさえ追及するようになったのは、歴史の繰り返し指摘するのは言い過ぎであろうか。必ずしも当該問題で知識を十分にもたない途上国に対し、科学的知見を有するNGOが情報を提供し、未知の資源のABSへの期待を広め、一体化させていったと思われる。

おわりに

本稿では、海洋の規範形成過程におけるNGOの影響について考察してきた。

---

64) UN Doc. A/66/119, Letter dated 30 June 2011 from the Co-Chairs of Ad Hoc Open-ended Informal Working Group to the President of the General Assembly, 30 June, 2011, para. 42.
65) *The Future We Want*, para. 162. BBJWGに留意した上で、この作業をもとにして、第69回国連総会終了までにUNCLOSの下での国際文書を作成する決定を含め、公海の海洋生物多様性の保全と持続的利用に関する事項に緊急にとりくむことにコミットすると記された。
66) UN Doc. A/69/292.

海洋ガバナンスを構築する各レジームの交渉主体が国家であることは言うまでもない。認識共同体として情報を提供するNGO、ロビー活動をするNGOは環境会議などで我々が目にするところであるが、実際に交渉過程でどれだけの影響があるのかについて実証することは実は非常に難しい。NGO側から出された会議報告書には活動が評価的になされ、事務総長の会議概要などからも参加の確認がなされても、国家自らが、自分たちの決定をNGOの影響下で行ったものだと認めることはまずありえないからである。本稿でも評価の一次資料の多くは、NGOのそれであり、日本政府にしろ、国家の発言からそれを抽出することは困難である。

　しかし、その上で、以下の結論を導きだすことは可能であろう。国連海洋法条約の形成過程でオブザーバーとしてであれNGOの参加は極限られたものであったのに対し、1995年の公海漁業実施協定、そして現在進行形の国家管轄権外の生物多様性についての国際交渉では、明らかに数の上でも、また提出文書など情報を提供する上でも影響力を高めている。1992年のリオサミット以降、環境問題におけるNGOの発展、活動は目覚ましいものがある。それは環境保全それ自体が、人類全体にとって望ましいものということでの一般論としての意見がまとめやすいからでもある。本来は漁業資源の配分、持続的利用という目的の下で活動してきた地域漁業機関、FAOでの決定に不満をもつ国家が多数にのぼったとき、ここに環境NGOとの協働が起きたことは、大型流し網漁禁止の決議などに明らかである。専門機関ではなく、内陸国も含めすべての国が参加する国連総会という場に問題を持ち込み、そこでの世論を形成するには、事実関係を明らかにし情報を即時に的確に伝えることが求められ、役割を担えるのは、環境保全という公共益を目的としたNGOに他ならない。また、本稿で何度も言及したIUCNは、NGOの中でもハイブリッド型という国家、政府も構成メンバーとするものであり、その意味でも、国家、NGOとの協働ということについても改めて考える必要があろう。国家 vs NGO という考え方はもはや時代遅れといえよう。

　とりわけ、広大な海において、実際の規定をどのように実行していくのか、そもそも自国領域での管理能力も乏しい途上国への対応をどうするのか、技術は絶えず発展し国家間格差も広まっていく中で、技術供与、環境教育など

でのNGOの活動も求められよう。

　振り返って、国際海峡の航行、領域規定、深海底鉱物資源の配分など、安全保障や国家の利益に関連してゼロサム状態で海を議論している限り、国家が主体となる交渉は当然であったであろう。国益にそって行動することが求められる国家、市場メカニズムの中で短期的な利益を追求する操業者や企業には、もともと将来世代をも内包した地球公共益を考えるのには限界がある。しかし、今や海は長期的な視点で、生態系、人類社会を考えなければならない時代になったことは言うまでもない。交渉が国家によって行われているという実態以上に、NGOの役割を検討する必要があろう。

第 11 章　北西ハワイ諸島における海洋保護区の系譜
―― 海洋法条約第 121 条の解釈と実際 ――

加々美康彦

1　はじめに
2　海洋法条約第 121 条の解釈とその限界
　(1)「島か岩か」
　(2)「島か岩か」を超えて
3　海洋環境保護の展開―海洋保護区の登場―
4　北西ハワイ諸島での米国の実行
(1) 各島の状況
(2) 海洋法条約第 121 条をめぐる米国の立場
(3) 海洋保護区の系譜
5　おわりに

1　はじめに

　海洋法条約第 121 条は「島とは、自然に形成された陸地であって、水に囲まれ、高潮時においても水面上にあるものをいう」(1 項) こと、また「人間の居住又は独自の経済的生活を維持することのできない岩は、排他的経済水域又は大陸棚を有しない」(3 項) と定める。本条は「衝突と混乱のための完璧なレシピ[1]」とも呼ばれ、排他的経済水域 (EEZ) や大陸棚 (EEZ 等) を有する島か、そうでない岩かをめぐる解釈上の争いは、今日も続いている。
　そうした中、海洋法条約附属書 VII 仲裁裁判所が、南シナ海事件 (フィリピン対中国) で、この解釈問題に踏み込むと予想されている (脱稿後の 2016 年 7 月

---

1) E.D. Brown, "Rockall and the Limits of National Jurisdiction of the United Kingdom: Part I," *Marine Policy*, Vol. 2 (1978), p. 206. 本条の起草に関係したノルドキスト (Nordquist) は、3 項の曖昧さが起草者による意図的なものであるという。Myron H. Nordquist, "Textual Interpretation of Article 121 in the UN Convention on the Law of the Sea," in Holger P. Hestermeyer, *et al.* (eds.), *Coexistence, cooperation and solidarity: Liber Amicorum Rüdiger Wolfrum*, Vol. 1 (Martinus Nijhoff, 2012), p. 1035.

12日に裁定が下ったので分析対象外とする[2]）。しかし、本条の解釈基準の明確化は、地域の不安定化を招く紛争の源を取り除く意味では歓迎されるが、新たな問題を生み出しうる。

たとえば、新たな解釈基準を満たさぬが、すでに個別条約や大陸棚限界委員会 (Commission on the Limits of the Continental Shelf : CLCS) の勧告により EEZ や（延長）大陸棚さえ得ている「島」をどう扱うのか（本稿中「島」とは、特に法的地位の不明な "insular feature" を強調する場合に使用する）。本条の解釈の影響を受ける「島」の数は膨大だが、すでに世界中の「島」が EEZ 等を設定している現実がある。

より深刻な問題は、管理のインセンティブが失われるということである。島嶼生物地理学や保全生態学の知見からも明らかなように[3]、島と周辺海域の生態系は密接に関係するため一体的な管理が必要であり[4]、重要な漁場としてだけでなく、手つかずの環境や固有種の存在等から生物多様性保全の重要な対象でもある。かかる認識の下、すでに多くの国が島および周辺海域で何らかの管理制度の整備を進めている。この傾向は、1992年の生物多様性条約（CBD）採択以後、とくに顕著になっている。

しかし、新たな解釈基準が出現し、仮に「島」の EEZ 等が国家管轄権外区域（Areas beyond National Jurisdiction：ABNJ. 公海と深海底を指す）となれば、沿岸国の管理インセンティブを大きく減ずるであろう。その次に来るのは「共有地の悲劇」である。公海では違法、無報告、無規制な漁業（IUU 漁業）が根強い。ABNJ の管理体制をめぐる議論は、長い助走期間を経て、ようやく依然として国連での議論が本格化したところである[5]。

このように、海洋法条約第 121 条の解釈問題は、「島か岩か」という狭い問

---

[2] *In the Matter of the South China Sea Arbitration before an Arbitral Tribunal Constituted under Annex VII to the 1982 United Nations Convention on the Law of the Sea between the Republic of the Philippines and the People's Republic of China, PCA Case No. 2013-19* (July 12, 2016).

[3] See eg., Whittaker and Fernández-Palacioseds., *Island Biogeography: Ecology, Evolution, and Conservation* (2nd ed.)(Oxford University Press, 2007) and Roff and Zacharias, *Marine Conservation Ecology* (Earthscan, 2011).

[4] Jon M. Van Dyke, "Protected Marine Areas and Low-Lying Atolls," *Ocean & Shoreline Management*, Vol. 16 (1991), pp. 87-160.

[5] 国連での国家管轄権外の生物多様性（BBNJ）の保全の問題は、2006年2月から10年に渡る検討の末、2015年6月にようやく、海洋法条約の下で国際的に法的拘束力のある文書を作成する方針を固めた。ABNJ での MPA はその主題の一つである。UN Doc. A/RES/69/292 (July 6, 2015).

表1　2006年以降に設定された大規模な海洋保護区（MPA）

設定年	MPAの名称（設定国）	規制措置など	面積	備考
2006	パパハナウモクアケア海洋国立モニュメント（米）	全域で禁漁（設定から5年以後）	約36万km²	2010年世界遺産（複合）；BO
2007	ベントス保護区（NZ）	底引網漁厳格規制。カーマデック諸島領海は禁漁（拡大予定）	17サイト計約110万km²	一部世界遺産暫定リスト
2007	南西連邦海洋リザーブネットワーク（豪州）	多目的利用の管理。65%が禁漁	14サイト計約20万km²	
2008	フェニックス諸島保護区（キリバス）	多目的利用の管理。約4%が禁漁、信託基金運用開始時25%に拡大	約40万km²	2010年世界自然遺産；BO
2009	海洋国立モニュメント（米）①マリアナ海溝②太平洋離島③ローズ環礁	全域で禁漁。遊漁、非商業漁業・伝統／生存漁業は許可	計約50万km² 2014年に②が約120万km²に	①②はBO
2009	サウスオークニー諸島MPA（英）	全域で禁漁	約10万km²	
2010	チャゴス諸島（英）	全域で禁漁	約65万km²	BO
2010	モツ・モチロ・ヒバ海洋公園（チリ）	多目的利用の管理。7割で禁漁	約20万km²	BO
2012	サンゴ海連邦リザーブ（豪州）	多目的利用の管理。底引網・延縄漁は全域で禁漁	計約100万km²	BO
2012	サウスジョージア・サウスサンドイッチ諸島MPA（英／アルゼンチン）	全域で底引網漁禁止。各島周辺12カイリ（全体の2%）で禁漁	計約100万km²	
2012	国立海洋サンクチュアリ（パラオ）	全域で禁漁	約50万km²	BO
2012	マラエ・モアナ海洋公園（クック諸島）	多目的利用の管理。禁漁区や商業漁業・観光などのゾーニング	約100万km²	BO
2013	プリンス・エドワード島MPA（南ア）	多目的利用の管理。3割で禁漁。	約20万km²	世界遺産暫定リスト
2014	サンゴ海自然公園（仏領ニューカレドニア）	多目的利用の管理	約130万km²	礁湖は世界自然遺産；BO
2015	ピトケアン諸島海洋リザーブ（英）	全域で漁業および海底採鉱禁止	約80万km²	
2015	ナスカ・デスベンチュラデス海洋公園（チリ）	全域でアクセス禁止・禁漁	約30万km²	BO

BO: Big Oceanプロジェクト加盟サイト。本書334頁および注133参照。　　（2016年5月現在）
出典：注133, 136の文献およびMPAtlas Website (http://www.mpatlas.org) をもとに筆者作成
　　なお、必ずしも網羅的なリストではない。

題にとどまらず、今や海洋法条約（および以後の関連文書）の目指す海洋管理の実施という、より広い視点から捉え直されるべき問題なのである。

そうした中で、今日「島」および周辺海域で行われている管理方法には興味深い傾向がある。すなわち「島」の周辺にEEZ等を設定した上で、生態系や生物多様性の保全を目的とする保護区——海洋保護区（Marine Protected Area: MPA）——を設定するというものである。その画期となるのが、2006年に米国が北西ハワイ諸島（10の無人島と暗礁で構成）を基点に設定した「パパハナウモクアケア海洋国立モニュメント」と呼ばれる巨大MPAである[6]。以後、毎年のように世界最大のMPAが設定されているが、その多くは「島」を基点とする（**表1**）。

そこで本稿は、北西ハワイ諸島におけるMPAによる海洋管理の系譜を題材に、第121条の解釈問題を、海洋法条約の目指す管理の実施という視点から捉え直すことを試みる。その前に、次節で第121条の解釈問題を簡潔に振り返り、次いでMPAが多数設定されるようになった背景を概観する。

2　海洋法条約第121条の解釈とその限界

(1)「島か岩か」

海洋法条約で唯一、島を扱う第121条の見出しは「島の制度」だが、EEZ等を有する島か、そうでない岩かの区別しか定めない。ICJはすでに、2001年カタールとバーレーンの海洋境界画定及び領土問題事件（Q/B）判決で、1・2項の慣習法化を宣言し[7]、2012年領海及び海洋紛争事件（NvC）判決は3項も慣習法と宣言した[8]。しかし学説上は、解釈で明らかにできることには限界があるとの見方が一般的で[9]、上記判決も具体の基準を示してはいない。

たとえば、1項をめぐっては、島の最小規模が争点となる。起草過程での規

---

6) 科学界もこの動向に注目している。See e.g. Nicola Jones, "Marine protection goes large," *Nature (News)*, May 16, 2011, at http://www.nature.com/news/2011/110516/full/news.2011.292.html.

7) *Maritime Delimitation and Territorial Questions between Qatar and Bahrain (Qatar v. Bahrain), Merits, Judgement, ICJ Reports 2001*, paras.167, 185 and 195.

8) *Territorial and Maritime Dispute (Nicaragua v. Colombia), Judgement, ICJ Reports 2012*, para. 139.

9) See e.g., Barbara Kwiatkowska and Alfred H. A. Soons, "Entitlement to Maritime Areas of Rocks which cannot sustain Human Habitation or Economic Life of Their Own," *NYIL*, Vol. 21 (1990), p. 176.

模を明記する案は、採用されなかった[10]。判例はこれに従い、Q/B 判決は「島は、その規模にかかわらず、他の陸地領土と同じ地位を享受し、それゆえ同じ海洋の権利を生み出す[11]」と述べ、高潮時に水面上 0.4m の陸地である砂州のキタジャラダを島とみなした。NvC 判決もこれを引き継ぎ「国際法は島とみなされるための最小規模を定めていない[12]」と述べている。

しかし、境界画定が関係する場合、国際判例は概して「島」を島と扱わずに線引きをする傾向がある。黒海における海洋境界画定事件判決で、ICJ は、無人のサーペント島 (0.17 km²) につき、国際法上の地位の判断を避けつつ、島としての効果を与えない画定線を引いた[13]。クウィアトコウスカとスーンズ (Kwiatkowska & Soons) はこうした傾向を慣習法とみなし「本 [第 121] 条の規定は、島嶼領土に対する主権に関する未解決の紛争および海洋法条約第 15 条、74 条および 78 条に法典化される諸規則に従い、向かい合っているか又は隣接している海岸を有する国の間における島の海域の画定の問題に影響を及ぼさない」とする第 121 条「4 項」を提案している[14]。

他方、境界画定が関係しない (故に通常は裁判の俎上に載らない) 場合、実行上、サーペント島より小さな無人の「島」、たとえば豪州東岸沖合のミドルトン礁 (0.007km²、高潮時水面上約 1m) やエリザベス礁 (直径 400m、高潮時水面上約 1m)、ブラジルのベルモンテ島 (0.0053km²) は、EEZ 等の設定にとどまらず CLCS の勧告に基づき延長大陸棚の立法措置も済ませている[15]。CLCS は第 121 条の解釈権を持たないことを自認するが[16]、上記勧告に異議を唱えた国はない。なお南シナ海事件でフィリピンが島の地位を争う太平島 (Itu Aba) は、上記「島」より

---

10) この経緯につき、栗林忠男・加々美康彦「海洋法における『島の制度』再考」栗林忠男・杉原高嶺 (編)『日本における海洋法の主要課題』(有信堂、2010 年) 231-237 頁参照。

11) *ICJ Reports 2001*, *supra* note 7, para. 185.

12) *ICJ Reports 2012*, *supra* note 8, para. 37.

13) *Maritime Delimitation in the Black Sea (Romania v. Ukraine), Judgement, ICJ Reports 2009*, para. 149.

14) Barbara Kwiatkowska & Alfred H.A. Soons, "Some Reflections on the Ever Puzzling Rocks-Principle Under UNCLOS Article 121(3)," *The Global Community Yearbook of International Law and Jurisprudence*, Vol. 1 (2011), p. 112.

15) 海洋法条約第 76 条 8 項は「沿岸国がその (CLCS の) 勧告に基づいて設定した大陸棚の限界は、最終的なものとし、かつ、拘束力を有する」と定める。CLCS の勧告に基づき、豪州は Seas and Submerged Lands (Limits of Continental Shelf) Proclamation 2012 (May 24, 2012)、ブラジルは Resolution No. 3 of August 26, 2010 により大陸棚の限界を設定している。

16) CLCS/64 (October 1, 2009), paras. 18 and 25.

大きく（0.51 ㎢）、台湾の沿岸警備隊員等160名が居住する[17]。

3項の解釈はさらに混沌とする。最大の争点は1項と3項の関係である。わが国は、1項の要件を満たせば、3項には縛られないとの立場をとる（分離説）[18]。これに拠れば、高潮時に水面上にあればEEZ等を有する島となる。3項をほぼ無意味化する解釈とも言える。

しかし、分離説はNvC判決で明確に否定された。ニカラグア領キタスエニョ礁のうち、QS32（高潮時水面上0.7m）には領海を認めたが、EEZ等を否定したからである[19]。1項を満たす島でも、3項の基準（人間の居住等）を維持できないなら、もはや岩であり、EEZ等を有さないとの立場である（結合説）。同説の下では、3項の基準を維持できる岩ならEEZ等を有する（3項は岩を分類する）との解釈も可能だが[20]、EEZ等を有する岩だと主張した国家実行はない。

結合説の場合には3項の基準の明確化が必須だが、判例は3項の具体の基準を示さない。学説は百花繚乱である[21]。たとえば居住基準について、住民5人では少ないが50人が恒常的に居住を維持できれば十分との説[22]、数人の公務員の駐在でも居住とみなす説[23]がある。また、国が資金を費やすことを厭わなければ、大抵の「島」で居住の証拠は補強可能との説もある[24]。経済基準も、少なくとも「島」は領海を持つため、そこに存在する（漁業）資源開発を経済活

---

17)「台湾、南沙の太平島を海外メディアに初公開」、AFP BB News（2016年3月24日）。
18) 第145回国会衆議院建設委員会（1999年4月16日）での外務省経済局長答弁及び建設省河川局長答弁。
19) *ICJ Reports 2012*, *supra* note 8, paras. 37, 181 and 183. 拙稿「領土及び海洋紛争事件（ニカラグア対コロンビア）―判決と日本へのインプリケーション」『貿易風（中部大学国際関係学部論集）』第11号 28-29頁も参照。
20) Alex G. Oude Elferink, "The Islands in the South China Sea: How Does Their Presence Limit the Extent of the High Seas and the Area and the Maritime Zones of the Mainland Coasts?," *ODIL*, Vol. 32 (2001), p. 173-174.
21) 最近の研究のうち包括的なものは、Kwiatkowska & Soons, *supra* note 14, pp. 111-153 and Erik Franckx, "The Regime of the Islands and Rocks," in David Attard, Malgosia Fitzmaurice, and Norman A. Martinez Gutierrez (eds.), *The IMLI Manual on International Maritime Law, Volume I: The Law of the Sea* (Oxford Univ. Press, 2014), pp. 99-124.
22) John Van Dyke and Dale Benett, "Island and the Delimitation of Ocean Space in the South China Sea," *Ocean Yearbook*, Vol. 10 (1993), p. 79.
23) Kwiatkowska & Soons, *supra* note 9, p. 164.
24) Roger O'Keef, "Palm-fringed Benefits: Island Dependencies in the New law of the Sea," *ICLQ*, Vol. 45 (1996), p. 412.

動とみなす説[25]、さらに灯台の設置を経済活動とみなす説[26]などがある。

　他方で、国家実行はある意味クリアである。沿岸国自ら、第121条3項の岩と「明示に」認めた例は1件のみである[27]。1997年、英国外相はロッコール（標高17mの花崗岩隆起）を「第121条3項に基づき、漁業水域の限界のための有効な基点ではない[28]」と答弁した。人間の居住を維持できないことがその理由である[29]。その他の「島」は、島を自認する。

(2)「島か岩か」を超えて

　ロッコールを除けば、高潮時に水面上にある陸地には一般的にEEZ等が設定されているのが現実であり、第121条は、「島」にEEZ等を設けるため、縁もない公務員を居住させ、貴重なサンゴ礁に灯台を設置させる触媒となっている。他方、仮に裁判などで解釈基準が明確化された場合でも、結果として増加するABNJが適切に管理される保障はない。第121条が新たな枠組で捉えられる必要があるのは、こうした背景である。世界中の「島」にEEZ等が設定される中、その広大な海域を、海洋法条約の目指す海洋管理の実施という文脈で効果的に管理させるための触媒として運用することはできないであろうか。

　この問題を検討するためには、今一度、海洋法条約が沿岸国にEEZ等の広大な海域を与えた意味や目的を点検する必要がある。そもそも海洋法条約は、沿岸国にEEZの設定を認める条件として、生物資源を持続可能に開発できるよう保存管理する義務（第61-62条）、開発した資源を内陸国や地理的不利国にも配慮して最適利用をはかる義務（第69-70条）、さらには海洋環境を保護し保

---

25) Jonathan I. Charney, "Note and Comment: Rocks That Cannot Sustain Human Habitation," *AJIL*, Vol. 93 (1999), p. 868.

26) Kwiatkowska & Soons, *supra* note 9, pp. 167-168.

27)「黙示に」認める例として、海洋法条約第121条3項と同文の国内法を有するメキシコのアリホス岩がある。詳細は、拙稿「海洋基本法制定以後の離島管理関連法制の展開とその意義」『貿易風（中部大学国際関係学部論集）』第8号32頁参照。

28) UK Parliament website, at http://www.publications.parliament.uk/pa/cm199798/cmhansrd/vo970721/text/70721w04.htm.

29) Clive R. Symmons, "Ireland and the Rockall Dispute: An Analysis of Recent Developments," *IBRU Boundary and Security Bulletin*, Vol. 6 (1998), p. 83.

全する義務 (第 56 条、192 条等) も課して、広大な海域の適切な管理を沿岸国に委ねたのである。

　また、海洋法研究に大きな足跡を残した田中は「EEZ の制度について見る場合には、沿岸国に付与された権利の面からだけで見るのではなく、その義務の面にも着目しながら制度の趣旨をとらえ直し、EEZ の思想を生かす方向で検討を重ねることが、不可欠のように思われる[30]」と述べている。

　まさにこうした視点から第 121 条を捉えようとするのが、米国のハフェッツ (Hafetz) である[31]。彼は「いずれの国も、海洋環境を保護し及び保全する義務を有する」と定める第 192 条が海洋環境保護に関する国家の中心的義務を定め、さらにこの義務は同条約採択以後、リオ宣言、CBD などを中心とする「持続可能な開発」を目標とする文書により内容を充実させる中で、その「後の発展」に照らして第 121 条 3 項を解釈する必要性を主張する。

　そこで彼は、「島」の周辺海域に MPA を設ける最近の実行に着目する。すなわち「第 121 条 3 項の文脈において持続可能な開発を促進するということは、沿岸国は経済価値を向上する方法で海洋環境を保護するための措置をとることを咎められるべきではない」、「もし、ある国が『岩』の周りにサンゴ礁を守るために海洋サンクチュアリを設ける一方で、そのサンゴ礁が原生状態のまま維持されることで経済的価値が示される場合、この『岩』は第 121 条 3 項の意味における『独自の経済的生活』を持つとみなされるべきで、それゆえ島の地位を与えるべきである」。その結果、当該沿岸国は「拡大された海洋管轄権を有する利益を受けるべきである」とする。

　これは、MPA 等の環境保護措置が経済的生活に含まれると捉え、第 121 条に基づく諸国の EEZ 等の設定をインセンティブに、環境保護を促す触媒として 3 項を利用する解釈である。第 121 条「島の制度」は「島か岩か」しか定めないが、上記解釈は、「島か岩か」を超えて、今日必要とされる真の「島の制度」、つまり広大な海域をいかに管理するかを論ずるものである。

---

30) 田中則夫「国連海洋法条約にみられる海洋法思想の新展開－海洋自由の思想を超えて－」林久茂、山手治之、香西茂 (編)『海洋法の新秩序』(東信堂、1993 年) 50 頁。

31) Jonathan L. Hafetz, "Fostering Protection of the Marine Environment and Economic Development: Article 121(3) of the Third Law of the Sea Convention," *American University International Law Review*, Vol. 15 (2000), pp. 583-637.

3　海洋環境保護の展開——海洋保護区の登場——

　海洋管理において、海洋環境の保護および保全が優先事項であるのはいうまでもないが、海洋法条約は、「環境」という語を定義せず、代わりに「汚染」について「物質又はエネルギーの導入で」、「生物資源や海洋生物に対する害」を「もたらし又はもたらすおそれのあるもの」(第1条4項)と定義する。これを受ける条約第12部「海洋環境の保護及び保全」の規定の多くが船舶起因「汚染」の防止に割かれていることからも明らかなように、海洋法条約の環境保護は汚染の防止を主眼とする。

　しかし海洋法条約採択の10年後に登場したCBD—現在195カ国とEUが加盟—は、こうした環境保護意識を大きく変えた。「生物の多様性の保全、その構成要素の持続可能な利用……をこの条約の関係規定に従って実現する(第1条)」ことを目的としたからである。これにより、「汚染」の存否に関係なく、生物多様性という「環境そのものの価値」の保全と、それが可能な限りでの構成要素の利用が諸国の義務となったのである。

　たしかに海洋法条約は、第194条5項で「この(第12)部によりとる措置には、希少又はぜい弱な生態系及び減少しており、脅威にさらされており又は絶滅のおそれのある種その他の海洋生物の生息地を保護し及び保全するために必要な措置を含める」として汚染防止以外の環境保護にも言及するが、具体的措置は沈黙している。この規定の肉付けは、海洋法条約の外で、おもにCBDを中心に行われていくことになる。

　海洋法条約採択後、科学的知見の蓄積を背景に、海洋生態系および生物多様性の保全手段として注目されるようになったのが、MPAである。かつては沿岸域などの狭い範囲で禁漁区や海洋公園として用いられてきた、海に設定される保護区を総称するものである[32]。80年以降は、NGOが中心となり、

---

32) 海洋保護区につき、田中則夫「国際法における海洋保護区の意義」『国際海洋法の現代的形成』(東信堂、2015年) 247-304頁。拙稿「国連海洋法条約の実施と海洋保護区の発展」『海洋政策研究』第1号 (2005年) 153-220頁、同「海洋保護区」加々美康彦ほか編『海洋保全生態系学』(講談社、2012年) 235-251頁も参照。

MPA を生態系保全などに利用しようとする議論が活発化する[33]。国際自然保護連合 (IUCN) が 1992 年に公表した MPA 設定指針は、MPA を単一の包括的な計画の下で多くの種の管理を統合する、広大な多目的利用 (multiple use) 区域として位置づけ、MPA が経済的に重要な生物種の避難場所だけでなく、観光やレクリエーションのための重要な仕事と役務を提供することなどの経済的重要性にも言及している[34]。

この流れを受け、1992 年 CBD―前文で「生物の多様性を保全するため多額の投資が必要であること並びに当該投資から広範な環境上、経済上及び社会上の利益が期待されることを確認」する―は、保護区を生物多様性保全手段と位置づけた（第 8 条）。その具体的な内容は、科学技術助言補助機関 (SBSTTA) と締約国会議 (COP) で検討が進められた[35]。

その結果、2003 年に SBSTTA が報告書[36]を採択し、MPA が生物多様性の保全と持続可能な利用を通じて社会的、経済的利益を含む多くの利益を生むことに繰り返し言及した上で、MPA を「海洋環境の内部又それに接続する定められた区域であって上部水域および関連する動植物相および歴史的・文化的特徴が法律および慣習を含む他の効果的な方法により保護され、それにより海洋および／または沿岸生物多様性が周囲よりも高水準で保護される効果を享受する区域」と定義した。SBSTTA は、高度に保護された保護区は予防的アプローチに利用可能な唯一の対応であるとし、順応的な生態系アプローチの採用も求めている。

2004 年に開催された COP7 はこの報告書を歓迎し、MPA 推進に舵を切った[37]。のみならず、COP7 は、生物多様性を保全するためには MPA が必然的に大型

---

33) 国連では 1996 年の「海洋と海洋法に関する国連事務総長報告書」で初めて MPA に言及され (UN Doc. A/51/645, November 1, 1996)、以後は毎回言及されている。

34) G. Kelleher & R. Kenchington, *Guidelines for Establishing Marine Protected Areas: A Marine Conservation and Development Report* (IUCN, 1992), p. 16.

35) MPA の発展には環境 NGO の IUCN が大きく貢献しているが、紙幅の関係で割愛する。IUCN による MPA 関連の重要文献として、D. d'A. Laffoley (ed.), *Towards Networks of Marine Protected Areas: The MPA Plan of Action for IUCN's World Commission on Protected Areas* (IUCN, 2008) and IUCN World Commission on Protected Areas, *Establishing Marine Protected Area Networks-Making It Happen* (IUCN, 2008).

36) CBD/SBSTTA/8/INF/7 (March 7, 2003). SBSTTA での用語は、海洋沿岸域保護区 (MCPA) である。

37) CBD/COP/DEC/VII/5 (April 13, 2004).

化することを踏まえ、少なくとも 2010 年までに世界の生態学的地域の 10 パーセントを効果的に保全することを目標に掲げ（決定 VII/30）[38]、海洋については 2012 年までに、包括的かつ効果的に管理される生態学的に代表的 (representative) な保護区制度を設けるよう勧告した（決定 VII/28、いわゆる 2012 年目標）[39]。これは、地域における代表的な生態系などを関連づけながら MPA を設定する、MPA のネットワーク化を目指すものである[40]。なお、決定 VII/28 は、ABNJ に MPA を設定することもまた検討するよう各国に求めている。

2010 年の COP10 は、2012 年目標の達成見通しを修正し「2020 年までに……沿岸域および海域の 10 パーセント、特に、生物多様性と生態系サービスに特別に重要な地域が、効果的、衡平に管理され、かつ生態学的に代表的な良く連結された保護地域システムやその他の効果的な地域をベースとする手段を通じて保全され、また、より広域の陸上景観や海洋景観に統合される[41]」との目標（愛知目標、目標 11）を再設定した。こうして、MPA の設定は、今や重要な国際的目標となっているのである。

ところで、MPA が海洋法条約とは別個に発展してきたことには注意を要する。MPA の設定は、海洋法条約が配分した管轄権の枠組を変えるわけではなく、CBD も「この条約の規定は、現行の国際協定に基づく締約国の権利及び義務に影響を及ぼすものではない」（第 22 条）と断る。法的には、MPA が直ちに「島」の地位を変更する効果を持つわけではない。

それにも拘わらず、特に 2000 年代以降、世界で最も積極的に MPA が設定されている海域は、「島」の周辺である。かかる実行をどう評価すべきか。第 121 条 3 項を無意味化する危険な先例か、海洋法条約の創造的な実施か。以下では北西ハワイ諸島を例に検討する。

---

38) CBD/COP/DEC/VII/30 (April 13, 2004), Annex II, Target 1.1.
39) CBD/COP/DEC/VII/28 (April 13, 2004).
40) 大型化とあわせて興味深い傾向は MPA のネットワーク化である。すでに 2002 年の持続可能な開発に関する世界サミット（WSSD）では「2012 年までに、国際法に整合しかつ科学的情報に基づく、代表的ネットワークを含む MPA の設定」を提唱している。これは、生態学的または社会的な関連づけを与えられた MPA の設定を意味する。MPA のネットワーク (para. 32(c)) につき、たとえば、*FAO Technical Guidelines for Responsible Fisheries*, No. 4 (Marine protected areas and fisheries), Suppl. 4, 2011.
41) CBD/COP/DEC/X (October 29, 2010).

4 北西ハワイ諸島での米国の実行

　米国は、1976年漁業保存管理(FCM)法に基づき、北西ハワイ諸島を含む全土に200カイリ漁業保存水域(FCZ)を設定し、海洋法条約採択の翌年にEEZに改組した[42]。その面積は12,174,629km²で世界最大[43]、その半分以上は島嶼部を基点とする。以下ではまず、北西ハワイ諸島においてEEZ設定の基点となる10島の状況を、東から西へ順に概観する[44]。

(1) 各島の状況

①ニホア島(英語名 Nihoa / ハワイ語名 Moku Manu：本稿中の略語は Ni)：面積0.68km²、最大標高275.2mの溶岩島である。絶壁に囲まれ、接近・上陸は困難である。古代ポリネシア人が残した88もの祭祀場跡がある。20世紀前半の調査で100人程度の居住跡が確認されたが、それを支える飲料水の所在が疑問とされ、集落は短命だった可能性が指摘される。現在は無人島で、米国海洋大気庁(NOAA)が発行する水路誌(*Coast Pilot*)は、崖の麓に湧水があるが鳥の排泄物(グアノ)で汚染された刺激臭のある水で、緊急時以外に飲用すべきではないと警告する。植生があり、ニホア・フィンチほか固有種、絶滅危惧種の植物も存在する。周囲に574.6km²ものサンゴ礁が広がるが、造礁サンゴは17種、被度も低い。

②モクマナマナ(Necker / Mokumanamana：本稿中の略語は Ne)：ごく最近まで、

---

42) Proclamation 5030 (March 10, 1983). 領海幅員を12カイリとしたのは1988年である。Proclamation 5928 (27 December, 1988).

43) Sea Around Us website, at http://www.seaaroundus.org/data/#/eez/848?chart=catch-chart&dimension=taxon&measure=tonnage&limit=10.

44) 以下の記述は、U.S. Department of Commerce, NOAA, *United States Coast Pilot 7, Pacific Coast: California, Oregon, Washington, Hawaii and Pacific Islands* (48th ed., 2016), Chapter 14, pp. 596-605, and Jon M. Van Dyke, Joseph R. Morgan and Jonathan Gurish, "The Exclusive Economic Zone of the Northwestern Hawaiian Islands: When Do Uninhabited Islands Generate an EEZ?" *San Diego Law Review*, Vol. 25 (1988), pp. 466-482, NOAA, USFWS and Hawai'i DLNR, *Papahānaumokuākea Marine National Monument Management Plan*, Vol. I, December 2008, pp. 12-25 などに依拠したが、紙幅の関係上、逐次の引用は省略した。

ネッカー島と呼称されていた。面積 0.18 km²、最大標高 84m の溶岩島で、アクセスは比較的容易だが、水路誌は「十分に岩と呼びうる島」と警告する。丘の斜面に低木が茂るが、耕作には適さない。飲料水確保は困難で、湧き水はグアノで汚染される。小規模ながら居住の痕跡に加え、33 もの祭祀場跡があり、ハワイ先住民が宗教上、航行上の理由で訪問したと考えられている。米国魚類野生生物局 (FWS) の野営地があるが無人である。海鳥が多く生息し、周囲にはニホア島より広いサンゴ礁がある。

③フレンチ・フリゲート礁 (French Fregate Shoals / Kānemilohaʻi：本稿中の略語は Fr)：28.9km に及ぶ半月状をした諸島最大の環礁である。礁湖には、位置を変えたり消滅したりする 9 の砂州と、2 つの陸地 (火山性隆起) がある。陸地はいずれも無人で、急峻で上陸がほぼ不可能な火山性隆起ラペローズ尖島 (面積 0.001 km²、標高 37.1m) と、面積 0.1 km² のターン島がある。後者には、保護区 (野生生物避難区) を管理する FWS の職員数名が生活可能な施設 (1942 年建設の低層ビル)、高さ 12m の塔 2 本 (1979 年閉鎖のロラン局) および木造電柱が存在する。絶滅危惧の固有種ハワイモンクアザラシの最大繁殖地で、絶滅危惧種のアオウミガメの 9 割が生育する。周辺海域には 930 km² に及ぶサンゴ礁が広がる。

④ガードナー尖礁 (Gardner Pinnacles / Puhahonu：本稿中の略語は Ga)：面積約 0.001 km²、最大標高約 50m の急峻な 2 つの火山性隆起である。植物は 1 種、昆虫が多く、熱帯の海鳥 12 種が営巣し、陸地表面はグアノで覆われる。上陸は極めて困難である。飲料水もない。24 種のサンゴが生息するが、浅海域が乏しく被度も低い。

⑤マロ礁 (Maro Reef / Nalukākala：本稿中の略語は Ma)：かつて Mary Reef とも呼ばれていた。約 50km × 約 29km の楕円形の広大な環礁だが、高潮時に水面上にあるのは標高約 60cm の隆起のみである。定住者はもちろん、陸上生物もいない。周辺には浅瀬が広がり、船舶航行は極めて危険である。2000 年に NOAA が調査した際、礁湖から外側に向けて絡み合う独特で複雑なサンゴ礁が放射状に伸びていることが判明した。サンゴ礁の状況は健全かつ多様である。

⑥レイサン島 (Laysan Island / Kauō：本稿中の略語は La)：面積 4.14 km²、最大標

高 15m（島北端部）の砂州である。島中央に湖があり、大量のハエが生息する。浅い井戸を掘れば淡水が得られるが、塩分濃度は極めて高く悪臭を放つ。水路誌は、陸地は白砂で、低木や草がまばらに生えるが、多数の鳥の巣穴で歩行困難という。絶滅危惧種を含む無数の海鳥が生息する。1980年代前半に FWS 職員が数名訪問し、島の人口として州統計に算入されたこともあるが通常は無人である。19世紀末から約10年間、商業目的で数名のグアノ採集者が生活した記録がある。彼らが持ち込んだウサギが島の植生を失わせたが、1923年にウサギが根絶し、植生が復活した。周辺には健全なサンゴ礁が広がる。

⑦リシアンスキー島 (Lisianski Island / Papa'apoho)：本稿中の略語は Li)：面積 1.6 km²、最大標高 12m の平坦な島である。低木などの植生があり、浅い井戸を掘れば水が得られるが、処理なしには飲料に向かない。大量のハエが生息する。グアノ採集者が短期間居住した記録がある。水路誌は、西岸中部の入江を小型船艇の上陸場所と記載する。ハワイモンクアザラシやウミガメの生息地で、周囲には 1,254 km² のサンゴ礁が広がり、被度も高い。

⑧パール・アンド・ハーミーズ礁 (Pearl & Hermes Reef / Holoikauaua：本稿中の略語は Ph)：周囲 64km の楕円形のサンゴ礁だが、陸地は大小7つの砂州で、合計面積は 0.38 km² である。最大の陸地が礁中部のサウス・イースト島で、西側に名前のある砂州が点在する。1899年5月20日、日本人乗組員16人を乗せた帆船（漁業調査船）がここで座礁し、4ヶ月間生活した後、ミッドウェー島に避難した記録がある[45]。彼らは井戸による飲料水確保を断念し、雨水を利用した。礁周囲には比較的多様で広大なサンゴ礁が広がるが、造礁サンゴは少ない。モンクアザラシの成育地だが、廃棄漁具や海洋ゴミが悪影響を与えている。

⑨ミッドウェー環礁 (Midway Atoll / Pihemanu Kauihelani：本稿中の略語は Mi)：直径 10km の環礁中3つの陸地が並ぶ。西のサンド島（面積 4.56 km²）はサンゴ砂でできた諸島最大の島である。滑走路もあり、最も高いタンクの頂上には航空障害灯が設置されている。東のイースタン島（面積 1.36 km²）

---

[45] この事件の顛末は、須川邦彦『無人島に生きる十六人』（新潮社、平成15年）に詳しい。

にも滑走路がある。両島間には、面積 0.05 ㎢のスピット島がある。19世紀末、日本人による海鳥の濫獲に対処するため 20 名以上の軍人が派遣されたが、これが北西ハワイ諸島の管理の端緒であった。同じ頃、海底ケーブル敷設会社が社屋を建設している。戦後は軍事基地化し、1986 年には 260 名程の居住記録がある (9 名が兵士、残りは政府と契約した外国人労働者等)。基地は 1996 年に閉鎖され、海軍から FWS に移管された (現在も連邦直轄地)。1997 年に陸上の保護区が諸島で初めて一般開放された。軍施設を転用してエコツーリズムが実施されている (財政上の理由で 2013 年以降は中断)[46]。

⑩クレ環礁 (Kure Atoll / Mokupāpapa：本稿中の略語は Ku)：直径約 7.2km の世界最北端の環礁である。唯一の陸地はグリーン島で、面積約 0.77 ㎢、最大標高 6.1m の平坦な島である (他に標高が 2.5 〜 3m のサンド島もあるが、恒常的に水面上にあるわけではなく、気象や海況に応じて変形する)。1936 年から 1952 年にハワイ州に移管されるまで海軍管理下に置かれ、1960 〜 93 年にはロラン局が設置、25 名程の人員が居住していた。滑走路も存在するが、現在は使用されていない。周囲に約 323 ㎢のサンゴ礁が広がり、生育状況も良い。モンクアザラシやロブスターをはじめ動物種も多いが、廃棄漁具や海洋ゴミの問題がある。

(2) 海洋法条約第 121 条をめぐる米国の立場

米国は、今日依然として海洋法条約に署名も批准もしていないが (第 11 部実施協定は署名のみ、公海漁業実施協定は批准済)、深海底関連の規定を除き多くが慣習法化したとみなしている[47]。CBD も、署名はしたが批准はしていない。これはバイオ産業への不利益を問題とするためで、その他では好意的姿勢をとる。事実、保護区設定では他国を先導する。

上述のように米国は、1976 年に諸島周辺に FCZ を、1983 年に EEZ を設定している。その基点となる島の決定に関し、米国内務省法律顧問 (当時) のコー

---

46) Galapagos Travel website, at http://www.galapagostravel.com/midway/.
47) この点につき、池島大策「国連海洋法条約への参加をめぐる米国の対応—米国単独行動主義の光と影—」『米国内政と外交における新展開』(国際問題研究所、平成 25 年) 147-164 頁参照。

ルソン (Colson) は、1986年7月に開催された海洋法協会第20回年次大会の席でつぎのように説明している：「我々は土地のいずれの部分も島の定義に適合しうると決定し、そして米国の領海がどのような区域の周辺に引かれているかに基づきこの決定を行った。もしそれが領海を持つならば、等距離線の境界を引くための基点として用いる権原があると決定した[48]」。これは、領海を主張しうる陸地があれば、EEZ 等を有する島とみなす解釈である。3項の規定は考慮されていないので、わが国同様、分離説に立つと言えるかもしれない。

対外的にも同様の姿勢で臨んでいる。たとえば、ベネズエラ領アベス島（面積 0.036 km²の州島、軍人と気象観測員が駐在するも定住者なし。78年建設の基地が 2004年に増築）につき、アベス島の200カイリ水域を認める座標を示した境界画定協定を締結している[49]。これにはアンチグア・バーブーダなど周辺3カ国が、アベス島は岩として抗議している[50]。

日本の沖ノ鳥島に対しても同様である。日本が同島を基点とする大陸棚延長申請を CLCS に行った際、米国は日本の申請が検討されることに反対しないとする口上書を出している[51]。因みに、これに対して中国と韓国は、沖ノ鳥島が第 121 条 3 項を満たさない岩であるとして CLCS に審査を控えるよう口上書を提出している[52]。

ところで、1980 年代、ハワイ大学のバンダイクら (Van Dyke *et al.*) は、上述のコールソンの立場を批判し、北西ハワイ諸島が EEZ を持つ島か否かの詳細な研究を発表している[53]。彼らは、第 121 条 3 項の解釈に照らして EEZ を持つ島とは

---

48) David A. Colson, "The Maritime Boundaries of the United States: Where Are We Now?," in T. Clingan (ed.), *Law of the Sea Institute Proceedings*, Vol. 20 (1988), p. 472.

49) Maritime Boundary Treaty between the United States of America and the Republic of Venezuela, 28 March 1978, at http://www.un.org/depts/los/LEGISLATIONANDTREATIES/PDFFILES/TREATIES/USA-VEN1978MB.PDF. 他に、オランダとフランスも同様の協定を結んでいる。

50) Suzette A. Haughton, "Dominica-Venezuela: Isla Aves/Bird Island," in Emmanuel Brunet-Jaully (ed.), *Border Disputes: A Global Encyclopedia*, Vol. 1 (Territorial Disputes), (ABC-CLIO, 2015), pp. 801-802.

51) *Note Verbale* of United States (December 22, 2008), CLCS Website, at http://www.un.org/depts/los/clcs_new/submissions_files/jpn08/usa_22dec08.pdf.

52) See eg. *Note Verbale* of China, CML/2/2009 (February 6, 2009) and *Note Verbale* of Republic of Korea, MUN/046/09 (February 27, 2009).

53) Van Dyke *et al.*, *supra* note 44, pp. 425-494.

「恒常的な住民による安定した共同体[54]」を維持しうるものであり、陸地が存在しても飲料水確保などが難しい場合には島の地位を否定する厳格な基準を提案する。諸島でこれを満たすのはMiのみ、あるとしてKu、せいぜいFrのターン島までと結論し、これに応じてEEZを引き直すよう主張している。

彼らは、EEZの縮小は短期的には米国には不利益だが、無人島に広大な海域を設定することを控えることで他国の模範となり、その傾向に歯止めをかけることができれば、公海と深海底で科学的調査が自由にできる米国には長期的に見れば利益となると指摘する[55]。

しかし米国政府は、バンダイクらの主張ではなく、むしろハフェッツの主張に近いアプローチをとった。すなわち、EEZ等を前提に、MPAを用いて管理を進めたのである。しかもその管理は、EEZ設定以前から長らく進められてきたものを、時代に合わせて上手く発展させるものであった。次節では、その海洋管理の系譜をたどることにする。

(3) 海洋保護区の系譜

(i) 海洋法条約採択まで

米国が北西ハワイ諸島を管理する端緒を開いたのは、19世紀末、Miで日本人が行った海鳥の濫獲(羽毛と卵を求めた)であった。T・ルーズベルト大統領はこれに対処すべく、1903年に大統領令(EO)第199-A号[56]でMiを海軍管理下に置き、海兵隊を駐留させた。

その後もMi以外では濫獲が相次いだため、1909年2月のEO第1019号[57]で「ハワイ諸島リザーブ(Hawaiian Islands Reservation：HIR)」が設定された。これは、大統領が公共地を処分できる黙示的権限と、1900年5月制定のレイシー法[58](違法に捕獲、所有、輸送または販売された野生生物、漁業、植物等の取引を禁ずる、現

---

54) この基準は、Jon M. Van Dyke and Robert A. Brooks, "Uninhabited islands: Their Impact on the Ownership of the Ocean's Resources," *OD&IL*, Vol. 12 (1983), pp. 285-88 に初出するが、着想を得ているのは1934年公表のジデル(Gidel)の学説(領海を有する島の条件を検討するもの)である。See Gilbert Gidel, *Le droit international public de la mer* (Châteauroux, Ed.Mellotée, 1934), p. 684.
55) Van Dyke *et al.*, *supra* note 44, p. 488.
56) Executive Order 199-A (20 January, 1903).
57) Executive Order 1019 (February 3, 1909).
58) Lacey Act of 1900 (16 U.S.C. §§ 3371-3378)(May 25, 1900).

318　第Ⅲ部　海洋法の現代的展開

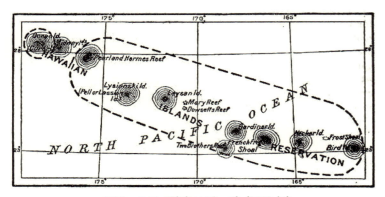

図1　ハワイ諸島リザーブ（1909年）

出典：大統領令第1019号添付図

在も有効な米国最古の野生動物保護法）を背景に、諸島で初めて設定された保護区である[59]。EOは、区域内の土着海鳥の養育地保全にのみ言及し、農務省が認める場合を除き海鳥の殺傷や卵の捕獲を禁じた。

EOには地図（図1）が添付されており、破線内が境界とされる。しかし座標や距離等の説明はなく「北緯23度から29度、西経160度から180度までのハワイ諸島」と具体的な島名を列挙するだけである。それには、今日米国がEEZの基点とみなすNe、Fr、Ga、La、Li、Ph、Kuのみならず（海軍管理下のMiは除外）、Frost Shoal、Dowsetts Reefなどの水没岩礁も含まれる。米国が現在では島とみなすMary Reef (Ma) も含まれるが、図中では水没岩礁として扱われている。また、現在は水没岩礁とされるTwo Brothers Reefは、島として扱われている。

HIRは、その後1940年7月の大統領布告（布告）第2416号[60]により「ハワイ諸島国立野生動物避難区 (Hawaiian Islands National Wildlife Refuge：HINWR)」に改名され、保護対象を野生生物全般に拡大した。当時すでに米国全土で多数設定されていた保護区の一括改組の一環であり、国民の経済的福祉とレクリエーションに資する野生動物資源の保存と開発のため、内務省の規則に基づかな

---

59) Robert J. Shallenberger, "History of Management in the Northwestern Hawaii Islands," *Atoll Research Bulletin*, No. 543 (2006), p. 24.
60) Proclamation 2416 (July 25, 1940).

い野生生物採捕や場所の占有を禁じた。

　1967年には、FWSの下部組織が、HINWRと重複しうる自然調査区域 (Research Natural Area) を Ni、Ne、Fr、Ga、La、Li、Ph の周囲に (水深に応じて) 設定している (面積約 830 km²)。おもに教育的・科学的目的の保護区で、商業漁業を排除しない[61]。この段階までの保護区は、海鳥および陸上野生生物保護に焦点が当てられ、海域保護の観点は希薄であった。

　海域保護に向かうのは、70年代後半以降である。分水嶺は 200 カイリ水域の設定であった。1976年 MCA 法は、諸島を含む米国全土の領海外に FCZ を設定し (面積約 200 万 km²[62])、高度回遊性の種以外の外国漁業を原則禁止した。同法を実施するため 8 つの地域漁業管理理事会が設立され、諸島は西部太平洋漁業管理理事会 (WestPac) の管轄とされた。

　FCZ 設定後、Ku や Fr で海難事故が相次いだため、78年6月に米国は政府間海事協議機関 (IMCO、現在の国際海事機関 (IMO)) に対して「避航水域 (Areas to be avoided: ATBA)」の承認を求めた[63]。これは、加盟国の要請を受けて IMCO が設定する船舶航路指定 (Ship's Routeing) 措置[64]の一つで、定められた海域内への通航回避を勧告するものである。米国は、図2のように Ni から Ph まで各島中心から南方向に約 50 カイリ、北方向に約 100 カイリの幅となるよう囲んだ五角形の境界を提案した。北側に余白が多く取られる理由は、この地域の気象、風向および潮流の特徴に対応するためと説明されている[65]。

　この境界は、HIR / HINWR の境界に着想を得たものと思われる[66]。実際、米国は、1909年以来の生物資源管理を引き合いに出しながら、ATBA の意義を説明している。ここで提案された措置は、海難による油濁事故リスクを念頭に、

---

61) 自然調査区域は、州政府との協議を経ずに連邦政府が一方的に設定したため調整に時間がかかり、公式に連邦官報に掲載されたのは 1975 年である。経緯につき、see Dennis K. Nakase, "State-Federal Jurisdictional Conflict over the Internal Waters and Submerged Lands of the Northwestern Hawaii Islands," *University of Hawaii Law Review*, Vol. 4 (1982), p. 160-164.

62) Van Dyke *et al.*, *supra* note 44, pp. 482 and 489 (map).

63) IMCO Doc., NAV/XXI/4/6 (June 14, 1978).

64) IMCO Doc., Res.A.378(X), *General Provision on Ship's Routeing*, adopted on November 14, 1977.

65) IMCO Doc., *supra* note 63, para. 4.

66) だとすれば HIR と HINWR の境界も各島中心から 50 カイリ幅を念頭に設定されたかもしれない。ただ Ku や Ni の東側の境界、Two Brothers Reef の取り扱いなどは異なっている。

320　第Ⅲ部　海洋法の現代的展開

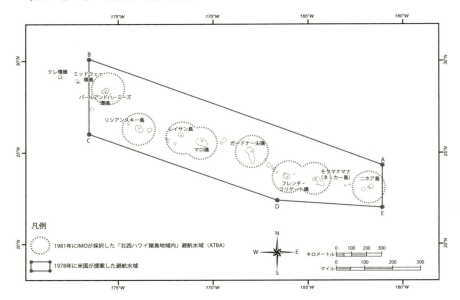

図2　「北西ハワイ諸島地域内」避航水域（ATBA）（1981年）
出典：IMO Doc. NAV/XXI/4/6 (1978) および IMO, *Ship's Routeing*, Part D, II/8 添付図をもとに筆者作成

特異かつ絶滅に瀕する野生生物（具体名は示されず）の保存のため、石油または有害物質を積載する1,000総トン以上の船舶の通航を回避することであった[67]。

しかし、1981年11月にIMCOが「北西ハワイ諸島地域内」として採択したATBAは、米国が提案した境界を採用せず、8島の各中心から50カイリの円形の飛地的境界（2箇所で結合）を設けた（図2）[68]。保護措置は米国提案をほぼ採用し、また勧告的である[69]。

（ⅱ）海洋法条約採択から国立記念碑設定以前まで

---

67) IMCO Doc., *supra* note 63, paras.4-5.
68) IMCO Doc., Res. A. 475(XII) (November 14, 1981), p. 154.
69) 勧告は「野生生物避難区として指定される区域における事故による汚染のリスクを回避するため、石油または有害な物質を積載する1,000総トン以上の全ての船舶は、以下の地理的座標の中心から直径50カイリの円内に含まれる区域を回避すべきである」とする。IMCO Doc., *supra* note 68, Annex I, p. 154, para. 2.4.

80年代に入り、北西ハワイ諸島の管理の焦点は漁業に移る[70]。当時、固有種のハワイモンクアザラシが、急増するカジキマグロやシイラ等の延縄漁業から受ける影響が顕著な問題となった。WestPac、米国海洋漁業局（NMFS）およびFWSはタスクフォースを設けて検討し、保護区による物理的隔離が最良の解決策と判断する。

1991年4月、WestPacは管理計画を修正して「保護種水域（Protected Species Zone：PSZ）」を設定する。PSZは当初、90日間の暫定措置としてWestPacの漁業管理計画に定められたが[71]、さらに90日間の延長を経て、1991年10月に法制化され恒久措置となった[72]。ここでの管理措置は、おもに延縄漁具を用いたカジキマグロ等の浮魚漁業の禁止である[73]。

PSZの境界は、各島中心から50カイリの円を使用する点では前述のATBAの境界に類似するが、図3のようにNiからKrまでの全10島を基点とし、円周をつなぐ平行線を利用した点で変化が見られる。

この頃、北西ハワイ諸島で盛んに開発されていたロブスターの資源量が減少に転じ、93年には禁漁となった。93年時点で、諸島で実施可能な商業漁業は、底魚（snapper、grouper）および50カイリ外でのマグロ漁のみとなっている[74]。

1990年代に入り、米国の関心はサンゴ礁の保全に向かう。1992年のリオ・サミットが採択したアジェンダ21は、生物多様性の保全におけるサンゴ礁の重要性を再確認し、MPA等を用いて優先的に保護するよう求めた[75]。これを受けて、米国では政府機関が横断的に連携する取り組み（サンゴ礁イニシアチブ）

70）漁業の観点から北西ハワイ諸島の管理の歴史を扱うものとして、John N. Kittinger, Kristin N. Duin and Bruce A. Wilcox, "Commercial fishing, conservation and compatibility in the Northwestern Hawaiian Islands," *Marine Policy* Vol. 34 (2010), pp. 208-217.

71）WestPac, NMFS and USFWS, *Northwestern Hawaiian Islands Protected Species Zone* (2013), at http://www.wpcouncil.org/wp-content/uploads/2013/03/PROTECTED.pdf.

72）50 CFR Ch.VI (10-1-91Ed)(Revised as of October 1, 1991), Part 685, Pelagic Fisheries of the Western Pacific Region.

73）*Ibid.*, Sec. 685.2.

74）Kittinger *et al.*, *supra* note 70, p. 209.

75）*Agenda 21: Programme of Action for Sustainable Development* (1992), Chapter 17, para. 17.85. 同項は「いずれの国も高水準の生物多様性、生産性及び重要な生息地を示す海洋生態系を特定し、そして特に保護区の指定を通じて、これらの区域における利用に関して必要な制限を設けるべきである」とした上で、優先されるべきものとして、第1に「サンゴ礁生態系」を挙げる。

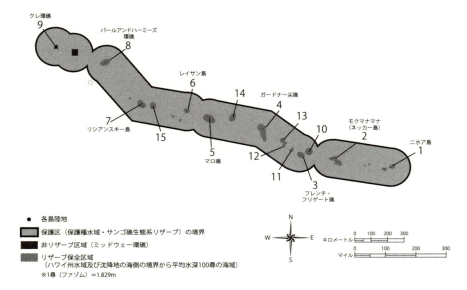

図3　保護種水域（1991年）およびサンゴ礁生態系リザーブ（2000年）
出典：NOAAおよびWestPac Websiteをもとに筆者作成。図中番号1–9は陸地、10–15は水没岩礁

を進め[76]、さらに国際サンゴ礁年（1997年）の翌年、クリントン大統領は「サンゴ礁保護」と題するEO第13089号を発した[77]。これは「米国のサンゴ礁生態系およびその海洋環境の生物多様性、健全性、遺産そして社会的、経済的な価値を保全しかつ保護する」ことを目的に掲げ、その行動が米国のサンゴ礁に影響を及ぼす全ての連邦機関が、サンゴ礁および関連生態系の保護に責任を負うと宣言するものである[78]。その履行にあたり、閣僚級タスクフォースを設け、既存のMPAにおけるサンゴ礁の地図化やモニタリングプログラムの調整、調査、保全・ミチゲーション・回復そして国際協力などを義務づけた[79]。

2000年5月、クリントン大統領は「海洋保護区」と題するEO第13158号を発し、商務省と内務省に対し、科学に依拠した包括的なMPAの全国制度の発

---

76) M.P. Crosby *et al.*, "The United States Coral Reefs Initiative: an overview of the first steps," *Coral Reef*, Vol. 14 (1995), pp. 1-3.
77) Executive Order 13089 (June 11, 1998).
78) *Ibid.*
79) *Ibid.*, Secs.4-5.

展と保護を命じた[80]。EO は、海洋環境全体にわたる広大かつ強化された MPA の包括的制度が、米国の自然的および文化的な海洋遺産の保存と将来の世代のために海洋環境の生態学的かつ経済的に持続可能な利用を向上させるとした上で、米国の MPA を「海洋の天然資源および文化資源の一部または全部の永続的な保護を提供するために連邦、州、領土、部族または地方自治体の法令により留保されるいずれかの区域」とする定義を初めて示した。さらに、多様な関連立法の下で設定された MPA の整理統合を通じて MPA を強化し、新規 MPA の設定を推進し、そのための MPA 連邦助言委員会や、(NOAA 内に) 国立 MPA センターも設置した[81]。こうした政策は、上述の CBD や SBSTTA での議論に先駆けるものである。

クリントン大統領は、EO と同日、商務省と内務省の長官に対して「北西ハワイ諸島における米国サンゴ礁の保護について」と題するメモランダムを出していた。これは「歴史的または科学的利益を有する物または重要な区域の自然および文化資源の保護のために、恒久的な保護を拡大するべきか否か」を諮問するものであった。これを受けた両長官および環境諮問委員会 (CEQ) は、1ヶ月後、今度は司法省に対し、大統領がサンゴ礁資源を保護するために、領海または EEZ において、1906 年遺跡法に基づき国立モニュメントを設ける権限を行使することが可能か否かを諮問した[82]。

遺跡法は、大統領に対して「米国政府により所有 (own) または管理 (control) される陸地に位置する史跡、有史および先史時代の構造物その他の歴史的または科学的利益がある対象物を、公の布告により国立モニュメントと宣言すること」(第 2 条) を認める。この宣言には議会との協議は不要で、公聴会や国家環境政策法 (NEPA) の諸規定、他の環境規制および制定法を回避することが

---

80) Executive Order 13158 (May 26, 2000). 米国の MPA につき、Harold F. Upton and Eugene H. Buck, "Marine Protected Areas: An Overview," *Congressional Research Service* (September 29, 2010), pp. 1-23 and Lauren Wenzel (ed.), *Conserving Our Oceans: One Place at a Time* (2014), at http://marineprotectedareas.noaa.gov/pdf/fac/mpas_of_united_states_conserving_oceans_1113.pdf.

81) Executive Order 13158 (May 26, 2000), Sec. 4.

82) 以上の経緯は、Memorandum Opinion for the Solicitor Department of the Interior, The General Counsel, NOAA and The General Counsel, Council on Environmental Quality, *Administration of Coral Reef Resources in the Northwest Hawaiian Islands* (September 15, 2000), pp. 183-184 [*hereinafter cited as DOJ Opinion*], at https://www.justice.gov/sites/default/files/olc/opinions/2000/09/31/op-olc-v024-p0183.pdf.

できる[83]。そのため、同法は今日まで約1世紀にわたり「国立モニュメント」という保護区を設定する根拠法として歴代大統領により多用されている[84]。

ただ、遺跡法は、本来陸地を念頭に置くため、領海やEEZに国立モニュメントを設定する場合、海域が米国の「所有」または「管理」下にあるかをめぐり、関係機関で解釈が分かれた。NOAAは、領海もEEZも伝統的な財産権的意味では米国に属さないとして反対した[85]。NOAAは、所轄法令である1972年海洋保護、調査およびサンクチュアリ法（MPRS法、後の国立海洋サンクチュアリ法）[86]に基づく国立海洋サンクチュアリ（捕鯨サンクチュアリを連想させるが、米国法上は多目的利用を認めるMPA）を望んでいたようである。

司法省は2000年9月に答申し（司法省見解[87]）、領海とEEZの双方で国立モニュメントの設定が可能との判断を示した。すなわち、海洋法条約の規定の多くが慣習法化していることを前提に、海洋法条約は、特にEEZにつき、海洋資源を保護するために行動することを認めるだけでなく、幾らかの行動も要求しているとする。その上で、条約第56条、61-62条、65-67条および194条を例に「米国がEEZに対して有する管理および主権的権利の顕著な量（quantum）は、大統領が遺跡法に基づき海洋環境を保護するためにEEZに国立記念碑を設けることを認めるには十分である[88]」として「管理」下にあるとの解釈を示した。また、EEZにおける国立モニュメントの指定には、EEZを宣言した布告に示されるように「国際法と整合する規則および規制のみが適用可

---

83) Sanjay Ranchod, "The Clinton National Monuments: Protecting Ecosystems with the Antiquities Act," *HELR*, Vol. 25 (2001), p. 540.
84) 遺跡法第2条は、国立モニュメントの指定範囲を、保護対象の「適切な配慮及び管理と両立しうる最小の地域に限定される」と定めるが、1908年にはすでに3000km²を超えるグランドキャニオンが指定されていることからも、大統領の裁量の幅は広い。ただし不満も多く、大統領権限の縮小を試みる立法を行う州もある。
85) *DOJ Opinion, supra* note 82, pp. 192 and 197.
86) MPRS法は1984年10月と1988年11月の修正を通じて保護区関連規定が拡充され、1992年に名称を国立海洋サンクチュアリ法に変更した。その後1996年、2000年に修正され、MPAのネットワーク化を受ける法制へと進化している。National Marine Sanctuary website, *Legislative History of the National Marine Sanctuary Act*, at http://sanctuaries.noaa.gov/about/legislation/leg_history.html.
87) *DOJ Opinion, supra* note 82, pp. 183-211.
88) *Ibid.*, pp. 194-197, esp. p. 196.

能」と付言している[89]。なお司法長官の答申は、海洋法条約第121条には触れていない。

　司法省意見は、禁漁区拡大を危惧したWestPac、ハワイ州議員や商務省から反発を受けた。議会は国立モニュメントを諦め、国立海洋サンクチュアリを選んだ[90]。2000年11月に国立海洋サンクチュアリ法を改正し、その設定までの間、大統領に「北西ハワイ諸島のサンゴ礁またはサンゴ礁生態系を、商務省が管理するサンゴ礁リザーブに指定する」とした[91]。

　クリントン大統領はこれに従い、2000年12月、EO第13178号[92]で「北西ハワイ諸島サンゴ礁生態系リザーブ（Northwestern Hawaiian Islands Coral Reef Ecosystem Reserve: CRER）」を設定した。ただし議会は、CRER内の禁漁区は「十分なパブリック・レビューおよびコメントの後に」恒久化するとの条件を付けていた。強力な保護に反対するメディア・キャンペーンが繰り広げられる中、商務省長官は12月中に6度も公聴会を開き、また国民から多数の好意的コメントを集めて、大統領退任3日前の2001年1月18日、EO第13196号[93]による修正を経て、CRERの完成にこぎ着けた。

　CRERは、諸島に設定されてきた既存の保護区とは一線を画す、本格的MPAとなっている。第1に、保護対象は単一ではない。EO第13178号は、遠隔でほぼ無人の北西ハワイ諸島には米国のサンゴ礁の7割が集中すること、海域には7,000種もの生物種が存在し、約半分が固有種であることに言及するにとどまらず、この海域がハワイ先住民にとり多大な文化的意義があると述べる。その上で「北西ハワイ諸島のサンゴ礁生態系および関連する海洋資源お

---

89) *Ibid.*, p. 199.
90) WestPacの理事長は「漁業は我々の文化であり、生活手段である。何の脅威もないのに、なぜ漁業を閉め出すのか」と訴えていた。President Clinton Calls for Representative Network of MPAs in US Waters, *MPA News*, Vol. 1, No.9 (2000), p. 3.
91) National Marine Sanctuaries Amendments Act of 2000, 16 USC 143, Section 6(g)(2). 経緯につき、Robin Kundis Craig, "Are Marine National Monuments Better Than National Marine Sanctuaries? U.S Ocean Policy, Marine Protected Areas, and the Northwest Hawaiian Islands," *Sustainable Development Law & Policy*, Vol. 7 (2006), pp. 29-30.
92) Executive Order 13178 (December 4, 2000).
93) Executive Order 13196 (January 18, 2001).

よび種の包括的、強力かつ恒久的な保護を確保すること」を目的に掲げた。管理の原則として、サンゴ礁生態系を自然の状態に保全すること、利用可能な科学と予防的アプローチに従うことなどが定められている（第4条）。

第2に、ゾーニングの手法を導入した。CRERの境界（図3）は、NiからKuまで全10島の「地理的位置のおよその中心地点から50カイリである。各区域周辺に存在する50カイリ区域の半円に接する平行線がリザーブの残りを画定する」（第6条）とされた。これは、PSZの境界と実質的に同一である（面積約34万km²）。

その中で、連邦所轄のMiを除く9島および水没岩礁6地点の周囲に、平均水深100尋までの海域（州水域を除く）を「リザーブ保全区域」とするゾーニングを導入した（ただし全体の4パーセント程度）。ここでは底魚漁業が禁漁とされ（第8条。EO第13196号で恒久化）、それ以外の区域での商業漁業および遊漁は現状維持とされた（第7条a）。他方、CRER全域で浚渫、掘削および漁業・船舶運航関連の排出を除く物質等の廃棄・投棄、さらに石油、ガス、鉱物資源の開発、商業漁業以外の資源の捕獲・採捕が禁止された。

第3に、文化的価値の保護が明示された。EO第13178号は、ハワイ先住民の文化的意義に再三言及し、彼らのリザーブ内での非商業活動、文化・宗教活動の継続を認めた。管理運営のため設置された理事会にも、ハワイ先住民が代表できるよう配慮された（第5条）。

なおリザーブの運営は、一般的に認められた国際法に従い、米国が当事国となる条約・協定に従って適用されることが定められている（第11条）。

奇しくもCRER設定の翌年、北西ハワイ諸島で初となる大規模なサンゴの白化現象が観察され[94]、サンゴ礁の保護は引き続き強い関心を集めた。2003年にPew財団が政策文書を発表して巨大MPAを提案し[95]、2004年には米国海洋政策委員会が連邦政府に対して「MPAの効果的な指定、実施および評価のための統一的過程に導く国家目標と指針を発展させること」を勧告し[96]、これを

---

94) Interagency Press Release, *Scientists record first evidence of coral bleaching in the Northwestern Hawaiian Islands* (October 3, 2002), at http://www.hawaiianatolls.org/news/pr/PR_10_3.pdf.

95) Pew Charitable Trust, *America's Living Oceans: Charting A Course for Sea change* (2003), at http://www.pewtrusts.org/~/media/assets/2003/06/02/poc_summary.pdf.

96) U.S. Commission on Ocean Policy, *Final Report: An Ocean Blueprint for the 21st Century* (2004), at http://www.

受けて同年12月、ブッシュ政権は「海洋行動計画[97]」を発表し、この中でEO第13158号に基づくMPAのネットワーク化に向けて、関係機関の連携を強化する方針を打ち出した。2005年には、ハワイ州知事が州立海洋避難区（州水域）を禁漁区とし、アクセスを許可制とした（連邦直轄のMiを除く）[98]。

(iii) 国立モニュメント設定以後

上述の通りEO第13178号は、CRER設定と並行して国立海洋サンクチュアリ設定を進めるよう商務省長官に命じていた。しかし、フロリダ・キーズで7年を要したように、その設定には長い時間がかかるという欠点があった[99]。

こうした中、ブッシュ大統領の任期が残り1年を切った2006年4月、ホワイトハウスで冒険家クストーによる映画『クレへの旅』（北西ハワイ諸島の海洋生態系ドキュメンタリー）が上映され、大統領夫妻が鑑賞した。上映後、大統領は即座に保護に取りかかる。上映会から2ヶ月後の2006年6月15日、ブッシュ大統領は「北西ハワイ諸島海洋国立モニュメントの設定」と題する布告第8031号[100]に署名し、即日発効した。これは、100年前に制定された1906年遺跡法に基づき、北西ハワイ諸島および周辺海域を、同国75番目の国立モニュメントに指定するものである。指定の2ヶ月後には管理規則も制定された[101]。

指定が迅速に進んだ背景には、前大統領時代の積み重ねがあった。事実、布告は先行するEOや国立海洋サンクチュアリ化の過程、諸島のサンゴ礁生態系の重要性とそれがハワイ先住民にとり多大な文化的意義を持つことに言及するなど多くを引き継いでいる[102]。なお、指定翌年の2007年2月、ブッシュ

---

oceancommission.gov/ documents/full_color_rpt/000_ocean_full_report.pdf.
97) *U.S. Ocean Action Plan, The Bush Administration's Response to the U.S. Commission on Ocean Policy* (December 17, 2004), at http://www.cmts.gov/downloads/US_ocean_action_plan.pdf.
98) Hawaii Administrative Rules, Title 13, Ch. 60.5, *Northwestern Hawaiian Islands Marine Refuge*, Secs. 13-60.5-4.
99) 北西ハワイ諸島でのサンクチュアリ化過程が遅れた理由につき、Craig, *supra* note 91, pp. 29-31.
100) Proclamation 8031 (June 15, 2006).
101) Northwestern Hawaiian Islands Marine National Monument, *Federal Register*, Vol. 71, No.167 (August 29, 2006).
102) ハワイ先住民によるPMNMへの関わりにつき、see Heidi Kai Guth, Protecting and Perpetuating Papahānaumokuākea: Involvement of Native Hawaiians in Governance of Papahānaumokuākea Marine National Monument, in Jon M. Van Dyke, Sherry P. Broder, Seokwoo Lee and Jin-Hyun Paik (eds.), *Governing Ocean Resources: New Challenges and Emerging Regimes: A Tribute to Judge Choon-Ho Park* (Martinus Nijhoff, 2013), pp. 407-425.

大統領は、布告第 8112 号により名称を「パパハナウモクアケア海洋国立モニュメント (Papahānaumokuākea Marine National Monument：PMNM)」に変更した[103]。ハワイ先住民の言葉で、大地を生み出した母と父を意味する造語である[104]。

　PMNM の管理に第一の責任を負うのは商務長官 (NOAA を通じて) であり、おもに陸上生物の保護に責任を有する内務省長官 (FWS を通じて) および 3 カイリまでの海域を管理するハワイ州と協議してモニュメントを管理する。この 3 者は、共同管理者 (Co-Trustee) と呼ばれ、共同してモニュメントの管理にあたる。共同管理者は、すでにモニュメント指定の前月に覚書を締結して連携を確認し[105]、モニュメント設定後には海洋管理理事会 (MMB) を設置している。

　PMNM の境界は、布告では座標点と図が示され (**図 4**)、管理規則では「北西ハワイ諸島において米国政府が所有しまたは規制するすべての陸地および陸上の利益であって、諸島から約 50 カイリの距離までの範囲で水没しない陸地および水没している陸地および海域を含む」と定められている。この境界はPSZ および CRER に類似し、本質的に同じと説明されることもあるが、厳密には CRER で見られた円周による凹みを、平行線を用いてさらに直線化する微修正が行われ、面積も CRER より約 2 万 km² 増加して約 362,061 km² となっている[106]。この処理の理由は不明だが、遵守確保を容易にするための配慮と考えられる。

　PMNM の管理制度は、CRER のアイデアを引き継ぎ、拡充するものになっている。第 1 に、保護対象は単一ではなく、豊かな固有種を多数含む諸島および周辺の海洋生態系全体とされ、またハワイ先住民の文化的価値の保護も対象とされる。

　第 2 に、ゾーニングの手法が用いられ、綿密化された。まず、ほぼ全域が「生態系リザーブ」となる。その中に「商業漁業フェーズアウト区域」が設けられる。Mi を除く 9 島周辺は、水深に基づきそれぞれ範囲が定められる「特別保全区

---

103) Proclamation 8112 (February 28, 2007).
104) PMNM Official website, at http://www.papahanaumokuakea.gov.
105) Memorandum of Agreement among the State of Hawaii, DLNR and the U.S. Department of the Interior, USFWS and the U.S. Department of Commerce NOAA, NMFS for Promoting Coordinated Management in the Northwestern Hawaiian Islands (September 15, 2006).
106) NOAA, USFWS and Hawai'i DLNR, *supra* note 44, p. ES-1.

域」が設けられ、厳格な規制に服する。Mi および周辺 12 カイリ水域は「特別管理区域」とされ、一定条件下でレクリエーションでの利用が許可される。なお PMNM 境界内では、既存の保護区が維持されている。HINWR、CRER に加え、連邦政府が Mi の陸上に設定した国立野生生物避難区、ミッドウェー海戦国立記念碑、ハワイ州が設定したハワイ諸島国立野生生物避難区がこれにあたる。

第 3 に、文化的価値の保護も対象となり、具体的な保護措置が定められた。保護区の名称にハワイ語を採用するにとどまらず、前文で初期ポリネシア文化と結合するハワイ先住民の多大な文化的意義を確認した上で、PMNM 内でのハワイ先住民の非商業活動につき、商務省長官は、彼らの伝統的な基準（pono）、伝統的実践、儀式に対する理解が示される場合には許可を発行できるとした (管理規則第 404 条 11 項)[107]。

CRER との最大の違いは、全域が原則アクセス禁止とされたことである (同第 404 条 4 項)。入域には商務省長官の許可を要し、PMNM 海域を中断なく通過する船舶には入域日より 1 ヶ月以上前、遅くとも 72 時間前までに NOAA への通報が求められる。このため船舶通航監視システム (VMS) の搭載と運用が義務化された (同第 404 条 5 項)。石油・ガス・鉱物資源の探査・開発・生産は、CRER と同じく禁止された (同第 404 条 6 項)。

商業漁業 (底魚および関連する浮魚種) も全域で原則禁漁とされた。PMNM は世界最大の禁漁区ということになる。ただし「商業漁業フェーズアウト区域」では 5 年の猶予が与えられ、満期を迎える 2011 年 6 月 15 日以降は、生態系リザーブとなり禁漁となる[108]。

こうした厳しい措置には、国内で強い反発があった。当時ハワイで水揚げされる底魚の半分は諸島周辺で漁獲されていたが、関係漁船は 8 隻のみであった。WestPac の理事長は、PMNM 指定に際し「我々はサンクチュアリ概念を支持するが、健全な底引網漁業の継続を望む」と訴えている[109]。他方、94 年から

---

107) これが CBD 第 8 条 (j) に基づく先住民の権利保全であるとの評価につき、De Santo *et al.*, "Fortress conservation at sea: A commentary on the Chagos marine protected area," *Marine Policy*, Vol. 35 (2011), p. 259.
108) Pew 財団が漁業許可の買取を進めた結果、2009 年にフェーズアウトが完了している。David Freestone *et al.*, "Place-based Dynamic Management of Large-Scale Ocean Places: Papahānaumokuākea and the Sargasso Sea," *Stanford Environmental Law Journal*, Vol. 33 (2014), p. 226.
109) Andrew C. Revkin, "Bush Plans Vast Protected Sea Area in Hawaii," *New York Times* (June 15, 2006).

10 年間の諸島における船舶通航状況を調査した研究は、禁漁措置が資源管理だけでなく座礁等の交通リスク低減につながるとしている[110]。

国防省も反発した[111]。結果的に軍は PMNM の規制が免除されるが「あらゆる軍の活動および演習は、実際的かつ運用上の要請と整合する限りにおいて、記念碑内の資源と質に悪影響を及ぼさない態様で行われなければならない」との注文が付いた（同第 404 条 9 項 c）。

こうして PMNM は全域で厳格な規制に服するが、あらゆる経済活動が否定されたわけではない。布告および管理規則は「1 またはそれ以上の者が歳入または利益を生み出すためにモニュメント内で従事する活動または利用であって、モニュメントの資源を破壊し、喪失を引き起こしまたは害を与えないもの」を「特別海洋利用」として認め「これには海洋エコツーリズムおよび歳入を生み出す他の教育および調査活動を含む」が「NOAA の許可の下で実施される商業漁業は含まれない」（同第 404 条 3 項）としている。

この「歳入を生み出す調査活動」の例は示されないが、布告と同時に公表された報道資料にヒントが隠されている。すなわち「海洋は技術的発見の源であり、研究者が何千もの有用な化合物を海洋で発見していること、1983 年以来海洋バイオテクノロジー研究は米国に 170 以上もの特許をもたらしている[112]」という。少なくとも、PMNM 内での海洋遺伝資源の調査活動が、これに含まれるであろう。

なお、PMNM の管理規則は、CRER と同様、国際法に従って適用され、外国人や外国船舶には適用がないことが明示されている（同第 404 条 12 項）。

PMNM 設定以降も、生態系・生物多様性保全の施策は勢いを増した。2007 年 4 月、米国は IMO に対し、PMNM を特別敏感海域 (PSSA) とする申請を行った。これは 1990 年代に IMO の実行から生まれた広義の（海運分野に特化した）MPA である[113]。IMO から PSSA の承認を受けるため、申請国はまず、海運による

---

110) Erik C. Franklin, "An assessment of vessel traffic patterns in the Northwestern Hawaiian Islands between 1994 and 2004," *MPB*, Vol. 56 (2008), p. 152.

111) See, James Kraska, *International Maritime Security Law* (Brill, 2013), pp. 133-134.

112) Press Release, *The Northwestern Hawaiian Islands Marine National Monument: A Commitment to Good Stewardship of Our Natural Resources* (June 15, 2006), at http://www.papahanaumokuakea.gov/pdf/nwhi_factsheet.pdf.

113) PSSA につき、拙稿「国際海事機関による海洋保護区の構想―特別敏感海域の『追加的価値』を

影響に脆弱な海域とその影響を防止するために必要な通航規制措置(関連保護措置：APM)をIMOに提案する。次にIMOの関係(小)委員会がこれを検討し、必要な修正を加えてPSSAとAPMを承認する。承認を受ければ、海図にPSSAが記載され、世界中の船舶に周知が図られる。今日、PSSAは世界に13箇所(および2件の追加拡張)存在する[114]。

米国の申請[115]は、国際海運活動に伴う潜在的な障害に対して脆弱なサンゴ礁生態系の属性(attributes)を保護するため、PMNM全域をPSSAに指定するよう提案した(図5)。APMとして、①1981年11月にIMCO総会が「北西ハワイ諸島地域内」として採択した6つのATBAを含めること、②2006年のPMNM指定に伴い、既存のATBAを修正・拡大し、対象船舶を拡大すること、および③300総トン以上の船舶にCORAL SHIPREPと呼ばれる船舶通報制度の導入を提案した。これらは、PMNMを通過する船舶には勧告的だが、米国に入港またはPMNMの境界の周囲10カイリ海帯およびPMNM内の3区域(境界内のATBAの空白地帯を指す)を通航する船舶には義務的とするよう提案した。

この際、米国は、北西ハワイ諸島についてやや詳細な説明を行っている。特に「この隆起的な陸地のほとんどは、人間が定住するには適さない。幾らかの島は、安全な上陸地点のない、単なる岩性の隆起である。その他は、強い嵐の間には洗い流されてしまうほど常に移動している砂嘴である。淡水は、ほぼ存在しない[116]」こと、また「提案されたPSSAには、領海および島嶼周辺のEEZの約5分の1が含まれる。たいていの区域では、PSSAは島の海岸線から50カイリを超えて広がることはなく、幾らかの区域は連続する全体として生態系の一体的な性質を認めるために陸地からかなり離れている。この区域を保護するためにとられているかまたはとられてきた全ての行動は、海洋法条約に反映される慣習国際法に従っている[117]」ことなどが述べられている。

めぐって」『海洋政策研究』9号(2011年)1-57頁及び許淑絹「PSSA (Particularly Sensitive Sea Areas: 特別敏感海域) —海洋環境保護と海上交通の関係を探る一例として—」『立教法学』87号(2013年) 103-120頁。

114) IMO Website, *Particularly Sensitive Sea Areas*, at http://www.imo.org/en/OurWork/Environment/PSSAs/Pages/Default.aspx.

115) IMO Doc., MEPC 56/8 (April 5, 2007).

116) *Ibid.*, para. 2.1.

117) *Ibid.*, para. 2.4.

なお、IMO での検討過程では、海洋法条約第 121 条の問題には一切触れられず、他国から問題提起されることもなかった。

　この PSSA 申請は、IMO 内よりも米国内で物議を醸した。国防省は、PSSA の範囲が広すぎるため軍の行動が著しく制約されると反対し、NOAA は PSSA 自体に反対した。これを代弁する米国海軍のペドロソ (Pedrozo) は、政府の PSSA 申請が、既存の ATBA に措置を追加する必要性を説明できていないこと、さらにこの広大な PSSA を監視・執行するための用意が沿岸警備隊にも NOAA にもないと批判した[118]。

　他方、IMO 内では好意的に受け入れられ、2007 年 7 月には PSSA が原則指定を受け[119]、10 月には APM がほぼ提案通り承認された[120]。翌年 4 月に IMO は「パパハナウモクアケア海洋国立モニュメント特別敏感海域」として決議され、5 月に海図に正式に記載された[121]。こうして PMNM は、2002 年のフロリダ・キースに次ぎ米国で 2 番目の PSSA となり、その生態学的重要性が国際的に認知された。米国は早速、2008 年 12 月に APM に関する最終規則を制定し[122]、翌年 1 月 2 日に施行している。

　2008 年 12 月には、PMNM の管理計画（15 年計画）が策定された[123]。すでに陸上のアクセスは原則禁止で、海域も禁漁区となる無人島と周辺海域の管理計画ながら、環境影響評価の資料も合わせれば 1,800 頁を超す膨大な資料となっ

---

118) Raul (Pete) Pedrozo, "Encroachment on Navigational Freedoms," *Int'l L Stud*, Vol. 84 (2008), pp. 87-88. クラスカ (Kraska) も「この区域を通航する国際海運が最小限にしか存在しないだけでなく、船舶通過により生み出される損害も例証されず IMO に承認された」もので「必要なき規制」と批判する。Kraska, *supra* note 111, pp. 131-135. 第 53 回航行小委員会 (NAV 53) で、米国 PSSA 提案に対し、インド代表は、一般的には支持するが「船舶移動の数が少ないので既存の ATBA を拡大する必要性に懸念がある」と指摘した。これに対して米国代表は「一度の海難事故でも、この原生的区域には壊滅的効果がある」と反論している。IMO Doc. NAV 53/2/3 (July 16, 2007), Annex, paras. 8.7-8.8.
119) IMO Doc., MEPC 56/23 (July 30, 2007), para. 8.4.
120) IMO Doc., MSC.248(83) (October 8, 2007).
121) IMO Doc., MEPC.171(57) (April 4, 2008).
122) Papahānaumokuākea Marine National Monument Proclamation Provision, *Federal Register*, Vol. 73, No. 233 (December 3, 2008).
123) NOAA, FWS and Hawaii DLNR, *Papahānaumokuākea Marine National Monument Management Plan* (5Vols.), December 2008, at http://www.papahanaumokuakea.gov/management/mp.html.

ている[124]。

　2009年1月、退任間近のブッシュ大統領は、マリアナ海溝、太平洋離島およびローズ環礁に新たな海洋国立モニュメントを設定した[125]。いずれも、おもに無人島周辺に50カイリのMPAを設定するものである。同年9月には、PMNMの管理者が、キリバス共和国のフェニックス諸島保護区（PIPA）——1つの有人島と9つの無人「島」を基点とする巨大なMPA——の管理者との間で「姉妹サイト」協定を締結している[126]。両MPAの管理者が、巨大MPAの管理ノウハウを共有すること等を目的とするが、法的拘束力を有する協定ではない。

　2010年には、PMNMに新たな保護区の層が追加される。7月30日にブラジルで開催された第34回世界遺産委員会は、PMNMを「パパハナウモクアケア」として世界遺産一覧表への登録を決定した[127]。米国初の海洋の要素を持つ遺産であり、しかも複合遺産としての登録である。世界遺産条約履行のための作業指針に示される登録基準のうち、PMNMは(iii)、(vi)、(viii)、(ix)および(x)の5つの基準を満たすと判断されている[128]。

　定住者のない北西ハワイ諸島が「文化遺産」の要素を有することについて、米国政府の推薦書は「ハワイ先住民の宇宙観（Cosmology）」との言葉を多用して説明している[129]。NOAA等が作成した世界遺産候補地の概要説明書は、当地が「ハワイ先住民の宇宙観と伝説の中で、諸島の一部は人が生まれそして帰る

---

124) 膨大な管理計画を実施に移すための下部計画として、MMBは2011年に「自然資源科学計画（2011-2015）」を作成している。MMB, *Papahānaumokuākea Marine National Monument Natural Resources Science Plan* (2011), at http://www.papahanaumokuakea.gov/pdf/nrsc_plan.pdf.

125) Office of Press Secretary, *Fact Sheet: Marine National Monuments* (January 6, 2009), https://www.fws.gov/pacific/news/2009/monuments/Factsheet.pdf.

126) *Proposal for Cooperative Exchange between Marine Protected Areas and Recognition as Sister Marine Protected Areas* (September 23, 2009). See also, NOAA Website, *World's Largest Marine Protected Areas Sign Partnership Agreement* (September 23, 2009), at http://www.noaanews.noaa.gov/stories2009/20090923_mpa.html.

127) UNESCO Doc., WHC-10/34.COM/20 (September 3, 2010), Decision 34 COM 8B.10, pp. 183-187.

128) リーザー（Rieser）は、厳しい保護管理制度を有するPMNMの世界遺産登録により、将来の候補サイトに高い敷居を設けたと評価する。Alison Rieser, "The Papahānaumokuākea Precedent: Ecosystem-scale Marine Protected Areas in the EEZ," *Asian-Pacific Law & Policy Journal*, Vol. 13 (2012), pp. 214-215.

129) State of Hawai'i, NOAA, Office of Hawaiian Affairs, and U.S. FWS, *Nomination of Papahānaumokuākea Marine National Monument for Inscription on the World Heritage List*, 2008.

場所であると信じられている[130]」とした。審査過程で現地調査を行った国際記念物遺跡会議（ICOMOS）は、Ni と Ne に残る祭祀場跡や北西ハワイ諸島でのハワイ先住民の宗教的実践を高く評価している[131]。なお世界遺産の登録過程では、海洋法条約第 121 条に関する問題は一切触れられなかった。

　世界遺産登録は、PSSA 同様、その保護区の国際的な認知向上に関係する。さらに世界遺産の場合、締約国は登録物件の保全状態に関して定期報告義務が課される[132]。つまり、PMNM は国際的に監視される MPA となり、その意味で保全の取組みは国際的な義務ということになる。世界中の少なくない MPA が、設定のみを目的とし、管理がともなわない「書面上の公園（paper park）」と批判される中、こうした PMNM の取り組みは特筆すべきである。

　PMNM に国際的な連携を持たせる試みは、さらに広がりを見せている。2010 年 12 月、PMNM と PIPA の管理者が発起人となり、大規模 MPA の管理者のネットワーク化を推進する「Big Ocean」プロジェクトが発足した[133]。PMNM と PIPA を含む、6 つの巨大 MPA が原加盟サイトとなり、ワークショップなどを通じて巨大 MPA の管理のあり方を検討している（2016 年現在、8 カ国の 16 サイトが加盟）。

　PMNM 設定 10 周年を迎える 2016 年、ハワイ州選出の上院議員は、オバマ大統領に対して、PMNM の境界を EEZ 全域となる 200 カイリまで拡大することを提案した[134]。Pew 財団は、これに対して全面的な支持を打ち出している[135]。

---

130) NOAA, Hawai'i DLNR and USFWS, *FACT SHEET: Nomination of Papahānaumokuākea Marine National Monument to the UNESCO World Heritage List*, at http://www.papahanaumokuakea.gov/management/FactSheet_WorldHeritage.pdf.

131) *ICOMOS Evaluation Report, Papahānaumokuākea (United States of America)*, No 1326, at http://www.gc.noaa.gov/documents/gcil_icomos_eval_papa.pdf.

132) UNESCO Doc. WHC-98/Conf.203/18 (January 29, 1999), pp. 4-5 and see also WHC-98/Conf.203/6 (October 2, 1998). 米国は 2012 年の第 36 回世界遺産委員会に PMNM に関する定期報告書を提出した。

133) Big Ocean, A Network of the World's Large-Scale Marine Managed Areas, Communiqué (December 6, 2010), at http://bigoceanmanagers.org/wp-content/uploads/communique-2010Dec06.pdf.

134) Letter by Brian Shatz (June 16, 2016), at http://www.schatz.senate.gov/imo/media/doc/PMNM%20Proposal.pdf.

135) Pew Charitable Trusts, *Papahānaumokuākea Marine National Monument: Expanding protections to conserve Hawaiian culture and biodiversity* (May 24, 2016), at http://www.pewtrusts.org/~/media/assets/2016/07/papa_expansion.pdf.

第11章　北西ハワイ諸島における海洋保護区の系譜　335

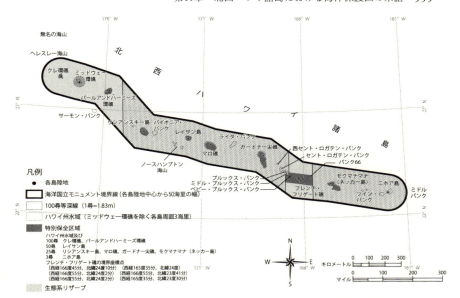

図4　パパハナウモクアケア海洋国立モニュメント（2006年）

出典：大統領布告第8031号添付図をもとに筆者作成

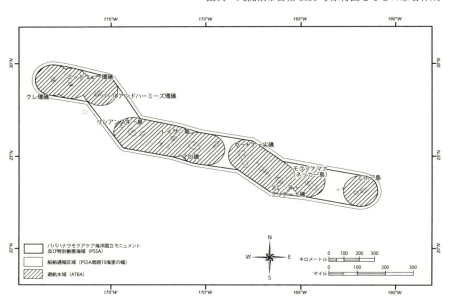

図5　パパハナウモクアケア海洋国立モニュメント特別敏感海域（2008年）

出典：IMO Doc. MEPC 57/21, ANNEX 12 page 6 添付図をもとに筆者作成

5　おわりに

　以上のように、北西ハワイ諸島は、いずれも定住者のない無人島であり、ハワイ大学の国際法学者により国際法上の島の地位が疑問視されたこともある。しかし今日まで、それらを EEZ 等の基点とすることに異議を唱えた国はなく、200 カイリ水域設定から既に 40 年が経過し、島と周辺海域の管理の歴史は 1 世紀を超えている。

　その管理を、ハフェッツの解釈に照らせば、つぎのようになるであろう。まず米国は、海洋法条約が、第 56 条、61 〜 62 条、65 〜 67 条および 194 条などを通じて EEZ での権利行使を認めるだけでなく「いくらかの行動を要求している」として義務を意識する（司法省意見）。その履行手段として採用されるのが MPA であり、PMNM はその到達点である。

　米国は MPA を、自然的および文化的な海洋遺産の保存と将来の世代のために海洋環境の生態学的かつ経済的に持続可能な利用を向上させる手段と位置づけ（EO 第 13158）、環境保全と経済価値向上——持続可能な開発——の促進に関係すると捉える。その保護対象は、米国のサンゴ礁生態系および海洋環境の生物多様性、健全性、遺産そして社会的、経済的な価値（EO 第 13089 号）のみならず、ハワイ先住民の文化的意義にも及ぶ（布告第 8031 号）。また管理原則として、CBD 以降の環境保護意識の展開に沿い、サンゴ礁生態系などを自然の状態に保全すること、利用可能な科学と予防的アプローチに従うことなどが含まれている（EO 第 13178）。こうした管理は、海洋エコツーリズムや海洋遺伝資源の調査活動のような、生態系や生物多様性の保全と両立する「歳入を生む経済活動」につながるものと考えられている（布告第 8031 号および管理規則）。

　以上のような北西ハワイ諸島における「島」を基点とする MPA を用いた管理措置が（もちろん、MPA 設定自体が「島」の地位を変更する効果を持つわけではない）、海洋法条約第 121 条 3 項にいう「独自の経済的生活」に含まれるとの解釈が普及すれば、国際目標たる海洋生物多様性の保全に大きく貢献するであろう。また、暗礁を埋め立てたり、島に縁もない公務員を無理に居住させたり、貴重なサンゴ礁に施設を建設するような実行は見直しを迫られるであろう。他

方、こうした解釈が否定されてABNJの範囲が広がったとしても、米国の管理体制と同等の効果を持つ国際的な管理体制がそこに展開する保障はない。

　なお、こうした解釈があてはまるのは、境界画定を要さない「島」についてのみであり、境界画定を要する「島」の場合には、本章2⑴で触れた国際判例の傾向およびクウィアトコウスカとスーンズが提案した第121条「4項」に沿って処理されるべきである。

　北西ハワイ諸島における1世紀に及ぶ管理は、「島か岩か」の問題に光を当てるだけではない。それは、遠隔離島周辺に設定される広大な海域をいかに管理するかに関する示唆を与える。たとえば、海洋法条約以後、CBD採択を契機に大きく展開を始めた生物多様性保全のための（巨大な）MPAの重層的な設定[136]、IMOの下でのATBA、PSSA設定や世界遺産登録のように、国際法の発展に歩調を合わせ、離島管理を国内問題に閉じ込めず、積極的に国際監視の下に置くこと、さらに他国のMPA（管理者）などと連携することである。これらは海洋法条約の創造的な実施と呼びうるものであり、第121条の下で問われるべき、真の「島の制度」を指し示すものである。

＊脱稿後、2016年7月12日に、南シナ海事件に裁定が下された。第121条、特に3項の解釈をめぐり、本章でも言及したバンダイクらの解釈以上に厳格な解釈基準が示された。これを北西ハワイ諸島にあてはめてみれば、一見したところ、いずれもEEZ及び大陸棚を有さない「岩」になると思われる。

＊脱稿後、2016年8月26日に、オバマ大統領はPMNMの境界を、EEZの境界まで拡大する布告に署名した。これにより面積は1,508,870 km²となり、PMNMは世界最大のMPAに返り咲いた。

＊本研究は、田中則夫先生が代表者であった研究会を引き継ぐJSPS科研費15H03293の助成を受けた成果の一部である。また総合的科学技術・イノベーション会議のSIP（戦略的イノベーション創造プログラム）「次世代海洋資源調査技術」（管理法人：JAMSTEC）の助成も受けている。

136）ただし巨大MPAは、取締りのコストなど欠点も抱えている。See eg., Elizabeth M. De Santo, "Missing marine protected area (MPA) targets: How the push for quantity over quality undermines sustainability and social justice," *Journal of Environmental Management*, Vol. 124 (2013), pp. 137-146 and Robert J. Toonen *et al.*, "One size does not fit all: The emerging frontier in large-scale marine conservation," *MPB*, Vol. 77 (2013), pp. 7-10.

第 12 章　深海底活動に起因する環境汚染損害に対する契約者と保証国の義務と賠償責任

――国際海洋法裁判所海底紛争裁判部の勧告的意見を手がかりに――

薬師寺公夫

1　問題の所在
2　深海底活動に起因する環境汚染損害に対する契約者の義務と賠償責任
　(1) 深海底活動から海洋環境を保護する契約者の義務―注意義務の高度化―
　(2) 深海底活動に起因する環境汚染損害に対する契約者の賠償責任
3　深海底活動に起因する環境汚染損害に対する保証国の義務と賠償責任
　(1) 深海底活動に関して保証国が負っている条約上の義務―直接的義務と条約規定等の遵守確保義務―
　(2) 保証国の賠償責任の根拠と範囲ならびに契約者の賠償責任との関係―第 2 諮問事項に対する SDC 勧告的意見の意義と残された課題―
4　むすびにかえて

1　問題の所在

　故田中則夫教授が「深海底の法的地位―『人類の共同財産』概念の現代的意義―」[1] を発表してから 40 年近くが経過した。今日、深海底における鉱物資源活動は、概要調査と探査の段階にあるが、近い将来開発段階に進むことが確実視され、熱水噴出孔付近の生態系を含む深海底の生物多様性および海洋環境の保護・保存に新たな関心が集まっている。深海底における活動(深海底活動)特に同区域の鉱物資源の探査・開発活動は、同資源が人類の共同財産に当たることから、国連海洋法条約[2] (海洋法条約または条約ともいう) 採択当初、同附

---

1) 田中則夫「深海底の法的地位―『人類の共同財産』概念の現代的意義―」『龍谷法学』第 10 巻 3 号 (1978 年) 342-376 頁、田中則夫『国際海洋法の現代的形成』(東信堂、2015 年) 第 4 章所収。

2) United Nations Convention on the Law of the Sea, *United Nations Treaty Series*, Vols. 1833, 1834, 1835, available at <www.un.org/Depts/los/convention_agreements/convnetion_overview_convention.htm>.

属書Ⅲの規定および国際海底機構(International Sea-bed Authority、機構ともいう)理事会が承認する業務計画に従って(第153条1項および3項)、「事業体(Enterprise)」が直接行うか(第153条2項(a))、または「締約国(States Parties)、国営企業又は締約国の国籍を有し若しくは締約国若しくはその国民によって実効的に支配されている自然人若しくは法人であって当該締約国によって保証(sponsored)されているもの」またはこれらの集団が機構と提携(業務計画は契約の形式をとる)して行う(第153条2(b))、パラレル方式が採用されていた(以下では機構と契約して深海底活動を行うものを「契約者」という)。しかし、1994年の深海底制度実施協定による条約第Ⅺ部の事実上の改正後、事業体による直接開発方式は実際上後景に退き、他方、開発途上の島嶼国(ナウル、トンガ等)が先進国の深海底探査・開発企業を誘致して現地法人を設立しその法人に保証を与えるケース(以下保証をする国を「保証国」という)がいくつか生まれている。

周知のように、海洋法条約は、第139条1項で、締約国に「深海底活動(締約国、国営企業又は締約国の国籍を有し若しくは締約国若しくはその国民によって実効的に支配されている自然人若しくは法人のいずれにより行われるかを問わない。)がこの部の規定に適合して行われることを確保する義務(responsibility to ensure)」を課し、同2項で、締約国による「この部の規定に基づく義務(responsibilities)の不履行によって生ずる損害については、国際法の規則及び附属書Ⅲ第22条の規定の適用を妨げることなく、責任(liability、賠償責任)が生ずる。共同で行動する締約国又は国際機関は、連帯して責任(joint and several liability、連帯賠償責任)を負う(原文第1文)。ただし、締約国は、第153条4項及び同附属書第4条4項の規定による実効的な遵守を確保するためのすべての必要かつ実効的な措置をとった場合には、第153条2項(b)に定めるところによって当該締約国が保証した者がこの部の規定を遵守しないことにより生ずる損害について責任を負わない(原文第2文)」と定めた。

ところが第139条1項および2項については解釈上いくつかの問題が生じている。まず第1に、同条1項については、同条項に定める義務の性質、内容が問題になる。第153条4項に従えば、保証国は、契約者による「この部の規定、この部に関連する附属書、機構の規則及び手続並びに3に規定する業務計画の遵守を確保」しなければならない(以後「条約規定等の遵守確保」義務と

いう)。この義務を履行するために、保証国は、例えばリオ宣言[3]に掲げる「予防的取組み (precautionary approach)」(原則 15) や「環境影響評価 (environmental impact assessment、EIA)」(原則 17) にどの程度拘束されるのか、逆に発展途上国は「共通に有しているが差異のある責任 (common but differentiated responsibilities)」(原則 7) をどの程度援用できるのか。後述する免責規定との関連でも保証国の義務の範囲が問題になるのである。第 2 に、同条 2 項については、保証国の賠償責任の発生要件と内容についてより複雑な問題が生じている。締約国が保証した法人が海洋環境汚染損害を発生させた場合に問題を限定するとしても、当該損害が条約第XI部の規定に基づく義務の保証国による不履行によって生じたというためには義務違反と損害の間にどのような因果関係が必要とされるのか。仮に因果関係が存在したとして、第 139 条 2 項第 1 文の「附属書III第 22 条の規定の適用を妨げることなく」という規定はどのような法的効果をもつのか。附属書III第 22 条によれば、「契約者は、その操業に際して行った不法の行為 (wrongful acts) から生ずる損害に対して責任 (responsibility or liability) を負う。ただし機構の作為又は不作為に帰すべき責任がある場合には、当該責任を考慮する。」(第 1 文)、「責任 (liability) は、いかなる場合にも損害の実際の額に対応したものとする」(第 3 文) と定められている。この規定は、汚染者負担の原則 (polluter pay's principle)[4]に従って契約者が発生させた損害は契約者に賠償させるという解釈に根拠を与えるものか。これに関連して、契約者が負う賠償責任の根拠と範囲が問われよう。その場合「国際法の規則」の適用可能性も併せて問題となりうる。例えば、国連国際法委員会 (ILC) が 2006 年に採択した「有害な活動から生じる越境損害の場合の損失の配分に関する原則」(「越境損害損失配分原則」という)[5]は、原則 4 で、各国は被害者が迅速かつ十分な補償を利用で

---

[3] Rio Declaration on Environment and Development, available at UNEP<www://unep.org/documents.multilingual/default.asp?documented=788&articleid=1163>.

[4] 汚染者負担の原則については、薬師寺公夫「越境損害と国家の国際適法行為責任」『国際法外交雑誌』第 93 巻 3・4 号合併号 (1994 年) 89-91 頁、松井芳郎『国際環境法の基本原則』(東信堂、2010 年) 308-313 頁参照。

[5] Draft Principle on the Allocation of Loss in the Case of Transboundary Harm Arising out of Hazardous Activities (hereinafter referred to as *Draft Principle on the Allocation of Loss*), *YILC*, 2006, Vol. II, Part Two, p. 76. 松井芳郎・富岡仁・田中則夫・薬師寺公夫・坂元茂樹・高村ゆかり・西村智朗『国際環境条約・資料集』(東信堂・2014 年) 615-616 頁。

きるように事業者に無過失の賠償責任を課すべきだと定めているが、この原則4を損害の被害者や被害国が「国際法の規則」として援用することは許されるのか。他方、第139条2項第2文も解釈上の問題を生じさせている。この規定を第153条4項および附属書Ⅲ第4条4項と併せ読めば、保証国は、上記の「条約規定等の遵守確保」のために、「必要なすべての措置をとることによって機構を援助」し、かつ、当該遵守の確保のため、「自国の法制度の枠内で合理的に適当な (reasonably appropriate for securing compliance) 法令を制定し及び合理的に適当な行政上の措置を講じている」場合には、「当該締約国が保証した者がこの部の規定を遵守しないことにより生ずる損害についての責任を負わない」ことが認められる。しかしこの免責規定を援用できる条件として、保証国は単に「合理的に適当な」法令を制定し行政上の措置を講じておればよいのか (附属書Ⅲ第4条4項)、それとも「実効的な遵守を確保するためのすべての必要かつ適当な措置 (all necessary and appropriate measures to secure effective compliance)」をとっていなければならないのか (第139条2項第2文) が、明確ではない。さらに、契約者の「不法の行為」に帰すことのできない損害が生じた場合に、保証国は「国際法の規則」を根拠に賠償責任を負うことがあるのだろうか。以上は、条約第139条2項および附属書Ⅲ第22条に関して生じている解釈問題を順不同に並べたものだが、深海底における鉱物資源活動が開発段階に移行すれば、これらの問題がより現実味を帯びてくることは疑いない。

　かつて筆者は、「国連海洋法条約における賠償責任諸条項の構成と問題点」と題する論文において、第139条および附属書Ⅲ第22条の起草過程を検討し、深海底の人類の共同財産を開発する活動の特殊性から、条約起草当初は宇宙条約と同様に深海底活動から生ずる損害には保証国が賠償責任を負うという素朴な考え方が優位していたが、無過失賠償責任が保証国に多大の行政的財政的負担をもたらすことに対する懸念や、他方では多国籍企業やコンソーシアムに対する保証国の実効的規制に対する不安などが表明される中、結局附属書で契約者の賠償責任に関する妥協が成立するや、保証国の賠償責任については、海洋法条約における他の賠償責任関連条項と同様に、締約国の賠償責任を極力縮小する方向で合意が形成され、加害者の民事賠償責任を基本原

則とする枠組みが設定されたと結論した[6]。しかし、海洋法条約採択以降30有余年を経過し、海洋環境保護に対する国際社会の認識の深化と海洋環境損害概念の拡大、海洋環境損害の実際の額と国際民事責任条約制度の賠償限度額との乖離に対する認識等から、海洋環境保護義務の設定および実施ならびに海洋環境損害の賠償に対する国の関与の仕方にあらためて注目が集まっているように思われる。

　折しも、2011年2月1日、国際海洋法裁判所海底紛争裁判部（ITLOS（SDC）または単にSDCという）は、機構理事会の諮問に答えて、「深海底活動に関連して人及び主体(entity)を保証する国の責任及び義務」に関する勧告的意見を与えた[7]。機構理事会の諮問内容は、①海洋法条約特に第XI部および同部の実施に関する1994年の協定（実施協定）に従って、条約当事国が深海底活動の保証について負う法的義務(legal responsibilities and obligations)は何か、②条約第153条2項(b)に基づき当事国が保証した主体が条約特に第XI部および実施協定の規定の履行を怠ったことにより負う条約当事国の賠償責任の範囲は何か、③条約特に第139条および附属書Ⅲならびに実施協定に基づく責任を履行するために保証国がとらなければならない必要かつ適当な措置は何か、の三つであった[8]。三つの諮問に答えた全員一致の勧告的意見は、上記の疑問点のいくつかに明確な回答を与えるものであった。結論的に言えば、同意見は、第1に、保証国は第139条に基づき条約規定等の遵守確保義務と直接的義務の2種の義務を負い、前者の義務は「行為の義務(obligation of conduct)」および「相当の注意義務(due diligence obligation)」に該当し、他方、後者の義務は予防的取組み(precautionary approach)や最善の環境慣行(best environmental practice)の適用を保証国に義務づけ、その結果保証国の注意義務は漸次高度化していくこと、第2に、保証国は、契約者が「不法の行為」により発生させた損害について、この2種

---

6) 薬師寺公夫「国連海洋法条約における賠償責任諸条項の構成と問題点―国家の国際賠償責任と民事賠償責任の関連を中心に―」林久茂、山手治之、香西茂編集代表『海洋法の新秩序』（東信堂、1993年）363-424頁、特に381-391、413-414頁。

7) Seabed Disputes Chamber of the International Tribunal for the Law of the Sea, *Responsibilities and Obligations of States Sponsoring Persons and Entities with Respect to Activities in the Area*, Advisory Opinion, 2 February 2011 (hereinafter referred to as *ITLOS (SDC) Advisory Opinion 2011*), ITROS Reports, p. 10, available at <https://www.itlos.org/cases/list-of-cases/case-no-17>.

8) *Ibid.*, p. 15, para. 1.

類の義務のいずれかに違反した場合にその不履行と因果関係を有する損害に対してのみ賠償責任を負うが、契約者が全額負担した場合には賠償責任を負わないこと、したがって第3に、現行の規定では契約者が生じさせた損害を救済できない間隙が生じ、この間隙を埋める信託基金の設置が望ましいこと、を指摘した[9]。勧告的意見は、いくつかの画期的な内容を含んでおり、一般に好意的に評価されている[10]。

そこで以下では、海洋法条約第139条2項および附属書III第22条に関する上述した解釈上の諸問題に対して、機構がその規則制定を通じてどのように対応し、ITLOS (SDC) の勧告的意見がどのような回答を与えたのか、またそれにより提起された新たな課題は何なのかを考察してみたいと思う。故田中則夫教授の師である故高林秀雄教授の還暦記念論文で取り上げた問題について、最近の進展を踏まえて再び論じることによって畏友田中則夫さんへの追悼論文としたい。

2　深海底活動に起因する環境汚染損害に対する契約者の義務と賠償責任

本稿の関心の主たる対象は、私的法人の深海底活動を保証した締約国 (保証

---

9) 次節以下で詳述するが、とりあえず、勧告的意見の主文を参照。*Ibid.*, pp. 70-75, para. 242, (3)-(5).
10) さしあたり以下の論文を参照されたい。E.g., Günther Handl, "Responsibilities and obligations of States sponsoring persons and entities with respect to activities in the Area: The International Tribunal of the Sea's recent contribution to international environmental law", *RECIEL*, Vol. 20 No. 2(2011), pp. 210-213; David Freestone, "International Tribunal for the Law of the Sea-Seabed Disputes Chamber - advisory jurisdiction - seabed mining - responsibilities of sponsoring states - environmental law", *AJIL*, Vol. 105 (2011), pp. 759-760; Pia Vromman, "Responsibilities and Obligations of Sponsoring States ? ITLOS advisory opinion", *EPL*, 42/2 (2012), pp. 91-94; Ilias Plakokefalos, "Seabed Disputes Chamber of the International Tribunal for the Law of the Sea", *JEL*, Vol. 24 No.1(2012), pp. 142-143; Tim Stephens & Georgina Hutton, "What future for deep seabed mining in the Pacific?", *Asia Pacific Journal of Environmental Law*, Vol. 13 (2011), pp. 196-198. 特に、勧告的意見を持続可能な発展という視点から、保証国の相当の注意義務を再評価したものと特徴づけるものとして、see Duncan French, "From the depths: Rich picking of principles of sustainable development and general international law on the ocean floor-the Seabed Disputes Chamber's 2011 advisory opinion", *IJMCL*, Vol. 26 (2011), pp. 525-568.

国)の海洋環境保全義務(「条約規定等の遵守確保」義務)の内容とこの活動から生じた損害に対する同国の賠償責任の根拠および範囲であるが、その前提としてこの節では、まず、締約国の保証を得て実際に深海底の探査・開発活動に従事する契約者に焦点を当て、契約者の海洋環境保護義務とその活動に起因する海洋環境損害に対する賠償責任について簡単に検討しておきたい。まず若干の用語について説明する。

　第1に、機構と提携して深海底活動に従事する「契約者」の資格は、第153条2項(b)に従えば、「締約国、国営企業又は締約国の国籍を有し若しくは締約国若しくはその国民によって実効的に支配されている自然人若しくは法人であって当該締約国によって保証されているもの」またはこれらの集団に付与される。機構が採択した三つの探査規則によれば、締約国の「保証」を必要とするのは自然人と法人および国営企業であり、締約国は保証を必要としない[11]。SDC勧告的意見が述べるように、自然人または法人が深海底活動を行うためには、①締約国の国籍の保有または締約国もしくは締約国の国民による実効的支配、および、②当該締約国による保証、の2要件を満たす必要があ

---

11) 2013年改正の深海底のマンガン団塊の概要調査及び探査に関する規則(「マンガン団塊探査規則」という)の第11条は、国営企業および第9条(b)に定める主体による申請には、当該団体の国籍国または、当該団体に自らまたはその国民を通じて実効的な支配関係を有する国が発行する保証書を付さなければならないと定める。この要件は締約国自身が申請する場合には課されていない。Regulation 11, para. 1 of the Regulation on Prospecting and Exploration for Polymetallic Nodules in the Area (hereinafter referred to as *Regulation on PEPN*), 2013, Doc. ISBA/19/C/17, p. 9. 2010年の海底熱水鉱床の概要調査及び探査に関する規則第11条1項も (Article 11, para. 1 of the Regulation on Prospecting and Exploration for Polymetallic Sulphides in the Area (hereinafter referred to as *Regulation on PEPS*), ISBA/16/A/12/Rev.1, p. 8.「海底熱水鉱床探査規則」という)、2012年のコバルトリッチクラストの概要調査及び探査に関する規則第11条1項 (Article 11, para. 1 of the Regulation on Prospecting and Exploration for Cobalt-rich Ferromanganese Crusts in the Area (hereinafter referred to as *Regulation on PECFC*), ISBA/18/A/11, p. 8.「コバルトリッチクラスト探査規則」という。) も同一である。See also, *ITLOS (SDC)*, *Advisory Opinion 2011*(*supra* note 7), p. 25, para. 74; Note by the secretariat on issues related to the sponsorship by States of contracts for exploration in the Area and related matters, Doc. ISBA/21/LTC/12 (2015), para. 7. これに対して締約国が契約者となる場合、ITLOS (SDC) の勧告的意見が「国際法主体として、条約の下で深海底の採鉱に従事する締約国は、条約に定める義務に直接拘束され、その結果、それらに保証の要件を適用する理由がない」と述べており (*Ibid.*, para. 79.)、現在24の探査契約中韓国政府、インド政府、ロシア政府 (および同天然資源環境省) が契約者となっている6契約はすべて、保証国が記されていない (2016年4月27日現在)。

る[12)]。以下「契約者」は、主として自然人と法人の契約者を想定する。

　第2に、「探査」、「開発」および「深海底における活動」については、2013年改正マンガン団塊探査規則の第1規則3項(a)および(b)によれば、「探査」とは「排他的権利として深海底のマンガン団塊の堆積を調査し、分析し、回収のシステム及び装備、加工施設及び輸送システムを使用し及び試験し、並びに、開発において考慮しなければならない環境、技術、経済、商業その他の適当な要因について研究を行う」ことをいうのに対して、「開発」とは「深海底のマンガン団塊を商業目的のために回収し並びに金属の生産及び販売のためにそこから金属を抽出する(採鉱、加工及び輸送のシステムの建設及び操業を含む。)」ことをいう[13)]。他方SDC勧告的意見によれば、「深海底における活動」とは「鉱物の海床からの回収及び水面上への引き揚げ、並びに、鉱物からの水分の除去及び商業利益のない鉱物の一次的分離(海への処分を含む。)などのこれに直接関連する活動が含まれるが、他方、通常陸上の施設で行われる金属を鉱物から抽出する製錬、並びに、操業が行われる深海底上部にある公海部分から陸地への輸送は、引き揚げ工程が終わる船舶・施設と処分する物質の分離と処分が行われる船舶・施設間の抽出及び引き揚げに直接関係する公海内での輸送を除き、この概念から除外される」とされる[14)]。これらの活動には「契約者」のみが関与しているわけでは決してない。

　第3に、「海洋環境」と「海洋環境への重大な害」については、2013年改正マンガン団塊探査規則の第1規則3項(c)と(f)により、「海洋環境」とは「海洋の生態系、海水、海洋上空の空域並びに海底、海床及びその地下の生産性、状態、条件及び質に相互作用し及びそれらを決定する物理的、化学的、地質的及び生物学的構成要素、条件及び要因を含む」とされ、「海洋環境への重大な害」は「深海底における活動からの海洋環境に対する影響であって機構が国際的に認められた基準及び慣行に基づいて採択する規則及び手続に従って決定される海洋環境の重大で有害な変更をいう」と定義される[15)]。しかし「海洋環境に対

---

12) *ITLOS (SDC), Advisory Opinion 2011*(*supra* note 7), p. 25, para. 74.
13) Regulation 1 (3) (a) and (b) of *the 2013 Regulation on PEPN*, Doc. ISBA/19/C/17 (2013), p. 3.
14) *ITLOS (SDC), Advisory Opinion 2011*(*supra* note 7), pp. 30-31, paras. 94-97.
15) Regulations 1 (3) (c) and (f) of the 2013 Regulation on *PEPN*, Doc. ISBA/19/C/17 (2013), pp. 3-4.

する損害」の定義はない。現在の深海底活動は、概要調査および探査段階にあり、探査規則に基づき15年を契約期間とする24の探査契約が締結され、いくつかは更新時期を迎えている[16]。これまでのところ、探査活動において深刻な海洋汚染事故は発生していない。

(1) 深海底活動から海洋環境を保護する契約者の義務－注意義務の高度化－

附属書Ⅲ第22条に基づき契約者が賠償責任を負うのは、自らの「不法の行為」により生じた損害に対してであるが、「不法の行為」とは、第153条4項によれば、契約者が「この部の規定、この部に関連する附属書、機構の規則及び手続並びに3に規定する業務計画」を履行しないことを意味するものと思われる。しかし第145条の規定を見ても理解できるように、条約の第ⅩⅠ部（第ⅩⅡ部第209条、第215条を含めて）および附属書Ⅲ（第17条2項(f)）の規定は、海洋環境保護に関する機構や締約国の義務を定めてはいるが、直接契約者の海洋環境保全義務を定めてはいない。契約者の義務は、実際には、機構が採択する規則や契約者が機構と締結する契約書、あるいは保証国の国内法や保証国と契約者間の保証契約中に定められている。以下はあくまで義務の1例として機構の三つの探査規則およびその附属書4に掲げられた探査契約標準条項に定められた若干のものを例示するに過ぎない。

2010年海底熱水鉱床探査規則の規則5によれば、探査者は、「合理的に可能な限り、予防的取組み及び最善の環境慣行を適用して、探査から生ずる海洋環境汚染その他の危険の防止、軽減及び規制のために必要な措置をとる」（下線部は筆者の追加）こと、特に環境への悪影響と科学調査活動への干渉を最小にしまたは除去すること、「探査から生ずる事故であって海洋環境に重大な害を与えたか又は与えつつあり又はその脅威のあるものを直ちに事務局長に最も効果的な方法を用いて書面で通報」することを義務づけられる[17]。契約者も、規則33(5)、35(1)により、同様の義務を負うが、上記のような事故が生じた場合には、規則35(3)から(8)に従って、事務局長が海洋環境に対する重

---

16) 深海底における活動の現状については、国際海底機構のサイト＜ https://www.isa.org.jm/ ＞を参照されたい。

17) Regulation 5 of the *Regulation on PEPS, supra* note 11, p. 4.

大な害またはその脅威を防止し、封じ込め、最小にするために、当該事情の下で実際的かつ合理的な一時的性格(原則として90日以内)の緊急措置をとる義務を負うとともに、理事会もまた法律・技術委員会の勧告、事務局長の報告、契約者からの情報等を考慮に入れて、操業の停止または調整を含む合理的に必要な緊急事態命令を発令することができることになっており、もし契約者が迅速にこの命令を遵守しない場合には、理事会は自らまたは他の者を通じて必要かつ実際的措置をとらなければならないことになっている[18]。また規則34(1)および(2)によれば、契約者は探査作業計画に基づく活動が海洋環境に与えうる影響を評価するために法律・技術委員会が行った勧告を考慮して環境基準値およびその影響を監視・報告する計画を策定し、監視計画の実施結果について年次報告書を事務局長に提出することを契約で約束するよう求められている[19]。さらに同探査契約標準条項には、契約者のこれらの義務が契約上の義務として規定されるとともに、さらに具体的措置として、探査活動を開始する前に、予定する活動の海洋環境に対する潜在的影響に関する影響評価・監視計画案・環境基準値設定のためのデータを機構へ提出する義務、探査活動の進展に応じて環境基準値データを収集し基準値を設定する義務、海洋環境影響に関する監視・報告計画を策定・実施し機構と協力する義務(第5条2項から4項)、活動開始前に重大事故への対応計画を提出し、計画において事故対応の特別手続を策定しおよび十分かつ適当な装備を準備する義務、特に計画中に、探査活動区域内での一般的警告の緊急発令、事務局長への通報、入域船舶への警告、事務局長に対する執った緊急対応措置および必要な行動の詳細に関する十分な情報の継続的伝達、汚染物質の除去、海洋環境に対する重大な害の軽減・防止および影響緩和のための措置等を含める義務(第6条1項)、理事会の緊急事態命令および事務局長の一時的措置を遵守する義務(第6条3項)、理事会が執った代替措置の経費を弁済する義務(第6条4項)等が規定されている[20]。保証国が実際に契約者と締結した契約内容は標準条項とは必ずしも同一ではないが、機構の規則に抵触しないものが作成されているもの

---

18) *Ibid.*, pp. 20-21.
19) *Ibid.*, pp. 19-20.
20) *Ibid.*, p. 38.

と思われる。

　この中で特に注目されるのは、海洋環境汚染その他の危険を防止、軽減および規制するために必要な措置をとる契約者の一般的注意義務の中に、予防的取組みと最善の環境慣行の適用に関する言及がなされている点である。SDC 勧告的意見も、2000 年のマンガン団塊探査規則に含まれていなかった予防的取組みと最善の環境慣行の適用が海底熱水鉱床探査規則で契約者に義務づけられていることに注目し、科学的知見の深化によって注意義務の内容が高度化していくことを認めた[21]。同勧告的意見後、古くなった 2000 年マンガン団塊探査規則は 2013 年にこれらの義務を含める形で改正されている[22]。

　2012 年にフィジー提案を受けて機構理事会は、深海底鉱物資源の開発規則の作成作業を開始することになり、法律・技術委員会に開発コード作成作業の開始を要請した[23]。同時に機構は機構構成国やステークホルダーに対して機構が作成すべき規則の発展のために 2014 年に参加と協議を呼びかける一環として調査を行い、その中で、開発規則の枠組みに含まれるべき海洋環境保護に関する要素として、保険制度、金銭上の保証、環境損害のギャップに対する信託基金（汚染者負担原則に基づく開発規制制度の下での一般環境信託基金の設置）、予防的取組み、最善の環境慣行、一般的回復義務、環境影響評価と環境管理計画、緊急命令などについて意見調査を行った[24]。同機構は 2015 年の「深海底における鉱物開発のための規制枠組みの発展」という報告書を作成し、開発規則のための構成案を示したが、その中の第Ⅲ部「開発契約」で「責任及び賠償責任」を扱うことを提案し、また第Ⅳ部「海洋環境の保護と保全」では環境管理、緊急命令、環境担保金、海洋環境の回復などとともに環境賠償責任信託基金を掲げている[25]。まだ作業は始まったばかりなので、開発規則については以上

---

21) ITLOS (SDC), *Advisory Opinion 2011*(*supra* note 7), pp. 40-42, paras. 133-137.
22) *2013 Regulation on PEPN*, Doc. ISBA/19/C/17 (2013), p. 38.
23) Workplan for the formulation of regulations for the exploitation of polymetallic nodules in the Area, Report of the Secretary-General, Doc. ISBA/18/C/4 (2012), paras. 4 and 34.
24) ISBA, Developing a Regulatory Framework for Mineral Exploitation in the Area, Stakeholder Engagement (2014), pp. 6-10, available at <http://www.isa.org.jm/sites/default/files/isa-ssurvey.pdf>.
25) ISBA, Developing a Regulatory Framework for Deep Sea Mineral Exploitation in the Area, Draft Framework, High Level Issues and Action Plan, Version II 15 July 2015 (hereinafter referred to as *2015 Daft Framework for Exploitation*), p. 5, available at <https://www.isa.org.jm/files/documents/EN/OffDocs/Rev_RegFramework_

の項目を掲げるにとどめる。

　以上のように、契約者の「不法の行為」に帰せられる損害とは、主要には機構の探査・開発規則および契約者が機構と締結する探査・開発契約に基づいて契約者が負った環境保護義務の履行を怠ることを意味するものだと考えられ、契約者が遵守すべき義務の内容は科学的知見の発展とともに高度化していくといえるだろう。

(2) 深海底活動に起因する環境汚染損害に対する契約者の賠償責任

　SDC勧告的意見は、条約附属書Ⅲ第22条が契約者および機構の賠償責任について定めながら保証国の賠償責任にはふれていないことに着目し、深海底活動から生ずる損害について保証国の賠償責任は副次的な役割しか果たさないことに留意した[26]。つまり契約者の深海底活動に起因する損害に対して主要な賠償責任を負うのは、契約者(および機構)である。しかし、条約、附属書ⅢもSDC勧告的意見も、契約者の賠償責任の内容についてはほとんどふれていないので、保証国の義務と賠償責任を論じるために不可欠な事項に限って、契約者の賠償責任の内容にふれておきたい。その前に、若干の前提事項にふれておきたい。前述したように、条約、附属書Ⅲ、機構の探査規則、探査契約標準条項は、「海洋環境に生じた損害」の定義を行っていない。もっともSDC勧告的意見は次のことを指摘した。機構の探査規則は「何が金銭賠償されるべき損害なのか、またどの主体が金銭賠償を請求できる権利を有するのかについては特定していない。問題の損害には深海底およびその資源であって人類の共同財産に該当するものに対する損害並びに海洋環境に対する損害が含まれることが想定されうる。金銭賠償を請求できる資格を有する主体は、機構、深海底鉱業に従事する団体、海洋その他の利用者及び沿岸国が含まれうる。条約のどの規定も機構がこのような請求を行う権利があると明示的に定めてはいない。しかし、条約第137条2項が機構は『人類全体のために』行動すると定めているのでこの資格が黙示されていると主張できるかもしれない。各国はまた公海及び深海底の環境保全に関する義務の対世的性格に照ら

ActionPlan_14072015.pdf>.

26) *ITLOS (SDC), Advisory Opinion 2011* (*supra* note 7), p. 33, para. 102.

して金銭賠償を請求できるかもしれない」[27]と。あくまで可能性の表現にとどめているが、国家管轄権区域を超える人類の共同財産および海洋環境に対する損害という範疇を認め、機構が人類全体のためにまたは締約国が義務の対世的性格を援用して金銭賠償を請求する可能性に言及した意義は大きい。

(i)「不法の行為」を根拠とする完全賠償責任の原則

本稿1節(問題の所在)に掲げた附属書Ⅲ第22条は、契約者の賠償責任が自らの「不法の行為」に基づくこと、いかなる場合にも賠償責任は損害の実際額に対応する完全賠償であることが定められており、SDC勧告的意見もこれを確認した[28]。契約者による「不法の行為」は、前述したように、契約者が機構の探査規則(開発規則)および機構との探査契約(開発契約)で定められた義務の履行を怠ることから生じる。第22条の規定は不法行為責任を問う点で、例えば油汚染損害民事責任条約のような厳格責任と賠償上限額の設定をセットにする国際民事責任諸条約[29]とは明らかに異なる責任規定である。深海底鉱物資源探査・開発という「重大な損害を引き起こす危険を含む活動」(以下、越境損害損失配分原則の原則2の定義に従い「有害な活動(hazardous activity)」という[30])を対象にするにも拘わらず、不法行為責任原則と完全賠償原則を採用したのには何か事情があるのだろうか。

1975年5月の非公式単一交渉草案附属書Ⅰ第C部第19項が「契約者又は機構が操業に際して行った行為から生ずる不法の損害に対する責任は、事案の

---

27) ITLOS (SDC), *Advisory Opinion 2011* (*supra* note 7), pp. 53-54, paras. 179-180.

28) *Ibid*., p. 59, para. 201 and p. 57, para. 193.

29) See articles 3 and 5 of the International Convention on Civil Liability for Oil Pollution Damage, 1992, available at <http://www.iopcfunds.org/uploads/tx_iopcpublications/Text_of_Conventions_e.pdf>. 同条約、原子力損害民事責任条約、有害廃棄物越境移動・処分損害民事責任条約については、『国際環境条約・資料集』(注5) 622-642頁、650-674頁、478-484頁参照。なお山本草二『国際法における危険責任主義』(東京大学出版会、1982年) 183-210頁；薬師寺「前掲論文」(注4) 78-86頁；同「国連海洋法条約と海洋環境保護」『国際問題』No.617 (2012年) 34-36頁；松井『前掲書』(注4) 305-308頁参照。民事責任条約に定められたこれらの諸原則は、ILCの越境損害損失配分原則の第4原則に反映され、一般化がはかられている。See Principle 4 of *the Draft Principle on the Allocation of Loss*, *supra* note 5, *YILC*, 2006, Vol. II, Part Two, p. 76.『国際環境条約・資料集』(注5) 615-616頁参照。

30) See Principle 2 (c) and its commentary of the *Draft Principle on the Allocation of Loss*, *supra* note 5, *YILC*, 2006, Vol. II, Part Two, pp. 64 and 70, para. 24.

第12章　深海底活動に起因する環境汚染損害に対する契約者と保証国の義務と賠償責任　351

事情に応じて契約者又は機構が負う。……責任は、あらゆる場合に損害の実際の額に対応したものとする」[31]と規定した時点で、現行第22条の骨子はほぼ固まったが、この規定形式に落ち着く前の事情を示す1974年8月の2つの提案を一瞥しておきたい。第1は、操業行為から生ずるすべての責任または賠償責任も、機構と契約を締結する自然人又は法人のみが負うとする77か国グループ案[32]で機構や事業体の責任には一切ふれていなかったが、この考え方は採用されなかった。第2は、日本案で、①活動主体は深海底活動により「海洋環境の他の利用者に与えた損害」に賠償責任を負うが、締約国がその権利・義務を自然人または法人に委任した場合には、当該自然人または法人が損害に対する賠償責任を負い、②「汚染損害」の場合には、それを発生させた活動主体が汚染損害に対して「無過失賠償責任を負う (absolutely liable)」が、締約国がその権利・義務を事業者に委任する場合には当該事業者が損害に対し「無過失賠償責任」を負うというものであった[33]。日本案は、「海洋環境の他の利用者に与えた損害」と「汚染損害」を区別して後者に無過失責任原則を適用し、締約国が私的法人に活動を委任した場合には当該法人に賠償責任を専属させることを特徴としたが、この案もまた採用されなかった。その理由は記録上不明確であるが、第1委員会作業部会長は、賠償責任に関する何らかの規定は必要だが、責任主体および責任に関係する諸原則の詳細には立ち入るべきでないという認識を示し[34]、上記非公式単一交渉草案の規定をまとめた。要するに、責任主体の多様性（機構、締約国、自然人・法人）および深海底活動から生じる損

---

31) Para. 19 of Part C of Annex I, Informal Single Negotiating Text, part I, Doc. A/CONF.62/WP.8/Part I (1975), in *Official Records of the Third United Nations Conference on the Law of the Sea* (hereinafter referred to as *Official Records of UNCLOS III*), Vol. IV, p. 152. なお条約第139条および附属書III第22条の起草過程については、薬師寺「前掲論文」(注6) 381-391頁参照。See also, Center of Oceans Law and Policy, University of Virginia School of Law (Satya N. Nandan, editor-in-chief, Michael W. Lodge, Associate editor, Shabtai Rosenne, General Editor), *United Nations Convention on the Law of the Sea 1982: A Commentary* (hereinafter referred to as *UNCLOS 1982: A Commentary*), Vol. VI (Martinus Nijhoff Publishers, 2002), pp. 139-128 & 753-755.
32) UN Doc. A/CONF.62/C.1/L.7 (1974), in *Official Records of UNCLOS III*, Vol. III, p. 173.
33) UN Doc. A/CONF.62/C.1/L.9 (1974), in *Official Records of UNCLOS III*, Vol. III, p. 177.
34) Opening statement by the Chairman of the First Committee working group, CP/cab.11 (1975, mimeo.), in R. Platzöder (ed.), *Third United Nations Conference on the Law of the Sea: Documents* (hereinafter referred to as *Platzöder*) (Oceana Publications), Vol. VI, p. 77.

害の多様性（海洋環境の他の利用に対する損害、汚染損害）から、契約者が負うべき賠償責任について立ち入った規定の起草ができなかったと思われるが、「不法（wrongful）」という概念を選択した積極的理由は明らかではない。

　契約者が「不法の行為」により引き起こす「海洋環境に対する損害」に対象を絞ったとしても、第22条は賠償責任の主体に関してなお若干の解釈上の問題を生じさせる。第1に、第22条は契約者の賠償責任を定めるが、第XII部第209条が示唆するように、深海底活動に関わる主体は旗国、登録国、運用国を異にする多様な船舶、施設、構築物となりうるから、これらの活動に起因する損害を契約者の賠償責任とどう関係づけるかが問題になる。この点に対する回答は、例えば2013年改正マンガン団塊探査規則附属書4の探査契約標準条項第16条1項でなされた。同条項によれば、契約者は「被用者、下請契約者、代理人及びこれらの者に代わる作業及び行為に携わったすべての者による同様の不法の作為又は不作為から生ずる損害（海洋環境に対する損害を含む。）」についても賠償責任を負うことが明確にされている[35]。「不法の行為」に基づく自己責任の原則を基本に置きながらも、探査活動に関しては契約者への責任集中（channeling）が行われたとみてよいだろう。しかし、第XII部第209条から想定される深海底活動の参加主体、「探査」および「開発」の定義と「深海底における活動」の定義のずれを考慮すれば、これらの活動に従事する「契約者」と「船舶所有者」の賠償責任の調整問題はなお開発規則および開発契約標準条項に残された課題といえるかもしれない。なお「不法の行為」を根拠とする賠償責任の性格に関連して、2000年マンガン団塊探査規則起草過程における1997年事務局草案に「深海底における活動を行う国、国営企業、国際機構は、3項に従って生ずる賠償責任の場合には、免除を放棄することを書面により約束する」という規定を導入する提案[36]があったが採用されなかった。同案は、深海底活動に関する限り手続的には機構、締約国、国営企業の民事管轄権からの免除を否定して自然人・法人と同列に置くことを趣旨とするが、この案の否決は、附属書III第22条に基づくこれらの活動主体の賠償責任を単純に国際民事責任

---

35) Section 16 of *the 2013 Regulation on PEPN*, Doc. ISBA/19/C/17 (2013), p. 44.

36) Regulation 41 of the Draft regulation on prospecting and exploration for polymetallic nodules in the Area prepared by Secretariat, Doc. ISBA/3/LTC/WP.1 (1997), p. 28.

と性格づけることができるか否かについて曖昧性を残したことになるが、この問題は実務的必要に基づき解決されるだろう。

　第2に、損害の実際の額に対応した完全賠償責任の原則については、「損害」の範疇とその賠償を担保する金銭的補償に関する問題が生じるが、前者については2013年改正マンガン団塊探査契約標準条項第16条1項が「実際の額(海洋環境に対する損害を防止し又は軽減するための合理的措置の費用を含む。)」と規定した[37]。理事会の緊急事態命令等に対応した規定だといえるが、「海洋環境に対する損害」の定義が依然としてなされていないこと自体が問題であり、開発規則ではこの点の検討が必要となろう。後者については、前述の1997年事務局提案で探査規則に「契約者は、機構の要請する形態、保険会社、危険及び額での保険契約を維持する」という規定の導入がはかられたが、最終的には例えば2013年改正マンガン団塊探査契約標準条項第16条5項に「契約者は、一般に受け入れられた国際的な海事慣行に従って、国際的に認められた保険業者との間に適当な保険契約を維持する」という規定が含められることになった[38]。なお各探査規則にはチリ提案に基づく「契約者は、探査段階の完了後も、その操業に際して行った不法の行為から生ずる損害、特に海洋環境に対する損害に対し責任を負う」という規定が含まれている[39]。

(ⅱ) 厳格責任への架橋

　以上のように、附属書Ⅲ第22条の下での契約者の「不法の行為」を根拠とする完全賠償原則という枠組みの中で、機構およびITLOS(SDC)は、契約者の注意義務の厳格化(予防的取組み、最善の環境慣行の適用義務など)、契約者への責任の集中、強制損害賠償保険の導入を強める方向で条約規定を解釈し、探査規則および探査契約標準条項を作成してきた。この方向の延長上には、厳格責任導入の問題が浮上しうるが、「不法の行為」を前提とする附属書Ⅲ第22条の下でこれを展望しうるか否かが課題となろう。実際、探査規則起草初期

---

37) See *supra* note 35.
38) See *supra* notes 36 and 35.
39) E.g., Regulation 30 of *the 2013 Regulation on PEPN*, Doc. ISBA/19/C/17 (2013), p. 19. See also Doc. ISBA/6/C/CRP.2 (2000), p. 37.

には、契約者がすべての義務を履行してもなお生じうる環境に対する害の問題に対処できていないといった指摘がなされ、法律・技術委員会が「国は条約第XI部及び実施協定に反する条件を契約者に課してはならないが、自国の保証する契約者又は自国を旗国とする船舶に対し、機構の規則及び手続よりも厳格な環境に関する法令又はその他の法令を適用することは、条約第XI部及び実施協定に反することとはみなされない」という、一種の国内法による上乗せ基準（厳格責任導入も含めて）設定を許容するかのような規定を提案する一幕もあったが[40]、これらの意見は採用されていない。SDC勧告的意見にも「原子力又は油汚染など特殊な主題に関する諸条約が厳格責任とともに賠償責任の上限を定めていることに留意する」と述べた個所があるが[41]、当該言及の趣旨は定かではない。しかし勧告的意見は、後に詳述するように、契約者が損害を生じさせかつその賠償責任に適合できないという間隙が生じうることを指摘し、填補されない損害を補償する「信託基金」の設立を検討するよう希望し、「今日までに機構が発した規則は概要調査と探査だけを扱っている。特に海洋環境に対する損害の潜在的危険は開発段階において増大することを考慮すれば、機構の構成国は開発の将来の規制の中で賠償責任問題をさらに扱うことを期待する」と述べたことは注目に値する[42]。

　前述の機構の2015年「深海底における鉱物開発のための規制枠組みの発展」は、「責任及び賠償責任」に関する規則案に関する注釈において、契約者の賠償責任が不法の行為に基づくことを確認しつつも、国内法で厳格責任を課すことは可能であるとし、さらに次の指摘をしている。すなわち、特に環境損害に関する深海底での賠償責任および救済の分野は未だ萌芽期にあり、賠償責任の生ずる時期、根拠、適当な過失の配分（厳格責任かその他かを含む）、損害賠償の実現性と賠償上限、金銭的保証、金銭賠償の制度が検討課題となること、「環境保証金及び事業遂行保証」については、操業の条件として保証金または保険制度の導入が検討されること、またSDC勧告的意見で示唆された「環境

---

40) See Doc. LOS/PCN/L.84(1990), p. 9, para. 57; Regulation 27 of the Draft regulation on prospecting and exploration for polymetallic nodules in the Area, provisional text by the Legal and Technical Committee, Doc. ISBA/3/LTC/WP.1/Rev.3 (1997), p. 18.
41) *ITLOS (SDC) Advisory Opinion 2011*(*supra* note 7), pp. 57-58 paras. 194-195.
42) *Ibid.*, p. 50, para. 168 & pp. 59-60, paras. 203-205.

賠償責任基金」については、環境に関する賠償責任上潜在的な間隙があることが基金の根拠であり、機構が受け取る生産ロイヤルティの一部を割り当てることで基金を形成できるかもしれないが、賠償責任の一環として検討するか否か、設置の時期をいつにするか等の検討が必要となること、が課題として挙げられている[43]。同年にはオランダ政府が、現行の枠組みは伝統的な損害（人身への侵害、財産損害または経済的損失）にとっては満足できるかもしれないが、深海底活動が海洋環境に重大な害の危険を生じさせるときは特別の民事責任規則（厳格責任および責任上限に基づく）の導入がなされるべきであり、環境の損失については現行の枠組みは満足とはいえない、とする文書を提出した[44]。

　以上のように、開発段階の到来を控え、今や深海底活動に起因する契約者の賠償責任は、「不法の行為」を根拠とする完全賠償責任制度から、厳格責任および賠償上限額設定と信託基金の設定を組み合わせた国際民事賠償責任制度類似の制度に転換する大きな転換点に差し掛かっていることが理解できよう。しかし、これが附属書Ⅲ第22条の下で、どのように遂行できるのか、今後の作業の進展を見守りたい。

　そこで次には、深海底における活動に関する民事賠償責任制度の現状を踏まえつつ、保証国の義務と賠償責任が契約者の民事責任とどのような関連にたつのかを、海洋法条約の条文の構造とそれに関するITLOS（SDC）勧告的意見を手掛かりに検討してみようと思う。

3　深海底活動に起因する環境汚染損害に対する保証国の義務と賠償責任

　海洋法条約第139条2項の保証国の義務および賠償責任に関する規定の特徴点と問題点については、既に「1　問題の所在」で述べたので、早速、具体的問題点に関する検討に入りたいと思う。最初に、第139条2項が「国際法の規則」の適用を妨げないと定めたことに関連して、SDC勧告的意見が「条約第139条2項及び第304条がそれぞれ『国際法の規則』及び『国際法に基づく責任に関す

---

43) *2015 Daft Framework for Exploitation*, *supra* note 25, pp. 29-30 and 35-36.
44) Doc. ISBA/21/C/13 (2015), pp. 7-8.

る現行の規則の適用及び新たな規則の適用」にふれているから、慣習国際法のこのような規則、特に国家責任に関する国際法委員会の条文に照らした規則に考慮を払う」[45]と述べたことに留意したい。特に国家責任条文に言及したことは、当然ではあるが、第139条2項第1文が締約国の賠償責任を同国による「この部の規定の不履行」に根拠づけていることに照らしても重要である。本稿の主たる関心事項である保証国の義務と賠償責任も、国際違法行為責任を根拠とする保証国の自己責任が基軸となっていることをまず抑えておく必要があろう。

　もっとも、第139条2項の起草の当初から、保証国の賠償責任を専ら同国の国際違法行為に根拠づけることで広範な意見の一致があったわけではない。第139条2項の内容がほぼ現行の規定の形を整えるのは改訂単一交渉草案第17条1項第3文(1976年)で、同条項は、締約国の賠償責任が同国による「条約のこの部の規定に基づく義務の不履行によって生ずる損害」に対するものであり、契約者による条約規定の「実効的な遵守を確保するためのすべての必要かつ適当な措置をとった場合」には、「当該締約国が保証した者の義務の不履行により生ずる損害について賠償責任を負わない」ことを明確にしていた[46]。しかし、それまでの提案は、深海底活動については締約国による許可または保証が必要であり、そうした許可または保証を与えた締約国は当該の活動から生ずる損害に対して賠償責任を負うと素朴にみなすものが多かった。例えば海底平和利用委員会に提出された初期の諸提案は、保険制度による操業者の賠償責任を基本に置いて「適当な場合には」許可国または保証国の賠償責任が必要だと定めた米国案を除き、タンザニア案、ソ連案、カナダ案は、操業者の賠償責任にふれることなく国の許可または保証の下に行われる深海底活動から生ずる損害に対し許可国または保証国が賠償責任を負うという考え方を採用しており、例えば日本代表は、後者の諸提案が保証国に一律に無過失賠償責任を課すものであれば強く反対するという意見を述べていた[47]。第3次海

---

45) *ITLOS(SDC), Advisory Opinion 2011*(*supra* note 7), p. 51, para. 169.

46) Third sentence of Article 17, para. 1 of the Revised single negotiating text, part I (1976), *Official Records of the UNCLOS III*, Vol. V, p. 131. See also *UNCLOS 1982: A Commentary* (*supra* note 31), Vol. VI, pp. 124-125, para. 139.7.

47) この経緯については、薬師寺「前掲論文」(注6) 381-387頁参照。See also *UNCLOS 1982: A*

洋法会議開催後、前述のように、現行附属書Ⅲ第22条に関する議論の中で、操業者に賠償責任を専属させる77か国グループ案や活動主体（国営企業および締約国を含む）に賠償責任を負わせる日本案が提案されたが、第22条の骨子を整えた1975年の非公式単一交渉草案の第1部第17条1項第3文は、保証国の賠償責任について、なお「（深海底）活動により生ずる損害は、関係する国又は国際機関に、それが自ら行ったか又は許可した活動について、賠償責任を生じさせる」という規定を残していた[48]。要するに国は「許可または保証」という行為を根拠に賠償責任を負わなければならないとする素朴な考え方が相当根強かったことが窺えるのである。改訂単一交渉草案までの約1年の間にどのような経緯があったのかについては記録がない。同様に、保証国の賠償責任を限定する附属書Ⅲ第4条4項の規定が挿入されるのは、第3次海洋法会議も終盤の1980年の非公式統合交渉草案であったが、その経緯を説明する記録は殆どなく、僅かに第1委員会第21作業部会の報告者ニジェンガが、同規定は保証国の義務に関する一般規則を書き込むことで附属書Ⅲの間隙を埋めることを目的としたものだが、若干の代表から重要な保留があったと述べていたことのみ記されている[49]。

　なお条約発効後、1990年の国際海底機構・国際海洋法裁判所準備委員会第3特別委員会第8会期に提案された「深海底のマンガン団塊の概要調査、探査及び開発に関する規則案」第8部の第116条（遵守）、第117条（保証国の義務）および第121条（保証国の責任）に関連して、契約者が洗浄経費を充足できない状況を想定すべきであり、最高度の救済を提供する私法上の賠償責任制度として、第1段階（強制保険等）、第2段階（深海底鉱業会社が支援する産業基金）、第3

Commentary (*supra* note 31), Vol. VI, pp. 119-122.

48) Third sentence of Article 17, para. 1 of the Informal Single Negotiating Text, part I (1975), *Official Records of the UNCLOS III*, Vol. IV, p. 140. See also *UNCLOS 1982: A Commentary* (*supra* note 31), Vol. VI, pp. 123-124.

49) Article 4, para. 3 of report of the co-ordinators of the working group of 21 to the First Committee, Doc. A/CONF.62/C.1/L.27 AND ADD.1; Informal Composite Negotiating Text, revision 2, A/CONF.62/WP.10/Rev.2 (1980), *Official Records of the UNCLOS III*, Vol. VIII, pp. 117 and 151. See also *Platzöder* (*supra* note 34), Vol. VIII, pp. 366, 394, 562; Report of the chairman and the co-ordinator of the working group of 21, WG.21/Informal Paper 5, 29 August 1979, *Ibid.*, p. 201. ヴァージニア大学海洋法政策センターの注釈書によれば、同条項は、保証国に契約者に対して必ず執行措置をとることを要求するものではないが、なんらかの行動をとることを要求するものである。*UNCLOS 1982: A Commentary* (*supra* note 31), Vol. VI, p. 127.

段階（保証諸国および締約諸国が負担する残余の賠償責任）という三重構造もった制度を創設すべきだという提案がなされたこと、ならびに、残余賠償責任が発生する蓋然性は極めて低いが、この救済形態を別個の条文で追加すべきだという提案があったことが報告されているが、そうした意見が採用されることはなかった[50]。

　以上の経緯が示すように、当初は深海底活動に対する許可または保証行為を根拠に契約者が生じさせた損害に対する賠償責任を保証国に負わせる考え方も一定存在していたが、まず、契約者が原因の損害については当該契約者が賠償責任を負うという原則について合意が得られた。その結果、保証国は自らが負った「この部の規定に基づく義務の不履行」に対する国際違法行為責任として「義務不履行によって生ずる損害」に対してのみ賠償責任を負うことになり、「附属書Ⅲ第4条4項の規定による実効的な遵守を確保するためのすべての必要かつ適当な措置をとった場合」には契約者が不法の行為によって生じさせた損害については賠償責任を負わないことが明記された。しかし「この部の規定に基づく義務」の内容および附属書Ⅲ第4条4項が規定する確保措置の内容について、条約起草者は必ずしも詰めた議論をしていなかったと思われる。

(1) 深海底活動に関して保証国が負っている条約上の義務－直接的義務と条約規定等の遵守確保義務－

　保証国が賠償責任を負う根拠となる条約第Ⅺ部の義務不履行については、

---

50) Articles 116, 117 and 121 of Draft Regulations on Prospecting, Exploration and Exploitation of Polymetallic Nodules in the Area, Addendum, Part VIII, Doc. LOS/PCN/SCN.3/WP.6/Add.5 (1990), pp. 10 and 12; Statement to the plenary by the chairman of Special Commission 3 on the progress of work in that commission, Doc. LOS/PCN/L.79 (1990), p. 11, paras. 48-49 ; Doc. LOS/PCN/L.84 (1990), p. 4, para. 9 and p. 8, paras. 49 & 51. なお国の補完責任の先例とされるパリ条約を補完するブラッセル議定書第3条や原子力損害補完的補償条約第3条および第4条（CSC）については、See Article 3 of the Convention of 31st January 1963 Supplementary to the Paris Convention of 29th July 1960, as amended by the additional Protocol of 28th January 1964 and by the Protocol of 16th November 1982 (Brussel Supplementary Convention), available at <https://www.oecd-nea.org/law/nlbrussels.html>; Articles 3 & 4 of the Convention on Supplementary Compensation for Nuclear Damage, available at <https://treaties.un.org/Pages/showDetails.aspx?objid=080000280428790>.『国際環境条約・資料集』(注5) 657頁および669-670頁参照。

ITLOS（SDC）の勧告的意見に依拠して、本節 (2) で賠償責任を検討するために不可欠の必要最小限度の言及にとどめたい。SDC 勧告的意見によれば、保証国が深海底活動に関して第XI部の規定に基づいて負う義務には、締約国自身が海洋法条約、機構の探査（開発）規則および慣習国際法に基づき負う「直接的義務」と保証国が契約者に関連して負う「条約規定等の遵守確保義務」の２種類があるが、両者の義務の特徴と関係、および、これらの義務が保証国の賠償責任を免責する条件についてだけふれれば、次のようになる。

　第１に、２種類の義務のうち、「条約規定等の遵守確保義務」は、契約者があらゆる場合に条約規定等に定める義務を遵守したという結果を達成する義務ではなく、この結果を得るために十分な手段を用いて可能な最善の努力を尽くす「行為の義務」かつ「相当の注意義務 (due diligence)」であり、相当の注意の基準は、理工学的知見の進歩、活動に含まれる危険の程度、関連する鉱物資源の種類等により異なるが、同義務は保証国が国内法体系の枠内で「合理的に適切な」立法措置と行政措置をとることを要求する[51]。他方、代表的な「直接的義務」は、機構を援助する義務、予防的取組みを適用する義務、最善の環境慣行を適用する義務、機構の緊急事態命令が発令された場合に保証の提供を確保する義務、汚染損害に関する補償請求手段を利用可能にする義務、環境影響評価を実施する義務であるが、「直接的義務」の遵守は相当の注意による「確保義務」に適合するための関連要因であるから、上記特定の規則に関する遵守確保義務として表現される[52]。したがって、例えば、予防的取組みは保証国の相当の注意義務の不可分の一部となるから、科学的証拠は不十分であるが「深刻な又は回復不可能な損害」の潜在的な危険をさし示す兆候がある場合には「費用対効果」を理由にこれらの危険を顧みないときは相当の注意義務を怠ったことになるし、保証国は「条約規定等の遵守義務」の履行に当たって、科学的知見の進展に応じた「最善の環境慣行」を適用しなければならない[53]。また環境影響評価ついては今や一般国際法上の義務と認められるが、一般国際

---

51) *ITLOS (SDC), Advisory Opinion 2011*(*supra* note 7), pp. 34-37, paras. 110-120 and pp. 70-71, operative para. 242, 3 (A).
52) *Ibid.*, p. 38, paras. 121-122.
53) *Ibid.*, pp. 39-41, paras. 125-135, pp. 41-42, paras. 136-137 and pp. 71-72, para. 242, 3 (B).

法はその範囲と内容まで特定していないので、「影響関連鉱区」と「保存関連鉱区」の設定など探査規則に定める条件に従い、法律・技術委員会の勧告を考慮して実施されなければならない[54]。この点に関連して今1つ重要なことは、勧告的意見が、これらの義務は、予防的取組みに関するリオ宣言原則15のように「国の能力に応じた」適用を明示的に認める場合を除いて、便宜保証国を防ぐために先進国にも発展途上国にも平等に適用されなければならず、そのために技術協力が必要だと認めた点である[55]。

第2に、保証国が「条約規定等の遵守確保義務」を遵守し、よって賠償責任を免除されるというためには、単に契約者と協定を締結したというだけでは保証国の義務を履行したことにはならず、合理的に適当な法令を制定・改正し、その履行を確保する合理的に適当な行政措置（必要に応じ監督制度の設置を含む）をとらなければならず、これらは探査段階終了後の契約者の義務も含むものでなければならない[56]。保証国はこれらの措置の決定に当たり裁量を有するが、人類全体の利益のために誠実に行動する義務を負い、選択すべき合理的に適当な措置は理に適い恣意的でないものでなければならず、機構が採択する措置より低いまたは国際的な規則および手続より実効性が劣るものであってはならない[57]。

以上のように、SDC勧告的意見は、保証国の「条約規定等の遵守確保義務」を行為の義務、相当の注意義務と性格づけたが、この義務の実施に当たっては保証国が負っている「直接的義務」と併せ読むことが必要であり、相当の注意の内容には、予防的取組みの適用、最善の環境実行の適用、環境影響評価実施と監視義務などが含まれており、しかもその内容が科学的知見の進展とともに進化していくことを明らかにした。また契約者の「不法の行為」に起因する損害から保証国を免責するには、契約者に対する上記のような内容をもった合理的で適切な法令制定と行政措置が必要だとの判断を示した。しかし、実際に何が合理的で適当な措置になるのかのより具体的な評価は、関連

---

54) *Ibid.*, pp. 43-46, paras. 141-150.

55) *Ibid.*, pp. 47-49, paras. 156-163.

56) *Ibid.*, pp. 62-65, paras. 213-226.

57) *Ibid.*, pp. 66-69, paras. 227-240 and pp. 74-76, para. 242, 5.

する探査・開発活動の個々の状況に応じて異なり、結局上記の諸要素に留意しながら、個別的に判定せざるをえないだろう。

(2) 保証国の賠償責任の根拠と範囲ならびに契約者の賠償責任との関係－第2諮問事項に対する SDC 勧告的意見の意義と残された課題－

(i) 勧告的意見主文とその対象範囲

機構の諮問事項の第2は、契約者の条約規定等の不遵守に対する賠償責任を問うものであったが、本稿の中心テーマなので、まずこの諮問に対する SDC 勧告定見の主文を全文掲げておきたい。ただし整理のために論点ごとに番号を付した。

「①保証国の賠償責任は、条約及び関連諸文書に基づく保証国の義務の不履行から生ずる。保証をした契約者による義務の不遵守それ自体が保証国の側の賠償責任を生じさせるのではない。保証国の賠償責任が生ずるための条件は、(a) 条約に基づく自己の責任の実施を怠ったこと、かつ、(b) 損害の発生、である。②相当の注意義務の不履行に基づく保証国の賠償責任は、当該不履行と損害の間に因果関係が確立されなければならないことを必要とする。この賠償責任は、保証した契約者がその義務の不遵守により生ずる損害が契機となって発生する。保証国の不履行と当該損害との間の因果関係の存在が必要であり、推定はできない。③保証国は、保証した契約者による義務の『実効的な遵守を確保するためのすべての必要かつ適当な措置』をとった場合には賠償責任から免除される。賠償責任からのこの免除は、保証国による直接的義務の不履行については適用しない。保証国の賠償責任と保証をした契約者の賠償責任とは並列的に存在するもので、連帯責任ではない。保証国はいかなる残余の賠償責任も負わない。複数の保証国は、機構の規則による別段の定めがある場合を除き、連帯して賠償責任を負う。④保証国の賠償責任は、損害の実際の額に対応したものとする。マンガン団塊探査規則及び海底熱水鉱床探査規則に基づき、契約者は探査段階の完了後も引き続き損害に対し賠償責任を負う。これは保証国の賠償責任についても等しく適用される。⑤条約及び関連諸文書に定める賠償責任に関する規則

は、国際法の規則の適用を妨げるものではない。保証国がその義務を履行した場合には、保証をした契約者が生じさせた損害は、保証国の賠償責任を発生させない。保証国がその義務の履行を怠ったが損害が発生しなかった場合は、この違法行為の結果は慣習国際法によって決定される。条約に基づき填補されない損害を填補するための信託基金の設立を検討することができる。」[58]

　本稿の関心対象は、契約者の「不法の行為」により生じた損害に対して保証国はいかなる要件が満たされた場合に、どのような賠償責任を負わなければならないのかにあるので、これに直接関係のない論点は冒頭で簡単にふれるにとどめたい。第1に、契約者または保証国の各義務不履行が損害を発生させない場合、契約者の違約罰や契約終了、保証国による陳謝が問題となることはあっても、原則として保証国の原状回復義務や金銭賠償義務は生じない（主文①と⑤参照）。ただし、保証国に国際義務違反がある以上、慣習国際法に従った責任を負わなければならない[59]。例えば、ウルグアイ河パルプ工場事件ICJ判決が想起されるが、同判決は、ウルグアイによるウルグアイ河規程の手続的義務違反を認定したものの、「同国が相当の注意義務に違反し又はオリオン工場が2007年11月に操業を開始して以降同工場からの排出物が有害な効果をもち又は生物資源若しくは水質若しくは河川の生態系のバランスに害を生じさせたことを示す決定的な証拠はない」として同国の第41条の義務違反はなかったと判断し、同様に他の実体的義務違反もないことから、手続的義務のみの違反に対する適切な満足は宣言判決であると判示している[60]。第2に、締約国が直接契約者になり、条約の「直接的義務」や契約上の義務に違反して損害が発生する場合、締約国は自らの国際義務違反によって損害を発生させるので、損害に対し賠償責任を負うが、この責任が主に契約者としての責任なのか締約国としての責任なのかは違反した義務の内容により異なると思わ

---

58) *ITLOS (SDC), Advisory Opinion 2011*(*supra* note 7), p. 71, operative para. 242, 4.
59) *Ibid.*, p. 53, para. 178 and p. 61, para. 210. なお国家責任の発生要件と損害の関係については、See para. 9 of Commentary on Article 2 of Responsibility of States for Internationally Wrongful Acts, *YILC, 2001*, Vol. II Part Two, p. 36.
60) *Des usines de pâte à papier sur le fleuve Uruguay (Argentine c. Uruguay), arrêt, CIJ Recueil 2010*, p. 14 at p. 106, operative para. 282 (1) & (2) and p. 101, para. 265.

れる。いずれにしても、第139条2項第2文の免責は適用されない（主文③参照）。第3に、契約者の適法な活動から発生する損害に対する保証国の責任については、諮問2の範囲外であり、勧告的意見は当然この点には触れていない。この場合に、本質的に有害な活動を保証し利益を得る保証国は海洋環境と人類の共同財産を危険にさらすことに対して究極的責任を負うべきであり、保証国はたとえ注意義務を履行したとしても、ILCの越境損害損失配分原則条文の原則4の2項および5項に従って、契約者の厳格賠償責任の残余責任（residual liability）を引き受けるべきだとする意見（IUCN、グリーンピース）、または、保証国が国内法で迅速かつ適正な補償を確保する適当な措置をとらない場合や契約者が損害を填補する十分な金銭上の補償を有しない場合には保証国が補完的賠償責任（subsidiary liability）を負う（メキシコ）とする見解も表明されたが[61]、後述するように勧告的意見は、国の厳格責任もこれに連動する残余責任も否定した。これとの関連で本件の適用法規について、勧告的意見は、主に附属書Ⅲ第4条4項第2文と併せ読んだ条約第139条2項を適用したが、副次的には条約第XII部第235条、第304条（責任）、附属書Ⅲ第22条、探査規則ならびに慣習国際法（特にILC国家責任条文）にも考慮を払った[62]。他方ILCの越境損害損失配分原則条文の原則4については、その慣習法性について異なる意見（IUCNと英国）が表明されたが、勧告的意見は「ILCが国際法上禁止されていない行為から生ずる損害の問題（以下「適法行為損害の問題」という）に対処するために行ってきた努力を了知している［が］、この努力は未だ適法行為に対する国の賠償責任をもたらす規定には到達していない」と判断した[63]。

---

61) Written statement of International Union for Conservation of Nature and Natural Resources, 19th August 2010, pp. 22-32; Verbatim record, Doc. ITLOS/PV.11/1 (Mr. Anton of IUCN), pp. 25-32; Memorial filed on behalf of Greenpeace International and the World Wide Fund for Nature, 13 August 2010, pp. 18-23; Verbatim Record, Doc. ITLOS/PV.2010/2 (Ambassador Hernandez of Mexico), pp. 45, 50-52.

62) *ITLOS (SDC), Advisory Opinion 2011* (*supra* note 7), pp. 50-51, paras. 165, 168-169.

63) IUCNは同原則を国際法の発展と主張し、英国は同原則の慣習法性は確認されていないと主張した。Written statement of IUCN (*supra* note 61), pp. 25-27, paras. 77, 83-85; Verbatim Record, Doc. ITLOS/PV.2010/3, pp. 36-37 (Mr. Michael Wood of the U.K); ITLOS (SDC), *Advisory Opinion 2011* (*supra* note 7), p. 61, para. 209.

(ⅱ) 保証国の賠償責任の根拠と要件－保証国の義務不履行と因果関係－

　既に繰り返し述べてきたように、勧告的意見は、保証国が契約者の発生させた損害に対して賠償責任を負う根拠は、保証国自らが負っている「直接的義務」または「条約規定等の遵守確保義務」に違反したことであるとみなした（主文①、③参照）。ITLOS に意見を提出した多数の国の意見も同様であった[64]。私人行為が国に帰属するのは国家責任条文に示された一定の条件を満たす場合に限られており、国の「保証」行為によって契約者の行為が国に帰属するわけではない（オランダ意見書参照[65]）が、保証国は同国の義務違反に起因する損害に対しては賠償責任を負わなければならない。前述したように、「条約規定等の遵守確保義務」については、保証国が第139条および附属書Ⅲ第4条4項に従ってすべての「合理的に必要な」立法措置と行政措置をとっておれば保証国は賠償責任を免責されるが、保証国が負う「直接的義務」は、最善の環境慣行の適用、環境影響評価の実施義務など国ごとに差異のある義務ではなく原則として単一の高度な国際基準に従う義務であり（ドイツの意見書参照[66]）、同義務の履行が「条約規定等の遵守確保義務」履行の前提条件となる。ドイツ、インドなどいくつかの国を除き、現在探査活動の保証国となっている国で機構の探査規則採択後または SDC 勧告的意見後に、新たな法令制定・改正措置をとった国は僅かであり、むしろナウル、ニウエ、ナイジェリア、フィジーなど発展途上諸国に新規立法が増えている状況を見れば、現時点では条約が定める「合理的に必要な」立法措置すら多くの国でとられていない可能性がある[67]。他方、保証国が上記のような義務を履行した場合には、もはや保証国に賠償責任はない。「保証国の損害に対する賠償責任は、相当の注意義務の不履行からのみ生ずる。これは厳格責任を排除する」（勧告的意見[68]）のである。

64) Verbatim Record, Doc. ITLOS/PV.2010/2, p. 11 (Dr. Lijnzaad of the Netherlands); *ibid.*, p. 38 (Mr. Tikoisuva of Fiji); Doc. ITLOS/PV.2010/3, p. 27 (Mr. Haydon of Nauru); Doc. ITLOS/PV.2010/4, p. 5 (Mr. Titushkin of Russia); Statement of the Federal Republic of Germany (2010), para. 21; Written Statement of the People's Republic of China (2010), p. 10.
65) Written statement of the Kingdom of the Netherlands (2010), p. 10, para. 3.14.
66) Statement of the Federal Republic of Germany (2010), paras. 10, 15, 21 and 21.
67) 各国の国内立法状況については、See Doc. ISBA/18/C/8 (2012). 最新の各国の法令は、See "National Legislation Database", available at <http://www.isa.org.jm/legal-instruments>.
68) *ITLOS (SDC), Advisory Opinion 2011*(*supra* note 7), pp. 56, para. 189.

保証国に賠償責任が発生するには損害と義務違反との間の因果関係というもう1つの要件が満たされなければならない。SDC勧告的意見は、「保証国に賠償責任が発生するためには、損害があることとともに、その損害が保証国の責任実施の不履行の結果であることの証明が必要である。この因果関係は、推定することはできず立証されなければならない」とし、これが慣習国際法規則とも合致すると述べた[69]（主文②参照）。もっとも、この因果関係の証明が、保証国の不作為が契約者の義務不遵守と損害発生を招いたという意味での因果関係の証明をいうのか（韓国の意見参照[70]）、さらに契約者が発生させた損害に保証国の義務違反が関与した範囲と程度の証明まで求めるものなのか（英国、中国の意見参照[71]）について、諸国の意見は微妙にニュアンスが異なっていた。勧告的意見は、保証国の賠償責任の根拠を示す文脈で因果関係にふれているので力点は前者にあると思われるが、因果関係を問う以上後者の因果関係にふれざるをえない。仮に前者の意味の因果関係に限ってみても、保証国の義務不履行を契約者の引き起こす損害の原因とみなすのは非現実的であり、国の義務違反と損害があれば国に賠償責任を負担させるのか、国の賠償責任は義務不履行が損害の直接の原因である場合以外には生じないのかを明確にするよう求める意見も表明された（ナウルの意見参照[72]）。勧告的意見は、保証国の義務不履行と契約者が「不法の行為」の結果生じさせた損害との間に相当因果関係の証明を要求したと解せるが、この証明が容易でないことは、前述のパルプ工場事件ICJ判決が示唆している。

　ICJは、ウルグアイ河規程第41条に定める河岸国の水環境保全義務を、「行為の義務」でありかつ「相当の注意義務」であると性格づけた上で、一方では、この義務が、パルプ工場建設を計画する河岸国に対して、事業者等が河川の汚染を生じさせないよう確保するために適当な法令を制定し、その実施のための適当な行政措置をとる義務を課すものであり、しかも当該義務は一般国際法が命ずる環境影響評価（EIA）の実施をはじめ、一定の基準を満たすもの

---

69) *Ibid.*, pp. 54-55, para. 182.

70) Statement submitted by the government of the Republic of Korea, pp. 18-9, paras. 17-20.

71) Written statement of the United Kingdom of Great Britain and Northern Ireland (2010), paras. 3.12-3.13; Written statement of the People's Republic of China, p. 10, paras. 27.

72) Statement by the Republic of Nauru, p. 4, para. 20 and p. 10, para. 43.

でなければならないとした[73]。しかし、最終的にはウルグアイが相当の注意義務の行使を怠った、または、オリオン工場からの廃液が有害な結果または生物資源等の環境バランスに損害を生じさせたという決定的証拠がないとして、提出された証拠に基づけば同国は河川規程第41条の義務に違反しなかったと結論した[74]。同判決は、①予防的取組みの適用が挙証責任を転換するものではないこと[75]、②EIAは一般国際法上の義務となっているが一般国際法はその範囲と内容を定めているわけではなく、代替地の検討がなされ河川委員会の排出基準値以内で操業されているのであれば違反は認められないこと、またILCの越境侵害防止条文第13条に定める被影響住民との協議がEIA上の義務とはいえないこと（ただしウルグアイは協議を実施したと認定）[76]、③工場施設が使用する技術（「最新の技術」の使用）も相当の注意義務の対象となるが、オリオン工場の排出基準が、両国がこの分野の工業基準とみなしたIPPC-BAT基準を下回るまたはウルグアイ国内法に定める排出上限基準等を相当長期間超過した証拠がないので、河川規程に違反したとはいえないこと[77]、を指摘した後、④河川の水質に対する溶解酸素、リン、フェノール物質、ダイオキシン等の影響、⑤生物多様性に対する影響、⑤大気汚染について検討し、いずれにおいても、ウルグアイが何らかの特定の義務に違反したことまたは藻類の繁茂や水質等に生じた変化とオリオン工場の排出との間に因果関係が存在することが証明されていないとして[78]、上記結論を導き出している。

損害もウルグアイの実体的義務の違反も認定されなかったケースではあるが、国の相当の注意義務違反の認定、損害および操業行為と環境損害の因果関係の認定、ましてや国の相当の注意義務違反と損害との間の因果関係の証明が多大の困難を伴う作業であることは理解できよう。深海底活動の場合は、その困難はさらに大きいと思われる。

---

73) *Des usines de pâte à papier sur le fleuve Uruguay, arrêt, supra* note 60, pp. 77-91, paras. 190-228.
74) *Ibid.*, p. 101, para. 265.
75) *Ibid.*, p. 71, paras. 162-164.
76) *Ibid.*, pp. 84-87, pars. 207-219.
77) *Ibid.*, pp. 88-91, pars. 220-228.
78) *Ibid.*, pp. 91-101, pars. 229-264.

(iii) 契約者と保証国が負う賠償責任の範囲と形態および相互関係

　海洋法条約は契約者が負う賠償の範囲については「実際の額に相当したもの」（附属書Ⅲ第22条）と定めているが、保証国が負う賠償の範囲に関する規定はない。そこで条約規定がない以上、探査規則の附属書の採択など締約国による別個の合意が必要であり、勧告的意見には法的拘束力がないとする意見（IOM、フィリピンの意見参照[79]）もあったが、SDC勧告的意見は、①附属書Ⅲ第22条が契約者の支払う賠償と責任について「実際の額に相当したもの」と定めていること、②国際違法行為に対する完全賠償義務はホルジョウ工場事件PCIJ判決をはじめ国家責任条文でも確認された慣習国際法規則であることを根拠に、「実際の額に相当したもの」とすることは「保証国の賠償責任についても等しく有効である」と判断した[80]。

　そこで次に、この実際の損害額に対して保証国が負う賠償責任の範囲（割合）と形態が問題となるが、SDC勧告的意見は次のように述べる。「条約も関連文書も連帯責任を示すものはない。連帯責任は、異なる実体が同一の損害に寄与し、完全賠償がそれらのすべて又は一部に対して請求できる場合に生じる。しかし、条約第139条2項が設けた賠償責任制度の下ではそうではない。前述のように保証国の賠償責任は、自らの義務の履行を怠ったことから生じるのに対して、契約者の賠償責任は、契約者の義務不遵守から生ずる。双方の賠償責任の形態が並行して存在する。そこには唯1つの連結点があり、それは保証国の賠償責任は同国が保証した契約者の活動又は不作為から生ずる損害に依存するということである。しかし、裁判所の見解では、これは単なる引き金に過ぎない。このような損害は、自動的に保証国に帰せられるわけではない。附属書Ⅲ第22条が要求するように、裁判所の見解では、契約者が実際の損害額を支払った場合には、保証国による賠償の余地はない。契約者が損害額を完全に填補しなかった場合には状況はより複雑になる」のである[81]。

　「不法の行為」を根拠とする契約者の賠償責任と、「条約規定等の遵守確保義

---

79) Statement of IMO (Interoceanmetal Joint Organization), issue 2; Proposed Philippine Statements on the request for advisory opinion submitted to the ITLOS Seabed Authority, p. 6.
80) *ITLOS (SDC), Advisory Opinion 2011* (*supra* note 7), p. 58, paras. 193-197.
81) *Ibid.*, p. 59, paras. 201-203

務」の違反を根拠とする保証国の賠償責任が別個のものであり、保証国は契約者が引き起こした損害に自動的に賠償責任を負うのではないということを前提としても、提出された国の意見は微妙に異なっていた。例えば、保証国に義務違反がある場合も、保証国は、条約第XII部第235条2項に基づき、契約者による海洋環境汚染損害に関し「自国の法制度に従って迅速かつ適正な補償 (prompt and adequate compensation) その他の救済のための手段が利用し得ることを確保する」義務を負うことを強調する意見（オーストラリア、オランダの意見[82])、他方、保証国も直接賠償責任を負担することがあるが、負担の程度は保証国の義務不履行の重大性および当該不履行と損害との因果関係の強度に比例し、保証国に連帯責任や残余責任はあり得ないとする見解（中国、英国の意見[83])、さらに附属書III第22条が主要な賠償責任の負担者を契約者と機構に設定していることから、保証国の賠償責任は契約者が損害を救済しなかった場合に限定されるべきで、この制度こそ賠償責任を集中し、損害賠償の重複を防止するものだとする見解（上記オランダの意見の一部）が、表明された。

　上記の勧告的意見は、保証国自身による義務違反および当該義務違反と損害との因果関係の存在を根拠として、保証国自身による損害賠償の責任を認めたが、損害の主要な賠償責任が「不法の行為」により損害を生じさせた契約者にあること（附属書III第22条）を重視して、契約者が実際の損害額を支払った場合には、保証国に義務不履行があり、この不履行と損害の間に因果関係があったとしても、保証国による賠償の余地はないとする第139条2項解釈を採用した。しかし勧告的意見は、契約者が損害額を完全に填補しない場合には状況は複雑になるとして、①保証国は義務を履行したが契約者が損害を生じさせ自らの賠償責任を履行できない場合、ならびに、②保証国に義務不履行があったが契約者が引き起こした損害との間に因果関係が認められない場合に言及し、いずれの場合にも条約は残余の賠償責任を認めないので、条約第235条3項が示唆するように損害を補償する信託基金の設立を検討する

---

82) Written statement of Australia, pp. 14-15, paras. 38-42; Written statement of the Kingdom of the Netherlands, pp. 9-10, paras. 3.11-3.12, 3.15.

83) See *supra* note 71.

よう促した[84]。もっとも勧告的意見は、保証国の義務不履行が契約者の引き起こした損害と因果関係を有する場合には、保証国は契約者が賠償できなかった損害に対して常に賠償責任を負うといえるのかについては明確な回答をしていない。しかし勧告的意見の論理からすれば、保証国は、少なくとも因果関係のある損害について、その限度までは、賠償責任を負うと解するほかない。

　保証国の相当の注意義務違反を根拠とする賠償責任において、損害を生じさせた契約者の賠償責任を第1次的なものとし、保証国の賠償責任を第2次的なものに定型化する（と解釈された）第139条2項および附属書Ⅲ第22条の制度は、私人の違法行為から発生した損害に対する国の賠償責任を規律する慣習国際法上の一般規則を反映したものではない。例えば、国家責任条文第31条1項は「責任国は、国際違法行為により生じた侵害に完全な賠償を行う義務を負う」と定めるが、同条項に関する注釈で、ILCは、私人の直接的侵害行為と国の不作為が結合して損害を発生させる場合の国の賠償責任について次のように指摘している。「問題の侵害は複数の要因の結合によって効果的に引き起こされ、その要因の1つが責任国に帰せられるものだが、国際実行および国際裁判所の決定は、……同時並行的原因（concurrent cause）による賠償の減額または軽減を支持してはいない。例えば、コルフ海峡事件で英国は、アルバニアが自ら機雷を敷設したわけではなかったにも拘わらず、機雷の警告をしなかった同国の義務不履行に基づいて同国から請求全額を回復した。この結論は、同時並行的原因が連帯責任となるかもしれない他の国ではなく私人である場合又は洪水のような自然事象である場合には一層強くあてはまる。在テヘラン米国大使館事件では、イランは、同国が人質の保護を怠った瞬間から彼らの拘禁に対して完全な責任を負うと判示された」[85]とされる。ILCのこの解釈がそのまま慣習法規則を反映したものだとはいえないまでも、契約者の賠償責任を優先させ、それが損害を填補できない場合に限り、保証国の違法行為責任を問う第139条2項および附属書Ⅲ第22条の賠償責任制度は、「保証国」制度を導入した海洋法条約に固有の賠償責任原則と考えられる。この制度は、国の自動的な残余責任や補完責任を導入するものではないが、契約者

---

84) *ITLOS (SDC), Advisory Opinion 2011*(*supra* note 7), pp. 59-60, paras. 203-205.

85) Paragraph (12) of the commentary on Article 31 of the ARSIWA, *YILC*, 2001, Vol. II, Part Two, p. 93.

の責任を基本に置いた上で保証国の賠償責任を副次的に適用する点で、実質上汚染者負担の原則に則り、ILC の越境損害損失配分原則の原則 4 とも親和的なものとみなすことができる。しかし、契約者が引き起こした損害と保証国の義務違反の間に因果関係が存することを証明することは次のジェノサイド条約適用事件判決が示唆するように相当困難を伴う。同判決によれば、因果関係は「被告が法的義務に則って行動していたとすれば、事実上回避されていたであろうと結論できる場合にのみ証明されたと考えられる」ところ、「事件の特殊な事情下で有していた手段が、被告が追求すべきだった結果を達成するために十分だった」ことが示されない以上被告の防止義務違反とジェノサイドによる損害との間の因果関係が証明できたとはいえず、金銭賠償は防止義務違反の賠償として適切でない[86]、とされた。まして個々の損害に保証国の違法行為がどの程度まで因果関係を有するかを証明するのは至難と思われる。以上のように見れば、契約者が填補できなかった損害について、保証国(締約国自身が契約者となる場合を除く)が、賠償責任を負うという規則を実際にどのように適用していくのかが課題となろう。

なお、SDC 勧告的意見は、国家責任条文第 34 条に言及して「賠償の形態は、実際の損害及び原状回復の技術的可能性に依存する」と述べたが[87]、これは、一方で金銭賠償以外の海洋環境回復措置の保証国に対する義務づけの可能性を含むものとして注目される。保証国の賠償責任の一形態とはいえないが、いくつかの国が指摘したように、契約者が発生させた損害に関して、保証国に条約第XII部第 235 条 2 項の規定が適用され、保証国は被害者に迅速かつ適正な補償その他の国内的救済の手段を利用できるよう確保する義務をも負うこと、したがって、これに適合する探査・開発法令を制定・実施する義務があることにも留意しておくべきであろう。

4 むすびにかえて

---

86) *Application of the Convention on the Prevention and Punishment of the Crime of Genocide (Bosnia and Herzegovina v. Serbia and Montenegro)*, Judgment, *ICJ Reports 2007*, p. 43 at pp. 233-234, para. 462.

87) *ITLOS (SDC), Advisory Opinion 2011* (*supra* note 7), p. 58, paras. 196-197.

深海底鉱物資源の探査・開発に直接従事する契約者が条約および附属書、機構の探査・開発規則、機構との契約に定める義務に従って探査・開発を行うように確保する保証国の義務の性格、内容および範囲について、また保証国が契約者の上記義務不履行によって生じさせた損害に対する賠償責任を負う根拠、要件および賠償の範囲と方法について、海洋法条約第 139 条および附属書Ⅲ第 22 条の規定は、本稿冒頭の「問題の所在」で示したいくつかの解釈・適用上の問題を抱えていた。また開発段階の到来をそう遠くない将来に控え、少なからぬ発展途上諸国および島嶼諸国が保証国に名乗りを上げ始めた今日、これらの解釈・適用問題に指針を与え、人類の共同財産である深海底の海洋環境および生物多様性の保全という今日的要請に対応する開発規則の作成は、急務となっている。

　機構理事会の諮問に答えた 2011 年の ITLOS (SDC) の勧告的意見は、「条約規定等の遵守確保義務」の性格を行為の義務および相当の注意義務と捉え、その具体的内容に環境影響評価 (EIA) 実施義務や最新の技術の適用義務を導入したウルグアイ河パルプ工場事件判決を継承・発展させ、海洋法条約第 139 条とその関連規定の起草時には想像さえしていなかったいくつかの画期的な解釈・適用指針をこれらの条文に提供し、その有用性と限界についても言及した。本稿 1 で一部指摘し特に 3 で分析したように、SDC 勧告的意見は、次の点で第 139 条とその関連規定に新たな解釈指針を提供したといえよう。すなわち、①保証国が条約上負う義務については、「条約規定等の遵守確保義務」の内容が、予防的取組みと最善の環境慣行の適用や EIA 実施に関する保証国の条約上の直接的義務と結びつくことにより、科学的知見の進歩とともに高度化する義務となっていること、保証国が「条約規定等の遵守確保義務」を履行したというためには法令制定とそれを執行する行政措置の双方において「合理的に適当な」すべて措置をとらなければならないこと、これらの環境保護義務は、国の能力に応じた適用を認める特別規定がある場合（予防的取組みに関するリオ宣言原則 15 など）を除き、原則としてすべての国が共通に有する責任であること、ならびに、保証国の保護義務は対世的義務であり、深海底の人類の共同財産や環境については機構が人類を代表しうること、が明らかにされた。また、②保証国が負う賠償責任の根拠、要件、範囲については、保証国の賠償責任は、

契約者の補完責任でも契約者に対する連帯責任でもなく自己責任であり、賠償責任が成立するには損害の発生と保証国の直接的義務または「条約規定等の遵守確保義務」の不履行が必要であり、かつ、契約者が生じさせた損害と保証国の義務違反との間の因果関係の証明が必要であること、両者は別個の賠償責任であるが、契約者が賠償額を負担した場合は、保証国には賠償責任がないこと、したがって保証国に義務違反がなくしかも契約者が損害の実際の額を負担する能力がない場合および保証国の義務違反が契約者の発生させた損害と因果関係を有しない場合には間隙が生じるため、これを救済する信託基金の設置が望ましいこと、が指摘された。これらは、第139条とその関連規定の解釈指針となるだけでなく、機構による開発規則の作成作業に大きな影響を与えることは疑いない。上記の勧告的意見が多くの画期的内容を含んでいることは、本稿2および3で詳述したが、同時に、パルプ工場事件ICJ判決が示唆したように、予防的取組みは挙証責任の転換をもたらすものではなく、最善の環境慣行の適用やEIA実施の義務もその内容についてなお多くが国内基準に依存し、二国間または多数国間での国際基準の設定が課題となること、また賠償責任に関するITLOS（SDC）勧告的意見の特に因果関係の証明に関する指摘は、パルプ工場事件ICJ判決の事実認定や相当の注意義務と損害の因果関係についてジェノサイド条約適用事件ICJ判決が示した基準に照らせば（SDCが同じ基準を適用するとは限らないが）、被害者にとっては相当高いハードルになるうらみがあることも、以上の検討から指摘できるように思われる。さらにいえば、諮問の対象が保証国の義務と賠償責任に限定されていたために、当然のことながらSDC勧告的意見は、ごく断片的にしか契約者の義務および賠償責任にふれていない。しかし、今後の開発規則の検討に当たっては、直接の操業者となる契約者の義務と賠償責任のあり方を合わせて検討することが不可欠である。

　ITLOS（SDC）勧告的意見は、第139条とその関連規定ならびに慣習国際法の実定法規に照らして何が言えるかを解釈したものであり、現行法制の多くは今後の機構の開発規則策定を含む国際立法の課題とならざるをえない。開発段階を前に、アントンのように、多様な生物資源を含む未知の人類の共同財産に対する不可逆的損壊の恐れがあり、保証された契約者が引き起こす害に

関する賠償責任の現在の枠組みにはなお重大な欠陥があるので、条約では対処できない災害が生じる前に残余責任に関する対処、特に機構が裁判部の示した基金に向けて行動すべきであるという意見も根強い[88]。既に機構による開発規則の策定作業は開始されており、当面は、この規則において契約者の義務と賠償責任ならびに保証国の義務と賠償責任の内容について探査規則より踏み込んだ内容の規則が作成されること、開発規則に適合した保証国国内法の制定とその執行のための行政措置の策定が期待される。すでに2で検討したように、前者については厳格責任の導入が示唆されており、後者については、保証国の注意義務の一層の詳細化がはかられることが示唆されているが、賠償責任についてはSDC勧告的意見が示唆した方向で、信託基金の設置が、検討項目の中に挙げられている。汚染者負担の原則を基礎とする現行第139条とその関連規定を前提とすれば、基本的には、上記の枠組みで開発規則の作成作業が進められていくように思われるが、厳格責任と結合して契約者の賠償責任に上限が設定される場合には附属書III第22条との整合性を調整する必要があろう。さらにアン・ダニエルが指摘したように、厳格責任と賠償上限を基軸とした最近の国際民事責任条約は採択されはするが必ずしもうまく発効・機能していないという問題点があり、これまで比較的成果をあげてきた国際民事責任条約の特徴と問題点がどこにあるかを踏まえた厳格責任の再吟味が必要であろう[89]。また基金制度を検討する場合、油汚染損害のように締約諸国の役割を強制保険制度の導入と国際基金制度設立までにとどめ、基金自体は石油産業ベースで運用するのか、原子力損害のように、最終的には国が直接補償金を拠出する（原子力第三者損害に関するパリ条約を補完するブラッセル

---

88) Donald Anton, "The principle of residual liability in the Seabed Disputes Chamber of the International Tribunal for the Law of the Sea: The advisory opinion on responsibility and liability for international seabed mining [ITLOS case No. 17]", *McGill International Jouranal on Sustainable Development Law and Policy*, Vol. 7 (2011-2012), pp. 256-257.

89) See Anne Daniel, "Civil liability regimes as a complement to multilateral environmental agreements: Sound international policy or false comfort?", *RECIEL*, Vol. 12 (2003), p. 225 *et seq*, especially pp. 236-237. ダニエルは、とくに事故と損害の因果関係、行為者の特定可能性、具体的で計量化できる損害の3要素が鍵となるとする。また環境損害には必ずしも国際民事責任制度が最適ではない場合があるとして、差止めや環境刑法を含む国内法の発展、国際私法の発展、非国家団体による国際基金を含む代替可能性を検討しており、筆者も同意する点がいくつかある。*Ibid.*, pp. 238-241.

条約、原子力損害補完(CSC)条約[90])のかを検討する必要があろうが、深海底の場合は、機構に支払われるロイヤリティーの一部を充てることも含めた検討が考えられているようである。いずれにせよ、海洋環境に対する損害の概念の定義が必要と思われ、適正な回復費用を含む環境損害の対象拡大によって、巨額化する賠償にどう対応するかが課題となろう。さらに付け加えれば、厳格責任に基づく契約者の賠償責任と損害の実際の額に対する不足分を填補する信託基金とを組み合わせた賠償責任制度が設立される場合には、SDC 勧告的意見が指摘した保証国の国際違法行為責任との関係をどう調和させるのかも、検討の視野に入れておく必要があるかもしれない。

最後に、汚染者負担の原則が厳格責任を基礎とする船舶所有者、事業者など私人の民事賠償責任制度を促し、他方、実定国際法上国の厳格責任は宇宙活動以外では認められておらず、国の国際違法行為を理由とする賠償責任も環境の分野では援用されることが殆どなく後景に退いていた感が強かった。しかし、近年私人の事業活動に対して管理・管轄権を行使する国の「条約規定等の遵守確保義務」が強調されるに従い、私人に起因した損害に対する国の「条約規定等の遵守確保義務」違反を理由とする賠償責任の関わり方が問題とされるようになってきた。パルプ工場事件 ICJ 判決は、前述のように、ウルグアイのパルプ工場の操業に関連した相当の注意義務(実体的義務)違反を認定しなかったので、この問題にふれることはなかったが、SDC 勧告的意見は機構の諮問に答えて、オーソドックスではあるが、保証国は、その「条約規定等の遵守確保義務」違反に基づき、同義務違反と因果関係のある損害(契約者が引き起こした)に対して賠償責任を負うとする規則を確認するとともに、他方で、契約者(汚染者)が賠償責任を履行した場合にはこの賠償責任を負わないことも明らかにした。しかし、この原則が常に適用可能であるかは、問題となる私人の活動の態様、損害の性質、国の「条約規定等の遵守確保義務」の内容および損害と国の義務不履行との因果関係の諸要素に応じて、異なってくるように思われる。例えば ITLOS は、小地域漁業委員会要請事件の勧告的意見において、旗国には外国の排他的経済水域(EEZ)内で IUU(違法、不報告、不規制)

---

90) さしあたり『国際環境条約・資料集』(注 5)610-613 頁、628-642 頁、656-660 頁;薬師寺公夫、坂元茂樹、浅田正彦『ベーシック条約集 2016』(東信堂、2016 年) 634-641 頁参照。

漁業に従事する自国籍船舶に対して実効的な規制措置をとる義務があると述べた後、本 SDC 勧告的意見に従えば、IUU 漁業船舶の行為は旗国には帰属せず、旗国の賠償責任は IUU 漁業を防止・規制する旗国の相当の注意義務違反からのみ生じるという原則論を述べたが、他方で「相当の注意義務に適合するあらゆる必要かつ適当な措置をとっていたのであれば、責任を負わない」[91]とし、頻繁な IUU 漁業が直ちに相当の注意義務違反にはならないと判断した[92]。このような事例では、仮に旗国の相当な注意義務違反が認定されても、当該違反と個別 IUU 漁船が生じさせた損害の間の因果関係の証明は困難と思われ、旗国の賠償責任といっても違法操業の取締りと再発の防止の保障という形態が主要なものとなるだろう。要するに、私人行為に関連した国の「条約規定等の遵守確保義務」の違反に伴う同国の賠償責任の態様と範囲および程度が、私人の引き起こした損害との関係で問題となるが、私人活動の内容、同活動に対する国の関与の仕方と確保義務の内容などによって賠償責任の範囲、態様も多様なものとならざるをえないと思われる。特に、私人の活動について厳格責任に基づく賠償責任制度と損害の実際額との間を填補する基金制度が設立され、それに管理・管轄国が拠出金を提供する場合には、「条約規定等の遵守確保義務」不履行による賠償責任との棲み分けが必要となろう。

〔本稿は、平成 28 年度文部省科学研究費基盤研究 (B)「国連海洋法条約体制の包括的分析―条約発効 20 年の総括と将来への展望」に基づく研究成果の一部である。〕

---

91) Operative para. 219 (4) of the Opinion, ITLOS, *Request for an advisory opinion submitted by the Sub-regional Fisheries Commission (ASFC)*, Advisory opinion, 2 April 2015, p. 61. See also pp. 40-42, paras. 141-150, available at <http://www.itlos.org/cases/adisory-proceedings/case-no.21/>.
92) *Ibid.*, p. 42, para. 150.

B　海の機関の手続きと機能

第13章　国連海洋法条約における大陸棚限界委員会（CLCS）の役割と機能
――国際捕鯨委員会科学委員会（IWC-SC）との比較の観点から――

酒井　啓亘

1　はじめに
2　CLCSとIWC-SCとの間にはいかなる類似性があるのか
　(1) 委員会の任務
　(2) 委員会の構成
　(3) 関連条約の影響
3　IWC-SCと比較してのCLCSの特徴とは何か
　(1) 委員の独立性と不偏性
　(2) 政治的機関との組織上の関係
　(3) 政治的機関からのフィードバックの可能性
　(4) 法と科学の関係の取り扱い
4　CLCSの作業を改善するためにはいかなることがなされなければならないのか
　(1) 沿岸国との協調の必要性
　(2) CLCSと政治過程との間の関係
　(3) 司法機関によるCLCSの解釈の確認作業の必要性
5　おわりに

1　はじめに[1]

　国連海洋法条約は、条約機関として国際海洋法裁判所（ITLOS）や国際海底機構（IBA）を定めている。本稿で検討の対象とする大陸棚限界委員会（CLCS）もその一種で、大陸棚の外側の限界の設定に関する事項を扱う「科学的技術的機関」である[2]。

---

1) 本章は、International Workshop on the Legal Aspects of the Establishment of the Outer Limits of the Continental Shelf, IWCS 2015, 26 March 2015, Tokyo に提出したディスカッション・ペーパー "Revisiting the Roles and Functions of the CLCS under UNCLOS: From the Comparative Perspective on the SC of the IWC" を大幅に加筆・修正したものである。このワークショップを主催した大陸棚国際情報発信研究会とその座長である栗林忠男慶應義塾大学名誉教授に心より感謝したい。同研究会には途中から参加させていただき、とりわけ田中則夫教授のご厚意を受けたが、残念ながら本章の基礎となったディスカッション・ペーパーについてご意見をいただくことはかなわなかった。
2) *Delimitation of the maritime boundary in the Bay of Bengal (Bangladesh / Myanmar), Judgment, ITLOS Reports 2012*, p. 107,

CLCS の任務は、国連海洋法条約第 76 条 8 項ならびに同条約附属書 II 第 3 条に定められている[3]。その任務としては、とくに沿岸国より提出されるその基線から 200 カイリを超える大陸棚の限界に関する情報を受けて、「当該大陸棚の外側の限界の設定に関する事項について当該沿岸国に対して勧告を行う」（第 76 条 8 項）ことが注目されよう。いわゆる延長大陸棚の限界を科学的技術的に確認する作業が CLCS に委ねられていることからわかるように、この第 76 条は「法と科学の要素」をいずれも含んでおり[4]、しかもこの勧告「に基づいて (on the basis of)」沿岸国が設定した大陸棚の限界は、「最終的なものとし、かつ、拘束力を有する (be final and binding)」ものとされるため、こうした拘束力ある状況に貢献することをもって、CLCS が単なる科学的技術的機関ではなく、一定の法形成能力や司法権限を有しうるのではないかという見解さえある[5]。

　本章は、こうした CLCS の役割と機能を検討することを目的とする。その際、CLCS を組織上規範上の観点から同種の条約機関と比較し、条約制度における条約機関の権限配分の問題に接近することにしたい。条約により設置された科学的技術的機関にはさまざまなものがあるが、それは最近の環境保護分野や生態系保護分野においてとりわけ顕著である[6]。ここではその中でも CLCS に匹敵する条約機関として国際捕鯨委員会科学委員会 (IWC-SC) を取り上げることにする[7]。後述するように、IWC-SC については、国際捕鯨取締条約のいずれの締約国も IWC-SC の委員を指名することができ、そのように構成された

---

para. 411 (hereinafter cited as Bangladesh / Myanmar case).

3) Bjarni Már Magnússon, "Is there a Temporal Relationship between the Delineation and the Delimitation of the Continental Shelf beyond 200 Nautical Miles?" *IJMCL*, Vol. 28 (2013), p. 466.

4) *Bangladesh / Myanmar* case, *supra* note 2, p. 107, para. 411.

5) Geir Ulfstein, "Institutions and Competences", in Jab Klabbers, Anne Peters & Geir Ulfstein (eds.), *The Constitutionalization of International Law* (Oxford U.P., 2009), p. 48.

6) たとえば、気候変動枠組条約第 9 条で設置された科学的技術的補助機関 (SBSTA)、生物多様性条約第 25 条で設置された科学的技術的補助機関 (SBSTTA)、移動性野生動物種の保全に関する条約第 8 条にいう科学委員会 (Science Council) などが挙げられる。Øystein Jensen, "The Commission on the Limits of the Continental Shelf: An Administrative, Scientific, or Judicial Institution?" *OD&IL*, Vol. 45 (2014), p. 174.

7) Joji Morishita & Dan Goodman, "Role and Problems of the Scientific Committee of the International Whaling Commission in terms of Conservation and Sustainable Utilization of Whale Stocks", *Global Environmental Research*, Vol. 9, No. 2 (2005), pp. 157-166.

IWC-SC は、個別の条約締約国ではなく、締約国会議に勧告や助言を行うこととされており、こうした特徴は CLCS を除く最近の他の科学的技術的条約機関の多くも共有している。また 2014 年の南極海捕鯨事件国際司法裁判所 (ICJ) 判決から国際捕鯨委員会 (IWC) の活動などに注目が集まったことで、IWC とその補助機関である IWC-SC の検討もあらためて進んでいる[8]。こうした知見を踏まえたうえで、ここでは IWC-SC の活動や法的性格と比較することにより CLCS の機能の特徴を析出することにしたい。

そこでまず役割や機能に関する CLCS と IWC-SC の類似性を検討した後、両機関の組織上規範上の相違を確認する。そして CLCS の法的特徴と任務の意義を明らかにして、最後に CLCS の作業を改善するための示唆をいくつか提示することにする。

2　CLCSとIWC‒SCとの間にはいかなる類似性があるのか

ここで取り上げる CLCS と IWC-SC には共通点がいくつかある。もちろん、似ているように見えて異なるところもないわけではない。この点をまず確認しておこう。

(1) 委員会の任務

第 1 に、両者はともに科学に関する問題を扱う技術的任務を有するということである。まず CLCS についてだが、国連海洋法条約附属書 II 第 3 条 1 項 (a) および (b) によると、CLCS にはおもに 2 つの任務がある。その 1 つは、「(a) 大陸棚の外側の限界が 200 海里を超えて延びている区域における当該限界に関して沿岸国が提出したデータその他の資料を検討すること並びに条約第 76 条の規定及び第三次国際連合海洋法会議が 1980 年 8 月 29 日に採択した了解声明に従って勧告を行うこと」であり、もう 1 つは、「(b) 関係する沿岸国の要請がある場合には、(a) のデータの作成に関して科学上及び技術上の助言を与え

---

[8] その例として、Malgosia Fitzmaurice & Dai Tamada (eds.), *Whaling in the Antarctic. Significance and Implications of the ICJ Judgment* (Brill, 2016); Malgosia Fitzmaurice, *Whaling and International Law* (Cambridge U.P., 2015), pp. 57-122.

ること」である。国連海洋法条約は第 76 条と附属書第 3 条 1 項を結びつけることにより CLCS が科学的技術的任務を遂行することを求めているのである。

他方、IWC-SC は 1950 年に IWC により設置され、IWC の手続規則によると、IWC-SC には以下の 7 つの任務があるという。すなわち、①鯨および捕鯨に関する現在の科学的統計的情報を検討すること、②政府、他の国際機関または民間団体の現在の科学的調査プログラムを検討すること、③科学的許可書および締約政府が科学的許可書を発給することを計画している科学的プログラムを検討すること、④実現可能な (viable) レベルで鯨類を維持するために現在のおよび潜在的な脅威とこれを緩和する方法を検討すること、⑤適当な場合には保存および管理についての助言を提供すること、⑥ IWC または IWC 議長が言及する追加的事項を検討すること、⑦ IWC に報告および勧告を提出すること、である[9]。このように、IWC-SC の任務には、鯨および捕鯨に関する情報の検討、政府や国際機関から提出された科学的調査プログラムおよび科学的許可書の検討が含まれるとともに、鯨族の状況について IWC に情報を提供することも数えられており、これに基づき IWC は捕鯨の規制を行うことになるのである。

CLCS と IWC-SC は、その機能という観点からすると、もっぱら科学的勧告を提供する任務を負った機関であるという点で共通している。言い換えると、いずれの委員会もみずからの任務を遂行するために必要なデータや情報を要請国から受け取り、当該国の提案を検討して勧告を行うのである。もっとも、2 つの委員会の任務に関して違いがないわけではない。CLCS は要請国に勧告を行うのに対して、IWC-SC は IWC に勧告を提出するというように勧告の宛先が異なるということがある。さらに、CLCS は沿岸国が提出する情報や証拠に基本的に依拠して勧告を行い、情報が不十分であれば当該沿岸国にさらなる追加情報の提供を求めることにとどまるが、IWC-SC では提出された情報に関する事実認定などの客観性を高めるため、国際捕鯨取締条約締約国からの情報提供だけではなく、査察など独自の方法を用いることにより複数のソースに基づき情報を IWC に伝達する点も注目に値する[10]。

---

9) Rules of Procedure and Financial Regulations. As amended by the Commission at the 65th Meeting, September 2014, M.Committees 4.(a), at https://archive.iwc.int/pages/view.php?ref=3605&k= (as of August 9, 2016).
10) Øystein Jensen, *The Commission on the Limits of the Continental Shelf. Law and Legitimacy* (Brill, 2014), pp. 219-220.

(2) 委員会の構成

　第2に、CLCSとIWC-SCの委員はともに科学者によって構成されており、法律家や外交官は委員とはなっていない。上で述べたような各委員会の任務からすると、そのような委員の構成は当然かもしれない。CLCSに関しては、国連海洋法条約附属書Ⅱ第2条1項によると、「委員会は、21人の委員で構成される。委員は、締約国が衡平な地理的代表を確保する必要性に妥当な考慮を払って締約国の国民の中から選出する地質学、地球物理学又は水路学の分野の専門家である者とし、個人の資格で職務を遂行する」こととなっている。つまり、CLCSは21人の科学者で構成され、これら科学者にはCLCSの任務を遂行するだけの特別な知識と経験が要求されているのである。

　IWC-SCもまた、200名ほどの著名な鯨類科学者が各国から委員として参加しており、特別な科学的知見を携えて技術的な議論を行っている。IWC-SCの手続規則によると、同委員会は、国際捕鯨取締条約の各締約政府のIWC委員により指名された科学者で構成される[11]。たとえば2014年には、24の締約政府から87の科学者がスロヴェニアでのIWC-SC会合に参加し、さらに54名の招待者および関連国際機関から6名のオブザーバーがこれに加わった[12]。

　したがって、CLCSおよびIWC-SCのいずれも科学者を委員として構成されており、これら委員が科学的かつ技術的にそれぞれ特有の任務を遂行しているのである。しかしながら、こうした委員の構成上の特徴からCLCSの場合、法的な活動を行う際に、とりわけ関係する条約の関連規定を解釈する際に困難が生じることがある。そこでの条文の解釈作業は法と科学との組み合わせによるものだからである[13]。

---

11) Rules of Procedure of the Scientific Committee, A. Membership and Observers 1., in *Report of the 65th Meeting of the International Whaling Commission 2014 and Associated Meetings and Workshops*, pp. 366-369.

12) *Report of the Scientific Committee, Bled, Slovenia, 12-24 May 2014*, IWC/65/Rep01(2014), Annex A, at https://archive.iwc.int/pages/view.php?ref=3436&search=%21collection73&order_by=relevance&sort=DESC&offset=0&archive=0&k=&curpos=0 (as of August 9, 2016).

13) See, the Science and Technical Guidelines of the CLCS, 13 May 1999, CLCS/11, 7. See also, L.D.M.Nelson, "The Continental Shelf: Interplay of Law and Science", in Nisuke Ando, Edward McWhinney, Rüdiger Wolfrum (eds.), *Liber Amicorum Judge Shigeru Oda, Volume 2* (Kluwer Law International, 2002), pp. 1241-1242; Bjørn Kunoy, "Legal Problems Relating to Differences Arising between Recommendations of the CLCS and the Submission of

(3) 関連条約の影響

　第 3 に、CLCS と IWC-SC が有する上記のような特徴は、それぞれの委員会がとくに密接に関連している条約—国連海洋法条約と国際捕鯨取締条約—に由来している。CLCS は沿岸国が提出した情報に延長大陸棚の定義を適用することを任務とするが、これは国連海洋法条約第 76 条 8 項に従って行われる。他方、IWC-SC は国際捕鯨取締条約とその附表の関連規定に照らしてみずからの機能を行使する。このように、いずれもその任務はそれぞれと関係の深い条約の適用・解釈にかかわるのである。

　CLCS と IWC-SC はいずれも国際機関や政府間機関ではなく、したがって独自の国際法人格を有するわけではない。仮にこれらが国際機関として設立され、国連海洋法条約と国際捕鯨取締条約がそれぞれの設立文書であれば、各委員会の活動から知見、科学、事実、考えの進展によりそれぞれの条約の関連規定も動態的に解釈されえたであろう。ただ、興味深いことに、実際には、国際機関の設立文書ではないにもかかわらず、国連海洋法条約も国際捕鯨取締条約も、締約国や国際裁判所、その他の実体による適用を通じて発展してきたし、その発展はそれぞれの委員会の活動に多大な影響を及ぼしている。

　もっとも、各条約の特徴がそれぞれの機関の活動に与える影響も考慮する必要がある。とくに CLCS が関係する国連海洋法条約は海洋秩序の維持・ガバナンスを目的とするシステムを構築しており、CLCS もその 1 つである[14]。それは必然的に、IWC-SC とは異なる影響を CLCS に与えることになろう。

3　ＩＷＣ－ＳＣと比較してのＣＬＣＳの特徴とは何か

(1) 委員の独立性と不偏性

　最初に、ここで想起されなければならないのは、それぞれの委員会の委員

---

a Particular State", in Clive R.Symmons (eds.), *Selected Contemporary Issues in the Law of the Sea* (Brill, 2011), pp. 311-313.

14) CLCS は海洋のガバナンスを担う国連海洋法条約上の機関であるとするものとして、Donald R.Rothwell & Tim Stephens, *The International Law of the Sea* (Hart Publishing, 2010), pp. 478-479.

の地位に関する相違である。上述のように、確かにCLCSもIWC-SCもその特定の任務を遂行するため科学者で構成されている。それにもかかわらず、両者はそれぞれの委員の地位についてやや対照的な性格を有している。

　IWC-SCは、CLCSと同じく科学者で構成されているが、IWC-SCの手続規則によると、国際捕鯨取締条約の各締約政府のIWC委員が、IWC-SCで代表させたい者をIWC-SC委員候補として指名することができることになっている[15]。換言すると、国際捕鯨取締条約の締約国はIWC-SC委員候補に自国代表を指名する権利を有し、そして常にIWC-SC会合に自国代表を送ることができるのである。加えて、IWC-SCの政府代表の中には締約政府のIWC委員を兼ねることもある。こうした政府代表によるIWC-SCの構成ゆえに、IWCとIWC-SCとの間の意思疎通が同じ委員を通じて円滑に進められることが可能となる。しかし他方、科学的技術的任務を担うIWC-SCの委員が、指名する締約政府に依存しやすくなる傾向があることは否定できない。

　これに対してCLCSの場合、国連海洋法条約附属書Ⅱ第2条1項によると、委員は21名で、いずれも地質学、地球物理学または水路学の分野の専門家である国連海洋法条約の締約国の国民であり、締約国が衡平な地理的代表を確保する必要性に妥当な考慮を払って締約国会議で選出することとなっている。したがって、国連海洋法条約のすべての締約国からCLCSの委員が選出されるわけではない。注目すべきは、そのように選出された委員は個人の資格で職務を遂行するものとされ、このため各委員は自分を指名した締約国から相対的に独立しているということである[16]。ただ、CLCSの委員も、附属書Ⅱ第2条5項によると、自分を指名した締約国が当該委員によるCLCSの任務についての費用を負担することから、IWC-SCの場合と同様の依存関係が生じうる可能性はあるという[17]。

---

15) Rules of Procedure of the Scientific Committee, A. Membership and Observers 1.
16) 大陸棚限界委員会の委員は、厳密に言えば、国連事務局からさまざまな支援は受けるものの、国連の機関ではない。しかし、類似の条約機関に関する確立した先例から、国連特権免除条約第6条にいう「国際連合のための任務を遂行する専門家」とみなされ、それと同等の地位を享有している。*Letter dated 11 March 1998 from the Legal Council*, CLCS/5, 11 March 1998, para. 5. Voir aussi, Elie Jarmache, "À propos de la Commission des limites du plateau continental", *Annuaire du Droit de la Mer*, Tome XI (2006), pp. 56-57.
17) Ted L.McDorman, "The Role of the Commission on the Limits of the Continental Shelf: A Technical Body in

(2) 政治的機関との組織上の関係

　CLCS も IWC-SC も、それぞれの条約の関連規定の解釈に従事することになった場合、みずからの法的能力に関する根拠規定は明確ではないものの、いずれの委員会も、みずからが発する勧告が、ある程度関連規定の法的な解釈を基礎としなければならないことは認めている[18]。しかしながら、その対処の方法は両者では異なる。CLCS が法と科学の関係を扱う方法は、IWC-SC のやり方ときわめて対照的なのである。CLCS との区別において重要な IWC-SC の特徴の1つは、IWC-SC が IWC の補助機関と位置づけられているという点である。一般的には、条約機関はその明示または黙示の権限により補助機関を設立しうるとされ、それはとりわけ条約機関が政治的機関である場合に当てはまるという[19]。IWC は、国際捕鯨取締条約の下で、鯨族の保存と捕鯨の管理について責任を負う政治的機関であり、その権限により IWC-SC を設置した。それゆえ、捕鯨に関する政治的問題は、通常、IWC-SC ではなく、IWC によって扱われ、IWC-SC はより科学的技術的問題について任務を負うというように、IWCと IWC-SC と捕鯨問題に関する作業の負担を分け合っているのである[20]。

　IWC-SC と異なり、CLCS には密接な関係を有する政治的機関は存在しない。国連海洋法条約の締約国会議はあるものの、これは大陸棚問題をとくに扱うフォーラムではないのである[21]。もとより、締約国会議では、CLCS の委員が選出され、また CLCS の議長報告書に基づき CLCS の活動内容が検討されるこ

---

a Political World", *IJMCL*, Vol. 17 (2002), p. 312.

18) Bjørn Kunoy, "Establishment of the Outer Limits of the Continental Shelf: Is Crossing Boundaries Trespassing?" *IJMCL*, Vol. 26 (2011), p. 327.

19) Geir Ulfstein "Treaty Bodies and Regimes", in Duncun B.Hollis (eds.), *The Oxford Guide to Treaties* (Oxford U.P., 2012), p. 434.

20) IWC は科学的認定に基づき政策を決定し、IWC-SC はそのために科学的調査に時間をかける。もっとも、IWC-SC の助言に IWC が従って政策を決定してきたかどうかは別問題である。Michael Heazle, "Scientific Uncertainty and the International Whaling Commission: An Alternative Perspective on the Use of Science in Policy Making", *Marin Policy*, Vol. 28 (2004), p. 366.

21) 国連海洋法条約の締約国会議の役割について、see, Alex G.Oude Elferink, "Reviewing the Implementation of the LOS Convention: The Role of the United Nations General Assembly and the Meeting of State Parties", in A.G.Oude Elferink & D.R.Rothwell (eds.), *Oceans Management in the 21st Century: Institutional Frameworks and Responses* (Brill, 2004), pp. 306-310.

とになっている[22]。しかしながら、CLCS に関する締約国会議の任務は、CLCS が扱う仕事量が適切な規模かどうか、そのための予算措置が適切かどうかなど行政上の事項に限定されている。CLCS は「国連海洋法条約により設置された自律的な機関であり、締約国会議に対して正式なアカウンタビリティーを有するものではない」ともいわれている[23]。CLCS は締約国会議と強いつながりがあるという指摘もあるが[24]、IWC-SC と比較すると、CLCS は大陸棚の問題に関する締約国会議という政治的機関との関係において不明確さを残しているのである[25]。

(3) 政治的機関からのフィードバックの可能性

　それでは、CLCS と IWC-SC はそれぞれ関係する政治的機関とどのようなつながりを有していて、いかなるかたちでそれぞれの活動を政治過程に位置付けているのであろうか。

　IWC-SC の場合、当然のことながら、その親機関である IWC が政治的機関として存在し、IWC の政治的決定が IWC-SC の活動に影響を及ぼすことになる。実際、IWC と IWC-SC との間の密接な連携によって、締約国の活動の検討を目的とした基準の設定に関する IWC の決定は IWC-SC には容易に受け入れられやすくなるようにみえる。南極海捕鯨事件 ICJ 判決に対する IWC-SC と IWC の反応は、政治過程における両者間の規範的調和を表す典型的な例である。

　この事件について 2014 年 3 月 31 日に下した判決の中で、ICJ は、日本が、国際捕鯨取締条約第 8 条の解釈を通じて同条約の附表の 3 つの規定に違反したことを認定した。決定的な論点は、同条約第 8 条の意味での「科学的調査」とは何かということと、日本の捕鯨計画 (JARPA II) が同条に定義される「科学

---

22) 議長報告書の一例として、see, *Letter dated 1 April 2013 from the Chair of the Commission on the Limits of the Continental Shelf addressed to the President of the twenty-third Meeting of States Parties*, 1 April 2013, SPLOS/259.

23) *Report of the Eleventh Meeting of the State Parties*, SPLOS/73, 14 June 2001, para. 61. See also, Ted L.McDorman, "The Role of the Commission on the Limits of the Continental Shelf: A Technical Body in a Political World", *IJMCL*, Vol. 17 (2002), p. 311.

24) Bjarni Már Magnússon, *The Continental Shelf beyond 200 Nautical Miles. Delineation, Delimitation and Dispute Settlement* (Brill, 2015), pp. 62-63.

25) James Harrison, "The Law of the Sea Convention Institutions", in Donald R.Rothwell, Alex G.Oude Elferink, Karen N.Scott & Tim Stephens (eds.), *The Oxford Handbook of the Law of the Sea* (Oxford U.P., 2015), p. 383.

第13章　国連海洋法条約における大陸棚限界委員会（CLCS）の役割と機能　385

的調査」にあたるかどうかということであった。ICJ は、法的基準に照らして JARPA II のデザインと実施を評価し、レヴュー基準 (standard of review) の下で JARPA II の合理性を検討した上で、国際捕鯨取締条約第8条が国家に対して科学的調査のために鯨を捕獲する許可を与え指示する全般的な裁量を付与しているという主張をしりぞけたのである[26]。

　この判決が下された後、IWC は特別許可の下での捕鯨に関する決議を採択し、その中でレヴュー基準と ICJ により確認された合理性の基準への支持を表明した[27]。また、同決議によれば、IWC-SC は、日本が新たに提出する科学的調査にこの合理性の基準を適用することになるという。こうしたことから判明するのは、IWC と IWC-SC とが制度上密接な関係を有することにより、本件であれば ICJ の判決をきっかけとして、国際捕鯨取締条約の締約政府による提案を IWC-SC が検討する際の基準が明確となりうるということである[28]。

　CLCS に目を移した場合、上述の通り、CLCS は国連海洋法条約の締約国会議に議長報告書を提出し、締約国会議が CLCS の仕事量などを検討することとなっている。その意味では、CLCS は政治的機関からの何らかの反応を受け取る場合があるとはいえるものの、国連海洋法条約の関連規定についての有権的な解釈や何らかのガイドラインのようなものを締約国会議が CLCS に提供するということは今のところ期待されていない。たとえば、200 カイリを超えたところで重複する大陸棚の境界画定に関して国際裁判所が判決や裁定を出した後でさえ、CLCS の周囲には、そうした司法機関の判断の一部を国連海洋法条約の関連規定の法規則や解釈に落とし込む決定を行うような政治的機関が存在しないのである。現在のところ各国がみずからの立場からそうした司法判断の解釈を行い大陸棚の限界設定の根拠としているだけであり、そのような作業が CLCS の権限を越えていることは疑いない。もっとも、その勧告が法的効果を持つ場合があるなど、結果として CLCS の行動が締約国の権利にとって何らかの法的な意味を与える場合があることには注意を要する[29]。

---

26) *Whaling in the Antarctic (Australia v. Japan: New Zealand intervening), Judgment, ICJ Reports 2014*, pp. 298-300, para. 247.
27) Resolution 2014-5, at https://archive.iwc.int/pages/view.php?ref=3723&search=%21collection72&order_by=relevance&sort=DESC&offset=0&archive=0&k=&curpos=0 (as of August 9, 2016).
28) 児矢野マリ「国際行政法の観点から見た捕鯨判決の意義」『国際問題』No.636（2014 年 11 月）51 頁。
29) Bjørn Kunoy, "The Terms of Reference of the Commission on the Limits of the Continental Shelf: A Creeping

(4) 法と科学の関係の取り扱い

　国連海洋法条約は CLCS への法律家の参加を予定していない。おそらく法律家の参加規定が置かれなかったのは起草者があえて意図したことであろう[30]。しかし、同条約第 76 条は大陸棚という法的概念を含んでおり、その定義については必ずしも科学的技術的アプローチによって行われるものではない[31]。こうしたことから、CLCS が主たる任務を遂行するには科学的な知見と同時に法的な識見も委員には求められる以上、とくに法律家がその作業に関与できるように、専門性という観点からより多様な委員の構成を考えるべきではなかったのかという意見もある[32]。CLCS が 200 カイリを超える大陸棚の限界を画定し、自国の 200 カイリを超える大陸棚を提案してきた締約国にその限界を勧告する際には科学と法の間に確かに相互作用が存在しうるという意味において、CLCS の作業は国連海洋法条約第 76 条の解釈に関係しているといえるからである[33]。そしてこのことは IWC-SC の作業においても当てはまる。しかし、IWC-SC もまた締約政府が提出した科学的許可書やプログラムを国際捕鯨取締条約の下で検討するが、CLCS と異なり、法律家が委員に加わっていないという理由で IWC-SC が批判を受けたことはこれまでないように思われる。

　科学的技術的機関の場合、法律家を委員に加えたほうが、とくに関連規定を解釈したり当該規定を事実に適用したりすることについてはより良い機能を発揮することができるであろう。しかし、そのような委員構成は、CLCS のように委員の数が少ない機関ではきわめて困難である。限られた数少ない定員のところに法律家が参加することで、むしろ科学に関する任務の遂行が妨げられることすら考えられるからである[34]。

Legal Mandate", *Leiden JIL*, Vol. 25 (2012), p. 130.
30) L.D.M.Nelson, "Claims to the Continental Shelf Beyond the 200-mil Limit", in Volkmar Götz, Peter Selmer, Rüdiger Wolfrum (Hrsg.), *Liber amicorum Günther Jaenicke – Zum 85. Geburtstag* (Springer, 1998), p. 578.
31) Satya N.Nandan & Shabtai Rosenne (eds.), *United Nations Convention on the Law of the Sea 1982. A Commentary. Volume II* (Martinus Nijhoff, 1993), p. 873.
32) Øystein Jensen, *The Commission on the Limits of the Continental Shelf. Law and Legitimacy* (Brill, 2014), pp. 176-177.
33) Anna Cavnar, "Accountability and the Commission on the Limits of the Continental Shelf", *Cornell International Law Journal*, Vol. 42 (2009), pp. 400-404.
34) ただし、その代わり CLCS は国連法律顧問に法的支援を要請しさまざまな意見を与えられてき

科学的技術的機関の活動に正当性が付与されるには、委員の構成というメンバーシップのみならず、それぞれの設置文書に係る政治過程に当該機関がいかにかかわるかという意味での政治的機関との関係性も重要である。この点で、CLCS と IWC-SC との間には 2 つのレベルでの相違が見受けられる。

1 つは、言うまでもなく、組織上の相違である。科学的技術的機関と政治的機関との関係が条約で明確に規定され、実際に 2 つの機関が良好な関係を維持していれば、両者間で権限と機能が効率的に配分され、それが政治過程でも明らかとなる。たとえば、IWC-SC は IWC と密接な関係を有しており、ある規定の文言の再定義や、場合によっては曖昧な言葉の有権的な解釈などを含め、いかなる重要な問題も IWC に委ねることができる。それゆえ、IWC-SC は、IWC が政治過程において定めた基準を単に取り上げるだけとなる。ここでは、IWC-SC は基準策定に関与する必要はなく、IWC に対してその決定にとって有益な助言を提供するにとどまるのである。

これに対して CLCS は、国連海洋法条約の締約国とは別個の「自律的な機関」であるとされる[35]。これは、CLCS が客観的かつ締約国の国益とは独立して国連海洋法条約に従い作業を行うことができるからである。そのような立場は CLCS に対して、その作業過程を通じて長所とともに短所ももたらされることになる。

国連海洋法条約締約国の場合、第 76 条の文言について他の解釈を行ったり他の適用方法を採用したりすることに直接の利益を見出すこともあり得よう。このため、同条の意味を明確化しようとすると、たやすく政治的な主張や交渉が引き起こされることになる。しかし他方、CLCS については、国連海洋法条約の下で行われるそのような政治的努力と接合する契機がきわめて不十分でしかない。大陸棚に関する条項を精緻化するための政治的フォーラムが工夫されてこなかっただけではなく、200 カイリを超える延長大陸棚の限界の設定に関する条約締約国の活動を議論し、場合によっては、関係締約国間において主張される大陸棚の重複をめぐる紛争を国連海洋法条約の下で解決するような政治的機関も準備されてはこなかった。そうした政治的機関が存在

たという。Jensen, *supra* note 32, pp. 174-175.
35) *Report of the Eleventh Meeting of the State Parties*, Doc.SPLOS/73 of 14 June 2001, para. 61.

しないゆえに、CLCS には、国連海洋法条約上の沿岸国の主権的権利の問題に直面すると、その任務の遂行に慎重さが求められてきたのである[36]。もっとも、実際の CLCS の実行の中には、沿岸国による主張が競合する大陸棚の申請があった場合に、当該申請の検討を保留しつつ、それが開始されるまでに関係国に対して対立の解消を促すような積極的な役割を CLCS が演じることもあるという[37]。

　CLCS と IWC-SC とを区別するより重要なもう1つのレベルは規範的レベルである。IWC-SC は、国際捕鯨取締条約により、科学的調査の妥当性を評価する科学的技術的任務を担っている。この条約の趣旨および目的、すなわちあらゆる鯨種の保存を確保し、その持続可能な捕獲を認めるということは、IWC-SC が行う任務に多大な影響を及ぼしうる。国際捕鯨取締条約の締約政府が提出した捕鯨計画は、特別許可書を含め、同条約の下での国際基準により規律される。そして IWC-SC は、IWC が定めた基準に照らしてそれぞれの計画を技術的に検証し、その結果を国ならびに IWC に説明する。国際捕鯨取締条約の枠組み内で鯨の保存が行われる以上、締約国には捕鯨問題について広範な裁量が認められているわけではないのである。このように、IWC-SC とその勧告は、法形成段階から法実施段階に至る政治過程での位置づけにおいて一定の意義が見いだせる。

　CLCS では、沿岸国がその主権的権利を行使し得る大陸棚の外縁の設定を

---

36) ただし、その慎重さが常に CLCS の不偏性を担保できるかどうかは疑わしい。たとえば大陸棚境界画定に関する「紛争」が存在するのであれば、CLCS はその「紛争」に影響を及ぼすような行動をとる意図はないであろう。しかし、「紛争」が存在するかどうかは多分に認識の問題でもある。CLCS が大陸棚の定義問題にその任務を限定するつもりであっても、確かに大陸棚の定義問題と大陸棚の境界画定問題は別個の問題ではあるが、関係国の一方の大陸棚の定義に基づくその設定により、他方の国の大陸棚の外縁の画定に大きな影響が及ぶことはありうることから、この場合、これら2つの問題は密接に絡み合わざるを得ない。したがって、CLCS がいかに大陸棚境界画定をめぐる「紛争」から距離を置き、「紛争」に影響を与える行動はとらないという基本的立場を維持しても、結果的にある態度が「紛争」当事国の一方の立場を前提にしてしまうこともありうるからである。田中則夫「大陸棚の定義と限界画定の課題—トルーマン宣言から国連海洋法条約へ—」同『国際海洋法の現代的形成』(東信堂、2015 年) 96-98 頁 (初出、栗林忠男・杉原高嶺編『海洋法の主要事例とその影響』(有信堂、2007 年) 233-234 頁)。

37) Robert Volterra, "Problems Arising from Submissions by States to the CLCS in Relation to Disputed Areas: A Selective Survey of State Practice to Date", in Clive R.Symmons (eds.), *supra* note 13, p. 280.

扱うことをその任務としている。200カイリを超える大陸棚について沿岸国が主張した場合、そうした主張が国連海洋法条約第76条の要件と合致しており、かつ、問題の区域が他国と紛争の主題となっていないのであれば、これら主張は困難なく CLCS によって受け入れられる。沿岸国は、国連海洋法条約上、大陸棚の限界設定と管理について大きな権限を維持しており、他方 CLCS による勧告には法的拘束力はない[38]。これは、たとえ大陸棚の外縁の限界が CLCS の勧告に基づき沿岸国により確立されるとしてもそうなのである[39]。CLCS による勧告は、提出された資料や提案された外縁の設定についての判断を行うことを避けるようなかたちで解釈されなければならない[40]。沿岸国が主権的権利を有し広範な裁量を行使しうるという大陸棚制度の法的特徴からすると、CLCS は、沿岸国による決定が国連海洋法条約第76条の下での大陸棚の定義と合致している限りでは、こうした決定を尊重しているようにみえる。しかし問題の1つは、そうした慎重な対応をもってしても、後述するように、CLCS の勧告が有する実際上の効果は CLCS と当該沿岸国の関係を越えて生じうるということである。

4 CLCSの作業を改善するためにはいかなることがなされなければならないのか

(1) 沿岸国との協調の必要性

　沿岸国は、みずからの大陸棚の限界を確定する際、その基礎となるべき勧告を CLCS から受けることを目的としてさまざまな情報や提案を CLCS に提出

---

[38] もっとも、沿岸国が CLCS の勧告に従わずに設けた限界は公的な認定のような権威を持たないとみて、勧告「に基づいて」ということは「実質的な拘束力」を持っていることになると主張する見解もある。古賀衞「大陸棚限界委員会の活動と機能——国際機関による海洋法の発展——」『国際法外交雑誌』第112巻2号(2013年) 46頁。

[39] CLCS には、大陸棚の外縁の位置に関してみずからの見解を決定したり、これを沿岸国に課したりするような法的権限はない。Ted L.McDorman, "The International Legal Framework and the State Activities regarding the Continental Shelf beyond 200-N.Miles in and adjacent to the East and South China Seas", in Jon M.VanDyke, Sherry P.Broder, Seokwoo Lee & Jin-Hyun Paik (eds.), *Governing Ocean Resources. New Challenges and Emerging Regimes. A Tribute to Judge Choon-Ho Park* (Brill, 2013), p. 172.

[40] McDorman, *supra* note 17, p. 322.

する。こうしたいわば受け身の状況で CLCS は、大陸棚およびその外縁の設定について沿岸国が有するより大きなさまざまな権限に直面することになる。自国の大陸棚の限界を決定する究極的な権限は沿岸国にあるのであり、他方で CLCS は、国連海洋法条約に基づくみずからの勧告を沿岸国に要求できるほど政治的機関と密接な組織上の関係があるわけではない。それゆえ、CLCS は沿岸国に自国大陸棚の最終的な決定を委ねざるを得ず、またそうした決定によって当該沿岸国と他の国との間に大陸棚の境界画定に関する紛争が生じた場合には、関係国すべてが同意する紛争処理手続を通じて解決が求められることになる。

　このように CLCS の 2 つの主要な任務、すなわち沿岸国から提出された情報を検討して当該沿岸国に勧告を行うことと、科学的技術的助言を与えることからすると、沿岸国と CLCS の関係の基本的性質は協力関係であって競合関係ではないということができる[41]。したがって、CLCS が、200 カイリ以遠の大陸棚を主張する沿岸国から提出された情報やデータを検討し、さらに当該沿岸国との間で実りある対話を行うことを求め、こうした対話を通じて一定の成果を上げることを強調することは決して理不尽ではない[42]。確かに、国連海洋法条約第 76 条と関連してその任務を遂行する際には同条の解釈作業を含めざるを得ず、その意味で CLCS の活動が司法的な作用に関係する余地がないわけではないであろう。しかし、CLCS は具体的紛争を法的拘束力ある判断で解決する機関ではなく、そのような司法機関となるように制度設計されてはいない。CLCS は司法機関ではないし、そのようになることも期待されてこなかったのである[43]。

---

41) Suzette V.Suarez, "The Commission on the Limits of the Continental Shelf and its Function to Provide Scientific and Technical Advice", *Chinese JIL*, Vol. 12 (2013), p. 349.

42) Vladimir Jares, "The Work of the Commission on the Limits of the Continental Shelf", in Davor Vidas (eds.), *Law, Technology and Science for Oceans in Globalisation. IUU Fishing, Oil Pollution, Bioprospecting, Outer Continental Shelf* (Martinus Nijhoff, 2010), p. 475. 現実には、沿岸国は正式に CLCS に助言を求めることはなく、むしろ CLCS の委員や前委員に助言を求めることが多いという。Sari Graben & Peter Harrison, "Artic Networks and Legal Interpretations of the UN Commission on the Limits of the Continental Shelf", *Leiden JIL*, Vol. 28 (2015), p. 788.

43) Alexei Zinchenko, "Emerging Issues in the Work of the Commission on the Limits of the Continental Shelf", in Myron Nordquist, John N.Moore & Tomas Heidar (eds.), *Legal and Scientific Aspects of Continental Shelf Limits*

(2) CLCSと政治過程との間の関係

しかしながら、以上のような観点からすると、CLCS がその任務を遂行する国連海洋法条約の枠組にはまだ改善の余地がある。

この点に関連してまず指摘しておかなければならないことは、国連海洋法条約の下で大陸棚の設定を行う場合の政治過程と CLCS との間の関係が何らかのかたちで強化される必要があるということである。確かに、個別の政治的判断から有害な影響を受けないようにするために政治的機関から一定の距離を保つようにできているということは、科学的技術的機関としての CLCS にとって合理的な制度であろう。しかしながら、CLCS の勧告は、これに基づいて設定された沿岸国の大陸棚の限界について一定の正当性を付与することになる。それは、大陸棚の境界画定問題で勧告に従った大陸棚の限界の設定が、相手国に対して対抗力を持ちうるというかたちで法的には評価されるであろうし[44]、場合によっては訴訟手続上、紛争当事国が CLCS に申請を行っていないことから大陸棚に対する権利を証明する証拠が不十分であることを理由に裁判所が判断を控えるということも起こりうる[45]。主権的権利の限界を画す境界画定の前段階として沿岸国により大陸棚の限界が申請され、沿岸国により大陸棚が設定される過程がきわめて政治的である以上、CLCS の勧告が沿岸国の申請への正当化付与機能を有することで、CLCS もまた政治的な過程に、好むと好まざるとにかかわらず、関与していくことになるのである[46]。

(Martinus Nijhoff, 2004), p. 225.

[44] *Bangladesh / Myanmar* case, *supra* note 2, pp. 106-107, para. 407.

[45] ニカラグアとコロンビアとの間の領域海洋紛争事件において、国連海洋法条約の当事国ではないコロンビアは CLCS への情報を提供せず、またニカラグアは CLCS に「予備的情報 (Preliminary Information)」は提出していたものの、正規の情報の提供は行わず、口頭弁論でもコロンビアの大陸棚と重複する大陸棚縁辺部の存在を証明しなかった。このため ICJ は、ニカラグアの要請による両国間の大陸棚の境界画定を行う立場にないと判断した。*Territorial and Maritime Dispute (Nicaragua v. Colombia), Judgment, ICJ Reports 2012*, pp. 668-669, paras.126-130. ただし、大陸棚の限界を設定するプロセスと大陸棚の境界画定は本来別個のプロセスなのだから、CLCS への情報提供や CLCS の勧告がなくても、沿岸国が設定した大陸棚の限界に関連して生じる重複区域の大陸棚境界画定について、他の条件がそろえば裁判所が判断を下すことは当然ありうるであろう。*Bangladesh / Myanmar* case, *supra* note 2, pp. 106-107, paras.407-410.

[46] Tiago Figueiredo Santos Martins, "Power and Science in the context of the Commission on the Limits of

CLCSがこうした政治過程に巻き込まれやすい状況は、沿岸国による申請をCLCSが検討する実際のプロセスにおいて明らかとなる。CLCSが提出された延長大陸棚に関していったん勧告を行い、これに対して申請を行った沿岸国が新たなまたは改訂された申請を行わないと、そこから先に進んでCLCSはその限界を画定するプロセスにおいて重要な役割を演ずることはできない[47]。もしそうだとすれば、CLCSが行った勧告が、国連海洋法条約における延長大陸棚の限界を設定する枠組みの中で、政治的機関によりいかに実施に移されているかについて検証されることも考えていいかもしれない。そうした機関はさらに、IWCとIWC-SCとの間の関係のように、CLCSが国連海洋法条約第76条を解釈する際に有用と考えられる一定の基準やガイドラインを指示することも期待されるであろう。

　組織上の観点からすると、とくに大陸棚の外縁の設定などに関連した決定や検証を政治的機関が行う場合、これを国連海洋法条約の締約国会議の権限とすることが考えられるかもしれない。新しい機関を設置するために国連海洋法条約の改正を行うことは非現実的であり、およそ不可能だからである。ただし、米国など有力な海洋国が国連海洋法条約の締約国になっていないこと、締約国会議が国連事務局の支援や国連の予算で開催されることなどを考慮すると、延長大陸棚の問題も含め、条約上の問題を解決するには国連システム、とりわけ国連総会との関係を抜きにして締約国会議とCLCSの関係は議論できない[48]。実際には、海洋法に関する問題が国連内では「国連海洋・海洋法非公式協議プロセス（UNICPOLOS）」において議論され、その内容は国連総会に報告されている。このため、締約国会議が、CLCSのほか、国連総会ともより密接かつ補完的な関係を構築して、大陸棚の設定について一定の政治的役割を担えるようにすることも考えるべきであろう[49]。

　しかしながら、大切なのは、そうした政治的機関の権限はそれほど強いも

---

the Continental Shelf", OCEANS 2015, IEE Xplore Digital Library, at http://ieeexplore.ieee.org/xpls/abs_all.jsp?arnumber=7271502&tag=1 (as of August 9, 2016).

47) Alex G.Oude Elferink, "The Continental Shelf beyond 200 Nautical Miles: The Relationship between the CLCS and Third Party Dispute Settlement", in Oude Elferink & Rothwell (eds.), *supra* note 21, p. 119.

48) Harrison, *supra* note 25, pp. 388-390.

49) Oude Elferink, *supra* note 21, pp. 306-310.

のとはせず、主張される大陸棚についての沿岸国の主権的権利をできるだけ尊重するようにしなければならないということである。したがって、こうした機関にはCLCSの勧告を遵守するよう沿岸国に命じるような権限を持たせるべきではなく、せいぜいのところ、沿岸国により提出された情報やそれに基づく当該沿岸国の活動などを検討し、CLCSの勧告が実施されているかどうかを監視することに限られるであろう。むしろより重要なのは、この種の機関が、何らかの解釈やガイドラインを採用して、国連海洋法条約第76条や同条約附属書Ⅱの関連規定の文言の意味を明確にすることである。たとえばそれは、大陸棚の境界画定紛争に関するITLOSやICJ、その他仲裁などの判決や裁定を第76条の下での大陸棚の定義に関する規則に適合させるようなことが期待されるのである[50]。

このように、政治的機関は、関係する司法判決や仲裁裁定が明確にした基準を、大陸棚の定義を適用するための具体的な法規則やガイドラインに変換することにより、司法機関と科学的技術的機関を結び付ける装置の役割を果たしうる。CLCSがそうした政治的機関と組織上および規範上の協力関係を拡大することは、今後の検討に値する課題であろう。

(3) 司法機関によるＣＬＣＳの解釈の確認作業の必要性

CLCSの作業が国連海洋法条約第76条の解釈を含まざるを得ず、しかもそれが必ずしも最終的なものではない以上、それに基づくCLCSの勧告とは異なる大陸棚の限界の設定を沿岸国が行った場合、必然的にCLCSと沿岸国との間で関連規定の文言の解釈について対立が生じていることになる。その結果、CLCSと沿岸国の間で延長大陸棚の限界につき合意ができない場合にいかなることが起こるか、そしてどのようにこの対立を解消させるかということ

---

[50] たとえば、国連海洋法条約附属書Ⅱ第4条は沿岸国による大陸棚の「限界についての詳細」を「できる限り速やかに、いかなる場合にも10年以内に」提出するよう定めているが、締約国会議は、「詳細」ではなく「大陸棚の外側の限界を示す予備的な情報」を提出することで時間的要件は充たされると判断し、条約制度を変更する決定を行っている。James Harrison, *Making the Law of the Sea. A Study in the Development of International Law* (Cambridge U.P., 2011), pp. 80-81. こうした活動内容を見ると、規範面での締約国会議の権限には、条約上の文言の定義に関する解釈も含まれると解する余地はありうる。

が不明確であるといわれてきた[51]。そのような場合、CLCSが司法機関に当該解釈の内容やみずからの解釈権限の妥当性について判断を求めたり、CLCSと当該沿岸国との間の解釈内容や解釈権限をめぐる紛争についていずれか一方が司法機関に解決を求めたりできるような手続が望ましい。とくに国連海洋法条約システムの下で設置されている条約機関で第76条を適用し解釈するのはITLOSとCLCSであり、両機関がそうした活動を通じてそれぞれの機能を補完することはきわめて重要である[52]。

また、第76条の解釈・適用をめぐるこうした対立は、CLCSと沿岸国との間の関係に限られるものではない。沿岸国による延長大陸棚の設定次第では、隣接する他の沿岸国の大陸棚との重複も起こりうるであろうし、延長大陸棚の拡大により深海底が狭められる結果となれば、これを管理する国際海底機構が国際社会全体の利益を擁護して深海底の保護のためにそうした大陸棚の設定を争う可能性も生じえよう[53]。ここでもそうした大陸棚設定の前提となるCLCSの権限や解釈に関して法的な判断が必要となる状況が生起することがある以上、争訟手続のような紛争解決メカニズムや[54]、勧告的意見手続のような法的事態の内実を確認する制度と[55]、CLCSとの関係を構築する必要があるも

---

51) Andree Kirchner, "The Outer Continental Shelf: Background and Current Developments", in Tafsir Malick Ndiaye & Rüdiger Wolfrum (eds.), *Law of the Sea, Environmental Law and Settlement of Disputes. Liber Amicorum Judge Thomas A. Mensah* (Brill, 2007), pp. 599-600.

52) Jensen, *supra* note 6, p. 175.

53) Nelson, *supra* note 13, p. 1252. 沿岸国による大陸棚の過度の延長が深海底を棄損し国際社会の利益を害する場合、民衆訴訟の導入に懐疑的な諸国の懸念を緩和するために、関係国が、国際社会の利益のため深海底の範囲を保護する際に、自国の利益の侵害を紛争主題とすることもあり得よう。Rüdiger Wolfrum, "The Role of International Dispute Settlement Institutions in the Delimitation of the Outer Continental Shelf", in Rainer Lagoni & Daniel Vignes (eds.), *Maritime Delimitation* (Brill, 2006), pp. 30-31.

54) 争訟手続での問題の1つは、CLCSの手続が沿岸国間の大陸棚境界画定紛争に関する裁判所の管轄権に影響を与えうるということである。前述のように、CLCSに紛争当事国が延長大陸棚を申請していない場合、境界画定の判断を行う証拠が不十分として裁判所が管轄権を行使しない場合も生じうる。国連海洋法条約ではCLCSとこうした沿岸国間の延長大陸棚境界画定紛争の解決手続の関係が明示されておらず、現実にはCLCSの勧告がこうした紛争解決で重要な役割を演じることからも、国連海洋法条約システムにおけるCLCSと紛争解決手続との関係を整理する必要がある。Øystein Jensen, "Maritime Boundary Delimitation Beyond 200 Nautical Miles: The International Judiciary and the Commission on the Limits of the Continental Shelf", *NJIL*, Vol. 84 (2015), p. 604.

55) たとえばITLOSの勧告的意見の権限は国連海洋法条約やその議定書に明示に規定されていないため、不明確だとされる。サブリージョナルな漁業委員会（SRFC）が提出した勧告的意見の要

のと思われる。

　国連海洋法条約第76条は科学的な用語を含んでいることから、科学技術の発展と新たな科学的知見の獲得により同条とそこに規定された概念は時間とともに発展していく。すなわち、第76条とそれが定める諸概念は発展的性格を有するものであり、起草された当時の諸国の意図を越えてそれとは異なる内容として解釈される可能性を多分に含んでいる[56]。その意味で、条約起草時の合意内容に依拠した法的安定性と現実の適用過程における概念の発展との相克により、この規定はどの関係者によってもその解釈が分かれる危険を内包していることになる。それゆえにこそ、最終的な有権的解釈を与えるような司法機関や司法手続が整備されることが望ましいのである。

　こうした司法機関の判断とCLCSの機能とを制度上有機的に接合させることにより、CLCSの組織上の特徴である科学的技術的機関としての役割を司法判断による解釈が補強するようなメカニズムを構築することが期待される。こうした司法機関の利用とその司法判断は、法律家を委員として含まないにもかかわらず、国連海洋法条約第76条の解釈・適用をその任務としなければならないというCLCSの特徴を外在的に補うことになるからである。そしてそれは、翻って、CLCSが機能を行使する環境を整備することになり、国連海洋法条約システムにおけるCLCSの位置づけの明確化にもつながることになろう。とりわけITLOSが紛争解決手続を通じ、CLCSの機能を補完して現実の紛争の解決に資することは、国連海洋法条約を効果的に実施させることに

請に関してITLOSは、2015年4月2日、SRFC加盟国管轄権下の海域内での海洋資源のアクセスおよび開発のための最小限の条件の決定に関する条約（MCA条約）第33条で規定された勧告的意見の要請手続（SRFC閣僚会議がSRFC事務局に対し、ITLOSに勧告的意見を求めるため法律問題をITLOSに付託することを許可しうるという手続）に基づき、勧告的意見をSRFCに与えた。*Request for an Advisory Opinion Submitted by the Sub-Regional Fisheries Commission (SRFC) (Request for Advisory Opinion submitted to the Tribunal) Advisory Opinion of 2nd April 2015*, para. 69 at https://www.itlos.org/fileadmin/itlos/documents/cases/case_no.21/advisory_opinion/C21_AdvOp_02.04.pdf (as of August 9, 2016). こうしたITLOSの勧告的意見手続における人的管轄権の拡大は、CLCSによる勧告的意見の要請を制度上可能としうることを示唆している。Tom Ruys & Anemoon Soete, "'Creeping' Advisory Jurisdiction of International Courts and Tribunals? The Case of the International Tribunal for the Law of the Sea", *Leiden JIL*, Vol. 29 (2016), pp. 175-176.

56) 兼原敦子「200海里を超える大陸棚の限界設定をめぐる一考察」村瀬信也・江藤淳一共編『海洋境界画定の国際法』（東信堂、2008年）121頁。

もなり、同条約による海洋のガバナンスという観点からも重要と考えられるのである[57]。

5　おわりに

　本章は、CLCS の機能を確認してその改善点を明確にするために、同種の科学的技術的条約機関である IWC-SC との比較の上でその作業を行った。こうした比較方法が CLCS の機能の再検討にとってどれだけ有用であるかについては別途検証が必要であろう。IWC-SC は国際捕鯨取締条約という法的枠組みの中でその独特の特質を備えることになったのであり、そしてこのことは同様に国連海洋法条約のシステム内に位置付けられる CLCS の場合にも当てはまるからである。

　しかし、CLCS と IWC-SC のそれぞれの組織上および規範上の特徴を検討することによって、政治過程がこうした科学的技術的機関の活動に対しても多かれ少なかれ影響を与えていることが確認されるように思われる[58]。現状の体制を維持し続けるのであれば、CLCS は、みずからに課せられた科学に関する任務にあくまでコミットすることと、沿岸国の主権的権利を害することをできるだけ回避することとの間でバランスをとり続けることが困難となる事態も生じるであろう。それは、国連海洋法条約の適用可能な関連規定、とりわけ第 76 条の文言や概念を、意識的にか無意識的にかはともかく、法的に解釈することによって顕在化することになりかねない[59]。重要なのは、CLCS を他の機関と組織上および機能上結び付けて、より効果的な作業を行える環境を整備することであろう。

　本章で見てきたように、CLCS はあくまでも科学的技術的機関であり、本

---

[57] Bing Bing Jia, "Effect of Legal Issues, Actual or Implicit, upon the Work of the CLCS: Suspensive or without Prejudice?", *Chinese JIL*, Vol. 11 (2012), p. 110.

[58] CLCS について、Annick de Marffy Mantuano, "La fixation des dernièrres limites maritimes: Le role de la Commission des limites du plateau continental", in *La Mer et Son Droit. Mélanges offerts à Laurent Lucchini et Jean-Pierre Quéneudec* (Pedone, 2003), p. 400.

[59] 国連海洋法条約第 76 条の解釈が CLCS の任務遂行に必要である限りで、この解釈問題を扱う権限が CLCS にはあると推定されなければならないという。"Second Report, Legal Issues of the Outer Continental Shelf, ILA Toronto Conference (2006)", in the *ILA Report of the Seventy-Second Conference, 2006*, p. 229.

質的には、国連海洋法条約で定められた基準から沿岸国が逸脱しないように技術的にその行動を確保することをその任務としているとされる[60]。しかし、CLCS の機関としての性格を科学的技術的機関ととらえるか、ハイブリッドな性格を有する機関ととらえるかはともかく[61]、国連海洋法条約システムにおける他の機関との有機的な制度上の連携を望ましいことであり、同条約に明示の規定はないとしても、これらの機関は相互補完的に機能を行使することが予定されているとみなければならない[62]。国連海洋法条約における CLCS の役割を効果的に実現していくためには、依然として改善の余地が残されているのである。

---

60) Frida M.Armas-Pfirter, "Submissions on the Outer Limit of the Continental Shelf: Practice to Date and Some Issues of Debate", in Vidas (eds.), *supra* note 42, p. 498.
61) Jensen, *supra* note 6, p. 182.
62) Magnússon, *supra* note 24, p. 116.

第 14 章　大陸棚延伸と大陸棚限界委員会手続規則の問題点
――日本の延伸申請を素材として――

西村　弓

1　はじめに
2　日本の大陸棚延伸申請をめぐる経緯
3　勧告先送りの正当性―CLCS 手続規則の問題性
　(1) CLCS 手続規則
　(2) 手続規則と海洋法条約の非整合性
　(3) 同意要求の含意
4　手続規則の正当化可能性
　(1) 実体的正当化可能性
　(2) 手続的正当化可能性
5　おわりに

1　はじめに

　国連海洋法条約（以下、「海洋法条約」）第 76 条 1 項によれば、「沿岸国の大陸棚とは、当該沿岸国の領海を越える海面下の区域の海底及びその下であってその領土の自然の延長をたどって大陸縁辺部の外縁に至るまでのもの又は、大陸縁辺部の外縁が領海の幅を測定するための基線から 200 海里の距離まで延びていない場合には、当該沿岸国の領海を越える海面下の区域の海底及びその下であって当該基線から 200 海里の距離までのものをいう」。すなわち、いずれの沿岸国も沿岸基線から測って最低限 200 カイリまでの大陸棚に対して権原を有するが、海底の地質学的構造次第では、200 カイリを超えて延伸大陸棚を有しうることになる。大陸縁辺部の外縁の定義や限界の測り方については第 76 条 3～7 項に規定される。

　もっとも、自国沖の大陸棚が延伸しているか否かの決定を関係沿岸国の判断のみに任せれば、条約が定める条件を満たさない海域についてまで過度な主張がなされ、その結果として大陸棚の外側に広がる深海底の面積が相対的に減少する事態が生じかねない。海洋法条約上、深海底およびその資源は、「人

類の共同の財産」と性格づけられ(第136条)、深海底資源の探査・開発は、国際海底機構との契約によって鉱区を得た者のみが、国際海底機構が定める規則にのっとって行うことができる。深海底とその資源の活用にあたって人類全体の利益を考慮しようとするこの試みも、しかしながら、沿岸国が埋蔵資源について主権的権利を有する大陸棚が過度に延伸されることによって意義を減ずる危険性がある。

そこで、海洋法条約は、大陸棚の延伸の有無を科学的な客観性に依って判断するためのシステムを設けた。すなわち、海洋法条約下において、自国沿岸の大陸棚が200カイリを超えて延伸していると主張する「沿岸国は、領海の幅を測定するための基線から200海里を超える大陸棚の限界に関する情報を、衡平な地理的代表の原則に基づき附属書Ⅱに定めるところにより設置される大陸棚の限界に関する委員会に提出する。この委員会は、当該大陸棚の外側の限界の設定に関する事項について当該沿岸国に対し勧告を行う。沿岸国がその勧告に基づいて設定した大陸棚の限界は、最終的なものとし、かつ、拘束力を有する」のである(第76条8項)。こうして、大陸棚の限界に関する委員会(CLCS;以下、「限界委員会」)による勧告の手続は、延伸大陸棚の設定と深海底の範囲の確定にとって重要な役割を担うこととなっている。

しかしながら、後述するように、日本の申請への対応をめぐっては、同委員会の手続が抱える問題点が浮き彫りとなった。本稿は、日本の申請に対する大陸棚限界委員会の勧告の内容を分析し、限界委員会手続の意義についてあらためて検討することを試みるものである[1]。

2 日本の大陸棚延伸申請をめぐる経緯

2016年4月までに大陸棚限界委員会には77件の延伸にかかる申請が提出

---

[1] 筆者は、本問題を検討課題とする大陸棚国際情報発信研究会(日本水路協会主催、2013-2016年)の場において田中則夫教授からさまざまにご教示を賜った。先生のご冥福を祈るとともに、この場を借りてあらためて心から感謝の意を表したい。なお、本稿は、拙稿「日本の大陸棚延伸をめぐる法的問題」日本エネルギー法研究所『エネルギーをめぐる国内外の法的問題の諸相―平成25-26年度エネルギーに関する国際問題検討班報告書―』(近刊)に加筆を行ったものである。

されている[2]。日本は、2008年11月12日に、海洋法条約第76条にしたがって、小笠原海台海域（Ogasawara Plateau Region; OGP）、四国海盆海域（Shikoku Basin Region; SKB）、沖大東海嶺南方海域（Southern Oki-Daito Ridge Region; ODR）、南硫黄島海域（Minami-Io To Island Region; MIT）、南鳥島海域（Minami-Tori Shima Island Region; MTS）、茂木海山海域（Mogi Seamount Region; MGS）、九州パラオ海嶺南部海域（Southern Kyushu-Palau Ridge Region; KPR）の合計7つの海域について、大陸棚限界委員会に延伸に関する科学的データを提出した[3]。

日本による申請に対しては、米国、パラオ、中国および韓国から、それぞれ限界委員会に対して口上書が提出されている。米国の口上書は、同国が日本と潜在的に重複する延伸大陸棚を有すること、しかしながら、限界委員会による勧告が米国の延伸大陸棚の限界や米国と日本の間の大陸棚の境界画定に影響を与えない限り、日本による申請に対して異議を唱える意思はないことを伝えるものであった[4]。パラオによる口上書もほぼ同一の内容である[5]。

他方、中国および韓国による口上書は、日本が一部の延伸についてその基点としている沖ノ鳥島が海洋法条約第121条3項に規定する岩であって排他的経済水域や大陸棚を有しないと主張して、同島を基点とする延伸大陸棚の申請については勧告を出さないことを求めるものであった[6]。海洋法条約第121条によれば、「島とは、自然に形成された陸地であって、水に囲まれ、高潮時においても水面上にあるもの」をいい（1項）、「島の領海、接続水域、排他的経

---

[2] 各国による申請及びおよびこれに対する委員会手続の進行状況の一覧については、下記を参照。http://www.un.org/Depts/los/clcs_new/commission_submissions.htm

[3] 申請書じたいは公表されない。申請書概要については、下記参照。http://www.un.org/Depts/los/clcs_new/submissions_files/jpn08/jpn_execsummary.pdf

[4] Communication by the United States dated 22 December 2008. 米国によれば、米領北マリアナ諸島パハロス（Farallon de Pajaros）島から延伸する大陸棚と日本が申請している延伸大陸棚が重複する可能性があるという。なお、以下のものも含め、日本の申請に対する各国による反応については、大陸棚限界委員会の下記ウェブサイトに掲載されている。http://www.un.org/Depts/los/clcs_new/submissions_files/submission_jpn.htm

[5] Communication by the Republic of Palau dated 15 June 2009. パラオによれば、パラオから北東方面に延伸する大陸棚とKPR海域が重複するという。

[6] Communication by China dated 6 February 2009; Communication by the Republic of Korea dated 27 February 2009; Communication by China dated 3 August 2011; Communication by the Republic of Korea dated 11 August 2011.

済水域及び大陸棚は、他の領土に適用されるこの条約の規定に従って決定される」(同2項)。ただし、「人間の居住又は独自の経済的生活を維持することのできない岩は、排他的経済水域又は大陸棚を有しない」(同3項)。中国および韓国は、沖ノ鳥島が上記3項にいう「岩」に該当し、そもそも大陸棚を有しないため、沖ノ鳥島を基点とした大陸棚延伸は認められないと主張するのである。こうした中韓の口上書に対して、日本は、これらの口上書は両国がとる海洋法条約121条の解釈を示すものであるが、限界委員会は、延伸の条件を定めた海洋法条約第76条以外の海洋法条約の規定について解釈を行う権限を持たず、したがって勧告作成にあたってこれらの口上書を考慮に入れないように限界委員会に対して要請した[7]。日本によれば、限界委員会が、両口上書に示された中韓の立場に配慮して延伸についての勧告を回避するとすれば、そのことじたいが一定の条約解釈と考えられるのであって、限界委員会にはそうした解釈を示す権限はないという[8]。

　以上の経緯を受け、大陸棚限界委員会は、第24会期(2009年)の議長声明において、①委員会が海洋法条約第121条に関する解釈権限を持たないこと、②委員会の任務は沿岸国から提出された延伸大陸棚に関するデータを検討し、同条約第76条に従って勧告を下すことにあること、③したがって委員会による検討は海洋法条約第76条と同附属書IIに関する事項に限定されるのであって海洋法条約の他の規定の解釈等には及ばないことの3点を確認したうえで、日本の申請について検討を進めるための小委員会(sub-commission)を設置した[9]。組織された小委員会は、3年間をかけて日本が申請した上記の全7海域に関して延伸の有無と程度を示す勧告案を作成している。

　2012年4月9日に限界委員会の全体委員会によって下された勧告においては、申請海域のうちMIT、OGP、ODR、SKBの4海域については申請通りまたはその面積を一部縮小するかたちで合計およそ31万平方キロメートルの延伸を肯定し、MTS、MGSの2海域については条約の条件を満たす延伸は存在

---

7) Communication by Japan dated 25 March 2009.
8) Communication by Japan dated 26 August 2009. その後も日本は自国の見解を説明する書簡を限界委員会に送付している。Communication dated 9 August 2011; Communication dated 9 April 2012.
9) CLCS/64 (2009), paras. 23-25.

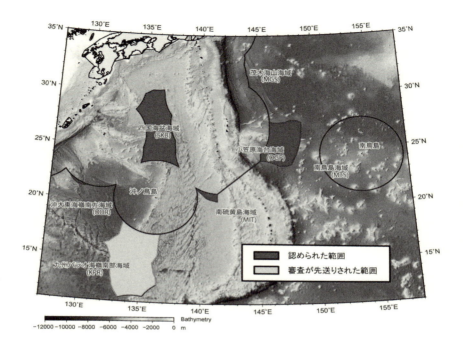

図1 日本に対する延伸大陸棚の勧告

出典：内閣官房総合海洋政策本部「我が国大陸棚延長に関する大陸棚限界委員会の勧告について」
http://www.kantei.go.jp/jp/singi/kaiyou/dai9/siryou4.pdf

しないとの判断が下された (**図1**)[10]。このうち他国の延伸大陸棚と重複する可能性がない ODR 及び SKB の2海域については、延伸大陸棚を設定する政令が 2014 年 10 月 1 日に施行されている。しかしながら、KPR 海域については、大陸棚限界委員会は、「諸口上書で言及された問題が解消するまでの間、KPR 海域について勧告を下す立場にない (it will not be in a position to take action to make recommendations on the KPR region until such time as the matters referred to in the notes verbales

---

10) 限界委員会による勧告の概要については、下記に公表されている。http://www.un.org/Depts/los/clcs_new/submissions_files/jpn08/com_sumrec_jpn_fin.pdf. KPR 海域に関する決定については、para. 20 を参照。日本の申請と限界委員会による勧告の経緯の全体については、加地良太「沖ノ鳥島を基点とする大陸棚限界延長申請への勧告―国連大陸棚限界委員会の審査手続と中国・韓国の口上書―」『立法と調査』No. 335 (2012 年) 3-16 頁も参照。

have been resolved)」と述べ、延伸の有無についての勧告が見送られることとなった。

3　勧告先送りの正当性──ＣＬＣＳ手続規則の問題性──

　KPR海域についての判断先送りという大陸棚限界委員会による対応は、国際法上どのように評価されるだろうか。

(1)　ＣＬＣＳ手続規則

　大陸棚限界委員会は、何を根拠として KPR 海域に関する判断の先送りを決定したのだろうか。その任務遂行にあたり、限界委員会は手続規則 (Rules of Procedure of the Commission on the Limits of the Continental Shelf) を採択し、延伸の審査にかかる自らの内部手続について定めている。同規則の第46規則1項は、「向かい合っているか若しくは隣接している海岸を有する国の間における紛争、又は他の未解決の領土若しくは海洋の紛争が存在する場合、申請は、本手続規則附属書Ⅰに従って提出することができ、検討される」との規定を置き、同項がリファーする手続規則附属書Ⅰは、「領土又は海洋に関する紛争 (a land or maritime dispute) が存在する場合、委員会は、当該紛争に関するいかなる国が提出する申請についても、検討し評価してはならない。ただし、当該紛争の全ての当事国が事前に同意を与えている場合には、委員会は、当該紛争の下にある一又は二以上の申請を検討することができる」と定める (5項(a))。この規則によれば、領土または海洋に関する紛争が存在し、かつ、関係紛争当事国が申請の検討に同意を与えない場合に限って、委員会は申請を検討せずに判断を回避することが認められていることとなる。

　これまで、大陸棚限界委員会が、手続規則にしたがって、関係国による同意が得られない紛争海域が含まれることを理由に勧告を正式に先送りした例としては、フォークランド／マルヴィナス島を基点とするアルゼンチンによる申請を挙げることができる。アルゼンチンとの間に同島をめぐる領有権紛争を抱える英国による不同意に直面した限界委員会は、「手続規則にのっとり、委員会は紛争 (dispute) が存在する海域については申請を検討し評価する立場に

ない」という表現ぶりで、アルゼンチン申請海域のうち、フォークランド／マルヴィナス島を基点とする部分については小委員会による検討を行わないことを決定している[11]。

KPR 海域に関する勧告回避も、同様にこの規定に根拠をおくものだろうか。この点について、典型的な事例と比べると、KPR 海域の取り扱いについては、果たして手続規則にのっとった処理がなされたのかについて疑問が生ずる。第1に、フォークランド／マルヴィナス島関連海域については、英国の不同意に鑑みて延伸の有無の検討じたいが行われていないが、KPR 海域については、最終的な勧告は採択されなかったものの、小委員会による科学的な検討がなされている点において、第46規則に該当する場合には申請の評価のみならず検討もしてはならないとする手続規則の内容に合致しない。また、第2に、KPR 海域については、上述のように「問題 (matters) が解消する (resolve) までの間」は勧告を下さないという判断が示されており、手続規則上の「紛争 (dispute)」という用語や、紛争の「解決 (settle)」という表現が避けられている。これらの点に照らせば、限界委員会が手続規則に正式にのっとった対応を行ったのか、KPR に関する委員会判断の位置づけには不明確な点がある。

しかしながら、手続規則上は、第46規則に基づかなければ、申請を議題として取り上げながら勧告を差し控える根拠がない[12]。限界委員会が手続規則に

---

11) CLCS/64 (2009), para. 76. なお、同事案においては、申請国アルゼンチンも英国との間に領有権紛争が存在することを認めていた。

12) 限界委員会のこれまでの事例の中には、他国からの口上書が申請海域における紛争について手続規則附属書 I 第5項 (a) を援用したことに触れ、「口上書や意見表明に留意して、申請および口上書についての検討を申請受領順に従って検討の次の順序が回ってくるまで先送りにすることを決定する」といった表現を用いて、他国から不同意が示された海域についての検討の見送りを行う例も見られる（たとえば、Hatton Rockall 海域に関する英国の申請とこれに対するアイスランド及びデンマークによる口上書について CLCS/64, para. 46; パラオによる申請とこれに対するフィリピンによる口上書について CLCS/68, para. 31）。こうした事例については、手続規則を適用して判断回避の決定をするかどうかの判断じたいも含めて何らの決定も下さずに検討順の機械的な先送りが行われたと理解する余地もある。しかしながら、KPR 海域に対する限界委員会の対応は、本文でも指摘したように、第1に設置された小委員会が KPR 海域における延伸の有無についても具体的な検討を行っている点、第2に、一方で「紛争」等の用語を避けつつ、他方で、単に機械的に検討の順番を先送りにするだけではなく、何らかの「解消」が生ずるまで判断はなされないことが示されている点において、これらの先例とも異なっている。

のっとって対応を行ったと仮定すれば、「紛争」の存在を前提として、関係国の同意が得られなかったため判断を控えたと説明するほかはないことになろう。しかし、日本の申請に関する限界委員会の対応をそのように理解したとき、以下に述べるように手続規則じたいが問題を孕むことが浮かび上がる。

(2) 手続規則と海洋法条約の非整合性

　海洋法条約第76条8項において、大陸棚限界委員会は、大陸棚の外側の限界の設定に関する事項について「沿岸国に対し勧告を行う(shall issue recommendations)」義務を負う。また、同10項は、「この条の規定は、向かい合っているか又は隣接している海岸を有する国の間における大陸棚の境界画定の問題に影響を及ぼすものではない」として、延伸大陸棚についての委員会の勧告が大陸棚の境界画定に影響しないことを確認している。これらのことは、限界委員会の設置および手続についてより詳細に定める海洋法条約附属書Ⅱにおいても同様に確認されている。すなわち、附属書Ⅱは、第3条1項で沿岸国提出データを検討して延伸について勧告を行うという委員会の任務を規定した上で、第9条において「委員会の行為は、向かい合っているか又は隣接している海岸を有する国の間における境界画定の問題に影響を及ぼすものではない」とする。

　こうしたディスクレイマー規定は、たとえば、境界未画定海域における暫定取決めが将来の画定線に影響しない旨を断る海洋法条約第83条3項などを参照してもみてとれる通り、通常は、何らかの行動を行う際に当該行動が他の問題に対して影響を与えないことを確認するために設けられる。すなわち、大陸棚の限界の確認に関する委員会の手続は、大陸棚の境界画定の問題に影響を及ぼすものではないことを断る条約第76条10項および附属書Ⅱ第9条は、大陸棚に対する複数国の権原がオーバーラップする境界未画定海域についても委員会が勧告を出すことを前提としているからこそ設けられていると考えられる。

　大陸棚限界委員会の任務は、沿岸国が第76条の規定の条件に合致しない過度の延伸を主張して、大陸棚の外側に広がる人類の共同財産たる深海底を浸食することを防ぐために、当事国が提出する資料に対して科学的見地から

分析を加えて、大陸棚の限界設定について一定の客観性を確保することにある [13]。これに対して、限界委員会によって確認された延伸部分を隣接あるいは相対する国家間でどのように分割するかは、延伸の確定それじたいとは別の段階の作業である [14]。すなわち、大陸棚の延伸に関して沿岸国が提出するデータの科学的見地からの評価と大陸棚の境界画定に関する法的な紛争の処理は、相互に異なる作用であって、海洋法条約のもとでは両者間は直接には関係しないと捉えられている。海洋法条約第76条10項と同附属書II第9条は、こうした趣旨を確認するものといえる [15]。

　以上の条約および附属書の枠組みに対して、限界委員会が採択した手続規則は異なるアプローチをとる。上述の手続規則第46規則は、1項で「向かい合っているか若しくは隣接している海岸を有する国の間における紛争、又は他の未解決の領土若しくは海洋の紛争が存在する場合、申請は、本手続規則附属書Iに従って提出することができ、検討される」と、2項で「委員会の行為は、国家間の境界画定に関する問題に影響を与えない」と定める。境界画定に関する紛争に加えて「他の未解決の領土若しくは海洋の紛争 (other cases of unresolved land or maritime disputes)」という新しいカテゴリーが加えられていることを除けば、この規定のみを参照した限りでは上述の海洋法条約およびその附属書IIの枠組みとの違いは一見存在しないようにみえる。しかし、第46規則1項が

---

[13] Bjarni M. Magnússson, *The Continental Shelf beyond 200 Nautical Miles: Delineation, Delimitation and Dispute Settlement* (Brill, 2015), pp. 50-51. Andrew Serdy, "The Commission on the Limits of the Continental Shelf and its Disturbing Propensity to Legislate," *IJMCL*, Vol. 26 (2011), p. 357.

[14] ベンガル湾境界画定事件において、ITLOS は、限界の確定（delineation）と境界画定（delimitation）は相互に独立して行われる別次元の問題であることを確認している。*Dispute concerning Delimitation of the Maritime Boundary between Bangladesh and Myanmar in the Bay of Bengal* (Bangladesh/Myanmar), ITLOS Judgment, 14 February 2012, para. 379.

[15] もっとも、「委員会の行為は…境界画定の問題に影響を及ぼすものではない（The actions of the Commission shall not prejudice…）」と規定する附属書II第9条は、条約第76条10項とは異なって、委員会による限界の検討と勧告は、事の性質上法的に境界画定に影響しないという事実を述べたのではなく、限界委員会に対して事実上境界画定に影響を及ぼしうる行動をとることを禁ずる趣旨であって、これを受けて委員会が手続規則附属書Iを採択したと解せないこともない。しかし、仮にそうであったとしても、同条が念頭におくのは「境界画定の問題」であって、手続規則がより広く「領土若しくは海洋の紛争」全般について関係国の同意を要求することを直ちには正当化しない。

第14章　大陸棚延伸と大陸棚限界委員会手続規則の問題点　407

リファーする手続規則附属書Ⅰを参照すると事態は変わる。とりわけ問題となるのは、先ほどもみたその5項である。5項 (b) は、申請および勧告は、陸地または海洋紛争の当事者の立場に影響を及ぼさないとして、条約と同様の確認をおく。しかし、他方で、同項 (a) は、紛争の当事者である全ての国が事前に同意した場合を除いて、「陸地または海洋紛争が存在する場合、委員会は紛争のいずれの関係国が行う情報提出も検討しない」として、勧告発出に紛争当事国の同意を要求する規定を新たに導入した。実際にも、第46規則に正式にのっとった判断が下されたか否かは措くとして[16]、限界委員会への申請に対して他国から異議申し立てがなされたことを契機として、委員会による検討・勧告が保留されている例は多く[17]、その結果として、延伸大陸棚の限界は設定されず、大陸棚に対する沿岸国の主権的権利・管轄権が行使できない状況が続いている。さらに、大陸棚の限界が設定されない以上、関連海域における深海底の範囲もまた確定されないこととなる。こうした結果を招く手続規則のアプローチは、先に確認した海洋法条約本体においてとられた考え方とは根本的に異なるのではないだろうか。

　条約およびその附属書は締約国の合意によって採択され、批准した締約国に対して拘束力を有する。これに対して手続規則は限界委員会が採択した委員会の内部規則であり、直接的には委員会のみを拘束する。条約上明文でそうした権限は与えられていないものの、委員会が自らの運営に必要な規則を作成することじたいは黙示的権限の行使として認められるだろう。しかし、委員会が自ら定めた一定の手続に従って行動する結果として、海洋法条約の趣旨と異なる影響が締約国にもたらされることとなるとすれば、直接的に締約国に対して拘束力を有しないからといって手続規則が問題性を持つことは否定できない。限界の確定を行う前に事前に関係国の同意を得ることが必要

---

16) 注12参照。
17) たとえば、ヴェトナムとマレーシアの共同申請については、中国およびフィリピンが不同意の意思を示した。ニカラグアによる申請に対しては、コロンビア、コスタリカ、パナマが同意をしていない。アイスランドは、デンマーク、アイルランド、英国による申請に、デンマークは英国およびアイルランドの申請に対して異議を申し立てている。フィジーによる申請はバヌアツに、ミャンマーによる申請はバングラデシュに、イエメンによる申請はソマリアによってブロックされている。日本も韓国および中国による申請に対して、不同意の口上書を送付している。

とされることによって、関係国間での協議・交渉が進み、境界画定やその他の紛争の解決の契機となるという積極的効果がもたらされる可能性はあるかもしれないが[18]、海洋法条約に書かれていない同意の要素を手続規則上に導入することは、条約が想定する委員会手続の枠組みやその存在意義と整合的だろうか。

(3) 同意要求の含意

　日本の申請をめぐる経緯からは、紛争が存在する海域については関係国の同意がなければ勧告を行わないという手続規則の考え方を採用した場合、関係国が紛争の存在について合意している場合はともかく、一方当事者のみが紛争の存在を主張し、特定の海域における紛争の存否じたいについて争いがある場合には誰が何を基準に紛争の存在を判断するのかという問題が生ずることが示唆される。

　限界委員会には紛争の存否に関する決定を行う権限は条約上明確には認められていない。より実質的な観点からも、紛争の存否について主体的な決定を行うことは、限界委員会の性格と整合しない。海洋法条約附属書 II によれば、大陸棚限界委員会は、「締約国が衡平な地理的代表を確保する必要性に妥当な考慮を払って締約国の国民の中から選出する地質学、地球物理学又は水路学の分野の専門家」である 21 人の委員で構成されるのであって（第 2 条 1 項）、法的な判断を行う専門性を有していないからである。

　この点、境界画定に関する紛争の存否に関しては、物理的に重複する大陸棚が存在しうるか否かは限界委員会によって判断されうるかも知れない。しかしながら、日本の申請をめぐる経緯は、関係国間で紛争の存否についての見解が分かれるような場合、手続規則にいう「紛争」が存在するかを判断し、紛争当事者の特定をするという作業には法的判断が必要な場合がありうることを明るみに出したといえる。すなわち、日本と中韓の間には、沖ノ鳥島が大陸棚を有しうる島であるかそれとも有しえない岩であるかをめぐり、海洋

---

18) Robert Volterra, "Problems Arising from Submissions by States to the CLCS in Relation to Disputed Areas: A Selective Survey of State Practice to Date," Clive R. Symmons ed., *Selected Contemporary Issues in the Law of the Sea* (Brill, 2011), p. 280.

法条約第121条の解釈・適用について見解の相違がある。しかし、この見解の相違が日本と中韓の間に手続規則がいう意味での「紛争」が存在することを意味するかについては、必ずしも自明ではない。境界画定紛争とは異なり、沖ノ鳥島を基点とする海域に対して中韓はオーバーラップする自国の大陸棚が存在しうることを主張しておらず、自国の主観的権利に対して生じうる悪影響を根拠に異議を申し立てているわけではない。中国は、岩を基点とした大陸棚延伸を認めれば、人類の共通財産たる深海底を浸食し、「平等で合理的な海洋秩序の維持に対する悪影響 (adverse impact on the maintenance of an equal and reasonable order for oceans)」[19] が生ずることを理由として検討を控えるように主張するが、そうした見解を有する個々の国家が延伸申請国との間で「紛争当事国」としての関係に入るかどうかは少なくとも自明ではない。たしかに常設国際司法裁判所 (PCIJ) のマブロマティス事件判決[20] が判示して以来、PCIJ および国際司法裁判所 (ICJ) の判例においては、「紛争」を「当事国間の法又は事実に関する不一致」、「法的見解又は利益の衝突」と解する広い定義がとられてきているが、これら国際裁判所の管轄権の有無を決定する上での「紛争」概念が当然に限界委員会における手続上の「紛争」概念と一致すべきであるとも限らない。限界委員会手続規則の起草過程は明らかではなく、そこでどのような議論がなされたのかは不明であるが、紛争が存在する場合に関係当事国の同意がなければ延伸の検討を行わないという定めの趣旨は、当該関係当事国の固有の権利に対して、勧告が法的にはともかくとしても事実上もたらしうる影響を懸念し、特別なセーフガードを用意することにあったと理解することも少なくとも可能だからである。

　実際、2009年の第19回締約国会合においては、一方では、手続規則上、中国、韓国による口上書に照らして沖ノ鳥島からの延伸部分については勧告を出すべきではないとする見解が、他方では、これらの国家の主観的権利に関わる問題を含まない第121条に関する見解の相違は条約の純粋な解釈問題にとどまり手続規則上の除外対象にかからないことを理由に、委員会は申請を検討

---

[19] http://www.un.org/depts/los/clcs_new/submissions_files/jpn08/chn_3aug11_e.pdf
[20] *Mavrommatis Palestine Concessions*, Judgment (Objection to the Jurisdiction of the Court), 30 August 1924, *PCIJ Ser.A*, No. 2, p. 11.

すべきとの見解が示され、海洋法条約締約国の間でもこの事案において手続規則が想定する意味での「紛争」が存在するかについて解釈が分かれている[21]。こうした見解の対立が存在することからもわかる通り、附属書にいう「紛争」の存否やいずれの国がある「紛争」の当事国といえるのかは必ずしも自明ではなく、法的に解釈されねばならない状況が存在しうる。地質学、地球物理学等の専門家集団であって、法的判断を行うバックグラウンドを持たない委員会に、そうした解釈を求めることは、その専門性という観点からみて不合理ではないだろうか[22]。

上記の第19回締約国会合では、こうした事態に直面して、この問題をどのように扱えば良いのかについて国際海洋法裁判所（ITLOS）に勧告的意見を求める案が出されたが、委員会や締約国会合にはITLOSに対して意見を諮問する権限が与えられていない[23]。また、勧告案の検討に対して異議が出された場合の対応については締約国会合の見解を求めるべきとの見解も出されたが、むしろ締約国会合による政治的な介入の余地を設けない方が良いという反対意見も示されており、そもそも現状ではそうした仕組みは導入されていない[24]。

このように、限界委員会が紛争の存否について判断する仕組みや専門性を欠いているにもかかわらず、手続規則は紛争が存在する場合について関係国の同意を求める。このことは、あらゆる国家に限界委員会による検討をブロッ

---

21) SPLOS/203 (2009), para. 76.

22) Alex G. Oude Elferink, "Submissions of Coastal States to the CLCS in Cases of Unresolved Land or Maritime Disputes," Myron H. Nordquist, John N. Moore and Tomas H. Heidar eds., *Legal and Scientific Aspects of Continental Shelf Limits* (Nijhoff, 2004), p. 266; Ted L. McDorman, "The Continental Shelf," Donald R. Rothwell *et al.* (eds.), *The Oxford Handbook of the Law of the Sea* (Oxford University Press, 2015), pp. 196-197. McDormanは、紛争の存否を決定できるのは国家のみであって限界委員会にその判断権限はないとする一方で、手続規則附属書Ⅰをそのことの表れと位置づける。しかしながら、附属書Ⅰ第5項の適用は紛争の存在の認定を前提とするので、同項と上記の考え方は両立しない。

23) SPLOS/203 (2009), para. 75. 地域漁業協定上の規定に基づく勧告的意見の要請をITLOS規程第21条を根拠として認めたITLOS判断（*Request for an Advisory Opinion submitted by the Sub-Regional Fisheries Commission (SRFC)*, ITLOS, Advisory Opinion, 2 April 2015）にのっとれば、関係国家間で勧告的意見の要請に関する規定を含む条約を締結することを通して、ITLOSの勧告的意見を求める余地がありうるとの考え方もあるが、同意見の射程をどのように理解すべきかについては、勧告的意見制度の存在意義や趣旨に照らしてより詳しい検討が必要である。詳しくは、兼原敦子「ITLOS大法廷が勧告的意見を出す管轄権の根拠」『本書』第16章を参照。

24) SPLOS/203 (2009), paras. 73-74.

クする効果を持つ実質的な「拒否権」を与えることを意味する[25]。他国から異議が出されさえすれば、自律的に「紛争」の存否について判断することができない委員会は、ほぼ自動的に限界についての勧告を出さないという結論をとるように追い込まれることになり、限界委員会の活動が大幅に阻害されることが危惧されるのである。

　こうした事態は、日本の申請をめぐって問題となった島／岩の法的地位の問題のほかにも、申請国が採用する基線への異議といった別のかたちでも生じうる。沿岸国が自国の沿岸について引いている直線基線が、海洋法条約に定められた条件を満たしているか否かについて他国から疑義が示される例は多い。そうした直線基線を基点として大陸棚の延伸が主張されているような場合について、当該基線に対して他国の異議が出され、限界委員会による検討が行われない事態を想定すれば、日本の申請に対する委員会の対応が明るみに出した問題の潜在的影響の大きさがわかるだろう。

4　手続規則の正当化可能性

　これまでにみたように、限界委員会の手続規則の内容は条約本体が想定するアプローチと整合しない。委員会手続規則が条約には書かれていない新たな条件を審査プロセスに付け加えることは正当化されうるのだろうか。

(1) 実体的正当化可能性

　第1に、紛争の存在に関する主張がいずれかの国からなされた際に、委員会が勧告を控えるべき実質的根拠があるだろうか。海洋法条約においては、先に確認したように大陸棚の境界画定に関する問題が存在する場合にも、これとは区別して限界委員会による延伸勧告が出されることが想定されていた。

---

[25] 紛争の存否が争われる事態を想定してではないが、海洋法条約上、検討・勧告を行うことを義務づけられている限界委員会が、内部規則を制定して、同意を与えない関係国に検討実施に対する「拒否権 (a right of veto)」を与えたことは、委員会手続の「完全な機能麻痺 (total paralysis)」をもたらす危険性を孕み、海洋法条約上委員会に認められた権限を超えるのではないかとしてこれを問題視する見解として、Øystein Jensen, *The Commission on the Limits of the Continental Shelf: Law and Legitimacy* (Brill, 2014), pp. 65-71. 同様の指摘は、Serdy によっても示されている。Serdy, *supra* note 13, pp. 361-367.

これに対して、手続規則においては、より広く「領土又は海洋に関する紛争」が存在する場合に関係国の同意を求める規定ぶりとなっている。境界画定紛争については両規定間で扱いが異なると評価するほかないが、条約本体において言及されていないその他の類型の紛争については、境界画定紛争とは異なって限界委員会の判断を控えるべき実質的根拠があるのだろうか。

この点に関連して、条約じたいが明文で規定している境界画定紛争の場合について改めて考えると、例えば一部の隣接国の場合など、同じ大陸棚上に乗る国家は、地質学的に当該大陸棚がどこまで延伸しているかについて同一の関心を抱くだろう。延伸の限界が科学的に客観的に判断されることを前提とすれば、いずれの国の申請によるものであろうと、その申請内容が十分なデータに基づくものでさえあれば、これに応える限界委員会の勧告は、当該延伸大陸棚を両国間でどのように分けるかをめぐるその後の境界画定の帰趨に影響をもたらしにくい。他方、一部の相対国のように別々の大陸棚に乗る国家同士では、200カイリ以遠の大陸棚の境界画定については、海底の地質学的構造が画定の際の関連要素の１つとして考慮される可能性も必ずしも排除できないと考えられてきたことに照らせば[26]、関係国が他国による申請や委員会の勧告内容に敏感になることも理解できる。それにもかかわらず、条約では後者の場合を含めて、大陸棚の限界の確認とその境界画定を別次元の問題として切り分けるかたちで規定している。

これに対して、フォークランド／マルヴィナス島のように大陸棚の基点となる陸地の領有権が争われている場合、あるいは南極のように基点となる大陸の法的地位について、自国の領有権を主張するクレイマントと国家による領有を否定するノンクレイマント間の対立があるような場合、いずれの国がこれらの土地を領有するか、あるいはしうるかという問題と、当該土地から大陸棚が地質学的な意味でどのように延びているかは、その性質上いっ

---

[26] ベンガル湾境界画定事件においては、境界画定にあたり200カイリ内外で境界画定基準は異ならないと判示されたが（*supra* note 14, paras. 454, 460)、同湾の海底は厚い堆積岩に覆われているという特徴を持つ。同判決が、相対する大陸棚の間に海溝やプレートの断絶などが明確に存在するような場合であっても、地理的・地質的要因は関連事情を構成しないと結論づけたと解せるか否かについては議論がありうる。Clive Schofield *et al.*, "A Tribunal Navigating Complex Waters: Implications of the Bay of Bengal Case," *OD&IL*, Vol. 44 (2013), p. 375.

う別次元の問題として切り分けることができるだろう。島の制度についても、ある陸地が島か岩かという法的解釈に関わる問題と、当該陸地から大陸棚がどのように延びているかという科学的事実に関する問題は別問題として整理しうるのではないだろうか。基線についても同様に、具体的な基線の設定の有効性は延伸大陸棚の 350 カイリ限界との関係で問題となりうるが、この点をめぐる見解の相違は大陸棚の構造に関する認定とは別個の判断に属する。

以上に照らせば、限界委員会による勧告がその帰趨について影響を及ぼす度合いが低く、条約に規定されている一部の境界画定事例に比しても、より地質構造の認定と別次元の問題として整理しやすい事例を含む「領土又は海洋に関する紛争」について、他国に実質的な拒否権を与えてまで限界委員会の勧告を控えるべき実質的な理由は存在しないと考えられる。

(2) 手続的正当化可能性

第 2 に、手続規則に対する締約国のコミットメントの観点から、条約内容と異なる手続規則が正当化される可能性はあるだろうか。前述のように、手続規則は限界委員会が採択した内部規則であるが、問題となる附属書 I については、そもそも海洋法条約締約国会議における発言が作成の契機ともなっており、また、限界委員会は手続規則の最終的な採択の前に締約国会合の見解を確かめようとしている。条約の改正を正式に行わず、委員会の内部規則制定というかたちで実質的に条約内容をオーバーライドしうるのかという問題はあるにせよ、そうした機会を通じて、締約国が条約とは異なる内容の手続規則の内容に実質的にコミットした、したがって当事国の意思という観点からは手続規則の条約からの乖離を正当化する余地があると理解しうる可能性はあるだろうか[27]。

手続規則を検討した第 7 回締約国会議 (1997 年) においては、いくつかの国家から、当時の手続規則案においては関係国間に紛争が存在する場合の手続

---

[27] Magnússson は、手続規則の採択を実質的な条約改正とみなす可能性に言及するが、後述するようにそうした理解は採ることができない。また、彼は限界委員会が紛争解決に適したフォーラムではないことを手続規則の正当化可能性の根拠として挙げるが、本文で示したように、むしろ法的紛争への関与に適さないからこそ紛争の存否の判断を要する現行の手続規則には問題があるといえる。Magnússson, *supra* note 13, p. 104.

についての規定が欠けていること、勧告および勧告に基づいて設定された大陸棚の限界は境界画定に影響しないこと、海洋法条約の目的は海洋秩序の維持であるから既存の紛争を悪化させ、あるいは新たな紛争を生ずるような手続とならないように留意すべきことが指摘されたという[28]。締約国会合の議事録は公表されておらず詳細な議論内容は不明であるが、上記サマリー中の最初の発言からは、紛争が存在する場合に備えた手続を設けるべきだという一部の締約国の意図がみてとれる。しかし、他方で、第2の発言は、紛争海域においても限界を認定する勧告が下されることを前提として、その結果が他国との関係に影響しないことを確認する趣旨であり、紛争が存在する場合には委員会は検討を回避すべきという締約国の意図が明確に示されていることを読みとることはできない[29]。

続く第8回締約国会議(1998年)においては、附属書Iの原案が締約国に提示された。これに対して、第1に、ある締約国の代表から、紛争当事国による審査への同意は文書に拠るべきとする意見が寄せられ、これに対して手続規則は事前同意を要求する内容となっているとの回答がなされている[30]。他方で、第2に、別の締約国代表から、手続規則は限界委員会がとるべき手続について定めるものであり、海洋法条約が定める以上の新しい権利を手続規則によって締約国に付与することはできないとの指摘がなされており、これに対しては、限界委員会の手続のみを規定することが明らかになるように、規則に修正(editorial changes)を加えることに同意するとの回答がなされた[31]。これら二つの発言の趣旨は相互に相反しており、この経緯を受けて、限界委員会がどのような論理で現在の附属書Iを採択するに至ったかは締約国会議の詳細な議事録が非公開であることもあってよくわからない。しかし、いずれにせよ、この経緯からは、締約国が一致して条約のアプローチと異なる内容の

---

28) SPLOS/24 (1997), para. 31.
29) 第3の発言の趣旨は不明確であるが、附属書Iが境界画定問題に加えて広く「領土又は海洋に関する紛争」の存在を主張する道を手続中に導入したことによって、かえって関係国間に新たに紛争を生じさせかねない事態となったことは、同発言の意図に反すると指摘する見解もある。Serdy, *supra* note 13, pp. 363-364; Jensen, *supra* note 25, p. 68.
30) SPLOS/31 (1998), paras. 46-47.
31) *Ibid.*, para. 48.

手続規則に意識的にかつ明確に同意したという事情を読みとることは困難である。

締約国が手続規則を通した条約内容の実質的改正に合意していないことは、2014年の締約国会合において、いくつかの国家の代表団が、手続規則第46規則及び附属書Ⅰのもとで行われる第三国による異議申立によって、限界委員会による審査と勧告の見通しが立たない事態となっていることに対して懸念を表明している事実[32]とも符合する。

したがって、問題の実質的合理性の見地からも、あるいは締約国の同意という観点に立っても、手続規則の条約からの乖離を正当化することは困難であろう。

5 おわりに

以上にみてきたように、紛争が存在する場合に関係国の同意がなければ判断を行わないと定める限界委員会手続規則は、海洋法条約が想定していた元来の委員会手続と乖離している。海洋法条約が想定していなかった関係国による同意要件が導入されたことによって、申請の検討がブロックされる例が生じているのである。大陸棚の限界が確定されなければ、深海底の範囲も確定しない。海域区分に応じた規律を及ぼすことを予定している海洋法条約の実施にとって、こうした事態は1つの足枷となっている。さらに、紛争の存否じたいが争われるような場合については、締約国間の法的・政治的見解対立から距離を置こうとした意図とは裏腹に、手続規則附属書Ⅰの存在は、かえって限界委員会を困難な立場に追い込む結果となっている。手続規則を条約に整合させ、法的紛争の存否の問題とは切り離して海底の構造のみに基づき限界に関する勧告を下す方針を採用することによってのみ、大陸棚限界委員会は政治的・法的問題から自由にその専門性に照らした本来の任務を遂行できると考えられる。

---

[32] ケニアは、ケニアによる申請に対してソマリアが提出した異議に直面した限界委員会が審査の先送りを行ったことは、海洋法条約上の基礎を持たないとする口上書を委員会に対して送付している。SPLOS/277 (2014), para. 81.

限界委員会による勧告に基づいた大陸棚の限界設定に伴う、条約第76条以外に起因する問題点（直線基線の妥当性、ある陸地が島か岩か、基点となる領土に対する領有権をいずれの国が持つかなど）については、第76条8項が勧告に基づく限界設定が「最終的かつ拘束的（final and binding）」と規定しているとしても、関係国が争うことは認められるのであり、これらの問題点を理由に委員会への申請を控え、あるいは委員会が判断を控えることを条約は想定していない。この点について、2004年に延伸大陸棚に関する研究報告書を採択した国際法協会（ILA）は、海洋法条約第76条10項は、他国が限界委員会審査に反対する主張をすべきではないことを含意すると指摘し、関係他国としては限界委員会による審査に同意を与えるべきとする[33]。しかし、手続規則上、関係国に同意付与が義務づけられていると読むことは難しい。

　大陸棚限界委員会の手続を円滑化するためには、条約の趣旨と整合するように手続規則を改正することが望ましい。他方で、限界委員会の判断が下されない状況が続く場合に、勧告を待たずに沿岸国の判断において大陸棚の延伸を行うことが認められるかどうかも別途問題となろう[34]。同様の事例が今後も生じうることに照らせば、大陸棚延伸制度全体における限界委員会手続の位置づけ、さらには、延伸大陸棚に対する沿岸国権限じたいの性質についても改めて検討する必要が残されている。

---

[33] "Legal Issues of the Outer Continental Shelf," *Report of the ILA Berlin Conference* (2004), pp. 810, 813.
[34] 限界委員会に申請をなしたが関係国の同意を得られず勧告が出されなかった場合には、海洋法条約第76条を誠実に履行したと解され、沿岸国が自ら暫定的に延伸大陸棚を設定することも妨げられないとする見解に、Oude Elferink, *supra* note 22, p. 274.

第 15 章 深海底資源開発をめぐる国際法上の検討課題について
――国際海底機構（ＩＳＡ）の活動を中心に――

河　錬洙

はじめに
1　深海底制度の概要
　(1) 深海底制度の形成
　(2) 国連海洋法条約第 11 部の実施に関する協定
2　ISA の機能と役割
(1) ISA の成立とその概要
(2) ISA の活動現況
3　ISA における検討課題
(1) 鉱区重複の調整問題
(2) 深海底環境保護問題
おわりに

はじめに

深海底においてマンガン団塊(Manganese Nodules)が初めて発見されたのは、世界初の海洋探査といわれているイギリスの海洋探査船チャレンジャー(Challenger)Ⅵ号の探検によって行われた[1]。ただ、当時の科学技術では開発の実現可能性はほとんど期待できなかったため、1960 年代以前までは国際社会において関心を集めることはなかった。

その後、1965 年、アメリカの海洋学者ジョン・メロ(John Mero)がその著書『Mineral Resources of the Sea』において、太平洋におけるマンガン団塊の賦存量が 1.66 兆 t であると発表したことによって、当該資源の商業的開発に対する期待が高まり、国際社会の関心を集めるようになった[2]。とくに、マンガン団塊には、マンガン、ニッケル、銅、コバルトなどが含まれているとされ、そ

---

1) チャレンジャーⅥ号は、1872 年 2 月から 1876 年 5 月まで、全地球的な海洋探査を行い、その結果を「チャレンジャー報告書(Challenger Reports)」として刊行し、その中で初めて深海底におけるマンガン団塊の存在を明らかにしたとされる。崔宗和『現代国際海洋法』（ドゥナム出版、2008 年）209 頁。朴贊鎬『国際海洋法』（ジインブックス、2009 年）158 頁。

2) Clyde Sanger, *Ordering the Oceans: The Making of the Law of the Sea* (University of Toronto Press, 1987), p. 159.

の希少的価値から「黒い黄金」ともいわれている。このような深海底鉱物資源に対する諸国の関心は、産業界の需要の向上、当該資源の陸地での生産の不安定性または枯渇可能性、ならびに当該資源の開発を可能とする科学技術の発展などがあいまって、国際社会においてますます高まりつつある[3]。

このような国際社会の深海底資源に対する関心の高潮は、国連海洋法条約(以下、条約と略称)の採択の際、海洋先進国と途上国の対立という形で現れることになった(詳細は後述)。この条約の採択が遅れたのは、まさに深海底資源の開発をめぐる諸国間の対立がひとつの原因であったといっても過言ではない[4]。

また近年では、このような鉱物資源に加え、生命工学または遺伝子工学の発展にともない、深海底という特殊な環境に生息する生物の遺伝資源にも関心が集まり、深海底の新たな資源として国際社会に注目されつつある[5]。

本稿では、このような深海底資源に対する国際社会の現状を踏まえ、深海底資源開発をめぐる国際法上の検討課題について、とくに国際海底機構(International Seabed Authority, 以下、ISA と略称)と関連づけて検討することを目的と

---

[3] 深海底鉱物資源の産業界における需要拡大や、当該資源の産業界での活用法、および開発に関する科学技術の発展状況などについては、崔『前掲書』(注1) 210-211 頁、朴『前掲書』(注1) 159 頁、参照。ただ、現段階では、開発にかかるコストの問題と、当該資源の市場での価額低迷などによって、いまだ商業的開発までには至っていない。佐藤地「国連海洋法条約と日本―署名開放 30 周年に寄せて、二つの新制度の発展を中心に―」『国際法外交雑誌』第 112 巻 2 号 (2013 年) 92 頁。

[4] 小松一郎『実践国際法』(信山社、2011 年) 145 頁。

[5] 1977 年、有人潜水艇エルビン (Alvin) 号はガラパゴス島北西 200 マイル離れた水深 2,500 m の海底熱水噴出口 (Hydrothermal vent) で生殖する生物群を発見し、20 世紀もっとも偉大な発見とされている。UNEP/CBD/SBSTTA, Marine and coastal Biodiversity: Review, Further Elaboration and Refinement of the Programme of Work, 20 February 2003, UNEP/CBD/SBSTTA/8/INF/3/Rev.1, para. 3. この海底熱水噴出口にはおよそ 1,000 種の生物が生息していると推定されている。Lyle Glowka, "Deepest of Ironies: Resources, Marine Scientific Research, and the Area," *Ocean Yearbook*, Vol. 12 (The University of Chicago Press, 1996), p. 156. なお、本稿では ISA の活動を中心に検討するため、海洋遺伝資源に関する検討は控えることとしたい。深海底遺伝資源に関する詳細な議論は、以下の文献が参考となろう。田中則夫「国家管轄権の限界を超える海域における生物多様性保全の課題」松田竹男編著『現代国際法の思想と構造(II 環境、海洋、刑事、紛争、展望)』(東信堂、2012 年)。磯崎博司編著『生物遺伝資源へのアクセスと利益配分』(信山社、2011 年)。最首太郎「国家の管轄権以遠の深海底における海洋遺伝資源のアクセスと利益配分規則に関する考察」『法学新報』第 120 巻 9 号 (中央大学、2014 年) 339-358 頁。都留康子「国家管轄権外の生物多様性をめぐる制度間の相互作用」星野智編著『グローバル化と現代世界』(中央大学、2014 年) 245-272 頁。

する。したがって、まずは1において深海底制度の形成やその変遷についてふりかえるとともに、2においてはISAの機能と役割について概観し、3においてISAの今後の検討課題について触れることとしたい。

1 深海底制度の概要

(1) 深海底制度の形成

(ⅰ) 人類の共同財産

深海底における天然資源の存在とその経済的価値が明らかになると、国際社会はその開発をめぐり焦眉の関心を寄せるようになった。その過程において浮上したのが「人類の共同財産(Common Heritage of Mankind)」概念である。この概念が国際社会において初めて登場したのは1967年、国連マルタ代表アーヴィッド・パルド大使によるものであった[6]。すなわち、彼は、国家管轄権外の海底(国際法上の深海底)とその資源は「人類の共同財産」であり、その利用は、もっぱら平和的目的のため、かつ人類全体の利益のために利用されるべきであることを提案し、さらに同海底に関して幅広い管轄権を有し、深海底におけるすべての活動を規制し管理・監督するための新たな国際機構を設立することを盛り込んだ条約の策定を提案したのである。いいかえれば、深海底を「人類の共同財産」として位置付け、いかなる国家からの領有権主張の対象とせず、もっぱら平和的目的によってのみ利用することができ、とくに開発途上国の利益を考慮しつつ、人類全体の利益のために活用することを提案したのである[7]。

(ⅱ) 深海底原則宣言

1967年12月、第22回国連総会第1委員会は、35ヵ国からなる深海底問題特別委員会を国連に設置する決議を採択し、この決議に基づいて深海底の平

---

[6] 小田 滋『回想の海洋法』(東信堂、2012年) 276頁。島田征夫・林 司宣編著『国際海洋法』(有信堂、2010年) 110頁。
[7] 「人類の共同財産(Common Heritage of Mankind)」概念の生成と発展経緯に関しては、小田『前掲書』(注6) 276-286頁、朴『前掲書』(注1) 161頁、および崔『前掲書』(注1) 213-215頁、参照。

和的利用に関する問題を扱う「深海底特別委員会 (Ad Hoc Sea-bed Committee)」の設置のための総会決議を採択した[8]。この決議に基づいて国連総会は、1969年、初めて42ヵ国からなるいわゆる「深海底平和利用委員会」を設立し (後に1971年には91ヵ国と拡大)、同委員会はその後の第3次国連海洋法会議の準備作業を行うこととなった[9]。

1969年12月15日、第24回国連総会は4つの決議案を採択したが、その中でも重要なのがいわゆるモラトリアム決議である[10]。同決議の要点は、「国家管轄権外の海底・海上・下層土に存在する資源に対する新たな国際法制度が成立するまで；(a)すべての国家または個人に対しその資源開発に関するすべての活動を禁止する、(b)深海底またはその資源に対するいかなる権利主張をも認めない」とするものであった[11]。そして翌年の1970年12月17日の第25回国連総会では、いわゆる「深海底原則宣言」を反対なしで採択した (棄権14)[12]。同宣言は、全15ヵ条となり、後の条約第11部 (深海底) の基本理念として発展した。そのおもな内容は、つぎの通りである。

すなわち、①「人類の共同財産」の原則：深海底およびその資源は人類の共同財産である、②占有禁止の原則：深海底はいずれの国または自然人もしくは法人の所有とならず、いかなる主権的権利の主張も排除される、③権利主張・取得禁止の原則：将来の深海底制度、および本原則宣言と両立しえない方法による深海底とその資源に対する権利の主張やその取得は禁止される、④人類全体のための利益原則：深海底資源は人類全体の利益のために開発されなければならない、⑤平和利用の原則：深海底はもっぱら平和的目的においてのみ解放される、⑥国際協力の原則：国家は深海底における科学調査活動と開発に関する国際法の成立に協力する、⑦平和的紛争解決の原則：深海底活動に関する国際紛争は国連憲章第33条に基づいて解決される、というもので

---

8) UNGA Res. 2340 (XXII), 18 December 1967.
9) 島田『前掲書』(注6) 110-111頁。
10) UNGA Res. 2574 D (ⅩⅩⅣ) モラトリアム決議の詳細に関しては、崔『前掲書』(注1) 215頁、呉潤卿編著『21世紀の現代国際法秩序』(博英社、2001年) 393頁、参照。
11) D.P. O'Connell, *The International Law of the Sea*, Vol. 1 (Clarendon Press, 1982), p. 461.
12) Declaration of Principles Governing the Sea-Bed and Ocean Floor, and the Subsoil Thereof beyond the Limits of National Jurisdiction (UNGA Res. 2749 (XXV), 17 December 1970).

第15章　深海底資源開発をめぐる国際法上の検討課題について　421

ある[13]。

　その後、国連総会は、1973年に第3次国連海洋法会議を招集し、翌年の1974年にベネズエラのカラカスにおいて実質交渉が始まり、90週間以上の交渉の末、1982年4月、国連海洋法条約が賛成130、反対4、棄権17で採択された[14]。

(ⅲ) 国連海洋法条約における深海底制度

　このようにして採択された条約では、第11部において深海底（条約原文では"The Area"と記される）に関する一般規定を設け、条約附属書Ⅲでは探査・開発に関する基本条件、条約附属書Ⅳでは事業体(Enterprise)に関する規定が定められた。さらに、第3次国連海洋法会議の決議Ⅰ[15]はISAと国際海洋法裁判所(International Tribunal for the Law of the Sea, 以下、ITLOSと略称)の設立準備委員会に関する規定を、また同決議Ⅱ[16]では先行投資保護に関する規定を定めている。

　国連海洋法条約における深海底に関する規定のおもな内容は、以下の通りである。

　まず、深海底を人類の共同財産として位置づけ（条約第136条）、いかなる国家も専有することを禁じ、さらにいかなる国家も深海底またはその資源に対し、主権または主権的権利を主張し行使することはできず、深海底からえられた鉱物資源は、ISAの規則と手続きによってのみ譲渡することができるとしている（条約第137条1・2項）。他方、深海底の上部水域と上空では、航行の自由、飛行の自由、漁業の自由、ならびに科学調査の自由など、従来から認められてきた公海自由の原則が適用される（条約第135条）。また、深海底における開発および科学的調査を含むすべての活動は、すべての国家により、平和的目

---

13) 同原則の詳細な内容については、島田『前掲書』(注6) 110-111頁、栗林忠男・杉原高嶺編著『海洋法の歴史的展開（現代海洋法の潮流第1巻）』(有信堂高文社、2004年) 184頁、崔『前掲書』(注1) 216・222頁、参照。
14) 国連海洋法条約の詳細な採択過程については、水上千之「現代海洋法の潮流」栗林『前掲書』(注13) 82-119頁、参照。
15) Resolution Ⅰ of UNCLOS Ⅲ : Establishment of the Preparatory Commission for the International Sea-bed Authority and for the International Tribunal for the Law of the Sea.
16) Resolution Ⅱ of UNCLOS Ⅲ : Governing Preparatory Investment in Pioneer Activities Relating to Polymetallic Nodules.

的と人類全体の利益のためにおいてのみ実施されるとしている(条約第143条)。いいかえれば、深海底においては非武装が求められ、核実験などの軍事的利用が禁止されていることを意味する。最後に、深海底の環境保護に関しては、その開発によって発生しうる有害な影響から海洋環境を保護し適切な措置をとること、ならびに海洋生態系の保護をすべての国家に義務づけている(条約第145条)。

さらに条約は、深海底資源の探査・開発およびその利用を担当する機関 (Authority) として、同条約のすべての締約国を構成国とする ISA の設立を規定した(条約第156条)。ISAは、総会をはじめ、理事会、事務局の主要機関を設け、直接、深海底資源の開発を担当する事業体(Enterprise)で構成される(条約158条)。理事会は、深海底制度に特別な利害関係をもつ4つのグループ(条約第161条1(a)～(d))18ヵ国と、地理的配慮による18ヵ国、計36ヵ国から構成され(条約第161条)、深海底開発制度の運営に関する重要事項を決定する権限が与えられている(条約第162条)。

(ⅳ) 深海底資源開発制度

第3次国連海洋法会議において深海底資源開発制度をめぐり最も問題となったのがいかなる開発制度を設けるかであった。すなわち、深海底資源開発方式をめぐり、先進国は個別国家または企業による開発を主張し、多くの途上国は国際機構による開発を主張したのである[17]。このような対立を解決すべく、条約では、深海底の探査と開発活動に関する権限を ISA に集中させ、と同時にその開発方式に関しては2段階に分けて規定している。すなわち、深海底資源の商業的生産開始から15年後に再検討会議を開催することとし(条約第155条)、それまでは事業体の許可と協議を経て開発を行う、いわゆるパラレル方式(Parallel System)を採択した(条約第153条)[18]。また、国家または企業は、ISAに開発申請を行う際、同等の商業的価値を有する2つの鉱区を画定し申請

---

17) 深海底資源開発制度をめぐる先進国と途上国の対立に関しては、田中則夫「深海底制度の設立・修正・実施」国際法学会編『日本と国際法の100年第3巻海』(三省堂、2001年)196頁、参照。
18) パラレル方式の詳細な議論については、呉『前掲書』(注10) 395頁、田中「前掲論文」(注17) 196頁、参照。

しなければならず、2つの鉱区の内、1つの鉱区に対してのみ該当国家または企業が開発権を取得し、残る鉱区はISAが事業体を通して、または開発途上国との提携を通して開発を行う、いわゆる鉱区留保制度（Banking System）[19]を採用している（条約附書Ⅲ第8・9条）。

(ⅴ) 先行投資保護制度

条約が発効し深海底鉱物資源の商業的生産が始まる前に、探査およびその他の先行活動が開始される必要があり、そのための投資を保護するため、1982年4月30日の国連海洋法会議決議Ⅱを通して、いわゆる先行投資保護制度（Pioneer Investment Protection）が採用された[20]。先行投資者として承認された事業主体（国または企業）は、先行投資者として登録された日から条約が発効する日までの間、割り当てられた鉱区において探査活動をする排他的権利を有し、条約発効後には、ISAが発行する生産承認により、事業体を除くその他の申請者より優先的な地位が与えられる。なお、先行投資者として認められるためには、開発途上国の場合、1994年12月31日までに所定額をISAに納めなければならない[21]。

このほか、申請者である国または企業には、事業体および発展途上国への技術移転の義務を課し（条約第144条、同附書Ⅲ第5条）、ISAおよび発展途上国の職員に対する訓練計画の作成などが求められる（条約附書Ⅲ第15条）。また、深海底の資源開発によって影響を受ける同種資源を開発する陸上の国々を保護するために生産量制限が設けられている（条約第151条。ただし、同条項は、後に採択された実施協定により排除されることになった）。さらに、深海底の資源開発に関して手数料や収益の一部をISAに拠出することが求められている（条

---

19) 鉱区留保制度（バンキング方式）の詳細については、崔『前掲書』（注1）225頁、参照。
20) Resolution Ⅱ Governing Preparatory Investment in pioneer Activities relating to Polymetallic nodules, Annex Ⅰ to the Final Act of the Third United Nations Conference on the Law of the Sea. 先行投資保護制度に関する詳細な議論については、林 司宣『現代海洋法の生成と課題』（信山社、2008年）301-332頁、田中「前掲論文」（注17）204-206頁、呉『前掲書』（注10）395頁、朴『前掲書』（注1）166-168頁、参照。
21) 因みに韓国は、フランス・ロシア・日本とともに第1先行者グループに属するインドを除けば、途上国としては第7番目に、1994年8月に先行投資者として、太平洋のクラリオン・クリッパートン（Clarion-Clipperton）島周辺約15万km²区域に鉱区登録を行った。呉『前掲書』（注10）395頁。

約附属書Ⅲ第13条）[22]。

　最後に、深海底と関連する紛争に関しては、条約によって設立されるITLOSの海底紛争裁判部（Sea-Bed Disputes Chamber）において統一的に解決されることとなっている（条約第186条）[23]。

(2) 国連海洋法条約第11部の実施に関する協定（深海底実施協定）

　条約における深海底制度は、すでに述べたように、開発途上国への技術移転を定めているが（条約附属書Ⅲ第5条）、アメリカをはじめ一部の先進国は、このような規定や、ISAの管理・運営に対し不満を表し、条約への加入自体を否定する事態にまで至った。このような問題を打開すべく、1994年7月に、第48回国連総会において「国連海洋法条約第11部（深海底）の実施に関する協定（以下、協定と略称）[24]」を採択した[25]。

　同協定は、条約第11部を実施するものとされ（協定第1条）、同協定の採択後は、条約の批准または加入は、この協定にも拘束されることへの同意の表明とみなされ（協定第4条1）、またすでに批准している国に対しては簡易な手続きによる同協定への参加を認めている（協定第5条）。同協定の発効は、必要な批准・加入国40ヵ国のうち、先行投資国の中、少なくとも7ヵ国が含まれることを要し、さらにそのうちの5ヵ国が先進国であることを要件としている（協定第6条1）[26]。

---

22) 深海底制度における技術移転義務や生産制限などの詳細に関しては、島田『前掲書』（注6）114-115頁、参照。
23) 深海底に関する紛争解決については、島田『前掲書』（注6）119頁、参照。
24) Agreement relating to the Implementation of Part XI of the UN Convention on the Law of the Sea of 10 December 1982.
25) 当該実施協定の成立背景や採択経緯については、田中「前掲論文」（注17）195-202頁、栗林『前掲書』（注13）185-187頁、ならびに林司宣「資料 国連海洋法条約第一一部に関する事務総長協議と実施協定」『国際法外交雑誌』第93巻5号（1994年）57-86頁、参照。
26) 協定の発効に関しては、当初、先進国5ヵ国の条約と協定への批准または加入が求められていたため、協定の発効が憂慮されていた。そこで考案したのが、暫定適用制度である。すなわち、協定は、効力が発生するまでの間、原則として、協定の採択に同意した国、協定に署名した国、書面による通告により暫定的適用に同意した国、または協定に加入する国より、その国内法令または内部の法令に従って暫定的に適用するものとされ、さらに、暫定的適用は協定の効力発生の日に終了するとされた。ただし、いかなる場合でも、1998年11月16日を超えてはならな

協定には、同協定の不可分の一部として詳細な附属書が付されており、これによって同条約第11部の規定を実質的に修正している。まず、条約では深海底資源開発による同種資源を生産する陸上国家への影響を考慮し生産制限を課していたが、協定ではこれを廃止した（協定附属書6節）。また、所定の手数料を除き、ISAに拠出する支払い義務に関する条約規定も適用しないこととしており（協定附属書8節）、義務的技術移転に関しても、基本的には排除することにし、先進国が受け入れられる技術移転方法に代えられた（協定附属書5節）。さらに、事業体による初期の採鉱の操業は合併事業によって行われるものとし、締約国の事業体への資金提供義務を定めた規定も適用されないことになった（協定附属書2節）。

他方、ISAの管理・運営に関しても修正が加えられた。まず、ISAの執行機関である理事会の意思決定について、条約では、実質問題については、特定の問題によって、出席しかつ投票する理事国の3分の2または4分の3とされていた（条約第161条8）。しかし、協定ではチェンバー方式を採用した。すなわち、意思決定においてコンセンサス方式を取り入れ、理事会では、コンセンサスの形成のためのあらゆる努力が払われた場合に、手続き問題については出席しかつ投票する理事国の過半数で、実質問題についてはコンセンサスによる決定を定めている場合を除き、出席しかつ投票する理事国の3分の2で採決することとした。そして、理事会の各グループのいずれにおいても過半数による反対がないことを条件としている（協定附属書3節）。

最後に、条約では、商業的生産が開始されてから15年後にISA総会による再検討会議の招集を定めていたが（条約第155条1項）、協定ではその適用を排除するとともに、当該事項の再検討をいつでも行うことができるようにしている（協定附属書4節）。また、財政事項に関しても、適当な資格を有する15人の委員で構成される財政委員会を新たに新設することとした（協定附属書9節）。

このように、協定では、いわゆる市場原理をより強化し、ISAの運営のための先進国の財政負担を軽減するとともに、深海底開発技術の移転義務の原則を削除した。さらに、ISA理事会の意思決定において個別利害グループによ

いとした（協定第7条1・2・3）。暫定適用制度の成立背景や内容については、栗林『前掲書』（注13）186-187頁、田中「前掲論文」（注17）200頁、林『前掲書』（注20）118-122頁、参照。

る拒否権制度（チェンバー方式）を導入するとともに、陸地生産途上国に対する優待、および保証制度を撤廃することになり、全体として海洋先進国の意図を受け入れる形で修正されることになったのである。なお、条約と協定との関係については、いずれも単一文書（Single instrument）として解釈され、両者間において不一致がある場合は協定が優先することとしている（協定第2条1項）。

2　ＩＳＡの機能と役割

(1)　ＩＳＡの成立とその概要

　第3次国連海洋法会議は、条約が発効する前に、ISA と ITLOS を設立し、さらに先行投資保護制度を施行するため、前述の「決議Ｉ[27]」を採択し、準備委員会を設置した。同委員会は、1983年に第1次会議を開催した後、1993年まで毎年、会議を開き、条約の発効に備えていた。そのおもな業務は、1) 先行投資者の登録と承認、2) ISA および ITLOS の規則・規定・手続きの制定、3) 事業体の実効的運営の開始のための特別委員会設置、4) 深海底鉱物資源の生産により陸上生産国、とりわけ開発途上国が直面する問題点の検討、などであった[28]。

　1994年、条約の発効とともに設立された ISA[29] は、ジャマイカに本部を置き、深海底資源の開発と管理に関するすべての活動を組織し統制する機構として位置づけられ（条約第157条）、条約のすべての当事国は自動的に ISA の構成国となる（条約第156条）。また、ISA は、国際法上の人格とその機能の行使および目的達成に必要な法的能力を有し（条約第176条）、その機能の遂行のため各締約国の領域内において特権と免除を有する（条約第177条から183条まで、および条約附属書Ⅳ第13条）。

　ISA の財政に関しては、条約第171条において定められている。すなわち、1) 条約第160条2項 (e) に基づく ISA 締約国の分担金のほか、2) 附属書Ⅲ第13

---

27) 前掲決議（注15）。
28) 崔『前掲書』（注1）236-239頁、田中「前掲論文」（注17）206頁、林『前掲書』（注20）58頁。
29) 2015年1月現在、総締約国数は167ヵ国である。https://www.isa.org.jm/member-states/R. Last visited in 17 March 2016.

条の規定に基づく開発権者から受領する資金、3) 附属書IV 第10条に基づく事業体からの移転資金、4) 締約国またはその他の機関からの任意の拠出金（寄付金）、5) 条約第151条10項の規定に基づく補償基金、などで賄われている。なお、条約第171条には、ISAの財政源として条約第174条に基づく借り入れ資金も含まれていたが、前述の協定の採択により、資金の借用を禁止した（協定附属書1節14）。

一方、条約第151条は、深海底において生産される鉱物と同種の陸上鉱物を生産する開発途上国を保護すべく生産許可制を採択していた。しかし、協定では、この制度を廃止し、ISAの生産政策に関しては、1) 健全な市場経済原則に基づき、2) WTOおよび関連規則と後続の諸協定に基づき生産することとし、さらに深海底活動に対する補助金支給を禁止し、深海底生産鉱物と陸上生産鉱物との差別を撤廃した（協定附属書6節1）。

ISAの構成は、総会をはじめ、理事会や事務局、さらに深海底開発活動を遂行する事業体が設置され、必要な場合には補助機関[30]をおくことができるとしている（条約158条）。

まず総会は、各締約国の1名の代表でかつ全締約国で構成され、ISAの最高機関として一般政策を決定する権限を有する。また総会は、毎年1回の定期年次会議と、事務総長が招集する特別会議を開催し、各締約国は1票の投票権を有する（条約第159条）。表決に関しては、条約は当初、多数決を予定していたが（条約第159条）、協定は、原則としてコンセンサスに付することとし、それが達成できなかった場合にのみ表決に付することとしている（協定附属書3節）。総会の任務は、1) 理事国の選出、2) 事務総長の選出、3) 事業体長および執行委員の選出、4) ISA分担金の決定、5) 収益の配分、6) ISA予算案の審議・承認、7) 理事会と事業体の各種の報告の審査、8) 深海底活動に関する国際協力の増進および国際法法典化の奨励、9) 深海底活動に関する一般的性質の問題、とくに開発途上国関連問題や内陸国または地理的不利国に関する問題の

---

[30] 条約は当初、ISA総会の補助機関として大陸棚境界委員会を、そして理事会の補助機関として法律技術委員会、財政委員会、経済企画委員会を設立することとしたが、協定（附属書9節1）により、事業体と経済企画委員会の設立は留保された。なお、事業体に関しては、事務局が暫定的にその機能を果たすこととしている。ISAの補助機関の詳細については、崔『前掲書』(注1) 236-239頁、参照。

審議、10) 補償制度の設定および運営、などである（条約第 160 条）。

次に理事会は、ISA の実務を執行する機関として、条約の規定および総会が決定した一般的な政策に対する具体的な施策を樹立し執行する（条約第 162 条）。理事会の任務は、1) 条約の施行の監督・調整、2) 事務総長・事業体長および執行委員の選出、3) 特別委員会の運営、4) 他の国際機構との条約締結、5) ISA の予算案提出、事業体事業の審議・統制、6) 深海底活動の監督・統制など、広範囲にわたっている[31]。理事会の構成は、定期総会で選出される 36 カ国からなり、任期は 4 年で、再選は可能である[32]。また理事会は、業務上必要と判断すればいつでも招集可能であり、毎年 3 回以上、会合しなければならず、表決は各理事国が 1 票を有するとされる（条約第 161 条）。理事会の意思決定は、すでに述べたように、原則的にコンセンサス方式を採用し、コンセンサスに達しなかった場合にのみ表決に付する。実質問題に関しては 3 分の 2 の多数で決定することとしている。ただし、各利益グループの一つでも多数による反対があれば、その議題は採択されないこととしているため、いわば各利益グループには拒否権が与えられていることとなる（協定附属書 3 節）[33]。

ISA の行政を担当する事務局は、最高責任者の事務総長と事務局員で構成され、事務総長は理事会の推薦により総会で選出され、任期は 4 年で再選可能である。おもに、行政業務を遂行し、ISA 全体の業務に関する年次報告書を作成し、総会に提出することとしている（条約第 166 条）。事務総長および事務局員は、国際公務員としての資格を有し、国連の事務職員と同等の地位を有するものとされている（条約第 168 条）[34]。

最後に、事業体は、条約に基づき、直接に深海底活動を行い、生産した鉱物の輸送、製錬および販売を行う（条約第 170 条）。また、事業体は、1) 関係国

---

31) 理事会の任務の詳細については、崔『前掲書』(注 1) 232 頁、参照。
32) 理事会の構成については、http://www.isa.org.jm/sites/default/files/Council96-2016.pdf 参照。
33) 利益グループは、大きく 2 つに分かれ、特別利害グループ（A グループ：4 カ国、B グループ：4 カ国、C グループ：4 カ国、D グループ：6 カ国）と地域利害代表グループ（E グループ 18 カ国）とで構成されている。理事会構成国の詳細については、崔『前掲書』(注 1) 232 頁、参照。なお、ISA 総会と理事会の関係については、以下の文献が参考となろう。石神輝雄「国際海底機構における理事会に対する総会の政治的統制の射程」『青山国際政経大学院紀要』第 16 巻（青山学院大学国際政治経済学会、2005 年）。
34) 事務総長および職員の法的地位に関しては、崔『前掲書』(注 1) 234 頁、参照。

および国際機構などと条約または契約を締結する能力をもち、2)動産・不動産を取得・賃貸・所有・処分することができ、3)法的に訴訟の当事者能力を有するものとされる(条約附属書Ⅳ第13条)。さらに事業体は、事業体長[35]と執行理事会[36]で構成され、財政は、条約附属書Ⅳ第11条に基づき、1)条約第170条4の規定に基づいて事業体に提供される資金、2)条約当事国からの寄付金、3)事業体自体の収益金、4)その他の財源、で賄われる。

　事業体の開発事業は、共同投資を通して初期の商業的開発事業を開始する。事業体独自の活動の開始は、理事会の指針に基づくものとし、理事会は事業体が健全な市場経済原則に基づき合弁事業を遂行するものと評価される場合に、独自の開発活動を承認する。事業体は、民間の開発主体と同等の地位を有し、同等の義務を有するとともに、ISAとの開発契約も前述の「パラレル方式」に基づき民間開発主体と同一の条件で締結される(協定附属書2節)。

(2)　ISAの活動現況

　このように成立したISAの主要業務は、協定附属書1節5(a)から(k)まで、11項目にわたっている。これらの業務すべてを網羅的に検討することは本稿の目的ではないため、したがって、後ほど論ずる深海底資源開発における現代的課題と関連して、概査・探査規則(協定附属書1節5(f))についてのみ触れることとしよう[37]。

　1997年8月19日に、すでに登録済みの7つの先行投資者から探査のための業務計画の承認申請が提出されていた[38]。同申請はただちに法律・技術委員会

---

[35] 事業体長(Director-General)は、事業体の執行理事会の指名と、ISAの理事会の推薦により総会で選出され、任期は5年で再選可能とされる。同長は、事業体の法的代表であり、最高行政官として、事業体の組織・管理、および職員の任命に関する責任を持ち、表決権なしで執行理事会に参加するものとされる(条約附属書Ⅳ第7条)。ただし、協定(附属書2節1)により、事業体が独自に機能するまで、ISAの事務局がその任務を代行することとした。

[36] 執行理事会(Governing Board)は、総会において衡平な地理的配分を考慮して選出される15名の理事で構成され、任期は4年、再選可能とされる。同理事会は、事業体の目的のためのすべての活動を統制する中枢機関である(条約附属書Ⅳ第5条)。

[37] 概査・探査規則の作成外のISAの活動概要に関しては、田中「前掲論文」(注17) 208-209頁、参照。

[38] ISBA/4/A/Rev.2, Report of the Secretary-General, 2 September 1988. なお、ISAは現在(2015年)、23の主体と探査契約を行っており、そのうち、14主体はマンガン団塊である(その内訳は13主体がクラリオン・クリッパートン海域、1主体が中央インド洋)。その他は、海底熱水鉱床が5の

で検討され、理事会は、同委員会の勧告に基づき、当該申請を承認するとともに、事務総長に対して、条約(附属書Ⅲ第6条2項)と協定(附属書1節6(a))が求める業務契約を発給できるよう、必要な措置をとることを要請した[39]。しかし、同業務契約の作成に関する項目や内容、形式などに関する統一的基準がなかったため、まずはこの問題を解決する必要があった[40]。このため、いわゆる「マイニング・コード(Mining Code)」と呼ばれる「深海底における多金属性団塊の概査及び探査のための規則及び手続(以下、マンガン団塊探査規則と略称)」の作成が急がれたのである。この問題はすでに法律・技術委員会の第１回会合から検討されており、1993年3月に最終案が理事会に提出された[41]。この最終案が幾度の非公式協議を経て、最終的には、理事会の議長と事務局が作成した草案が、2000年7月に理事会において承認され、同日中に総会においても承認された[42]。このようにして、最初のマイニング・コード(マンガン団塊探査規則)が採択されたのである[43]。その後、ISAは、2010年5月に海底熱水鉱床の概査および探査規則(以下、海底熱水鉱床探査規則と略称)[44]を、2012年7月にコバルトリッチクラストの概査および探査規則(以下、コバルトリッチクラスト探査規則)[45]を、それぞれ採択し、今日に至っている。

3　ＩＳＡにおける検討課題

(1)　鉱区重複の調整問題

前述のように形成された深海底制度においては、ISAに対し「深海底における活動の進展に応じて必要な」規則および手続きをとる権限が与えられている

主体と、そしてコバルトリッチクラストが4の主体と契約している。https://www.isa.org.jm/deep-seabed-minerals-contractors. Last visited in 17 March 2016.
39) ISBA / 3 / C / 9, 28 August 1997.
40) 田中「前掲論文」(注17) 207頁。
41) ISBA / 4 / C / 4 / Rev. 1, 23 March 1998.
42) ISBA / 6 / C / 12, and ISBA / 6 / A / 18, Annex, Regulations on Prospecting and Exploration for Polymetallic Nodules in the Area.
43) Regulations on prospecting and exploration for polymetallic nodules in the Area.
44) Regulations on prospecting and exploration for polymetallic Sulphides in the Area.
45) Regulations on prospecting and exploration for cobalt-rich ferromanganese crusts in the Area.

(協定附属書1節5(f))。これに基づきISAは、前述の「マイニング・コード」をそれぞれ採択し、開発権者(ISAとの契約者)に対し独占的探査および開発における優先権を保証(15年間、最大5年の延長が認められる)している。そして、すでに深海底において相当の投資を行ってきた先進国に先行投資者として一定の排他的権限を認めるいわゆる先行投資保護決議と呼ばれる「決議Ⅱ[46]」を条約とともに採択した。

このようにISAは、契約者に対し鉱区開発の優先権を与えているため、鉱区申請における重複の調整がひとつの重要な課題となった。実際、ハワイ島南東部クラリオン・クリッパートン海域に鉱区申請が集中する事態が生じた[47]。しかし、前述の決議Ⅱは、この問題について基本的には当事者間において事前調整を想定し、関連する規定を設けなかったのである。当該問題は条約(協定を含む)から離れ、2国間または多数国家間条約を通して当事者間において調整するようになったのである[48]。そのため、前述のマンガン団塊探査規則の採択の際には、先願主義以外のルールは定めなかったのである。

この問題がふたたび注目を集めるようになったのは、海底熱水鉱床の探査規則の作成時である。というのは、マンガン団塊同様、海底熱水鉱床の鉱区申請においてもその重複が心配されたからである。結局この問題は、海底熱水鉱床探査規則のISA理事会決定附属書[49]の形で、当該探査規則の発効から1年間有効な時限的調整メカニズムを設けることで解決されたのである。具体的な手続きは、以下のとおりである。まず、上記決定の採択後180日以内にA国の申請があって、同一鉱区にB国の申請書が出されると、(ISA)事務総長は当事国にこれを通知し、保証国を含む申請当事国はこれを解決するよう交渉する。また事務総長は、問題解決のため周旋(good offices)することができ、各当事者は事務総長の通知を受けてから90日以内に申請書を修正することができる。つぎに、当事者間の問題解決が達成できなかった場合は、法律技術委員会と理事会は、海底熱水鉱床探査規則第23・24条に基づき、受け付け順

---

46) 前掲注20。
47) 当該状況の詳細については、佐藤「前掲論文」(注3) 94頁、参照。
48) 同上。
49) Annex to the Decision of the Council relating to the regulations on prospecting and exploration for polymetallic sulphides in the area, ISBA/16/C/12.

に申請書を審査し、事務総長が当事者に通知してから 90 日以内に解決されなかった場合は、事務総長は解決に向けての当事者間の努力と経緯を理事会と法律技術委員会に報告し、法律技術委員会は事務総長から報告を受けてから 90 日以内に適切な勧告 (appropriate recommendation) を行うこととし、理事会は当該申請書を審議する際、当該勧告を参考するとしている[50]。

このように、鉱区申請重複の際には、基本的には当事者間の合意に基づいて解決し、合意に達しなかった場合は、ISA 理事会の機関である法律技術委員会が解決策を勧告し、ISA 理事会がこれを検討する方式である。この方式は、後に採択されたコバルトリッチクラスト探査規則においても同様である[51]。

以上のように、基本的には先着順に基づいて鉱区申請を審査し、重複が生じている場合は ISA 事務局 (事務総長) が当事者間の事前調整を図る形で鉱区調整が行われる。このような制度が設けられたのは、各締約国 (または企業) が莫大な予算を投資して申請したにもかかわらず、単に着順によってのみ探査・開発権が決定されるということは必ずしも合理的ではないからであった。さらに、先の申請者より後の申請者の方が適切な場合、それを救済できるようにするためであった。幸い、2016 年 (5 月) 現在、海底熱水鉱床およびコバルトリッチクラストのいずれの鉱区においても鉱区申請の重複の問題は生じていないのが現状である。

(2) 深海底環境保護の問題

深海底活動にともなう環境保護問題に関しては、基本的に条約において定められている。すなわち条約第 145 条は、深海底資源の探査・開発から生じる海洋環境の汚染を防止し、当該目的を達成するため適切な措置をとる権限を ISA に与えている。また協定においても、ISA の任務の一つに環境保護・保

---

[50] *Ibid.* なお、法律技術委員会は、適切な勧告を行う際の考慮事項として、以下の 4 つの項目をあげている。①重複する申請区域内において発見した海底熱水鉱床の位置と数、発見日時、②重複申請区域内において遂行した海底熱水鉱床の探査活動の業務量と連続性とその活動範囲、③重複申請区域内において遂行した探査活動の費用 (US ドルで換算)、④事務総長が各申請書を受け付けた日時。

[51] Annex to the Decision of the Council relating to the Regulations on Prospecting and Exploration for Cobalt-rich Ferromanganese Crust in the area, ISBA/18/C/23.

全のための科学的調査の奨励などをあげている(協定附属書1節5(h)・(i))。さらに同協定附属書1節7において、探査業務計画の申請の際、申請者に対して、活動の環境影響評価、海洋学の研究および環境の基本的な研究のための計画についての説明を申請に添付させるなど、環境に配慮した措置をとることを申請者に求めている。一方で、条約第162条2項(x)は、ISA理事会に対し「海洋環境に対し重大な害を及ぼす危険性のあることを実質的な証拠が示している場合に、契約者または事業体による開発のための鉱区を承認しない」権限もまた認めている。

　このような背景の下、ISAは、2000年のマンガン団塊探査規則の採択の際、海洋環境の保護および保全に関する諸規則(同規則第5部)を備え、保護が効果的に行われるようISAが規則や手続きを制定し、これを定期的に再検討することとしている(同規則第31条)。とくに興味深い点は、同規則第31条6・7項において一種の保護区域概念を導入している点である。すなわち、契約者および保証国は、深海底活動が及ぼしうる環境影響をモニタリングし評価するためのプログラムを立てなければならず、その際、ISAから要請がある場合、影響観察区域(Impact reference zones)と保存観察区域(Preservation reference zones)を設定することを要求している。影響観察区域は、環境に対する影響を調査する目的で設定されているため、深海底活動そのものが排除されているわけではなく、他方、保存観察区域はいかなる開発活動も禁止されている区域である。このような一種の保護区域は、将来、採択が予想される開発規則においても同種の区域設定が予想される[52]。

　一方、ISA法律技術委員会は、マンガン団塊探査規則の規定に従い、2002年、「深海底におけるマンガン団塊の探査から生じる環境上のありうる影響の評価のための契約者の指針についての勧告[53]」を採択した。さらにISA理事会は、(条約第145条に基づき)ISA法律技術委員会が勧告した(2012年)「クラリオン・クリッ

---

52) Jung-Eun Kim & Seong-Wook Park, "The Scope of Potential Duties for Environment Protection in the Regulation on the Exploitation for Polymetallic Nodules in the Area," *OPR*, Vol. 37(1), (Korea Ocean Reach & Development Institute, 2015) p. 83.

53) Recommendations for the guidance of contractors for the assessment of the possible environmental impacts arising from exploration for Polymetallic nodules in the Area, ISBA/16/LTC/7.

パートン海域における環境管理計画[54]」を承認した[55]。この計画は、対象海域に環境重要区域やバッファーゾーンを設け、探査・開発許可を規制するなど、深海底に一種の保護区を設置している。

このほか、深海底環境保護と関連して、2011年2月に出されたITLOSの勧告的意見[56]は注目に値する。同勧告的意見は、ISAの要請[57]に基づき、深海底において活動を行う行為主体に保証を与える国家の義務の内容について問われ、深海底活動にともなう環境保護のため予防的アプローチの採用や、契約者による環境影響評価義務の履行確保、ならびに環境の保護・保全に関する保証国の義務の範囲や内容を明確にしたものである[58]。

これらを踏まえた上でISAは、深海底資源の生産活動に向けての「開発規則」の採択の前に、当該規則に含まれるべき事案を調査すべく、利害関係者（Stakeholder）へのアンケートを実施した[59]。この調査は、2014年2月から①財政②海洋環境保護③保健および海事安全④その他の四つの項目に分かれて実施され、各利害関係者がそれぞれの項目に対して回答したものである。本稿では、深海底環境保護と関連した部分だけ簡単にまとめて紹介しておく。まず、指摘できるのは、多くの回答が従来のマンガン探査規則上の環境保護義務と重複または類似している点である。たとえば、生産者または契約者は、生産活動の開始の前に環境影響評価や環境モニタリングを実施するとともに、その結果をISAに報告し公開することや、既存の環境モニタリングプログラムを深海底の生態系構造をより明確に把握できるよう改善すること、さらにモニタリングを通じてえられた環境情報は毎年ISA（事務局）に報告し、その情報は

---

54) Environmental Management Plan for the Clarion-Clipperton Zone, ISBA/17/LTC/7.

55) Decision of the Council relating to an environmental management plan for the Clarion-Clipperton.

56) *Responsibilities and Obligations of States Sponsoring persons and Entities with Respect to Activities in the Area (Request for Advisory Opinion submitted to the Seabed Disputes Chamber)* (Case No. 17), Advisory Opinion of 1 February 2011, Seabed Dispute Chamber of the International Tribunal for the Law of the Sea.

57) Decision of the Council of the International Seabed Authority requesting an advisory opinion pursuant to Article 191 of the United Nations Convention on the Law of the Sea, ISBA/16/C/13.

58) 同勧告的意見における保証国の義務内容に関しては、樋口恵佳「国際法における相当の注意義務における一考察」『東北法学』（2012年）第40号、Chinsok Chung, "Responsibilities and obligations of the states sponsoring persons and entities with respect to activities in the Area", *Kookmin Law Review* 27 (2), (Legal Research Institute Kookmin University, 2014), 参照。

59) https://www.isa.org.jm/stakeholder-survey-march-2014-old-version. Last visited in 17 March 2016.

公開され、他の当事国に当該情報を提供することを義務づけること、ならびに契約者は深刻な環境破壊事故に備え、事前に対応策を講じるとともに、必要に応じて保全観察区域や保護区域を設定することなどを提案している[60]。このほか、1) 環境影響により事後の生産計画を修正できるよう「適応管理システム（Adaptive management system）」を導入することや、2) 事故に対応する事前行動計画を立てること、3) 事故発生時、即時に ISA または隣接国に知らせ、生産者は生産活動を中断し、ISA の指示を待つようにする提案など[61]も注目すべき点であろう。とくに、将来採択される開発規則では、これまでの探査規則における環境規定より詳細な規定を設けるべきだという提案もなされた。たとえば、従来のマンガン団塊探査規則第 34 条に規定されているモニタリング義務と関連して、以下のような提案がなされた。すなわち、1) 生産活動が海底の動植物群と、物理的科学的構造に与える影響のモニタリングや、2) 深海底鉱物資源の生産モニタリングは ISA が指定する科学者または事業体が行うようにすること、3) モニタリングプログラムの標準化と、その結果の公開、4) モニタリングを通して得た情報は保証国と ISA に即時に提供すること、5) カメラやセンサーを用いての持続的な電子モニタリングの実施、などである[62]。

深海底における探査活動と開発活動とではまったくといっていいほどその性質が異なるものである。とくに、海洋環境に与える影響の面ではよりそうであろう。たとえば、生産・開発活動では生産過程における鉱石物の処理などが大きな課題となる[63]。このような点を考慮すると、従来の探査規則とは異なり、開発規則においてはより厳しい環境保護規則の採用が予想される。

今後、開発規則の採択において、前述の利害関係者の提案がそのまま採用されるとは考え難いが、これらの提案をベースに議論され採択されることとなろう。その意味で、今後採択される予定の開発規則においてどのような環境保護措置がとられるか、今後の動向に目を離せない状況が続いているといえよう。

---

60) *Ibid.*
61) *Ibid.*
62) *Ibid.*
63) 岡本信行「近年注目される海底鉱物資源の開発に向けた現状と課題」『土木學會誌』第 98 巻 12 号（2013 年）27 頁。

おわりに

　今日、深海底鉱物資源の商業的生産・開発に対する期待がますます高まりつつある。その背景には、陸上鉱物資源の枯渇または品質低下、それにともなうコストの増加などがあり、これに反比例する形で、海底鉱物資源の生産・開発に関する低コスト化・効率化・高品質などがその要因として考えられる[64]。ある研究者は、「2020年代に入ると、深海底鉱物資源の開発産業は市場競争力をもつようになり、最も有望な産業の一つになろう」と指摘する[65]。

　2016年度のISA会期においては、深海底資源開発に向けての「開発規則」の採択が期待されている[66]。もし、2016年度の会期中に「開発規則」が採択されれば、深海底の資源開発のための制度的基盤は整ったことになる。つまりそれは、深海底資源がついに人類のため商業的に生産されはじめることを意味する。

　しかしながら、未解決の課題もまた少なからず残されている。まず、商業的生産のための技術的課題としては、「揚鉱管」技術の開発が指摘されている。すなわち、マンガン団塊の商業的生産のためには5,000m級の揚鉱管が必要とされているが、まだ実現されていないということである[67]。つぎに、前述の開発規則の採択には、環境保護に関する規定の作成は必然であるが、生産活動にともなう環境影響に関するデータは必ずしも十分ではないことも指摘できよう[68]。すでに述べたように、深海底の環境保護に関しては予防的アプローチが求められる中、はたして開発規則の採択の際、この種の課題をいかにクリアできるか疑問が残る。さらに、たとえばクラリオン・クリッパートン海域でも見られるように、隣接している鉱区においての生産は同種の鉱物の生産が予想され、開発権者が一気に生産を開始すると当該資源の暴落なども考え

---

64) Sang Bum Chi & Sup Hong, "Development of Polymetallic Nodules in the NE Equatorial Pacific: Past, Present and Future," *OPR* Vol. 36 (4), (Korea Ocean Reach & Development Institute, 2014), pp. 368-371.
65) *Ibid.* 著者によると、一部の民間企業は2019年までに商業生産のための準備を完了し、2020年から商業生産の開始を計画しているという。
66) *Ibid.*
67) 山崎哲生「深海底鉱物資源開発の過去・現在・未来」*Journal of the Mining and Metallurgical Institute of Japan*, Vol. 131, No. 12 (The Mining and Materials Processing Institute of Japan, 2015), pp. 592-596.
68) 同上。

られる。したがって、このような問題を解決するためには生産調整が必要となるが、ISAが今後、生産段階に入っていかに生産調整を行うかもいまだ不透明である。

　深海底鉱物資源の開発がいよいよ現実味を帯びてきた現在、はたして当該資源開発が「人類の共同財産」としていかに具現されるか、いいかえれば、途上国や地理的不利国などにどのような形で還元されるか、また深海底環境保護をいかに実現できるか、今後のISAの動向を注目せざるをえない。

第 16 章　ITLOS 大法廷が勧告的意見を出す管轄権の根拠

兼原　敦子

1　はじめに
2　ITLOS の勧告的意見付与権限の根拠
　(1) 内在的ないしは黙示的権限論
　(2) ITLOS の勧告的意見付与権限の根拠とされうる条文規定
　(3) 規程第 21 条をめぐる議論
　(4) 規則第 138 条 1 項をめぐる議論
　(5) UNCLOS 第 288 条 4 項をめぐる議論

3　ITLOS が勧告的意見付与権限を認める論理の評価
　(1) 設立文書や締約国合意に基づく国際裁判所・法廷における勧告的意見付与権限
　(2) 起草過程と事後の実践における ITLOS の勧告的意見付与権限に関する UNCLOS 締約国の動向
4　おわりに

1　はじめに

　国際海洋法裁判所（以下、ITLOS とし、誤解を生じない限り、ITLOS は ITLOS 大法廷を意味するものとする）は、2015 年 4 月 2 日に、小地域的漁業委員会（the Sub-regional Fisheries Commission, 以下、SRFC）の要請を受けて、勧告的意見を示した[1]。

　SRFC[2]は、違法、非通報、規制のない漁業活動（illegal, unreported and unregulated fishing activities, 以下、IUU fishing と IUU fishing activities は、誤解を生じない限り、い

---

1) Request for an Advisory Opinion Submitted by the Sub-Regional Fisheries Commission, Advisory Opinion of 2 April 2005, (hereinafter "Request for an Advisory Opinion") https://www.itlos.org/fileadmin/itlos/documents/cases/case_no.21/advisory_opinion/C21_AdvOp_02.04.pdf. All the URLs cited in this paper were last accessed 25 December 2015.
2) SRFC は、国連海洋法条約の下で国家管轄水域が 200 海里まで拡大したことを受けて、5 ヵ国（カーボヴェルデ、ガンビア、ギニア・ビサウ、モーリシャス、セネガル）が漁業分野での協力を強化することを目的として 1985 年に設立した国際機構である。後に、ギニアとシエラ・レオネが加わり、現在、加盟国は 7 ヵ国である。1985 年の SRFC 設立条約は、https://www.itlos.org/fileadmin/itlos/documents/cases/case_no.21/SRFC_1985_Convention_English_translation_May_2013__3_.pdf

第16章　ITLOS大法廷が勧告的意見を出す管轄権の根拠　439

ずれもIUU漁業とする）に関する4つの諮問事項につき、勧告的意見を求めた[3]。SRFC加盟国をめぐるIUU漁業に関する現状は、SRFCの提出書面[4]から明らかである[5]。SRFCは、2013年3月27日、28日のSRFC閣僚級会合の決議[6]により、2012年SRFC加盟国の管轄下にある海域における漁業資源への最小限のアクセスの条件と開発の決定に関する条約 (Convention on the Definition of the Minimal Access Conditions and Exploitation of Marine Resources within the Maritime Areas under the Jurisdiction of Sub-Regional Fisheries Commission, 以下、MCA条約）[7]の第33条に基づ

---

[3] SRFCの提示した4つの諮問事項は、次の通りである。諮問事項1：IUU漁業が第三国の排他的経済水域（以下、EEZ）で行われたときの旗国の義務は何か、諮問事項2：IUU漁業がその旗を掲げる船舶により行われたときに、その旗国はどの程度責任 (liable) を負うべきか、諮問事項3：漁業許可 (a fishing license) が国際協定の枠組みにおいて、旗国とともにあるいは国際機関 (international agency) に発給されたときに、沿岸国の漁業法違反が問題の船舶により行われた場合に、その国家あるいは国際機関は責任 (liable) を負うか、諮問事項4：共有資源 (shared stocks) および共通利益の漁業資源 (stocks of common interest)、とくに遠洋漁業で捕獲される小型魚種 (the small pelagic species) およびマグロの持続可能な管理 (sustainable management) を確保するに際しての沿岸国の権利義務は何か、である。これらの諮問事項については、Request for an Advisory Opinion, *supra* note 1, para. 2.

[4] ITLOSは、2013年5月24日の命令で、国連海洋法条約締約国、SRFCおよび国際組織等（非政府間組織を含むため、国際組織等と記す）に書面提出を求めた、*ibid.*, para. 10. これは第1ラウンドであり、22ヵ国と、SRFCおよび6つの国際組織等が書面提出した。そこには、国際自然保護連合（IUCN）、世界自然保護基金（WWF）のような団体も含まれている、*ibid.*, para. 17. それを踏まえて、2013年12月20日の命令で、ITLOSは、さらにUNCLOS締約国とSRFCおよび国際組織等に書面提出を求めた。これが第2ラウンドである。ここで、5ヵ国とSRFCが書面提出した、*ibid.*, paras. 20-21. 米国は、UNCLOSの締約国ではないが、1995年公海漁業協定の締約国として、第1ラウンドで書面を提出した。本章では、これらの提出書面と口頭審理で示された諸国や組織の見解を可能な限り確認していくが、書面については、特に記さない限り、第1ラウンドの書面を指すものとし、第2ラウンドで提出された書面については、各国の書面の表題は統一されてはいないが、第2ラウンドで提出された書面である旨を明確にするために、the Second Written Statement と記す。

[5] SRFCの提出書面では、SRFC諸国が直面しているIUU漁業問題の現状が説明されるとともに、諮問事項を提起した趣旨説明がなされている。現状としては、IUU漁業は、加盟国の主たる懸念事項であるが、締約国の能力不足や監視・情報伝達・違法発見の手段における不足がある、Written Statement of SRFC (November 2013) (hereinafter "Written Statement of SRFC"), pp. 2-3. IUU漁業に対処するための、SRFC加盟国の能力不足と、IUU漁業を行う船舶の旗国に通報しても、満足のいく対応が行われていないことが述べられている、たとえば、*ibid.*, p. 11.

[6] 同決議については、Request for an Advisory Opinion, *supra* note 1, para. 2.

[7] 1993年のSRFC加盟国の沿岸沖における漁業資源への最小限のアクセス条件と開発に関する条約 (以下、1993年条約) は、2012年に改正されて表記の条約となった。MCA条約については、https://www.itlos.org/fileadmin/itlos/documents/cases/case_no.21/Convention_CMA_ENG.pdf.

いて、ITLOS に勧告的意見を要請した[8]。

ITLOS は、この SRFC の要請に応じて、勧告的意見を出した。国連海洋法条約（以下、UNCLOS）第159条10項および第191条は海底紛争裁判部が勧告的意見を出すことを定めており[9]、それに基づいて[10]、2011年に海底裁判部が深海底の活動に関する保証国の責任と義務について、勧告的意見を出した[11]。これに対して、2015年4月2日の勧告的意見は、ITLOS による初めての勧告的意見である。それゆえに、この勧告的意見は、要請主体である SRFC に対して答えられたものであるとしても、将来的に大きな意義を持つであろう[12]。そのような本件について、最も注目される問題の一つは、ITLOS が勧告的意見を出す管轄権（以下、適宜、勧告的意見付与権限という語を用いる[13]）をもつかである。

---

[8] MCA 条約第33条は、SRFC 閣僚会議が常設事務局長（the Permanent Secretary）に、ITLOS に特定の法的事項について勧告的意見を求めることを授権している。なお、1993年条約採択時には、ITLOS の勧告的意見を求める条文はなかったが、2012年の改正により MCA 条約となり、その第33条が成立した。この改正趣旨と改正については、Written Statement of SRFC, p. 4. つまり、この改正は、ITLOS 規則第138条が1997年に規定され、同条文が ITLOS の勧告的意見を出す管轄権を明示に規定した後の改正である。

[9] UNCLOS の起草過程で、ITLOS の勧告的意見を出す管轄権が、第3次国連海洋法会議で議論に上ったが、それは国際海底機構の総会からの要請を論ずるものであり、後に海底紛争裁判部が設立されることになると、海底紛争裁判部が勧告的意見を出す管轄権が議論になった経緯については、Louis B. Sohn, "Advisory Opinions by the International Tribunal for the Law of the Sea or Its Seabed Disputes Chamber," in Myron H. Nordiquist and John Norton Moore (eds.), *Ocean Policy: New Institutions, Challenges and Opportunity* (Njhoff, 1999), p. 62 *et seq.*

[10] 2010年2月25日に、国際海底機構が改訂アジェンダを第16回理事会で公表し、その新たなアジェンダの表題は、「UNCLOS 第191条に基づいて、ITLOS の海底紛争裁判部に保証国の責務（responsibility）と責任（liability）に関する事項について勧告的意見を求める提案」である。これを知らせる口上書が、UNCLOS 締約国と国際海底機構のオブザーバーに発信され、それが2011年の海底紛争裁判部への勧告的意見の要請を導いた。Rüdiger Wolfrum, "Advisory Opinions: Are They a Suitable Alternative for the Settlement of International Disputes?" in Rüdiger Wolfrum and Ina Gätzschman (eds.), *International Dispute Settlement: Room for Innovations?* (Springer, 2013), p. 49, n.49.

[11] 海底紛争裁判部による勧告的意見は、Responsibilities and Obligations of States Sponsoring Persons and Entities with Respect to Activities in the Area, Advisory Opinion of 1 February 2011, https://www.itlos.org/fileahttps://www.itlos.org/fileadmin/itlos/documents/cases/case_no_17/17_adv_op_010211_en.pdf.

[12] Jianjun Gao, "The ITLOS Advisory Opinion for the SRFC," 14 *Chinese JIL*, Vol. 5 (2015), p. 754.

[13] 本章で考察する問題は、ITLOS が勧告的意見を出す「管轄権」に法的根拠があるかであるが、文脈や原文からの適当な翻訳等を考慮して、「勧告的意見を出す管轄権」と同じ意味で、適宜、「勧告的意見付与権限」の語を用いる。同様に、勧告的管轄権（advisory jurisdiction）という語も適宜、用いる。

第16章 ITLOS大法廷が勧告的意見を出す管轄権の根拠　441

　たしかに、ITLOSは、1997年にITLOS規則（以下、誤解を生じない限り、規則と記す）[14]を制定し、その第138条1項は[15]、ITLOSが勧告的意見を与えうることを明示に規定している[16]。けれども、規則はUNCLOS締約国の合意による文書ではなく、ITLOSみずからの制定による。ITLOSを設立し権限を与えるUNCLOSやITLOS規程（以下、誤解を生じない限り、規程と記す）は、ITLOSの勧告的意見付与権限を明示に規定していない。それゆえに、必ずしも多くはないものの、学説において、あるいは、ITLOS判事の個人の資格で公表された見解も含めて、勧告的管轄権に根拠があるかという問題が議論されてきている[17]。そして、本件でITLOSが諸国や国際組織等に見解表明を求めたところ、ITLOSが勧告的意見付与権限をもつかについては、これを肯定する見解とともに、反対する見解も強力に主張されている[18]。本件を契機に示された見解は、次の意味で大きな重みをもつ。

　ITLOSの勧告的意見付与権限を検討している学説では、決定的な方向性が示されていない。また、ITLOS裁判所長による折に触れてのITLOSの勧告的意見付与権限への言及や諸国の反応などはある程度明らかになっているが、UNCLOS締約国会議で決定的な見解の一致があるわけではない。それゆえに、本件は、ITLOSが勧告的意見付与権限をもつかについての、諸国や国際組織等の見解、とりわけUNCLOS締約国による見解表明の重要な機会であった。つまり、本件を契機として示された諸国や国際組織等の見解は、

---

14) ITLOS規則のコメンタリーとしては、P. Chandrasekhara Rao and Philip Gautier (eds.), *The Rules of the International Tribunal for the Law of the Sea. A Commentary* (Nijhoff, 2006).
15) 規則第138条は次のように規定する：
　1　条約の目的に関係する国際協定が、法的問題に関する裁判所への勧告的意見の要請について明示的に定めている場合には、裁判所は意見を与えることができる
　2　勧告的意見の要請は、国際協定によって又は国際協定に従って裁判所へ要請することを許可される機関から裁判所に対して提出するものとする
　3　裁判所は、第130条から第137条までの規定を準用する
16) ITLOSは、規則第138条1項につき独自ともいえる解釈を行い、同条文により、ITLOSの勧告的意見付与権限が設定されたものではないと述べていることについては、後述する。
17) ITLOSの勧告的意見付与権限に関する学説、ITLOS判事が個人の資格で公表した見解、ITLOS裁判所長の声明などについては、適当な箇所で引用する。
18) ITLOSが見解表明を求めたこと、諸国や国際組織等が書面を提出したことについては、注(4)参照。また、口頭陳述でも、9ヵ国とSRFCを含む4つの国際組織等が見解を表明している。

UNCLOS すべての締約国の見解には至らないが、ITLOS の勧告的意見付与権限に UNCLOS 締約国の合意が得られているかについての、貴重な指標である。こうした重要性を認識しているからこそ、ITLOS 自身も、本件勧告的意見において、諸国の見解をかなり忠実にとりあげて、これに検討を加えていると考えられる[19]。

付言すると、本件の勧告的意見の要請があったことについて、2013 年の UNCLOS 締約国会合では、ITLOS の勧告的意見付与権限につき、その行使に際して ITLOS はすべての締約国の関心を十分に考慮すべきであるといった見解、UNCLOS 上は海底紛争裁判部だけが勧告的意見付与権限を持つという見解が示されている[20]。本件勧告的意見が示された後の 2015 年の UNCLOS 締約国会合では、これを肯定的に評価する発言もあるが[21]、ITLOS の勧告的意見付与権限の欠如について多くの国が提起した問題は、ITLOS により十分に考慮されなかったとして、ITLOS の勧告的意見付与権限に対する否定的な見解が主張されてもいる[22]。つまり、ITLOS の勧告的意見付与権限は、UNCLOS 締約国において、現在もなお、見解の対立がある問題なのである。

そこで本章では、本件で ITLOS が勧告的意見付与権限を肯定した論理に焦点をあてて考察する[23]。それに際しては、紙数の許す限り、本件を契機に諸国や国際組織等が示した見解と ITLOS の結論とを対比して、ITLOS の論理がこれらの見解によりどの程度支持を受けるか、あるいは、反対論に対して説得

---

[19] ラッキー（A.A. Lucky）判事の分離意見は、多数意見よりも詳細に諸国の見解を取り上げて検討しているが、それも、ITLOS が勧告的意見付与権限をもつかという問題についての、諸国の見解を確認することの必要性と重要性を認識してのことといえる、Separate Opinion of Judge Lucky, https://www.itlos.org/fileadmin/itlos/documents/cases/case_no.21/advisory_opinion/C21_advop_sepop_Lucky_corr_Eng.pdf, para. 4.

[20] SPLOS/263, para. 21. 本件勧告的意見に先立つ 2014 年の UNCLOS 締約国会議では、ITLOS は勧告的意見付与権限につき締約国および国際組織の見解を求めるべきであるという指摘、また、ITLOS の勧告的意見付与権限には論争があるという指摘がなされている。SPLOS/277, para. 37.

[21] SPLOS/287, para. 23.

[22] *Ibid.*.

[23] それ以外にも、ITLOS が勧告的意見付与権限をもつとすれば、勧告的意見の要請主体、勧告的意見の対象となる主題の範囲などが問題になる。これらの検討は、紙数の関係で別の機会にゆずりたい。本件で ITLOS はこれらの問題を、規則第 138 条の解釈の問題として検討したが、それについては、後に簡潔に確認する。

力があるかを検討する。

かかる検討の後に、他の国際裁判所や法廷が勧告的意見付与権限を持つ場合と比較して、また、UNCLOS締約国の実践に照らして、本件でITLOSが勧告的意見付与権限を肯定した論理を簡潔に評価しておく。

2 ＩＴＬＯＳの勧告的意見付与権限の根拠

(1) 内在的ないしは黙示的権限論

本件で示された諸国の見解では、ITLOSの勧告的意見付与権限が、実定規則上の根拠をもたなくても、内在的 (inherent) ないしは黙示的 (implied) 権限としてそれが認められるかという議論がある[24]。この議論は、ITLOSの勧告的意見付与権限に反対する立場から、実定規定上の根拠を否定することに加えて提起されている。実定規定上の根拠とされる関連規定の各々について検討するに先立ち、この議論を確認しておきたい。

ITLOSの内在的ないしは黙示的権限の問題は、ITLOSの勧告的意見付与権限が、そもそも内在的ないしは黙示的権限に入るかという問題として議論される。そして、ITLOSの勧告的意見付与権限に反対する諸国は、第１に、ITLOSの勧告的意見付与権限が、そもそも内在的ないしは黙示的権限には該当しないこと、第２に、そうであるならば、ITLOSの勧告的意見付与権限には、実定法上の根拠が必要となるとし、後に関連条文の検討でみるように、UNCLOSや規程にはそのような実定法上の根拠が存在しないことを主張する。

ここに挙げた２つの側面を論じている例として、たとえば、中国は、国際司法裁判所（以下、ICJ）による核実験事件本案判決[25]および旧ユーゴ国際刑事

---

24) 内在的権限というときには、特に、国際司法裁判所が核実験事件本案判決で述べた「内在的管轄 (inherent jurisdiction)」が念頭におかれる、Nuclear Tests (New Zealand v. France), Judgment of 20 December 1974, *ICJ Reports 1974*, para. 23; Nuclear Tests (Australia v. France), Judgment of 20 December 1974, *ICJ Reports 1974*, para. 23. 黙示的権限論というときには、国連の職務中に被った損害への賠償事件（以下、国連損害賠償事件）で国際司法裁判所が出した勧告的意見で述べた「黙示的権限 (implied power)」が念頭におかれる、Reparations for Injuries Suffered in the Service of the United Nations, Advisory Opinion of 11 April 1949, *ICJ Reports 1949*, p. 182. もっとも、諸国の見解において、この二つの用語の厳密な区別があるわけではない。

25) 核実験事件については、注 (24) 参照。

裁判所のブラスキッチ事件[26]で、内在的管轄権（inherent jurisdiction）が論じられていることを確認した上で、第１の側面については、次のようにいう。勧告的管轄権と係争管轄権とは、裁判所の主要（primary）管轄権として平行するが、勧告的管轄権は、係争管轄権を保護（safeguard）するために、あるいは司法的性質の維持やその機能のために必要なものではないということである[27]。つづいて中国は、第２の側面については、次のようにいう。国際裁判所や法廷は、設立文書により、手続規則を設定する権限を与えられることはあっても、管轄権や実体法に関する権限は、設立文書に示される締約国の合意によるということである[28]。

また、内在的ないしは黙示的権限の意味を、UNCLOSや規程に根拠が存在しなくても、ITLOSがみずからに（設立文書に規定されていないという意味で）新たな権限を与える権限をもつかという意味でとらえる例として、たとえば、ポルトガルの見解が注目される。ポルトガルは、国際裁判所や法廷が持つとされる内在的権限には、みずからに新たな権限を与える権限は含まれず、新たな権限は設立文書の締約国のみが設定できるとする[29]。同様の趣旨の見解はイギリスの主張にも見出される。イギリスは、規則第138条１項がITLOSの

---

26) Procecutor v. Tihomir Blåskić, Judgment on the Request of the Republic of Croatia for Review of the Decision of Trial Chamber II of 18 July 1997, Case No. IT-95-14-AR 108 bis, Appeals Chamber, 29 Oct 1997, para. 25, note 27.

27) Written Statement of the People's Republic of China (26 November 2013) (hereinafter "Written Statement of China"), para. 59.

28) *Ibid.*, para 62. 同様にスペインは、第１の側面について、国連損害賠償事件を参照して、黙示的権限は（国際組織の）「その義務の遂行に不可欠」な権限であるとした上で、勧告的意見の付与は司法機関の機能に内在的（inherent）ではないとする。さらに、第２の側面について、かかる権限は、明示に与えられる必要があるとして、実際、国際裁判所や法廷は明示の規定により勧告的意見付与権限を与えられていることを指摘する、Written Statement of the Kingdom of Spain (29 November 2013) (hereinafter "Written Statement of Spain"), paras. 5-6. あわせて、口頭審理でのスペインの主張、ITLOS/PV.14/C21/2, pp. 31-32. オーストラリアも同様の趣旨を述べる、Written Statement of Australia (28 November 2013) (hereinafter "Written Statement of Australia"), para. 7. また、タイは、勧告的意見を出す管轄権は主要な（primary）管轄権であるが、内在する（inherent）管轄権は付随的なものであり、主要な管轄権は、設立文書から導かれなければならないとする、Written Statement of the Kingdom of Thailand (14 March 2014), para. 7; The Second Written Statement of the Kingdom of Thailand (14 March 2014) (hereinafter "The Second Written Statement of Thailand"), para. 7.

29) Written Statement of the Portuguese Republic (27 November 2013) (hereinafter "Written Statement of Portugal"), para. 13.

勧告的意見付与権限を規定しているが、勧告的意見付与権限が UNCLOS や規程に根拠をもたなければ、それを規則制定によりみずからに与えた ITLOS は権限逸脱をすることになるとして、関連規定を検討するという立論をしている[30]。

学説においては、ITLOS に限定して、あるいは、一般的に国際裁判所や法廷について、内在的ないし黙示的権限として勧告的意見付与権限が設立文書に根拠なくして認められるかにつき、否定的に答えている学説がある[31]。また、上記のポルトガルやイギリスの見解にみられたように、規則第 138 条 1 項が勧告的意見付与権限を規定していることに注目して、ITLOS がみずからに勧告的意見付与権限を与えることを肯定せずに、UNCLOS や規程に勧告的意見付与権限の根拠が求められるかという立論をする学説もある[32]。さらに、一般的に司法機関に内在する権限を議論するに際して、付属的（ancillary）な権限あるいは付随的（incidental）な権限を対象としており、勧告的意見を出す管轄権の

---

30) Written Statement of the United Kingdom (28 November 2013) (hereinafter "Written Statement of the United Kingdom"), paras. 10-14; The Second Written Statement of the United Kingdom (5 March 2014) (hereinafter "The Second Written Statement of the United Kingdom"), para. 4. 先にみた中国の見解（注 (28)）でも、規則制定により国際裁判所や法廷がみずからに管轄権を付与できないとしている点では、イギリスやポルトガルの見解と同様である。

31) Jianjun Gao, "The Legal Basis of the Advisory Function of the International Tribunal for the Law of the Sea as A Full Court: An unresolved Issue," *Korean Maritime Institute International Journal of Maritime Affairs and Fisheries*, Vol. 4, Issue 1 (2012), pp. 93-94. Karin Oellers-Frahm, "Lawmaking through Advisory Opinions?" *German Law Journal*, Vol. 13 (2011), p. 1033. オレース＝フラーム（K. Ollers-Frahm）教授は、勧告的意見を扱ったこの論文の中で ITLOS についても検討しているが、ITLOS は係争管轄権のみを持つとしており、実定規定で ITLOS が勧告的意見を出す管轄権があると解されうる条文などについては言及していない、*ibid.*, p. 1037. 一般的に国際裁判所や法廷が勧告的意見付与権限を持つ場合には、明示の実定的根拠を必要とする見解として、Hugh Thirlway, "Advisory Opinions," in *Max Planck EPIL*, Vol. I (Oxford University Press, 2012), p. 98.

32) イギリスの見解と同様に、規則第 138 条 1 項は ITLOS の勧告的意見付与権限を肯定しているが、それについて UNCLOS や規程が法的根拠を与えているかという観点から関連条文を検討するという立論をする学説例として、Ki-Jun You, "Advisory Opinions of the International Tribunal for the Law of the Sea: Article of the Rules of the Tribunal, Revisited," *OD & IL*, Vol. 39 (2008), p. 361. なお、ICJ について、規則制定権限は ICJ 規程の欠陥を補完するものであるが、ICJ は ICJ 規程その他の根拠により ICJ が有していない権限を規則制定によりみずからに与えることはできないという見解として、Hugh Thirlway, "Article 30," in Andreas Zimmerman, Christian Tomuschat, Karin Oellers-Frahm and Christian J. Tamas (eds), *The Statute of the International Court of Justice- A Commentary*, Second Edition (Oxford University Press, 2012), p. 518.

ような独立の実体的管轄権を内在的管轄権の一環としては論じていない学説がある[33]。これも、勧告的意見付与権限は、国際裁判所や法廷の設立文書により実定法上の根拠が与えられていることを必要とする見解の一種と解することができよう。ITLOS についていえば、先決的抗弁を審理する管轄権（UNCLOS 第294条）、暫定措置を定める権限（UNCLOS 第290条、規程第25条）、第三国の訴訟参加の可否を認定する権限（規程第31条）、船舶の早期釈放を命令する権限（UNCLOS 第292条）が付属的ないし付随的な権限と考えられるが、これらは、ここに記したように、すべて UNCLOS および規程に明示の根拠をもつ。

さらに、諸国の見解や学説では、UNCLOS や規程において、ITLOS の勧告的意見付与権限を排除する規定がないことを指摘する見解もある[34]。この見解は、実定法上の根拠なくして ITLOS に勧告的意見付与権限を認める見解であるとすれば、その意味で内在的ないしは黙示的権限論と類似する。けれども、この見解を示す諸国や学説は、UNCLOS や規程に ITLOS のかかる権限を排除する規定がないこと「だけ」を根拠としてその権限を肯定するわけではない。これらは、下記に検討する何がしかの実定規定による法的根拠を肯定的に認めようとしており、あるいは ITLOS の勧告的意見付与権限に UNCLOS 締約国のいわば黙認があることを指摘しており、それに加えて、UNCLOS や規程に ITLOS の勧告的意見付与権限を排除する規定がないことを主張する[35]。ゆ

---

33) たとえば、Chester Brown, "The Inherent Powers of International Courts and Tribunals," *BYIL*, Vol. 76 (2005), p. 195 *et seq.* は、さまざまな裁判所の判例の詳細な検討を基礎としてこの問題を議論しているが、内在的権限のなかに勧告的意見付与権限を含めてはいない。

34) このような指摘をする諸国の見解としては、たとえば、ニュージーランドとドイツがある、Written Statement of New Zealand (27 November 2013), (hereinafter "Written Statement of New Zealand"), para. 8; Written Statement by the Federal Republic of Germany (18 November 2013) (hereinafter "Written Statement of Germany"), para. 8. 本件勧告的意見についてのコット（J. P. Cot）判事の宣言、Déclaration de M. Cot juge, https://www.itlos.org/fileadmin/itlos/documents/cases/case_no.21/advisory_opinion/A21_aviscons_decl_Cot_rev_Fr.pdf, para. 4. 学説ではたとえば、ンディアエ（T.M. Ndiaye）判事は、UNCLOS 第288条2項や規程第21条が ITLOS の勧告的意見付与権限の根拠となるとは認めずに（もっとも、UNCLOS や規程は ITLOS の勧告的意見付与権限をほとんど（barely）与えないという）、規程が禁止していないので、司法機能をもつ ITLOS のような機関は勧告的意見を出すことができるとする、Tafsir Malick Ndiaye, "The Advisory Function of the International Tribunal for the Law of the Sea," *Chinese JIL*, Vol. 9 (2010), pp. 580-581; Budislav Vukas, *The Law of the Sea, Selected Writings* (Martinus Nijhoff Publishers, 2004), p. 309.

35) この点について、前注で挙げた諸国の見解と学説の見解をみておく。ニュージーランドは規程

えに、この見解は、実定法の規定なくして内在的ないしは黙示的権限として ITLOS の勧告的意見を出す管轄権を認める見解とは区別されるであろう。そして、第 1 ラウンドの提出書面において、UNCLOS や規程が ITLOS の勧告的意見付与権限を排除していないことを、ITLOS にかかる権限を認める根拠とする見解が存在したことに対しては、たとえば、イギリスは、かかる権限は UNCLOS や ITLOS に根拠を持つべきであるという立場から反論している[36]。学説においても、UNCLOS や規程に ITLOS の勧告的意見付与権限を排除する規定がないことから ITLOS にかかる権限を認めれば、限界なく司法機関はみずからの権限を拡大していくという批判がある[37]。これらの批判は、ITLOS が勧告的意見付与権限を内在的ないしは黙示的権限としては持つことができず、かかる権限には実体的な法的根拠が必要であるという先に示した見解と同様である。

ITLOS の見解に目を向けると、ITLOS は内在的ないしは黙示的権限論については、そのような議論があることに言及してはいる[38]。けれども、後述のように、ITLOS は規程第 21 条の独自の解釈により ITLOS の勧告的意見付与

第 21 条の「すべての事項」が勧告的意見を含むとしてこれは規則第 138 条に反映されているとする、Written Statement of New Zealand, paras. 10-11. ドイツも、規程第 21 条の「すべての事項」以下が、ITLOS の勧告的意見付与権限の黙示の法的根拠となるとし、規則第 138 条に規程第 21 条の「すべての事項」以下が前提条件として反映されているとするとともに、後述するように、UNCLOS も規程も「生きた文書 (living instruments)」として、起草過程に拘束されずに、ITLOS の勧告的意見付与権限が認められるとする、Written Statement of Germany, para. 8. ヴカス (B. Vukas) 判事は、規程第 21 条の「すべての事項」は広い意味であり、「国家その他の実体から ITLOS かあるいは裁判部に勧告的意見を要請することを排除していない」とする。つまり、規程第 21 条に ITLOS の勧告的意見付与権限の根拠となる可能性をみるが、それは「排除されていない」という慎重な解釈を示している、Vukas, *supra* note 34, p. 309. 他方で、コット判事は、規程第 21 条は不明確であるとし、UNCLOS が ITLOS の勧告的意見付与権限を排除していないこと、規則第 138 条の制定以後、締約国が反応していないことを挙げて、本件で ITLOS が勧告的意見付与権限を持つとしたことに賛同したという、Déclaration de M. Cot juge, *supra* note 34, paras. 3-4. これは、UNCLOS が ITLOS の勧告的意見付与権限を排除していないことに加えて、規則第 138 条への諸国のいわば黙認を根拠として、ITLOS の勧告的意見付与権限を認める見解といえよう。ンディアエ判事も、国連総会、ITLOS が開催した地域フォーラム、UNCLOS 締約国会合などの機会において、ITLOS の勧告的意見付与権限に肯定的な見解が示されていることを指摘している、Ndiaye, *supra* note 34, pp. 582-583.

36) The Second Written Statement of the United Kingdom, para. 6.
37) Gao, *supra* note 31, pp. 89-90.
38) Request for an Advisory Opinion, *supra* note 1, para. 41.

権限を認めているので、ITLOS は、内在的権限論ないしは黙示的権限論は否定しており、勧告的意見付与権限に反対する諸国の見解と同じく、ITLOS は、規程にかかる権限の根拠を求めることが必要であると考えていると解される[39]。また、規則第138条1項について、後述のように、ITLOS はこの規定を ITLOS の勧告的意見付与権限を設定するとは解していない。それからすれば、ITLOS は規則制定によりみずからに勧告的意見付与権限を与える内在的権限を持つことにも反対の立場をとっているといえる。

(2) ＩＴＬＯＳの勧告的意見付与権限の根拠とされうる条文規定

ITLOS の勧告的意見付与権限が、実定規定に根拠をもち、かつ、その実定規定が UNCLOS 締約国の合意による文書に見出されれば、かかる根拠は UNCLOS 締約国の合意という万全な根拠をもつことになる。諸国の見解や学説において、ITLOS の勧告的意見付与権限の根拠を明示に規定している、あるいは明示に規定してはいなくてもそのように解されうる条文として挙げられているのは、とくに、規程第21条[40]と、規則第138条1項[41]である。そして、規則第138条1項との関連では、ITLOS の規則制定権を規定した規程第16条[42]が、規程第21条の解釈との関連では、ITLOS の管轄権を規定している UNCLOS 第288条2項[43]が、それぞれ検討されている。それらに加えて、いわゆる competence de competence 条項である第288条4項[44]が挙げられている。

---

39) ITLOS が、規程第21条が UNCLOS 締約国の合意であることを重視していることについては後述する。
40) 規程第21条は次のように規定する：
　裁判所の管轄権は、この条約に従って裁判所に付託されるすべての紛争およびこの条約に従って裁判所に対して行われるすべての申し立て並びに裁判所に管轄権を与える他の取決めに特定されているすべての事項に及ぶ
41) ITLOS 規則第138条1項については、注(15)参照。
42) 規程第16条は次のように規定する：
　裁判所は、その任務を遂行するために規則を定める。裁判所は、特に、手続規則を定める
43) UNCLOS 第288条2項は次のように規定する：
　前条に規定する裁判所は、また、この条約の目的に関係のある国際協定の解釈又は適用に関する紛争であって当該協定に従って付託されるものについて管轄権を有する
44) UNCLOS 第288条4項は次のように規定する：
　裁判所が管轄権を有するか否かについて争いがある場合には、当該裁判所の裁判で決定する

以下では、これらの条文をめぐる諸国や国際組織等の見解およびITLOSの判断と学説を考察していく。

(3) 規程第21条をめぐる議論

ITLOSが勧告的意見を出す管轄権の根拠を、UNCLOS締約国の合意文書に求めようとすれば、もっとも注目されるのは、規程第21条である。

UNCLOS締約国の合意という観点からは、学説には、UNCLOS第288条2項も、ITLOSが勧告的意見を出す管轄権に法的根拠を与えているという例がある[45]。他方で、UNCLOS第288条2項は係争管轄権を扱っており、勧告的管轄権を出す管轄権を規定しないとする反対論もある[46]。本件勧告的意見に際して、提出された書面や口頭陳述で主張された見解では、第288条2項は、ITLOSの勧告的意見付与権限の根拠としては挙げられておらず[47]、ITLOSも本件勧告的意見で第288条2項を独立の根拠として論じてはいない。ゆえに、この問題については、学説によっても批判[48]が多いことを指摘するにとどめ

---

45) José Luis Jesus, "Article 138" in Rao and Gautier, *supra* note 14, pp. 393-394. もっともジーザス (J. L. Jesus) 判事は、UNCLOS第288条2項がITLOSの勧告的意見付与権限の根拠となる可能性には言及しているが、明確にかかる根拠となるとするのは規程第21条である。

46) Gao, *supra* note 31, p. 88.

47) ITLOSの勧告的意見付与権限を否定する立場からは、第288条2項を取り上げて論じている例がある。たとえばイギリスは、規則第138条に規定するITLOSの勧告的意見付与権限を根拠づける条文があるかという立論をし、第288条2項にふれて、第288条1項が明示に紛争に関する規定であり、第288条2項も紛争に関する規定であることから、これを否定的に解している、Written Statement of the United Kingdom, para. 19. 同様に、Written Statement of Spain, para. 10; Written Statement of China, para. 29. 第288条2項にふれる見解は、ここで述べるように、規程第21条をUNCLOS第288条2項に従って読み、後者が「紛争」に関する管轄権を規定していることから、規程第21条もITLOSの勧告的意見付与権限の根拠にはならないという否定的見解である。これについては、規程第21条の「すべての事項」に関する見解として後述する。

48) You教授は、まず、UNCLOS第288条2項が、ITLOSの勧告的意見を出す管轄権まで規定していると解することは、次の2点の理由により、困難であるとする。第1に第288条2項はITLOSだけではなく、第287条に規定される国際司法裁判所や仲裁裁判所などが管轄権をもつことを規定しているのであり、ITLOSだけに勧告的意見を出す管轄権を認めていると解することは理由がないこと、第2に、第288条2項は、「拘束力を有する決定を伴う義務的手続」の節の中にあり、拘束力のない勧告的意見を出す管轄権の法的根拠となるとは言い難いことである、You, *supra* note 32, pp. 316-362. さらにYou教授は、規程第21条とUNCLOS第288条2項とを比較して、規程第21条がUNCLOS第288条2項よりも広くITLOSの管轄権を規定しているという見解を否定する、

たい[49]。むしろ、UNCLOS 第 288 条 2 項は、規程第 21 条を解釈するに際して、第 288 条 2 項と整合的に規程第 21 条を解釈するべきであるという文脈で論じられている。

規程第 21 条では、すべての紛争 (all disputes)、すべての申立て (all applications)、ITLOS に管轄権を与える他の取決めに特定的に規定されているすべての事項 (all matters specifically provided for in any other agreement which confers jurisdiction on the Tribunal) に ITLOS は管轄権をもつ。「紛争」が勧告的意見を意味しないことは明らかである。そこで、「すべての申立て」と「すべての事項」が勧告的意見を含むかが問題となる。

---

ibid., pp. 362-363. ンディアエ判事は、先に述べたように、UNCLOS と規程は ITLOS の勧告的意見付与権限をほとんど (barely) 与えないという微妙な表現を用いているが、結論的には、これを否定していると解される。さらにンディアエ判事は、UNCLOS 第 288 条 2 項は「拘束力を有する決定を伴う義務的手続」を規定する節に含まれているのであり、拘束力をもたない勧告的意見を出す管轄権の法的基礎とはならず、それは、ITLOS により解釈され明確化される必要のある規程第 21 条についても同様であるとする、Ndiaye, *supra* note 34, p. 581.

49) なお、ITLOS の勧告的意見付与権限という問題に特定してではなく、規程第 21 条と UNCLOS 第 288 条 2 項とを比較して、ITLOS の管轄権の範囲について議論する学説がある。一方で、規程第 21 条は「他の（いかなる）取決め」と規定しているのに対して、UNCLOS 第 288 条 2 項が、「UNCLOS の目的に関係した国際協定」と規定していることとの相違に注目して、規程第 21 条により、ITLOS は、UNCLOS の解釈・適用には関わらず、海洋法にすら関わらない主題についても管轄権を持ちうるという解釈がある、Alan E. Boyle, "Dispute Settlement and the Law of the Sea Convention: Problems of Fragmentation and Jurisdiction," *ICLQ*, Vol. 46 (1997), p. 49. これに対して、規程第 21 条は UNCLOS 第 288 条 2 項と整合的に読まれるべきであり、さらに、起草過程や ITLOS 判事に関する規程第 2 条が「…海洋法の分野において有能の名のある」と規定していることから、規程第 21 条が規定する ITLOS の管轄権は、UNCLOS とそれに関わる海洋法上の主題についてであるとする見解がある、L. Dolliver M. Nelson, "The International Tribunal for the Law of the Sea: Some Issues," in P. Cahandrasekhara Rao and Rahmatullar Kahn (eds.), *The International Tribunal for the Law of the Sea: Law and Practice* (Kluwer Law International, 2001), pp. 53-54. ITLOS が UNCLOS により設立された裁判所であり、また、起草過程からしても、規程第 21 条が、ITLOS に UNCLOS に関わりなく、海洋法にすら関わりのない主題について管轄権を与えているとは考えにくい。よって、規程第 21 条によっても、ITLOS は UNCLOS およびそれに関連する主題について管轄権を持つと解するのが妥当であろう。同様に、ボイル (A. E. Boyle) 教授のように規程第 21 条により ITLOS の管轄権を広くとらえる見解に対して、シームア (J. Seymour) 教授は、規程第 1 条 4 項が、裁判所への紛争の付託は、条約（兼原注：UNCLOS）の第 11 部および第 15 部の規定に従うものとすると規定していることから、規程第 21 条は UNCLOS 第 11 部および第 15 部に服し、つまりは、UNCLOS 第 288 条に服するという反論があるとする、Juliane Seymour, "The International Tribunal for the Law of the Sea: A Great Mistake?" *Indiana Journal of Global Studies*, Vol. 13 (2006), p. 6

第1に、すべての申立てについては、本件の勧告的意見を要請したSRFCがこれに勧告的意見を含むと解しており、ITLOSの勧告的意見付与権限の根拠としている[50]。同時にSRFCは、事項"matters"に特に注目しないで、"whenever it is expressly provided for in any other agreement conferring jurisdiction on the Tribunal"もITLOSの勧告的意見付与権限の根拠として挙げている。けれども、SRFCを除いて、ITLOSが勧告的意見を出す管轄権に賛成する諸国や国際組織等の見解でも、「申立て」において、かかる管轄権を読む見解はみあたらない。むしろ、「申立て」は、たとえばオーストラリアが述べるように、この条約(兼原注：UNCLOS) に従って提起される "submitted to it in accordance with this Convention" ものであり、UNCLOS上にはITLOSの勧告的意見付与権限を示す根拠条文はないこと、また、「紛争」と区別されており、しかも、UNCLOSによりITLOSの管轄権の根拠が規定されている手続としては、暫定措置[51]と早期釈放[52]があり、「すべての申立て」はこれらを指すと解される[53]。同様の見解は、他の諸国の提出書面でも確認できる[54]。

学説では、'applications' を広くITLOSに管轄権を与えるものと解する見解

---

[50] SRFCは、規程第21条の英訳として、'all disputes and all applications' を 'all disputes and all requests' と訳しており、公定英訳とは異なっている。公定英訳は、'requests' ではなく、'applications' である。Written Statement of SRFC, p. 6; The Second Written Statement of SRFC (March 2014) (hereinafter "The Second Written Statement of SRFC"), p. 11. また、口頭陳述においてSRFCは、規程第21条のフランス語版に依拠して、それは tous les différends et toutes les demandes と規定しており différends と demendes は "et" で結ばれている以上区別されるものであり、les demandes は、勧告的意見を出す管轄権を含むものであるとする。ITLOS/PV.14/C21/1, p. 7.

[51] UNCLOS第290条参照。

[52] UNCLOS第292条参照。

[53] Written Statement of Australia, para. 23.

[54] たとえばイギリスは、「すべての申立て」は UNCLOS の他の条文、とくに第288条に照らして、そしてそれと一貫してよまれなければならないとして、ヴァージニア・コメンタリーが第290条5項の(暫定措置)規定および第292条1項の(早期釈放)規定に言及していることを指摘しており、つまり、「すべての申立て」は、ITLOSの暫定措置手続および早期釈放手続を指すものと解している、Written Statement of the United Kingdom, paras. 22-23; The Second Written Statement of the United Kingdom, para. 5. 中国も、「すべての申立て」については、やはり、UNCLOSに従って提起されなければならないこと、UNCLOSにはITLOSの勧告的意見付与権限を規定する条文がないことから、「すべての申立て」は、第292条の早期釈放、第294条の先決的手続を指すものと解している、Written Statement of China, para. 36. 同旨として、Written Statement of Spain, para. 11.

もあるが[55]、学説の大半は、「申立て」ではなく、次に検討する規程第 21 条にいう「すべての事項」で勧告的意見を含めることができるか否かを検討している[56]。

ITLOS も「申立て」については、UNCLOS に従って提起される係争事件におけるものとし、それは、規程第 23 条からも明らかであるという[57]。同条によれば、すべての申立は UNCLOS 第 293 条によって決定されるが、ITLOS は、UNCLOS 第 293 条が「紛争の解決」を扱う UNCLOS 第 15 部にあることを注記し、また、「申立て」は第 15 部の第 292 条の早期釈放と第 294 条の先決的手続を指すものと解している[58]。

諸国や国際組織等の見解および学説と ITLOS の見解とを比較すると、上述の通り、暫定措置、先決的手続、早期釈放が「申立て」に含まれうるが、それらのすべてが常に含まれているわけではないことがわかる。ただし、その相違が生じた理由は説明しにくい。しかし、いずれにせよ以下の結論が明らかになれば、ここでは十分であろう。すなわち、規程第 21 条の「申立て」については、ITLOS の勧告的意見付与権限を規定するものとは解することはできないということである。

第 2 に、規程第 21 条にいう「すべての事項」が勧告的意見を含むかが検討されなければならない。諸国や国際組織等の見解をみると、ITLOS の勧告的意見付与権限を肯定する見解には、この「すべての事項」により、ITLOS は勧告的意見付与権限をもつと解するものがある。もっとも、そのような見解は、多くの場合、規程第 21 条と規則第 138 条 1 項の双方に言及して ITLOS の勧

---

[55] ジーザス判事が、規程第 21 条の「申立て」を強調して、ITLOS の勧告的意見を出す管轄権の根拠となる条文の一つとして挙げている、Jesus, *supra* note 45, p. 394.
[56] 「申立て」について、早期釈放と暫定措置を指すものと解する例として、ヴァージニア・コメンタリーがある、Myron H. Nordquist, Shabtai Rosenne and Louis B. Sohn (eds.), *United Nations Convention on the Law of the Sea 1982: A Commentary*, Vol. V (Martinus Nijhoff Publishers, 1989), p. 360..
[57] 規程第 23 条は次のように規定する:
裁判所は、すべての紛争および申立てにつき条約 293 条の規定よって決定する
[58] Request for an Advisory Opinion, *supra* note 1. para. 55.

告的意見付与権限を肯定している[59]。そして、ITLOS も注記しているように[60]、特徴的な見解としては、規程第 21 条は、「すべての事項」で ITLOS が勧告的意見を出す管轄権を含めていると解し、規程第 21 条の趣旨と意図は、ITLOS を「生きた組織 (a living institution)」にすることであり、諸国に、二国間あるいは多数国間条約により ITLOS に管轄権を与える余地を明示に規定することであるという見解がある。

　この主張はドイツによるものであるが、ITLOS の結論に影響を与えたのではないかと推測されるので、規程第 21 条をめぐる ITLOS の勧告的意見付与権限への反対論を確認した後に、規程第 21 条をめぐる ITLOS の独自の論理を検討する際に、あらためその詳細をみることにしたい。

　規程第 21 条を根拠として ITLOS の勧告的意見付与権限に反対する論拠としては、たとえば、オーストラリアは UNCLOS と規程との優劣関係 (hierarchy) を主張して、規程第 21 条の「すべての事項」を UNCLOS288 条 2 項に服するものとして合わせて読んでいるが、第 288 条 2 項が「紛争の解決」に関する規定であることから、規程第 21 条の「すべての事項」も紛争以外についての ITLOS の管轄権を規定するものではないとする[61]。さらに、ITLOS の勧告的意見付与

---

[59] たとえば、Written Statement of Germany, para. 8 ; Written Statement of the Federal Republic of Somalia, (27 November 2013), para. 3. オランダの見解は、勧告的意見の対象となる主題の範囲を論じる文脈での言及ではあるが、規程第 21 条の「すべての事項」以下の規定と規則第 138 条が ITLOS の勧告的意見付与権限の根拠となると解していると読めなくはない、Written Statement of the Kingdom of the Netherlands (29 November 2013), para. 2.2.-2.3. 日本も規程第 21 条の「すべての事項」以下と規則第 138 条を合わせて読むと、海底紛争裁判部だけに勧告的管轄権があるとはいえないとする、Written Statement of Japan (29 November 2013), paras. 4-5. ニュージーランドは、規程第 21 条の「すべての事項」は勧告的意見の要請を含み、規則第 138 条はこれを反映するとして、両規定の関係をとらえている、Written Statement of New Zealand, paras. 10-11.

[60] Request for an Advisory Opinion, *supra* note 1, para. 49.

[61] オーストラリアは、UNCLOS と規程との明確な連関は、起草過程からも明らかであるとして、ヴァージニア・コメンタリーに依拠している、ITLOS/PV.14/C21/2, p. 17. ヴァージニア・コメンタリーについては、Nordquist, Rosenne and Sohn, *supra* note 56, p. 378. Written Statement of Australia, para. 26. 同様の主張として、Written Statement of Portugal, para. 9; Written Statement of Ireland (28 November 2013) (hereinafter "Written Statement of Ireland"), para. 2.6; The Second Written Statement of Thailand, para. 8; Written Statement of Spain, paras. 9-10. 他方で、規程第 21 条を UNCLOS 第 288 条と合わせて読み、規程第 21 条は紛争に関する管轄権を規定するという主張に対しては、ドイツが口頭陳述において UNCLOS 第 288 条は規程により「補完」されるという解釈により反論している、ITLOS/PV.14/C21/2, p. 3.

権限に反対する論拠としては、規程第 21 条が明示に ITLOS が勧告的意見を出す管轄権を規定していないこと[62]、規程第 21 条の英語版とフランス語版を比較すると、英語版にいう 'all matters' のくだりは、フランス語版では表現が異なっており、このフランス語版からは、「すべての事項」についての ITLOS の管轄権を与えるようには読めないこと[63]、規程第 21 条を ICJ 規程第 36 条 1 項と同様に解して、紛争を規定すると解することがある[64]。

学説では、規程第 21 条の「すべての事項」を広く読み、同条により ITLOS の勧告的意見付与権限を肯定する見解もあるが[65]、規程第 21 条をそのように解さない学説もある。その理由は、規程第 21 条は明示にかかる権限を規定してはおらず、そのような権限は積極的授権によるべきであるということにある[66]。規程第 21 条は、文脈において読まれなければならないとして、規程第 40 条 2 項は海底紛争裁判部が勧告的意見を出す手続について規定しているが、ITLOS については対応する規定がないことから、ITLOS が勧告的意見を出す管轄権はないという見解もある[67]。さらに、規程第 21 条と国際司法裁判所規程第 36 条 1 項とを比較して、後者は前者より広く範囲を規定しているが、ICJ については ICJ 規程第 65 条に規定されていることを越えて、勧告的意見を出す管轄権を ICJ に与えているとは解されないことから、規程第 21 条は ITLOS に勧告的意見を出す管轄権を与える根拠として十分ではないという見解もある[68]。また、とくに規程第 21 条に限定しないで、一般的に起草過程に注目して、

---

[62] たとえば、Written Statement of the United Kingdom, para 24.

[63] たとえば、ibid.. 規程第 21 条の "all matters specifically provided for in any other agreement which confer jurisdiction on the Tribunal" は、フランス語では、"toutes les fois que cela est expressément prévue dans tout autre accord conférant compétance au Tribunal" である。イギリスは、フランス語の "toutes les fois que cela est expressément prevue" は、規程第 21 条がそれに先行して規定する "disputes" が付託された場合や "applications" が行われた場合に言及 (refer back to) するものであるという。

[64] たとえば、Written Statement of China, para. 36; スペインの口頭陳述での主張、ITLOS/PV.14/C21/2, p. 33.

[65] たとえば、Sohn, *supra* note 9, p. 69; P. Chandrasekhara Rao, "ITLOS: The First Six Years," *Max Planck YUNL*, Vol. 6 (2002), p. 211; Vukas, *supra* note 34, p. 309.

[66] Gao, *supra* note 31, pp. 89-90.

[67] *Ibid.* これは、学説だけではなく、諸国の書面でも、たとえば、中国やイギリスが述べている、Written Statement of China, para. 26; Written Statement of the United Kingdom, para. 14.

[68] You, *supra* note 32, p. 362. また、You 教授は、規程第 16 条は、ICJ 規程第 30 条 1 項に類似している

UNCLOSにも規程にもITLOSの勧告的意見付与権限に関する規定がないことは、諸国の意図の反映であるとされる[69]。いわゆるヴァージニア・コメンタリーも、ITLOSは、勧告的意見付与権限はもたないとしている[70]。

　ITLOSは、規程第21条について、どのような見解を示しているであろうか。ITLOSは、規程第21条の議論にはいる前提として、次の点を強調している。すなわち、附属書VIである規程とUNCLOSとの関係については、UNCLOS第318条が附属書は「この条約の不可分一部をなすものとし」と規定していること、また、規程第1条1項が「国際海洋法裁判所はこの条約及びこの規程よって組織され、かつ任務を遂行する」と規定していることから、規程第21条は、UNCLOSと同等の地位を持つといえることである[71]。これは、規程第21条がUNCLOS第288条2項に服するという主張に対するITLOSの反論である。ITLOSは、とくに規程第21条は、UNCLOS第288条に服するように解されるべきではないとする[72]。規程第21条の「すべての事項」については、第1に、もし、「事項」が「紛争」を指すのであれば、「紛争」と規定したであろうから、そのような解釈はとれないとする[73]。第2に、MOXプラント事件の「別の条約における同様のあるいは類似の規定の解釈に関する国際法規則を適用することは、文脈、趣旨・目的、事後の実行、起草過程の相違をとくに考慮すれば、同じ結果は生じない」[74]というみずからの先例を参照して、規程第21条の「事

が、ITLOSの創設文書であるUNCLOSおよび規程と規則との間に優劣関係をもたらすとし、それゆえに規則は規程から離脱することはできないとする、*ibid.*, p. 364. あわせて、Gao, *supra* note 31, p. 90. なお、ICJ規程とICJ規則との関係について、たとえば、Shabtai Rosenne, *The Law and Practice of the International Court*, 1920-1996 (Martinus Nijhoff Publishers, 1997), pp. 86, 1073.

69) 起草過程での提案も含めて、Gao, *supra* note 31, pp. 90-91.
70) Nordquist, Rosenne and Sohn, *op. cit.*, *supra* note 56, p. 416: Satya N. Nandan, Michael W. Lodge and Shabtai Rosenne (eds.), *United Nations Convention on the Law of the Sea 1982: A Commentary*, Vol. VI (Martinus Nijhoff Publishers, 2002), p. 644
71) これに対して、規程第1条4項を根拠として、規程第21条の紛争の付託はUNCLOS288条に服するという見解につき、Seymour, *supra* note 49, p. 6. シーマア教授は、ITLOSの勧告的意見付与権限を論じていないが、紛争の付託において規程第21条がUNCLOS第288条に服するとしており、規程第1条4項を根拠として、規定間の関係として、規程第21条がUNCLOS第288条に服すると解しているといえよう。ITLOSは規程第1条4項には触れていない。
72) Request for an Advisory Opinion, *supra* note 1, para. 52.
73) *Ibid.*, para. 56.
74) MOX Plant (Ireland v. United Kingdom), Provisional Measures, Order of 3 December 2001, *ITLOS Reports*

項」を、常設国際司法裁判所規程および ICJ 規程と同じ意味をもつと考えることはできないとする[75]。なお、規程第 21 条の英語版とフランス語版の相違については、ITLOS はフランス語版の表現に言及しているが[76]、特に両者を比較して見解を述べてはいない。

　これらは、規程第 21 条の「すべての事項」により ITLOS の勧告的意見付与権限を規定してはいないという、反対論が挙げる根拠に対する ITLOS の反論である。反対論の根拠のうち、規程第 21 条のフランス語版の解釈の問題について ITLOS は論じていないが[77]、それ以外の反対論の論拠に対しては、一定の説得力のある根拠により反論していると評価できる。なお、規程第 21 条に限定せずに、ITLOS の勧告的意見付与権限に反対する見解としては、UNCLOS の起草時に ITLOS に勧告的意見付与権限を与える意図があれば、直接にそのように規定したであろうが、実際にはそうなっていないというものがあった[78]。ITLOS は UNCLOS や規程の起草過程には言及していないことから、この反論には直接に答えていない。ITLOS が規程第 21 条の起草過程にわずかにふれた点としては、もし「事項」が「紛争」を指すのであれば、「紛争」と規定したであろうと述べた部分があるのみである。そして、結論として、ITLOS は

2001, para. 51.

75) Request for an Advisory Opinion, *supra* note 1, para57.

76) *Ibid.*, para. 56. ITLOS は、英語の "all matters" の部分の対比として、フランス語の "toutes les fois que cela" の部分を参照している。

77) フランス語版を読む限り、イギリスの解釈にあるように、"toutes les fois que cela" 以下の部分は、その前の裁判所に付託される紛争や裁判所に対して行われる申立てを指している（refer back to）と解釈するのが自然に思われる。そうであるとすれば、規程第 21 条は、"all matters" と規定していることによって、ITLOS の勧告的意見付与権限を根拠づける条文であるとは読みにくい。コット判事は規程第 21 条に ITLOS の勧告的意見付与権限の根拠を求めることには賛同しておらず、同条のフランス語版では、"matière" と訳されていないことを指摘する、Déclaration de M. Cot *juge*, *supra* note 34, paras. 3. もっとも、ITLOS のように、"all matters" が "disputes" を指すのであれば、そのように規定したであろうし、そうでないのである以上、"all matters" は、"disputes" 以上のものを含みうるという解釈もとれなくはない。規程第 21 条のフランス語版から、"toutes les fois que cela" 以下の部分は、ITLOS の事項管轄を規定しており、勧告的意見付与権限を排除する見解を支持しないとし、そこにいう国際協定（l'accord international concerné）が勧告的意見付与権限を与えているという解釈として、Jean-Gregoire Mahinga, *Le Statut du tribunal international du droit de la mer –Commentaire article par article*, (L'Harmattan, 2015), p. 192 なお、なぜこの見解が規程第 21 条にいう "autre accord" を "l'accord international concerné" と言い換えているかは明らかではない。

78) Request for an Advisory Opinion, *supra* note 1, para. 45.

勧告的意見付与権限を、以下のように肯定している。

　ITLOSによれば、規程第21条は、"all matters specifically provided for in any other agreement which confers jurisdiction on the Tribunal"という表現だけで、それ自体はITLOSが勧告的意見を出す管轄権を設定 (establish) していない。そして規程第21条にいう「他の取決め」がそのような管轄権を与えるのであり、それゆえに、ITLOSが勧告的意見を出す管轄権の及ぶ範囲は、「他の取決め」に特定的に規定された「すべての事項」になる。そしてITLOSは、規程第21条と「他の取決め」との連結 (interconnected) により、ITLOSが勧告的意見を出す管轄権に実体的法的根拠を与えるとする[79]。

　このITLOSの論理では、規程第21条の「すべての事項」に勧告的意見を出す管轄権の意味を含むことは認めたが[80]、規程第21条それ自体が、かかる管轄権を設定していることを認めていない。ITLOSが、規程第21条の"all matters"以下の部分は、かかる管轄権を設定しないと明確に否定していることから、そのようにいえる。ITLOSは、あくまで、「他の取決め」との「連結」において勧告的意見を出す管轄権の実体的法的根拠を見ている[81]。他方で、規程

---

79) *Ibid.*, para. 58.
80) なお、詳細にみれば、すでに見たように、ITLOSは、規程第21条にいう"matters"の中に勧告的意見が含まれるとしているが (*ibid.*, para. 56)、勧告的意見付与権限をITLOSに与える「他の取決め」に特定的に規定される「すべての事項」をも意味するとすれば、"matters"は二重の意味を持ちうることになる。1つは、勧告的意見という手続であり、もう1つは、勧告的意見を要請する主題である諮問事項である。
81) ITLOSが、本件で勧告的意見を出す管轄権をもつことについては、全会一致で決定されている、Request for an Advisory Opinion, *supra* note 1, para. 219. 1. しかし、理由づけにおいて、コット判事が多数意見とは異なる見解を示している。コット判事によれば、多数意見は、勧告的意見付与権限をMCA条約と規程第21条に基礎づけているが、それは、条約法条約の規則に反した解釈であり、規程第21条の「事項」には現実よりも明確な意味があるように想定しているという。そして、本件の手続において、諸国は反対の、かつ、もっともな解釈を示しており、規程第21条の不明確さは極めて明らかであるという。さらにコット判事は、起草過程からも、多数意見の解釈は支持されないし、規程第21条のフランス語版では、"matières"とは訳されていないことを指摘する。そして、注 (34)、(35) で紹介したように、同判事は、本件でITLOSは、より控えめな解釈により、UNCLOSがITLOSに勧告的意見を出す管轄権を禁止していないことを根拠とすることがあり得たし、1997年に規程第138条が制定されてから20年の間、すべての締約国から反応がないことを理由とすることができたとする。Déclaration de M. Cot juge, *supra* note 34, paras. 3-4. 他方で、ラッキー判事は、多数意見で示された、ITLOSが勧告的意見を出す管轄権の根拠についてはさらに展開する必要があるとして、諸国の反対意見をほぼ網羅的に挙げて確認した上で、次のように

第21条にいう「他の取決め」について、ITLOS は、この「他の取決め」がかかる管轄権を与えるとはしている。けれども、ITLOS によれば、「他の取決め」だけでかかる管轄権の実体的法的根拠となるとは述べておらず、そのためにはあくまで規程第21条と「他の取決め」との連結が必要である。

ITLOS は、これ以上にみずからの論理を説明していないので、規程第21条と「他の取決め」との連結ということの意味は、必ずしもわかりやすくはない。ITLOS の論理を理解するためには、ドイツの見解が参考になると思われるので、まず、ドイツの見解を少し詳細にみてみよう。

ドイツの提出書面では、UNCLOS や規程は「生きた文書 (living instruments)」であり、1969年条約法条約第31条1項を参照して、諸国における ITLOS の勧告的意見付与権限に賛同する一般的動向に照らせば、規程第21条の客観的解釈（すなわち、文脈によりかつその趣旨および目的に照らして与えられる用語の通常の意味に従い、誠実に解釈する解釈）により、かかる ITLOS の権限は、規程第21条において法的根拠をもつとする[82]。さらにドイツは、起草過程で諸国が ITLOS に勧告的意見付与権限を与えることに消極的であったとしても、起草過程が条文解釈において考慮されるのは、あくまで「補完的に」であり、（諸国が ITLOS の勧告的意見付与権限に賛同する一般的動向に照らせば）それは凌駕されるとする[83]。他方で、ドイツは口頭陳述において、条約解釈の原則については、提出書面とやや異なった説明をしているが[84]、注目されるのは、規程第21条の趣旨と意図は ITLOS を「生きた組織 (a living institution)」とすることであり、諸国

いう。かかる管轄権に反対する諸国は、明示の規定が必要であり、UNCLOS が「生きた文書」であることにも反対するが、裁判官は法を創造はしないものの、国際法先例の発展を助けるために、欠陥や曖昧さを指摘したり条約に広い解釈を与えることができる。まさに、規程第21条において不明確さや欠陥があれば、広い解釈を与えることが必要であり、設立文書 (constitution) である UNCLOS はこれまで修正されてこなかったが、技術発展により改正が必要となっているということである。Separate Opinion of Judge Lucky, *supra* note19, paras. 2-12. さらにラッキー判事は、規則第138条に言及して、ITLOS はみずからに管轄権を付与したのではなく、規程第16条および第21条に従って行動したのであり、決定的であるのは規程第21条の解釈であるという。そこで同判事は、規程第21条にいう「すべての事項」は包括的概念であり、勧告的意見の要請を含むとする。また、もし、勧告的意見を含まないのであれば、そのように規定したとする, *ibid.*, paras. 13-14.

82) Written Statement of Germany, para. 8.
83) *Ibid.*
84) ITLOS/PV.14/C21/2, p. 2.

がITLOSに管轄権を与える二国間あるいは多数国間の条約を締結する余地を明示に規定することであるとする点である[85]。この口頭陳述での「生きた組織」としてのITLOSという見解を、ITLOSは勧告的意見49項で参照している。

ドイツの主張からは、「生きた」ということにつき、2つの意味を見出すことができる。第1には、UNCLOSや規程が「生きた文書」であるということは、規程第21条が黙示にITLOSの勧告的意見付与権限を認めていることに加えて[86]、(かかる権限に諸国が消極的であったという)起草過程に制限されず、現在の諸国の一般的動向に照らして解釈されるということである。第2には、ドイツの口頭陳述からすると、ITLOSが「生きた組織」であるということは、次のように考えられる。諸国が条約を締結してITLOSに勧告的意見付与権限を与え、ITLOSはこの権限を持つことになりこれを行使していく。ただし、規程第21条が「すべての事項」以下で黙示的にITLOSの勧告的意見付与権限を認めていることも前提となっている。それらを合わせて考えると、ITLOSが「生きた組織」であるとは、規程第21条が黙示的にITLOSの勧告的意見付与権限に根拠を与えており、規程第21条にいう「他の取決め」が締結されてそれにより勧告的意見が要請される度に、特定の事例でITLOSの勧告的意見付与権限が、いわば現実化ないし活性化 (activate) されることになるという意味と解される[87]。

ITLOSの規程第21条をめぐる独自の論理は、このドイツの見解にいう2つ目の意味での「生きた組織」としてのITLOSという点を参考にすると、理解しやすくなるように考えられる[88]。ITLOSの見解は、規程第21条の1つの解釈であるとはいえる。けれども、ITLOSの論理は、ITLOSの勧告的意見付与権

---

85) *Ibid.*, pp. 2-3.
86) ドイツは、規程第21条の "all matters" において、黙示的に (implicitly) 勧告的意見の要請がここに含まれるとする、Written Statement by the Federal Republic of Germany, para. 8.
87) タイは、ドイツがUNCLOSや規程を「生きた文書」としたことに反対し、規程16条はITLOSに規則制定権を与えるが、管轄権を創出する根拠にはならないという、The Second Written Statement of Thailand, para. 5. このタイの見解は、ドイツがUNCLOSや規程を「生きた文書」としたことを、ITLOSは規則制定権により勧告的意見付与権限をみずからに与えることができるという意味に解したと考えられる。
88) ITLOSの見解が、ドイツの見解にあった第1の意味でUNCLOSや規定が「生きた」文書であり、起草過程には拘束されないという点を反映していることについては、後述する。

限の肯定論のように、規程第21条の「すべての事項」以下の規定の中に勧告的意見も含まれるとするにはとどめなかった。ITLOSは、規程第21条と「他の取決め」との「連結」により、ITLOSの勧告的意見付与権限の実体的法的根拠が与えられるとする。

「連結」という以上は、規程第21条と「他の取決め」が、それぞれ法的意義をもつと考えられているはずである。それを忖度すると、第1に、「他の取決め」は、勧告的意見付与権限を設定するというのであるが、それは、各々の取決めごとに、個別の事例でITLOSの勧告的意見付与権限が設定されることを意味しよう。いわば、「特定の」勧告的意見付与権限が「他の取決め」により設定されるのである。第2に、規程第21条の「すべての事項」以下の部分は、「他の取決め」がITLOSに特定の勧告的意見付与権限を与えたときに、ITLOSはこれに応ずる権限があることを認めているという法的意義をもつと考えられる。ITLOSは、「すべての事項」以下に勧告的意見を含むことは認めながら、それ自体がITLOSの勧告的意見付与権限を設定しているとは認めなかった。ITLOSの勧告的意見付与権限を設定するのは、ITLOSによれば、あくまで「他の取決め」である。そこで、ITLOSの見解において規程第21条がもつ法的意義を忖度すると、ここで述べたように、特定の事例で「他の取決め」により勧告的意見付与権限を与えられれば、ITLOSはそれに応ずる権限をもつことを規程第21条が認めていると考えられるのである。比喩的に言えば、規程第21条は、「潜在的な」勧告的意見付与権限をITLOSに与えており、その権限を具体的な事例ごとに現実化ないしは活性化(activate)するのが、「他の取決め」であり、「他の取決め」は、特定の勧告的意見付与権限を設定する。「他の取決め」が与えられる度に、ITLOSの勧告的意見付与権限は特定事例で実現していくのである[89]。

ITLOSの論理に対しては、ITLOSは規程第21条と「他の取決め」により「一般的」な勧告的意見付与権限を与えたと解する立場から、次のような批判があ

---

[89] 規程第21条の解釈としてではないが、ITLOSが「特定の」勧告的意見付与権限のみを持つという見解として、スペインの提出書面がある。それによれば、UNCLOSや規程によりITLOSは「一般的」勧告的管轄権を与えられておらず、規則第138条は特定の(special)勧告的管轄権の根拠となりうるであろうとしている、Written Statement of Spain, para. 15.

る。すなわち、規程第 21 条の「すべての事項」以下の部分により、ITLOS の勧告的意見付与権限を open-ended にしたり、「他の取決め」により決定されるものとすべきではないし、UNCLOS や規程が ITLOS の勧告的意見付与権限を与えていないのであれば、特定の事件で勧告的意見付与権限を設定できない。「他の取決め」は特定の事例で ITLOS の勧告的意見付与権限を設定するにとどまるということである[90]。しかし、ITLOS は規程第 21 条により勧告的意見付与権限は設定されないとし、勧告的意見付与権限を与えるのは「他の取決め」であるとしているのであって、ITLOS の「一般的な」勧告的意見付与権限については慎重に明言を避けている。「他の取決め」が勧告的意見を設定するということの意味は、たしかに、特定の事例における勧告的意見付与権限の設定であろう。そして、ITLOS が規程第 21 条に認めた法的意義は、先に忖度したように、「他の取決め」により勧告的意見付与権限が設定されれば、ITLOS はこれに応ずる権限をもつことを規程第 21 条が認めていることにあると解される。「他の取決め」があれば、それに応ずる権限があるという意味で、ITLOS は規程第 21 条により「潜在的な」勧告的意見付与権限を認めたと解するのが適当であると考えられるのである。このように解することは、次の ITLOS の言及にも適合する。ITLOS は、勧告的管轄権を与えるのは「他の取決め」であるとした上で、つづいて、「他の取決めが ITLOS に勧告的管轄権を与えたその時に、他の取決めに特定されているすべての事項につき、そのような管轄権を行使する権限をもつようになる (When the "other agreement" confers advisory jurisdiction on the Tribunal, the Tribunal then is rendered competent to exercise such jurisdiction with regard to "all matters" specifically provided for in the "other agreement".)」と述べている[91]。

　もっとも、ITLOS の論理による独自の解釈によっても、ITLOS の勧告的意見付与権限を肯定する規程第 21 条の解釈論によっても、法的な効果は同じである。肯定論の解釈によっても、「他の取決め」により ITLOS の勧告的意見付与権限が与えられると解することになるからである。それにもかかわらず、ITLOS が、規程第 21 条と「他の取決め」との「連結」として、とりわけ規程第 21 条に法的意義を認めたのは、規程第 21 条が UNCLOS の締約国の合意であ

---

90) Gao, *supra* note 12, pp. 741-742.
91) Request for an Advisory Opinion, *supra* note 1, para. 58.

ることを重視していたからであると解される。これは、次の点からも明らかになる。

　後に確認するように、ITLOSは、規則第138条はITLOSの勧告的意見付与権限を設定するのではなく、かかる権限を行使する前提条件を設定すると解している[92]。規則第138条1項は、「国際協定」を規定して、それによりITLOSが勧告的意見を出すことができる趣旨を定める。規則第138条1項は「国際協定」を規定しているが、ITLOSは、規則第138条と「国際協定」の連結により、ITLOSの勧告的意見を出す管轄権の法的実体的根拠となるという論理はとっていない。なぜ、ITLOSが規程第21条については、それと「他の取決め」との連結によりITLOSが勧告的意見を出す管轄権の実体的法的根拠を認めながら、規則第138条1項については、それと「国際協定」との連結という論理を採用しなかったのか。その理由は、規則第138条はUNCLOS締約国の合意文書ではないからであると考えられる。つまり、ITLOSが規程第21条と「他の取決め」との連結によりITLOSが勧告的意見を出す管轄権の根拠を導くというときに、規程第21条の持つ意義は、何よりもそれがUNCLOS締約国の合意文書であるという点にあったのである。

(4) 規則第138条1項をめぐる議論

　ITLOSの勧告的意見付与権限を認める諸国の見解では、規則第138条1項をその根拠とするものが多いが、すでに確認したように、規程第21条とともに規則第138条をその根拠とする例が多い[93]。ITLOSが、勧告的意見付与権限

---

92) 規則第138条のITLOSによる解釈は、後に確認する。
93) 規程第21条と規則第138条1項の双方により、ITLOSが勧告的意見を出す管轄権の根拠とする見解については、注(59)参照。それらに加えて、以下の主張や見解を挙げることができる。SRFCは、規程第21条をITLOSが勧告的意見を出す管轄権の根拠とするとともに、規程第16条によりITLOSは義務を履行する方法に関する規則を決定せねばならず、規則第138条は勧告的管轄権を規定しているとする、Written Statement of SRFC, p. 6; The Second Written Statement of SRFC, p. 12. スリランカは、規則第138条をITLOSが勧告的意見を出す管轄権の根拠とする、Written Statement of Sri Lanka (18 December 2013), para. 6. ラッキー判事は、規則第138条は規程16条と21条と適合的であり、合わせて読めば、ITLOSは、勧告的意見を出す管轄権を持つとする。ITLOSは *lex ferenda* を適用したのでなく、*lex lata* を適用したのであり、UNCLOSや規程が「生きた文書」であり、状況や技術発展に応じて解釈されるべきであると述べる、Separate Opinion of Judge Lucky, *supra* note19, paras. 15-23. 口頭陳述ではアルゼンチンは、規則第138条を規程第21条の「適切な解釈」であると

第16章　ITLOS大法廷が勧告的意見を出す管轄権の根拠　463

を持つことについては、ITLOS所長の声明でも言及されている。それらの中には、根拠は明言されていないが規則第138条を根拠とすると解される声明、規程第21条を根拠として明言する声明がある。ITLOSは、勧告的意見付与権限を認めるものの、その法的根拠については慎重であったことが読み取れる[94]。

　ITLOSの勧告的意見付与権限に反対する諸国は、次の理由を挙げる。第1に、UNCLOS第288条でも規程第21条でもかかる権限を規定してはおらず、規則はUNCLOS締約国の合意ではなく、ITLOSがみずからにかかる権限を付与することはできないことである。規則第138条でITLOSが勧告的意見付与権限をみずからに与えることはできないという主張は、先にみた内在的ないしは黙示的権限論の一環として議論されている[95]。付言すると、たとえばポルトガルは、規則第138条が規則の起草過程でUNCLOS締約国の合意を得たものではないことを主張している[96]。第2に、規程第16条がITLOSに規則を制定する権限を与えているが、それは、手続的規則の制定を意味し、実体的な管轄権を新たに制定する権限を認めたものではないことである[97]。

する、ITLOS/PV.14/C21/2, p. 8. なお、規則第138条を規程第21条の「適切な解釈」であるというのは、次の学説からの引用である、Jesus, *supra* note 45, p. 394.

94) 数多くの機会に、ITLOS裁判所長はITLOSの勧告的意見付与権限に言及しているが、規則第138条にその根拠を求めていると解される例として、たとえば、2005年のネルソン (L. D. M. Nelson) 裁判所長の声明 https://www.itlos.org/fileadmin/itlos/documents/statements_of_president/nelson/msp_160605_eng.pdf, para. 13. 2011年の柳井裁判所長の声明、https://www.itlos.org/fileadmin/itlos/documents/statements_of_president/yanai/Statement_Yanai_GA_061211.pdf, para. 9. 2006年のヴォルフルム (R. Wolfrum) 裁判所長の声明は、規則第138条の文言にも言及しているが、ITLOSの勧告的意見付与権限の根拠は規程第21条であるとする、https://www.itlos.org/fileadmin/itlos/documents/statements_of_president/wolfrum/msp_190606_eng.pdf, para. 18.

95) 注 (29)、(30) 参照。

96) ポルトガルは、すべての諸国が参加しえた準備委員会ではITLOSの規則草案が採択されたが、そこでは海底紛争裁判部の勧告的手続についての手続規則案のみが起草されており、規則第138条に該当する勧告的手続についてはいかなる規則案も起草されておらず、この沈黙はUNCLOSにはITLOSの勧告的意見を出す管轄権について明示の規定がないことの結果であるとする、Written Statement of the Portugal p. 3, note 2. また、ここにいう規則の起草過程については、LOS/PCN/152(Vol. I) 28 April 1995-LOS/PCN/SCN.4/WP.16/add.1. あわせて、アイルランドの主張、Written Statement of Ireland, para. 2.12.

97) たとえばオーストラリアは、規程第16条により規則第138条が制定されているが、規程第16条はICJ規程第30条と同様であり、サールウェイ (H. Thirlway) 教授の見解「規則制定権限は規程

学説では、一方で、ITLOS の判事や書記が示した見解に顕著であるが、規則第 138 条がかかる管轄権の根拠となるとするもの[98]、規則第 138 条は、合意

の欠缺を満たすために行使されうるかもしれないが、何が欠けているかは規程を参照して決められるべきであり、規則制定権限は安易に行使されることはできず、たとえば、ICJ は規則制定により、規程その他の根拠で認められていない管轄権を付与することはできない」を引いて、規則第 138 条は ITLOS が勧告的意見を出す管轄権を授与している点で、規程第 16 条の「手続規則」の範囲に収まらず、ITLOS の規則制定権を超えるとする、Written Statement of Australia, paras. 35-38. サールウェイ教授の見解は、Thirlway, *supra* note 32, p. 518. オーストラリアの口頭陳述での主張、ITLOS/PV.14/C21/2, pp. 18-19. 同様に米国も、規則第 138 条は、規程が与える管轄権を越えて ITLOS に管轄権を与えることはできず、規程第 21 条が ITLOS の勧告的意見付与権限を規定していないことを論証している、Written Statement of the United States of America (27 November 2013), paras. 11-27, especially, para. 11. あわせて、The Second Written Statement of Thailand, para. 5.

[98] たとえば、Nelson, *supra* note 49, pp. 56-57; Tullio Treves, "Advisory Opinions under the Law of the Sea Convention," in M. H. Nordiquist and John Norton Moore (eds.), *Current Marine Environmental Issues and the International Tribunal for the Law of the Sea* (Martinus Nijhoff Publishers, 2001), p. 91. ジーザス判事は、規程第 21 条の "all applications" を強調して同条が ITLOS の勧告的意見付与権限の根拠となりうるという立場をとっているが、それを前提として、規則第 138 条は規程第 21 条の正当な解釈であるとする、Jesus, *supra* note 45, p. 394. カテカ (J. L. Kateka) 判事は、ITLOS の勧告的意見付与権限の根拠は規則第 138 条 1 項に見出せると述べた上で、これに対して疑問を提起する学説もあるが、学説や UNCLOS 締約国により一般的に受け入れられている見解では、規程第 21 条が規則第 138 条の法的基盤になるとする、James L. Kateka, "Advisory Proceedings before the Seabed Disputes Chamber and before the ITLOS as a Full Court," *Max Planck YUNL*, Vol. 17 (2013), p. 168. ゴティエ (Ph. Gautier) 書記は、2005 年の ITLOS をめぐる活動を振り返り、国連において ITLOS の勧告的手続についての UNCLOS 締約国による認識を高めるための討議が行われたことを紹介した上で、ITLOS の勧告的意見付与権限は、規程には明示されていないが、規則第 138 条に根拠があるとする。くわえて、規則第 138 条は、広がりのある文言で規定する規程第 21 条に基づいているとする、Philippe Gautier, "The International Tribunal for the Law of the Sea: Activities in 2005," *Chinese JIL*, Vol. 5 (2006), p. 392. ITLOS みずからが出した手続指針も、規則第 138 条において ITLOS が勧告的意見を出すことができると言及している、*A Guide to Proceedings before the International Tribunal for the Law of the Sea*, p. 7. ロゼンヌ (S. Rosenne) 教授は、規則第 138 条が国際司法手続きにとって重要な発展 (innovation) であるとするが、規則第 138 条により ITLOS は UNCLOS が規定していない司法機能を想定するという。もっとも、規程第 21 条によれば、"all matters" という文言ゆえに、紛争に限定されない管轄権が ITLOS に与えられることからすれば、規則第 138 条は規程第 21 条と並行しているとする、Shabtai Rosenne, "International Tribunal for the Law of the Sea: 1996-1997 Survey," *IJMCL*, Vol. 13 (1998), pp. 506-507. 規則第 138 条は、ITLOS の勧告的意見付与権限を与えているであろうが、それが国際組織の要請によるものではない点で特徴的である (unusual) であるとするものとして、John E. Noyes, "Judicial and Arbitral Proceedings and the Outer Limits of the Continental Shelf," *Vanderbilt J. Tran' L*. Vol. 42 (2009), pp. 1258-1259.

的解決 (a consensual solution) を確立したとするものがある[99]。他方で、規則第138条は、締約国の合意ではなく、UNCLOS や規程がかかる管轄権を規定していない以上、規則によりそのような管轄権を創出することはできないとするもの[100]、より一般的に、勧告的意見の管轄権は、国際裁判所や法廷の設立文書において規定されなければならないとするもの[101]、規則第138条1項は、おそらく規程第21条が"all matters specifically provided for in any other agreement which confers jurisdiction on the Tribunal" と規定していることからこれを根拠にしているであろうが、その法的根拠には見解の対立があるとして慎重論を述べるもの[102]がある。

規則第138条に関する ITLOS の見解は、以下のとおりである。ITLOS は、「ITLOS が勧告的意見を出す管轄権を設定しているのは規則第138条であるが、(規則は) 手続規定であることから、規則第138条は ITLOS の勧告的意見の管轄権の基盤にはならない」、という見解は受け入れられないとする[103]。ITLOS がこの見解に対して否定するのは、規則第138条が、ITLOS の勧告的意見を出す管轄権を設定 (establish) しているという点である。ITLOS は、同条はかかる管轄権を設定してはおらず、ITLOS が勧告的意見を出す管轄権を行使する

---

[99] ヴォルフルム判事は、規則第138条が UNCLOS に完全に適合的かが議論されていることや、UNCLOS 第288条2項と規程第21条が ITLOS の勧告的意見を出す管轄権を正当化するものとして議論されているが、反対論もあることを踏まえた上で、規則第138条をこのように評価している、Wolfrum, *supra* note 10, p. 61.

[100] たとえば、Gao, *supra* note 31, p. 85.

[101] このような見解については、ITLOS が勧告的意見を出す管轄権をみずからに付与することができるかという問題として検討しておいたが、注 (29)、(30)、(31) 参照。

[102] Micheal Wood, "Advisory Jurisdicion: Lessons from Recent Practice," in Holger P. Hestermeyer *et al.* (eds.), *Coexistence, Cooperation and Solidarity, Liber Amicorum Rüdiger Wolfrum*, Vol. II(Martinus Nijhoff Publishers, 2012), pp. 1833, 1836. ベッカー (M. A. Becker) 教授も、ITLOS の勧告的意見付与権限につき、規則第138条がこれを規定していること、規則第138条の採択が規程第16条と適合的か、また、"all *disputes and all applications* submitted to it in accordance with this Convention and all matters specifically provided for in any other agreement which confers jurisdiction on the Tribunal (italics original)" と規定している規程第21条により付与されている広い管轄権に適合するかが議論されているとして、それ以上に、肯定的見解も否定的な見解も述べていない、Michael A. Becker, "Sustainable Fisheries and the Obligations of Flag and Coastal States: The Request by the Sub-Regional Fisheries Commission for an ITLOS Advisory Opinion," *insights* (23 August, 2013), available at http://www.asil.org/print/15.

[103] Request for an Advisory Opinion, *supra* note 1, para. 59.

前に充足しなければならない前提条件(prerequisites)を与えているとする[104]。そして、それ以上に規則第138条とITLOSが勧告的意見を出す管轄権との関係については論ずることなく、ITLOSは第138条に規定する前提条件を三つ確認して、それが本件において充足されているかの検討に移っている[105]。

このITLOSの規則第138条に関する見解は、次の反対論を受け入れたものと解される。それは、第1に、ITLOSは規則制定により手続を定めることができるが、実体的管轄権を創出することはできないこと[106]、第2に、規則はUNCLOS締約国の合意ではなく、ITLOSの管轄権はUNCLOS締約国の合意により与えられなければならないということ[107]の2点である。第1の点も、UNCLOS締約国の合意である規程の第16条がITLOSに制定を認めるのは、手続についての規則であり、実体的管轄権を創出することではないという趣旨であり、規則はUNCLOS締約国の合意文書ではないことを核心とする主張であることがわかる。つまり、第1、第2のいずれの点も、規則はUNCLOS締約国の合意ではなく、ITLOSの管轄権はUNCLOS締約国の合意によることが求められるという趣旨として同様である。それゆえに、ITLOSが規則第138条による勧告的意見付与権限の設定を認めなかった理由も、なによりも、規則はUNCLOS締約国の合意文書ではないことにあったと考えられる。このことは、先に述べたように、ITLOSは、UNCLOS締約国の合意文書である規程第21条については、「他の取決め」との連結によりITLOSの勧告的意見付与権限の実体的法的根拠を与えるとしたが、規則第138条1項と「国際協定」との連結によりかかる権限を認めるという論理は取らなかったことにおいても一貫している。

(5) UNCLOS第288条4項[108]をめぐる議論

---

104) *Ibid.* ITLOSの見解と同様の趣旨かと考えられるが、ラオ(P.C. Rao)判事は、規則第138条は、勧告的意見に関するITLOSの機能を行使するに際して従われるべき手続を規定しているとする、Rao, *supra* note 65, p. 211.
105) Request for an Advisory Opinion, *supra* note1, paras. 60-66.
106) そのような見解として、注(29)、(30)参照。
107) そのような見解として、注(100)参照。
108) UNCLOS第288条4項については、注(44)参照。

第16章　ITLOS大法廷が勧告的意見を出す管轄権の根拠　467

　UNCLOS 第288条4項は、いわゆる competence de competence を規定している。同規定を挙げて、ITLOS が勧告的意見を出す管轄権が争われるのであれば、ITLOS 自身がこれを決定すればよいとする主張は、諸国や国際組織等の主張に見られる[109]。けれども、そもそも第288条4項を、ITLOS の勧告的意見付与権限は ITLOS 自身が決定する問題であることを意味すると解することは適当ではない。

　常設国際司法裁判所（以下、PCIJ）は、ギリシャとトルコ間の1926年12月1日合意の解釈事件で、管轄権をもつことそれ自体と、管轄権を持つことを前提として、その管轄権の範囲を決定する権利とを区別している[110]。第288条4項にいうみずからの管轄権を決定する管轄権を意味するこの原則は、国際裁判所や法廷が、管轄権に根拠をもつことを前提として、具体的事案において、それが当該管轄権の及ぶ事案に該当するか否かを決定する権利、つまり、当該管轄権の範囲を決定する権利（管轄権）を持つことを述べている[111]。よって、competence de competence の原則は、前提となる管轄権の根拠が与えられていないときに、つまり、前提となる管轄権そのものが問題となっているときに、まさにその管轄権を国際裁判所や法廷がみずから決定することを認めるわけ

---

109) たとえば、カリブ海地域的漁業メカニズムは、本件での管轄権の問題を取り上げて、その冒頭で UNCLOS 第288条4項を挙げて、管轄権を決定するのは ITLOS であるとしている、Written Statement of the Caribbean Regional Fisheries Mechanism (27 November 2013) (hereinafter "Written Statement of the Caribbean Regional Fisheries Mechanism), para. 47. SRFC は、その提出書面でも、口頭陳述でも、管轄権の根拠の議論において第288条4項に言及している。しかし、この論理は必ずしも明らかではない、Written Statement of SRFC, p. 6; The Second Written Statement of SRFC, p. 14; ITLOS/PV.14/C21/1, pp. 10-11. ニュージーランドは、やはりその論理は必ずしも明確ではないものの、本件は、規則第138条1項のもとで ITLOS に勧告的意見が要請された最初の事例であるため、ITLOS は慎重な検討を要するとし、UNCLOS 第288条4項にいう competence de competence の原則に従って、ITLOS が勧告的意見を出す管轄権について決定するのは ITLOS 自身であるとし、その際には、UNCLOS、規程、規則に従わなければならないとする、Written Statement of New Zealand, paras. 6-7. また、Robert Beckman, "China, UNCLOS and the South China Sea," Paper submitted for the Third Biennial Conference of the Asian Society of International Law, Beijing, 27-28 August 2011, pp. 25-26, cited by Gao, *supra* note 31, p. 89, n.20.

110) Interpretation of the Greco-Turkish Agreement of December 1st, 1926 (Final Protocol, article IV), Advisory Opinion of 28 August 1928, *PCIJ Ser. B*, No, 16, p. 20.

111) Competence de competence に関する ICJ の見解としては、ノッテボーム事件、Nottebohm Case (Liechtenstein v. Guatemala), Preliminary Objections, Judgment of 18 November 1953, *ICJ Reports 1953*, p. 119-120.

ではない[112]。ゆえに、competence de competence を根拠として、ITLOS が勧告的意見を出す管轄権を、ITLOS みずからが決定する権利を持つと解することは適当ではない[113]。

ITLOS は、この問題については、とくに言及していない[114]。ITLOS が competence de competence の原則を、そもそも ITLOS が勧告的意見付与権限を持つかという問題についての原則ではないと理解しており、それゆえにこの原則には言及しなかったとすれば、それは適切な見解であると評価できる。

以上で、ITLOS が勧告的意見を出す管轄権の根拠の問題について、諸国や国際組織等の見解と ITLOS の見解を対比させながら、学説も含めて、関連する実定規定群をめぐる見解を検討してきた[115]。そこで最後に、ITLOS がかかる

---

[112] 高健軍国判事は、第 288 条 4 項は、UNCLOS 第 280 条が示すより根本的原則である、諸国はみずからが当事国である紛争を、みずからの選択するいかなる平和的手段によっても解決する自由をもつという原則に服するとする。そして、UNCLOS 第 287 条において締約国が ITLOS の管轄権を受諾した場合に、第 288 条 4 項は、特定の事件で ITLOS が管轄権を持つかについて争いがあるときに適用されるとする、Gao, *supra* note 31, pp. 86-87.

[113] You 教授は、規則第 138 条 1 項において、ITLOS はみずからが勧告的意見を出す管轄権をもつことを肯定しており、UNCLOS 第 288 条 4 項により、ITLOS はかかる管轄権が争われたときには、肯定的にこれを考えることになると述べている、You, *supra* note 32, p. 361. 必ずしも明確ではないが、ITLOS が勧告的意見を出す管轄権が争われたときに、規則第 138 条があるから、ITLOS はこれに肯定的に考えるであろうという趣旨であるとすれば、この見解は、そもそも ITLOS が勧告的意見を出す管轄権を持つかという問題と、それを前提として具体的な事件でその管轄権が争われたときには、ITLOS がこれを決定するという問題を区別していないようにみえる。

[114] ITLOS は、ITLOS の勧告的意見付与権限に賛成する主張におけるいくつかの論拠を挙げているが、competence de competence には触れていない、Request for an Advisory Opinion, *supra* note 1, paras. 48-51.

[115] 確認的に付け加えておくと、ITLOS は、規則第 138 条をかかる管轄権を行使するための前提要件とするために、本件意見において管轄権の問題の一環として、それらの要件を充足しているかを検討している。その要件は三つであり、① UNCLOS の目的に関わる国際協定が ITLOS に勧告的意見を要請することを特定的に規定していること、②要請はその合意によりもしくはそれに従って機関 (body) により ITLOS に提起されること、③勧告的意見は法的問題について与えられることである、*ibid.*, para. 60. そして ITLOS は三つの要件について検討して (*ibid.*, paras. 62-66)、本件ではいずれも充足されているとする、*ibid.*, para. 61. これらの三つの要件は、ITLOS に勧告的意見を要請する「国際協定」や要請主体は何かという問題に関わり、ITLOS が勧告的意見を出すことに関連した重要な問題であるが、本章では、ITLOS の勧告的意見付与権限の根拠の問題に限定しているので、詳細には論じない。なお、ITLOS は、規則第 138 条には規定はないが、勧告的意見の対象となる主題の範囲も検討している、*ibid.*, paras. 67-68. ITLOS が、なぜこの問題を勧告的意見付与権限を行使するための前提条件に加えたかはわからない、Gao, *supra* note 12, p. 743.

管轄権を認めた独自の論理について、他の国際裁判所・法廷が勧告的意見を出す管轄権の根拠と、ITLOS が勧告的意見を出す管轄権をめぐる UNCLOS 締約国の動向に照らして、簡潔に検討しておきたい。

3　ＩＴＬＯＳが勧告的意見付与権限を認める論理の評価

(1) 設立文書や締約国合意に基づく国際裁判所・法廷における勧告的意見付与権限

　国際裁判所や法廷を概観すると、勧告的意見付与権限をもつ場合には、その設立文書や議定書などにより、合意が与えられていることを確認できる。

　そのような例としては、PCIJ および ICJ[116]、欧州人権裁判所[117]、米州人権裁判所[118]、アフリカ人権裁判所[119]、(非加盟国あるいは国際組織との間で条約を締結するに際してという限定した文脈においてであるが) EU 裁判所[120]、西アフリカ諸国経済共同体裁判所[121]、東部および南部アフリカの共通市場の裁判所[122]、石油輸出国のためのアラブ機構における司法機関 (judicial body)[123]、がある[124]。

　PCIJ については、若干の留保が必要である。1929 年の PCIJ 規程の改正以前には、PCIJ 規程には、勧告的意見を出す管轄権については規定がなかった[125]。1929 年に改正された PCIJ 規程では、第 65 条から第 68 条で、勧告的意見を出す管轄権について規定しており、それが、現行の ICJ 規程第 65 条から第 68 条に引き継がれている。そして、PCIJ 規程が 1929 年以前に、勧告的意見に関す

---

116) 1920 年 PCIJ 規程第 65-68 条、および 1945 年 ICJ 規程第 65-68 条。
117) 1950 年欧州人権条約第 47 条。
118) 1969 年米州人権条約第 64 条。
119) 1981 年人および人民の権利に関するアフリカ憲章(アフリカ人権憲章)への議定書第 4 条。
120) 1957 年 EU 運営条約第 218 条 11 項。
121) 1991 年共同体裁判所に関する議定書第 10 条。
122) 1993 年東部および南部アフリカ共通市場設立条約第 32 条。
123) 1978 年紛争解決のための司法機関に関する特別議定書第 25 条。
124) それ以外に、技術的機関で勧告的意見付与権限をもった例としては、万国郵便連合、上空飛行に関する国際委員会、通信および輸送に関する国際連盟勧告的技術的委員会がある。これらについては、Manly O. Hudson, The Permanent Court of International Justice, 1920-1942 (MacMillan, 1943), pp. 484-485.
125) 1920 年 12 月 16 日に採択された PCIJ 規程を参照、*PCIJ Ser.* D, No. 1.

る規定を有していなかった時期は、PCIJ 規則が勧告的意見に関する規定を第71条から第74条においていた[126]。その点では、1929年の PCIJ 規程改正以前の状況は、ITLOS について、規則第138条が勧告的意見についての管轄権を規定しているものの、UNCLOS や規程では明示にかかる管轄権を規定していない状況と同じであった。ただし、PCIJ については、国際連盟規約の第14条が、連盟理事会や総会が付託するいかなる紛争あるいは「問題」についても、勧告的意見を与えることができると規定していた[127]。したがって、PCIJ は、連盟規約上で、勧告的意見を与える管轄権を付与されていた。もっとも、ICJ が国連の主要な司法機関と位置付けられているのに対して、PCIJ は、国際連盟とそのような関係にはないため、国際連盟規約で勧告的意見を与える管轄権が付与されていたことをどう評価するかは別途残る問題ではある[128]。国際連盟規約第14条と、「常設国際司法裁判所は、国際連盟規約第14条に従って、ここに設立される」と規定している PCIJ 規程第1条の両者を合わせて読めば、PCIJ に勧告的意見を出す管轄権が与えられていたと解することはできるかもしれない[129]。ここでは、これ以上、この問題には踏み込まない。というのも、いずれにせよ、1929年の PCIJ 規程の改正で、PCIJ は、明示に締約国の合意により勧告的意見に関する管轄権を付与されているからである。

　これらに対して、UNCLOS や規程という UNCLOS の締約国の合意文書は、明示に ITLOS の勧告的意見付与権限を規定していない。しかし、ITLOS は、規程第21条と他の取決めとの連結により ITLOS の勧告的意見付与権限の実体的法的根拠を与えるとしていた。そこでは、本章でその意味を忖度したように、UNCLOS 締約国の合意である規程第21条は、「他の取決め」により特定の事例で勧告的意見付与権限が ITLOS に与えられれば、それに応ずることができるという「潜在的な」勧告的意見付与権限を認めていると解することができた。このように ITLOS が「他の取決め」だけで勧告的意見付与権限を認めずに、規

---

[126] 1922年3月24日に採択された PCIJ 規則については、*PCIJ Ser. D*, No. 1.
[127] 国際連盟規約第14条を、PCIJ が勧告的意見を出す管轄権の根拠とする学説として、たとえば、坂本瑞男「常設国際司法裁判所の勧告的意見」『国際法外交雑誌』25巻5号（1926）、23頁。
[128] PCIJ と ICJ の勧告的意見手続につき、優れた一般的考察として、杉原高嶺『国際裁判の研究』（有斐閣、1985年）259頁以下。
[129] PCIJ の勧告的管轄権につき、Gao, *supra* note 31, p. 85.

程第 21 条との連結によるとして規程第 21 条にも意義を認めたことは、まさに規程第 21 条が UNCLOS 締約国の合意文書であるからであると考えられる。つまり、他の国際裁判所や法廷が勧告的意見付与権限を持つ場合には、設立文書やその附属書において合意が与えられていることに鑑みて、ITLOS は、「他の取決め」によって現実化ないしは活性化されるという意味で「潜在的な」勧告的意見付与権限ではあるが、その根拠は UNCLOS 締約国の合意である規程第 21 条に求めたかったと推測できるのである。

(2) 起草過程と事後の実践におけるＩＴＬＯＳの勧告的意見付与権限に関するＵＮＣＬＯＳ締約国の動向

まず UNCLOS の起草過程をみてみると、UNCLOS 起草過程においては、ITLOS に勧告的意見を出す管轄権を付与する提案が出されたこともあったが、それは、採用されなかった[130]。ITLOS が勧告的意見を出す管轄権をもつことに、諸国は消極的であった (reluctant) のであり[131]、最終的に、海底紛争裁判部に勧告的意見を出す管轄権が UNCLOS により明示に規定されたものの、ITLOS については、明示の規定は採択されなかった。

つづいて、事後の実践を、「ITLOS が活動を開始した後」の意味でみてみると、事後の実践で諸国が ITLOS の勧告的意見付与権限に合意を示したかについては、評価は分かれる。すでにいくつかは上で紹介したように、ITLOS みずからが裁判所長の声明という形で、様々な機会において、繰り返し ITLOS の勧告的意見付与権限に言及している[132]。それらの ITLOS 所長の声明に対し

---

130) スペインは本件の提出書面で、UNCLOS 第 288 条 2 項や規程第 21 条が (ITLOS が) 勧告的意見を出す管轄権の根拠とされることもあるが、ウイーン条約法条約にしたがって、起草過程に目を向けると、ITLOS に勧告的意見を出す管轄権についての提案や議論がなかったことを指摘し、当初は、国内裁判所が ITLOS に勧告的意見を要請する提案があったことを確認している、Written Statement of Spain, para. 9, n.18. この国内裁判所が ITLOS に勧告的意見を要請するという提案については、A. D. Adede, *The System for Settlement of Disputes under the United Nations Convention on the Law of the Sea- A Drafting History and a Commentary* (Martinus Nijhoff Publishers, 1987), pp. 33-34.

131) Wolfrum, *supra* note 10, p. 55.

132) ITLOS 裁判所長の声明については、注 (94) 参照。カリブ海地域的漁業メカニズムは、提出書面で、ITLOS が勧告的意見を出す管轄権につき、ITLOS 裁判所長により繰り返しそれが言及されてきたことを詳細に注記する、Written Statement of the Caribbean Regional Fisheries Mechanism , para. 54 and note 51. SRFC も、同様の主張を口頭陳述で行っている、ITLOS/PV.14/C21/1, p. 11. ンアディエ判事

て、反対がとなえられなかったこと、肯定的に受け止められたことを評価して[133]、また、締約国会合で、かかる権限に肯定的な発言が示されたことや強い反対が表明されなかったことを根拠として[134]、事後の実践によりITLOSの勧告的意見付与権限にUNCLOS締約国の黙認ないし合意がえられたとする見解はある。さらに、規則第138条が明示にITLOSの勧告的意見付与権限を規定したことに対して、締約国会議で諸国が反対の意見を示していないことをあげて、諸国の合意（黙認）があったと評価する立場もある[135]。しかし、これに対して、ITLOSの勧告的意見付与権限の法的根拠を、あくまで既存法（つまり、UNCLOS、規程、規則などの関連規定）の解釈の枠内で求めることを前提として、既存法の解釈を事後の実践に従って行うには、条約法条約第31条3項の要件を充足しなければならないとし、（本件に至るまで）ITLOSが勧告的意見を要請されたことがないのであるから、UNCLOS締約国は、その権限につき見解を示す契機を欠いていたとして、締約国諸国の合意を容易に認めることはしない見解もある[136]。

　このように、ITLOSの勧告的意見付与権限について、起草過程では諸国は消極的であった。事後の実践については、UNCLOS締約国の一般的黙認ないしは合意があるかについては、評価が分かれており、断定的な結論は出せない。そして、本件を契機として提出された諸国の提出書面や口頭陳述での見解を

も、国連総会やUNCLOS締約国会合および地域フォーラムなどで、ITLOS裁判所長が繰り返し勧告的意見付与権限に言及してきていること、それを肯定的に受け入れる諸国の見解があることを指摘して、それを最近の実践（practice）であるという、Tafsir Malik Ndiaye, "Les avis consultatifs du Tribunal International du Droit de la Mer," in Lilian del Castillo (ed.), *Law of the Sea, from Grotius to the International Tribunal for the Law of the Sea- Liber Amicorum Judge Hugo Camminos* (Brill Nijhoff, 2015), pp. 645-646. ンディアエ判事は、2010年の著作の時点でも、すでに同様の指摘をしている、Ndiaye, *supra* note 34, pp. 582-583.

133) たとえば、地域フォーラムでのシンガポール副首相の発言例につき、*ibid.*, p. 582. 同様に、You, *supra* note 32, p. 363. 規則第138条制定後の第52会期国連総会において、韓国やクロアチアがITLOS規則の採択に肯定的な見解を表明したことにつき、A/52/PV.57. 第60会期の国連総会におけるアイスランドによるITLOSの勧告的意見付与権限への肯定的見解の表明につき、A/60/PV.54.

134) たとえば、第16回締約国会議での、アルゼンチンの発言につき、Ndiaye, *supra* note 34, p. 582.

135) この見解については、注(35)参照。また、カテカ判事は、規則第138条1項でITLOSが勧告的意見を出す管轄権の根拠を見出すことができるとし、これに反対する学説もあるが、学説やUNCLOS締約国により「一般的に受け入れられている」見解は、規程第21条が規則第138条の法的基礎となるとする、Kateka, *supra* note 98, p. 168.

136) Gao, *supra* note 31, p. 93.

みれば、賛成論と反対論が存在していることが厳然たる事実としてITLOSの前に存在したのである。

　起草過程や事後の実践に照らして、本件でITLOSが勧告的意見付与権限を肯定したという事実とそれを根拠づけた独自の論理を見てみると、ITLOSは積極的態度を示すとともに同時に慎重な抑制も伴っていたことを見てとれる。

　ITLOSの勧告的意見付与権限については、肯定論とともに強力な反対論も展開されている中で、ITLOSが勧告的意見付与権限を肯定したという事実自体、ITLOSの勧告的意見付与権限への積極的な態度を示しているといえる。その背景には、ITLOS裁判所長による勧告的意見付与権限への言及の繰り返しから、ITLOS内部では勧告的意見付与権限を肯定する積極論が共有されていたこと、および、これらの発言に対して、一定程度にUNCLOS締約国から肯定的な反応が示されていたことが存在したといえよう[137]。また、起草過程に関してITLOSは次のような態度をとった。ITLOSが勧告的意見付与権限への反対論としてとりあげている主張の一つには、UNCLOSの起草過程でITLOSに勧告的意見付与権限を与える意思があれば、明示に規定されたであろうが、そうなってはいないという主張があった[138]。ITLOSは、この反対論に対して、直接的には答えていない[139]。規程第21条に特定してみても、ITLOSは、その起草過程を確認してはいない。ただ、規程第21条の起草過程についてITLOSは、「事項」の解釈として、もしこれが「紛争」を意味するのであれば、そのように規定したであろう言及している[140]。この限りにおいて、ITLOSは起草過程をITLOSの勧告的意見付与権限を肯定するように解するという積極性を見せている。また、起草過程でITLOSの勧告的意見付与権限を与える諸国の意図が示されなかったにもかかわらず、ITLOSは勧告的意見付与権限を肯定した。この点では、ドイツの「生きた文書 (living instruments)」としてUNCLOSや規程と

---

137) 全会一致で、本件でITLOSが勧告的意見を与える管轄権が合意されている、Request for an Advisory Opinion, *supra* note 1, para. 219.
138) *Ibid.*, para 45.
139) Gao, *supra* note 12, p. 740. また、コット判事は、UNCLOSの起草過程が検討されるべきであったとしている、Déclaration de M. Cot, *Juge*, *supra* note 34, para. 3.
140) Request for an Advisory Opinion, *supra* note 1, para. 56.

いう主張が、なにがしか ITLOS に影響を与えていたかもしれない[141]。ドイツの主張は、起草過程での ITLOS の勧告的意見付与権限に対する消極的態度は、現在の一般的動向に照らした解釈により凌駕されるというものである。

しかし他方で ITLOS は、本件で勧告的意見付与権限を肯定するに際して、慎重な抑制を伴っていたこともがわかる。まず、ITLOS は、本件で、特に ITLOS の勧告的意見付与権限への反対論に相当程度に丹念に応えている。また、勧告的意見付与権限を肯定する論理において、ITLOS は、規程第 21 条の「すべての事項」に勧告的意見を含むと認めておきながら、規程第 21 条の「すべての事項」以下のくだりは、勧告的意見付与権限を設定していないとした。そして、本章で忖度した意義が正しければ、ITLOS は規程第 21 条には、あくまで「他の取決め」により勧告的付与権限が設定される場合に、それに応じてその権限を行使することができるという「潜在的な」勧告的意見付与権限の根拠としての意義を与えたのである。そこでは、「一般的な」勧告的意見付与権限についての言及は慎重に回避されていた。しかも、UNCLOS 締約国の合意ではない規則第 138 条 1 項には、勧告的意見付与権限の根拠としての意義は認めなかった。このような慎重な論理操作は、ITLOS が、規程が UNCLOS 締約国の合意であることに重みを与えながら、可能な限り抑制的に勧告的意見付与権限を根拠づけるように、最大限の腐心をして導いた結論であると評価できよう。

4 おわりに

本章では、ITLOS が初めて勧告的意見を出した事件を取り上げて、ITLOS の勧告的意見付与権限の法的根拠をめぐる議論に焦点をあてて検討してきた。ITLOS は、結論として、みずからの勧告的意見付与権限を肯定した。このことは、ITLOS の先例として非常に大きな意義を有するであろう。今後、ITLOS に勧告的意見が要請される場合には、ITLOS は本件にならい、みずからの勧告的意見付与権限を肯定していくことは間違いないと考えられる。

最後に、ITLOS の勧告的意見付与権限を肯定した論理にみる ITLOS の姿勢

---

141) ドイツの主張については、注 (82)、(83)、(84)、(85) 参照。

を確認するとともに、本章では紙数の関係でふれられなかった問題にも若干目を向けて、本章の結びにかえたい。

　本章の冒頭で明らかにしたように、UNCLOS締約国会合での諸国の反応からみれば、ITLOSの勧告的意見付与権限には、本件勧告的意見が出された後に至るまで、UNCLOS締約国の間で肯定論と否定論がある。学説においても、肯定論と否定論が存在していることも上述したとおりである。そして、本件を契機として示された諸国や国際組織等の見解においても、ITLOSの勧告的意見付与権限に対して、肯定論とともに否定論も強く存在した。そのような中で、ITLOSは規程第21条の独自の解釈により、みずからの勧告的意見付与権限を肯定した。それに際しては、ITLOSの周到で慎重な態度を見てとることができる。

　第1に、ITLOSは、本件において肯定論とともに反対論の根拠をほぼ網羅的に本件勧告的意見の中で取り上げて、とくに反対論に対しては、ほぼそのすべてについて反論を加えている。第2に、ITLOSは規程21について独自の解釈をとり、肯定論による同条の解釈とは距離をおいている。ITLOSは、規程第21条は勧告的意見付与権限を設定しないとしながら、他方で、規程第21条と「他の取決め」との「連結」により、ITLOSの勧告的意見付与権限の実体的法的根拠があるとした。この一見矛盾したITLOSの言及に、ITLOSの腐心をみてとれる。ITLOSが規程第21条に、「潜在的」な勧告的意見付与権限の根拠の意義を与えたと解されることは、本章で説明したとおりである。第3に、ITLOSは、勧告的意見付与権限をUNCLOS締約国の合意に根拠づけることに腐心している。それは、UNCLOS締約国の合意であり規程第21条こそが、「潜在的」ではあっても、ITLOSの勧告的意見付与権限を認めているという解釈に現れている。そして、UNCLOS締約国の合意文書ではない規則第138条1項については、それが明示にITLOSの勧告的意見付与権限を規定しているにもかかわらず、ITLOSは規則第138条1項をかかる権限の法的根拠とは認めなかった。

　このように、ITLOSはみずからの勧告的意見付与権限を肯定するにあたり、UNCLOS締約国の合意に法的根拠を求めるために独自の論理を立てることに腐心し、かつ、慎重な抑制を伴っている。もっとも、本章では検討と対象と

することができなかったが、ITLOS が勧告的意見付与権限を行使するに際しての裁量権についての ITLOS の見解をみると、ITLOS の勧告的意見付与についての積極的姿勢をみることができる。簡潔にみてみると、たとえば、次の点に、ITLOS の積極的姿勢が表れている。

　第 1 に、ITLOS は ICJ の核兵器の合法性事件[142]にならい、「決定的理由」(compelling reasons, フランス語では raisons décisives であるので、決定的理由と訳す) がなければ、勧告的意見の要請を拒否しないとしている[143]。第 2 に、やはり ICJ の国連加盟承認の条件 (憲章第 4 条) 事件[144]にならい、諮問事項は、法的問題であれば抽象的であっても勧告的意見を付与することができるとしている[145]。とくに、第 1 の点は、ITLOS の勧告的意見付与権限の行使に際しての裁量権を強く限定することになる。そして、ITLOS はこれについて ICJ の先例にならっているが、ICJ は国連の「主要な司法機関」であるのであり[146]、国連総会や安保理、あるいは専門機関からの勧告的意見の要請に応ずることになっている[147]。そのような背景がないにも関わらず、ITLOS が ICJ の先例にならって、「決定的理由」がなければ勧告的意見の要請に応ずるとしたことは、ITLOS の積極的姿勢の表れであるが、はたしてこれが適当であったかは評価がわかれるところであろう。

　さらに、ITLOS が勧告的意見付与権限を積極的に行使していくか否かについては、ITLOS が勧告的意見付与権限を行使する前提条件の問題とした、規則第 138 条の規定する要件をいかに解釈するかにかかってこよう。とくに、規則第 138 条 1 項にいう「国際協定」にはどのような国際合意が該当するか、同条 2 項にいう機関 (body) にはどのような実体が該当するかといった問題が関わってくる。本件では、MCA 条約があり、SRFC という国際組織が要請主体であったことから、これらの要件が充足されていると ITLOS が判断するこ

---

[142] Legality of the Threat or Use of Nuclear Weapons, Advisory Opinion of 8 July 1996, *ICJ Reports 1996*, para. 14.
[143] Request for an Advisory Opinion, *supra* note 1, para. 71.
[144] Condition of Admission of a State to Membership in the United Nations (Article 4 of the Charter), Advisory Opinion of 28 May 1948, *ICJ Reports 1947-1948*, p. 61.
[145] Request for an Advisory Opinion, *supra* note 1, para. 72.
[146] 1945 年国連憲章第 92 条参照。
[147] 国連憲章第 96 条参照。

とに困難はなかったであろう。そして、それゆえに、ITLOS はこれらの問題についての見解を明らかにしていない[148]。

このように、ITLOS は勧告的意見付与権限の法的根拠を認めるに際しては、論理構成に腐心し、慎重さを伴っていたが、勧告的意見付与権限の裁量権を限定的に解していることに、勧告的意見付与に対する ITLOS の積極的姿勢が表れている。この傾向が、第138条の規定する要件に反映されていくのか、あるいは、依然として UNCLOS 締約国の間に ITLOS の勧告的意見付与権限への反対論が根強く存在していることが、ITLOS の勧告的意見付与に一定の抑制をもたらすのかは、今後の実践を待って判断することになろう。

---

[148] ITLOS が、規則第138条から三つの要件を導きだし、本件でそれらが充足されていると判断したことについては、注(115)参照。

編集委員

松井　芳郎（まつい　よしろう）
富岡　仁（とみおか　まさし）
坂元　茂樹（さかもと　しげき）
薬師寺公夫（やくしじ　きみお）
桐山　孝信（きりやま　たかのぶ）
西村　智朗（にしむら　ともあき）

21世紀の国際法と海洋法の課題

2016年11月12日　初　版第1刷発行　〔検印省略〕
定価はカバーに表示してあります。

編集委員Ⓒ　松井芳郎・富岡仁・坂元茂樹・
　　　　　　薬師寺公夫・桐山孝信・西村智朗　／発行者　下田勝司　　印刷・製本／中央精版印刷

東京都文京区向丘1-20-6　　郵便振替 00110-6-37828
〒113-0023　TEL (03)3818-5521　FAX (03)3818-5514　　発行所　株式会社 東信堂
Published by TOSHINDO PUBLISHING CO., LTD.
1-20-6, Mukougaoka, Bunkyo-ku, Tokyo, 113-0023, Japan
E-mail : tk203444@fsinet.or.jp　http://www.toshindo-pub.com/

ISBN978-4-7989-1403-9 C3032
Ⓒ MATSUI Yoshiro, TOMIOKA Masashi, SAKAMOTO Shigeki, YAKUSHIJI Kimio,
KIRIYAMA Takanobu, NISHIMURA Tomoaki

東信堂

国際法新講〔上〕〔下〕	田畑茂二郎	〔下〕二九〇〇円／〔上〕二七〇〇円
ベーシック条約集〔二〇一六年版〕	編集代表 薬師寺・坂元・浅田	二六〇〇円
ハンディ条約集〔第2版〕	編集代表 薬師寺・坂元・浅田	一五〇〇円
国際環境条約・資料集〔第2版〕	編集代表 薬師寺・富岡・田中・薬師寺・	八六〇〇円
国際人権条約・宣言集〔第3版〕	編集代表 坂元・小畑・徳川	三八〇〇円
国際機構条約・資料集〔第2版〕	編集代表 香西 仁 代表 安藤 仁介	三三〇〇円
判例国際法〔第2版〕	編集代表 松井 芳郎	三八〇〇円
日中戦後賠償と国際法	浅田 正彦	五二〇〇円
国際法〔第3版〕	浅田正彦編著	二九〇〇円
国際環境法の基本原則	松井 芳郎	三八〇〇円
国際民事訴訟法・国際私法論集	高桑 昭	六五〇〇円
国際機構法の研究	中村 道	八六〇〇円
21世紀の国際法と海洋法の課題	編集 薬師寺・桐山・西村 松井・富岡・坂元・	七八〇〇円
国際海洋法の現代的形成	田中 則夫	六八〇〇円
国際海峡	坂元茂樹編著	四六〇〇円
条約法の理論と実際	坂元 茂樹	四二〇〇円
国際立法——国際法の法源論	村瀬 信也	六八〇〇円
小田滋・回想の海洋法	小田 滋	七六〇〇円
小田滋・回想の法学研究	小田 滋	四八〇〇円
国際法と共に歩んだ六〇年——学者として裁判官として	小田 滋	六八〇〇円
21世紀の国際法秩序——ポスト・ウェストファリアの展望	R・フォーク 川崎孝子訳	三八〇〇円
国際法から世界を見る——市民のための国際法入門〔第3版〕	松井 芳郎	二八〇〇円
はじめて学ぶ人のための〔新訂版〕	大沼 保昭	三六〇〇円
プレリュード国際関係学	板木雅彦 山本範久 編	二四〇〇円
核兵器のない世界へ——理想への現実的アプローチ	黒澤 満編	二三〇〇円
軍縮問題入門〔第4版〕	黒澤 満	二五〇〇円
ワークアウト国際人権法——人権を理解するために	W・ベネデック編 中坂・徳川編訳	三〇〇〇円
難民問題と『連帯』——EUのダブリン・システムと地域保護プログラム	中坂 恵美子	二八〇〇円

〒113-0023 東京都文京区向丘1-20-6
TEL 03-3818-5521　FAX 03-3818-5514　振替 00110-6-37828
Email tk203444@fsinet.or.jp　URL・http://www.toshindo-pub.com/
※定価：表示価格（本体）＋税

東信堂

国際刑事裁判所〔第二版〕	村瀬信也	四二〇〇円
武力紛争の国際法	真山全編	一四三八六円
国連安保理の機能変化	村瀬信也編	二七〇〇円
海洋境界確定の国際法	村瀬信也編	二八〇〇円
自衛権の現代的展開	村瀬信也編	二〇〇〇円
国連安全保障理事会	江藤淳一編	四六〇〇円
集団安全保障の本質	松浦博司	三二〇〇円
相対覇権国家システム安定化論——東アジア統合の行方	柘山堯司編	二八〇〇円
貨幣ゲームの政治経済学	柳田辰雄	二四〇〇円
国際政治経済システム学——共生への俯瞰	柳田辰雄	一八〇〇円
〔現代国際法叢書〕		
国際法における承認——その法的機能及び効果の再検討	王志安	五二〇〇円
国際社会と法	高野雄一	四三〇〇円
集団安保と自衛権	高野雄一	四八〇〇円
国際「合意」論序説——法的拘束力を有しない国際「合意」について	中村耕一郎	三〇〇〇円
法と力 国際平和の模索	寺沢一	五二〇〇円
憲法と自衛隊——法の支配と平和の生存権	幡新大実	二八〇〇円
イギリス憲法Ⅰ 憲政	幡新大実	四二〇〇円
イギリス債権法	幡新大実	三八〇〇円
根証文から根抵当へ シリーズ〈制度のメカニズム〉	幡新大実	二八〇〇円
アメリカ連邦最高裁判所	大越康夫	一八〇〇円
衆議院——そのシステムとメカニズム	向大野新治	一八〇〇円
フランスの政治制度〔改訂版〕	大山礼子	二〇〇〇円
イギリスの司法制度	幡新大実	二〇〇〇円
判例 ウィーン売買条約	井原宏 河村寛治編著	四二〇〇円
グローバル企業法	井原宏	三八〇〇円
国際ジョイントベンチャー契約	井原宏	五八〇〇円

〒113-0023 東京都文京区向丘1-20-6　TEL 03-3818-5521　FAX 03-3818-5514　振替 00110-6-37828
Email tk203444@fsinet.or.jp　URL:http://www.toshindo-pub.com/

※定価：表示価格（本体）＋税

東信堂

「帝国」の国際政治学——冷戦後の国際システムとアメリカ	山本吉宣	四七〇〇円
アメリカの介入政策と米州秩序	草野大希	五四〇〇円
国際開発協力の政治過程——国際規範の制度化とアメリカ対外援助政策の変容	小川裕子	四〇〇〇円
主要国の環境とエネルギーをめぐる比較政治——持続可能社会への選択	太田宏	四六〇〇円
国連行政とアカウンタビリティーの概念——国連再生への道標	蓮生郁代	三三〇〇円
宰相の羅針盤　総理がなすべき政策（改訂版）日本よ、浮上せよ！	村上誠一郎＋21世紀戦略研究室	一六〇〇円
福島原発の真実　このままでは永遠に収束しない——まだ遅くない——原子炉を「冷温密封」する！	村上誠一郎＋原発対策国民会議	二〇〇〇円
3・11本当は何が起こったか：巨大津波と福島原発——科学の最前線を教材にした暁星国際学園ヨハネ研究の森コースの教育実践	丸山茂徳監修	一七一四円
オバマの勝利はアメリカを意味するのか	丸山茂勝訳・吉野孝著	一六〇〇円
21世紀地球寒冷化と国際変動予測		
2008年アメリカ大統領選挙	吉野孝・前嶋和弘編著	二〇〇〇円
オバマ政権はアメリカをどのように変えたのか——支持連合・政策成果・中間選挙	吉野孝・前嶋和弘編著	二六〇〇円
オバマ政権と過渡期のアメリカ社会——選挙、政党、制度、メディア、対外援助	吉野孝・前嶋和弘編著	二四〇〇円
オバマ後のアメリカ政治——二〇一二年大統領選挙と分断された政治の行方	吉野孝・前嶋和弘編著	二五〇〇円
ホワイトハウスの広報戦略——大統領のメッセージを国民に伝えるために	M・J・クマー著／吉牟田剛訳	二八〇〇円
政治学入門	内田満	一八〇〇円
政治の品位	内田満	二〇〇〇円
吉野川住民投票——日本政治の新しい夜明けはいつ来るか	武田真一郎	一八〇〇円
新版　日本型移民国家への道——市民参加のレシピ	坂中英徳	二四〇〇円
日本型移民国家の創造	坂中英徳	二四〇〇円
戦争と国際人道法——その歴史と人道機関の理念と行動規範	井上忠男	一〇〇〇円
解説　赤十字の基本原則——人道機関の理念と行動規範（第2版）	井上忠男訳	二四〇〇円
新版　世界と日本の赤十字——世界最大の人道支援機関の活動	森居正孝／樹上ピク尚孝	二四〇〇円

〒113-0023　東京都文京区向丘1-20-6　TEL 03-3818-5521　FAX 03-3818-5514　振替 00110-6-37828
Email: tk203444@fsinet.or.jp　URL: http://www.toshindo-pub.com/

※定価：表示価格（本体）＋税

東信堂

開発援助の介入論——インドの河川浄化政策に見る国境と文化を越える困難	西谷内博美	四六〇〇円
資源問題の正義——コンゴの紛争資源問題と消費者の責任	華井和代	三九〇〇円
海外日本人社会とメディア・ネットワーク——パリ日本人社会を事例として	今野裕昭編著	四六〇〇円
移動の時代を生きる——人・権力・コミュニティ 国際社会学ブックレット1	吉原直樹監修 松本行真編著	三二〇〇円
国際社会学の射程	芝西原真里編訳 吉原直樹監修	二二〇〇円
国際移動と移民政策——日韓の事例と多文化主義再考 国際社会学ブックレット2	西原和久 有本かおり編著 山本かほり編著	一〇〇〇円
トランスナショナリズムと社会のイノベーション——越境する国際社会学とコスモポリタン的志向 国際社会学ブックレット3	西原和久	一三〇〇円
外国人単純技能労働者の受け入れと実態——技能実習生を中心に	坂幸夫	一五〇〇円
現代日本の地域分化——センサス等の市町村別集計に見る地域変動のダイナミックス	蓮見音彦	三八〇〇円
現代日本の地域格差——二〇一〇年・全国の市町村の経済的・社会的ちらばり	蓮見音彦	二三〇〇円
「むつ小川原開発・核燃料サイクル施設問題」研究資料集	舩橋晴俊編著 茅野恒秀編著 金山行孝編著	一八〇〇〇円
新版 新潟水俣病問題——加害と被害の社会学	飯島伸子編 舩橋晴俊編	三八〇〇円
新潟水俣病問題をめぐる制度・表象・地域	関礼子	五六〇〇円
新潟水俣病問題の受容と克服	堀田恭子	四八〇〇円
公害被害放置の社会学——イタイイタイ病・カドミウム問題の歴史と現在	藤川賢編 渡辺伸一編 飯島賢一編	三六〇〇円
食品公害と被害者救済——カネミ油症事件の被害と政策過程	宇田和子	四六〇〇円
自立支援の実践知——阪神・淡路大震災と共同・市民社会	似田貝香門編	三八〇〇円
[改訂版] ボランティア活動の論理——ボランタリズムとサブシステンス	西山志保	三六〇〇円
自立と支援の社会学——阪神大震災とボランティア	佐藤恵	三二〇〇円

〒113-0023 東京都文京区向丘1-20-6　TEL 03-3818-5521　FAX 03-3818-5514　振替 00110-6-37828
Email tk203444@fsinet.or.jp　URL:http://www.toshindo-pub.com/

※定価：表示価格（本体）＋税

東信堂

《未来を拓く人文・社会科学シリーズ（全17冊・別巻2）》

科学技術ガバナンス	城山英明編	一八〇〇円
ボトムアップな人間関係——心理・教育・福祉・環境・社会の12の現場から	サトウタツヤ編	一六〇〇円
高齢社会を生きる——老いる人／看取るシステム	清水哲郎編	一八〇〇円
家族のデザイン	小長谷有紀編	一八〇〇円
水をめぐるガバナンス——日本、アジア、中東、ヨーロッパの現場から	蔵治光一郎編	一八〇〇円
生活者がつくる市場社会	久米郁夫編	一八〇〇円
グローバル・ガバナンスの最前線——現在と過去のあいだ	遠藤乾編	二二〇〇円
資源を見る眼——現場からの分配論	佐藤仁編	二〇〇〇円
これからの教養教育——「カタ」の効用	鈴木佳徳・葛西康徳編	二〇〇〇円
「対テロ戦争」の時代の平和構築——過去からの視点、未来への展望	黒木英充編	一八〇〇円
企業の錯誤／教育の迷走——人材育成の「失われた一〇年」	青島矢一編	二二〇〇円
日本文化の空間学	桑子敏雄編	二二〇〇円
千年持続学の構築	木村武史編	一八〇〇円
多元的共生を求めて——〈市民の社会〉をつくる	宇田川妙子編	一八〇〇円
芸術は何を超えていくのか？	沼野充義編	一八〇〇円
芸術の生まれる場	木下直之編	二〇〇〇円
文学・芸術は何のためにあるのか？	岡田暁生編	二〇〇〇円
紛争現場からの平和構築——国際刑事司法の役割と課題	石田勇治・遠藤乾編	二八〇〇円
〈境界〉の今を生きる	荒川歩・川喜田敦子・谷川竜一・内藤順子・柴田晃芳編	一八〇〇円
日本の未来社会——エネルギー・環境と技術・政策	鈴木達治郎・城山英明・角和昌浩編	二二〇〇円

〒113-0023 東京都文京区向丘1-20-6　TEL 03-3818-5521　FAX 03-3818-5514　振替00110-6-37828
Email: tk203444@fsinet.or.jp　URL: http://www.toshindo-pub.com/

※定価：表示価格（本体）＋税

東信堂

責任という原理——科学技術文明のための倫理学の試み（新装版）——『責任という原理』へむけて	H・ヨナス著／加藤尚武監訳	四八〇〇円
主観性の復権——心身問題から『責任という原理』へ	H・ヨナス／宇佐美公生・滝口清栄訳	二〇〇〇円
ハンス・ヨナス「回想記」	H・ヨナス／盛永・木下・馬渕・山本訳	四八〇〇円
生命の神聖性説批判	H・クーゼ著／飯田・石川・小野谷・片桐・水野訳	四六〇〇円
生命科学とバイオセキュリティ	河原直人編著	二四〇〇円
医学の歴史——デュアルユース・ジレンマとその対応	坂井建雄編	
安楽死法：ベネルクス3国の比較と資料	盛永審一郎監修	二七〇〇円
死の質——エンド・オブ・ライフケア世界ランキング	今井道夫監訳	一二〇〇円
バイオエシックス入門 【第3版】	加奈恵一・小田亘夫訳／丸祐一編	二三八一円
バイオエシックスの展望	松坂・浦井・川井・悦・昭知編	三三〇〇円
生命の淵——バイオシックスの歴史・哲学・課題	大林雅之著	二〇〇〇円
今問い直す脳死と臓器移植【第2版】	澤田愛子	二三八一円
キリスト教から見た生命と死の医療倫理	浜口吉隆	四〇〇〇円
動物実験の生命倫理——個体倫理から分子倫理へ	大上泰弘	四〇〇〇円
医療・看護倫理の要点	水野俊誠	二〇〇〇円
テクノシステム時代の人間の責任と良心	H・レンク／山本達編	三五〇〇円
原子力と倫理——原子力時代の自己理解	H・Th・リット／小笠原・野平編訳	一八〇〇円
科学の公的責任——科学者と私たちに問われていること	H・Th・リット／小笠原・野平編訳	一八〇〇円
歴史と責任——科学者は歴史にどう責任をとるか	H・Th・リット／小笠原・野平編訳	一八〇〇円
カンデライオ（ジョルダーノ・ブルーノ著作集）より	加藤守通訳	三二〇〇円
原因・原理・一者について	加藤守通訳	三二〇〇円
傲れる野獣の追放	加藤守通訳	四八〇〇円
英雄的狂気	加藤守通訳	三六〇〇円
ロバのカバラ	加藤守通訳	
——ジョルダーノ・ブルーノにおける文学と哲学	N・オルディネ／加藤守通監訳	三六〇〇円

〒113-0023 東京都文京区向丘1-20-6　TEL 03-3818-5521　FAX 03-3818-5514　振替 00110-6-37828
Email tk203444@fsinet.or.jp　URL:http://www.toshindo-pub.com/

※定価：表示価格（本体）＋税

東信堂

オックスフォード キリスト教美術・建築事典	P&L.マレー 著／中森義宗 監訳	三〇〇〇〇円
イタリア・ルネサンス事典	J.R.ヘイル編／中森義宗監訳	七八〇〇円
美術史の辞典	中森義宗・P.デューロ他	三六〇〇円
涙と眼の文化史──中世ヨーロッパの標章と恋愛思想	徳井淑子訳	三六〇〇円
青を着る人びと	伊藤亜紀	三五〇〇円
社会表象としての服飾──近代フランスにおける異性装の研究	新實五穂	三六〇〇円
書に想い 時代を読む	河田悌一	一八〇〇円
日本人画工 牧野義雄──平治ロンドン日記	ますこ ひろしげ	五四〇〇円
美を究め美に遊ぶ──芸術と社会のあわい	田中厚佳編著／荻野光紀	二八〇〇円
バロックの魅力	小穴晶子編	二六〇〇円
新版 ジャクソン・ポロック	藤枝晃雄	二六〇〇円
美学と現代美術の距離──アメリカにおけるその乖離と接近をめぐって	金 悠美	三八〇〇円
ロジャー・フライの批評理論──知性と感受性の間で	要 真理子	四二〇〇円
レオノール・フィニ──境界を侵犯する新しい種	尾形希和子	二八〇〇円
〔世界美術双書〕		
バルビゾン派	井出洋一郎	二二〇〇円
キリスト教シンボル図典	中森義宗	二〇〇〇円
パルテノンとギリシア陶器	関 隆志	二三〇〇円
中国の版画──唐代から清代まで	小林宏光	二三〇〇円
象徴主義──モダニズムへの警鐘	中村隆夫	二三〇〇円
中国の仏教美術──後漢代から元代まで	久野美樹	二三〇〇円
日本の南画	浅野春男	二三〇〇円
セザンヌとその時代	武田光一	二三〇〇円
画家とふるさと	小林 忠	二三〇〇円
ドイツの国民記念碑 一八一三─一九一三年	大原まゆみ	二三〇〇円
日本・アジア美術探索	永井信一	二三〇〇円
インド、チョーラ朝の美術	袋井由布子	二三〇〇円
古代ギリシアのブロンズ彫刻	羽田康一	二三〇〇円

〒113-0023 東京都文京区向丘1-20-6
TEL 03-3818-5521 FAX 03-3818-5514 振替 00110-6-37828
Email tk203444@fsinet.or.jp URL:http://www.toshindo-pub.com/

※定価：表示価格（本体）＋税